● 中国广告设计行业高端丛书

中外广告法规与管理
（第二版）

Chinese and Foreign Advertising Regulations and Management

倪娜 倪嵎 编著

上海人民美术出版社

图书在版编目(CIP)数据

中外广告法规与管理 / 倪娜，倪嵋编著． —— 2版．
—— 上海：上海人民美术出版社，2023.5 (2024.6重印)
ISBN 978-7-5586-2648-7

Ⅰ．①中… Ⅱ．①倪… ②倪… Ⅲ．①广告法 - 世界
- 高等学校 - 教材 Ⅳ．①D912.29

中国国家版本馆CIP数据核字(2023)第050902号

中国广告设计行业高端丛书

中外广告法规与管理（第二版）

编　　著：倪　娜　倪　嵋
审　　读：李　华
责任编辑：邵水一
封面设计：胡彦杰
装帧设计：朱庆荧
技术编辑：史　湧
出版发行：上海人民美术出版社
地　　址：上海市闵行区号景路159弄A座7楼　邮编：201101
印　　刷：上海商务联西印刷有限公司
开　　本：787×1092　1/16　24.5印张
版　　次：2016年1月第1版
　　　　　2023年6月第2版
印　　次：2024年6月第7次
书　　号：ISBN 978-7-5586-2648-7
定　　价：68.00元

前言
PREFACE

随着《广告法》的两次小修订，互联网数字广告的法律、法规和规章持续出台，花样繁多的新型互联网违法广告案例层出不穷，《中外广告法规与管理》一书有必要加以补充与完善。为此，作者在 2016 年版《中外广告法规与管理》的基础上，按照新法规、新规章、新情况、新问题、新案例和教育部关于运用马克思主义理论、习近平新时代中国特色社会主义思想的要求，以及各高校老师要求增加广告职业道德、补充发达国家互联网数字广告管理内容的意见，新编了本书。

本书最大特点是以法理开篇，普及法理知识要点，补充互联网数字广告管理内容，并以大量案例解读广告法和与之有关的民商法、知识产权法、行政法、刑法，既有理论又有实践，还配置了练习环节，具有较强的实用性。

本书第一作者，系澳大利亚商学硕士，现就职于上海建桥学院。留学期间就将所学市场营销与法律知识用于实践，担任过上海金点智慧企业事务顾问有限公司董事长、总经理。在企业经营管理实践中对中外广告法规与管理做过比较研究。转业至高校后，主讲"广告法规与职业道德""品牌营销与管理""广告文案写作""广告消费行为学""整合营销传播""广告心理学""公益广告学""大数据营销""广告客户开发与维护""数字化广告营销策划实践"等课程，特别是对中外广告法规与管理有比较深入的研究。曾在《中国广告》等期刊发表《用品牌企业的思维研判 2021 年广告业的发展趋势》《"政治广告"概念的探究与比较研究》等研究文章，完成上海市市场监督管理局促进上海市公益广告发展研究课题。与学生共同创作的作品，获得上海市庆祝建党 100 周年广播电视和网络视听公益广告创意大赛创意类作品的金奖。

本书第二作者，系华东政法大学法律系毕业，上海市注册咨询专家，高级经济师。曾担任中华律师事务所兼职律师。从事广告工作 41 年，自 1982 年国务院颁布《广告管理暂行条例》起，就在工商行政管理局（现市场监督管理局）从事广告监督管理工作，并先后担任商标广告监督管理科科长、经济检查科科长、法制科科长，上海市工商局干部学校讲师，上海市商标事务所副所长，上海市广告协会助理秘书长，上海广告湾企业管理咨询有限公司董事、总经理，上海震旦学院艺术系广告专业主任、兼职教授，上海建桥学院新闻传播学院客座教授，上海市广告协会副秘书长兼公益广告工作委员会秘书长，上海公益广告创新研究发展中心常务副主任，上海广告研究院理事会秘书长、副院长，上海建桥学院特聘教授，同济大学艺术与传媒学院兼职教授，长三角新文科教育专业认证联盟专家组成员。

本书经过上海市市场监督管理局广告监督管理处副处长李华审读，在此表示衷心感谢。

本书案例来源于中国裁判文书网法院判决书、市场监督管理部门的通报与公示。

备注：大学老师使用此书，可向作者索取课件及各章习题参考答案。

联系方式：QQ527314013，微信 niyu2358。

CONTENTS

目 录

第 1 章　法学基础理论　7
第一节　为什么要学习法学基础理论　7
第二节　法与法律规范　11
第三节　法的渊源　15
第四节　法的效力　17
第五节　法律关系　21
第六节　法律事实　23
第七节　违法行为　25
第八节　法律责任　26
第 1 章习题　27

第 2 章　《广告法》概述　34
第一节　中国广告立法的四个阶段　34
第二节　《广告法》概念和结构及其主要内容　37
第三节　《广告法》的立法宗旨　38
第四节　《广告法》适用范围　39
第五节　《广告法》基本原则　48
第六节　广告管理机关　55
第七节　广告行业组织　56
第 2 章习题　58

第 3 章　广告内容的一般规定　62
第一节　广告内容一般规定概述　62
第二节　广告表述与赠送礼品广告的管理规定　63
第三节　十一项禁止规定　65
第四节　未成年人和残疾人的特殊保护管理规定　92
第五节　涉及行政许可、引证内容的管理规定　93
第六节　涉及专利的规定　96

    第七节 禁止贬低竞争对手的管理规定 99
    第八节 大众媒介发布广告的管理规定 101
    第3章习题 103

第 4 章　广告内容的特别规定 109

    第一节 广告内容特别规定概述 109
    第二节 医疗、药品、医疗器械广告管理的特别规定 110
    第三节 保健食品与特殊医学用途配方食品、婴儿食品广告管理的特别规定 134
    第四节 农牧业商品广告管理的特别规定 146
    第五节 烟草广告管理的特别规定 151
    第六节 酒类广告管理的特别规定 154
    第七节 教育培训广告管理的特别规定 157
    第八节 招商等投资广告管理的特别规定 160
    第九节 房地产广告管理的特别规定 162
    第十节 动植物种苗及种养殖广告管理的特别规定 168
    第十一节 化妆品广告管理的特别规定 171
    第十二节 虚假广告的立法解释 180
    第4章习题 190

第 5 章　广告行为的管理规定 199

    第一节 对广告经营者、发布者行为的管理规定 199
    第二节 对广告主行为的管理规定 205
    第三节 对广告代言人及代言行为的管理规定 207
    第四节 对广告活动特殊主体行为的管理规定 217
    第五节 禁止不正当竞争的管理规定 219
    第六节 广告合同的管理规定 230
    第七节 广告涉及他人人身权利的管理规定 233
    第八节 保护未成年人的特别规定 238
    第九节 户外广告的管理规定 244
    第十节 电子信息方式发送广告的管理规定 246
    第十一节 互联网广告活动的管理规定 248
    第5章习题 261

第 6 章　广告监督管理 266

    第一节 广告监督管理 266
    第二节 特殊商品或服务的广告未经行政审查不得发布的管理规定 267

第三节　广告行政审查的程序　　269
　　第四节　广告行政审查批准文件权威性　　270
　　第五节　市场监督管理部门的职权　　271
　　第六节　消费者协会依法对广告实行社会监督　　275
　　第6章习题　　276

第 7 章　　法律责任　　279

　　第一节　违法广告的概念及种类　　279
　　第二节　违法广告法律责任的构成要件及种类　　280
　　第三节　虚假广告的法律责任　　286
　　第四节　违禁广告的法律责任　　298
　　第五节　广告行为违法的法律责任　　302
　　第六节　广告民事侵权行为的法律责任　　308
　　第七节　广告管理机关工作人员违法行政的法律责任　　312
　　第八节　有关法律责任的特别说明　　314
　　第7章习题　　328

第 8 章　　广告人职业道德　　334

　　第一节　广告人法律素养　　334
　　第二节　广告人道德素养　　335
　　第三节　广告人自律　　336
　　第8章习题　　341

第 9 章　　国外的广告立法及广告管理　　342

　　第一节　国际广告立法及广告管理　　342
　　第二节　欧盟的广告立法及广告管理　　348
　　第三节　美国的广告立法及广告管理　　355
　　第四节　英国的广告立法及广告管理　　370
　　第五节　法国的广告立法及广告管理　　375
　　第六节　日本的广告立法及广告管理　　377
　　第七节　其他国家的广告管理的主要特点　　379
　　第9章习题　　385

第 1 章

法学基础理论

[**本章知识要点**] 学习法学基础理论知识，了解法的概念及特征，中国法的渊源，法的效力等级，法的效力范围，法律、法规、规章之间的区别与联系，法律关系构成要素，法律事实概念及种类，违法行为的构成要件，法律责任概念及分类。重点掌握上位法与下位法、前法与后法、一般法与特别法的适用原则、法律关系构成要素、法律事实概念及种类、违法行为的构成要件、法律责任概念及分类。使非法学专业的学生、企业广告审查员、广告监管人员也能正确理解、运用广告法律、法规、规章。

第一节 为什么要学习法学基础理论

一、何谓法学基础理论

法学基础理论，又称"法学理论"。它是研究法的一般性问题的导论性的基本原理，是学习和研究及运用法律的入门理论，对学习法学课程具有方法论的指导意义。

法学基础理论包括但不限于马克思主义法学理论的世界观与方法论，马克思主义关于法的本质的基本观点，包括法的概念，法的基本特征，法的价值，法的内容（权利与义务），法的一般分类，法律规范的逻辑结构、种类，法的渊源，法的效力，法律适用的原则，法律关系，法律事实，违法行为，法律责任，法律制裁等。

二、学习法学理论有助于我们运用马克思主义法学理论的世界观与方法论

习近平总书记指出："马克思主义理论的科学性和革命性源于辩证唯物主义和历史唯物主义的科学世界观和方法论，为我们认识世界、改造世界提供了强大思想武器，为世界社会主义指明了正确前进方向。"

1835 年 10 月，马克思在律师父亲的建议下，到波恩大学法律系学习。他在第一学期选修了法学全书、法学纲要、罗马法史等课程，第二学期选修了德意志法学史、欧洲国际法和自然法等课程。次年 10 月，他到柏林大学法律系，继续攻读法学。在此期间，马克思除了研读康德和黑格尔的法哲学著作，还花费了两个学期时间旁听法学家萨维尼的法学讲座和黑格尔的得意门生甘斯的刑法讲座。马克思将其哲学兴趣投入法学学习中，从而为建立马克思主义法哲学打下了理论基础。

1845年秋至1846年5月左右，马克思与恩格斯共同撰写《德意志意识形态》书稿，第一次系统阐述了马克思主义法学基本原理，标志着马克思主义法律观的形成。1848年2月，《共产党宣言》在伦敦以德文出版，将马克思主义法律观作正式"宣告"。另外，马克思的《资本论》《法兰西内战》，恩格斯的《论住宅问题》《反杜林论》《家庭、私有制和国家的起源》《路德维希·费尔巴哈和德国古典哲学的终结》等著作中，都有极为丰富的法学理论。

马克思不主张撇开社会现实空谈法律，而是努力从哲学、政治经济学、社会学中寻找答案，用经济分析、历史批判、社会研究的方法来研究法律。马克思说："社会不是以法律为基础的，那是法学家的幻想。相反，法律应该以社会为基础。""我学的专业，本来是法律，但我只是把它排在哲学和历史之次，当作辅助学科来研究。"马克思将法律排在哲学、历史之次，不是对法学的贬低，而是马克思对法学有更深刻的认识。马克思将法律确定为调整人们行为和社会关系的社会规范，他对法律的思考是建立在对社会的透彻理解之上的。他深刻分析法或法律现象这种特殊社会现象及其发展的一般规律，使法学真正走上了科学发展的途径。所以，马克思的辩证唯物主义和历史唯物主义的哲学是法学理论最根本的世界观和方法论。我们应当以马克思主义的世界观与方法论去学习理解掌握法学理论。

三、学习法学理论有助于我们进一步正确理解、把握广告法与其他法律关系

通过学习法学理论，理解掌握法的概念及特征、法的渊源、法的效力、法律关系、法律事实、违法行为及其法律责任等范畴的基本法理知识，有助于理解把握广告法与其他法律关系，有助于正确运用广告法。那么，法学理论与学习广告法究竟有什么关系呢？我们先来分析一个案例。

【案例】应当适用什么法律处理消费者投诉的虚假广告

消费者王某看到某企业（以下简称"广告主"）在广告中声称某某保健食品具有治疗心血管疾病的功能，于是购买了该保健食品。但是，他食用后毫无治疗心血管疾病的效果，于是向"12315"消费者热线投诉举报，随后"12315"将王某投诉举报转至市场监管局。经调查取证，市场监管局认定广告主的保健食品广告构成虚假广告。市场监管局拟对广告主做出行政处罚，但是，对适用哪部法律进行处罚，办案人员之间产生了以下分歧意见。

第一种意见认为，本案由消费者投诉而案发，有因虚假宣传损害消费者合法权益的违法事实，应当适用《中华人民共和国消费者权益保护法》（以下简称《消费者权益保护法》）处罚；

第二种意见认为，本案有以虚假宣传获取交易机会的不正当竞争的违法事实，应当适用《中华人民共和国反不正当竞争法》（以下简称《反不正当竞争法》）处罚；

第三种意见认为，本案有虚假广告的违法事实，应当适用《中华人民共和国广告法》（以下简称《广告法》）处罚。

【问题一】本案究竟是适用《消费者权益保护法》，适用《反不正当竞争法》，还是适用《广告法》进行处罚？

回答这个问题，涉及法理上的法规竞合、法律责任竞合，以及特别法优于一般法的法律适用原则、法律关系等法学基础理论知识。

（一）什么是法规竞合和法律责任竞合

1. 法规竞合

广义上是指由于法律、法规中存在交叉、重合的规定，是当事人的行为同时触犯两部以上不同法律，或者触犯同一法律中的不同条款，构成数个可罚性的违法行为，但是只能适用其中一部法律或者适用同一法律中的一个条款进行处罚。

在狭义上是指表现为两种主要形式，一种是不同法律之间的法规竞合，另一种是同一法律之中的法条竞合。

①法规竞合，应当按照特别法优于一般法的适用原则，适用特别法。
②法条竞合，应当按照重罚条款吸收轻罚条款的适用原则，适用重罚条款。

2.法律责任竞合

是指一个违法行为同时符合数个法律责任的构成要件，导致两种以上法律责任产生的现象。

（二）什么是特别法优于一般法的适用原则

特别法优于一般法是指同一级别立法主体制定的同位法之间，特别法的效力高于一般法。当一般法与特别法有交叉、重合的规定时，应当优先适用特别法。

所谓一般法，是指针对社会共性问题所制定的法律。所谓特别法，是指针对社会个性问题（特定法律关系的事项）所制定的专门法。

在法律体系中，一般法与特别法是一个相对的法学理论概念。例如，《消费者权益保护法》是专门调整消费者权益保护事项的特定法律规范，在消费者权益保护方面，就是特别法。《反不正当竞争法》是专门调整竞争关系事项的特定法律规范，是竞争关系方面的特别法。《广告法》是专门调整广告活动事项的特定法律规范，是广告活动关系的特别法。

（三）什么是法律关系

法律关系是指法律在调整人们行为过程中形成的权利义务的社会关系。法律关系产生的前提是法律，没有相应的法律规定，就不可能形成法律关系。比如，人与人之间的友谊关系，因为没有法律规定，所以不是法律关系，而是社会关系中的道德关系。法律关系产生的原因是法律事实，法律事实包括当事人的法律行为。当事人的法律行为决定了当事人之间产生什么法律关系，并应当适用专门的法律加以调整。因为，法律部门划分的主要标准是法律所调整的对象，即专门调整某一特定的社会关系。比如，《消费者权益保护法》调整的对象是消费者权益保护方面产生的社会关系，《广告法》调整的对象是商业广告方面产生的社会关系，《反不正当竞争法》调整的对象是商业竞争方面产生的社会关系。

（四）案例分析

第一种处理意见是错误的。不能适用《消费者权益保护法》处罚。因为，本案虽然由消费者投诉而案发，有因虚假宣传损害消费者合法权益的违法事实，但是，本案中消费者与广告主之间产生法律关系的原因是企业的虚假广告行为，不是企业的生产销售行为。他们之间的法律关系是广告关系。应当适用专门调整商业广告活动法律关系的《广告法》。而且，《消费者权益保护法》第五十六条规定体现了特别法优于一般法的法律适用原则。第五十六条规定："对商品或者服务作虚假或者引人误解的宣传的，其他有关法律、法规对处罚机关和处罚方式有规定的，依照法律、法规的规定执行。"《广告法》对虚假广告有专门规定，所以，本案应当适用《广告法》进行处罚。

同理，第二种处理意见也是错误的。不能适用《反不正当竞争法》处罚。虽然，商业广告属于商业宣传的范畴；《反不正当竞争法》将虚假或者引人误解的商业宣传作为本法的调整对象，但是，《反不正当竞争法》在第二十条中规定，经营者违反本法第八条规定，属于发布虚假广告的，依照《广告法》的规定处罚。体现了特别法优于一般法的法律适用原则。

那么，虚假广告与虚假或者引人误解的商业宣传之间有何区别呢？

广告本质是一种宣传行为，商业广告属于商业宣传的范畴。但是，依据《广告法》第二十八条和《反不正当竞争法》第八条的规定，在具体的行为表现上，虚假广告与虚假或者引人误解的商业宣传是有区别的。

虚假商业广告，是指广告主通过广播广告、电视广告、报纸广告、期刊广告、印刷品广告、互联网广告、户外广告等媒介和形式进行的虚假宣传行为。包括：（一）商品或者服务不存在的；（二）商品的性能、功能、产地、用途、质量、规格、成分、价格、生产者、有效期限、销售状况、曾获荣誉等信息，或者服务的内容、提供者、形式、质量、价格、销售状况、曾获荣誉等信息，以及与商品或者服务有关的允诺等信息与实际情况不符，对购买行为有实质性影响的；（三）使用虚构、伪造或者无法验证的科研成果、统计资料、调查结果、文摘、引用语等信息作证明材料的；（四）虚构使用商品或者接受服务效果的；（五）以虚假或者引人误解的内容欺骗、误导消费者的其他情形。

虚假商业宣传，是指经营者对其商品的性能、功能、质量、销售状况、用户评价、曾获荣誉等作虚假或者引人误解的商业宣传，欺骗、误导消费者；经营者通过组织虚假交易等方式，帮助其他经营者进行虚假或者引人误解的商业宣传。比如，经营者通过网店网页、电商直播或者营业场所内对商品进行演示、说明，以及通过上门推销、召开宣传会、推介会等形式进行的虚假商业宣传行为；经营者帮助他人刷单炒信、删除差评、虚构交易等虚假商业宣传行为。

【问题二】适用《广告法》哪一条规定处罚？

本案广告声称保健食品具有治疗心血管疾病功能，违反了《广告法》第十八条（二）规定的保健食品广告不得含有涉及疾病预防、治疗功能，构成违禁违法广告。同时，广告宣称具有治疗心血管疾病功能是虚假的，又违反了《广告法》第四条规定，广告不得含有虚假或者引人误解的内容，不得欺骗、误导消费者，构成了《广告法》第二十八条规定的虚假广告。

本案在罚则上，违反《广告法》第十八条（二）规定，有对应的《广告法》第五十八条规定的处罚罚种与处罚幅度；违反《广告法》第四条规定，构成《广告法》第二十八条规定的虚假广告，有对应的《广告法》第五十五条规定的处罚罚种与处罚幅度。那么，本案应当适用《广告法》哪一条规定处罚呢？这又涉及法条竞合适用原则、重罚吸收轻罚的原则。

（五）重罚吸收轻罚的原则

《行政处罚法》第二十九条规定："同一个违法行为违反多个法律规范应当给予罚款处罚的，按照罚款数额高的规定处罚。"此规定体现了重罚吸收轻罚的原则。

重罚吸收轻罚的原则，是指当事人在一次违法行为中有因果关系或牵连关系的两个违法行为，选择一个较重的违法行为的处罚罚种与处罚幅度予以处罚。

所谓因果关系，是指当事人两个违法行为之间存在前因后果关系。所谓牵连关系，是指当事人为了某一个目的，实施的行为触犯某一法条，其方法或结果又触犯其他法条的形态。

本案中，广告声称保健食品具有治疗心血管疾病的功能，违反了《广告法》第十八条（二）项法条，构成了违禁广告；同时，声称治疗心血管疾病是虚构的，又违反了《广告法》第四条规定，构成虚假广告。《行政处罚法》第二十九条规定"对当事人的同一个违法行为，不得给予两次以上罚款的行政处罚。同一个违法行为违反多个法律规范应当给予罚款处罚的，按照罚款数额高的规定处罚"，即一事不再罚的原则。《行政处罚法》第二十九条规定"同一个违法行为违反多个法律规范应当给予罚款处罚的，按照罚款数额高的规定处罚"，即重罚吸收轻罚的原则。

保健食品声称具有治疗心血管疾病功能的违禁广告，适用《广告法》第五十八条"处广告费用一倍以上三倍以下的罚款"的规定予以处罚。

虚构保健食品具有治疗心血管疾病功能的虚假广告，适用《广告法》第五十五条"处广告费用三倍以上五倍以下的罚款"的规定予以处罚。

可见，虚假广告的处罚幅度比违禁广告的处罚幅度重，按照重罚吸收轻罚的原则，本案虚假广告吸收了违禁广告，应当适用《广告法》第五十五条的虚假广告处罚规定予以处罚。

由上可见，只有首先学习、掌握法学基础理论，才能正确学习、运用《广告法》及相关法律、法规。

第二节　法与法律规范

一、法的概念、特征和分类

（一）法的概念

法是由国家制定或认可，以权利和义务为核心内容，体现执政阶级意志和社会公正价值目标，并由国家强制力保证实施的社会规范的总和。

（二）法的基本特征

1. 以权利和义务为基本内容

法是以权利和义务为基本内容的社会规范，规定人们的应为与勿为的行为模式。

2. 由专门国家机关依法定权限和程序制定或认可

《立法法》规定了立法权限、立法程序。法律由全国人民代表大会及其常委会三审制定或认可。行政法规由最高行政机关国务院制定或认可；地方法规由省级人民代表大会及其常委会制定或认可，或授权的地市级人民代表大会及其常委会制定或认可；国家行政规章由国务院直属部、委、办制定或认可；地方行政规章由省级人民政府制定或认可。

3. 具有普遍约束力的法律文件

体现国家意志的法律具有统一性、权威性和普遍性。在效力范围上，法反复适用于不特定的人。在强制力上，既表现为国家对违法行为的制裁，也表现为国家对合法行为的保护。

（三）法的一般分类

1. 按照法的创制方式和表现形式的不同，分为成文法和不成文法

(1) 成文法，是指国家机关依立法程序制定的规范性法律文件。我国的宪法、普通法、行政法规、规章、地方性法规、地方性规章都是成文法。

成文法属于大陆法系。大陆法系是指包括欧洲大陆大部分国家从19世纪初以罗马法为基础建立起来的，以1804年《法国民法典》和1896年《德国民法典》为代表的法律制度以及其他国家或地区仿效这种制度而建立的法律制度。它是西方国家中与英美法系并列的渊源久远和影响较大的法系。大陆法系国家包括法国、德国、西班牙、荷兰、葡萄牙、日本、泰国、土耳其等国。我国是使用成文法的国家。

(2) 不成文法，是指未经国家制定，但经国家认可并赋予法律效力的行为规则。不成文法属于英美法系。英美法系的判例所构成的判例法在整个法律体系中占有非常重要的地位，包括判例法、习惯法和法理三种形式。

① 判例法，是指法院或法官在判决中创制的规则，上级法院的判例对下级法院在审理类似案件时有法律约束力。判例法系国家包括英国、美国、加拿大、印度、巴基斯坦、孟加拉国、马来西亚、新加坡、

澳大利亚、新西兰以及非洲的个别国家和地区。

② 习惯法，是指国家通过一定方式认可的习惯。它是介于道德与法律之间的准法规范。我国有56个民族，一些少数民族的风俗习惯源远流长，为当地社会的稳定、和谐起到积极作用，国家通过一定方式予以认可。

③ 法理，顾名思义是法律原理，是法律的理论依据，涉及哲学、伦理学、政治学、经济学、社会学等学科领域，是形成法律的基本精神和学理。英美法系国家把法理作为法的渊源，目的在于弥补法律规范的空隙，补充法律的不足。

在社会主义法中，法理一般不作为法的渊源。列宁曾指出："在这种法令没有或不完备时，应以社会主义的法律意识为指针。"（《列宁全集》中文第二版第29卷，人民出版社，1984年，第106页）在我国，法理不作为法的渊源。我国行政执法和司法审判实践中讲法理不能脱离法律，法理不作为行政执法和司法审判的依据，但可以作为对法律的理解、解释、适用的理论依据。例如，"特别法优于普通法"既有《立法法》规定，也具有带有普遍性的法理。法理对于深入理解法律，正确实施法律具有重要意义。

2. **按照法规定内容的不同，分为实体法和程序法**

(1) **实体法**，是指规定具体权利义务内容的法律，如《广告法》《反不正当竞争法》《消费者权益保护法》等。

(2) **程序法**，是指规定行使实体法所要遵循的程序，如《民事诉讼法》《刑事诉讼法》《行政诉讼法》等。

3. **根据法的效力、内容和制定程序的不同，分为根本法、基本法与普通法**

(1) **根本法**，是指成文法国家的宪法，在一个国家的法律体系中享有最高的法律地位和最高的效力，又称"母法"。

(2) **基本法与普通法**，是指在全国范围内普遍适用的法律。基本法，是指法律地位和法律效力仅次于宪法，涉及刑事、民事、国家机构和其他的基本法律。普通法，是指其法律地位和法律效力仅次于宪法、基本法的法律。

4. **根据法适用范围不同，分为一般法（又称普通法）和特别法**

(1) **特别法**，是指在一国的特定地区、特定期间或对特定事件、特定领域、特定对象有效力的法律规范。如在广告领域中，《广告法》就是特别法。

(2) **特别法优于一般法**。《立法法》第九十二条规定："同一机关制定的法律、行政法规、地方性法规、自治条例和单行条例、规章，特别规定与一般规定不一致的，适用特别规定；新的规定与旧的规定不一致的，适用新的规定。"如当《广告法》与《反不正当竞争法》《消费者权益保护法》都有处罚虚假广告宣传的规定时，应当适用特别法《广告法》。

5. **根据法创制主体和适用法律关系主体的不同，分为国内法和国际法**

(1) **国内法**，是指某国国家立法机关制定颁布的规范性法律文件，调整对象是一国内部的社会关系，实施则以该国的强制力加以保证。如《广告法》就是中国国内法。

(2) **国际法**，是指由国际组织或多个国家共同制定颁布、成员国公认的国际惯例、商业习惯的国际条约等规范性法律文件，调整的对象主要是国家间的相互关系，实施一般是通过国际组织、国家间机构，等等。如国际商会的《国际商业广告从业准则》。

国际法与国内法两个体系之间互相渗透、互相补充和互相促进。一国在制定国内法时，不能忽视其应尽的国际义务。如《广告法》中的有关规定，就是来源于国际商会的《国际商业广告从业准则》的有关规定。

二、法律规范的概念、结构和种类

（一）法律规范的概念

1. 法律规范就是法的具体化，是规范性法律文件，是一种特殊的社会规范。它不同于宗教、道德、社会习俗等其他社会规范。它是由国家制定或认可，并由国家强制力保证实施的、具有普遍约束力的社会规范。如《广告法》就是广告管理的规范性法律文件。

不同部门、不同形式、不同内容、不同功能的法律规范，构成不同的法律制度。如全国人大常委会制定颁布的《广告法》，国务院制定颁布的《广告管理条例》，国家市场监督管理总局制定颁布的《互联网广告管理办法》，浙江省、江苏省人大常委会制定颁布的《浙江省广告管理条例》《江苏省广告条例》，上海市人民政府制定颁布的《上海市户外广告设施管理办法》等有关广告的法律、法规、规章组成广告法律制度。

2. 规范性法律文件与非规范性法律文件的区别与联系：规范性法律文件与非规范性法律文件都是法律文件。规范性法律文件具有普遍约束力。非规范性法律文件是依据规范性法律文件制作，仅对特定的人有约束力的法律文件，包括但不限于国家专门机关制作的判决书、行政处罚决定书、搜查证、逮捕证、公证书、营业执照、结婚证等法律文件。

（二）法律规范的逻辑结构

法律规范的逻辑结构分为条件、模式、后果三要素。

1. 条件（或称假定），是指在法律规范中指出适用法律规范的条件或情况的部分。如《广告法》第二条规定："在中华人民共和国境内，商品经营者或者服务提供者通过一定媒介和形式直接或者间接地介绍自己所推销的商品或者服务的商业广告活动，适用本法。"如果不在中华人民共和国境内，不是商业广告活动，就不适用《广告法》。

2. 模式（或称行为模式），指法律规范所规定的行为规则部分。法律规范所规定的行为模式有三种：

(1) 可为模式，指人们可以实施的行为。如《广告法》第五十三条规定，任何单位或者个人有权向市场监督管理部门和有关部门投诉、举报违反本法的行为。

(2) 勿为模式，指人们不可以实施的行为。如《广告法》第三十八条规定，不得利用不满十周岁的未成年人作为广告代言人。

(3) 应为模式，指人们应当或必须实施的行为。如《广告法》第十四条规定，广告应当具有可识别性，能够使消费者辨明其为广告。

3. 后果（或称制裁），是指法律规范中规定的人们实施违法行为时，应当承担的法律责任。如《广告法》第六十五条规定，违反本法规定，伪造、变造或者转让广告审查批准文件的，由市场监督管理部门没收违法所得，并处一万元以上十万元以下的罚款。

条件、模式和后果是法律规范的三要素，缺一不可。其中模式是法律规范最基本核心要素。

（三）法律规范的种类

1. 按照法律规范的性质和调整方式不同，可以分为授权性、义务性和禁止性规范

(1) 授权性规范，是指规定人们可以自行抉择做或不做某种行为的法律规范。授权性规范表现在法律条文上，往往使用"可以""有权""享有""具有"等词来表述。如《广告法》第四十九条规定："市场监督管理部门履行广告监督管理职责，可以行使下列职权：（一）对涉嫌从事违法广告活动的场所实施现场检查；（二）询问涉嫌违法当事人或者其法定代表人、主要负责人和其他有关人员，对有关单位或者个人进行调查；（三）要求涉嫌违法当事人限期提供有关证明文件；（四）查阅、复制与涉嫌违法广告

有关的合同、票据、账簿、广告作品和其他有关资料；（五）查封、扣押与涉嫌违法广告直接相关的广告物品、经营工具、设备等财物；（六）责令暂停发布可能造成严重后果的涉嫌违法广告；（七）法律、行政法规规定的其他职权。"市场监督管理部门在广告执法中，可以查封、扣押与涉嫌违法广告直接相关的广告物品、经营工具、设备等财物，也可以查封、扣押与涉嫌违法广告直接相关的广告物品、经营工具、设备等财物。

（2）义务性规范，是指规定人们应当依法做出一定行为，即要求人们承担一定的积极作为义务的法律规范，表现在法律条文上，往往使用"应当""必须"等词来表述。义务性规范包括强制性规范和任意性规范。如《广告法》第三十五条规定，广告经营者、广告发布者应当公布其收费标准和收费办法。

（3）禁止性规范，是指禁止人们做出某种行为的法律规范，表现在法律条文上，往往使用"禁止""严禁""不得""不应""不准"等词汇来表述。如《广告法》第四条规定，广告不得含有虚假或者引人误解的内容，不得欺骗、误导消费者。

2. 按照法律规范的强制性程度的不同，法律规范可以分为强制性和任意性规范

（1）强制性规范，是指义务性规范中的特殊规范。其义务性要求必须履行，人们没有自行选择的余地，如果不履行义务，有制裁性规范加以惩罚。如《广告法》第四条规定，广告不得含有虚假或者引人误解的内容，不得欺骗、误导消费者。《广告法》第五十五条规定，违反本法规定，发布虚假广告的，由市场监督管理部门责令停止发布广告，责令广告主在相应范围内消除影响，处广告费用三倍以上五倍以下的罚款，广告费用无法计算或者明显偏低的，处二十万元以上一百万元以下的罚款；两年内有三次以上违法行为或者有其他严重情节的，处广告费用五倍以上十倍以下的罚款，广告费用无法计算或者明显偏低的，处一百万元以上二百万元以下的罚款，可以吊销营业执照，并由广告审查机关撤销广告审查批准文件、一年内不受理其广告审查申请。类似以上有惩罚规定的法律规范都是强制性规范。

（2）任意性规范，是指人们可以自行选择履行权利和义务的法律规范，没有制裁性规范加以惩罚，本质上属于"倡导性规定""原则性规定"。如《广告法》第三十条规定，广告主、广告经营者、广告发布者之间在广告活动中应当依法订立书面合同。如果不依法订立书面合同，《广告法》并没有制裁性规定。

3. 按照法律规范内容确定性程度的不同，法律规范可以分为确定性、委托性和准用性规范

（1）确定性规范，是指明确规定行为规则内容的法律规范，绝大多数法律规范都属于这种规范。如《广告法》第二条规定，在中华人民共和国境内，商品经营者或者服务提供者通过一定媒介和形式直接或者间接地介绍自己所推销的商品或者服务的商业广告活动，适用本法。

（2）非确定性规范，又称委托性规范，是指法律规范没有明确规定行为规则的内容，而是委托某一机关加以具体规定。如《广告法》第七十三条规定，公益广告的管理办法，由国务院市场监督管理部门会同有关部门制定。

（3）准用性规范，又称引致条款、兜底条款，是指法律规范本身没有规定人们具体的行为模式，而是援引或参照其他相应法律规范规定的规则。准用性规范主要是为了防止本法律不周严性，防止本法律与其他法律、行政法规竞合。如《广告法》第九条规定第十一项规定，广告不得有法律、行政法规规定禁止的其他情形。将《广告法》没有包括的，其他法律、行政法规已有规定的都包括在这个条款中。例如，《野生动物保护法》第三十一条规定，禁止为出售、购买、利用野生动物或者禁止使用的猎捕工具发布广告。禁止为违法出售、购买、利用野生动物制品发布广告。《人民币管理条例》第二十七条第三项规定，禁止未经中国人民银行批准，在宣传品、出版物或者其他商品上使用人民币图样。宣传品包括广告宣传品。

《广告法》中类似的引致条款很多，例如，《广告法》第十四条第三款规定；第十六条第五项规定；第十八条第六项规定；第二十一条第五项规定；第二十六条第三项规定；第三十七条规定；第四十二条第四项规定；第四十九条第七项规定等。

因此，学习运用《广告法》，还必须学习掌握与《广告法》相关的法律、法规。

4. 按照法律规范后果的不同性质，法律规范可分为保护性、奖励性和制裁性规范

(1) 保护性规范，是指保护人们合法、有效权利的法律规范。如《广告法》第十条规定，广告不得损害未成年人和残疾人的身心健康。

(2) 奖励性规范，是指对为社会做出贡献的行为予以表彰或物质奖励的法律规范。如《广告法》第七十三条规定，国家鼓励、支持开展公益广告宣传活动，传播社会主义核心价值观，倡导文明风尚。

(3) 制裁性规范，是指对违法行为确认无效、撤销，以至制裁的法律规范。如《广告法》第六十条规定，违反本法第三十四条规定，广告经营者、广告发布者未按照国家有关规定建立、健全广告业务管理制度的，或者未对广告内容进行核对的，由市场监督管理部门责令改正，可以处五万元以下的罚款。

第三节　法的渊源

一、法的渊源的概念

法的渊源是指法的来源，也就是法的效力来源。国家立法机关制定和认可的、具有不同法的效力或地位的宪法、法律、法规、规章和国际条约等规范性法律文件，都是法的渊源。

二、中国法的渊源

(一) 宪法，由我国最高权力机关全国人民代表大会制定和修改。一切法律、行政法规、地方性法规、自治条例和单行条例、规章都不得同宪法相抵触。（详见《宪法》第五条，《立法法》第八十七条）

(二) 法律，由全国人民代表大会及其常委会制定，在地位和效力上仅次于宪法，在全国范围适用，包括基本法、普通法、部门法。其特点是法律名称前为"中华人民共和国"，后面最后一个字为"法"。例如全国人民代表大会常委会制定的《中华人民共和国广告法》。国内引用通常省略"中华人民共和国"字样。（本书引用法律、行政法规时，省略其中的"中华人民共和国"字样）

1. **基本法**，由全国人民代表大会制定，例如《民法典》《刑法》《民事诉讼法》《刑事诉讼法》《立法法》《行政处罚法》等。

2. **普通法**，由全国人民代表大会常委会制定，例如《行政许可法》《广告法》《消费者权益保护法》《反不正当竞争法》，等等。当两部普通法发生冲突（竞合）时，就产生了一般法与特别法的概念。所以，普通法包含一般法与特别法。

3. **特别法**，由全国人民代表大会常委会制定和修改，如《广告法》《商标法》《专利法》《著作权法》《消费者权益保护法》《反不正当竞争法》等。

(三) 行政法规，由国家最高行政机关国务院制定，其地位和效力仅次于宪法和法律，在全国范围内适用。形式名称前为"中华人民共和国"，后面为"条例""办法""规定"，如国务院制定的《广告管理条例》。

(四) 地方性法规，由地方人民代表大会及其常务委员会制定，不得与宪法、法律和行政法规相抵触，仅在本辖区适用。形式名称前为"行政区划名称",后面为"条例""办法""规定"。如浙江省人民代表大会常务委员会制定的《浙江省广告管理条例》,其不得与《广告法》《广告管理条例》相抵触。

（五）**民族自治地方条例和单行条例**,由民族自治地方人民代表大会及其常务委员会依法对法律、行政法规做变通规定,在本自治地方内适用。形式名称前为"民族自治行政区划名称",后面为"条例""办法""规定"。

（六）**特别行政区法律**,由全国人大针对香港、澳门特别行政区制定的特别行政区基本法,以及由香港、澳门特别行政区立法机关制定的法律。形式名称前为"特别行政区名称",后面为"条例""办法""规定"。

（七）**行政规章**,包括部门规章和地方行政规章。

1. 部门规章,是指国务院的组成部门及其直属机构在其职权范围内制定和修改的规范性法律文件,在全国某一监督管理领域内具有约束力,如国家市场监督管理总局制定的《互联网广告管理办法》。

2. 地方行政规章,是指省、自治区、直辖市和设区的市、自治州人民政府制定的规范性法律文件,在本辖区具有约束力,如上海市人民政府制定的《上海市户外广告设施管理办法》。

（八）**国际条约**,国家主体之间以国际法为准则,为确立其相互权利和义务而缔结的书面协议。国际条约包括一般性的条约和特别条约。

（九）**法律解释**,我国确立了以全国人大常委会为核心的各机关分工配合的法律解释制度,具体分为立法解释、司法解释、行政解释、地方性法规解释和规章解释等五种。

1. 立法解释,是指全国人大常委会认为法律的规定需要进一步明确含义,或者法律制定后出现新情况,需要明确适用的法律依据时发布的解释。立法解释与被解释的法律具有同等效力。（详见全国人大常委会《关于加强法律解释工作的决议》第一条,《立法法》第四十五条、第四十六条）

2. 司法解释,是指最高人民法院和最高人民检察院在审判、检察工作中,就具体应用法律、法令的问题发布的解释。司法解释与被解释的法律具有同等效力,如最高人民法院《关于审理不正当竞争民事案件应用法律若干问题的解释》,首次明确了虚假宣传不正当竞争行为的内涵,界定了广告明显夸张与虚假宣传。以明显的夸张方式宣传商品,不足以造成相关公众误解的,不属于引人误解的虚假宣传行为。人民法院应当根据日常生活经验、相关公众一般注意力、发生误解的事实和被宣传对象的实际情况等因素,对引人误解的虚假宣传行为进行认定。该司法解释对引人误解的虚假宣传的认定有三条:经营者对产品作片面的宣传或者对比;将科学上未定论的观点、现象等当作定论的事实用于商品宣传;以歧义性语言或者其他引人误解的方式进行商品宣传,足以造成相关公众误解的,均可认定为虚假宣传。（司法解释详见全国人大常委会《关于加强法律解释工作的决议》第二条,《最高人民法院关于司法解释工作的规定》第五条,《最高人民检察院司法解释工作暂行规定》第二条）

3. 行政解释,是指国务院及其主管部门对国务院行政法规的解释,如公安部颁布的《公安机关执行〈治安管理处罚法〉有关问题的解释》。（行政解释详见全国人大常委会《关于加强法律解释工作的决议》第三条）

4. 地方性法规解释,是指省、自治区、直辖市和设区的市、自治州人大常委会和人民政府主管部门对同级地方性法规在实施过程中存在的问题,进行明确界限、补充规定或者具体应用而制作的规范性法律文件。（地方性法规解释详见全国人大常委会《关于加强法律解释工作的决议》第四条）

5. 规章解释,是指规章制定机关在规章实施过程中,对规章进一步明确具体含义,或者出现新情况需要明确适用规章依据时制定的规范性法律文件,对规章做出的解释与被解释的规章具有同等效力。（规章解释详见国务院《规章制定程序条例》第三十三条）

（十）法律法规汇编、法典编纂、法律法规清理

1. **法规汇编**，不是立法活动，不改变原规范性法律文件的内容，不能形成新的法律和法规，而只是对其进行外部加工，即将规范性法律文件按一定顺序予以排列，汇编成册。它不能形成新的法律和法规。

2. **法典编纂**，是立法活动，必须由立法机关按照职权范围和法定程序进行，是对属于某一部门法的全部法律规范进行审查、修改、补充，并编制新的法典，必须由立法机关按照职权范围和法定程序进行。

3. **法规清理**，不是立法活动，它既不制定新的法律规范，也不修改原有规范的内容，而仅仅是依据一定标准，对现行法律规范进行审查，以便重新确定其法律效力。

第四节　法的效力

一、法的效力的概念

法的效力是指法作为一种国家意志所具有的约束力和强制性，包括法的效力等级、法的效力范围。

二、法的效力等级

法的效力等级也被称为法的效力层次，是指不同等级的立法主体制定的法有不同的法的效力，等级高的立法主体制定的法的效力高于等级低的立法主体制定的法。法律效力等级可大致概括为以下六个层次。

最高层次：宪法。宪法由全国人民代表大会制定。（详见《立法法》第八十七条）

第二层次：基本法。基本法由全国人民代表大会制定。例如《民法典》《刑法》《民事诉讼法》《刑事诉讼法》《立法法》《行政处罚法》等。（详见《立法法》第七条、第八十八条）

第三层次：普通法。普通法由全国人民代表大会常务委员会制定。例如《行政许可法》《广告法》《消费者权益保护法》《反不正当竞争法》等。普通法包含一般法与特别法。（详见《立法法》第七条、第八十八条）

第四层次：行政法规。行政法规由国家最高行政机关国务院制定。例如《广告管理条例》，等等。（详见《立法法》第六十五条、第八十八条）

第五层次：地方法规。地方法规由地方人民代表大会及其常委会制定。例如《浙江省广告管理条例》《江苏省广告条例》，等等。（详见《立法法》第七十二条、第八十九条）

第六层次：行政规章。行政规章由国务院各部委以及各省、自治区、直辖市的人民政府和省、自治区的人民政府所在地的市以及设区市的人民政府制定。例如国家市场监督管理总局制定的部门行政规章《互联网广告管理办法》，上海市人民政府制定的地方行政规章《上海市户外广告设施管理办法》等。（详见《立法法》第八十八条、第八十二条、第九十一条）

三、法的效力范围

法的效力又称为法的适用范围（法的调整范围），是指法对何种人，在何种空间范围、时间范围内有约束力和强制力，即法律在什么地方、什么时间、对什么人、对什么事有约束力。法律的适用范围主要包括法的空间效力、时间效力和对人的效力问题，就是地域的效力范围、时间的效力范围、主体的效力范围。

（一）地域的效力范围

地域的效力范围又称为属地效力或者空间效力，是指法律在什么地域范围内有效。地域的效力范围分为域内效力和域外效力两种。

1. 域内效力，是指本国法律在本国境内有效。本国境内包括领海、领空、领土及其延伸部分——本国驻外使领馆，以及具有本国国籍的航空器、船舶等。

【案例】海信公司在中国境外发布"海信电视·中国第一"广告

在2016年欧洲杯足球赛事中，海信公司花了数亿元人民币获得欧洲杯广告席位，在法国巴黎圣丹尼斯球场内发布了"Hisense, CHINA'S NO.1 TV BRAND""海信电视·中国第一"的海信电视广告牌（见下图），并利用电视转播和网络转播，将广告扩散至各国和延伸到我国境内，引发媒体争议。大多数人认为"中国第一"违反了我国《广告法》第九条（三）不得使用绝对化用语的规定，因为"第一"与"最佳"含义一样，是最高级的形容词。"中国第一"不仅涉嫌虚假，而且贬低了我国其他品牌电视机，应当依法处理。

那么我国广告监管机关可以依照我国《广告法》对海信公司予以处罚吗？答案是不可以处罚，理由如下：

一是"海信电视·中国第一"的广告牌发布地在法国巴黎圣丹尼斯球场内，我国《广告法》第二条第一款明确规定，在中华人民共和国境内的商业广告活动，适用《广告法》。因此，按照我国《广告法》的地域效力范围，广告发布行为地在欧洲的，不受我国《广告法》规制，我国的广告监督管理部门没有管辖权，也就不能处罚。

二是法律关系是确定广告活动责任主体的一项重要原则。虽然"海信电视·中国第一"的广告牌经过电视转播和网络转播，将广告延伸到我国境内，但是海信公司仅仅与欧洲杯足球赛组织机构及赛场建立了发布户外广告法律关系，并没有与欧洲杯足球赛直播与转播媒体机构建立发布电视和网络广告的法律关系，更没有与中国CCTV央视、优酷、咪咕网络建立广告发布的法律关系，中国CCTV央视、优酷、咪咕网络视频平台仅通过付费转播协议转播欧洲杯足球赛的实况。因此，海信公司不是中国电视、网络的广告主体。

三是《行政处罚法》第三十八条规定："行政处罚没有依据或者实施主体不具有行政主体资格的，行政处罚无效。"按照处罚法定原则，《广告法》也没有明确规定转播中发生将比赛现场设置的广告牌的再次传播行为的责任主体及处罚规定。广告监督管理部门没有依据处罚再次传播行为，也就不能处罚。

因此，海信公司利用了法的地域效力范围，规避了我国《广告法》，打了一次擦边球。

2. 域外效力，是指本国法在外国被认可与适用所发生的效力，一般指发生在参加的国际条约中互相认可与适用他国法的效力。

（二）时间的效力范围

时间的效力范围又称时间的适用范围，包括法的生效时间、终止时间和法的溯及力。

1. 法的生效时间，通常有两种情况：①公布之日起生效；②法本身设定了生效日期。

2. 法的失效时间，通常有四种情况：①法规定了失效日期；②以新法代替旧法，新法生效之日就是旧法失效之时；③宣布废除某法的日期；④撤销违宪的法律、法规的日期。

3. 法的溯及力，又称"溯及既往的效力"，是指某项法律公布生效以前所发生的事件或行为，是否适用该法。如果适用，就具有溯及力；如果不适用，就不具有溯及力。法的溯及力主要有以下三种：

(1) 从旧原则，新法不溯及既往；

(2) 从新原则，新法具有溯及既往的效力；

(3) 从轻原则，新法和旧法，哪个对行为人处罚较轻，就适用哪个法。如果适用新法，就是溯及既往；如果适用旧法，就不溯及既往。

根据我国法律的一般立法原理，法一般不溯及既往，即不适用于本法生效之前的行为或事件。

（三）对主体的效力范围

对主体的效力范围是指法律对什么人有约束力。法的适用对人的效力问题非常复杂，但通常有以下两种情况：一是本国公民在境内外是适用本国法律还是适用他国法律的问题；二是非本国公民在境内外是适用本国法律还是适用他国法律的问题。对主体的效力范围通常有以下三种处理原则：

1. 属地原则，无论行为人是哪国国籍，都适用行为发生地国家的法律；

2. 属人原则，无论其行为发生地在何处，都适用公民国籍的国家法律；

3. 属地与属人相结合的原则，无论行为人的国籍如何，只要其在某国实施违反某国的法律就适用违法行为发生地国的法律。我国及多数国家都采取以属地为主，属人为辅的法的适用原则。如我国《广告法》第二条规定就是以属地为主、属人为辅的原则。

（四）法的价值

法的价值又称为法律的价值，是指法律满足人类生存和需要的基本性能，即法律对人的有用性。法的价值是以法与人的关系作为基础的，是法对人的意义。法律的基本价值包括自由、正义、秩序等诸多方面，它指导着法的具体功能和作用的实现。

法律的各个基本价值之间可能会出现相互间的冲突。在协调冲突的过程中，解决法的价值冲突有三个适用原则：价值位阶原则、个案平衡原则、比例原则。

1. 价值位阶原则，是指不同位阶的法的价值发生冲突时，可以适用从高到低的价值位阶原则。例如，《广告法》价值位阶高于《广告管理条例》，广告违法行为同时违反了《广告法》《广告管理条例》，应当优先适用《广告法》。简而言之，就是上位法优于下位法。

一般而言，法的"正义"价值位阶高于"秩序"价值位阶。例如，我国《广告法》规定的真实性原则是广告法体系中最基本、最核心的价值，属于"正义"价值，优于《广告法》规定的其他"秩序"价值的原则。毫无事实根据的广告声称"中国第一"，既违反了我国《广告法》第九条第（三）项不得使用绝对化用语的规定（"秩序"价值），构成违禁广告，同时也违反了我国《广告法》第四条规定，构成第二十八条规定的虚假广告（"正义"价值）。按照价值位阶原则，就应当适用《广告法》第四条、第二十八条规定，以虚假广告论处。

2. 个案平衡原则，是指同一位阶的法之间发生冲突时，必须综合考虑主体之间的特定情形、需求和利益,以使个案的解决能够适当兼顾双方的利益。公共利益并不一定高于个人利益,而是结合具体情形寻找两者之间的平衡点。例如,在某一遗产继承纠纷案件中,按照法律规定,继承人甲和乙应平均继承财产。但由于继承人甲没有劳动能力,法官判决甲继承了被继承人65%的财产,就是考虑了主体之间的特定情形予以变通,体现了个案平衡原则。

3. 比例原则,是指不限于是否同一位阶的法的价值之间冲突,为保护某种较为优越的法价值须侵及另一种法益时,不得逾越此目的所必要的程度。换言之,即使某种价值的实现必然会以其他价值的损害为代价,也应当使被损害的价值减低到最小限度。如我国《刑法》规定的紧急避险制度(生命权优先于财产权,大利益优于小利益)。《刑法》第二十一条规定:"为了使国家、公共利益、本人或者他人的人身、财产和其他权利免受正在发生的危险,不得已采取的紧急避险行为,造成损害的,不负刑事责任。"又例如,为维护公共秩序,必要时可能会实行交通管制,但应尽可能实现"最小损害"或"最少限制",以保障行车自由。

行政法中比例原则是指行政权力的行使除了有法律依据这一前提外,行政主体还必须选择对行政相对人侵害最小的方式进行。《行政处罚法》第五条规定:"设定和实施行政处罚必须以事实为依据,与违法行为的事实、性质、情节以及社会危害程度相当。"简而言之,就是行政处罚中的过罚相当原则。

在《广告法》执法实践中同样存在个案平衡原则,同样的虚假广告行为,处罚结果不同。因为不同当事人在发布虚假广告中,行为、情节、后果不同,所以,《广告法》第五十五条对虚假广告的处罚规定了一定的幅度,赋予市场监督管理部门针对不同个案处罚时的自由裁量权。

四、法律适用的原则

(一)上位法优于下位法

当上一级立法机关制定的法律(简称"上位法")与下一级立法机关制定的法律(简称"下位法")之间发生法规竞合时,从法的渊源、法的效力等级而言,上一级立法机关制定的法律,其效力高于下一级立法机关制定的法律,应当适用上位法的规定。(详见《立法法》第八十八条)如全国人大常委会颁布的《广告法》优于国务院颁布的《广告管理条例》。

由于法的复杂性,法律适用还存在一些特殊原则,包括新法优于旧法、特别法优于一般法、重法优于轻法,以及重罚吸收轻罚的原则。

(二)新法优于旧法,也称后法优于前法

当同一立法机关制定的法律,新法与旧法的规定不一致或者对同一调整对象都做了规定时,新法效力大于旧法,应当适用新法的规定。(详见《立法法》第九十二条)

注意,新法生效与旧法废除失效同步,以及法不溯及既往是我国法治的一个原则。我国立法机关制定新法时,都会在新法附则部分明确规定相同相似的旧法在新法生效时废止。另外,我国立法机关制定的法律一般没有溯及力。溯及力是指一部新法生效实施后,对其生效前的行为是否具有法律效力。如果具有法律效力,就有溯及力;如果不具有法律效力,就没有溯及力。我国立法机关制定的法律一般都对生效前的行为没有法律效力。(详见《立法法》第九十三条)

(三)特别法优于一般法

当同一级别机关制定的法律之间发生法规竞合时,即不同法律对同一调整对象都做了规定时,特别法的效力优于一般法,应当适用特别法的规定。(详见《立法法》第九十二条)

如《广告法》《反不正当竞争法》都是全国人大常委会通过的专门法,都规定了禁止不正当竞争,

但是在禁止不正当竞争法律规范中，《反不正当竞争法》是特别法，所以广告活动中的不正当竞争行为应当适用《反不正当竞争法》。

（四）重法优于轻法或者重罚吸收轻罚

当同一法律中的法条竞合时，重法优于轻法或者重罚吸收轻罚，是指当事人有两个以上违法行为及相应的处罚法条时，选择一个较重的处罚法条予以处罚。（详见本章第一节的案例分析）

第五节　法律关系

一、法律关系的概念

法律关系是指在法律规范调整社会关系的过程中所形成的人们之间的权利和义务关系。凡纳入法律调整范围内的社会关系都可称为法律关系。

二、法律关系的特征

法律关系是社会关系的一种特殊形态，与一般的社会关系相比，有以下三个最重要的特征。

（一）是纳入法律调整的社会关系

法律关系是以法律为前提而产生的社会关系，凡纳入法律调整范围内的社会关系都可称为法律关系。

（二）体现法律主体之间的权利和义务关系

法律关系是以法律上的权利、义务为内容而形成的社会关系，是当事人之间按照法律规定或约定分别享有一定的权利或承担一定的义务为内容联结的人们之间的关系。

（三）体现国家意志及强制力

法律关系是以国家强制力作为保障手段的社会关系。在法律规范中，一个人可以做什么、不得做什么和必须做什么的行为模式体现了国家对各种行为的态度。当法律关系受到破坏时，就意味着国家意志所设定的义务被拒绝履行、所保护的权利受到侵犯，必须予以制裁。

三、法律关系的构成要素

法律关系是由主体、客体和内容三个要素构成。

（一）法律关系的主体

1. 自然人；
2. 法人（机构和组织）；
3. 国家（在特殊情况下，国家可以作为一个整体成为法律关系主体）。

法律关系主体是指在法律关系中享有权利或承担义务的人。法律上所称的"人"，主要包括自然人和法人。自然人是指有生命并具有法律人格的公民、外国人和无国籍的人。法人是指具有法律人格，能够以自己的名义独立享有权利或承担义务的组织。

自然人和法人要成为法律关系的主体，就必须具有权利能力和行为能力。

权利能力，是指由法律所确认的法律关系主体享有权利或承担义务的资格。

自然人的权利能力分为一般权利能力和特殊权利能力两种。

自然人一般权利能力始于出生，终于死亡，如人身权利能力等。

自然人特殊权利能力须以一定的法律事实出现为条件才能享有，如个人从事广告经营应当符合广告登记的条件，并经市场监督管理部门核发个体工商户营业执照后才可以经营广告业务。

法人的权利能力始于法人依法成立，终于法人被解散或撤销。法人权利能力的内容和范围由有关法律和法人组织的章程加以规定。如广告公司按照《公司法》规定，由股东出资并制定章程，经市场监督管理部门核发企业法人营业执照后才可以经营广告业务。

某些特定类型的法律关系，除了具有权利能力之外，还必须具有行为能力。如自然人的行为能力分为三类：第一类为完全民事行为能力人，第二类为限制民事行为能力人，第三类为无民事行为能力人。

1. 完全民事行为能力人

（1）十八周岁以上的成年人为完全民事行为能力人，可以独立实施民事法律行为。（《民法典》第十七条、第十八条）

（2）十六周岁以上的未成年人，以自己的劳动收入为主要生活来源的，视为完全民事行为能力人。（《民法典》第十八条）

2. 限制民事行为能力人

（1）八周岁以上的未成年人为限制民事行为能力人，实施民事法律行为由其法定代理人代理或者经其法定代理人同意、追认；但是，可以独立实施纯获利益的民事法律行为或者与其年龄、智力相适应的民事法律行为。（《民法典》第十九条）

（2）不能完全辨认自己行为的成年人为限制民事行为能力人，实施民事法律行为由其法定代理人代理或者经其法定代理人同意、追认；但是，可以独立实施纯获利益的民事法律行为或者与其智力、精神健康状况相适应的民事法律行为。（《民法典》第二十二条）

3. 无民事行为能力人

（1）不满八周岁的未成年人为无民事行为能力人，由其法定代理人代理实施民事法律行为。（《民法典》第二十条）

（2）不能辨认自己行为的成年人为无民事行为能力人（包括不能辨认自己行为的八周岁以上的未成年人），由其法定代理人代理实施民事法律行为。（《民法典》第二十一条）

关于法人的行为能力，详见《民法典》第三章法人。

（二）法律关系客体

法律关系客体是指法律主体之间权利和义务共同指向的对象。它是将法律关系主体之间的权利与义务联系在一起的中介，没有法律关系的客体作为中介，就不可能形成法律关系。因此，客体是构成任何法律关系都必须具备的一个要件。法律关系客体主要包括物、行为结果、精神产品、人身利益等。

1. 物，即法律关系主体支配的、在生产和生活上所需要的客观实体。法律上所说的物包括一切可以成为财产权利对象的自然之物和人造之物，如制作交付的广告牌、广告灯箱等。

2. 行为结果，是权利和义务所指向的作为或不作为的结果，如广告发布等。

3. 精神产品，即智力成果。作为客体的智力成果指的是人们在智力活动中所创造的精神财富，它是知识产权所指向的对象，如广告创意设计作品、广告策划书等。

4. 人身利益，包括人格利益和身份利益，是人格权和身份权的客体，如广告作品所用他人的肖像、姓名等。

(三) 法律关系的内容

法律关系的内容是权利与义务，是指法律关系主体间在一定条件下依照法律或约定所享有的权利和承担的义务，是人们之间利益的获取或付出的状态。

1. 权利的概念，是指法律关系中主体依照法律的规定或者合同的约定，有权为一定行为或者不为一定行为，以及要求他人为一定行为或者不为一定行为的获得利益的一种手段。

2. 义务的概念，是指法律关系中主体依照法律的规定或者合同的约定，为了满足权利人的利益而按权利人的要求应为一定行为或者不为一定行为的保障权利主体获得利益的一种约束手段。

权利和义务是一切法律规范的核心内容，法的运行和操作的整个过程都是围绕权利和义务展开的，权利和义务二者相互关联、对立统一。正如马克思指出的：“没有无义务的权利，也没有无权利的义务。”

第六节 法律事实

一、法律事实的概念

法律事实是指法律规范所规定的，能够引起法律关系产生、变更和消灭的客观情况或现象。法律事实与客观事实既有联系又有重要区别。

二、法律事实的构成要件

(一) 法律规定的事实

如广告使用中华人民共和国的国旗、国歌、国徽、军旗、军歌、军徽，构成《广告法》规定的法律事实(违法事实)。

广告使用外国国旗则属客观事实，但不是法律事实，因为《广告法》并未规定禁止使用外国的国旗。

注意，虽然法无明文禁止规定，但也应持谨慎态度，不能恶意使用外国的国旗、国歌、国徽、军旗、军歌、军徽，不得引起外交事件。

(二) 有证据证明的事实

法律事实不仅是客观事实，而且是有证据证明的客观事实。许多事实也许是客观存在的，但由于拿不出证据证明事实，就不能认定为法律事实。但构成表见代理，法律规定可以免举证、推定的事实除外。

1. 没有证据证明的事实不是法律事实

如甲谎称自己是乙广告公司业务员，与丙企业口头约定为丙制作安装丙饮食连锁店广告牌，丙支付1万元定金现金给甲，未留下乙收据或发票。之后甲失踪，丙起诉乙。乙辩称没有与丙发生业务往来，也没有收到1万元定金。丙在法庭上无证据证明上述事实，法院判决丙败诉。

2. 构成表见代理的事实

假如甲是乙广告公司业务员，并在乙广告公司办公室以乙广告公司名义与丙口头约定为丙制作安装丙饮食连锁店广告牌。甲以乙广告公司财务不在为由，私下收下丙支付的1万元定金现金，没有出具收据或发票。之后甲失踪，丙起诉乙，乙应当承担其法律后果，因为构成表见代理。

表见代理是指虽然行为人事实上无代理权,但相对人有理由认为行为人有代理权而与其进行法律行为,其行为的法律后果由被代理人承担。表见代理从广义上看也是无权代理,但是为了保护善意第三人的信赖利益与交易的安全,法律强制被代理人承担其法律后果。

3. 法律规定可以免举证、推定的事实

最高人民法院《关于民事诉讼证据的若干规定释义》第九条关于【免证事由】规定,(一)众所周知的事实,(二)自然规律及定理,(三)根据法律规定或者已知事实和日常生活经验法则,能推定出的另一事实,当事人无须举证证明。

(1) 免证事实,是指不需要当事人承担举证责任即可以认定的事实。

假如甲是乙广告公司业务员,并在乙广告公司办公室以乙广告公司名义与丙口头约定为丙制作安装丙饮食连锁店广告牌,甲以乙广告公司财务不在为由,私下收下丙支付的1万元定金现金,没有出具收据或发票。乙广告公司如期将广告牌安装在丙饮食连锁店门头上后,甲失踪了。丙以找不到甲、没有收到甲交付的广告牌为由,拒付制作安装丙饮食连锁店广告牌全部费用。乙不用找到甲来举证,因为为丙制作安装丙饮食连锁店广告牌已是众所周知的事实。丙应当支付制作安装丙饮食连锁店广告牌全部费用。

(2) 推定事实,是指从已知事实经过推论推断出的另一事实。推断的事实不必证明。

假如甲是乙广告公司业务员,并多次以乙广告公司名义为丙饮食连锁店制作安装统一规格材料、统一价格的广告牌,每次收取丙广告牌制作安装费5万元,并且每次都有丙签字确认的制作安装验收单,以及广告牌制作安装费5万元发票。当甲与乙口头约定再次为丙饮食连锁店制作安装统一规格材料、统一价格的广告牌,乙广告公司也如期将广告牌安装在丙饮食连锁店门头上后,甲失踪了,丙以没有与甲约定5万元制作安装价格为由,拒付制作安装丙饮食连锁店广告牌全部费用。乙不用找到甲举证,因为,乙广告公司始终为丙饮食连锁店制作安装统一规格材料、统一价格是5万元的广告牌,而且有丙签字确认的制作安装验收单,以及每次都是广告牌制作安装费5万元发票等已知事实,可以推论推断出丙与甲约定5万元制作安装价格。丙应当支付制作安装丙饮食连锁店广告牌的5万元。

(三) 能够引起法律关系产生、变更和消灭的事实

法律事实是指能够引起法律关系产生、变更和消灭的事实。如果事实没有引起法律关系产生、变更和消灭,就不能称为法律事实。

三、法律事实的种类

依据是否以当事人的意志为转移,法律事实可分为法律事件和法律行为两类。

(一) 法律事件,是指法律规定的,与人的意志无关的,能够引起法律关系产生、变更和消灭的客观事实。

导致法律事件发生的原因,既可以来自社会,也可以来自自然界。所以法律事件分为社会事件和自然事件。如人的死亡,可能导致继承关系的发生为社会事件。又如自然界雷击将牛电死,导致牛的所有权关系的消灭为自然事件。

(二) 法律行为,是指由法律所规定的,与人的意志(故意或过失)有关的,能够引起法律关系产生、变更和消灭的人的行为。

当事人既无故意又无过失,而是由于不可抗力或不可预见的原因而引起的某种法律后果的活动,在法律上不被视为行为,而被归入意外事件、不可抗拒事件,如自然灾害、国家法律政策变化等。

人的意志有善意与恶意,行为有合法与违法之分,故法律行为也可以分为善意行为、合法行为与恶意行为、违法行为两类。

如电视台对电视广告内容尽了查验、核对广告证明文件的责任，由于广告主伪造证明文件，导致违法广告发生，则电视台的行为是善意、合法行为，广告主是恶意、违法行为。

总之，法律行为与法律事件的不同之处在于是否因当事人的主观因素引起法律关系产生、变更和消灭的事实。有主观因素的是法律行为，无主观因素的是法律事件。

第七节　违法行为

一、法律行为的概念

法律行为是指与当事人意志（故意或过失）有关，能够引起法律关系产生、变更或消灭的作为和不作为。行为与事件的不同之处在于当事人的主观因素是不是引发此种事实的原因。有主观因素的是行为，无主观因素的是事件。因此，当事人既无故意又无过失，而是由于不可抗力或不可预见的原因引起的某种法律后果的，在法律上不视为行为，被归入意外事件。

法律行为分为合法行为和违法行为两类。

二、违法行为的概念

违法行为是指行为人实施违反法律、法规规定的行为，包括不履行法定义务（不作为）或者做出法律禁止的行为（作为）。违法行为不一定是犯罪行为，但犯罪行为一定是违法行为。

三、违法行为的构成要件

违法行为由主体要件、主观要件、客观要件、客体要件等四个要件构成，缺一不可。

（一）**主体要件**：是指行为人，包括具有责任能力的自然人或依法登记的法人、组织。

（二）**主观要件**：是指行为人存在故意或过失。

（三）**客观要件**：是指行为人实施了违法行为。

（四）**客体要件**：是指行为人所实施的行为侵犯了法律所保护的社会关系。如虚假广告侵犯的客体是广告法所保护的消费者合法权益和正当竞争秩序及广告业健康发展秩序。

四、违法行为性质的分类

（一）**违宪行为**：是指违反宪法的行为。

（二）**刑事违法行为**：是指违反刑事法律的行为。

（三）**民事违法行为**：是指违反民事法律的行为。

（四）**行政违法行为**：是指违反行政管理法律、法规的行为。

第八节 法律责任

一、法律责任的概念与构成要件

（一）法律责任

法律责任是指行为人违法行为应承受法律规定的某种不利后果，通俗理解就是法律规定的违法后果。

（二）法律责任的构成要件

法律责任的构成要件是指构成法律责任必须具备的各种条件或必须符合的标准，它是国家机关要求行为人承担法律责任时进行分析、判断的标准。根据违法行为的一般特点，我们把法律责任的构成要件概括为：主体、过错、违法行为、损害事实和因果关系五个方面。

二、法律责任的特点

（一）承担法律责任的依据是法律。

（二）法律责任具有国家强制性。

三、法律责任的分类

（一）根据性质不同，法律责任可分为违宪责任、刑事责任、民事责任、行政责任。

（二）根据主观过错不同，法律责任可分为过错责任和无过错责任。

（三）根据主体不同，法律责任可分为职务责任和个人责任。

（四）根据责任内容不同，法律责任可分为财产责任和非财产责任。

四、法律制裁

（一）法律制裁的概念

法律制裁由特定的国家机关对违法者（或违约者）依其所应承担的法律责任而实施的强制惩罚措施。

（二）法律制裁的种类

法律制裁主要有违宪制裁、刑事制裁、民事制裁、行政制裁。

（三）行政制裁的两种形式

1. 行政处分，是指国家工作人员违法失职行为尚不构成犯罪，依照《公务员法》和《行政监察法》的有关法律、法规规定给予的一种惩处和制裁。行政处分种类有六种：警告、记过、记大过、降级、撤职、开除。

2. 行政处罚，是指法定的国家行政机关依据国家法律、行政法规、行政规章，对犯有违法行为，尚不构成刑事处罚的公民、法人或者其他组织，以减损权益或者增加义务的方式予以惩戒的行政行为。例如，市场监督管理部门对违法广告的公民、法人或者其他组织实施罚款的行政处罚。

根据2021年7月15日起施行的新《行政处罚法》规定，行政处罚种类，除原有的警告、罚款、没收违法所得、没收非法财物，责令停产停业、暂扣许可证证件、吊销许可证证件、行政拘留、法律行政法规规定的其他行政处罚,增加了通报批评、降低资质等级、不得申请行政许可、限制开展生产经营活动、责令关闭、限制从业等行政处罚种类,同时删除了暂扣或者吊销证照。

注意: 虽然《行政处罚法》删除了吊销证照的处罚规定,但是,如果其他法律、行政法规有吊销证照规定的,仍然可以依法吊销证照。例如《广告法》第五十五条规定,发布虚假广告的,两年内有三次以上违法行为或者有其他严重情节的,可以吊销营业执照。发布虚假医疗广告的,卫生行政部门可以吊销诊疗科目或者吊销医疗机构执业许可证。

第1章习题

一、填空题

1. 法是由国家专门机关按照《立法法》规定的立法权限、立法程序制定或认可,以权利和_____为内容,体现执政阶级意志和社会公正价值目标,并由国家政权强制力保证实施的社会规范的总和。

2. 法律规范的逻辑结构分为条件、模式、_____。它们是法律规范的三要素,缺一不可。其中模式是法律规范最基本的核心要素。

3. 法所规定的行为模式有三种:_____的模式、可为的模式、勿为的模式。

4. 非规范性法律文件是依据法律制作,对_____有法律效力的文件,不具有普遍约束力,如判决书、行政处罚决定书、逮捕证、营业执照、结婚证等法律文件。

5. 以法的创制方式为标准,可将法分为_____或认可。

6. 行政法规是由国家最高行政机关_____制定的规范性法律文件,在全国范围内适用,其地位和效力仅次于宪法和法律,如《广告管理条例》。

7. 部门规章是指国务院的组成部门及其直属机构在其职权范围内依法制定的规范性法律文件,其地位和效力次于宪法、法律和_____。

8. 法的效力是指法作为一种国家意志所具有的约束力和强制性,包括法的效力等级、法的_____。

9. 法律关系是指在法律调整社会关系过程中所形成的人们之间_____和义务关系。

10. 法律关系是由_____、客体和内容三个要素构成。

11. 《广告法》第五十三条规定,任何单位或者个人有权向市场监督管理部门和有关部门投诉、举报违反本法的行为。是_____模式。

12. 《广告法》第三十八条规定,不得利用不满十周岁的未成年人作为广告代言人。是_____模式。

13. 《广告法》第十四条规定,广告应当具有可识别性,能够使消费者辨明其为广告。是_____模式。

14. 按照法律规范的性质和调整方式不同,可以分为授权性、义务性和_____规范。

15. 按照法律规范的强制性程度的不同,法律规范可以分为_____和任意性规范。

16. 义务性规范是指要求人们承担一定的积极_____义务的法律规范。义务性规范包括强制性规范和任意性规范。

17. 按照法律规范内容_____程度的不同,法律规范可以分为确定性、委托性和准用性规范。

18. 按照法律规范后果的不同性质,法律规范可分为保护性、奖励性和_____规范。

27

19. 按照法的表现形式的不同，法可分为_____和不成文法。
20. 按照法律规定内容的不同，法可分为实体法和_____法。
21. 根据法律的效力、内容和制定程序的不同，法可分为根本法和_____法。
22. 根据法律适用范围不同，分为一般法和_____法。
23. 根据法律创制主体和适用法律关系主体的不同，法分为_____法和国际法。
24. _____法规由地方人民代表大会及其常务委员会制定，不得与宪法、法律和行政法规相抵触。
25. 特别法是指在一国的特定地区、特定期间或对特定事件、特定领域、特定对象有效力的法律规范。如在广告领域中，_____就是特别法。

二、判断题（正确的打"√"，错误的打"×"）

1. 法律规范由法律条文体现出来，一个法律规范等于一个法律条文。（　）
2. 法一经立法机关依法定程序通过并颁布后即开始生效。（　）
3. 判决书、公证书、委任书、结婚证书等是法律规范文件，具有国家强制性。（　）
4. 成文法是由国家立法机关制定的规范性法律文件，属于大陆法系，我国是使用成文法的国家。（　）
5. 上海市人民政府制定的《上海市户外广告设施管理办法》是地方行政规章。（　）
6. 国家市场监督管理总局制定的《药品、医疗器械、保健食品、特殊医学用途配方食品广告审查管理暂行办法》是部门规章。（　）
7. 上位法优于下位法，全国人大常委会颁布的《广告法》优于国务院颁布的《广告管理条例》。（　）
8. 在同一位阶的法律之间，特别法优于一般法。如全国人大常委会通过的《广告法》《反正当竞争法》都规定了禁止不正当竞争。在禁止不正当竞争法律规范中，《反不正当竞争法》是特别法。（　）
9. 狭义的法律仅指全国人大及其常委会制定的法律。（　）
10. 凡具有强制力的规范都是法律规范。（　）
11. 新法优于旧法，也称后法优于前法。（　）
12. 法的空间效力范围有域内效力和域外效力两种。在中国驻国外的使领馆，在中国境外具有中国国籍的航空器、船舶等上发布违法广告，适用中国的《广告法》，即为《广告法》的域外效力。（　）
13. 法的时间效力范围，包括生效日、失效日，还有是否有溯及力，即对法律颁布生效日之前的行为有无追溯力。《广告法》仅对实施之日起的违法广告有效力。（　）
14. 法对人的效力范围，就是法律对什么人有约束力。《广告法》对广告主、广告经营者、广告发布者、广告代言人、公共场所的管理者，或者电信业务经营者、互联网信息服务提供者、广告监管机关、广告审查机关等有约束力。（　）
15. 法律责任的构成，包括主体、过错、违法行为、损害事实和因果关系五个方面。（　）

三、不定项选择题

1. 下列属于中国法的渊源的是（　）。
   A. 人民法院判决书　　　　　　　　B. 全国人大常委会《广告法》

C．全国人大常委会《宪法》　　　　D．法律法规汇编
2．下列属于普通法的是（　　）。
A．全国人大常委会《民法典》　　B．全国人大常委会《广告法》
C．全国人大常委会《宪法》　　　　C．国务院《广告管理条例》
3．下列属于单行法或部门法的是（　　）。
A．全国人大常委会《广告法》　　B．全国人大常委会《商标法》
C．全国人大常委会《刑法》　　　　D．全国人大常委会《行政诉讼法》
4．国务院《广告管理条例》属于（　　）。
A．行政法规　　　　　　　　　　　B．法律
C．行政规章　　　　　　　　　　　D．地方性法规
5．浙江省人大常委会《浙江省广告管理条例》属于（　　）。
A．地方性法规　　　　　　　　　　B．法律
C．行政规章　　　　　　　　　　　D．行政法规
6．下列属于部门规章的是（　　）。
A．国家市场监督管理总局《互联网广告监督管理暂行办法》
B．全国人大常委会《广告法》
C．国务院《广告管理条例》
D．浙江省人大常委会《浙江省广告管理条例》
7．下列属于地方性行政规章的是（　　）。
A．上海市人民政府《上海市户外广告设施管理办法》
B．国务院《广告管理条例》
C．国家市场监督管理总局《互联网广告监督管理暂行办法》
D．江苏省人大常委会《江苏省广告条例》
8．无论《广告法》规定与《广告管理条例》规定是否一致，都应当适用《广告法》，这是因为（　　）。
A．上位法优于下位法　　　　　　B．新法优于旧法
C．同位法之间，特别法优于一般法
9．当《广告法》《反不正当竞争法》对广告活动中不正当竞争行为都有规定时，应当适用《反不正当竞争法》，当《广告法》《反不正当竞争法》对虚假广告行为都有规定时，应当适用《广告法》，这是因为（　　）。
A．上位法优于下位法　　　　　　B．新法优于旧法
C．在同一位阶的法律之间，特别法优于一般法
10．在降落英国伦敦机场的中国东方航空公司飞机内，美国某企业散发贬低"华为"的印刷品虚假广告，应当适用（　　）广告法律处理。
A．中国广告法律　　B．美国广告法律　　C．英国广告法律
11．在下列法律规范中，专门调整广告法律关系的法律规范是（　　）。
A．《广告法》　B．《合同法》　C．《民法典》　D．《刑法》
12．法律关系客体是指法律主体之间权利和义务所指向的对象，主要包括（　　）。
A．物　　B．行为结果　　C．精神产品　　D．人身利益
13．甲是广告代理公司，乙是电视台，甲委托乙发布广告，并支付给乙广告发布费。法律关系的客体

29

是（　　）。
   A．物　　B．行为结果　　C．精神产品　　D．人身利益
14．甲是广告主，乙是广告公司，甲委托乙制作灯箱广告，并支付给乙制作费。法律关系的客体是（　　）。
   A．物　　B．行为结果　　C．精神产品　　D．人身利益
15．在我国，行政法规的立法机关是（　　）。
   A．国务院　　　　　　　　B．全国人民代表大会
   C．国务院各部、委、局　　D．全国人民代表大会常务委员会
16．能够直接引起法律关系产生、变更和消灭的条件或情况是（　　）。
   A．法律事实　　　　　　　B．法律义务
   C．法律后果　　　　　　　D．法律权利
17．《广告法》的立法机关是（　　）。
   A．全国人民代表大会常务委员会　　B．中央军事委员会
   C．全国人民代表大会　　　　　　　D．国务院
18．《广告法》属于（　　）。
   A．法律规范　　　　　　　B．规范性法律文件
   C．非法律规范　　　　　　D．非规范性法律文件
19．上海市某区人民政府创制并发布的《户外广告管理办法》规定，设定了户外广告规划、审批的职能部门及其职权，规定了审批程序等，属于（　　）。
   A．法律规范　　　　　　　B．规范性法律文件
   C．非法律规范　　　　　　D．非规范性法律文件
20．《广告法》关于"广告不得含有虚假或者引人误解的内容，不得欺骗、误导消费者"的规定属于（　　）。
   A．义务性规范　　　　　　B．强制性规范
   C．禁止性法律规范　　　　D．任意性规范
21．《广告法》关于广告主委托设计、制作、发布广告，应当委托具有合法经营资格的广告经营者、广告发布者的规定属于（　　）。
   A．义务性规范　　　　　　B．非强制性规范
   C．禁止性法律规范　　　　D．强制性规范
22．《广告法》第六十三条，违反本法第四十三条规定发送广告的，由有关部门责令停止违法行为，对广告主处五千元以上三万元以下的罚款的规定属于法律制裁中的（　　）。
   A．刑事制裁　　　　　　　B．行政制裁
   C．行政处罚　　　　　　　D．行政处分
23．全国人民代表大会常务委员会对《广告法》的解释是（　　）。
   A．立法解释　　　　　　　B．司法解释
   C．行政解释　　　　　　　D．学理解释
24．最高人民法院对《广告法》的解释是（　　）。
   A．立法解释　　　　　　　B．司法解释
   C．行政解释　　　　　　　D．学理解释
25．某广告公司以行贿方式承揽广告业务，排挤其他广告公司，应当适用（　　）。

A.《合同法》　　　　　　　　　　B.《广告法》
C.《反不正当竞争法》　　　　　　D.《中华人民共和国民法通则》

26.《广告法》第四十二条规定，有下列情形之一的，不得设置户外广告：（一）利用交通安全设施、交通标志的；（二）影响市政公共设施、交通安全设施、交通标志、消防设施、消防安全标志使用的；（三）妨碍生产或者人民生活，损害市容市貌的；（四）在国家机关、文物保护单位、风景名胜区等的建筑控制地带，或者县级以上地方人民政府禁止设置户外广告的区域设置的。此规定属于（　　）。

　　A. 条件（或称假定）　　B. 勿为模式　　C. 应为模式

27. 下列哪个实例体现了法的价值冲突的解决原则中的个案平衡原则。（　　）
　　A. 张某向法院起诉要和妻子离婚，但妻子正在怀孕期间，法官判决二人不得离婚。
　　B. 在某一遗产继承纠纷案件中，按照法律规定，继承人甲和乙应平均继承财产，但由于继承人甲没有劳动能力，法官判决甲继承了被继承人 65% 的财产。
　　C. 为了维护公共秩序，交警必要时可以实行交通管制，但应尽可能实现"最小损害"或"最小限制"。
　　D. 在抗洪抢险中，王某认识到个人应服从社会或国家利益，同意救灾队拆除了家里的门板充作救灾物资。

28. 下列医院的做法体现了法的价值冲突的哪一项解决原则。（　　）
　　临产孕妇黄某由于胎盘早剥被送往医院抢救，若不尽快进行剖宫产手术将危及母子生命。当时黄某处于昏迷状态，其家属不在身边，且联系不上。经医院院长批准，医生立即实施了剖宫产手术，挽救了母子生命。
　　A. 价值位阶原则　　　　　　　B. 个案平衡
　　C. 比例原则　　　　　　　　　D. 功利主义原则

29. 我国《刑法》规定的紧急避险制度体现了法的价值冲突的哪一项解决原则。（　　）
　　A. 价值位阶原则　　　　　　　B. 个案平衡
　　C. 比例原则　　　　　　　　　D. 功利主义原则

30. 为维护公共秩序，必要时可能会实行交通管制体现了法的价值冲突的哪一项解决原则。（　　）
　　A. 价值位阶原则　　　　　　　B. 个案平衡
　　C. 比例原则　　　　　　　　　D. 功利主义原则

31. 我国《广告法》规定的真实性原则优于《广告法》规定的其他原则。体现了法的价值冲突的哪一项解决原则。（　　）
　　A. 价值位阶原则　　　　　　　B. 个案平衡
　　C. 比例原则　　　　　　　　　D. 功利主义原则

四、名词解释

1. 法　2. 法律关系　3. 法律事实　4. 法律行为　5. 法的价值

五、简答题

1. 法的基本特征有哪些？　2. 法的渊源有哪些？　3. 法的一般分类有哪些？　4. 法的价值冲突的解决原则有哪些？

六、论述题

试论我国法的渊源。

七、案例分析

【案例一】 某企业发布假冒著名商标（品牌）的山寨产品虚假广告，不仅挤占正牌产品的市场份额，还欺骗了消费者，侵犯了消费者合法权益。某市场监管局决定立案查处，但是在适用什么法律处罚时发生争议。有人认为假冒著名商标（品牌）是商标侵权行为，应当适用《商标法》处罚；有人认为假冒著名商标（品牌）是不正当竞争行为，应当适用《反不正当竞争法》处罚；有人认为山寨产品冒用正牌产品，侵犯了消费者合法权益，应当适用《消费者权益保护法》。

[问题] 你认为应当适用哪部法律处罚？为什么？请用法理分析，并请列举法律依据。

【案例二】 某广告公司委托某县电视台发布电视广告30次，并全额支付了电视广告发布费，电视台按广告发布合同及排期表完成了电视广告播放。广告公司认为电视台漏播了5次，要求电视台补播或退回漏播5次的广告发布费，但缺乏证据证明上述事实。

[问题] 广告公司认定的事实是法律事实吗？为什么？

【案例三】 某食品企业在互联网上发布了澳大利亚进口食品的广告，声称该食品经澳大利亚农业可持续发展联合会（MASAA）认定是有机食品，并获得该会颁发的证书。市场监管局认定是虚假广告，对广告公司处以20万元罚款。广告公司不服，向人民法院提起行政诉讼。在庭审质证中，市场监管局代理人讲，在调查中食品企业仅提供了有机食品证书复印件，没有提供原件，所以认定是虚假广告。而且广告是否虚假的认定权属于《广告法》赋予市场监管局的法定职权，市场监管局认为虚假就是虚假，不用证据证明。

[问题] 市场监管局在庭审中抗辩的理由正确吗？为什么？

【案例四】 某广告公司将奔驰公司诉至法院，理由是奔驰公司与其签订了广告媒介代理协议，广告公司提供广告媒介代理服务后，奔驰公司拖欠其广告费1100.5万元。在审理中，法院委托会计师事务所对广告公司提交的媒介排期表、银行付款凭证及相关证据进行了审计。审计结果证实，广告公司主张的1100.5万元的广告费，其中媒介购买款项下的254万余元、佣金项下的18万元，没有相关票据，无法获得认定。法院审理后判决，北京奔驰汽车公司应向广告公司支付645万余元的媒介购买费。

此案审结后不久，奔驰公司以广告公司虚报费用为由将其诉至法院。理由是广告公司主张1100.5万元媒介费中没有票据证实的部分就有254万元，达全部款项的20%。奔驰公司此前已付款2945.5万元，按此比例推算，在尚未审计的这部分中，至少有580万元的虚报费用。据此，奔驰公司请求广告公司返还580万元。本案开庭时，广告公司拒绝提供财务资料并明确表示拒绝审计。法院审理认为，此前，广告公司起诉奔驰公司时，其主张款项中存在不实费用的情况已经被审计证实。本案开庭时，尚未审计的580万元，被告拒绝提供财务资料并拒绝审计。因此，根据最高人民法院《关于民事诉讼证据的若干规定》的有关规定，"一方当事人控制证据无正当理由拒不提交，对待证事实负有举证责任的当事人主张该证据的内容不利于控制人的，人民法院可以认定该主张成立"。法院推定奔驰公司的主张成立，判决广告公司返还原告580万元。

[问题]你认为广告公司行为是否违法？为什么？请用法理分析法院处理的依据。

【案例五】吉林米稻天下网仓运营有限公司在淘宝电商平台网店销售大米，宣传页面内容为"东北绿色大米——适合孩子：健脑益智，有助于保护视力；适合老人：预防胆固醇和脂肪沉淀；适合孕妇：有益于胎儿发育，有利于提高产后母乳质量；适合上班族：含有丰富蛋白质及各种维生素，补充营养"等。当事人的行为既违反了《食品安全法》第七十三条第一款"食品广告的内容应当真实合法，不得含有虚假内容，不得涉及疾病预防、治疗功能……"的规定，又违反了《广告法》第四条"广告不得含有虚假或者引人误解的内容，不得欺骗、误导消费者……"和第十七条"除医疗、药品、医疗器械广告外，禁止其他任何广告涉及疾病治疗功能，并不得使用医疗用语或者易使推销的商品与药品、医疗器械相混淆的用语"的规定。（摘自吉林省辽源市市场监管局龙山分局处罚决定）

[问题]你认为应当适用哪部法律、哪一法条处罚？为什么？请用法理分析，并请列举法律依据。

【提示】本案发生了法条竞合。违反《食品安全法》第七十三条第一款的处罚依据是《食品安全法》第一百四十条，违反《广告法》第四条的处罚依据是《广告法》第五十五条，违反《广告法》第十七条的处罚依据是《广告法》第五十八条。违法食品广告发生了法条竞合，适用法理上什么原则予以处罚？

第 2 章

《广告法》概述

[本章知识要点] 了解广告立法的四个阶段,学习广告法的立法总旨、广告法的概念和结构及其主要内容、广告法适用范围及调整对象、广告法基本原则、广告管理机关等。掌握广告的真实与合法、健康与文明、弘扬中华民族优秀传统文化,以及广告行为规范与禁止虚假广告的原则,重点掌握广告法适用范围及调整对象、基本原则,重点把握广告真实性与艺术性之间的关系。

第一节 中国广告立法的四个阶段

马克思主义法律观认为,法没有脱离开社会物质生产发展史本身独立的历史,科学地揭示了法的根源的物质性,指出法的内容和发展归根到底都是它赖以存在的经济基础决定的,同时法又对其经济基础有积极的反作用。政治、哲学、宗教、伦理,以及政治制度、阶级斗争状况、文化传统等,都对法律的形成和发展产生不同程度的影响。因此,法的历史依赖于社会发展进程史。中国广告管理立法史也不例外。

从中华人民共和国建立至 1982 年期间,我国广告业无论是新中国成立初期的"告白"式商业广告,还是后来取缔商业广告,基本上以地方人民政府的地方性规范文件管理商业广告,缺乏国家层面的广告管理立法。

新中国成立初期至"文革"前夕,为了促进工商企业恢复生产和经济建设,人民政府既制定了各种支持政策,又采取了加强对工商企业经营活动管理的各项措施。地方人民政府相继设立了公用局、工商行政管理局或者工商行政管理办公室。

在广告业比较集中的上海、北京、广州、天津、西安和重庆等地,相继建立了广告管理机构,如上海、北京、广州由工商行政管理局管理广告,天津、西安由公用局管理广告,重庆由市广告管理所管理广告。并且相继发布了地方性的广告管理办法。例如,1949 年 4 月,天津市人民政府公用局率先公布了《广告管理商规则》。该规则规定:"凡在本市营业之广告商,持营业执照填具申请表,包括资本额、经营何项广告、副业、营业概况、经理人姓名等,呈请公用局登记审查合格发给登记证后,始得申请广告业务。"同年,天津市卫生局公布了《医药广告管理规则》。1949 年 5 月,上海市人民政府公用局接管了广告管理工作,并于 1949 年 12 月 18 日公布了《上海市广告管理规则》,规定:"凡在本市区,以含有招徕宣传性质之文字、图画等用各种方法揭布者,概以广告论。由公用局以本规则管理之。"并且规定广告都应事先将揭布方法、地点和内容报经公用局核准登记,并缴纳登记费,违者处罚,直至取缔,限期清除。同时规定广告商应向公用局申领许可证,并向工商局申领工商业登记证。1950年上海市工商行政管理局制定了《防止利用广告欺骗顾客的办法》,规定:"凡商业广告传单必须经由各该同业公会出具证明书,连同全部广告传单,向本局广告科登记"。1951年上海市工商行政管理局制定了《电台广播广告及报刊商业性广告管理办法》,规定:"广播广告内容,应由电台负责人签名盖章,送经广播电台商业同业公会初审,汇送工商行政管理局审核许可后,方可发布。"1950年,北京市人民政府公布了商业局拟定的《管理广告暂行办法草案》;1950年,西安市人民政府公用局公布了《广告管理暂行办法》;1951年,西安市工商局公布了《关于印刷厂商管理暂行办法》,其中许多条款涉及广告;1951年12月,重庆市人民政府公布了《广告管理规则》。在1956年全国广告行业实施社会主义改造时期,针对广告活动中存在的问题,地方人民政府对广告行业进行了整顿,将大量分散和私营的广告社等合并成较具规模的广告公司,并且解散了一批经营作风不正、业务混乱、濒临破产的广告社。同时,全国相继成立了广告行业同业公会,协助政府开展广告行业自律管理工作。如1950年,上海市成立了"广告商同业工会"。形成了政府广告管理法规、广告监督管理和广告行业自律管理的雏形,促进了广告业迅速地恢复和发展。

虽然,这一时期的地方人民政府广告管理法制建设为改革开放后的广告法制化进程提供了有益的经验,但是,地方人民政府广告管理办法仅仅是地方人民政府的规章和规范性文件,并没有上升到国家法律层面。直至1978年国务院发布《广告管理暂行条例》,我国的广告管理立法才真正进入法制化和法治化的轨道。因此,我国的广告立法起步较晚,立法推进也循序渐进,经历了以下四个立法阶段。

一、广告立法第一阶段

此阶段是暂行行政法规立法的阶段。1978年12月18日,中国共产党第十一届中央委员会第三次全体会议在北京举行。此次会议决定把党和国家的工作重心转移到社会主义经济建设上来,确定了解放思想、开动脑筋、实事求是、团结一致向前看的指导方针。此次会议在正确分析国内外形势的基础上,做出了实行改革开放的新决策。我国广告业开始步入恢复、发展时期。我国开始制定广告管理的暂行行政法规。1982年2月6日,国务院发布《广告管理暂行条例》,于1982年5月1日起施行。《广告管理暂行条例》施行后,广告管理职责从有关主管部门统一转移到工商行政管理部门(现市场监督管理部门)。

二、广告立法第二阶段

此阶段是从暂行行政法规过渡到行政法规的阶段。1987年10月26日,国务院修订《广告管理暂行条例》,发布了《广告管理条例》,于1987年12月1日起施行。根据《广告管理条例》,1988年1月9日国家工商行政管理总局(现国家市场监督管理总局)发布了《广告管理条例施行细则》。目前,《广告管理条例》仍然有效。

三、广告立法第三阶段

此阶段是从行政法规上升到法律的阶段。1994年10月27日,第八届全国人民代表大会常务委员会第十次会议审议通过了《广告法》,并于1995年2月1日起施行,从而使我国的广告业走上了法治化轨道。

四、广告立法第四阶段

此阶段是完善广告法律体系的阶段。2015年4月24日,第十二届全国人民代表大会常务委员会第十四次会议表决通过了修订的《广告法》,于2015年9月1日起施行。《广告法》明确界定了构成虚假广告的具体情形;补充、完善了广告准则,严格规范广告主体的行为,提高了广告监管的可操作性,加大了法律责任的震慑力。

2018年10月26日,第十三届全国人民代表大会常务委员会第六次会议修正的《广告法》,将"新闻出版广电部门"修正为"新闻出版、广播电视主管部门",将"工商行政管理部门"修正为"市场监督管理部门"。

2021年4月29日,第十三届全国人民代表大会常务委员会第二十八次会议修改的《广告法》,删去了2015年的《广告法》有关规定;删去第二十九条中的"并向县级以上地方市场监督管理部门办理广告发布登记"的规定;删去第五十五条第三款、第五十七条、第五十八条第三款中的"吊销广告发布登记证件"的规定;删去第六十条"违反本法第二十九条规定,广播电台、电视台、报刊出版单位未办理广告发布登记,擅自从事广告发布业务的,由市场监督管理部门责令改正,没收违法所得。违法所得一万元以上的,并处违法所得一倍以上三倍以下的罚款;违法所得不足一万元的,并处五千元以上三万元以下的罚款"的规定。

我国《广告法》在2015年大修订时,互联网广告的主要表现形式是PC网络广告,搜索广告、移动互联网广告刚刚兴起,许多问题尚没有显现,因此,《广告法》针对互联网广告问题仅做了原则性规定。随着数字技术、智能技术的赋能驱动,新型互联网广告层出不穷,涉及违法行为的互联网数字广告不仅花样繁多,而且更为隐蔽,出现了许多新问题。例如,电商直播与广告的关系问题、电商主播与广告代言人的关系问题、数字广告中过度收集消费者个人隐私的问题、互联网平台广告审查主体及其责任问题等日益显现。由于立法稳定性原则,《广告法》尚不能再次大修订,因此,广告立法第四阶段特点是我国立法机关制定有关法律对广告作出相应规定,以及国家部委办不断出台、修订相关广告管理规章,加以补充与完善,持续形成完善的广告管理法律体系。比如,全国人大常委会为保障网络安全,维护网络空间主权和国家安全、社会公共利益,保护公民、法人和其他组织的合法权益,促进经济社会信息化健康发展而制定的《网络安全法》;为了保护个人信息权益,规范个人信息处理活动,促进个人信息合理利用而制定的《个人信息保护法》;为了规范数据处理活动,保障数据安全,促进数据开发利用,保护个人、组织的合法权益,维护国家主权、安全和发展利益而制定的《数据安全法》;为了规范互联网广告活动,保护消费者的合法权益,促进互联网广告业的健康发展,维护公平竞争的市场经济秩序而制定的《互联网广告监督管理暂行办法》;为了加强网络直播营销管理,维护国家安全和公共利益,保护公民、法人和其他组织的合法权益,促进网络直播营销健康有序发展而制定的《网络直播营销管理办法(试行)》;为了规范网络交易活动,维护网络交易秩序,保障网络交易各方主体合法权益,促进数字经济持续健康发展而制定的《网络交易监督管理办法》;为了规范互联网信息服务算法推荐活动,维护国家安全和社会公共利益,保护公民、法人和其他组织的合法权益,促进互联网信息服务健康发展而制定的《关于加强互联网信息服务算法综合治理的指导意见》等。

第二节 《广告法》概念和结构及其主要内容

一、广告法的概念

广告法是指调整商业广告活动过程中所发生的各种社会关系的法律规范的总称。它有狭义与广义之分。

(一) 狭义的广告法

狭义的广告法是指由国家立法机关依照一定的法律程序所制定的专门调整广告活动的法律，即《广告法》。它相对于其他具有广告管理规定的《消费者权益保护法》《反不正当竞争法》等法律而言是特别法。

(二) 广义的广告法

广义的广告法是指用来调整广告活动的强制性行为规范的总称。它除了《广告法》以外，还包括了国务院及有关主管部门制定和颁布的广告管理的行政法规和规章，以及地方性法规、规章等。它是以《广告法》为核心，以涉及规范广告活动的《民法典》《合同法》《消费者权益保护法》《反不正当竞争法》《商标法》《专利法》《著作权法》《药品管理法》《食品安全法》《产品质量法》《烟草专卖法》《国旗法》《广告管理条例》《人民币管理条例》《互联网广告管理办法》等相关的法律、法规，和依据广告法律、法规制定的规章和司法解释、行政解释为补充，构成的我国广告管理的法律制度。

由此可见，我们在学习广告法时，必须掌握涉及规范广告活动的法律、法规和规章，了解法律、法规和规章之间的关系，只有这样才能准确地适用广告法律规范，正确地处理广告法律问题。

二、《广告法》的结构和主要内容

《广告法》共六章七十四条。

第一章 总则（第 1—7 条，共 7 条）。主要规定了立法宗旨、适用范围、调整对象、基本原则、广告活动主体及其概念、广告管理机关、广告行业组织。

第二章 广告内容准则（第 8—28 条，共 21 条）。主要规定了广告内容义务性规定及禁止性规定。包括广告内容应当准确、清楚、明白的规定，赠送商品或者服务广告规定，十一项禁止性规定，未成年人和残疾人保护规定，引证内容广告规定，专利广告规定，比较广告规定，大众传播媒介广告规定，药品、麻醉药品、精神药品、医疗用毒性药品、放射性药品等特殊药品广告规定，药品类易制毒化学品以及戒毒治疗的药品广告规定，医疗器械和治疗方法广告规定，医疗广告规定，保健食品广告规定，母乳的替代品广告规定，农药、兽药、饲料和饲料添加剂广告规定，烟草广告规定，酒类广告规定，教育培训广告规定，招商投资广告规定，房地产广告规定，农作物种子、林木种子、草种子广告规定，种畜禽、水产苗种和种养殖广告规定等，还有虚假广告的立法解释。

第三章 广告行为规范（第 29—45 条，共 17 条）。主要规定了广告主、广告经营者、广告发布者在广告活动中的义务性规定及禁止性规定。包括依法订立书面合同规定，禁止不正当竞争规定，广告中使用他人名义或者形象规定，广告业务的承接登记、审核、档案管理制度规定，广告经营者、广告发布者查验核对广告内容规定，公布收费标准和收费办法规定，媒体覆盖率、收视率、点击率、发行量等应当真实规定，禁止设计、制作、代理、发布法律、行政法规规定禁止生产、销售的产品或者提供的服务广告规定，广告代言人义务性规定及禁止性规定，禁止在中小学校、幼儿园内以及教材、教辅材料、练习册、文具、教具、校服、校车等发布或者变相发布广告规定，在针对未成年人的大众传播媒介上禁止发布有关广告内容规定，户外广告规定及授权管理规定，未经当事人同意或者请求不得发送广告禁止性规定，互联网广告管理规定，还有提供广告条件的公共场所的管理者或者电信业务经营者、互联网信息服务者的义务性规定及禁止性规定等。

第四章 监督管理（第46—54条，共9条）。主要规定了医疗、药品、医疗器械、农药、兽药和保健食品等广告发布前审查规定，广告审查机关及其工作人员的权利与义务规定，广告监督管理机关及其工作人员的权利与义务规定，有关部门及其工作人员的权利与义务规定，当事人不得拒绝、阻挠广告监督管理机关行使职权规定，投诉、举报的规定，消费者组织对广告依法进行社会监督的规定。

第五章 法律责任（第55—72条，共18条）。主要规定了违法广告内容、违法广告行为应当承担的行政责任、民事责任、刑事责任的规定，市场监督管理部门和广告审查机关及有关部门的工作人员不作为、乱作为应当承担法律责任的规定。

第六章 附则（第73—74条，共2条）。主要为公益广告义务性规定及授权性规定，以及《广告法》的生效日期。

第三节 《广告法》的立法宗旨

一、法律规定

《广告法》第一条规定："为了规范广告活动，保护消费者的合法权益，促进广告业的健康发展，维护社会经济秩序，制定本法。"此条规定就是《广告法》的立法宗旨。任何法律一般都在第一条规定中开宗明义地明确本法的立法宗旨与指导思想。《广告法》的立法宗旨包括规范广告活动、保护消费者的合法权益、促进广告业的健康发展、维护社会经济秩序等四个方面内容。

二、广告立法宗旨的四个方面内容

（一）规范广告活动

规范广告活动包括规范广告内容；规范广告活动主体行为；规范广告代言人行为；规范提供广告条件的公共场所的管理者、电信业务经营者、互联网信息服务者的行为。通过立法使广告活动主体的权利、义务在法律中予以明确。

（二）保护消费者合法权益

商业广告的主要功能是传递商业信息、引导消费，既为广告主服务，也为消费者服务。按照市场营销理论，广告应以消费者需求为导向；按照《消费者权益保护法》规定，消费者享有安全权、知情权、自主选择权、公平交易权、求偿权、获得商品知识权利、人格尊严和民族风俗习惯受尊重权、监督权等权利，因此广告必须尊重消费者，保护消费者合法权益，使消费者得益。只有消费者的合法权益受到保护，才能使广告取信于受众，更加有效，使广告主也得益。

（三）促进广告业的健康发展

广告业属于知识密集、技术密集、智力密集、人才密集的现代服务业，也是与意识形态密切相关的文化产业。改革开放以来，我国的广告服务质量有了明显的提高，广告设计从告白、公式化、雷同化的模式向创意艺术表现方向发展；广告的制作及设备水平与国际新技术和新材料接轨；广告的传播媒介互联网化、数字化、智能化。广告业正朝着以全面策划创意为中心、技术赋能为主导、优质服务为标准的方向发展。

（四）维护社会经济秩序

广告是市场经济发展的产物，是为市场经济服务的，广告业的发展在一定程度上反映了一个国家市场经济发展的水平。我国广告业的发展与我国的改革开放、经济建设相辅相成、紧密相连。广告为社会创造了经济效益和社会效益，促进了产品的生产销售，促进了体育、文化、出版、广播、电视、电子商务事业的发展。如果虚假广告、不正当竞争泛滥，广告秩序混乱，那么势必破坏社会经济秩序，影响国民经济的健康有序发展。因此，规范广告活动，也是维护社会经济秩序稳定的重要环节。

第四节 《广告法》适用范围

一、法律规定

《广告法》第二条规定："在中华人民共和国境内，商品经营者或者服务提供者通过一定媒介和形式直接或者间接地介绍自己所推销的商品或者服务的商业广告活动，适用本法。

本法所称广告主，是指为推销商品或者服务，自行或者委托他人设计、制作、发布广告的自然人、法人或者其他组织。

本法所称广告经营者，是指接受委托，提供广告设计、制作、代理服务的自然人、法人或者其他组织。

本法所称广告发布者，是指为广告主或者广告主委托的广告经营者发布广告的自然人、法人或者其他组织。

本法所称广告代言人，是指广告主以外的，在广告中以自己的名义或者形象对商品、服务作推荐、证明的自然人、法人或者其他组织。"

《广告法》第四十五条规定："公共场所的管理者或者电信业务经营者、互联网信息服务提供者对其明知或者应知的利用其场所或者信息传输、发布平台发送、发布违法广告的，应当予以制止。"

二、《广告法》适用范围的含义

《广告法》适用范围一般是指《广告法》调整什么对象及法律关系，在什么地方、什么时间有效力，以及是否有溯及既往的效力的总称。《广告法》有特定的调整对象及法律关系。

（一）《广告法》仅调整商业广告

《广告法》仅对商业广告有法律约束力，不适用于社会广告、公益广告、政府公告等，也不适用于非广告的商业宣传活动。

（二）《广告法》仅调整商业广告活动中各主体之间发生的法律关系

包括：
1. 广告主、广告经营者、广告发布者、广告代言人及其他广告活动主体之间的法律关系；
2. 广告活动主体与消费者之间的法律关系；
3. 广告管理机关与广告活动主体、消费者之间的法律关系；
4. 广告行业协会与广告管理机关、广告活动主体之间的法律关系。

三、《广告法》适用的主体范围

《广告法》适用的主体包括《广告法》第二条规定的广告主、广告经营者、广告发布者、广告代言人等一般主体，包括《广告法》第四十五条规定的公共场所的管理者、电信业务经营者、互联网信息服务提供者等特殊主体，包括程序化购买广告平台的广告需求方平台（互联网广告发布者、广告经营者）、媒介方平台（分配和筛选的媒介）、广告信息交换平台（交易结算等服务的数据处理）的经营者等主体，还包括构成商业广告的直播营销平台（广告发布者或者广告经营者）、直播间运营者、直播营销人员（广告发布者、广告经营者或者广告代言人）等主体。

（一）广告主

《广告法》第二条第二款规定："本法所称广告主，是指为推销商品或者服务，自行或者委托他人设计、制作、发布广告的自然人、法人或者其他组织。"它是广告宣传的主人，既包括支付费用，也包括不支付费用的广告主。

1. 法人

《民法典》第五十七条规定："法人是具有民事权利能力和民事行为能力，依法独立享有民事权利和承担民事义务的组织。"《民法典》第五十九条规定："法人的民事权利能力和民事行为能力，从法人成立时产生，到法人终止时消灭。"《民法典》第六十条规定："法人以其全部财产独立承担民事责任。"

2. 其他组织

《民法典》第一百零二条规定："非法人组织是不具有法人资格，但是能够依法以自己的名义从事民事活动的组织。"其他组织是指合法成立，有一定的组织机构和财产，但又不具备法人资格的组织，包括依法登记领取营业执照的合伙型联营企业，非独立核算的分支机构，如广告公司设立的不具备法人资格的分支机构等。

但是，法人或者其他组织发布招聘启事、律师声明等不是商业广告，不适用《广告法》。

3. 自然人

《民法典》第十三条规定："自然人从出生时起到死亡时止，具有民事权利能力，依法享有民事权利，承担民事义务。"广告活动主体之一的自然人既包括为推销商品或者提供服务，自行或者委托他人设计、制作、发布广告的自然人，也包括经营广告的个体工商户。但是，自然人发布求职、换房、征婚等个人事务的启事是社会广告，不是商业广告，也不是广告主，不适用《广告法》。

（二）广告经营者

1. 提供广告设计、制作、代理服务的自然人、法人或者其他组织是广告经营者。《广告法》第二条第三款规定："本法所称广告经营者，是指接受委托提供广告设计、制作、代理服务的自然人、法人或者其他组织。"从事广告经营，应当依法办理登记，领取营业执照，否则是"无照"经营广告的违法行为。

2. 程序化购买广告中，广告需求方平台是广告经营者，是互联网广告经营者。《互联网广告管理办法》第十四条规定："广告需求方平台是指整合广告主需求，为广告主提供发布服务的广告主服务平台。广告需求方平台的经营者是互联网广告发布者、广告经营者。"

3. 网络直播营销中直播营销平台有时也是广告经营者。国家互联网信息办公室、公安部、商务部、文化和旅游部、国家税务总局、国家市场监督管理总局、国家广播电视总局等七部门颁布的、于2021年5月25日起施行的《网络直播营销管理办法（试行）》第十一条规定："直播营销平台提供付费导流等服务，对网络直播营销进行宣传、推广，构成商业广告的，应当履行广告发布者或者广告经营者的责任和义务。"

（三）广告发布者

《广告法》第二条第四款规定："本法所称广告发布者，是指为广告主或者广告主委托的广告经营者发布广告的自然人、法人或者其他组织。"

广告发布者包括：

1. 从事发布广告业务的广播电台、电视台、报刊出版单位等大众传播媒介单位。

2. 从事发布广告业务的，自身拥有户外、互联网、手机APP等媒体的公司。

3. 程序化购买广告中，广告需求方平台也是广告发布者，是互联网广告发布者。《互联网广告管理办法》第十四条规定："广告需求方平台是指整合广告主需求，为广告主提供发布服务的广告主服务平台。广告需求方平台的经营者是互联网广告发布者、广告经营者。"

4. 网络直播营销中的直播营销平台有时也是广告发布者。《网络直播营销管理办法（试行）》第十一条规定："直播营销平台提供付费导流等服务，对网络直播营销进行宣传、推广，构成商业广告的，应当履行广告发布者或者广告经营者的责任和义务。"

5. 在互联网自媒体、社交媒体上发布广告的自然人也是广告发布者。《互联网广告管理办法》第三条规定："本办法所称互联网广告发布者，是指利用互联网媒介为广告主或者广告主委托的广告经营者发布广告的自然人、法人或者其他组织。"可见，从主体上看，在微博、微信平台注册个人账号、个人公众号、微店等，自然人可以成为互联网广告的发布者。例如，在微信朋友圈、微博中，养生、健康、美容等内容的文章中经常会推荐一些保健品品牌，在谈美容护肤等内容时会推荐一些品牌的化妆品。这些推荐微文，一般都有一定利益的委托关系产生的广告发布者，或者有一定利益的委托关系产生的转发广告者，他们应该被认定为广告的发布者。

【案例】个人公众号发表商业宣传文字、图片属于发布广告

韩某在个人微信公众号上发布了以文字及图片形式介绍手术前后形象及效果的对比，宣传其手术的治疗效果，以提高竞争力和公众的认可度。特别是其个人公众号上留有"长按扫码，预约面诊＆手术"的二维码，及提供咨询与预约服务功能的设置，诱导浏览者购买服务，还声称："最小程度的损伤，对组织最大程度的爱护，我们以此作为核心价值观，我们力保每一台手术是最符合患者的，且是健康、自然的手术。"其多次使用"最小程度""最大程度""最符合"等广告术语，意在宣传手术的治疗效果。

市民钱某为了改善上眼睑组织缺失的凹陷及瘢痕粘连，多方求诊，通过网络查询到自称"中国眼鼻整形修复知名专家"的韩某，一直观察其公众号上发布的案例，特别是脂肪移植手术无一失败，由此打消了其担心手术损伤的顾虑。钱某购买了服务，但他在美清诊所经韩某进行手术后，出现了各种问题及症状。钱某认为美清诊所及韩某存在欺诈和虚假宣传的违法行为，多次找诊所理论，但交涉无果。钱某遂向北京卫生监督热线12320举报投诉。东城区卫生健康委员会将投诉转交东城区市场监管局处理。东城区市场监管局答复钱某："对于你举报的韩某在个人微信公众号上涉嫌违法宣传的行为，我局经立案调查后现答复如下：经对韩某在个人微信公众号上发布的原创文章进行调查，其不属于医疗广告；经对'韩某——中国眼鼻整形修复知名专家'字样进行调查，通过对当事人取得的证书等证据进行查证，现有证据不足以证明当事人虚假宣传；经对'眼部整形理念——最小程度的损伤，对组织最大程度的爱护，我们以此作为核心的价值观，我们力保每一台手术是最符合患者的，且是健康的、自然的手术'用语进行调查，其不属于使用绝对化用语的广告违法行为。综上，我局决定予以销案。"钱某不服该答复，向北京市市场监管局申请行政复议。北京市市场监管局做出京市监复〔2019〕925号《行政复议决定书》，维持了东城区市场监管局做出的答复。

钱某不服行政复议决定，向法院提起行政诉讼。钱某认为，东城区市场监管局、北京市市场监管局均未对被举报人是否涉嫌欺诈，是否存在夸大、虚假承诺手术效果等事项做全面、必要的调查及认定，东城区市场监管局对韩某涉嫌违法广告宣传予以销案的行政行为违反事实和法律规定。韩某在微信公众号上所进行的宣传、推广及发布案例，属于互联网广告，应适用《广告法》调整的范围，亦属于《医疗广告管理办法》规定的医疗广告。东城区市场监管局、北京市市场监管局对上述涉嫌夸大虚假欺诈医疗服务行为应当依法立案查处。故请求法院撤销东城区市场监管局做出的涉诉答复和北京市市场监管局做出的925号复议决定，判令东城区市场监管局、北京市市场监管局重新做出行政立案决定，对韩某涉嫌欺诈医疗服务及违法宣传等行为正式受理、立案，并重新做出调查处理。

一审法院判决：一、撤销东城区市场监管局于2019年8月19日做出的答复；二、撤销北京市市场监管局于2019年12月27日做出的京市监复〔2019〕925号《行政复议决定书》；三、责令东城区市场监管局于一审判决生效之日起三十日内，针对钱某的投诉举报重新做出立案调查处理决定。

北京市市场监管局不服一审判决，上诉至二审法院。二审法院认为韩某在个人微信公众号上发布的内容应纳入《广告法》调整，韩某具有广告发布行为，其相关内容违反了《广告法》的规定，维持一审法院判决。[源自北京市第二中级人民法院行政判决书（2020）京02行终1350号]

【案例】企业利用公众号发布违法广告，被罚23.2万元

温州某网络传媒有限公司注册并运营至少42个微信公众号，利用这些微信公众号发布违法医疗广告和虚假消息。在温州某整形医院、苍南某整形医院、宁波某医院未取得《医疗广告审查证明》的情况下，该网络传媒有限公司利用名下微信公众号平台为上述三家医院发布医疗广告：温州某整形医院的广告内容含有"张弘业博士，台湾微整形之父""尹度龙教授，韩国眼部整形专家"等文字；宁波某医院广告内容含有"王中秒，国内微整形界巨擘"等文字。广告费用分别为7000元、1000元、500元，合计8500元。并且，当事人在其名下的"微文成""平阳百事通""乐清百事通""温州百晓在线""微温州""苍南百事通"6个微信公众号平台介绍中，宣称微文成"是温州文成县最具影响力的移动媒体"，平阳百事通"是原平阳新闻热线前身，是温州平阳县最具影响力的移动媒体"，乐清百事通"是原乐清新闻热线前身，是温州乐清市最具影响力的移动媒体"，温州百晓在线"是温州最大的移动端在线平台之一"，微温州"系温州最大新媒体之一"，苍南百事通"是本地最具影响力的新媒体平台"。温州市市场监管局根据

《广告法》相关规定,责令其停止发布违法广告,没收广告费用 8500 元,并处罚款 232 000 元。另外,"微温州"微信公众号因散布虚假食品安全信息,相关责任人被公安机关处以行政拘留 7 天。

需要注意的是,在自媒体、社交媒体上发布的信息不一定都是广告,也不是所有互联网信息的原创者、发布者、转发者都是广告发布者。但是,无论是广告还是非广告信息,发布者、转发者仍需对自己的微文文字、图片、视频内容负责。最高法、最高检、公安部《关于办理刑事案件收集提取和审查判断电子数据若干问题的规定》第一条规定,电子数据是案件发生过程中形成的,以数字化形式存储、处理、传输的,能够证明案件事实的数据。网页、博客、微博、朋友圈、贴吧、网盘等网络平台发布的信息,以及手机短信、电子邮件、即时通信、通信群组等网络应用服务的通信信息等,均属于电子数据。人民法院、人民检察院和公安机关有权依法向有关单位和个人收集、调取电子数据。由此可见,微博、微信朋友圈的微文文字、图片、视频内容都可以作为刑事案件证据。所以,在媒体、社交媒体上,无论是互联网信息的原创者、发布者,还是转发者,都应守法,不可任性。

(四)广告代言人

《广告法》第二条第五款规定:"本法所称广告代言人,是指广告主以外的,在广告中以自己的名义或者形象对商品、服务作推荐、证明的自然人、法人或者其他组织。"广告代言人既包括明星、网红、专家等公众知名人物的自然人,也包括有影响力、号召力的社团、科研机构等法人或者其他组织。

名人在广告中一经出现,只要身份可识别,即构成代言;普通人在广告中显示身份,利用其形象为商品、服务作了推荐、证明的,一般也可认定为广告代言人,但仅在广告中作为背景演员扮演特定角色,不以自身独立人格表达推荐、证明意图的,一般不认为是广告代言人。这一点对于使用未满 10 周岁的儿童作为广告背景演员以及医疗、药品、医疗器械、保健食品等禁止代言的行业宣传具有重要参考价值。(详见本书第五章"广告行为的管理规定")

(五)其他与广告活动有关的特殊主体

根据《广告法》第四十五条规定,有关特殊主体,包括在广告活动中的公共场所管理者或者电信业务经营者、互联网信息服务提供者。(详见本书第五章第四节"对广告活动特殊主体行为的管理规定")

1. 公共场所的管理者

根据国务院《公共场所卫生管理条例》有关规定,公共场所是指供公众从事社会生活的各种场所的总称,如商场、楼宇、机场、火车站、地铁、汽车站、码头以及宾馆旅店、影剧院、娱乐场所、体育场(馆)、公园、银行等。但是,值得注意的是,2013 年 9 月 5 日,《最高人民法院、最高人民检察院关于办理利用信息网络实施诽谤等刑事案件适用法律若干问题的解释》中有关违反信息网络行为引发公共秩序混乱的规定,把网络空间也列入了公共场所范畴。所以,《广告法》第四十五条规定所指的公共场所的管理者定义,按照国务院《公共场所卫生管理条例》有关规定,是指传统意义的场所范围;按照最高人民法院、最高人民检察院司法解释,还包括无形的网络空间。

2. 电信业务经营者

根据国务院《电信条例》规定,电信业务经营者是指利用有线、无线的电磁系统或者光电系统,传送、发射或者接收语音、文字、数据、图像以及其他任何形式信息活动的经营者。所以,《广告法》第四十五条规定所指的电信业务经营者的定义,一般是指提供电信广告业务传输条件的中国电信、中国移动、中国联通等电信业务经营者。

3. 互联网信息服务提供者

根据《电子商务法》、国务院《互联网信息服务管理办法》、国家市场监督管理总局的《互联网广告管理办法》和《网络交易监督管理办法》规定,《广告法》第四十五条规定所指的互联网信息服务提供者的定义，是指通过互联网提供信息服务，未参与互联网广告设计、制作、代理、发布等活动的自然人、法人或者其他组织，一般指仅为互联网广告信息提供传输、发布条件的平台经营服务者，提供广告监测监播的服务者，提供广告数据分析的服务者，提供广告数据交换的服务者。

（1）平台经营服务者：搭建网络平台，提供网络信息存储和发布空间，未参与广告活动，仅为广告主发布广告提供平台空间、Saas 服务、小程序等网络信息传输服务，包括网络空间存储服务（图片、文字、短视频、直播等表现形式）、网络自动接入或自动传输等服务（例如淘宝、快手、抖音、知乎、微信、哔哩哔哩、小红书等）。广告发布者是平台账号的注册者或者实际运营者。

（2）广告监测监播服务者：提供广告数据归因分析、流量渠道质量分析、人群模型价值分析、流量渠道质量测评等服务，帮助广告主测算和校验广告投放效果，防止流量作弊或造假。

（3）广告数据分析服务者：在人群数据收集、数据脱敏、数据加工、数据打通、数据应用等方面提供服务，通过人工智能计算，帮助广告主选择广告投放媒体、推送的受众人群，精准投放广告。

（4）广告数据交换服务者：提供实时竞价的交易服务，帮助广告网络联盟（程序化购买）中需求平台和第三方技术提供商通过实时竞价的方式购买互联网站点的广告媒体资源。

四、《广告法》适用的时空范围

（一）《广告法》适用的地域范围

根据《广告法》第二条规定，在中华人民共和国境内的商业广告活动受《广告法》的约束，在中华人民共和国境外的商业广告活动不受我国《广告法》的约束。

按照 1992 年 2 月 25 日第七届全国人民代表大会常务委员会第二十四次会议通过的《中华人民共和国领海及毗连区法》的规定，所谓中华人民共和国境内，是指我国行使国家主权的空间，包括陆地领土、领海、内水和领空四个部分，还包括注册为中国国籍的航空器、船舶，中国驻外国的使领馆。

那么，《广告法》在香港和澳门特别行政区适用吗？

《广告法》第二条规定，在中华人民共和国境内，特指除中华人民共和国拥有主权的香港和澳门特别行政区以及台湾地区之外的中华人民共和国领土。因为，香港和澳门特别行政区实行一国两制、港人治港、澳人治澳、高度自治的方针。台湾地区尚没有统一。

《中华人民共和国宪法》第三十一条规定："国家在必要时得设立特别行政区。在特别行政区内实行的制度按照具体情况由全国人民代表大会以法律规定。"全国人民代表大会根据《中华人民共和国宪法》第三十一条规定，制定通过《中华人民共和国香港特别行政区基本法》《中华人民共和国澳门特别行政区基本法》（以下简称基本法），是香港和澳门特别行政区的宪制性文件，香港和澳门特别行政区的制度和政策，包括社会、经济制度、有关保障居民基本权利和自由的制度、行政管理、立法和司法方面的制度，以及有关政策，均以《基本法》的规定为依据。全国人民代表大会授权香港和澳门特别行政区依照《基本法》的规定实行高度自治，享有行政管理权、立法权、独立的司法权和终审权。根据《基本法》附件三的规定，在香港和澳门特别行政区实施的全国性法律，包括：《关于中华人民共和国国都、纪年、国歌、国旗的决议》，《中华人民共和国国旗法》，《中华人民共和国国徽法》，《关于中华人民共和国国庆日的决议》，《中华人民共和国政府关于领海的声明》，《中华人民共和国领事特权与豁免条例》，《中华人民共和国国籍法》，《中华人民共和国外交特权与豁免条例》，《中华人民共和国领海及毗连区法》，《中华人民共和国香港特别行政区驻军法》，以及 2020 年 6 月 30 日，全国人大常委会制定通过《中华人民共和国香港特别行政区维护国家安全法》等。

因此,《广告法》在香港和澳门特别行政区不适用。

(二)《广告法》适用的时间范围

《广告法》第七十四条规定:"本法自 2015 年 9 月 1 日起施行。"《广告法》于 1994 年 10 月 27 日由第八届全国人民代表大会常务委员会第十次会议通过,2015 年 4 月 24 日第十二届全国人民代表大会常务委员会第十四次会议修订。2015 年 4 月 24 日修订颁布的《广告法》规定"本法自 2015 年 9 月 1 日起施行",即现行《广告法》在时间上的适用范围是 2015 年 9 月 1 日生效后的商业广告活动,生效前的商业广告活动不受现行《广告法》的约束,也就是不溯及既往原则。

五、《广告法》适用的对象

《广告法》适用的对象,是指《广告法》调整的对象,也就是《广告法》适用的广告内容。

(一)《广告法》调整对象是商业广告

根据《广告法》第二条规定,《广告法》仅调整商业广告,不调整非商业、非营利性的社会广告及公益广告。虽然《广告法》第七十三条规定了大众传播媒介有义务发布公益广告,但是,《广告法》中所有禁止性规定并不适用于公益广告。对公益广告管理适用国家市场监督管理总局会同国家互联网信息办、工业和信息化部、住房城乡建设部、交通运输部、国家新闻出版广电总局(现为国家广播电视总局)等有关部门制定的《公益广告促进和管理暂行办法》。

(二)商业广告三个基本特征

1. 广告的目的是介绍自己所推销的商品或者所提供的服务,介绍的方式可以是直接介绍,也可以是间接介绍。"介绍自己所推销的商品或者所提供的服务"是商业广告区别于其他非商业广告(包括公益广告)的本质特征。

2. 广告必须有一定的媒介载体或形式,如大众媒介、户外、互联网等。

3. 商业广告既可以是有偿的,也可以是无偿的,如在互联网自媒体、社交媒体的微博、BBS 论坛、微信公众号等发布的商业广告信息可以是无偿的。

六、商业广告与社会广告、公益广告、政府公告的区别

商业广告是指商品经营者或者服务提供者,以盈利为目的,通过一定媒介和形式直接或者间接地介绍自己所推销的商品或者服务的商业广告活动,包括产品广告、服务广告、形象公关广告等。

商业广告与社会广告、公益广告、政府公告等的最根本区别在于商业广告内容是介绍推销自己的商品或者服务。

【案例】公益广告可以使用中华人民共和国国旗

2019 年,在第六届"微公益·创时代"上海市大学生公益广告大赛中,上海建桥学院学生根据大赛主题之一"庆祝中华人民共和国成立 70 周年",创作了《从无到有》系列平面公益广告作品(见下图)。作品初评入围后,学生参加了大赛"训练营"活动,由专业老师进一步指导修改。专业老师要求取消画面中的五角星,理由是《广告法》规定,广告不得使用中华人民共和国国旗。

【评析】专业老师指导意见不正确。因为,此广告是公益广告,不是商业广告,不适用《广告法》关于广告不得使用中华人民共和国国旗的规定。《广告法》的适用范围和调整对象是特定的商业广告。法

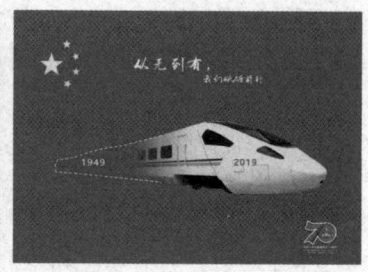

律依据是《广告法》第二条规定:"在中华人民共和国境内,商品经营者或者服务提供者通过一定媒介和形式直接或者间接地介绍自己所推销的商品或者服务的商业广告活动,适用本法。"

七、商业广告与商业宣传的区别

商业宣传活动包含商业广告活动,商业广告是商业宣传的方式之一,但商业宣传不一定就是商业广告。依据是《反不正当竞争法》第八条规定的商业宣传含义:"经营者不得对其商品的性能、功能、质量、销售状况、用户评价、曾获荣誉等作虚假或者引人误解的商业宣传,欺骗、误导消费者。经营者不得通过组织虚假交易等方式,帮助其他经营者进行虚假或者引人误解的商业宣传。"

商业广告与商业宣传之间的区别在于商业广告的特殊性:

1. 广告顾名思义是广而告之,向社会广大公众传播商业信息,传播范围广。商业宣传是在某一时空范围内的告之,明显不具备"广而告之"特征。

2. 构成商业广告的核心要素之一是通过一定媒体。商业宣传则不以是否通过传播媒体为条件。

【案例】口头介绍的虚假宣传,适用《反不正当竞争法》处罚

2019年2月,宁波北仑区某房地产公司在售楼处推出临时样板房,对其中两间样板房原先规划图中的北面设备平台进行拓展改造,与房间打通并进行了封闭;另一间样板房对原先批准的内天井进行改造,增加隔层,改建为卧室或套内使用面积,并且对面积拓展部分用黄黑相间的警戒线予以区分。销售人员在销售过程中向客户口头介绍以后房子的设备平台和内天井可以按照样板房展示的式样进行拓展改造,片面告知消费者可以对设备平台以及内天井进行改造拓展,从而增加房间使用面积和利用率,但未将拓展改造违法装修面临的法律风险同时告知消费者,对消费者存在误导。根据自然资源规划部门出具的认定意见,将设备平台和内天井改造成房间使用,不符合该楼盘建设工程规划许可证的内容,属于诱导违法装修。当事人上述行为构成引人误解的商业宣传,误导消费者的违法行为。宁波市北仑区市场监管局根据《反不正当竞争法》第八条、第二十条的规定,对其做出了行政处罚决定,责令当事人停止违法行为,处罚款100万元。

【评析】本案例中,当事人用口头介绍的形式进行虚假宣传,误导消费者,是虚假宣传行为,不是通过一定媒介的广而告之行为,不属于《广告法》调整的对象,所以应当适用《反不正当竞争法》进行处罚。

【案例】法院判决认定经营场所摆放、张贴宣传制品是虚假宣传行为

2019年7月29日,河南省安阳市市场监督管理部门执法人员到安阳市北关区盛大陶瓷经营部检查时,发现其涉嫌虚假宣传并于当日立案调查。

经查,盛大陶瓷经营部经营者陈某于2019年4月开始在其经营场所对其销售的某品牌陶瓷砖进行宣传，宣称瓷砖具有"长期释放负离子、分离雾霾、净化空气、吸收甲醛、祛除异味、××生长、减少和降低二手烟危害、具备各种医学保健功能"；并在店内摆放有某陶瓷有限公司获得入编《中国主要建材企业及知名建材产品概览》的奖牌、"中国绿色环保建材产品"的奖牌，该陶瓷砖获"陶瓷十大品牌""中国驰名商标"等宣传资料，宣传获奖单位为"某陶瓷有限公司"。

当事人不能提供任何证据证明其销售的瓷砖具有"长期释放负离子、分离雾霾、净化空气、吸收甲醛、祛除异味、××生长、减少和降低二手烟危害、具备各种医学保健功能"的真实性，属虚假宣传。当事人也不能提供任何证据证明涉案宣传制品的来源。

安阳市市场监督管理局认为盛大陶瓷经营部的上述行为违反了《反不正当竞争法》第八条第一款关于"经营者不得对其商品的性能、功能、质量、销售状况、用户评价、曾获荣誉等作虚假或者引人误解的商业宣传，欺骗、误导消费者"之规定，其行为构成虚假商业宣传的违法行为。2020年4月20日，安阳市市场监督管理局依据《反不正当竞争法》第二十条规定，做出安市监处〔2020〕127号行政处罚决定，对盛大陶瓷经营部罚款20万元。

盛大陶瓷经营部不服，向安阳市市场监督管理局上一级机关安阳市人民政府提出行政复议申请。2020年8月4日，复议机关安阳市人民政府维持安阳市市场监督管理局的行政处罚决定。盛大陶瓷经营部不服，提起行政诉讼。

一审法院河南省安阳市北关区人民法院做出（2020）豫0503行初51号行政判决，驳回盛大陶瓷经营部的诉讼请求。盛大陶瓷经营部不服，提起上诉。

二审法院河南省安阳市中级人民法院认为，首先，即使案涉宣传制品不是盛大陶瓷经营部制作，但盛大陶瓷经营部作为产品经销商，实施了在其经营场所张贴、摆放宣传制品的行为；而对于宣传制品的真实性，盛大陶瓷经营部不能提交证据证明，被诉行政处罚决定认定盛大陶瓷经营部实施了虚假宣传行为并无不当。盛大陶瓷经营部的虚假宣传行为对消费者已造成了欺骗和误导，具有明显的社会危害性，应予处罚。其次，《反不正当竞争法》和《广告法》对于虚假宣传（广告）行为规定的罚款幅度都是20万元以上。由于虚假广告作为虚假宣传的方式之一，传播范围更广、危害更大，故对虚假广告的罚款上限超过了对虚假宣传行为的罚款上限。由于盛大陶瓷经营部实施的宣传行为仅是在经营场所摆放、张贴宣传制品，并没有广而告之，本案被诉行政处罚决定依照《反不正当竞争法》对其进行处罚，并无不当。第三，《反不正当竞争法》对不同的不正当竞争违法行为规定了不同的罚款幅度，其中对虚假宣传的罚款最低数额为20万元，明显高于对其他不正当竞争违法行为的最低罚款数额，这说明了虚假宣传行为对社会的危害程度较大，需要严厉打击。本案中，安阳市市场监督管理局根据案件调查结果，综合考虑盛大陶瓷经营部实施违法行为的时间较短，被发现后及时改正等情节，决定给予对其罚款20万元，已经属于从轻处罚。本案被诉行政处罚决定适用法律正确，盛大陶瓷经营部认为应当对其减轻处罚或不予处罚的上诉理由缺乏事实根据和法律依据。

综上所述，安阳市市场监督管理局做出的本案被诉行政处罚决定认定事实清楚，程序合法，适用法律正确。安阳人民政府受理盛大陶瓷经营部的行政复议申请后，对案件进行调查，在法定期限内做出本案被诉行政复议决定，认定事实清楚，程序合法，适用法律正确。原审判决认定事实清楚，适用法律正确。盛大陶瓷经营部的上诉理由不能成立，其上诉请求本院不予支持。依照《行政诉讼法》第八十九条第一款第一项之规定，判决如下：驳回上诉，维持原判。

【评析】 本案在于仅在经营场所摆放、张贴宣传制品，并没有通过广而告之的媒体进行宣传，属于商业宣传，应当适用《反不正当竞争法》进行处罚。因为，《广告法》调整的商业广告是以"利用一定的媒介""广而告之"为前提。没有利用传播媒体的宣传活动不属于《广告法》调整的商业广告活动，而应当属于商业宣传活动。如在营业场所内对商品进行导购、演示、说明、上门推销、展览展示、召开商业新闻发布会、讲座、推介会，电商"刷单"等形式，属于商业广告之外的商业宣传。当然，在商业宣传活动中也可能构成商业广告行为，如商品发布会现场发给参与群体的纸质广告宣传册、新品发布会时播放的宣传片等。

在区分商业广告与商业宣传这个问题上，只要抓住是否通过一定传播媒体这一关键区别点即可。若通过传播媒体，则属于商业广告，就适用《广告法》。《反不正当竞争法》第二十条第二款规定："经营者违反本法第八条规定，属于发布虚假广告的，依照《中华人民共和国广告法》的规定处罚。"如果不是通过媒体进行广泛传播，则属于商业广告之外的商业宣传，就适用《反不正当竞争法》。

第五节 《广告法》基本原则

一、法律规定

《广告法》第三条规定："广告应当真实、合法，以健康的表现形式表达广告内容，符合社会主义精神文明建设和弘扬中华民族优秀传统文化的要求。"

二、《广告法》基本原则的概念

"原则"一词有开始、起源、基础的意思。法的基本原则是指法的基本出发点和指导思想，反映法的本质内容和法的基本精神及其最根本的指导原理和准则。它具有指导法律解释和法律推理，补充法律中的空白和漏洞，消除法律体系内部的矛盾等功能。

《广告法》基本原则，是指反映广告法的立法、解释、执行的最根本的指导思想，是广告法律关系中各种主体在广告经营与管理活动中必须遵守的准则。

三、《广告法》六大基本原则

《广告法》基本原则主要包括内容与行为两个方面的准则。内容方面包括真实性、合法性、健康与文明、弘扬中华民族优秀传统文化、禁止虚假广告等原则，其中健康与文明、弘扬中华民族优秀传统文化原则属于广告导向问题。行为方面包括守法、公平竞争、诚实信用等原则。

（一）真实性原则

真实性原则是指广告活动必须客观真实地传播有关商品或者服务的信息，而不能作虚假、夸大的宣传。真实性原则是《广告法》最根本核心原则。而且，《反不正当竞争法》《消费者权益保护法》《产品质量法》等很多法律、法规对生产者或经营者应当履行向消费者提供商品或服务的真实信息的义务也都做出了明确规定。因此，正确理解广告的真实性原则无论是对广告人还是对执法人都非常重要。

真实性是广告的生命，在信息碎片化的当今社会，广告对消费者的选择具有很强的引导性。在现实生活中，许多商品和服务的信息，消费者是从广告中获取的。如果广告不真实，欺骗或误导了消费者，会直接导致广告诚信度下降，使消费者远离广告。广告失去了受众，也就失去了生命力。因此，广告必须客观真实。

广告真实性原则表现在产品或服务的客观存在性，广告文字及图形艺术表现的真实性上。

1. 产品或服务的客观存在性

产品或服务的客观存在性是指广告所指向的产品、劳务与服务的客观存在性。按照现代市场营销理论，产品包括三个层次：第一是产品核心层次，表现为产品的有用性价值，包括产品的用料、功能、功效、内在价值等；第二是产品形式层次，表现为产品的规格、价格、品牌、包装、款式、造型、色泽等；第三是产品延伸层次，表现为围绕产品的所有服务，包括售前、售中与售后服务。

例如把一个本不具有某种功能、功效、规格、价格、品牌、包装、款式、造型、色泽的产品或者不存在的服务项目，说成具有某种功能、功效、规格、价格、品牌、包装、款式、造型、色泽的产品或者服务项目，都属于产品或服务的虚假宣传行为。

2. 文字及图形艺术表现的真实性

文字及图形艺术表现的真实性是指创意艺术表现所传达的商品或者服务与实际效果一致或者一般消费者不会相信艺术夸张表现的效果是真的。

真实性是广告的生命，创意是广告的灵魂，艺术表现是广告的活力。广告是以创意艺术的文字、图形、视频、音频来传达商业信息的，应当可以适度艺术夸张。但是，用创意艺术的表现传达商业信息，给消费者的视觉艺术感受应当与实际使用效果一致，或者消费者并不会因为艺术夸张而相信这是真的。如改革开放后上海制皂厂在《文汇报》发布的流传久远的白丽香皂广告语："今年20，明年18。"（见下图）消费者并不会因为这种艺术夸张而相信使用了白丽香皂后的第二年真的会年轻两岁，并不会实质性地影响消费者的购买决策。它仅仅是一种心理暗示，暗示使用了清新、滑爽、舒适的白丽香皂会让人感觉年轻了。它说出了人们心中的梦想：越活越年轻。

如何把握广告真实性与艺术性之间的关系是广告人必须重视的一个十分重要问题。适度艺术夸张的一般原则，是艺术表现所传达的商品或者服务与实际效果一致或者一般消费者不会相信艺术夸张表现的效果是真的。

法国著名思想家卢梭有一句名言："任何人都不能摆脱法律的光荣的支配，这是一种有益而温柔的枷锁，最骄傲的头颅也柔顺地戴着这种枷锁。"可以说，任何广告人都不得摆脱《广告法》真实性原则的约束。广告的真实性原则是确立和认识《广告法》中的一系列具体法律条款和法律要求的根本法则。

《广告法》的真实性原则主要体现在《广告法》第三条"广告应当真实、合法，以健康的表现形式表达广告内容，符合社会主义精神文明建设和弘扬中华民族优秀传统文化的要求"，第四条第一款"广告不得含有虚假或者引人误解的内容，不得欺骗、误导消费者"，第四条第二款"广告主应当对广告内容的真实性负责"，第八条第一款"广告中对商品的性能、功能、产地、用途、质量、成分、价格、生产者、有效期限、允诺等

或者对服务的内容、提供者、形式、质量、价格、允诺等有表示的，应当准确、清楚、明白"，第十一条第二款"广告使用数据、统计资料、调查结果、文摘、引用语等引证内容的，应当真实、准确，并表明出处。引证内容有适用范围和有效期限的，应当明确表示"等规定中。

(二) 合法性原则

合法性原则是指广告内容与行为必须符合法律、法规、规章的规定。合法性是广告应当遵循的首要原则。真实性原则是对广告内容的要求，合法性原则既是对广告内容的要求，也是对广告行为的要求。《广告法》合法性原则主要体现在以下五个方面。

1. 遵守广告相关法律

这是指广告主、广告经营者、广告发布者、广告代言人在从事广告活动时，必须遵守相关的法律、法规。如上海市人大常委会制定的地方性法规《上海市格式合同条款监督条例》第二条、第五条分别规定：商业广告的内容符合要约规定的，视为格式条款；格式条款不得滥用优势地位，做出对消费者不公平、不合理的规定；不得含有排除消费者行使合同解释权等主要权利的内容。因此，商业广告中不得有"活动解释权归经营者所有"或者"保留最终解释权"等内容，否则，属于违法无效条款。又如广告活动中涉及大量的版权问题，广告主、广告经营者、广告发布者在进行广告作品设计、发布时，应当遵守《著作权法》规定，尊重他人原创字体、图片、广告作品、广告语、文案、策划书等版权。

2. 主体资格合法

主体资格合法是指广告主、广告经营者、广告发布者、广告代言人的主体资格应当合法。如《广告法》第三十二条规定："广告主委托设计、制作、发布广告，应当委托具有合法经营资格的广告经营者、广告发布者。"又如《广告法》第三十八条第二款规定："不得利用不满十周岁的未成年人作为广告代言人。"《广告法》第三十八条第三款规定："对在虚假广告中作推荐、证明受到行政处罚未满三年的自然人、法人或者其他组织，不得利用其作为广告代言人。"

3. 广告所介绍的商品或者提供的服务合法

凡是不合法的商品或者服务不得做广告。《广告法》第三十七条规定："法律、行政法规规定禁止生产、销售的产品或者提供的服务，以及禁止发布广告的商品或者服务，任何单位或者个人不得设计、制作、代理、发布广告。"商品或者服务既具有市场属性，也具有法律属性。企业生产销售的商品或者提供的服务应当是合法的。如有害有毒食品、国家明令淘汰的商品、色情按摩等不合法的商品或者服务不得做广告。

4. 广告内容及表现形式合法

(1) 广告内容合法，是指应当遵守《广告法》及相关的法律、法规规定，既不能虚假失实，也不能违反禁止性规定。如《广告法》第九条第三款规定，广告不得使用"国家级""最高级""最佳"等用语。

(2) 广告表现形式合法，是指应当遵守《广告法》及相关的法律、法规规定的表现形式表达广告内容。如《广告法》第十四条第二款规定"大众传播媒介不得以新闻报道形式变相发布广告"，即禁止以新闻报道形式发布广告等。

5. 广告经营行为合法

广告经营行为合法是指广告设计、制作、代理的经营行为应当遵守《广告法》及《民法典》《公司法》

《合同法》《反不正当竞争法》等相关法律、法规规定。如《广告法》第二十九条规定:"广播电台、电视台、报刊出版单位从事广告发布业务的,应当设有专门从事广告业务的机构,配备必要的人员,具有与发布广告相适应的场所、设备。"第三十八条第二、三款规定:"不得利用不满十周岁的未成年人作为广告代言人。对在虚假广告中作推荐、证明,受到行政处罚未满三年的自然人、法人或者其他组织,不得利用其作为广告代言人。"

6. 广告发布程序合法

这是指广告发布前应当遵守《广告法》及相关法律、法规规定。如《广告法》第三十四条规定:"广告经营者、广告发布者应当按照国家有关规定,建立、健全广告业务的承接登记、审核、档案管理制度。广告经营者、广告发布者依据法律、行政法规查验有关证明文件,核对广告内容。对内容不符或者证明文件不全的广告,不得发布。"又如《广告法》第四十六条规定,发布医疗、药品、医疗器械、农药、兽药和保健食品广告,以及法律、行政法规规定应当进行审查的其他广告,应当在发布前由广告审查机关对广告内容进行审查;未经审查,不得发布。

(三)健康与文明原则

健康与文明原则是指表达广告内容的表现形式应当健康,应当符合社会主义精神文明建设的要求。广告不仅是传播商业信息,同时也是传播文化信息,反映意识形态,在生活方式、消费观念、人生观、价值观、社会风气等方面起到导向和劝说的作用。

所谓广告表现形式是指表现广告内容的载体、艺术形式,如传统媒体与新媒体表现(包括电视、广播、报刊、移动手机APP、微信公众平台、H5等文字、图片、音频、视频、动画等)的表现形式,广告实用艺术表现(包括美术、摄影、语言与文学、音乐与表演、色彩、版面、图形、手法、风格等)。

健康与文明原则主要体现在《广告法》第九条的规定中,广告不得有妨碍社会公共秩序或者违背社会良好风尚的内容。广告应当弘扬社会主义核心价值观,遵守社会公德和维护公共利益,倡导科学、文明、健康向上的良好风尚和公共秩序,禁止用人体彩绘形式表现广告内容,禁止宣扬奢侈浪费、损人利己、损公肥私、金钱至上、以权谋私、封建迷信等内容,禁止发布赌博用具、超级牌术、超级麻将术包教包会之类的广告等,尽到广告社会责任。

一些广告主打着"人体彩绘艺术"的幌子,在公众聚集场所进行裸体的人体彩绘表演,不仅完全与艺术相背离,而且亵渎人性尊严,败坏社会风气,扰乱社会公共秩序,造成恶劣的社会影响。2003年9月30日,文化部(现文化和旅游部)、公安部、国家工商行政管理总局(现国家市场监督管理总局)《关于制止在公众聚集场所进行裸体的人体彩绘表演活动的通知》规定,禁止任何单位和个人在商场、广场、公园、展览会、展销会娱乐演出场所、公共文化设施等公共场所进行裸体的人体彩绘活动,严禁任何单位和个人以裸体、半裸体、三点着装等形式的人体为媒介发布广告。违者依法查处。

【案例】使用人体彩绘形式发布广告,被罚款80多万元

广西南宁某投资有限责任公司为宣传"南站新城"房地产项目,将户型图画于美女背上,使用人体彩绘的形式进行广告宣传(见右图),并在招商中心大堂上方悬挂"南站新城,最实惠,稳赚升值"内容的广告条幅。该公司违反了《广告法》第九条规定,广告不得妨碍社会公共秩序或者违背社会良好风尚,广告不得使用"国家级""最高级""最佳"等用语。

南宁市市场监管局责令当事人停止发布上述违法广告,并处罚人民币80多万元。

【评析】用人体彩绘的形式进行宣传是否属于广告存在争议,按照传播学媒体理论,媒体属性应当是物质载体,人体不应当属于媒体。

(四) 弘扬中华民族优秀传统文化原则

广告应当大力传承发展中华民族优秀传统文化,坚定文化自信,担当起实现中华民族伟大复兴的历史使命。

1. 何谓传统文化

传统文化是指文明演化而汇集成的一种反映民族特质和风貌的文化,是各民族历史上各种思想文化、观念形态的总体表现。它是对应于当代文化和外来文化的一种统称。

中国传统文化是我们从先辈传承下来的丰厚的历史遗产。它不仅记录了中华民族和中国文化发生、演化的历史,而且作为世代相传的思维方式、价值观念、行为准则、风俗习惯,渗透在每个中国人的血脉中,影响着今日之中国人的行为方式和思想方式。中国传统文化并不是儒家、佛家、道家和法家等文化的简单相加,而是中华民族各种思想文化的总和,包括了各种观念形态和物质形态的文化。

2. 中华民族优秀传统文化的重要内容

习近平总书记指出,"中华优秀传统文化是我们最深厚的文化软实力,也是中国特色社会主义植根的文化沃土"。

中华民族五千年的文化源远流长、博大精深,是世界文明史上唯一的连续性文明。与世界各国的民族文化相比,中华民族优秀传统文化的核心是民族精神和崇德尚义价值观,主要体现在以下几个方面。

(1) 爱国主义精神

爱国主义是中华民族千百年来巩固起来的对自己祖国的一种最深厚的感情,是中华民族的优良传统。在今天,实现繁荣富强中国梦,还要靠全国人民"天下兴亡,匹夫有责"。

(2) 自强不息的奋斗精神

中国文化历来关注现实人生。孔子说:"未知生,焉知死","天行健,君子以自强不息"。这种入世的人生哲学,培育了中华民族敢于向一切自然与社会的危害和不平进行顽强抗争的精神。中国人自古以来就有不信邪、不怕"鬼神"的精神,强调人生幸福靠自己去创造。要实现中国梦,这种自信自尊的精神是必不可少的。

(3) 勇于奉献、追求真理的精神

中国传统文化蔑视那种贪生怕死、忘恩负义、追逐名利的小人。孔子说"杀身以成仁",孟子说"舍身而取义",都是认为道德信念的信守和道德理想的坚持在一定的条件下比生命还重要。孟子提出"充实之谓美",并认为"富贵不能淫,贫贱不能移,威武不能屈",这是对人格的根本要求,这种鄙视贪婪与粗俗的物欲传统美德,对现代人格的塑造是非常可贵的。

古人在谈到对真理的追求时,认为"朝闻道,夕死可矣",宣扬"路漫漫其修远兮,吾将上下而求索"的精神。这种对真理执着、献身的精神是实现中国梦的强大动力。

(4) 勤劳勇敢、富于革命的精神

中国是世界文明古国之一,中国劳动人民靠智慧和双手创造出了世界最早的四大发明。正如毛泽东同志所指出的"中华民族不但以刻苦耐劳著称于世,同时又是酷爱自由、富于革命传统的民族"(出自《毛泽东选集》第二卷第一章"中国社会",第一节"中华民族"。人民出版社1991年6月出版)。

(5) 顾全大局的精神

在眼前的、局部的利益和长远的、关系到战略全局的根本利益之间,中国传统文化更重视的是后者,它把前者称作小利，而称后者为大利。孔子强调，不论国家或个人，都不可因只顾小利而妨碍大利，即责任先于权利，义务先于自由，社群高于个人。

(6) 团结互助、尊老爱幼

古人说："老吾老以及人之老，幼吾幼以及人之幼。"一个社会只有严于律己、宽以待人、团结互助、尊老爱幼，社会才能充满温馨与和谐，给人带来希望与力量。

(7) 天人合一、人际和谐

古人既注重人道和天道的人与自然的和谐统一，又注重人际和睦相处。儒家文化倡导仁、义、礼。孔子第一个把"人"同"仁"联系起来，并把"仁"解释为"爱人"，只有从"爱人"出发，才能达到"人恒爱之"的彼此相爱的和谐关系。在人和人的关系中，"礼之用，和为贵"，遵循礼规，以礼待人。

(8) 知行合一

中国儒家文化的"力行近于仁"，在一定程度上体现了"行重知轻"的认识论思想，这与实践品格具有某种一致性。实践是认识的源泉，实现中国梦，当然要努力学习外国先进的东西，但更重要的是自己的社会主义实践。

(9) 崇德尚义，自我修养

中国传统文化非常重视人的德性品格，重视德性的培养和人格的提升，如仁义礼智信"五常"、孝悌忠信礼义廉耻"八德"等，古语则有"见贤思齐，见不贤而内自省""见善如不及，见不善如探汤""三省吾身"等。习近平总书记在多个场合提倡"见贤思齐"，特别强调道德的修养践履功夫，认为这是知善、行善达到自我修养的关键。

以上只是中华民族优秀传统文化精华的部分，仅此足以体现中国传统文化的博大精深。英国哲学家罗素曾说："中国文化的长处在于合理的人生观。"这是对中国文化的一种深刻认识和概括。

以上健康与文明、弘扬中华民族优秀传统文化原则，都属于社会主义核心价值观、公序良俗等广告导向问题。

2016年2月19日，习近平总书记在党的新闻舆论工作座谈会上指出："新闻舆论工作各个方面、各个环节都要坚持正确舆论导向……新闻报道要讲导向，副刊、专题节目、广告宣传也要讲导向……"习近平总书记2021年3月6日在看望参加全国政协会议的医药卫生界教育界委员的讲话中强调："网络上还有很多乌七八糟的东西，未成年人心理发育不成熟，容易受到不良影响。这些问题属于社会性问题，需要社会各方面、各有关部门共同努力，研究解决。"

广告具有两大基本功能：一是商业传播，传播商业信息与引导消费；二是文化传播，传播社会主义精神文明和中华民族优秀传统文化。这两大基本功能可归纳为广告导向功能，即引导正确消费及积极健康的生活方式，引导正确的文化价值取向。广告的文化价值导向往往作为新闻舆论导向的外延存在。广告作为当今信息社会最具普遍性的传播载体之一，应当"讲导向"。一般来说，广告文化导向有四个方面要求：政治导向、思想导向、道德导向、文化导向。

一是政治导向。政治导向是指广告内容必须符合党和政府的政策，传播的观念必须符合党和国家确立的社会主义核心价值观：富强、民主、文明、和谐、自由、平等、公正、法治、爱国、敬业、诚信、友善。不得有损害国家尊严、民族利益等。

二是思想导向。思想导向主要是指引导正确消费理念、积极健康的生活方式等。心理诱导应弘扬真善美，有正能量效果，拒绝消极、颓废、奢靡精神等。

三是道德导向。道德导向包括社会公德、职业道德、家庭美德等心灵美。不得有妨碍社会安定，损害社会公共利益；不得妨碍环境、自然资源或者文化遗产保护；不得违背伦理道德，腐朽奢靡，铺张浪费等。

四是文化导向。文化导向包括中华民族优秀传统文化的传承。广告画面、语句、声音等表现形式要健康和优美；不得含有淫秽、色情、赌博、迷信、恐怖、暴力内容；不得妨碍社会公共秩序或者违背社会良好风尚；广告语积极向上，不得有歧义、低俗、媚俗、庸俗、恶俗的词语等。

总之，广告文化导向属于社会学范畴，面对和解决的是社会问题。它主要体现在社会主义核心价值观和中华民族优秀传统文化上。把控广告文化导向可以参照中央文明委印发的《关于深化群众性精神文明创建活动的指导意见》《公民道德建设实施纲要》《关于培育和践行社会主义核心价值观的意见》等文件。

为了国家理想，每一位广告人需要积极担当，加强自律，履行社会责任，在思想内容、文化内涵、表现形式上创作出为社会公众带来弘扬真善美、正能量的广告。

（五）禁止虚假广告原则

《广告法》第四条规定："广告不得含有虚假或者引人误解的内容，不得欺骗、误导消费者。广告主应当对广告内容的真实性负责。"

违法广告问题中最严重、最"顽症"的是虚假广告。禁止虚假广告原则与广告真实性原则的要求一致，都是《广告法》最根本的核心原则。

在禁止虚假广告的原则中十分明确地规定了广告主应当对虚假广告负首要责任。《广告法》第四条第二款规定："广告主应当对广告内容的真实性负责。"因为，在广告活动中，对广告内容起决定性作用的是广告主。广告经营者、广告发布者、广告代言人仅仅起着提供服务的帮助作用。因此，只有明确地规定广告主对虚假广告负首要责任，才能从源头上杜绝虚假广告的发生。（详见本书第四章第十二节"虚假广告的立法解释"）

【案例】发布虚假医疗广告，被罚款 20 万元

上海市浦东新区市场监管局根据网络监管线索反映的情况，对上海某门诊部有限公司开展调查。经查，当事人在其网店广告中宣称：利用激光/强脉冲光治疗仪进行的光子嫩肤服务项目具有治疗疤痕、妊娠纹、血管性病变、酒糟鼻、老年斑、雀斑等疗效。广告宣称的上述医疗项目疗效与所用医疗器械注册证上批准的治疗范围不符，夸大了疗效范围，构成了发布虚假广告的行为，违反了《广告法》第四条规定。2021 年 6 月，浦东新区市场监管局依据《广告法》第五十五条的相关规定，依法对当事人做出罚款 20 万元的行政处罚。

（六）广告行为守法、公平竞争、诚实信用原则

广告活动主体从事广告活动应当遵循守法、公平交易、诚实信用的三个原则。《广告法》第五条规定："广告主、广告经营者、广告发布者从事广告活动，应当遵守法律、法规，诚实信用，公平竞争。"

1. 守法原则

守法原则是指广告活动应当遵守法律规范。我国《民法典》第八条规定："民事主体从事民事活动，不得违反法律，不得违背公序良俗。"广告活动是一种民事活动，广告主、广告经营者、广告发布者在从事广告设计、制作、代理、发布等经营活动时，不得违反法律、法规的规定。必须遵守与广告活动有关的法律规范，如《民法典》《合同法》《产品质量法》《商标法》《反不正当竞争法》《消费者权益保护法》《药品管理法》《食品安全法》《烟草专卖法》《国旗法》《人民币管理条例》等法律、法规。

2. 公平竞争原则

公平竞争原则是指民事主体在从事广告经营活动时，应当公平交易、正当竞争。《民法典》第六条规定："民事主体从事民事活动，应当遵循公平原则，合理确定各方的权利和义务。"如广告活动主体之间在签订广告合同时，双方应平等地享有权利和承担义务，不得使用显失公平的格式条款，不得使用威胁、胁迫、要挟等非法手段；在承揽业务时，不得使用窃取商业秘密、贬低他人商业信誉、实施商业贿赂等不正当手段排挤竞争对手。《反不正当竞争法》专门对窃取商业秘密、贬低他人商业信誉、实施商业贿赂等不正当竞争行为规定了行政、民事、刑事责任。根据《民法典》第一百四十八条至第一百五十一条的规定，一方以欺诈、胁迫手段，利用对方处于危困状态、缺乏判断能力等使对方在违背真实意思的情况下实施的民事法律行为，受损害方有权请求人民法院或者仲裁机构予以撤销。

3. 诚实信用原则

诚实信用原则简称"诚信原则"，"诚实"是指言行跟内心思想一致，"信用"是指履行约定而取得的信任。诚信原则是指民事主体在从事经营活动时，应善意行使权利和承担义务，恪守诺言，在不损害他人利益和社会利益的前提下追求自己的利益，以维护民事主体之间，以及与社会利益之间的利益平衡关系。诚实信用本是一种道德规范，上升为法律规范后，它既是道德要求，也是法律要求。诚实信用原则在《民法典》的基本原则中被称为"帝王原则"，在《广告法》《合同法》《消费者权益保护法》等法律中都作为基本原则。诚实信用原则一方面要求广告活动主体之间讲诚信，不做出自己无法兑现的承诺，签订广告合同时要讲明情况，不能欺骗别人，骗取别人的信任；另一方面，要求广告活动主体之间守信用，签订合同接受他人委托事务后，要守诺言，严履行，积极主动地完成他人的事务，并且尽最大努力地全面维护他人的利益；不规避法律和合同，不得在损害他人利益和社会利益的前提下追求自己的利益。

第六节　广告管理机关

一、法律规定

《广告法》第六条规定："国务院市场监督管理部门主管全国的广告监督管理工作，国务院有关部门在各自的职责范围内负责广告管理相关工作。县级以上地方市场监督管理部门主管本行政区域的广告监督管理工作，县级以上地方人民政府有关部门在各自的职责范围内负责广告管理相关工作。"

二、广告的监督管理机关

所谓"广告的监督管理机关"，是指代表国家对广告活动进行监督管理的行政执法部门，拥有广告许可权及对违法广告内容与行为的行政处罚权，包括负责拟订广告业发展规划、政策措施并组织实施，拟订广告监督管理的具体措施、办法，组织、指导、监督广告活动，组织、监测各类媒介广告发布情况，查处虚假广告等违法行为，指导广告审查机构和广告行业组织的工作。

所谓"县级以上人民政府市场监督管理部门",一般指省级、设区的市、县级人民政府市场监督管理部门。

国家市场监督管理总局下设的广告监督管理司(广告司)是全国广告最高管理部门,各省、自治区、直辖市、计划单列市的市场监督管理局下设广告处,各地、市、县市场监督管理局也设相应的广告科、股。

三、广告审查机关

广告审查机关是指依法在发布前对特殊商品广告内容的真实性、合法性进行行政审查,并对认可的广告内容核发广告审查证明的行政管理机关,包括食品药品监督管理机关、卫生监督管理机关、农(牧)业管理机关,等等。

(一)食品药品监督管理机关

食品药品监督管理机关是指依据《广告法》及2019年国家市场监督管理总局《药品、医疗器械、保健食品、特殊医学用途配方食品广告审查管理暂行办法》,负责对药品、保健食品、特殊医学用途配方食品、医疗器械广告等"三品一械"依法进行发布前行政审查,并对批准的广告内容核发广告审查证明的食品药品监督管理部门。

(二)卫生监督管理机关

卫生监督管理机关是指依据《广告法》及国家卫生健康委员会、国家市场监督管理总局《医疗广告管理办法》,负责对医疗广告进行发布前行政审查,并对批准的广告内容核发广告审查证明的卫生监督管理部门、中医药监督管理部门。

(三)农(牧)业管理机关

农(牧)业管理机关是指依据《广告法》及国家市场监督管理总局《农药广告审查发布标准》《兽药广告审查发布规定》,负责对农药广告、兽药广告等进行发布前行政审查,并对批准的广告内容核发广告审查证明的国家农(牧)业管理部门。

除以上广告监督管理机关、广告审查机关之外,还有涉及广告管理的其他机关,如国家广播电视总局对电视、广播进行管理,公安、交通管理机关对交通设施广告进行管理,建设、市容、城管部门对户外广告进行管理等。

第七节 广告行业组织

一、法律规定

《广告法》第七条规定:"广告行业组织依照法律、法规和章程的规定,制定行业规范,加强行业自律,促进行业发展,引导会员依法从事广告活动,推动广告行业诚信建设。"

二、主要广告行业组织

广告行业组织是指广告业者通过章程,依法登记的社会团体,其依照法律、法规和章程的规定,制定行业规范，加强行业自律，促进行业发展，引导会员依法从事广告活动，推动广告行业诚信建设。

广告法从"制定行业规范""加强行业自律""促进行业发展""推动广告行业诚信建设"四个层面全面地、清晰地界定了广告行业组织的法律地位及职责。我国主要广告行业组织有中国广告协会及地方广告协会、中国商务广告协会、中国广告主协会等。

（一）中国广告协会

中国广告协会成立于1983年，是经民政部注册登记的全国性社会团体（根据国务院要求，已脱钩改制成纯民间社会组织）。业务主管部门为国家市场监督管理总局。中国广告协会的基本职责及主要工作任务如下：

1. 加强行业自律，推动行业诚信建设，规范会员行为，加强自我监管。协会组织制定并实施广告行业自律规范，积极开展对违法广告的劝诫、点评工作，广告发布前的法律咨询工作。

2. 优化产业结构，提升企业核心竞争力，推动产业升级，开展中国广告业企业资质认定（证明商标）工作及广告业标准制定，提升广告业整体水平。

3. 提升广告从业人员素质，维护广告行业人才市场秩序，建立广告产学研人才培养基地，开展行业培训工作，实施多层次人才培养计划，建立广告专业技术人员职业水平评价体系。

4. 开展反映诉求和维权工作，为行业发展创造良好的政策环境。积极参与推动相关立法和政策制定，参与《广告法》等法律法规的制定修订工作，协助国家市场监督管理总局、国家发改委研究制定广告业发展规划等，使广告管理逐步纳入规范化、法治化的轨道。

5. 搭建学习展示、商务交流的平台，举办中国国际广告节、中国广告长城奖、中国公益广告黄河奖、中国大学生广告艺术节学院奖和中国广告论坛等节庆展会评比活动，帮助广告企业提高业务素质、拓展国际业务领域、提升业务能力。

6. 广泛开展调查研究和信息服务工作，加大学术研究投入，提高广告从业人员专业素质和理论研究水平。主办《现代广告》等专业杂志，负责行业思想舆论和学术理论建设。

7. 开展国际交流，促进中国广告业与国际广告业的接轨和融合。

（二）中国商务广告协会

中国商务广告协会原为中国对外经济贸易广告协会（简称"外广协"），成立于1981年，是我国第一个全国性广告行业社团组织。2005年9月，随着国家政府机构改革，经商务部和民政部批准，中国对外经济贸易广告协会更名为"中国商务广告协会"（根据国务院要求，现已脱钩改制成纯民间社会组织）。业务主管部门为商务部。其基本职责及主要工作任务如下：

制定行业规范，加强行业自律；坚持走专业、精英和国际视野的路线，提高行业的整体文化修养和专业服务水平，树立广告行业良好的社会形象；搭建行业学习、沟通、交流、互助的平台，推动中国广告行业的发展，促进并提高广告行业在国家发展战略中的地位和影响力；认真听取会员的意见和建议，代表和维护会员的正当权益；立足传承文化经典，缔造品牌价值，推动消费繁荣，传播善行公益；积极主办、开展与组织国内和国际之间有关文化、品牌、广告、营销等理论与实践研究、交流与培训项目，展览与展示活动，推广新思想、新经验、新技术，倡导自主创新，加强行业自律。

（三）中国广告主协会

中国广告主协会是经国务院批准，民政部注册登记的全国性协会，业务主管部门为国务院国有资产监督管理委员会。2006年，中国广告主协会正式加入世界广告主联合会，成为中国在世界广告主联合会的唯一合法国家级会员，目前已经成为全球最重要的五大国家广告主协会之一。其基本职责及主要工作任务如下：

秉承"维权、自律、服务"的宗旨，按照社会主义市场经济体制的要求，发挥政府和企业之间的桥梁和纽带作用，促进企业和城市品牌体系建设，提高我国品牌创新能力和营销传播水平，推进知识产权创造、运用、保护、管理和服务能力的提升，推动我国广告业的健康有序发展，维护广告主的合法权益，推动行业自律，不断提升广告主的市场竞争力。

第 2 章习题

一、填空题

1. 广告法规，是指以《广告法》为核心，以＿＿＿＿＿＿及相关的法律、法规为补充，专门调整广告活动法律关系的法律、法规、规章的总称。

2. 我国广告立法的四个阶段性标志是1982年发布的＿＿＿＿＿＿、1987年颁布的《广告管理条例》、1994年通过的《广告法》和2015年修订的《广告法》。

3. 我国《广告法》所指的广告，是指狭义的＿＿＿＿＿＿，不包括政治、社会等广告。

4. 商业广告不以是否＿＿＿＿＿＿为构成要件，只要是通过一定媒介和形式直接或者间接地介绍自己所推销的商品或者服务的广告都是商业广告。

5. 《广告法》的立法宗旨是为了规范广告活动，＿＿＿＿＿＿，促进广告业的健康发展，维护社会经济秩序。

6. 广告主，是指为推销商品或者服务，＿＿＿＿＿＿或者委托他人设计、制作、发布广告的自然人、法人或者其他组织，既包括支付费用，也包括不支付费用的法人、其他经济组织或者个人。

7. 广告代言人，是指＿＿＿＿＿＿以外的，在广告中以自己的名义或者形象对商品、服务做推荐、证明的自然人、法人或者其他组织，既包括做推荐、证明的明星、专家等公众人物，也包括做推荐、证明的社团、企业、院校、科研机构。

8. 《广告法》作为一个独立的法律部门，有其＿＿＿＿＿＿适用范围和调整对象。

9. 2015年9月1日实施的《广告法》，对实施之日前的违法广告没有约束力，在法理上称为＿＿＿＿＿＿。

10. 《广告法》是部门法，是专门调整广告法律关系的法律，相对于其他法律，在法理上称为＿＿＿＿＿＿。

二、判断题（正确的打"√"，错误的打"×"）

1. 《广告法》是调整商业广告活动中各种社会关系的法律规范的总称。（　　）

2. 广告法规是以《广告法》为特别法，以《民法典》《合同法》等为普通法，以《广告管理条例》为补充，以国家有关部委制定的广告规章为实施办法的一个法律体系。（　　）

3. 《广告法》对人的适用范围包括广告主、广告经营者、广告发布者、广告代言人及公共场所的管理者、电信业务经营者、互联网信息服务提供者等特殊主体。（　　）

4. 《广告法》调整的社会关系不仅包括广告主与广告经营者、发布者、公共场所的管理者，或者电信业

务经营者、互联网信息服务提供者之间的关系,还包括他们与广告行政管理部门之间的关系等。（ ）

5. 市场监督管理部门是代表国家对广告活动进行监督管理的行政执法部门,拥有广告经营许可权及对违法广告内容与行为的行政处罚权。（ ）

6. 卫生监督管理部门是医疗广告的审查机关。（ ）

7. 《广告法》所称广告经营者,是指受委托提供广告设计、制作、代理服务的法人、其他组织。（ ）

8. 中华人民共和国境内是指我国国家主权的空间,包括陆地领土、领海、内水和领空四个部分,不包括我国驻外使领馆。（ ）

9. 食品药品监督管理部门是"三品一械"广告的审查机关。（ ）

10. 广告只有保护消费者的合法权益,才能使广告取信于受众,更加有效。（ ）

11. 新闻媒体在市场版面转载《股市行情》,属于商业广告。（ ）

12. 证券公司自行设计印制并向股民发放了介绍股市分析服务项目的股评资料卡,属于商业广告。（ ）

13. 保险公司通过学校向学生家长发送开办学生保险业务的《致家长的一封信》,属于商业广告。（ ）

14. 饭店向消费者发放含有介绍其提供特色饮食服务内容的50元抵用券,属于商业广告。（ ）

15. 企业在产品的包装物上除印有产品名称、型号、商标、使用方法、产地等信息外,还有产品优质、畅销海内外等内容,属于商业广告。（ ）

三、不定项选择题

1. 2015年9月1日起施行的《广告法》与1987年12月1日起施行的《广告管理条例》规定不一致时,应适用《广告法》,这是因为（ ）。
   A. 上位法优于下位法   B. 新法优于旧法   C. 特别法优于普通法

2. 《广告法》在法的效力等级上属于（ ）。
   A. 法律   B. 法规   C. 规章   D. 规范性文件

3. 《广告法》约束的广告,是（ ）。
   A. 商业广告   B. 社会广告   C. 任何广告   D. 政府公告

4. 下列（ ）广告是不健康的表现形式,且是违背社会主义精神文明建设要求的。
   A. 超级麻将术   B. 美女乳沟开瓶盖
   C. 古今胸罩,从奶奶戴起   D. 公共场所人体彩绘

5. 《消费者权益保护法》第二十条第一款规定："经营者向消费者提供有关商品或者服务的质量、性能、用途、有效期限等信息,应当真实、全面,不得做虚假或者引人误解的宣传。"这里的"虚假或者引人误解的宣传"是指（ ）。
   A. 商业宣传   B. 广告宣传   C. 公益宣传   D. 政治宣传

6. 下列（ ）广告是虚假广告。
   A. 仿钻石声称是纯钻石   B. 标明科幻的夸张广告   C. 今年20,明年18

7. 我国《民法典》第八条规定,民事主体从事民事活动,不得（ ）。
   A. 违反法律   B. 违背公序良俗   C. 公平竞争   D. 诚实信用

8. （ ）是广告监督管理机关。
   A. 市场监督管理局   B. 卫生局   C. 广告协会   D. 食品药品监督管理局

9. （ ）是广告行政审查机关。

A. 卫生局　　　B. 食品药品监督管理局　　　C. 农委或农业农村局　　　D. 广告协会

10. 广告应当遵循（　　）的要求。

A. 真实合法　　　　　　　　　　　B. 以健康的表现形式表达广告内容

C. 符合社会主义精神文明建设要求　　D. 弘扬中华民族优秀传统文化

11. 《广告法》规定，虚假广告是指通过一定媒体或形式，以虚假或者（　　）内容欺骗、误导消费者的方式进行的广告宣传。

A. 引人误解的　　B. 暴力　　C. 色情　　D. 恐怖

12. 广告主、广告经营者、广告发布者从事广告活动，应当（　　）。

A. 遵守法律法规　　B. 诚实　　C. 信用　　D. 公平竞争

13. 广告主、广告经营者、广告发布者、广告代言人在从事广告活动时，除了应当遵守《广告法》，还应当遵守《消费者权益保护法》《反不正当竞争法》（　　）等法律、法规。

A. 《商标法》　　B. 《专利法》　　C. 《药品管理法》　　D. 《食品卫生法》

14. 广告行业组织依照法律、法规和章程的规定，应当履行的职责包括（　　）。

A. 制定行业规范　　　　　　　　　B. 加强行业自律，促进行业发展

C. 引导会员依法从事广告活动　　　D. 推动广告行业诚信建设

15. 中国广告行业组织主要包括（　　）。

A. 中国广告协会　　B 中国商务广告协会　　C. 中国广告主协会　　D. 地方广告协会

四、简答题

1. 简述《广告法》的立法宗旨。
2. 简述广告法规概念。
3. 简述《广告法》调整对象。
4. 简述商业广告三个基本特征。
5. 商业广告与商业宣传的区别。

五、论述题

1. 试论如何把握广告真实性与艺术性之间的关系。
2. 试论电商直播带货营销中主播是否属于广告代言人的界定问题。

六、案例分析

【案例一】某生活报以"热线"版面及记者报道形式发布理财产品

生活报讯（记者李丹）"生财有道俱乐部"成立以来，得到了读者青睐，注册成为会员后将获得免费的理财咨询。截至目前，生活报生财有道俱乐部已经联合多家媒体，同步向会员推荐了10余款理财产品，目前有甲子瓮安一号、北京黄金项目、中科信票据三款项目本金兑付完毕。在2019年3月份，开始分配第一季度收益。认购俱乐部为会员推荐的四角山项目、西秀流动资金项目、富国系列项目也会在2019年3月份支付收益，此项目付息方式是在认购之后的三个月支付利息，届时会员会收到信息，请注意查收。

绵阳军民融合04产品，本金及收益分配基准日为3月14日，已全部线上分配完毕。绵阳军民融合项目会在3月份陆续到期兑付本金，到时会电话通知会员，也会有短信提示。

理财有风险，投资需谨慎！

俱乐部地址：哈市道里区××街×号

咨询电话：0451-5505××××　5530××××

[问题] 这是新闻报道还是广告？为什么？是否合法？为什么？

【案例二】某移动公司与晚报合办栏目，宣传移动公司企业形象

某移动公司与某晚报合办了一个栏目，用于移动公司企业形象宣传。栏目未经许可使用了梅先生在某日报上的文章《"全球通"连着山里的家》，且未署名。梅先生发现后，认为移动公司与某晚报合办栏目的性质是一种商业广告性质，侵犯了其依法享有的著作权，遂向法院起诉，请求判令移动公司与某晚报停止侵权，消除影响，公开道歉，赔偿损失六万元，并承担律师代理费及本案诉讼费。之后，晚报刊登《更正》，说明《"全球通"连着山里的家》的作者是梅先生，并致歉，又向梅先生发出领取25元稿酬的通知。梅先生接到通知后，不接受并退回该通知。

[问题] 企业形象宣传是否属于商业广告？为什么？梅先生要求以广告收益予以赔偿的理由是否成立？为什么？

【案例三】 江苏常州一位守寡多年的50多岁梅女士，为了能找到一个称心如意的伴侣安享晚年，依照报纸的征婚广告"55岁，男，私企董事长，军旅生涯，善良，特有爱心，丧偶，一女国外，自营工厂独居，房车全，觅白头偕老，真情妻……电话××××××××××"的信息，与这位年纪相仿的"董事长"谈起了电话恋爱，结果被"董事长"以企业资金周转紧张为由骗了12万余元。梅女士遂向警方报案。经警方调查，征婚男子提供给报社的身份证是假的，手机号非实名登记，案件侦破陷入困境。梅女士就以媒体违反《广告法》第三十四条规定，"广告经营者、广告发布者依据法律、行政法规查验有关证明文件，核对广告内容。对内容不符或者证明文件不全的广告，广告经营者不得提供设计、制作、代理服务，广告发布者不得发布"，《广告法》第五十六条规定"广告经营者、广告发布者不能提供广告主的真实名称、地址的，消费者可以要求广告经营者、广告发布者先行赔偿"为由，将刊登征婚广告的媒体告上了法院。

[问题] 你认为此广告是否违法？如果违法，是什么类型违法广告？为什么？应当如何依法处理？并请列举法律依据。

第 3 章

广告内容的一般规定

[**本章知识要点**] 学习商业广告内容管理的一般规定,包括《广告法》十一项禁止规定、未成年人和残疾人的特殊保护规定、广告表述和赠送礼品广告的管理规定、涉及行政许可与引证内容的管理规定、涉及专利的管理规定、禁止贬低竞争对手的管理规定、新闻媒介发布广告的管理规定等。重点掌握十一项禁止性规定、广告内容表述和赠送礼品广告的管理规定、涉及行政许可与引证内容的管理规定、未成年人的特殊保护规定、宣传专利的管理规定等。

第一节 广告内容一般规定概述

一、广告内容一般规定的内涵

1. 广告内容一般规定,是《广告法》基本原则的具体体现,是一切广告应当遵守的规定。
2. 广告内容一般规定,是判断一切广告是否可以发布的标准,是一切广告在发布前的自律审查、行政审查及广告监管的依据。
3. 违反《广告法》禁止发布的内容,就是违禁的违法广告。

二、广告内容一般规定的外延

广告内容一般规定,不仅适用于广告内容,也适用于广告形式,如禁止以新闻报道形式发布广告,禁止广播电台、电视台、报刊音像出版单位、互联网信息服务提供者以介绍健康、养生知识等形式变相发布医疗、药品、医疗器械、保健食品广告。

广告内容一般规定,包括十一项禁止规定、未成年人和残疾人的特殊保护规定、广告内容表述和赠送礼品广告的规定、涉及行政许可与引证内容的规定、涉及专利的规定、禁止贬低竞争对手的规定、新闻媒介广告的规定等。

第二节　广告表述与赠送礼品广告的管理规定

一、法律规定

《广告法》第八条规定，广告中对商品的性能、功能、产地、用途、质量、成分、价格、生产者、有效期限、允诺等，或者对服务的内容、提供者、形式、质量、价格、允诺等有表示的，应当准确、清楚、明白。

广告中表明推销的商品或者服务附带赠送的，应当明示所附带赠送商品或者服务的品种、规格、数量、期限和方式。

法律、行政法规规定广告中应当明示的内容，应当显著、清晰表示。

二、广告内容表述应当准确、清楚、明白

准确是指广告表述内容与实际结果完全一致。清楚是指广告表述内容能让人清晰透彻地了解、辨认。明白是指广告表述内容明确、清楚。

广告表述应当准确、清楚、明白，是指在广告中表述商品的性能、功能、产地、用途、质量、成分、价格、生产者、有效期限、允诺等，或者表述服务的内容、提供者、形式、质量、价格、允诺等，都应当使消费者完全能够从广告内容中准确、清楚、明白地了解到，商品或者服务与实际结果是完全一致的。

广告表述内容不得玩文字游戏，用模糊不清的文字语言让消费者"雾里看花"。例如，商场海报广告"清仓商品，全场五折起"，燕窝销售店铺在首页打出广告语"燕窝销售额是第二名的4倍以上"，某手机品牌上的平面广告中写道"单品销量比亚军高"。哪些是清仓商品？第二名销售额是多少？亚军销量是多少？消费者根本无法清晰透彻地了解、辨认真实情况。

一些广告人故意用有歧义的文字语言表述，或者故意在平面广告中用排版、不同字体，在视频广告中用不同时长，突出误导消费者的内容。例如，自助式饮食店海报广告"29元一位无限量"不仅字体很大，色彩鲜明，而且居于版面正上方醒目位置；"仅限周三中午"字体很小，色彩不鲜明，而且居于版面右下方很小位置。当消费者进场消费后结账时才知，29元一位无限量，仅限周三中午。甚至一些广告主玩起了《广告法》，在广告中称"质量好到违反《广告法》，款式帅到没朋友，价格优惠到不让说"，不仅违反了《广告法》第八条规定，还侵害了消费者的知情权。

【案例】"中奖率高到《广告法》不让说"的广告表述不清晰，被罚款5万元

强生（中国）有限公司为了通过抢红包活动吸引消费者关注公司的微信公众号，在其实名认证的"李施德林LISTERINE（lsdl100）"微信公众号上发布了"李施德林有李有聚"广告，主要内容为"有李有聚。拼手气抢红包，欢聚好礼等你摇，中奖率高到《广告法》不让说"。其中"中奖率高到《广告法》不让说"的原意是此次活动中，抢红包的中奖率为100%，但该公司并未准确、清楚、明白地表述，违反了《广告法》第八条第一款的规定，构成发布不准确、不清楚、不明白的违法广告。上海市工商局检查总队（现上海市市场监管局执法总队）根据《广告法》第五十九条第一款第（一）项之规定，对当事人做出沪工商检处字（2016）第320201610009处罚决定书，责令其停止发布违法广告，罚款人民币5万元整。

【案例】叮咚买菜视频广告的表述不清晰，被罚款 2.5 万元

上海壹佰米网络科技有限公司作为广告主，于 2020 年 12 月 7 日至 2020 年 12 月 13 日，在抖音 APP 上针对杭州地区用户发布了一则视频广告，广告中声称，花二十几块钱在叮咚买菜 APP 上可以买到视频中出现的八种水果。根据当事人提供的情况说明，视频广告中的购买场景可以在杭州地区通过使用"59 减 40"的邀请有礼优惠券实现。该优惠券的获得方式是，叮咚买菜 APP 用户每邀请一名新人注册并下单，即可获得一张优惠券，上不封顶。

但视频广告中描述的购买场景只能在广告发布期间的部分时间、部分站点实现，而且需要使用特定的"59 减 40"优惠券，并不能在广告发布期间的任何时间和站点无条件实现。只讲花二十几块钱买到这些水果，不讲购买场景、实现条件的视频广告，违反了《广告法》第八条第一款的规定，构成发布不准确、不清楚、不明白的违法广告。根据《广告法》第五十九条第一款第（一）项之规定，综合考虑当事人违法行为的事实与情节、整改情况以及社会危害程度，2021 年 8 月 5 日上海市浦东新区市场监管局对当事人做出沪市监浦处（2021）第 152021000323 处罚决定书，责令其停止发布违法广告，罚款人民币 25000 元。

三、赠送礼品广告应当标明赠送的品种、规格、数量、期限和方式

现实生活中，一些广告主为了推销自己的商品或者所提供的服务，采用附带赠送礼品的促销手段，达到营销的目的，但是，往往在广告中宣传的赠品与实际不符。例如，宣称赠送高级化妆品，实际上只赠送廉价化妆品；宣称"买一送一"，实际上买一双鞋赠送一双鞋垫，买一桶油送一小瓶油。还有些广告没有明确表述获取赠品特定条件、附带条件。例如，"买就送现金抵用券"，实际上是消费满一定金额后，才能获取一张现金抵用券。

【案例】未标明赠品规格、数量、期限和方式的广告，被处罚 8000 元

上海某汽车销售公司在其自媒体公众号上发布"庆祝斯柯达 120 周年，即日起预订全新'速派'即送 IPhone 6S"的广告，未明确赠送礼品的规格、数量、期限和方式，违反《广告法》第八条规定，上海市宝山区市场监管局依据《广告法》第五十九条第一款第（一）项的规定，责令当事人停止发布违法广告，并处罚款 8000 元。

正确表述应当是"庆祝斯柯达 120 周年，即日起预订全新'速派'即送苹果牌手机 IPhone 6S 16g 版一部，总量×部，先订先得。截止日为××××年××月××日"。

四、法律、行政法规规定广告中应当明示的内容，应当显著、清晰表示

此项规定是准用性规范，又称引致条款。它是指法律规范没有直接转述法律、法规的内容，而是规定引用其他法律、法规的规定来规制广告活动。

比如，《消费者权益保护法》《产品质量法》《食品安全法》《医疗机构管理条例》《医疗器械监督管理条例》《畜牧法》等法律、行政法规规定应当披露的信息，在广告中应当显著、清晰表示。另外，除了其他法律、法规规定的法定信息应当显著、清晰表示外，《广告法》本身也有法定信息应当显著、清晰表示的规定。《广告法》第十六条第二款规定，非处方药广告应当显著标明"请按药品说明书或者在药师指导下购买和使用"等。并且依据《广告法》等法律、法规制定的规章，也应当遵守。比如，国家市场监督管理总局令第 37 号《网络交易监督管理办法》第十二条、第十九条、第二十条规定，网络交易经营

者应当在其网站首页或者从事经营活动的主页面显著位置，持续公示经营者主体信息或者该信息的链接标识；鼓励网络交易经营者链接到国家市场监督管理总局电子营业执照亮照系统，公示其营业执照信息。网络交易经营者应当全面、真实、准确、及时地披露商品或者服务信息，保障消费者的知情权和选择权。通过网络社交、网络直播等网络服务开展网络交易活动的网络交易经营者，应当以显著方式展示商品或者服务及其实际经营主体、售后服务等信息，或者上述信息的链接标识。有些信息属于法定披露信息，不属于商业广告范畴。

第三节 十一项禁止规定

一、法律规定

《广告法》第九条规定，广告不得有下列情形：（一）使用或者变相使用中华人民共和国的国旗、国歌、国徽，军旗、军歌、军徽；（二）使用或者变相使用国家机关、国家机关工作人员的名义或者形象；（三）使用"国家级""最高级""最佳"等用语；（四）损害国家的尊严或者利益，泄露国家秘密；（五）妨碍社会安定，损害社会公共利益；（六）危害人身、财产安全，泄露个人隐私；（七）妨碍社会公共秩序或者违背社会良好风尚；（八）含有淫秽、色情、赌博、迷信、恐怖、暴力的内容；（九）含有民族、种族、宗教、性别歧视的内容；（十）妨碍环境、自然资源或者文化遗产保护；（十一）法律、行政法规规定禁止的其他情形。

二、禁止使用或者变相使用中华人民共和国的国旗、国歌、国徽，军旗、军歌、军徽

此规定包含指向地域对象"中华人民共和国"，指向形式对象"国旗、国歌、国徽，军旗、军歌、军徽"，指向两种方式"使用或者变相使用"，不包括外国的国旗、国歌、国徽，军旗、军歌、军徽。

（一）禁止使用或者变相使用中华人民共和国的国旗、国歌、国徽

1. 使用的含义，是指直接使用、引用或者直接表述、表现。
2. 变相使用的含义，是指间接或者变通使用，实质内容和形式对象不变，只是外在形式有所改变。

中华人民共和国的国旗、国歌、国徽是中华人民共和国的象征和标志，作为爱国主义教育的重要内容，使用场景有特别规定，不可乱用，特别不能用于商标、商业广告。

2020年10月17日修改的《国旗法》第四条规定"中华人民共和国国旗是中华人民共和国的象征和标志。每个公民和组织，都应当尊重和爱护国旗"，第二十条规定"国旗及其图案不得用作商标、授予专利权的外观设计和商业广告，不得用于私人丧事活动等不适宜的情形"。

2017年9月1日颁布的《国歌法》第三条规定"中华人民共和国国歌是中华人民共和国的象征和标志。一切公民和组织都应当尊重国歌，维护国歌的尊严"，第二条规定"中华人民共和国国歌是《义勇军进行曲》"，第八条规定"国歌不得用于或者变相用于商标、商业广告，不得在私人丧事活动等不适宜的场合使用，不得作为公共场所的背景音乐等"。

2020年10月17日修改的《国徽法》第三条规定"中华人民共和国国徽是中华人民共和国的象征和标

志。一切组织和公民，都应当尊重和爱护国徽"，第十三条规定"国徽及其图案不得用于（一）商标、授予专利权的外观设计、商业广告；（二）日常用品、日常生活的陈设布置；（三）私人庆吊活动；（四）国务院办公厅规定不得使用国徽及其图案的其他场合"。

因此，商业广告不得使用中华人民共和国国旗、国歌、国徽。但是，公益广告可以使用中华人民共和国国旗、国歌、国徽。

【案例】在国旗上张贴商标并签名涂画进行广告宣传，被罚款45万元

某健康管理有限公司为宣传公司品牌形象，将其申请的商标"美龄康"字样张贴在国旗上，悬挂于经营场所，并在国旗上签名涂画进行商业宣传。此外，市场监督管理人员在其经营场所内还发现有广告宣传立牌3张，其中含有军人形象、将军简介及照片。上述行为违反了《广告法》第九条第（一）项"广告不得有下列情形：（一）使用或者变相使用中华人民共和国的国旗、国歌、国徽，军旗、军歌、军徽"的规定。2020年1月，无锡市惠山区市场监督管理局依据《广告法》第五十七条相关规定，依法责令其停止发布违法广告，并处罚款45万元。

（二）禁止使用或者变相使用中国的军旗、军歌、军徽

军旗、军歌、军徽是中国人民解放军荣誉、勇敢和光荣的象征。

2010年6月3日，中央军事委员会颁布《中国人民解放军内务条令》（军发〔2010〕21号），附录了《中国人民解放军进行曲》军歌、八一军旗、军徽样式（见附图），并规定军旗、军歌、军徽只能用于中国人民解放军的活动。

2016年2月1日，中央军事委员会主席习近平向东部战区、南部战区、西部战区、北部战区、中部战区授予军旗并发布训令。中国人民解放军的军旗，主要授予团以上部队和院校，在典礼、检阅、隆重集会等时机使用。

《广告法》第九条、《商标法》第十条规定了军旗、军歌、军徽不能用于商标、商业广告。

从《中国人民解放军内务条令》的规定原则来看，中国人民解放军的军旗、军歌、军徽可以用于在保家卫国、军民鱼水情、征兵等公益广告中。

国旗、国歌、国徽，军旗、军歌、军徽代表的是国家形象、尊严和主权。如果把国家形象、尊严和主权用于商业经营活动，势必造成对国家形象、尊严的亵渎和损害。因此，《广告法》禁止商业广告使用

军旗　　　　　　　　　　　　　　　　　　　　军徽

或者变相使用中华人民共和国的国旗、国歌、国徽,军旗、军歌、军徽。

另外,中国共产党的党旗、党徽,中国少先队队旗,红领巾也不能用于商业广告宣传。《中国共产党党旗党徽制作和使用的若干规定》第十条规定:"党旗、党徽及其图案不得用作商标和广告。"虽然此规定属于党内法规,不属于国家法律法规,不能作为行政机关的执法依据,但是,商业广告中使用党旗、党徽,有损中国共产党的威严,在政治上容易产生消极、负面影响,对社会公共利益和公共秩序有不良影响。如果用于商业广告活动,按照违反《广告法》第九条第(七)项规定予以处罚。《中国少年先锋队队旗、队徽和红领巾、队干部标志制作和使用的若干规定》第十三条规定:"中国少年先锋队队旗、队徽和红领巾、队干部标志及其图案不得用于商标、商业广告以及商业活动。"虽然此规定不属于国家法律法规,不能作为行政机关的执法依据,但是,商业广告中使用中国少先队队旗、红领巾,在政治上容易产生不良影响,损害未成年人的身心健康。如果将之用于商业广告活动,按照违反《广告法》第十条规定予以处罚。

三、禁止使用或者变相使用中国的国家机关和国家机关工作人员的名义或者形象

此规定包含两个紧密关联的指向对象"国家机关"及其"工作人员",两个形式"名义或者形象",两种方式"使用或者变相使用"。

(一)国家机关的概念

国家机关是指依照法律或者行政命令组建的、代表国家从事国家公共管理活动和行使国家权力的组织。国家机关具体包括各级国家权力机关、行政机关、审判机关、检察机关、军事机关以及国家主席。

1. 国家权力机关:中央和地方各级人民代表大会及其常务委员会和各专门委员会及其办事机构。
2. 国家行政机关:国务院及其所属各部、委,各直属机构和办事机构;派驻国外的大使馆、代办处、领事馆和其他办事机构;地方各级人民政府及其所属的各工作部门;地方各级人民政府的派出机构,如专员公署、区公所、街道办事处、驻外地办事处;其他国家行政机关,如海关、商品检验局、劳改局(处)、公安消防队、看守所、监狱、基层税务所、财政驻厂员、市场管理所等。
3. 国家审判机关:最高人民法院,地方各级人民法院,专门人民法院和派出的人民法庭。
4. 国家检察机关:最高人民检察院,地方各级人民检察院,专门人民检察院和派出的检察机关。
5. 国家军事机关:管理国家军事的机关,如国防部,海军、空军、陆军等各军兵种军事机关等。
6. 国家主席。根据《宪法》第八十一条规定:"中华人民共和国主席代表中华人民共和国,进行国事活动,接受外国使节;根据全国人民代表大会常务委员会的决定,派遣和召回驻外全权代表,批准和废除同外国缔结的条约和重要协定。"所以,国家主席是中华人民共和国国家机构的重要组成部分。

(二)国家机关工作人员的概念

国家机关工作人员是指在国家机关中从事公务的人员,包括在各级国家权力机关、行政机关、审判机关、检察机关和军事机关中从事公务的人员。

(三)名义、形象的含义

1. 名义,是指组织或自然人的名称、姓名、职务、资格及别称等能让人识别身份的特定的符号。
2. 形象,是指能让人识别的或者引起人们联想活动的具体形态或姿态,包括肖像、塑像、偶像、体征、象征、形状、样子、描绘以及特定物等。

名义和形象包括且不限于上述所列举的形式,比如特型演员、特定卡通虚拟形象、特定声音、特定方言、特定手势、特定词语、特定诗句、特定笔迹、特定题字题词、特定匾额等,其核心要义是指向或者代指明

确的对象。

注意，国家机关工作人员包括已故、离任的党和国家领导人。

（四）使用、变相使用国家机关和国家机关工作人员的名义或者形象的含义

1. 直接使用、引用或者直接表述、表现国家机关或者国家机关工作人员的名义和形象。

2. 间接或者变通使用国家机关和国家机关工作人员的名义或者形象，包括利用卡通、漫画、变形、题字、模仿字体、新闻报道、名言名句、著作、讲话内容及方式、形象表述来表现国家机关或者国家机关工作人员的名义和形象，使人产生联想，以达到与国家机关或者国家机关工作人员有某种关联。比如，使用党和国家领导人特型演员的形象，将行政许可审批事项表述表现为国家机关授权，将国家机关招投标或者为国家机关提供特定购买服务表述表现为与国家机关合作或者表述表现为国家机关"指定""特供""专供"，将党和国家领导人正常的视察工作用于商业宣传等。例如，集邮品利用国家邮政局审批上市，在广告中表述为"经国家邮政部门批准"或"国家邮政主管部门限量发行"等，以国家机关名义作宣传。

针对部分电商平台出现以拼音缩写等"暗语"方式使用"特供""专供"等标识销售、宣传商品问题，国家市场监督管理总局办公厅发出市监网监〔2020〕110号《关于开展清理整治网络销售和宣传"特供""专供"标识商品专项行动的通知》，要求各地市场监管部门要依照《电子商务法》《广告法》《反不正当竞争法》《食品安全法》等法律法规，重点清理整治网络销售的食品（酒类、饮料、保健食品）、瓷器、箱包等舆情热点、社会反映集中的商品，以"RMDHT"（人民大会堂）、"ZXYJ"（政协用酒）、"QGRD"（全国人大）、"GYZY"（国宴专用）、"JD"（军队）等拼音缩写、汉字谐音等"暗语"方式，在销售商品的包装、标签以及发布的信息、介绍中或商品广告中使用"特供""专供"及类似内容的行为，并参照国家工商行政管理总局（现为国家市场监督管理总局）国管办〔2013〕59号《关于禁止中央和国家机关使用"特供""专供"等标识的通知》的有关要求，将以下内容作为清理整治重点：

一是含有"特供""专供"中央和国家机关等类似内容的；

二是利用与中央和国家机关有密切关联的特定地点名称或者标志性建筑物名称，以及利用国宴、国宾等内容宣传"特供""专供"的；

三是假借"特供""专供"或"内部特供、专用"等类似名义推销商品或服务的；

四是含有"特供""专供"等类似内容的假冒伪劣商品，假冒他人注册商标、伪造或冒用质量标志、伪造产地的商品。

国家机关是实施国家公共管理活动和行使国家权力的组织，具有法定性、政治性、权威性；国家机关工作人员是国家机关的化身，具有国家机关的人格化，体现了国家的意志与尊严。如果被用于商业广告活动，不仅严重损害国家机关的尊严与为人民服务的形象，降低国家机关和国家机关工作人员在人民心中地位与威望，不利于国家机关和国家机关工作人员正确行使职权。而且，使用或者变相使用国家机关和国家机关工作人员的名义或者形象为某企业背书，有悖于市场公平公正的价值导向，产生排挤竞争对手的不正当竞争，甚至产生利益输送，以身份谋私利的腐败。因此，禁止使用国家机关和国家机关工作人员的名义或形象进行广告宣传。

【案例】使用国家机关工作人员名义或形象做红色文化培训广告，被罚款30万元

民办非企业单位福建省某田红色教育服务中心（以下简称"某田红教中心"）在其网站上同时使用"龙岩市红色某田培训中心"和"福建某田红色教育服务中心"的名称，使用"主办单位：龙岩市党员干部红色教育培训网""隶属于红办，由政府主管"等字样，并在网页和微信公众号中使用了国家机关工作人员的照片、简介。经查，"龙岩市红色某田培训中心""隶属于红办，由政府主管"是虚构的，构成虚假广

告。使用国家机关工作人员名义或形象进行宣传，构成使用国家机关工作人员名义或形象开展广告活动。2017年10月16日，原龙岩市工商行政管理局（现龙岩市市场监督管理局）对某田红教中心做出行政处罚决定：对虚假广告的行为，责令其停止发布广告，消除影响，并处以罚款人民币45万元；对使用国家机关工作人员名义或形象的广告行为，责令其停止发布广告，并处以罚款30万元。某田红教中心不服，申请行政复议。2018年2月8日，原福建省工商行政管理局做出维持的行政复议决定。某田红教中心仍然不服，先后提起一审、二审行政诉讼，请求撤销上述行政处罚决定及行政复议决定。新罗区人民法院一审判决驳回某田红教中心的诉讼请求。龙岩市中级人民法院二审判决驳回上诉，维持原判。

【评析】本案中，某田红教中心利用当地系革命圣地及著名的红色教育基地这一独特优势，以营利为目的，打着红色教育的旗号，违法发布虚假广告及使用国家机关工作人员的名义和形象发布广告，误导社会公众，不仅扰乱正常市场秩序，而且造成了不良的政治及社会影响。人民法院通过司法判决，支持了市场监督管理部门的行政处罚决定，对于加强及规范红色文化教育，具有十分重要的意义和作用。

【案例】在经营场所的商业宣传中展示国家领导人照片，被罚款30万元

某商务信息服务有限公司为提高自身形象和美誉度，并为所售商品和服务增添信任度，在其经营场所悬挂展示了多张国家领导人照片进行宣传，致使公众以为该公司与国家领导人存在特定关联。该公司的上述行为违反了《广告法》第九条"广告不得有下列情形：（二）使用或者变相使用国家机关、国家机关工作人员的名义或者形象"的规定。2020年3月，江苏省徐州市丰县市场监督管理局依据《广告法》第五十七条相关规定，依法责令其停止发布违法广告，并处罚款30万元。

【评析】本案当事人在其经营场所悬挂展示多张国家领导人照片的行为并不是广告行为，而是商业宣传行为，适用《广告法》处罚牵强，因为当事人既没有通过广告媒体，也没有广而告之，仅仅是悬挂国家领导人照片。只有在其经营场所的广告展板或海报广告或宣传折页中以照片及文字使用国家领导人的名义或者形象，才是广告行为，才能适用《广告法》处罚。例如，天津市市场监督管理委员会对中格维诺（天津）文化传播有限公司在其经营场所悬挂印有国家领导人照片，以及印有宣称"毛主席第一次出国在莫斯科，斯大林用格鲁吉亚红酒招待"字样的红酒产品广告，适用《广告法》做出行政处罚。又例如，2020年年初，淮南市市场监督管理局对以照片及文字声称党和国家领导人接见房地产公司集团董事长、视察集团多个建设工地的"中铁南山里"宣传折页，适用《广告法》做出20万元罚款的行政处罚。红酒产品、"中铁南山里"建设项目使用国家领导人的名义或者形象做广告，被认定为违法广告，并适用《广告法》做出行政处罚是正确的。

（五）非商业广告可以使用或者变相使用国家机关及工作人员的名义或者形象的例外

商业广告活动不得使用国家机关和国家机关工作人员的名义或者形象。但是，政府的采购、招标、招商，出版物，帮困扶贫、慈善活动的广告宣传，以及公益广告等都可以使用国家机关和国家机关工作人员的名义或者形象。又比如，疫情防控期间，各地政府领导为了复工复产，帮困扶贫，以国家机关和国家机关工作人员的名义或者形象，利用电商直播的形式宣传当地的土特产等。

四、禁止使用"国家级""最高级""最佳"等用语

《广告法》禁用"国家级""最高级""最佳"等用语，有禁止比较、禁止误导的作用，是为了防止贬低竞争对手的不正当竞争，防止误导消费者，既保护市场竞争者的合法权益，也保护消费者的合法权益。

(一) "国家级""最高级""最佳"的含义

1. "国家级"的含义："国家级"用语不是绝对化用语，而是广告中禁止使用的用语。"国家级"一般指由国务院授予的奖项或荣誉称号，简称"国家级奖励"；国务院及所属各部门主办的刊物，简称"国家级刊物"；国务院批准设立，承担国家重大发展和改革开放战略任务的综合功能区，简称"国家级园区"；国务院及所属各部委认证的国家级标准化产品，简称"国标产品"等。如果以上"国家级"称号系通过法律或行政法规授权获得的，应当允许使用。但是，国务院及所属各部委批准生产的新产品，简称"国家级新药""国家级新产品"，这些不能代表其产品质量达到何种程度，而且会使消费者误认为该产品达到国家的标准，影响其做出正确的购买决策，同时，不利于公平竞争。因此，在广告中禁止使用"国家级"用语。

2. "最高级""最佳"的含义："最高级""最佳"又称"绝对化用语"，或称"极限用语"，是指在没有客观条件或不受时空限制情况下，形容事物达到某种极致状态的夸张性词语。绝对化用语一般表现为最高级的形容词"最"，如"最好""最强""最佳""最棒""第一品牌""顶级""极品"等。禁用"最高级""最佳"等绝对化用语，是遵循科学发展规律。世上永无不变的第一，科技发展是与时俱进的过程，无论是自然科学还是社会科学的发展永远不会到达绝对顶峰。产品的好坏，要通过市场来检验、评价，任何产品优劣都是相对而言的，产品优劣具有地域和时间的局限。在广告中使用"最高级""最佳"等绝对化用语，违背事物不断发展、变化的客观规律，客观上起到了抬高自己、贬低其他竞争对手的作用，不利于公平竞争，也影响了广告受众的正确判断与选择。但是，广告可以使用一般性的、优于其他商品和服务的用语，但不能使用表示在程度上达到极点的"最"字等副词相关词语。

(二) 禁用语的范围不限于《广告法》列举的用语

《广告法》仅列举禁用"国家级""最高级""最佳"的用语，但是，"世界级""国际级""宇宙级""最好""最强""最棒""第一品牌""顶级""极品"等也在禁用范围内。因为，《广告法》第九条（三）项规定中的"等"字，是"等外"的含义，表示列举未尽。

最高人民法院《关于审理行政案件适用法律规范问题的座谈会纪要》（法〔2004〕96号）第四条明确规定，法律规范在列举其适用的典型事项后，又以"等""其他"等词语进行表述的，属于不完全列举的例示性规定。以"等""其他"等概括性用语表示的事项，均为明文列举的事项以外的事项，且其所概括的情形应为与列举事项类似的事项。

因此，凡与"国家级"含义相同或近似的名词，如"世界级""国际级""宇宙级""全球级"等均在禁止之列。凡与"最高级""最佳"含义相同或近似的，形容事物达到某种极致状态的"最"字副词相关最高级形容词组词、词语均属于绝对化用语，如"最好""最强""最棒""第一品牌""顶级""极品""最新科学""最新技术""最先进加工工艺""100%安全""包治百病"等均在禁止之列。

(三) 禁用语的例外

使用"国家级""最高级""最佳"等用语，其实质是对同类商品或者服务的排他性和不正当竞争性，以及欺骗误导消费者。2023年2月25日国家市场监督管理总局发布了《广告绝对化用语执法指南》（以下简称《指南》）。《指南》规定：商品经营者或者服务提供者在其经营场所、自设网站或者拥有合法使用权的其他媒介发布有关自身名称（姓名）、简称、标识、成立时间、经营范围等信息，且未直接或者间接推销商品或者服务，一般不视为广告。但是，以上信息中绝对化用语，商品经营者无法证明其真实性，可能影响消费者知情权或者损害其他经营者合法权益的，依据其他法律、法规进行查处。《指南》规定：（一）仅表明商品经营者的服务态度或者经营理念、企业文化、主观愿望的；（二）仅表达商品经营者目标追求的；（三）绝对化用语指向的内容，与广告中推销的商品性能、质量无直接关联，且不会对消费者产生误导的其他情形，不适用《广告法》关于绝对化用语的规定。《指南》还规定：（一）仅用于对同一品牌或同一企业商品进行自我比较的；（二）仅用于宣传商品的使用方法、使用时间、保存期限等消费提示的；（三）依据国家标准、行业标准、地方标准等认定的商品分级用语中含有绝对化用语并能够说明依据的；（四）商品名称、规格型号、注册商标或者专利中含有绝对化用语，广告中使用商品名称、规格型号、注册商标或者专利来指代商品，以区分其他商品的；（五）依据国家有关规定评定的奖项、称号中含有绝对化用语的；（六）在限定具体时间、地域等条件的情况下，表述时空顺序客观情况或者宣传产品销量、销售额、市场占有率等事实信息的，不适用《广告法》关于绝对化用语的规定。因此，判断广告用语是否属于禁用语，应结合该广告用语的语义、语境和事实进行综合判断，判断其是否有欺骗误导消费者、损害同行竞争者利益的可能性。如果既不损害同行竞争者利益，也不欺骗误导消费者，应当可以使用。如"最高级""最佳"等绝对化用语在以下六种情况下可以使用。

1. 主观感受型与客观陈述型

(1) 主观感受型（情感化描述）

主观感受型是指广告语描述的是商品或服务给予消费者的情感感受。为使潜在消费者产生情感共鸣，广告常常使用一些带有情感色彩的用语，这些用语常常带有一定夸张、想象、科幻、创意的成分。例如，情感化声称"某某巧克力，最浪漫的爱！""某某躺椅，最舒服的享受""某某音乐，最好听的旋律"，是对消费心理情感的主观描述，诉求方式上属于感性诉求，无法做量化考量。主观感受型的广告语，往往抽象而不指明具体特征，虽然广告语中包含了"最"字，但含义并不十分明确，也不对消费者购买产生实质影响。所以，一般不在法律禁止之列。但是，尽可能避免使用含义模糊、带误导性的用词。例如，"至臻完美"究竟是"达到完美"还是"臻于完美"，区别非常大。如果属于模棱两可的，尽量避免使用。例如，应谨慎使用"使男人更强大"等词，会引向一些特殊含义。为避免与社会主义精神文明观发生冲突，广告应"有利于人民的身心健康""遵守社会公德"，不应"妨碍社会公共秩序和违背社会良好风尚"。

【案例】法院判决认定书籍"最感兴趣"属于主观感受型绝对化用语

在武汉市民李武军诉广州市宏丽黄埔百货有限公司产品责任纠纷一案中，争议焦点是涉案书籍标示的"最感兴趣""最前沿"是否属于"最高级"绝对化用语，是否属于引人误解的虚假宣传。原审法院认为，"最感兴趣"一词是对心理情感的主观描述，无法做量化衡量，"最感兴趣"非绝对化用语，并不存在贬低其他同类商品，也不会使普通消费者对购买涉案书籍产生错误认识，因此，不属于《广告法》第九条第（三）项规定中的不得使用的"国家级""最高级""最佳"用语。但涉案书籍宣传其"最前沿"，冠以程度副词"最"，成为绝对化用语，违反了《广告法》第九条第（三）项规定中广告不得使用"国家级""最高级""最佳"等用语的规定。［参见广东省广州市中级人民法院（2016）粤01民终13758号民事判决书］

(2) 客观陈述型

客观陈述型是指广告语描述的是商品或服务的客观属性，属于诉求方式上理性诉求，相对而言，客观陈述型的绝对化用语会对消费者购买产生实质影响。但是，如果相关广告语是真实的，不会误导消费者，则不在法律禁止之列。

例如，仅表示时空顺序，而不代表商品或服务排序方面最好的用语"全球（全国）首发""首映""首播""首家""第一家""首款""最早成立"等，例如，我国医药行业"首家"上市公司。由权威机构出证的客观真实的"独家"代理、"唯一"授权，而且不会导致公众误认为其具有世界级、国家级品质的前提下，可以如实使用。

又例如，对商品或服务形象的笼统陈述，并非是对商品或服务进行排序，一般消费者不会产生误解，原则上不属于绝对化用语，允许使用。但是，作为序数词或数量词的数字化声称用语，则需要同时具备以下四个前提条件，才能使用：一是真实，有事实依据可查（表明出处）；二是表述完整清楚；三是不会误导消费者；四是没有与他人进行比较、抬高自己、贬低他人的意思表示。需注意，数字化声称用语有时可能滑向绝对化用语。例如，某净水器产品声称"99.9999% 安全净水"，表面上是使用数字，实际上暗含"100% 安全"，即"绝对安全"的意思，容易被认为是绝对化用语。

再例如，标明某一时段并标明出处的"销量第一"及"市场占有率第一"等，有事实依据且能完整表述清楚，不会误导消费者，不贬低他人，原则上允许使用。

【案例】法院判决认定至尊香辣牛肉面的"至尊"属于客观陈述型绝对化用语

在浙江市民叶茂良不服广州市市场监管局举报答复的行政诉讼一案中，争议焦点是叶茂良认为涉案"优麦良品至尊香辣牛肉面"中的"至尊"两字是绝对化用语。广州市市场监管局认为，尽管"至尊"从词语义上看，含有"最""极"的意思，但在广告语中主要是用来形容商品的档次，是对商品形象的笼统表述，并非是对广告商品进行排序；一般具有正常认知能力的消费者，不会因"至尊"一词而产生误解，以为该产品是同类商品中"最好""最尊贵"的，因而"至尊"一词不应视为绝对化用语。广州市天河区人民法院采纳了广州市市场监管局意见。［参见广东省广州市天河区人民法院（2011）穗天法行初字第68号行政判决书］

2. 自我比较型

绝对化用语仅用于同一品牌或同一企业自己的产品之间对比描述，只要限定范围明确，且客观真实，不会贬低竞争对手与误导消费者，则不在法律禁止之列。《浙江省广告管理条例》规定，使用"本公司最新产品""本产品顶配款式"以及其他表示自我比较的用语，不属于《广告法》第九条第（三）项规定禁止的情形。上海市市场监督管理部门《关于重申部分广告审查要求的审查提示》亦明确：明示为自我比较的程度分级。例如，某广告声称"为消费者提供本司舒适、高端、顶级三款高品质的商品"，其中"顶级"不具有排除其他同类商品的可能。又例如，本楼盘内最大户型、本产品系列内最小尺码、本公司最新产品、本公司顶配车型等，不属于禁止使用情形。

3. 理念诉求型

理念诉求型是指在广告中对企业某些理念的诉求，并非对商品或服务属性的描述，仅表达企业的经营理念、愿景或追求目标及努力方向，如"顾客第一、诚信至上""追求极致安全""致力于为顾客提供最佳的产品""我们企业的宗旨是为顾客提供最好的产品"等。因此，理念诉求中虽然使用了"最好""最佳"等用语，仍然不构成违法使用绝对化用语。

【案例】法院判决认定"上品饮茶，极品饮花"属于理念诉求型的绝对化用语

在市民燕丽诉南阳市禄康源百货有限公司、农夫山泉股份有限公司（以下简称"农夫山泉公司"）虚假宣传纠纷一案中，河南省南阳市中级人民法院认为，农夫山泉公司生产的"东方树叶"茉莉花茶原味茶饮料外包装上标注的"上品饮茶，极品饮花"一语，以花代茶的方法，来源于古代宫廷贵人的美习惯。此处不是对产品质量或饮用效果的具体描述，而是对传统茶文化理念的阐释，表达了人类对美好健康生活的追求。因此，农夫山泉公司在产品包装上标注"上品饮茶，极品饮花"并不属于法律所禁止的绝对化用语，不构成虚假宣传。［参见河南省南阳市中级人民法院（2013）南民一终字第00327号民事判决书］

4. 国家批准的正规奖项型

国家批准的正规奖项型是指国家机关依法评定的奖项或称号。《浙江省广告管理条例》规定，广告中使用的按照法律、法规和国家有关规定评定的奖项、称号或者按照国家标准、行业标准认定的商品或者服务分级用语中，含有"国家级""最高级""最佳"以及其他词义相同的用语，不属于《广告法》第九条第（三）项规定的禁止情形。

对于除国家机关外，经国家批准的其他有资质的相关机构通过公正程序评出的正规奖项，也不属于《广告法》第九条第（三）项规定的禁止情形。

但是，社会上各种协会、头部企业、网站平台等机构组织的各种评奖，特别是市场有偿性评奖，如果奖项中含有绝对化用语，例如"最佳啤酒品牌"等，构成《广告法》第九条第（三）项规定禁止的情形。

上述两种情况下，如果广告文案过于突出描述的绝对化用语，对消费者造成误导的，应认定为属于绝对化用语禁止之列。

5. 使用提示型

使用提示型是指仅宣传本商品使用提示，包括商品"最佳使用方法"、药品的"最佳服用时间"等。如某护膝产品广告称"侧扣带可以随着你的需要调节到最佳舒适状态"，这里的"最佳"虽然具有绝对化的意思，但并不是对护膝的功能、性能、品质等进行的宣传，仅指使用调节状态，不会对消费者选购该商品产生实质性影响，不属于绝对化用语禁止之列。但是，将表示空间的序数词及数量词与最高级形容词及程度副词"最"连用的，其语义重点已不再是表示序数和数量，而是误导公众认为其商品或服务具有世界级、国家级品质，属于绝对化用语禁止之列。

6. 固定用语型

固定用语型是指由行业相关标准认定或者已被公众广泛接受的分级用语，以及在广告中作为固定用语中的一部分。例如，安吉白茶国家标准分为"精品、特级、一级、二级"共四个质量等级，在安吉白茶广告中把"精品级"称为"最高等级"或"最高级"，不属于绝对化用语禁止之列。又例如，球类运动赛名称"超级联赛"，游戏类名称"超级英雄联盟"等，这些固定用语型不属于绝对化用语禁止之列。但广告审查中应当要求广告主提供有关的依据及等级检验证明，不得混淆等级标准，把非最高等级商品一并宣传为最高级。

（四）绝对化用语的定性原则

绝对化用语的定性应当以事实为依据，以法律为准绳，并运用法理综合分析判断。一般可以按照以下三个原则来把握其是否为绝对化用语。

1. 按照普遍适用原则

虽有虚假广告嫌疑，但执法人员无充分证据证伪的绝对化用语，按照违反《广告法》第九条第（三）项规定，使用绝对化用语的违禁广告进行定性处罚。

2. 按照特别规定优于一般规定的适用原则

使用绝对化用语同时违反《广告法》关于药品、保健品、农药、教育培训、招商、房地产、种子等广告的禁止性规定时，应当按照《广告法》相应专门条款进行定性。如药品广告宣称"100%疗效"属于绝对化用语，但是，《广告法》第十六条第（二）项对药品广告做了特别规定，不得含有"说明治愈率或者有效率"，所以，应当适用《广告法》第十六条第（二）项规定进行定性处罚。

使用绝对化用语，表述不准确、不清楚、不明白的，或者引证内容不准确、不表明出处、不表明适用范围和有效期限的，又无法证伪的，分别按违反《广告法》第八条关于表述不准确、不清楚、不明白进行定性处罚，《广告法》第十一条关于引证内容不准确、不表明出处、不表明适用范围和有效期限进行定性处罚。

3. 按照法的价值冲突解决原则

解决法的价值冲突的三大适用原则之一价值位阶原则："正义"高于"秩序"。真实性是《广告法》的核心价值。其价值取向中，真实性属于"正义"价值，绝对化用语属于"秩序"价值。真实性和绝对化用语之间的冲突，应该真实性优先。即使用了绝对化用语，执法人员有充分证据证伪的，符合《广告法》第二十八条规定的虚假广告四种情形之一的，应当按虚假广告进行定性处罚。

【案例】法院认定"独一无二"、"最佳选择"构成绝对化用语的虚假广告

2016年12月28日，上海市金山区市场监督管理局（以下简称：金山区市监局）收到游伟海对上海XX有限公司（以下简称：被举报人）的投诉举报，称被举报人销售的"农家蛋"、"爱哆哆草鸡蛋"存在无生产日期、包装日期、无生产商或销售商信息、保质期及涉嫌虚假宣传等问题。金山区市监局于2017年1月5日立案调查。经查，认定被举报人未准确标注名称、产地、生产者、生产日期、保质期等内容，违反了《食用农产品市场销售质量安全监督管理办法》（以下简称：《管理办法》）第三十二条规定，未发现被举报人涉嫌虚假宣传的违法行为。于2017年2月14日对被举报人作出责令限期改正，警告的处罚。同日向游伟海送达金市监山处告字[2017]第2017022704号行政处理告知书。游伟海对此不服，诉至上海市金山区人民法院（以下简称：金山区人民法院）。

金山区人民法院审理认为，游伟海的诉讼请求缺乏事实根据和法律依据，判决驳回游伟海的诉讼请求，案件受理费人民币50元由游伟海负担。游伟海不服，向上海市第一中级人民法院（以下简称：一中院）提起上诉。游伟海上诉称：金山区市监局适用法律不当。应当适用《食品安全法》第一百二十四条第一款规定予以罚款等处罚，还认为被举报人"独一无二"、"最佳选择"广告用语构成违反《广告法》规定，应予罚款。请求撤销被诉告知书，责令金山区市监局重新立案处理，本案诉讼费由金山区市监局承担。

一中院认为金山区市监局适用《管理办法》第三十二条的规定，对被举报人作出行政警告处罚的决定并无不当。并认为被举报人的产品标签上印有"独一无二"和"最佳选择"字样的广告内容，具有排他性之意，应属涉嫌违反《广告法》所规定的绝对化用语和违反《广告法》第五十六条之规定的虚假广告。又认为本案中上述产品标签，并非被举报人所贴，故游伟海要求对被举报人涉嫌虚假广告予以处罚的意见，无法律依据，法院难以支持。但建议被上诉人应移送有管辖权的相关部门查处。2017年9月26日，一中院依照《行政诉讼法》第八十九条第一款第（一）项之规定，作出终审判决：驳回上诉，维持原判。上诉案件受理费人民币50元，由上诉人游伟海负担。

【评析】 此案例说明"独一无二"和"最佳选择"的广告语，属于《广告法》所规定的绝对化用语，而且没有任何依据，构成绝对化用语的虚假广告。由于该广告内容的标签并非被举报人所贴，所以需要市场监督管理局进一步立案调查，查清违法主体，由具有管辖权的市场监督管理部门依法查处。

五、禁止损害国家的尊严或者利益，泄露国家秘密

（一）禁止损害国家的尊严或者利益

1. **国家的尊严又称国格**，是指一个国家所具有的尊贵、威严、荣誉、声望和影响，代表着一个国家在国际社会中的主权独立、不可侵犯的地位和作用，包括各民族与人民的尊严，党和政府的尊严，领袖的尊严，领域、领空、领海的尊严，政策法令的尊严，法律道德的尊严等。

2. **国家利益**，是指一个国家全体国民的共同利益。尊严与利益相辅相成，维护国家尊严就维护了国家利益。

我国《宪法》第五十四条明确指出："中华人民共和国公民有维护祖国的安全、荣誉和利益的义务，不得有危害祖国的安全、荣誉和利益的行为。"每个公民都应自觉履行维护国家尊严的义务，并与损害国家尊严的言行进行斗争。

我国《地图管理条例》第八条明确指出："编制地图，应当执行国家有关地图编制标准，遵守国家有关地图内容表示的规定。地图上不得表示下列内容：（一）危害国家统一、主权和领土完整的；（二）危害国家安全，损害国家荣誉和利益的；（三）属于国家秘密的；（四）影响民族团结、侵害民族风俗习惯的；（五）法律、法规规定不得表示的其他内容。"

广告既是商业信息传播手段，也是政治文化宣传渠道，我们应当站在国家利益高于一切的立场，自觉维护国家的名誉、荣誉、尊严，为维护中国的主权与利益做出应有的贡献。

广告活动中，应当特别注意领域、领空、领海的主权尊严，完整正确地使用中国地图。国家地图是一个国家对领土所有权、管辖权的郑重标识，是国家意志和尊严的宣告。使用中国地图时，漏绘我国台湾岛、南海诸岛、钓鱼岛、赤尾屿等重要岛屿，或者使用历史上侮辱中华民族的固定词语，例如"法租界""神风突击队""八国联军""良民证"等伤害民族尊严的错误表达，不仅严重损害国家的尊严、主权和利益，也会造成极为恶劣的政治影响。例如，2017年8月5日，无印良品（上海）商业有限公司从日本原装进口外产品的包装上印有"MADEINTAIWAN原产国：台湾"字样的钢制室内晾衣架商品119个，通过淘宝网官方旗舰店和线下门店进行宣传与销售，违反了《广告法》第九条第（四）项规定，2018年3月22日，被原上海市工商行政管理局检查总队作出沪工商检处字〔2018〕第320201710089号《行政处罚决定书》，罚款20万元。2020年9月27日，光明乳业股份有限公司因使用错版中国地图，未将中国领土表示完整、准确，违反《广告法》第九条第四项规定，被上海市市场监督管理局执法总队做出沪市监总处〔2020〕322020000119号行政处罚，罚款30万元。因此，广告人一定要本着对国家主权、民族尊严和人民利益负责的精神，增强责任感和使命感。关于"损害国家的尊严或者利益"及公序良俗的合规审查，还可以参考2019年2月新华社发布的《新华社新闻信息报道中的禁用词和慎用词》。

【案例】发布错版中国地图广告，被顶格罚款100万元

上海华与华营销咨询有限公司为华夏幸福基业股份有限公司在动车组列车展牌媒体及航机杂志上设计广告。在广告的制作过程中通过翻墙软件从shutterstock网站下载了错版的中国地图，该地图存在问题：1）阿克赛钦地区界线错绘；2）中国领土未完整、准确地表示；3）漏绘南海诸岛；4）漏绘钓鱼岛、赤尾屿（见下图），损害了国家尊严及利益。华与华营销咨询公司在之后的相关广告设计中，仍然知错不改，放任违法行为继续存在，未将我国领土表示完整、准确，造成危害后果扩大，无视法律法规与国家利益，错上加错，严重背离了企业的社会责任，违反了《广告法》第九条第（四）项规定。上海市静安区市场监管局按照《广告法》第五十七条规定，做出静市监案处字（2017）第060201711018号行政处罚决定书，

责令其停止发布违法广告，没收广告费用 88235.29 元，顶格罚款 100 万元。

【案例】发布损害国家尊严的游戏广告，被罚款 80 万元

2020 年，上海梦想家网络科技有限公司为推广某游戏，自行制作并通过其设立的广告投放账号对外发布了含有将红方人物设置为中国，蓝方人物设置为他国，蓝方把红方击败后，将红方城堡上的中华人民共和国国旗降旗，并悬挂蓝色旗帜的视频广告，违反了《广告法》第九条第四项的规定，构成发布损害国家尊严的广告的行为。上海市市场监管部门依据《广告法》第五十七条第一项的规定，责令其停止发布违法广告，处罚款 80 万元。

（二）禁止泄露国家秘密

国家秘密，是指关系国家的安全和利益，依照法定程序确定，在一定时间内只限一定范围的人员知情的事项。我国《保密法》规定，一切国家机关、武装力量、政党、社会团体、企业事业单位和公民都有保守国家秘密的义务。

我国《保密法》规定，国家秘密的密级分为"绝密""机密""秘密"三级。按照《教育工作中国家秘密及其密级具体范围的规定》，国家统一考试在启用之前的试题（包括副题）、参考答案及评分标准为绝密级事项。

【案例】"国考"泄题广告属于泄露国家秘密

福州市民江某某通过购买、网上搜索等方式，获取了国家高等教育自学考试"会计制度设计""大学语文"等科目考试的试卷、答案，并且在仓山区、校园内张贴"自考包过"的小广告，还在网上发布此类信息，出售各类考试试题及答案。福州市仓山区人民法院以故意泄露国家秘密罪，判处江某某有期徒刑 1 年 3 个月。我国《刑法》第三百九十八条规定，故意或者过失泄露国家秘密，情节严重的，处三年以下有期徒刑或者拘役；情节特别严重的，处三年以上七年以下有期徒刑。

六、禁止妨碍社会安定，损害社会公共利益

（一）社会安定的含义

社会安定是指社会上大多数人在正常的社会规范和道德规范中的个人需求能得到满足，整个社会运转有序，民众生活安定舒适，民众情绪稳定。

（二）社会公共利益的含义

社会公共利益是指不特定多数人所能享受的非独占的利益，包括经济、政治、文化、个人、群体、民族、阶级、阶层、国家利益等利益。它受宪法等所有法律的保护。

安定的社会环境，以及体现全体社会成员共同利益的社会公共利益，是社会进步和经济发展的重要保证。因此，广告中不得含有妨碍社会安定或者损害社会公共利益的内容。

例如，在成都"路怒族"当街打人施暴的视频传遍网络后，淘宝等电商平台上竟同步上线了以此为噱头的商品广告，包括与成都挨打女司机驾驶的同款现代轿车，打人者穿着的同款短裤、使用的同款行车记录仪。这种广告营销行为，严重妨碍社会安定，损害社会公共利益。

又如，通过互联网发布违禁品广告，兜售私家侦探器材、"万能开锁解密器"等。中国法律仅赋予有刑事侦查权的公安、国安机关可以进行侦察，侦探器材也只能由公安、国安机关拥有。"万能开锁解密器"流入市场的话，将给公民的安全带来极大的隐患。

七、禁止危害人身、财产安全，泄露个人隐私

《民法典》第一千零三十二条第一款规定："自然人享有隐私权。任何组织或者个人不得以刺探、侵扰、泄露、公开等方式侵害他人的隐私权。"

（一）危害人身安全的含义

危害人身安全是指伤害人的生命、健康、行动自由、住宅、人格、隐私、名誉等安全。侵犯的客体是公民的人身安全，侵犯的对象是自然人个体。

（二）危害财产安全的含义

危害财产安全是指侵害公民个人财产、公共财产、集体财产、国家财产等安全。

保障人身和财产安全是我国《宪法》赋予公民的基本权利。广告中绝对不允许出现含有危害人身、财产安全的内容，但是，危害人身安全的广告却又时有发生。

例如，世界卫生组织（WHO）下属的国际癌症研究机构（IARC）将槟榔列为致癌物清单中的一级致癌物，包括槟榔果、含烟草的槟榔嚼块、不含烟草的槟榔嚼块。在致癌威力上，烟草、酒精、黄曲霉素、砒霜和槟榔为同一等级。同时，原国家食品药品监督管理总局在2017年公布致癌物清单时，也已将槟榔果列入一级致癌物。但是，近年来各种媒体、平台、渠道、各类节目上的硬广、软文、冠名赞助、植入式槟榔广告狂轰滥炸。尤其是槟榔企业主赞助的某些综艺节目成为爆款，据《北京商报》报道，当前国内最大的槟榔制造企业"口味王"，在2020年10月成为《这！就是灌篮3》节目独家冠名方；2021年7月，该企业赞助了《说唱听我的2》，同时还赞助了《这！就是街舞4》（见下图）。甚至在2021年热播剧《扫黑风暴》中，也出现了演员嚼食槟榔的画面。若槟榔的传播范围持续扩大，对于民众健康将构成巨大威胁。有效管控槟榔之祸，重中之重就是禁止大众媒体广播电视和网络视听节目为槟榔做商业广告，压住新消费人群增量。

2021年9月17日，国家广播电视总局办公厅发布了关于《停止利用广播电视和网络视听节目宣传推销槟榔及其制品的通知》。此前关于槟榔广告的约束只是地方监管与行业自律。厦门早在1996年就禁止在当地生产、销售槟榔。2019年3月7日，湖南槟榔食品行业协会应湖南省市场监督管理局的要求，下发《关于停止广告宣传的通知》，要求成员单位停止国内全部广告宣传，不限于在报纸、电视、电台、户外、网络等媒介，不允许发布槟榔广告。2021年3月18日起，广州停止全市报纸、电视、电台、户外、网络等媒体发布槟榔广告，还加强了对槟榔广告的日常监测，从源头上管控槟榔广告的发布活动。

[注意]网络视听节目的含义，根据《网络视听节目内容审核通则》第二条第二款规定，网络视听节目，是指制作、编辑、集成并通过互联网向公众提供视音频节目，以及为他人提供上载传播视听节目服务的活动，具体包括：（一）网络剧、微电影、网络电影、影视类动画片、纪录片，（二）文艺、娱乐、科技、财经、体育、教育等专业类网络视听节目，（三）其他网络原创视听节目。其中有大量的冠名赞助广告、植入广告、软文广告等。

又例如，某百家号吧贴主为了宣传非标刀具，发表了一篇《非标刀具的制作有多难》的文章，导致整个账号被封禁。原因是此刀具是公安机关管制品，发表管制刀具的文章内含有危害人身或财产安全的内容，账号信用分扣减至0分。再例如，某款纳米随手贴在微信广告中这样宣传自己的产品："太牛了！这样很方便，手机怎么放都行，

刹车急转弯甩不掉！"（见下图）在广告图中，手机被固定的位置恰好是汽车安全气囊弹出的位置。这意味着，当司机驾驶汽车出现事故，导致安全气囊弹出时，手机将会被甩到人脸上，存在将人砸伤甚至危及生命的可能。

（三）泄露个人隐私的含义

泄露个人隐私是指泄露个人不愿为他人知晓的私密空间、私密活动、私密信息。《民法典》第一千零三十二条第二款将隐私界定为"隐私是自然人的私人生活安宁和不愿为他人知晓的私密空间、私密活动、私密信息"。隐私，顾名思义有两方面特征：一是"隐"，非公开的状态，如果已经被自然人自行公开或者合法公开的就不是隐私；二是"私"，私人的事情，与他人权益及公共利益等无关。由此可见，个人隐私与人身、财产安全相互关联。泄露个人隐私会造成人身权、财产权受损。

广告泄露个人隐私，主要是指个人私密信息，包括个人的生理信息、身体隐私、健康隐私、财产隐私、家庭隐私、谈话隐私、基因隐私等。自然人的姓名、容貌、性别等，是社会交往经常使用的，不属于私密信息。但是，没有征得他人的同意，而将他人的姓名、容貌等用于商业广告，可能构成侵犯他人的姓名权与肖像权。

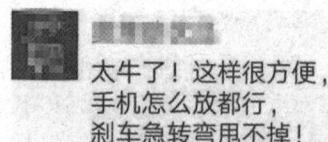

广告泄露个人隐私主要表现是使用消费者或患者的隐私信息。商家直接将消费者个人隐私信息制作成成品，用来做广告招徕生意。例如，打印店将客户的名片作为宣传样本；婚纱影楼将顾客的婚纱照挂于橱窗中做展示；医疗机构为了使广告更具说服力，让患者信服，未经患者同意在宣传资料中使用患者资料。这些既泄露了个人的隐私信息，又侵犯了姓名权与肖像权，往往伴随着名誉侵权。如果涉及生理信息、身体隐私、健康隐私、财产隐私、家庭隐私、谈话隐私、基因隐私等，可能构成泄露公民个人信息罪，处三年以下有期徒刑或者拘役，并处或者单处罚金。

【案例】广告中擅自使用他人姓名、成绩等构成侵害公民隐私权

北京市某中学生祁某参加了北京市某研究所开办的潜能开发学习班，后来她发现这家研究所把她的学习情况，包括姓名、学校名称、入学成绩、经过强化训练后的成绩等私人信息都刊登在了发放给学生家长的宣传材料上。于是祁某将研究所告上了法庭。祁某称，被告方未经原告同意，将原告的姓名写在广告中，侵犯了自己的姓名权，且其以原告学习成绩进行对比性宣传的做法，使原告的老师、同学对原告的人品产生了误解，给原告精神上造成了伤害。被告研究所认为，自己印制的材料是教学内部资料，内容是介绍教学理念，仅供学生家长参考。其资料内容引用的教学数据只是教学的参考数据，不宜认定为广告，故原告的请求不能成立。法院判决，认定被告研究所由于在其发行的宣传材料上印刷有招收对象、报名时间、地点、招生费用等内容，且面向社会不特定公众散发，具有商业广告的特性，应视为广告行为。而该广告擅自使用原告祁某的姓名及学校名称、考试成绩等个人资料，并公之于众，构成侵权行为，法官据此判令被告停止侵权行为，公开赔礼道歉，赔偿祁某精神损害抚慰金5000元。

关于互联网广告的个人信息保护，详见第五章第十一节"互联网广告活动的管理规定"中"互联网个人信息保护"。

八、禁止妨碍社会公共秩序和违背社会良好风尚

社会公共秩序和社会良好风尚，就是我国《民法典》第八条规定的公序良俗。公序是社会公共秩序，良俗就是良好的风俗、风尚和社会的一般道德。《广告法》第九条第七项规定，广告不得妨碍社会公共秩序或者违背社会良好风尚。凡是违反《广告法》第九条第七项规定的广告，都属于"失德"或"背德"的违禁广告。

（一）社会公共秩序的含义

社会公共秩序是指为维护社会公共生活所必需的秩序，包括社会管理秩序、生产秩序、工作秩序、交通秩序和公共场所秩序等。遵守公共秩序是中国公民的基本义务之一。公共秩序关系到人们的生活质量，也关系到社会的文明程度。凡是含有妨碍社会管理秩序、生产秩序、工作秩序、交通秩序和公共场所秩序内容的广告，都属于妨碍社会公共秩序的违禁广告。

【案例】妨碍社会公共秩序的违法醉驾广告，罚款 20 万元。

上海潇客餐饮有限公司通过网络平台发布题为《2021魔都宿醉潜规则》等推文，宣传"谁说喝了酒不能飙车？？？？那是因为你不知道[嚣客ZONE]它是全国首家'醉驾俱乐部'，更是一家超级娱乐社交综合体。在嚣客，你需要通过酒精探测仪检测指数达到'醉酒标准'才可以体验极限狂飙的刺激"等内容，把体验"醉驾"作为宣传噱头，吸引消费者到店消费。当事人的行为违反了《中华人民共和国广告法》第九条第（七）项的规定，构成发布妨碍社会公共秩序的广告的行为。2021年10月9日，上海市黄浦区市场监督管理局依据《广告法》第五十七条第一项的规定，作出沪市监黄处〔2021〕012021000934号《行政处罚决定》，责令当事人停止发布违法广告，并处罚款20万元。

（二）社会良好风尚的含义

社会良好风尚是一个比较抽象的概念。它是历史相沿、相承、积久而成的风俗、风气与时尚，但并非不可名状。它是指在全社会所推崇倡导的一种健康、向上的道德风气和道德习惯或者某一特定时期社会所推崇的伦理要求，包括并不限于尊师重教、拾金不昧、助人为乐、艰苦朴素等。《广告法》第九条第七项规定广告不得违背社会良好风尚是《广告法》第三条规定"健康与文明原则"的具体体现。同时，"健康与文明原则"也是社会良好风尚把握的基本标准，即广告应当以健康的表现形式表达广告内容，符合社会主义精神文明建设和弘扬中华民族优秀传统文化的要求。

凡是违背社会良好风尚的广告就是"背德"或"失德"违法广告。例如，用人体彩绘形式表现广告内容，洗衣粉广告"你泡了吗？"，口香糖广告"我不够，我还想要""这还不能满足你吗？我喜欢更有劲儿一点的"，户外广告牌招商广告"难得有空，等你来包""想占有我吗？那就上吧！"，网站广告"上我一次，终生难忘""想兴奋，就上吧"等。

【案例】借郑州特大暴雨灾情，发布失德广告，被罚款20万元

在2021年7月18日至20日河南郑州特大暴雨灾情发生后，2021年7月21日下午4点，鹤壁游泳馆（鹤壁远景旅游服务有限公司）借郑州特大暴雨的灾情，在其微信公众号上发布"鹤壁看海了！你还不学游泳吗？"的广告，违反了《广告法》第九条第七项"广告不得妨碍社会公共秩序或者违背社会良好风尚"的规定。鉴于该公司有主动删除违法广告情形，2021年7月26日，鹤壁市市场监督管理局网络监管分局依据《广告法》第五十七条规定，对鹤壁游泳馆（鹤壁远景旅游服务有限公司）从轻处罚，下达了20万元的行政处罚告知书。

【评析】"鹤壁看海了！你还不学游泳吗？"旨在表示学会游泳十分重要的意思。但是，借助灾情，推销自己的营业项目，有失公德之心，背离公序良俗，违背社会良好风尚。鹤壁市市场监督管理部门及时做出行政处罚告知书，以案普法，以案警示，告诫类似企业，借灾情营销不仅仅是道德谴责问题，而是触犯法律，应当承担法律后果，强有力地震慑了借灾情营销的企业，从而防止类似借灾情、灾难营销广告上演。

【案例】发布日本AV女优佩戴红领巾的广告，被顶格罚款100万元

上海臻海实业有限公司在云南省德宏州少儿业余体校举办所谓的公益活动，邀请了日本成人影片演员苍井空作为"助学使者"，并佩戴红领巾。该公司通过新浪微博账号发布含有"苍老师漂洋过海，和你零距离接触，大健康行业中只有百臻堂才能给你这样的机会！"和苍井空佩戴红领巾等内容的图文广告。随后，中国少年先锋队全国工作委员会发表声明：严正谴责这家公司"无视国家法律，无视社会公序良俗，无视少先队员这一未成年人群体的接受特点，无视红领巾的精神内涵，无视数百万少先队辅导员的职业荣誉，玷污了少先队组织的形象"。此外，当事人不仅违背社会良好风尚，还在其网站宣传介绍业务、产品的广告中使用了中华人民共和国的国旗，违反了《广告法》第九条规定。2018年12月，上海市浦东新区市场监管局做出行政处罚，责令其停止发布违法广告，并处罚款100万元。

【评析】依照《广告法》第五十七条的规定，该行为应当罚款20万到100万元，此案罚款100万元是顶格处罚。因为，中国少年先锋队是中国共产党领导的中国少年儿童的群团组织。红领巾是少先队员的标志，它是五星红旗的一角，是千千万万革命烈士的鲜血染成的。其中包含了几十万死在日本军国主义屠刀下的少年儿童。让日本AV女优（成人影片演员）佩戴"红领巾"进行宣传，亵渎中国少先队"红领巾"的红色文化，造成恶劣的社会影响，应当从重处罚。

【案例】发布"从小喝到大"广告，被罚款20万元

2019年初，"椰树牌"椰汁更换新包装，依旧延续以往"大胸美女"风格，仍以"从小喝到大"广告语作为宣传点；街边的广告牌中，宣传语强调丰胸功效，被质疑虚假宣传。2019年2月13日，"海口工商"微信公众号发布消息称，近日椰树集团2019年椰汁广告涉嫌内容低俗、虚假等问题引发社会广泛关注。海口市龙华区工商局已对椰树集团涉嫌发布违法广告的行为进行立案调查。2019年2月15日、16日，椰树集团连续两天发布公告指出，这句广告词并不是指喝椰汁丰胸，广告词并不低俗虚假，没有违反《广告法》，得到中国广告协会批准。他们的广告词表述的是"椰树牌椰汁，从小喝到大，上小学妈妈叫我喝，上中学我自己喝，上大学我天天喝。"所以，这句广告词并不是指喝椰汁丰胸，而是指从小孩时开始喝到长大成人。2019年3月18日，国家广播电视总局发文认为，"椰树牌椰汁""从小喝到大"广告，违反了《广告法》《广播电视管理条例》《广播电视广告播出管理办法》等规定。要求各级广播电视播出机构立即停止播出相关版本的"椰树牌椰汁"广告。3月27日，海口市龙华区工商局认定椰树集团广告违背社会良好风尚，对当事人作出《行政处罚决定书》，责令当事人停止发布违法广告，并处罚款人民币20万元。

【评析】"椰树牌椰汁""从小喝到大"广告，片面追求感官刺激、宣扬低俗内容、违背社会风尚，价值导向存在偏差，易对广大受众，尤其是未成年人产生误导，应当依法处罚。

【案例】发布代孕广告，被罚款100万元并吊销营业执照

在广州市市场监督管理局公布的2021年第一批虚假违法广告典型案例中，广州宝如愿健康管理有限公司（以下简称"宝如愿"）在新浪微博上公然打出"提供各种血型的供卵女孩，提供代孕妈妈，试管包

男孩、包性别、包出生……"的广告。经查明,宝如愿因在2017年3月3日至2019年11月17日期间,从事代孕经营活动涉诉并被法院判决承担赔偿责任(尹某某状告宝如愿提供的代孕婴儿,在2019年1月30日出生后便是非健康的高危儿,且仅存活了57天。要求宝如愿公司及员工赔偿相关花费。二审判决欧东志、广州宝如愿健康管理有限公司共同向尹某某赔偿损失323 910.23元)。宝如愿违反了《广告法》第九条第(七)项规定"广告不得妨碍社会公共秩序或者违背社会良好风尚",而且,违法情节严重。广州市市场监督管理局根据《广告法》第五十七条的规定,对其处以100万元罚款,并吊销营业执照。

【案例】发布"你的肚子是被我们搞大的"低俗广告,被罚款30万元

广发银行股份有限公司上海分行于2019年5月31日通过广发银行某分行注册运营的"广发卡上海"微信公众号发布题为《不要告诉别人,你的肚子是被我们搞大的!》的推送文章,其中图文内容为"尚悦湾"购物中心部分餐饮商户的优惠活动,广发银行信用卡持卡人通过抢购优惠券,在这些商户消费可享受最多五折的美食优惠。涉案广告于2019年8月20日删除,累计阅读量198次,粉丝推送人数42万多个。该广告标题及内容由上海厚美广告有限公司设计并制作,由广发银行某分行审核并发布,单条广告制作费用为1800元。

上海市市场监督管理局进行调研,委托上海浦东软件园信息技术股份有限公司计算机司法鉴定所出具司法鉴定意见,对案涉广告标题进行了数据保全;走访了中国人民银行上海分行、市妇女联合会;通过上海数喆数据科技有限公司制作了广发银行微信公众号广告调研报告。广告发布时间跨度近三个月,其间累计阅读量大,粉丝推送人数多,违法行为持续时间长、社会覆盖面广,造成了较大的不良影响。

该广告标题目的是引起受众的关注,但从其字面意思来看,存在以哗众取宠、低级庸俗字眼吸引眼球之嫌,有违公序良俗,易产生违背社会良好风尚的不良含义,既违背了公序良俗和社会主义核心价值观,还有侮辱贬低女性之嫌,违反《广告法》第九条第(七)项规定,构成设计、制作违背社会良好风尚的广告行为。上海市市场监督管理局根据《广告法》第五十七条第(一)项之规定,2019年12月12日做出沪市监机处(2019)行政处罚决定书,责令当事人停止发布广告,并对上海厚美广告有限公司做出罚款30万元的处罚。

上海厚美广告有限公司不服,提起行政诉讼,诉称:涉案广告或许违反道德标准,但不构成违法;上海市市场监督管理局提供的调研报告由上海数喆数据科技有限公司做出,该公司经营范围不具备开展社会调查、民意测验等业务的资格资质,调查不合法、统计不合法。该调研报告的数据显示对于案涉广告是否违法,社会公众的意见存在极大分歧,且上海市市场监督管理局选择的走访部门有倾向性,不具有代表性,证据形式也不符合证据规则的要求。上海市市场监督管理局滥用裁量权,随意认定案涉广告传播面大、影响范围广,随意加重对于上海厚美广告有限公司及广发银行股份有限公司上海分行的处罚;上海厚美广告有限公司及广发银行股份有限公司上海分行在被上海市市场监督管理局正式立案前主动删除案涉广告内容的行为属于法定的主动消除或者减轻违法行为危害后果的行为,属于应当减轻、从轻处罚的情节,但上海市市场监督管理局未予从轻处罚。处罚的警示和教育目的已经实现,应当给上海厚美广告有限公司及广发银行股份有限公司上海分行一点生存的机会和发展的空间;事发后,上海厚美广告有限公司及广发银行股份有限公司上海分行不断采取措施进行整改,消除影响,广告费收入与处罚严重失衡,被诉处罚决定罚过不相当。请求撤销上海市市场监督管理局处罚决定。

上海市市场监督管理局辩称:案涉广告违法用语主要出现在微信广告的前端标题,直接面向推送的40多万粉丝,综合考虑发布时长、传播量、阅读量、整改情况,认为该违法行为造成了较大的不良影响。调研报告恰恰证明有超过50%的民众认为案涉广告违背社会良好风尚。中国人民银行某分行进行广告检查时发现案涉广告涉嫌违法，于 2019 年 7 月 31 日将上述情况记录在检查结果告知单上交由广发银行股份有限公司上海分行签字确认，但广发银行股份有限公司上海分行并未及时整改，直至 8 月 29 日执法人员上门开展调查取证后才删除该案涉广告的微信推文，发布时长计 81 日，违法行为持续时间较长，广发银行股份有限公司上海分行作为广告主和广告发布者，不符合主动整改、消除影响的情节，故不适用从轻处罚。从走访中国人民银行上海分行、上海市妇女联合会及第三方市场调研报告结果来看，其带来的负面社会效应是显而易见的。低俗广告不仅挑战公众的容忍底线，对社会主义核心价值观的影响也是极其负面的，理应依法进行处罚，并加大惩戒力度。上海厚美广告有限公司负责案涉广告的设计制作，其作为广告经营者和资深从业者，应当熟知《广告法》各项条款规定。

上海铁路运输法院一审、上海市第三中级人民法院二审，认为上海市市场监督管理局处罚决定，事实清楚，证据充分，法律适用正确，量罚适当，依照《行政诉讼法》第八十九条第一款第（一）项之规定，判决驳回上海厚美广告有限公司诉请。［(2020) 沪 03 行终 499 号上海市第三中级人民法院行政判决书］

在认定广告是否违背社会良好风尚时，应当注意把握以下三个要点：

1. 应当基于一般消费者的认知理解

中华汉语博大精深，一个汉语往往可以有多种语义解释。广告是有语境的，广告语表述的含义应当以一般消费者的认知理解为标准。比如，成都某房地产广告中使用"成都今日安环"的广告语，并配有一个套在圆圈内的感叹号符号作为广告推销其房地产项目，本想表达"安居乐业，成都光环"，但一般消费者对"安环"一词，会与避孕措施的俗称相联系，从而产生不良的认知。

【案例】发布"叫了个鸡"的不良广告，被罚款 50 万元

上海台享餐饮管理有限公司通过官方网站、微信公众号"叫了个鸡"及合作门店，发布自主创意的包含"跟她有一腿、没有性生活的鸡、真踏马好翅广告""鸡的泡友"等内容广告，使人遐想到"召妓"含义。此广告违反了《广告法》第九条第（七）项"广告不得有下列情形：（七）妨碍社会公共秩序或者违背社会良好风尚"的规定，上海市市场监管局根据《广告法》第五十七条的规定，做出行政处罚决定，责令其停止发布此违法广告，处罚款 50 万元。

【评析】"鸡""鸭"等原来是一种日常养殖的可食用禽类，但是现实生活中又引申出一些其他的特殊含义和指向，当"叫了个鸡"这一日常生活用语，搭配使用了"跟她有一腿、没有性生活的鸡、真踏马好翅广告""鸡的泡友"等有性暗示的低俗语言，会使人遐想到"召妓"含义，构成了不良文化。凡是含有低级、恶俗、亵渎人性尊严内容，破坏社会公德，造成恶劣社会影响的广告，都可以认定为违背社会良好风尚。

2. 与中华传统文化、道德相悖

中华民族五千多年文明史，形成了有本民族传统的公序良俗。因此，凡是广告内容与中华传统文化相悖的，就是违背社会良好风尚的广告。［详见第二章第五节（四）"弘扬中华民族优秀传统文化原则"的内容］

3. 标准的把握应当与时俱进

风尚，指在一定社会时期社会上流行的风气和习惯。它的触角深入生活的方方面面。社会良好风尚具有传承性与稳定性。但是，随着时代变化，社会观念变化，社会主要问题和主要矛盾的变化，党和政府的政策、价值导向、法治建设的变化,社会良好风尚的标准也会随之发生变化,因此,其标准的把握也需要与时俱进。例如,习近平总书记于2013年1月在新华社《网民呼吁遏制餐饮环节"舌尖上的浪费"》及人民日报《专家学者对遏制公款吃喝的分析和建议》等材料上做出批示后,全社会开始把厉行勤俭节约、反对铺张浪费,营造浪费可耻、节约为荣的氛围作为社会良好风尚建设的内容之一,并且将勤俭节约、反对铺张浪费上升为法律。针对过度包装的浪费问题,2020年4月29日,第十三届全国人民代表大会常务委员会第十七次会议第二次修订了《固体废物污染环境防治法》,其第六十八条规定,生产经营者应当遵守限制商品过度包装的强制性标准,避免过度包装。县级以上地方人民政府市场监管部门和有关部门应当按照各自职责,加强对过度包装的监督管理;第一百零五条规定,"违反本法规定,生产经营者未遵守限制商品过度包装的强制性标准的,由县级以上地方人民政府市场监督管理部门或者有关部门责令改正;拒不改正的,处两千元以上两万元以下的罚款;情节严重的,处两万元以上十万元以下的罚款"。并且防止食品浪费,保障国家粮食安全,弘扬中华民族传统美德,践行社会主义核心价值观也被上升为法律。2021年4月29日,第十三届全国人民代表大会常务委员会第二十八次会议通过了《反食品浪费法》,该法第二十二条规定,禁止制作、发布、传播宣扬量大多吃、暴饮暴食等浪费食品的节目或者音视频信息;第三十条规定,违反本法规定,广播电台、电视台、网络音视频服务提供者制作、发布、传播宣扬量大多吃、暴饮暴食等浪费食品的节目或者音视频信息的,由广播电视、网信等部门按照各自职责责令改正,给予警告;拒不改正或者情节严重的,处一万元以上十万元以下罚款,并可以责令其暂停相关业务、停业整顿,对直接负责的主管人员和其他直接责任人员依法追究法律责任。

【案例】发布宣扬过度消费等不正确导向的短视频广告,被罚款40万元

2020年12月上旬,北京方博资元信息科技有限公司委托优矩互动(北京)科技有限公司制作视频素材,在抖音(经营主体是北京微播视界科技有限公司,签约方为天津今日头条科技有限公司)、快手(北京快手科技有限公司)两个媒体平台发布金融短视频情景剧式广告。在短视频中,一名身着迷彩服的中年男人因母亲身体不适想吐,希望空姐能打开飞机窗户透气。这时有两名乘客对穿迷彩服的中年男人表示鄙夷:"没坐过飞机吗""出了事儿你负责吗"。随后,空姐询问着迷彩服中年男人,是否需要花1280元升舱。就在男人因余额不足放弃升舱时,画面中出现一位西装革履且颇具成功人士气质的男人。此成功男人对着迷彩服中年男人表示,升舱的钱由他来出。戏剧性的是,成功男人要来迷彩服男人的手机,进行了一系列操作。手机还给迷彩服男人时,其手机界面显示15万元的数字。西装男士解释:"这是你在京东借条上的备用金,以后急用钱的时候可以随用随取,别被那些没有礼貌的人笑话了。"此时,迷彩服男人又提出了一个疑问:"这是网贷吧?我怕。"随即,西装男士进一步介绍了京东金融这款产品"是京东数科旗下的大品牌""新用户借3万内有30天免息券""万元日息最低1块9,还没一瓶水贵呢"等。在短视频结尾,还有细致的借款实际操作流程。该条短视频发布后迅速引发舆论关注,大量网友对这条短视频广告所宣扬的价值观表示不满。2020年12月15日,京东金融官方微博发布致歉信,并将该短视频下线。

市场监管部门认为这条短视频广告宣扬

了过度消费等不正确导向，存在严重价值观问题，违反了《广告法》第九条第（七）项的规定。2021年5月20日，北京经济技术开发区管理委员会根据《广告法》第五十七条第一款第（一）项规定，做出京技管市监罚字〔2021〕34号行政处罚决定，责令其停止发布广告，处罚款40万元。

〔备注：北京经济技术开发区管理委员会是北京市人民政府派出机构，经授权，拥有市场监管的行政处罚权〕

九、禁止含有淫秽、色情、赌博、迷信、恐怖、暴力的内容

（一）淫秽的含义

按照《关于惩治走私、制作、贩卖、传播淫秽物品的犯罪分子的决定》的规定，淫秽是指具体描绘性行为或者露骨宣扬色情的文字图片内容。

特别注意，有关人体生理、医学知识的科学著作不是淫秽物品。包含有色情内容的有艺术价值的文学、艺术作品不视为淫秽。性生活用品及性卫生教育不可与淫秽等同。

（二）色情的含义

色情是指以引起官能刺激为目的，不健康、不合法的性挑逗，是具有性意味的描绘的色情图片和作品，与淫秽之间本质相同，仅仅是程度上有高低之别。

情色跟色情的区别：主要差异在于情色未必是以引起官能刺激为目的，情色有时是以性来表达一些哲学、艺术的概念，或借助描写与性相关的内容反映社会等。情色文雅含蓄，而色情是简单露骨。在我国，情色被认为是一种艺术，而色情则是法律所禁止的。

广告中，应当特别注意性元素策略使用的度。性元素是一把双刃剑，运用得巧妙，事半功倍，而且能给人带来艺术美的享受，使用过之为色情，再过之为淫秽。犹如全裸身体，在家里可以，在艺术画室可以，但在大街上就不可以。

例如，厦门软件园内一则户外招聘广告：画面上一个半裸美女，举着"寻找精英才子"的招牌遮住胸部，由于画面故意把"英""才"两字字体写小，把"精""子"两字字体放大并以颜色凸显出来，乍一看极易让人误读为"寻找精子"。这则招聘广告在网络上引起了极大争议，不少网友表示难以接受："太没节操了！""有必要这么色情吗？"

【案例】发布淫秽、色情的"养睾秘药"广告，被罚款21万多元

福建省福州漫山网络科技有限公司采用程序化购买方式通过东方头条APP发布淫秽、色情的"养睾秘药"广告，违反了《广告法》第九条的规定。2020年3月，福建省福州市鼓楼区市场监督管理局依据《广告法》第五十七条的规定做出行政处罚，责令其停止发布违法广告，消除不良影响，并处以罚款211 969.88元。

（三）赌博的含义

赌博是指以营利为目的，以斗牌、掷色子、电子游戏机等为形式，用财物作注比输赢的行为。

赌博是违反《刑法》《治安管理处罚法》等法律、法规的违法行为，侵犯的客体是社会良好风尚。赌博不仅危及社会稳定，危害社会秩序，影响工作和生活，而且可能诱发多种犯罪，对社会危害很大。大量事实表明，赌博坏党风、失民心、伤性命、生贪欲、离骨肉、生事变、坏心术、丧品行、失家教、费资财、耗时间、毁前程。

浙江温州周某某为30余家赌博网站投放广告，获利人民币1000余万元。此行为不仅违反了《广告法》，

而且触犯了《刑法》，其行为构成开设赌场罪，被处有期徒刑 5 年。

注意，除依法批准的福利彩票、体育彩票等可发布广告外，其他具有博彩性质的广告不得发布。

（四）迷信的含义

迷信是指相信星占、卜筮、风水、命相、鬼神等封建思想。应当特别注意区分宗教活动与星占、卜筮、风水、命相、鬼神等封建迷信行为之间的界线。宗教是人类社会发展到一定历史阶段出现的一种文化现象，属于社会意识形态。宗教活动受法律保护，但有其特定活动范围。例如，"观世音菩萨"像是宗教活动象征，用于宗教活动场所是合法的，用于广告中就属于"迷信"内容，是违法的。

【案例】发布含迷信等内容广告，被罚款 60 万

北京百度网讯科技有限公司通过百度网盟给北京言美文化传播有限公司发布"今日您有缘走进此网站，星云大师为您揭秘 12 生肖改运旺运秘法。为您改善跌宕起伏的运势，摆脱诸事不顺的厄运，化解流年""你的生肖决定了你这辈子是穷苦命还是富贵命！"等内容的广告，给黑龙江省伟澳美机械设备有限公司发布"解决人们受运势约束的烦恼，弘法利生，护持有缘人，我寺住持果智法师发慈悲心，为众生利益祈愿，奉请了一批吉祥法物——和田玉生肖守护神，带领阖寺僧众为其开光加持，注入了大慈大悲、大智大慧、五言六通，使其更加具有特殊的灵性，成为佛门之宝，让有缘人依靠开光守护神带来福气吉祥，改善运程，提升财运"等内容的广告，给大庆开发区三春节能技术有限公司发布"点击您的生肖，即可为您揭秘全年运程运势，改善事业、财运、爱情、健康等一系列善果"等内容广告。北京百度网讯科技有限公司的上述行为，违反了《广告法》第九条第（八）项的规定，北京市工商局海淀分局对北京百度网讯科技有限公司作出〔2018〕第 2286 号行政处罚决定书，责令停止发布违法广告，处以没收广告费用 26220.46 元，罚款 60 万元的处罚。

（五）恐怖的含义

恐怖是指以人们自己不能控制的恐惧为特征的一种心理暗示状态。例如，某轮胎视频广告，主题是提醒大家下雪天除了小心驾驶之外，要记得更换冬天用的轮胎，但是，广告中"裂口女"半道杀出的画面及音效超级恐怖"吓死人"（见右图）。又例如，卖假发的视频广告画面：很多十字架飘过，一个美女出现，点了点头，假发脱落了，变成了鬼脸。这些广告在创意上十分另类。但是，以恐吓心理暗示的广告，不仅引导"迷信"，甚至可能危及心脏病、高血压患者的生命。

（六）暴力的含义

暴力是指以强暴手段侵犯他人人身、财产等权利的行为。暴力商业广告，一般很少见，这是因为人人痛恨暴力，所以，广告人很少用暴力创意商业广告。但是，反家庭暴力的公益广告往往会用暴力创意表现渲染主题，以警示人们不可暴力。但是，公益广告中应尽量少用丑恶的暴力画面，可以用关联替代的画面揭露暴力，让受众去联想，使公益广告表现更柔和。例如，下页反家庭暴力的公益广告图 3、图 4 比图 1、图 2 的创意表现隐晦、柔和。

图1 　　　　　　　　　　　　　图2

图3 　　　　　　　　　　　　　图4

十、禁止含有民族、种族、宗教、性别歧视的内容

《宪法》第四条规定"中华人民共和国各民族一律平等""禁止对任何民族的歧视和压迫",第三十四条规定"中华人民共和国年满十八周岁的公民,不分民族、种族、性别、职业、家庭出身、宗教信仰、教育程度、财产状况、居住期限,都有选举权和被选举权",第三十六条规定"中华人民共和国公民有宗教信仰自由"等。这表明,在我国,公民不分民族、种族、性别、宗教信仰等,都一律平等,不得歧视。因此,广告中不得含有民族、种族、宗教、性别歧视的内容。

【案例】发布歧视女性卸妆湿巾视频广告,公开致歉

全棉时代防身术的卸妆湿巾视频广告最早发布在全棉时代的抖音官方账号上,视频内容是:在寂寥的街上,一个戴口罩的男子,鬼鬼祟祟尾随一年轻漂亮女子。女子察觉后,灵机一动,掏出卸妆湿巾,把脸一抹,变成男人脸。此时,男子手拍女子肩膀,女子一转头,男人见了卸妆后的脸,一阵呕吐,跑了。广告播出后,被网友一阵恶评。网友质疑故事不尊重女性,涉嫌侮辱女性。广告还表现了受害者有罪论,因为漂亮才会被跟踪,丑能吓唬恶灵。全棉时代随后致歉,并称广告本意在于突出商品的清洁功能,已将此视频下架。

中国妇女报点评道:事关女性安全,如此严肃的恶性事件却被商家轻飘飘地以所谓的"创意"为说辞美化犯罪者、丑化受害者,充满了偏见、恶意、无知。被冒犯的广大女性消费者会用脚投票,不会为侮辱性"创意"买单，如此"创意"宣传商品不如把自己的产品做好。大多数网友认为其一边想赚女性受众的钱，一边又要丑化女性形象，还"甩锅"给广告创意，并表示以后不会再买。这个广告不仅歧视女性，还把尾随、跟踪、手拍肩袭击、恐吓女子的违法行为作为广告情节。我国《妇女权益保障法》第二条中规定："妇女在政治的、经济的、文化的、社会的和家庭生活的各方面享有同男子平等的权利""消除对妇女一切形式的歧视，禁止排斥、限制妇女依法享有和行使各项权益"等；第十八条规定："国家保障妇女享有与男子平等的人身和人格权益。"第二十条规定："妇女的人格尊严不受侵犯。禁止用侮辱、诽谤等方式损害妇女的人格尊严。"第二十八条第三款中规定："禁止通过大众传播媒介或者其他方式贬低损害妇女人格。"《治安管理处罚法》第二十六条第二项规定，有追逐、拦截他人的；第四项规定，其他寻衅滋事行为的，处五日以上十日以下的拘留，可以并处五百元以下罚款；情节较重的，处十日以上十五日以下拘留，可以并处一千元以下罚款。其他寻衅滋事行为包括尾随、恐吓。

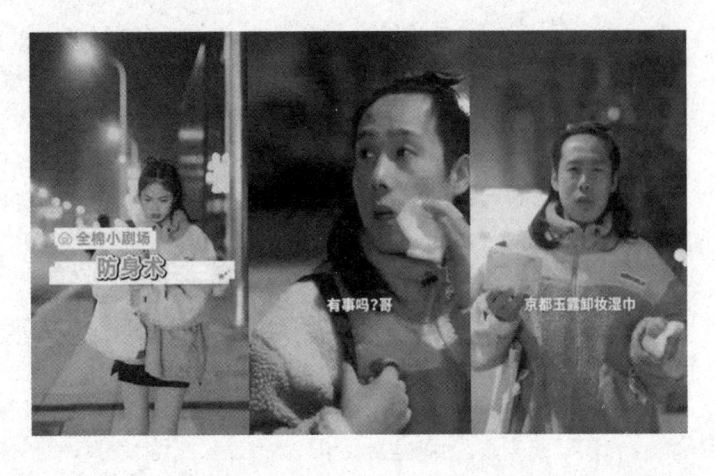

十一、禁止妨碍环境、自然资源或者文化遗产保护

（一）环境和自然资源保护的含义

环境和自然资源是全人类的生存基础。保护环境和自然资源是我国的三大基本国策之一。我国《宪法》第二十六条第一款规定"国家保护和改善生活环境和生态环境，防治污染和其他公害"，第九条第二款规定"国家保障自然资源的合理利用，保护珍贵的动物和植物。禁止任何组织或个人用任何手段侵占或者破坏自然资源"。为了更好地保护环境和合理利用自然资源，全国人民代表大会常务委员会制定了《环境保护法》《大气污染防治法》《水污染防治法》《海洋环境保护法》《土地管理法》《森林法》《草原法》《水法》《野生动物保护法》《渔业法》等法律，对环境保护和自然资源的保护做了具体的规定。因此，广告中不得含有妨碍环境和自然资源保护的内容。

【案例】发布含野生动物的菜品广告，被罚款1万元

在安徽省市场监督管理局公布的2020年第一批典型虚假违法广告案例中，安徽省石台县仙寓镇硒有缘农家乐通过互联网发布含有"獐子""野猪"等野生动物制作的菜品图片、字样等内容的广告，违反了《野生动物保护法》第三十一条"禁止为出售、购买、利用野生动物或者禁止使用的猎捕工具发布广告。禁止为违法出售、购买、利用野生动物制品发布广告"的规定、《广告法》第九条第（十）项的规定。2020年7月，安徽省石台县市场监督管理局依据《野生动物保护法》第五十条"违反本法第三十一条规定，为出售、购买、利用野生动物及其制品或者禁止使用的猎捕工具发布广告的，依照《广告法》的规定处罚"，依据《广告法》第五十七条的规定，做出行政处罚，责令当事人停止发布违法广告，并处罚款1万元。

（二）文化遗产保护的含义

文化遗产分为有形文化遗产、无形文化遗产，包括物质文化遗产和非物质文化遗产。物质文化遗产是具有历史、艺术和科学价值的文物,非物质文化遗产是指各种以非物质形态存在的、与群众生活密切相关的、世代相承的传统文化表现形式。从 2006 年起,每年 6 月的第二个星期六为中国文化遗产日。

《文物保护法》《非物质文化遗产保护法》规定物质文化遗产和非物质文化遗产受法律保护。因此,广告中不得含有出售国家禁止买卖的珍贵文物,不得含有擅自从事文物经营活动的文物商店、拍卖企业,不得含有以歪曲、贬损等方式使用非物质文化遗产等妨碍文化遗产保护的内容,以及在文物保护单位、风景名胜区等文化遗产的建筑控制地带不得设置户外广告。

十二、其他法律、行政法规规定禁止的情形

法律、行政法规规定禁止的其他情形,是指包括广告法以及与广告相关的其他法律、行政法规规定禁止的情形。此规定在法理上称为引致条款、"口袋"条款、"兜底"条款。作为一项立法技术,它将立法时没有包括的,或者难以包括的、立法时预测不到的,都包括在这个条款中。它是法律文本中常见的法律表述,主要是因为法律不可能穷尽各种违法情形,为了防止立法的不周严性,以及社会情势的变迁性,达到法律公平正义的目标而设立。

与广告有关的法律、行政法规规定很多。例如:

(一)《英雄烈士保护法》

《英雄烈士保护法》第二十二条第一款规定"禁止歪曲、丑化、亵渎、否定英雄烈士事迹和精神",第二款规定"英雄烈士的姓名、肖像、名誉、荣誉受法律保护。任何组织和个人不得在公共场所、互联网或者利用广播电视、电影、出版物等,以侮辱、诽谤或者其他方式侵害英雄烈士的姓名、肖像、名誉、荣誉。任何组织和个人不得将英雄烈士的姓名、肖像用于或者变相用于商标、商业广告,损害英雄烈士的名誉、荣誉",第二十六条规定"以侮辱、诽谤或者其他方式侵害英雄烈士的姓名、肖像、名誉、荣誉,损害社会公共利益的,依法承担民事责任;构成违反治安管理行为的,由公安机关依法给予治安管理处罚;构成犯罪的,依法追究刑事责任"。

例如,2019 年 4 月初,四川凉山发生火灾,为救火牺牲的烈士们牵动了全国人民的心。4 月 2 日晚,一张浦发银行信用卡中心免除凉山火灾烈士信用卡未还清款项的海报被大量转发,引起网友公愤。浦发银行信用卡中心的行为侵犯烈士的姓名权、名誉权,不仅违反《英雄烈士保护法》第二十二条第二款规定,也违反《广告法》第三十三条规定。4 月 3 日下午,浦发银行信用卡中心官方微博发布致歉信,称对本次不当行为"深表歉意"。

【案例】发布侮辱排雷战士的智能锁广告,被处罚 20 万元

凯迪仕智能锁为了凸显产品的指纹识别开锁功能,在其 2 分 15 秒的视频广告中,一位"拆弹专家"在实验室、农场、电器城等地拆除炸弹均告失败,其躯体逐渐被炸光,最后只剩一只手,仍能自己开门回家,并被父母"认出"。广告结尾揭示谜底"凯迪仕智能锁,指纹识别,一键开锁"。当事人因设计制作含有不尊重拆弹工作人员、对伤残人士亲情漠视等内容的视频广告,并通过深圳市盈科安智能科技有限公司利用互联网发布,违反了《广告法》第九条第(七)项的规定。深圳市南山区市场监督管理局于 2019 年 2 月 28 日对当事人做出行政处罚,广告主深圳市盈科安智能科技有限公司、广告经营者方树文化传播(上海)有限公司被分别处罚款 20 万元。

(二)《注册会计师法》

《注册会计师法》第二十二条规定,注册会计师不得"对其能力进行广告宣传以招揽业务",即禁

止发布注册会计师以个人能力招揽业务的广告。

（三）《人民币管理条例》

国务院《人民币管理条例》第二十七条规定，禁止未经中国人民银行批准，在宣传品、出版物或者其他商品上使用人民币图样。

（四）《消费者权益保护法》

《消费者权益保护法》第二十六条规定："经营者在经营活动中使用格式条款的，应当以显著方式提请消费者注意商品或者服务的数量和质量、价款或者费用、履行期限和方式、安全注意事项和风险警示、售后服务、民事责任等与消费者有重大利害关系的内容，并按照消费者的要求予以说明。经营者不得以格式条款、通知、声明、店堂告示等方式，做出排除或者限制消费者权利、减轻或者免除经营者责任、加重消费者责任等对消费者不公平、不合理的规定，不得利用格式条款并借助技术手段强制交易。格式条款、通知、声明、店堂告示等含有前款所列内容的，其内容无效。"

不公平格式条款又称霸王条款，涉及"最终解释权归本店所有""概不退还""概不负责"等不公平合同格式条款。包含这些格式条款的通知、声明、店堂告示等都属于违法广告。

【案例】解释权归本店所有，属于霸王条款，被处罚 1 万元

2020 年 11 月 10 日，盐城市大丰区市场监管局执法人员进行网络交易监测时发现，盐城某科技有限公司经营的天猫网店主页含有"解释权归本店所有"字样，执法人员使用存证云 PC 客户端对上述网页进行了电子数据存证。经查，该公司于 2020 年 11 月 5 日在上述网店主页更新了关于"双十一解释权归本店所有"的相关内容，其中"双十一奢享礼遇解释权归本店所有"，违反了《消费者权益保护法》第二十六条规定和《侵害消费者权益行为处罚办法》第十二条第（六）项的规定。依据《侵害消费者权益行为处罚办法》第十五条的规定，盐城市大丰区市场监管局责令其立即改正，对其做出警告，并处罚款 1 万元的行政处罚。

（五）《国家通用语言文字法》

《国家通用语言文字法》第十三条规定："公共服务行业以规范汉字为基本的服务用字。因公共服务需要，招牌、广告、告示、标志牌等使用外国文字并同时使用中文的，应当使用规范汉字。提倡公共服务行业以普通话为服务用语。"使用规范汉字是指不得使用错别字，如装璜（潢）、家俱（具）、鸡旦（蛋）等；不得使用繁体字，如樂（乐）、陽（阳）、電（电）等；不得使用国家已废止的异体字，如淚（泪）、睹（睹）、徧（遍）和简化字，如歺（餐）、彐（雪）、氿（酒）等；不得使用国家已废止的印刷字样，广告中成语的使用必须符合国家有关规定，不得误导公众，对社会造成不良影响。但是，广告中使用的繁体字注册商标不受此限。例如，红罐上繁体"加多寶"三字属商标，不属于广告用语。

（六）《特殊标志管理条例》

《特殊标志管理条例》第二条规定："本条例所称特殊标志，是指经国务院批准举办的全国性和国际性的文化、体育、科学研究及其他社会公益活动所使用的，由文字、图形组成的名称及缩写、会徽、吉祥物等标志。"《特殊标志管理条例》第十六条规定："有下列行为之一的，由县级以上人民政府工商行政管理部门责令侵权人立即停止侵权行为，没收侵权商品，没收违法所得，并处违法所得 5 倍以下的罚款，没有违法所得的，处 1 万元以下的罚款：（一）擅自使用与所有人的特殊标志相同或者近似的文字、图形或者其组合的；（二）未经特殊标志所有人许可，擅自制造、销售其特殊标志或者将其特殊标志用于商业活动的；（三）有给特殊标志所有人造成经济损失的其他行为的。"

因此，凡是未经特殊标志所有人的许可，在广告中使用他人享有专用权的特殊标志，既是民事侵权

中国共产党成立100周年庆祝活动标识

行为,也是违禁违法广告。

例如,2021年3月29日国家知识产权局第412号公告:依据《特殊标志管理条例》,对"中国共产党成立100周年庆祝活动标识特殊标志"予以核准登记。核准使用的商品和服务项目为《商标注册用商品和服务国际分类》第1类至第45类。有效期限为2021年3月29日至2025年3月28日。中国共产党成立100周年庆祝活动标识作为一个公益性特殊标志,体现了党的形象和国家尊严,必须依法依规保护,禁止以商业目的非法使用。

2021年4月7日下午,北京市东城区市场监管局执法人员在对永外地区开展执法检查中发现,两家商户店内销售的笔记本、保温杯、圆珠笔、伞罩、U盘等商品及包装上印有"中国共产党成立100周年庆祝活动标识",违反了《特殊标志管理条例》第十六条第(二)项的规定,属于"未经特殊标志所有人许可,擅自制造、销售其特殊标志或者将特殊标志用于商业活动的"违法行为。北京市东城区市场监管局责令当事人立即停止销售涉案商品的行为,并予以立案处理。

注意:商业活动包含商业广告活动,商业广告包含商品包装广告。

【案例】发布近似特殊标志的文字图形的公众号微文,被罚款1万元

成都某文化传媒有限公司借庆祝建党100周年活动违规开展评选,在其微信公众号上发布的宣传推文中利用"庆建党100周年""党旗""国旗""天安门""华表柱"等图文图标,为其公司开展的相关网络推介评选活动进行宣传造势。当事人使用的这些图文图标与"中国共产党成立100周年庆祝活动标识"特殊标志相近,其行为违反了《特殊标志管理条例》第十六条相关规定,属于"擅自使用与所有人的特殊标志相同或者近似的文字、图形或者其组合"的违规行为,成都市市场监管局责令当事人立即停止侵权行为,并对其做出罚款1万元的处罚。

(七)《商标法》

《商标法》第十四条第五款规定,生产、经营者不得将"驰名商标"字样用于商品、商品包装或者容器上,或者用于广告宣传、展览以及其他商业活动中。

驰名商标是法律概念，不是荣誉称号，驰名商标认定是对商标驰名事实的法律确认，而不是荣誉评比。如果在广告中使用"驰名商标"字样，就是违禁广告。

但是，企业在网站上或其他经营活动中对自己商标获得驰名商标扩大保护的记录做事实性陈述，没有突出使用"驰名商标"字样行为的，不属于《商标法》第十四条第五款所述的违法行为。

【案例】将"驰名商标"用于广告宣传，被罚款10万元

北京某科文电子商务有限公司在永发保险柜网络销售页面上使用了"永发保险箱荣获中国名牌、中国驰名商标、行业标志性企业等诸多殊荣"等用语，经查证，永发保险柜曾被认定为中国驰名商标属实。但将"驰名商标"字样用于广告宣传，违反了《商标法》第十四条第五款的规定，构成将驰名商标字样用于广告宣传的违法行为。北京市东城区市场监督管理局依据《商标法》第五十三条之规定，责令其停止违法行为，并处罚款10万元。

（八）《道路交通安全法》

《道路交通安全法》第五十一条规定，机动车行驶时，驾驶人、乘坐人员应当按规定使用安全带，摩托车驾驶人及乘坐人员应当按规定戴安全头盔。第三十五条规定，机动车、非机动车实行右侧通行。广告中不得出现机动车行驶时，驾驶人、乘坐人员不系安全带；摩托车行驶时，驾驶人及乘坐人员不戴安全头盔；机动车、非机动车逆向通行等违反《道路交通安全法》规定的内容。

（九）《价格法》

《价格法》第十四条第（三）项规定："经营者不得有下列不正当价格行为，利用虚假的或者使人误解的价格手段，诱骗消费者或者其他经营者与其进行交易。"

【案例】发布价格欺诈广告，适用《价格法》，被处罚款35万元

2021年5月12日，邳州市市场监管局根据群众举报，对江苏大德隆医药连锁有限公司"五一"商品促销活动情况进行检查，发现当事人于2021年4月28日至5月2日在城区所有直营店开展"五一大放价4.30—5.2日三天感恩大回馈"商品促销活动，通过微信公众号和宣传彩页宣传："特价"炉甘石洗剂，原价10元，现价5元；"特价"螺旋藻片，原价98元，现价68元；"特价"清开灵滴丸，原价27.5元，现价20.5元；"特价"镇痰祛瘀，原价35元，现价19元；"惊爆价"……"秒杀价"……经查询电脑结算系统数据，上述商品本次促销活动前七日内的价格与促销期间价格相同。

当事人使用误导性的标价行为违反了《价格法》第十四条第（三）项规定，构成了《禁止价格欺诈行为的规定》第六条第三项、第七条第一项所指的价格欺诈行为。依据《价格法》第四十条第一款、《价格违法行为行政处罚规定》第七条的规定，江苏省徐州市邳州市市场监管局对当事人做出《行政处罚决定书》，责令当事人改正违法行为，并处罚款35万元。（说明：市场监管局未公布《行政处罚决定书》）

【评析】"原价，现价""特价""惊爆价""秒杀价"等是商家常用的促销广告语，如果虚构"原价""现价"，先提高原价价格再降价到现价或者不仅没有降价反而提高价格，实属价格欺诈行为，违反了《价格法》第十四条规定。如果"特价""惊爆价""秒杀价"，没有准确、清楚地标明降价及依据，违反了《广告法》第八条第一款"广告中对商品的性能、功能、产地、用途、质量、成分、价格、生产者、有效期限、允诺等或者对服务的内容、提供者、形式、质量、价格、允诺等有表示的，应当准确、清楚、明白"的规定。

（十）《渔业法》

《渔业法》第二十二条规定，"国家根据捕捞量低于渔业资源增长量的原则，确定渔业资源的总可捕捞量，实行捕捞限额制度。国务院渔业行政主管部门负责组织渔业资源的调查和评估，为实行捕捞限额制度提供科学依据。中华人民共和国内海、领海、专属经济区和其他管辖海域的捕捞限额总量由国务院渔业行政主管部门确定，报国务院批准后逐级分解下达；国家确定的重要江河、湖泊的捕捞限额总量由有关省、自治区、直辖市人民政府确定或者协商确定，逐级分解下达。捕捞限额总量的分配应当体现公平、公正的原则，分配办法和分配结果必须向社会公开，并接受监督"；第二十九条规定，"国家保护水产种质资源及其生存环境，并在具有较高经济价值和遗传育种价值的水产种质资源的主要生长繁育区域建立水产种质资源保护区。未经国务院渔业行政主管部门批准，任何单位或者个人不得在水产种质资源保护区内从事捕捞活动"。《国务院办公厅关于加强长江水生生物保护工作的意见》《农业部关于调整长江流域禁渔期制度的通告》规定，自 2021 年 1 月 1 日 0 时起长江流域实行暂定为期 10 年的常年禁捕，其间禁止天然渔业资源的生产性捕捞。广告中不得出现"江货""江鲜""江鱼""江、河鲜"的内容。

以上仅仅是列举了部分与广告有关的法律、行政法规规定。

第四节　未成年人和残疾人的特殊保护管理规定

一、法律规定

《广告法》第十条规定，广告不得损害未成年人和残疾人的身心健康。

二、未成年人和残疾人的概念

（一）未成年人的概念

根据《民法典》第十七条、第十八条的规定，不满十八周岁的自然人为未成年人。《未成年人保护法》第二条的规定，未成年人是指"未满十八周岁的公民"。根据《民法典》第一千二百五十九条规定，民法所称的"以上""以下""以内""届满"，包括本数；所称的"不满""超过""以外"，不包括本数。所以，未成年人是指"未满十八周岁的公民"。不满十八周岁是指不含十八周岁，满十七周岁。

（二）残疾人的概念

残疾人是指体、智、神功能缺陷人。《残疾人保障法》第二条规定，"残疾人是指在心理、生理、人体结构上，某种组织、功能丧失或者不正常，全部或者部分丧失以正常方式从事某种活动能力的人，残疾人包括视力残疾、听力残疾、言语残疾、肢体残疾、智力残疾、精神残疾、多重残疾和其他残疾的人"，即体、智、神功能缺陷人。

三、《未成年人保护法》和《残疾人保障法》有关规定

（一）《未成年人保护法》第四条第（二）（三）项规定，尊重未成年人人格尊严；保护未成年人隐私权和个人信息。第五十三条规定，任何组织或者个人不得刊登、播放、张贴或者散发含有危害未成年人身心健康内容的广告；不得在学校、幼儿园播放、张贴或者散发商业广告；不得利用校服、教材等发布

或者变相发布商业广告。第七十四条第三款规定，以未成年人为服务对象的在线教育网络产品和服务，不得插入网络游戏链接，不得推送广告等与教学无关的信息。

未成年人，特别是儿童、少年在心智上不够成熟，缺乏对事物的正确判断力，对一些引诱性很强的广告，容易冲动，会攀比，会逼迫父母购买，有的甚至对烟、酒广告会产生好奇，甚至模仿吸烟、酗酒，有些广告利用他们的优越感、自卑感，推销产品，引诱购买。

（二）《残疾人保障法》第三条规定，残疾人在政治、经济、文化、社会和家庭生活等方面享有同其他公民平等的权利。残疾人的公民权利和人格尊严受法律保护。禁止歧视、侮辱、侵害残疾人。

残疾人是社会弱势群体，他们渴望受到社会的关爱、尊重及支持。因此，广告应当根据残疾人心智、身心特性，尽量不用他们的形象，即使需要使用，也应当正面使用，不得负面使用，以保护残疾人的身心健康。

四、广告不得损害未成年人和残疾人的身心健康

习近平总书记在党的新闻舆论工作座谈会上指出"广告也要讲导向"。导向正确的广告，能够传播正能量，弘扬社会正气，倡导正确的价值观，引导健康的消费观。不良的广告、不良网络游戏广告，甚至虚假广告，会助长奢靡之风，误导青少年，败坏社会风气。

因此，《广告法》确立"广告不得损害未成年人身心健康"的基本原则，明确了禁止性的具体规定。如禁止不满十周岁的未成年人代言广告，商业广告不得进入中小学的校园，禁止针对未成年人发布医疗、药品、保健食品、医疗器械、化妆品、酒类、美容广告、低俗网络游戏广告、烟草广告等，为未成年人打造良好的成长环境。（详见第五章第八节"保护未成年人的特别规定"）

广告不得损害未成年人和残疾人的身心健康，包括广告中不得含有损害未成年人和残疾人的身心健康的内容，表现形式上不得损害未成年人和残疾人身心健康的形象等。

第五节　涉及行政许可、引证内容的管理规定

一、法律规定

《广告法》第十一条规定，广告内容涉及的事项需要取得行政许可的，应当与许可的内容相符合。广告使用数据、统计资料、调查结果、文摘、引用语等引证内容的，应当真实、准确，并表明出处。引证内容有适用范围和有效期限的，应当明确表示。

二、涉及行政许可的应当与许可的内容相符合

根据《行政许可法》规定，行政许可是指在法律规定需要取得行政许可的，行政主体根据行政相对人的申请，经依法审查，通过颁发许可证、执照等形式，赋予或确认行政相对方从事某种活动的法律资格或法律权利的一种具体行政行为。行政许可包括市场监管机关颁发的营业执照及核定的经营范围、特种行业主管机关颁发的许可证及核定的许可范围，特殊商品或服务广告内容在发布前的行政审

查批件许可的内容，行政许可包括经营资格的行政许可与广告内容的行政许可。

经营资格的行政许可与广告内容的行政许可是两个不同的概念。经营资格的许可，由市场主体经营资格登记的法律予以调整，如《公司法》《烟草专卖法》等。广告内容与行政许可的内容不相符合，由《广告法》予以调整。如特殊商品或服务广告内容与发布前的行政审查批件许可的内容不相符合。

按照《行政处罚法》的处罚法定原则及包容监管原则，如果违反了"广告内容涉及的事项需要取得行政许可的，应当与许可的内容相符合"的规定，一般采用行政指导的方式规劝企业改正违法行为。

（一）经营资格的行政许可

根据《公司法》规定，任何经营活动，必须领取营业执照。特种经营活动，还须领取经营许可证。如《食品安全法》《烟草专卖法》等法律规定，经营食品，须领取食品经营许可证；经营烟草，须领取烟草专卖许可证；经营医疗美容业务，须领取医疗许可证等。

（二）广告内容应当符合行政许可的范围

1. 广告内容应当符合市场监管机关核定的营业执照经营范围及行业主管机关颁发的许可证及核定的许可范围

经营范围，是指市场主体依法登记取得的从事经营活动的业务范围，并取得企业法人营业执照。经营范围是广告主广告内容的依据之一。

由于政府商事登记制度的改革，经营范围核定由前置审批改为后置审批，即先发营业执照，再发许可证。如营利性医疗机构，先发营业执照，再发营利性医疗机构许可证，但并不表示不需要医疗机构许可证就可以从事医疗经营及医疗广告活动。发布医疗广告内容应当具备医疗机构许可证，符合医疗机构许可证核定的医疗范围，同时，还应当具备医疗广告的行政审查批件。例如，经营生活美容的广告主，不得发布医疗美容广告。

2. 广告内容应当符合特殊商品或服务广告发布前的行政审查许可范围的要求

《广告法》规定，发布医疗、药品、医疗器械、农药、兽药和保健食品广告，以及法律、行政法规规定应当进行审查的其他广告，应当在发布前由广告审查机关对广告内容进行审查；未经审查，不得发布。以上特殊商品或服务广告内容，应当与审查机关许可的内容相符合。（详见第六章第二节"特殊商品或服务的广告发布前行政审查的管理规定"）。

三、对广告中引证内容的规定

在广告中使用各种数据、统计资料、调查结果、文摘、引用语应当客观真实、准确使用、表明出处、有据可查。

引证的含义，从文义上理解，所谓引证应是通过引用加以证明，是指为增强广告证明力和说服力，引用各种数据、统计资料、调查结果、文摘、引用语作为明证。

数据的含义，是指数值，就是通过观察、实验或计算得出的结果。数据有很多种，最简单的就是数字。

统计资料的含义，是指某种事物在一定时空条件下的数据表现，以数字形式反映事物的本质特征。

文摘的含义，是指通过检索等手段选取公开发表的科学研究、调查报告、评估报告和著作等有关支持广告的部分片段文字、数据。

引用语的含义，是指转引他人的语言文字材料。

（一）引证内容应当客观真实

数据、统计资料、调查结果、文摘、引用语的客观真实性是广告内容真实的基础。广告中使用的数据、统计资料、调查结果的来源方式应当是科学的。如果认定商品或服务效果、性能相关指标的数据、统计资料、调查结果是基于实验或调查的，应当按照相关国家标准、行业标准进行实验、调查。没有相应标准，则应当按照学术界、产业界或是相关领域多数专家普遍认可的方法进行实验、调查。实验结论必须是重复实验的，偶尔一次实验结论不具有客观性。一般来讲，数据、统计资料、调查结果由独立第三方进行实验、调查，更具有客观性。

广告中引用专家对某产品效果或性能的客观意见或者学术文献时，其见解应当在权威的专业机构和有公信力的专业期刊发表过，并得到学术界的普遍认可。否则，他们的观点仅仅是个人见解，不能作为广告明证。

【案例】广告引证内容不真实，被罚款20万元

麦德龙商业集团有限公司广州天河商场为了提升销量，在牛奶商品销售区摆放自行设计制作的标示有"听钟南山院士的话，喝奶！增强免疫力！奶制品中的优秀蛋白质能增强免疫力哦！尽量保证每天饮用300g奶"内容以及钟南山院士卡通肖像的广告立牌和宣传单张，并无法证明钟南山院士有发表此言论，违反了《广告法》第十一条第二款、第二十八条的规定，构成发布虚假违法广告行为。依据《广告法》第五十五条的规定，广州市天河区市场监管局对其做出行政处罚，责令其停止发布违法广告，在相应范围内消除影响，并处罚款20万元。

（二）引证内容应当准确使用，有据可查

数据、统计资料、调查结果、文摘、引用语应当在广告中准确使用，不得遗漏数据、统计资料、调查结果的重要条件，不能断章取义、以偏概全地使用。在部分使用的情况下，不得与有关材料的原义相悖，不得省略对使用者不利并且可能使社会公众产生误解的内容。而且，使用的数据、统计资料、调查结果、文摘、引用语应当有据可查，确保有效溯源。

【案例】牙膏宣传，使用引证内容不准确，被罚款15万元

联合利华（中国）有限公司在中华牌防蛀牙膏标识上做了"双钙防蛀+50%钙"的图文宣传，并在下方加上了"经科学检测，帮助口腔内增加50%以上的钙质，更多钙质，更强保护"的文字说明，用小字加注了"相比刷牙前口腔内钙含量"。同时标识中还有三处明显突出增加钙质的图示，并将"+50%钙"箭头指向为牙齿，同时配有"突破性的微粒钙配方，在蛀牙形成前帮助填补不可见的小细孔"的文字描述。吉林市市场监督管理局昌邑分局认为其构成虚假宣传，对当事人作出吉市工商昌公处字（2012）19号《行政处罚决定书》，责令当事人停止发布违法广告，罚款15万元。

联合利华（中国）有限公司不服行政处罚，申请行政复议，行政复议决定维持行政处罚决定。联合利华（中国）有限公司仍然不服，诉至一审败诉后，又诉至二审法院，并提交了上海交通大学口腔医学院出具的临床试验报告。报告显示，使用该牙膏刷牙后，"5分钟后释放于口腔内的钙离子浓度与刷牙前相比提高2112.8%，15分钟后提高322.3%，30分钟后提高109.5%，60分钟后提高57.6%"。该报告得出的结论是使用牙膏后"1小时内释放于口腔中的钙离子浓度明显高于刷牙前57.6%"。

在一审、二审中，吉林市市场监督管理局昌邑分局认为，"50%钙"等宣传用语不准确。"50%钙"为特定条件下试验得出的数据，具有不确定性，试验过程中随着时间的延长，口腔内钙离子的含量逐渐递减，而非长时间保持口腔内50%以上钙质，但在产品标识上宣称"经科学检测，帮助口腔内增加50%以上钙质，更多钙质，更强保护"，未就使用该牙膏刷牙后释放于口腔中的钙离子浓度具体保留时间进行明确说明，足以明显地引起消费者误认为该牙膏产品具有对牙齿的补钙功效。广告主故意曲解试验结果，做出引人误解的虚假宣传。

一审、二审法院经审理后认定,"50%钙"的宣传内容、注解说明与所引证据不一致,足以误导消费者,判决维持吉林市市场监督管理局昌邑分局的行政处罚决定。(摘自吉林省吉林市中级人民法院(2013)吉中行终字第43号行政判决书)

(三)引证内容应当表明出处

"应当表明出处"包含两层含义:一是广告中使用的数据、统计资料、调查结果、文摘、引用语必须要有根据,没有根据的不得在广告中使用,以防止广告主毫无根据地用数据、统计资料、调查结果、文摘、引用语欺骗或者误导消费者;二是广告使用数据、统计资料、调查结果、文摘、引用语要表明出处,便于帮助受众了解、核实其来源。同时广告主应当能够提供试验、调查的相关证明材料,并向广告经营者、广告发布者举证,或在广告产生争议或者诉讼时举证。

广告发布者和经营者应当依据广告主举证材料核对广告内容,包括是否伪造、篡改数据,是否存在片面使用数据,隐瞒与生活常态迥异的试验条件等构成误导虚假广告等情形,对使用不真实、不准确、断章取义的内容,欺骗或误导消费者的违法内容或证明文件不全的,不得提供设计、制作、代理和发布等广告服务。

如果广告主伪造、篡改数据,就构成虚假广告;如果广告主片面使用数据,隐瞒与生活常态迥异的试验条件等,就构成误导性违禁广告。

【案例】因引证内容未表明出处,被罚款7万元

福建省长汀县巷口电子商务有限公司在阿里巴巴平台上开设的网店销售消毒湿巾,发布了"99.99%有效杀菌""有效杀灭新冠病毒"等内容,未表明出处,违反了《广告法》第十一条的规定。2020年6月,福建省长汀县市场监督管理局依据《广告法》第五十九条的规定做出行政处罚,责令其停止发布违法广告,消除不良影响,并处罚款7万元。

(四)引证内容应当明示适用范围和有效期限

引证内容有适用范围和有效期限的,应当明确表示。明确表示引证内容适用范围和有效期限,可以防止广告引证内容张冠李戴,偷换概念,欺骗或误导广告受众。如广告使用"销量第一"等数据、统计资料、调查结果,应当同时表明"销量第一"范围和有效期限,即在什么范围、什么时段的"销量第一"。

第六节 涉及专利的规定

一、法律规定

《广告法》第十二条规定,广告中涉及专利产品或者专利方法的,应当标明专利号和专利种类。未取得专利权的,不得在广告中谎称取得专利权。禁止使用未授予专利权的专利申请和已经终止、撤销、无效的专利做广告。

《专利法》第二条规定,本法所称的发明创造是指发明、实用新型和外观设计。第四十二条规定,发明专利权的期限为二十年,实用新型专利权的期限为十年,外观设计专利权的期限为十五年,均自申请日起计算。第四十三条规定,专利权人应当自被授予专利权的当年开始缴纳年费。第四十四条规定,没有按照规定缴纳年费的,专利权在期限届满前终止。第四十七条规定,宣告无效的专利权视为自始即不存在。

二、专利的概念和种类及其保护期

（一）专利的概念

专利是指专利权。专利权，是指国家专利审批机关对提出的专利申请依法审查后，向专利申请人授予的、在规定时间内对该项专利享有的独占权。专利包括专利产品、专利方法。专利产品是指获得专利保护的产品。专利方法是指取得专利权的生产工艺、技巧等。

（二）专利种类及其保护期

按照《专利法》第二条的规定，专利种类分为发明专利、实用新型专利和外观设计专利三种。

1. 发明，是指对产品、方法或者其改进所提出的新的技术方案。发明专利权的保护期限是20年。

2. 实用新型，是指对产品的形状、构造或者其结合所提出的、实用的新的技术方案。实用新型专利的保护期限是10年。

3. 外观设计，是指对产品的形状、图案或者其结合以及色彩与形状、图案的结合所做出的富有美感并适于工业应用的新设计。外观设计专利的保护期限是15年。

以上保护期均自申请日起计算。

三、专利申请号与专利号的区别

（一）专利申请号

根据国家知识产权局《专利申请号标准》的规定，专利申请号是指国家知识产权局在受理一件专利申请时，给予该专利申请的一个标识号码。专利申请号仅证明申请人提出了申请，尚没有取得专利权。

专利申请号格式为：国别码、申请年号、申请种类号、流水号和计算机生成的校验位。以上海电气国轩新能源科技（苏州）有限公司一种简易储能用锂离子电池模组实用新型专利申请号 CN 202221031682.9 为例："CN"表示中国国别码，"2022"表示申请年号，"2"表示申请专利种类号（说明："1"表示发明专利；"2"表示实用新型专利；"3"表示外观设计专利），"1031682"表示2022年申请的流水号，".9"表示计算机自动生成的校验位。

（二）专利号

专利号是指专利申请人获得专利权后，国家知识产权局颁发的专利证书上的编号，是文献号的一种。文献号是知识产权局在公布专利文献时编制的序号。

专利号格式为：ZL（专利的首字母）、专利种类号、专利流水号和计算机生成的校验位。以上海电气国轩新能源科技（苏州）有限公司一种简易储能用锂离子电池模组实用新型专利号 ZL217444559.U 为例："ZL"表示专利，"2"表示专利种类为实用新型专利，"17444559"表示2022年专利的流水号，".U"表示计算机自动生成的校验位。

四、专利广告的管理规定

（一）未取得专利权的，不得在广告中谎称取得专利权

专利权是一项国家法律赋予的权利，它需要向专利管理机关提出专利申请，经专利管理机关审查核准后取得专利权的专利号。仅取得专利申请号，不代表已经取得专利权。所以，没有取得专利权的专利号，不得在广告中谎称取得专利权。

（二）专利广告应当标明专利号和专利种类

从专利保护期可见，发明专利比实用新型和外观设计专利权的智力成果价值更高。因此，涉及专利的广告，不仅应当标明专利号，还应当标明专利种类，是发明，还是实用新型或者外观设计。

【案例】专利广告未标明专利号和专利种类，被罚款10万元

北京××科文电子商务有限公司在其自设网站发布广告，宣称两款三星空气净化器"拥有超净离子群，专利除菌技术，有效去除空气中的细菌"，称夏普空气净化器"净离子群专利主动除菌，五层滤网，全面净化"。其中涉及专利的均未标明专利号和专利种类。上述行为违反了新《广告法》第十二条第一款的规定，属于广告中涉及专利产品或者专利方法的，未标明专利号和专利种类的行为。北京市东城区市场监督管理局依据《广告法》第五十九条第一款第（三）项之规定，责令其停止发布上述广告，并处罚款10万元。

（四）终止、撤销、无效的专利禁止做广告

1. 效力终止专利的含义

专利权具有时间效力。效力终止的专利，是指专利权效力的丧失，包括期限届满终止、非期限届满的终止。期限届满终止，是指专利权有效期满，专利权自行失效。非期限届满的终止，是指专利有效期满前，由于出现了法律规定的情形，而导致的专利权的终止。我国《专利法》规定的非期限届满的终止有两种情形：一种是专利权人没有按期缴纳年费导致专利权终止，另一种是专利权人以书面形式声明放弃专利权。另外，根据有关继承方面的法律、法规规定，在专利权的有效期限内，权利人死亡，无法定继承人继承这一专利时，该专利权视为自行终止。

2. 撤销专利的含义

撤销的专利权，是指自专利局公告授予专利权之日起6个月内，任何单位或者个人认为该专利权的授予不符合专利法有关规定的，可以请求专利局撤销该专利权，专利局审查核准撤销该专利。

3. 无效专利的含义

无效的专利，是指自专利局公告授予专利权之日起满6个月内，任何单位或者个人认为该专利权的授予不合法，可请求专利复审委员会宣告该专利权无效，经专利复审委员会审查核准宣告该专利无效。被宣告无效的专利权视为自始即不存在。

由于已经终止或者撤销、无效的专利都不再得到保护，因此，原专利权人就不得在广告中宣称有专利权。

【案例】广告中使用已终止失效专利，被罚款1万元

当事人福建省中瑞装备制造科技有限公司在公司网站发布的广告中使用已经终止的水泥库清库机实用新型专利，违反了《广告法》第十二条第三款的规定，禁止使用未授予专利权的专利申请和已经终止、撤销、无效的专利做广告。2020年7月，福建省永安市市场监督管理局依据《广告法》第五十九条的规定，对当事人作出《行政处罚决定书》，责令当事人停止发布违法广告，消除不良影响，并处罚款人民币1万元。

【评析】 本案中，当事人的行为既构成《专利法》第六十八条所规定的假冒专利，又违反《广告法》第十二条第三款的规定，发生了执法上法条竞合的问题。

当事人的行为是广告行为，是在广告中假冒专利的行为。同时，当事人的行为具有牵连假冒专利、违反《广告法》禁止规定的两个违法行为，其主观恶意及其行为特征是利用广告作为手段，达到假冒专利，欺骗他人的目的，其行为本质是假冒专利。

按照特别法优于一般法的法律适用原则，当事人的行为是广告行为，是在广告中假冒专利的行为，应当优先适用《广告法》处罚。

按照重罚吸收轻罚的法律适用原则，《专利法》处罚比《广告法》处罚更重。应当优先适用《专利法》处罚。

《广告法》第五十九条规定最高罚款十万元；《专利法》第六十八条规定最高罚款二十五万元，构成犯罪的，依法追究刑事责任。《行政处罚法》第二十九条规定："对当事人的同一个违法行为，不得给予两次以上罚款的行政处罚。同一个违法行为违反多个法律规范应当给予罚款处罚的，按照罚款数额高的规定处罚。"依照《行政处罚法》规定，应当重罚吸收轻罚。（参见第一章第一节的案例分析）

那么，究竟应当适用《专利法》，还是适用《广告法》进行处罚。应当具体情况，具体对待。本案由《广告法》执法机关立案，应当适用《广告法》进行处罚。如果本案由《专利法》执法机关立案，应当适用《专利法》进行处罚。

（五）境外专利可以在广告中规范使用

《广告法》并不禁止境外专利在广告中使用，只要做到标明境外专利号、专利种类和授予专利权的国别、地域，不与中国授予的专利混淆。但是，专利权的效力具有地域性。只有在中国专利局注册的专利，才能受到中国《专利法》的保护。

第七节　禁止贬低竞争对手的管理规定

一、法律规定

《广告法》第十三条规定，广告不得贬低其他生产经营者的商品或者服务。

二、贬低广告概念

贬低，是指给予不公正的评价。贬低广告是指对其他生产经营者的相同或者近似的一个或者一组商品或者服务进行不公正的评价。贬低广告具有以下特征。

第一，一般是针对竞争对象。

第二，内容表现一般是通过比较，散布竞争对象的商品或者服务在质量、工艺、技术、价格等方面存在不足或者问题，产生诋毁他人商业信誉的效果，以削弱他人竞争力。

第三，在主观上是故意的。

第四，侵犯的客体是竞争对象的商业信誉和商品或者服务的声誉。

具体来讲，判断一个广告是否构成贬低他人商品或者服务，应当从其广告是否含有指名或者不指名、特指或者泛指、直接或者间接的故意，损害他人商品或者服务的商业信誉的内容来判断。

贬低广告的性质，属于不正当竞争行为，往往采取直接对比、间接对比的比较方法。直接对比是指直接提及竞争企业的名称。间接对比则仅仅是提及竞争性产品的范围。比较广告在我国是一条"电力十足"的"高压线"。巨人集团曾经为了宣传产品"巨人吃饭香"，在专门印制的《巨人集团健康产品销售书、巨人大行动》的宣传册子中称"据说娃哈哈有激素，造成儿童早熟"，攻击娃哈哈儿童营养液，遭到娃哈哈集团的起诉，最终法院判定巨人集团向娃哈哈集团赔款 200 万元，并在杭州召开新闻发布会，向娃哈哈集团公开道歉。

《广告法》规定一些特殊商品不得做比较性广告,如《广告法》第十六条规定,医疗、药品、医疗器械广告不得含有与其他药品、医疗器械的功效和安全性或者其他医疗机构比较。《广告法》第十八条规定,保健食品广告不得含有与药品、其他保健食品进行比较的内容。

【案例】广告中特指比较贬低他人,被罚款 21 万元

上海帕派体育文化发展有限公司微信公众号 UPBOX,发布"朋友圈"杯中学生足球赛的广告,宣称"很多孩子都习惯在暑假参加新民晚报杯,可是喝茶看报似乎是老年人做的事情,祖国年轻的花朵们就应该玩点时尚的!""我们只刷朋友圈!朋友圈杯,NOW!""既然是最高逼格的学生足球赛事奖项当然必须高大上"等,贬低了《新民晚报》,违反了《广告法》第十三条的规定。上海市场监督管理局依据《广告法》第五十九条规定,做出行政处罚决定,责令其停止发布违法广告,并处罚款 21 万元。

【案例】培训广告中泛指比较贬低他人,被罚款 2 万元

2021 年 4 月,南京市鼓楼区市场监管局查处了一起教育机构利用公司网站发布贬低其他机构的培训违法广告案。

南京市鼓楼区某教育培训机构在公司网站中,发布了主题为"为什么选择某某教育学习日语"的培训广告,把自己的课程与其他培训机构课程进行对比,声称其他培训机构"师资信息不明确展示、师资水平参差不齐,课程配套练习不完善或缺失,无服务或答疑不专业"等内容,贬低了其他培训机构,违反了《广告法》第十三条关于广告不得贬低其他生产经营者的商品或者服务的规定。2021 年 4 月,南京市鼓楼区市场监管局依据《广告法》第五十九条规定,做出行政处罚决定,责令其停止发布违法广告,罚款 2 万元。

【案例】发布比较广告,贬低他人,被罚款 2 万元

南京市××电子商务有限公司在其天猫店铺的"某脱毛仪"产品宣传页面上发布标题为"如何选择一台家用脱毛仪?"的宣传内容,分别从安全性、脱毛时间、使用寿命、价格等方面对"其他国产/伪进口脱毛仪"和"某脱毛仪"进行对比,违反了《广告法》第十三条的规定。2020 年 5 月,南京市建邺区市场监管局依据《广告法》第五十九条等规定,做出行政处罚决定,责令其停止发布违法广告,并处罚款 2 万元。

【案例】员工发朋友圈诋毁竞争对手品牌,公司被判赔偿 12 万元

王某系深圳来电科技公司销售员工,于 2018 年 7 月 21 日在朋友圈发布了一条配图信息,文字内容为:"诺亚方舟酒吧集团对市场上各大充电宝品牌的检测,来电有足够的自信面对各种安全检测。同时,各位商家合作伙伴请思考,一个摆在店里的定时炸弹,是否有安全隐患。只有确保安全的情况下,才能进一步提升服务质量。(怪兽充电宝不灵啊。)为我们广大消费者提供最安全有保障的服务,是我们来电人最自豪的事情。"该信息的 5 张配图中,2 张为诺亚方舟文化集团文件(以下简称"文件"),2 张为共享充电宝的检测报告汇总,1 张为烧毁的怪兽充电宝照片。其中,文件内容显示:该集团要求亚拉特公司对四款充电宝进行检测并提交报告,检测结果显示,怪兽在外壳上没有安全及质量认证标志,在电路板上看不到主控 IC 而无法确定主控 IC 的安全情况,在电芯外有薄锡膜包裹,用螺丝刀可以轻易刺破造成爆燃……文件称，鉴于怪兽品牌充电宝存在较大安全使用隐患，经集团领导研究决定：各总部、各场所禁止与怪兽品牌的共享充电宝厂商进行合作……该文件落款为诺亚方舟文化集团签发，但系无任何盖章及签字的打印件。配图中的检测报告汇总亦无署名，其内容显示：在四个品牌的充电宝中，只有来电的产品在全部检测项目上均不存在问题。此外，深圳来电科技公司另一销售人员郑某于2018年7月15日在朋友圈发布9张图，其中文字及5张图片与王某发布的内容完全相同，且两人均自称"我们来电人"。

怪兽充电宝经营公司上海挚想科技有限公司、挚享科技（上海）有限公司（原告）将深圳来电科技公司及员工王某（被告）诉至上海铁路运输法院。上海铁路运输法院认为，经过多年发展，微信朋友圈并非仅限于特定主体间个人生活的社交分享，已经具备市场推广、信息传播等功能。法院经审理查明，王某作为同业竞争者的销售人员，在缺乏证据和依据，也未经任何调查核实的情况下，发布对原告产品质量进行负面评价的被诉内容，构成商业诋毁和虚假宣传。法院认为，王某发布被诉内容，与其私人事务无涉，而是为了履行作为销售人员的职责，为深圳来电科技公司寻求利益。王某的微信朋友圈并不是纯粹的个人生活分享空间，其同时也是为深圳来电科技公司进行市场营销的场所。因此，法院认定：王某发布被诉内容，系代表深圳来电科技公司的职务行为，应由深圳来电科技公司承担相应的责任。综上，上海铁路运输法院做出一审判决：被告深圳来电科技公司赔偿两原告经济损失及合理费用共计12万元；被告深圳来电科技公司就其涉案不正当竞争行为在报纸上刊登声明，消除影响。被告不服，提起上诉。2020年7月，上海知识产权法院做出二审判决：驳回上诉，维持原判。

第八节 大众媒介发布广告的管理规定

一、法律规定

《广告法》第十四条规定，广告应当具有可识别性，能够使消费者辨明其为广告。大众传播媒介不得以新闻报道形式变相发布广告。通过大众传播媒介发布的广告应当显著标明"广告"，与其他非广告信息相区别，不得使消费者产生误解。广播电台、电视台发布广告，应当遵守国务院有关部门关于时长、发布方式的规定，并应当对广告时长做出明显提示。

二、广告应当具有可识别性

利用大众传播媒介发布的广告，为了与其他非广告信息相区别，不得使消费者产生误解，《广告法》强制要求大众传播媒介发布广告，应当显著标明"广告"。根据《互联网广告管理办法》要求，互联网广告也均需显著标明"广告"字样。

广告应当具有可识别性，首先是在形式上要求其具有使普通消费者一看便知是广告，而不能在表现形式上使消费者误认为是人物专访、新闻专题报道等内容；其次是在内容上也能使普通消费者一看便知是介绍或者推销商品或是服务的广告；最后在发布方式上要求其具有使普通消费者一看便知是广告，如利用电视、报刊发布广告时，应当有专门的提示或者在时间、版面等方面具有明显的特征。

此条立法目的是解决广告的识别性问题，能够使消费者、广告监督管理机关辨明其为广告，有利于广告监督管理机关及时、准确地依法实施监督管理。

所以，如果能使消费者、广告监督管理机关辨明为广告的，即使没有显著标明"广告"，也可从事实效果上认定广告具有可识别性，可以不予处罚。

如果采用新闻采访、新闻报道、读者来信方式介绍和推销商品或者服务，使消费者难以辨认是否属于广告，欺骗或者误导消费者，就构成以新闻报道形式变相发布广告。

例如，广播电台、电视台、报刊音像出版单位、互联网媒介发布的有关医疗机构的人物专访、专题报道等宣传内容，出现医疗机构的详细地址、电话、电子信箱、网址、二维码、微信号等联系方式的，一般应认定为以新闻报道形式变相发布医疗广告。

又例如，广播电台、电视台、报刊音像出版单位、互联网媒介在介绍健康、养生知识的内容中，推荐特定医疗、药品、医疗器械、保健食品，并提供相应经营者联系方式的，一般应认定为以介绍健康、养生知识等形式变相发布医疗、药品、医疗器械、保健食品广告。

（一）新闻与广告的区别

广告是一种介绍和推销商品或服务的自我宣传行为，与新闻第三方的客观宣传行为有本质区别。

1. 新闻的含义

新闻是指报纸、电台、广播、电视台等新闻媒体机构通过采访编辑，传播国内外新资讯、新事件、热点话题、人物动态等，传播客观性事实信息。

2. 广告的含义

广告是指商品经营者或者服务提供者，通过一定媒介和形式直接或者间接地介绍自己所推销的商品或者所提供的服务，传播艺术性商业信息。

3. 新闻与广告的区别

（1）目的不同：新闻是为了传播某种事实的信息，广告是为了推销某种商品或者服务。

（2）表现方法不同：广告是可以用创意和艺术加工的；新闻是客观陈述，不可用创意和艺术加工。

（3）时间要求不同：广告不讲时效性；新闻讲时效性，第一时间报道最新发生的事。

（4）制作方式及承担责任的主体不同：广告是广告经营者设计制作，广告发布者发布，均应按照《广告法》承担相应责任。新闻是由作者采写，编辑部发表，按照《报纸管理暂行规定》《广播电视管理条例》《出版管理条例》《互联网信息服务管理办法》《网络出版服务管理规定》等规定承担相应责任。

（5）费用流向不同：广告是广告主支付广告费用或隐藏的利益对价；新闻是大众媒介，不但不收费，而且还要向作者支付稿酬。

（二）禁止新闻广告

新闻广告，是指以新闻报道的形式做广告，又称"有偿新闻"。它混淆了新闻与广告的界限，使消费者产生误解。因此，大众传播媒介不得以新闻报道形式发布广告。同时，为了使广告具有明显的可识别性，通过大众传播媒介发布的广告应当显著标明"广告"，与其他非广告信息相区别。

（三）电台、电视台发布广告应当遵守时长、方式规定

电台、电视台发布广告应当遵守国家广播电视总局《广播电视广告播出管理办法》及其《〈广播电视广告播出管理办法〉的补充规定》关于时长、频次、方式的规定。如《广播电视广告播出管理办法》第十三条规定，广播电视广告播出应当合理编排。其中，商业广告应当控制总量、均衡配置。第十四条规定，广播电视广告播出不得影响广播电视节目的完整性，除在节目自然段的间歇外，不得随意插播广告。第十五条规定，播出机构每套节目每小时商业广告播出时长不得超过12分钟。其中，广播电台在11:00至13:00之间、电视台在19:00至21:00之间，商业广告播出总时长不得超过18分钟。在执行转播、直播任务等特殊情况下，商业广告可以顺延播出。第十六条规定，播出机构每套节目每日公益广告播出时长不得少

于商业广告时长的 3%。其中，广播电台在 11:00 至 13:00 之间、电视台在 19:00 至 21:00 之间，公益广告播出数量不得少于 4 条（次）。第十七条规定，播出电视剧时，不得在每集（以四十五分钟计）中间以任何形式插播广告。播出电影时，插播广告参照前款规定执行。

电台、电视台发布广告应当对广告时长做出明显提示，如采用字幕显示广告时间，倒计时、进度条等。目前，电视台已经采用了广告时间的字幕显示，观众也可以根据电视明示的时间决定自己的取舍，很受观众的称赞。观众在看这些广告时知道时间的进度，也就没有了不适的感觉。

第 3 章习题

一、填空题

1. 《广告法》第八条、第九条、第十条、第十一条、第十二条、第十三条、第 _____ 条规定是一切（所有）商业广告都应当遵循的规定。

2. 广告中表明推销的商品或者服务附带赠送的，赠送的商品或者服务的价格不能超过 _____ 万元。

3. 广告中对商品的性能、功能、产地、用途、质量、成分、价格、生产者、有效期限、允诺等，或者对服务的内容、提供者、形式、质量、价格、允诺等有表示的，应当 _____、清楚、明白。

4. 法律、行政法规规定商业广告中应当明示的内容，应当 _____、清晰表示。

5. 《产品质量法》第二十七条规定，产品包装上的标识包含产品名称、生产厂厂名和厂址，产品规格、等级、主要成分和含量，限期使用的产品的生产日期和安全使用期或者失效日期等，属于法律、行政法规规定商业广告中应当 _____ 的内容。

6. 商业广告禁止使用或者 _____ 使用中华人民共和国的国旗、国歌、国徽，军旗、军歌、军徽。

7. _____ 广告可以使用国家机关和国家机关工作人员的名义或者形象。

8. 广告中使用外国文字必须同时使用 _____，而且应当使用简化汉字。

9. 广告不得损害未成年人和 _____ 的身心健康。

10. 广播电台、电视台发布广告，应当遵守国务院有关部门关于时长、方式的规定，并应当对广告 _____ 做出明显提示。

11. 广告中涉及专利产品或者专利方法的，应当标明专利号和 _____。

12. 专利种类分为 _____、实用新型专利和外观设计专利三种。

13. 广告不得 _____ 其他生产经营者的商品或者服务。

14. 广告应当具有 _____，能够使消费者辨明其为广告。

15. 大众传播媒介不得以 _____ 形式发布广告。

二、判断题（正确的打"√"，错误的打"×"）

1. 公益广告可以使用中华人民共和国国旗、国徽、国歌，军旗、军歌、军徽。（　　）

2. 在商业广告中禁止使用国家机关和国家机关工作人员的名义，但是，企业形象宣传可以使用国家机关和国家机关工作人员的名义。（　　）

3. 在商业广告中禁止利用特型演员以国家领导人形象推销产品或者服务。（　）
4. 在商业广告中禁止使用"国家级""最高级""最佳"等用语。（　）
5. 某护膝产品广告称"侧扣带可以随着你的需要调节到最佳舒适状态"，这里的"最佳"虽然具有绝对化的意思，但并不是对护膝的功能、性能、品质等进行的宣传，仅指使用调节状态，不会对消费者选购该商品产生实质性影响，不属于绝对化用语禁止之列。（　）
6. 广告中宣传推销私家侦探及器材，属于妨碍社会安定和危害人身、财产安全，损害社会公共利益的违法广告。（　）
7. 广告中禁止泄露国家秘密，禁止泄露个人隐私。（　）
8. 人体彩绘广告属于妨碍社会公共秩序和违背社会良好风尚。（　）
9. 暴力，是指以强暴手段侵犯他人人身、财产等权利的行为。（　）
10. 色情，是指以引起官能刺激为目的，不健康、不合法的性挑逗，是具有性意味的描绘的色情图片和作品，与淫秽之间本质相同，仅仅是程度上有高低之别。（　）
11. 广告主取得 CN202221031682.9 后，不可以发布专利权的广告。（　）
12. 广告中禁止歪曲、丑化、亵渎、否定英雄烈士事迹和精神，禁止以侮辱、诽谤或者其他方式侵害英雄烈士的姓名、肖像、名誉、荣誉。（　）
13. 在商业广告中，未经中国人民银行批准，不可以使用人民币图样。（　）
14. 在广告中禁止使用"驰名商标"字样。（　）
15. "某脱毛仪"广告分别从安全性、脱毛时间、使用寿命、价格等方面与其他国产、进口脱毛仪进行对比宣传，属于贬低其他生产经营者的商品或者服务。（　）

三、不定项选择题

1. 宣传商品的最佳使用方法、药品的最佳服用时间等绝对化用语不属于使用国家级、最高级、最佳等（　）范围。
A. 禁止用语　　B. 规范用语　　C. 核准用语　　D. 法定用语

2. （　）广告属于妨碍社会公共秩序和违背社会良好风尚。
A. 性生活用品　　B. 流产医疗　　C. 麻醉药品　　D. 三菱电梯"上上下下的享受"

3. 《反不正当竞争法》规定，抽奖式的有奖销售，最高奖的金额超过（　）。
A. 5000 元　　B. 1 万元　　C. 3 万元　　D. 5 万元

4. 在商业广告中使用"观世音菩萨"像属于（　）内容。
A. 淫秽　　B. 暴力　　C. 色情　　D. 迷信

5. 在商业广告中禁止含有民族、种族、宗教、（　）歧视的内容。
A. 性别　　B. 学历　　C. 年龄　　D. 籍贯

6. 下列（　）法律对环境保护和自然资源的保护做了具体的规定。
A. 《野生动物保护法》　　B. 《环境保护法》　　C. 《消费者权益保护法》　　D. 《著作权法》

7. 《广告法》第九条第十一项"法律、行政法规规定禁止的其他情形"规定，在法理上称为（　）。
A. 口袋条款　　B. 兜底条款　　C. 帝王条款　　D. 定义条款

8. 某商家在广告中称"质量好到违反《广告法》，款式帅到没朋友，价格优惠到不让说"，不仅违反了《广告法》（　）规定，还侵害了消费者的知情权。

A. 第八条　　B. 第九条　　C. 第十条　　D. 第十一条

9. 广告中使用数据、统计资料、调查结果、文摘、引用语等引证内容的，应当真实、准确，并表明出处，不得（　　），而且应当是有据可查的。

A. 遗漏数据、统计资料、调查结果的重要条件

B. 断章取义，以偏概全地使用

C. 在部分使用的情况下，不得与有关材料的原义相悖

D. 不得省略对使用者不利并且可能对社会公众产生误解的内容

10. 发明专利权的保护期限是（　　）年。

A. 20　　B. 10　　C. 15　　D. 25

11. 实用新型和外观设计专利权的保护期限是（　　）年。

A. 10　　B. 15　　C. 20　　D. 25

12. 巨人集团广告因攻击娃哈哈儿童营养液"有激素，造成儿童早熟"，遭到娃哈哈公司起诉，法院判决巨人集团向娃哈哈集团赔款 200 万元，并在杭州召开新闻发布会，向娃哈哈集团公开道歉，这是因为巨人集团在广告中（　　）

A. 与他人做了比较　　B. 贬低他人产品　　C. 虚假失实　　D. 泄露他人商业秘密

13. 通过大众传播媒介发布的广告应当显著标明（　　），与其他非广告信息相区别，不得使消费者产生误解。

A. 广告　　B. 专利　　C. 商标　　D. 产地

14. 电视台戏剧频道《闪亮时分》栏目播放了专题节目《共和国之歌——献给人民功臣》，介绍上海 411 医院院长章某等五位上海市新长征突击手的事迹，其中出现骨病治疗的项目及医疗机构的地址、电话号码。此宣传片（　　）。

A. 是商业广告　　B. 是新闻报道　　C. 是公益宣传　　D. 不是商业广告

15. 下列广告内容，属于损害国家的尊严或者利益，泄露国家秘密。（　　）

A. 地图漏绘我国钓鱼岛等重要岛屿

B. 地图把我国领土台湾按国家表示或者漏绘台湾岛

C. 地图错绘我国行政区域界线

D. 将涉及国家秘密的相关信息标注在地图上

16. 下列不属于绝对化用语的广告语是。（　　）

A. 最好

B. 最佳

C. 顾客第一，信誉至上

D. 我国医药行业第一家上市公司

17. 严禁以（　　）等形式发布广告。

A. 人体裸体　　B. 人体半裸体　　C. 人体彩绘　　D. 人体三点装

18. 广告中不得含有（　　）及暴力的内容。

A. 淫秽　　B. 迷信　　C. 恐怖　　D. 色情

19. 下列内容（　　）不属于淫秽范畴。

A. 裸体内容的人体生理医学

B. 裸体内容的医学著作

C. 有艺术价值的情色内容的文学

D. 裸体内容的艺术作品

20. （　　）的专利不得做广告。

A. 终止　　B. 撤销　　C. 无效　　D. 专利申请

四、简答题

1. 如何理解广告表述应当准确、清楚、明白？
2. 如何理解"国家级""最高级""最佳"等的"等"字含义？
3. 新闻与广告的区别有哪些？

五、论述题

论述绝对化用语的例外情况及绝对化用语的定性原则。

六、案例分析

【案例一】在南京市市场监管局公布的2020年第二批虚假违法广告典型案例中，南京市××电子商务平台公司，开展拼购秒杀活动，在拼购活动尚未开始时，即在所有参加活动的商品页面上标注"已拼×件"，用于宣传该商品的拼团购买形式下历史购买的数量，从而达到宣传商品和刺激消费的目的。

[问题] 此广告违法吗？为什么？

【案例二】北京某科技有限公司在微信公众号发布含有"白水杜康产自十三朝帝都，是来习大大家乡的酒，品质是最好的"内容的广告。

[问题] 此广告违法吗？为什么？

【案例三】河南某网络科技有限公司通过其网络商城发布含有"PLA国务院办公厅专用表（限量版）"字样的文字和标有中华人民共和国国徽徽记及国务院办公厅专用表字样的图片广告。

[问题] 此广告违法吗？为什么？

【案例四】上海某有限公司在其官方网站广告中配以"玫丽盼全球化分布"的地图，该地图中"香港""台湾"两地被单独列出，与中国、日本等主权国家并列绘入全球地图，同时该地图中将中国大陆以红线标出，未包括台湾岛和海南岛两处，并以不同颜色将上述两处与大陆地区进行显著区分。

[问题] 此广告违法吗？为什么？

【案例五】上海某眼镜有限公司为推销其经营的近视眼镜，在其微信公众号的广告宣传中使用了荤段子和男女不雅图片，含有"有了近视眼镜，高度近视的主人公可以继续看A片了"的内容。

[问题] 此广告违法吗？为什么？

【案例六】广州市某润滑油品有限公司在其微信公众号发布"内燃机合成润滑剂"广告，广告中含有"部队专供油"等"专供"内容表述，并附有向中国人民解放军某工厂销售"柴油机油""某战车减震液"产品凭证等内容。

[问题] 此广告违法吗？为什么？

【案例七】在南京市市场监管局公布的2020年第三批违法广告典型案例中，南京市某公司在其微信公众号上发布含有"江货""江鲜""江鱼""江、河鲜"以及"每日从泰州承包湖区鲜运河鲜江鱼到店"的餐厅广告。经查，广告中涉及的水产品系从某水产品经营部购入，不属于"江鲜"，且不存在"每日从泰州承包湖区鲜运河鲜江鱼到店"的情况。

[问题] 此广告违法吗？为什么？

【案例八】广州市某电子商贸有限公司在其网店中发布"印度神油"产品广告，含有"延时""增大"等内容，引证内容不真实。

[问题] 此广告违法吗？为什么？

【案例九】辽宁某医院通过互联网发布含有"独有的两项国家专利技术'AMI腺体免疫再建疗法'和'RFA可视针孔超微创技术'"等内容的广告，与实际情况不符，且无法提供相应的证明材料验证。

[问题] 此广告违法吗？为什么？

【案例十】重庆科技有限公司通过"今日影视大全"APP发布"固元灸"产品广告，广告中含有"经过两个周期的调理后，感觉我老公就像变了一个人，身体里……"等低俗内容。

[问题] 此广告违法吗？为什么？

【案例十一】某化妆品公司在超市货架商品上设置了一块"买一送一"广告（见右图），标明赠送的数量、期限和方式，没有标明赠送的品种、规格。

[问题] 你认为此广告是否违法？如果违法，是什么类型违法广告？为什么？依法应当如何处理？请列举法律依据。

【案例十二】奥迪二手车广告之整容篇视频广告中，一对新人正在举行婚礼，突然，婆婆出现在镜头中，高喊"等一下"，随后，婆婆对新娘进行了捏鼻、抓耳、扯嘴等一系列检查，检查完毕婆婆比出了OK的手势。不到0.5秒，婆婆又把目光对准了新娘的胸部，随后出现奥迪二手车介绍页面，配音"官方认证才放心"。

[问题] 你认为此广告是否违法？如果违法，是什么类型违法广告？为什么？应当如何依法处理？请列举法律依据。

【案例十三】某饭店在门口张贴海报广告，广告声称"这里有您吃不到的野生山珍海味"，画面中是绿孔雀形象。饭店内2只绿孔雀静静地卧在笼中。

[问题] 你认为此广告是否违法？如果违法，是什么类型违法广告？为什么？应当如何依法处理？请列举法律依据。

【案例十四】某攀岩俱乐部，因为发生了女性攀岩坠落死亡事故，为了防止事故再次发生，攀岩俱乐部为女性攀岩爱好者增加了保护人员，从而提高了成本。于是，俱乐部门口张贴了一张海报广告，广告语："攀岩运动是十分刺激、危险的一项运动，历来女性不如男性，女性需要专门的保护。从今天起，为了女性攀岩爱好者的安全，我们专门为女性攀岩爱好者增加了保护人员。女性攀岩的价格由每人100元上调为每人200元，男性攀岩的价格不变。"

[问题] 你认为此广告是否违法？如果违法，是什么类型违法广告？为什么？应当如何依法处理？请列举法律依据。

【案例十五】 河南中新南置业有限公司在洛阳市"中南广场"开发建设项目售楼部外设置广告牌一块，在醒目位置标注"看房抽宝马"文字并附有汽车图案，标注宝马车价值20余万元；印制奖券1000份，在奖券上印有"看房抽宝马"文字、轿车图案和"凭此券可参加2016年1月31日举行的盛大抽奖活动，还可在周末参加有奖大转盘活动"等内容。因抽奖日前后天气寒冷以及客户数量未达到预定的300组，抽奖活动推迟。

[问题] 你认为此广告是否违法？如果违法，是什么类型违法广告？为什么？抽奖活动并没有正式实施，应当如何依法处理？请列举法律依据。

【案例十六】 贬低他人的广告属于不正当竞争行为，其本质目的就是排挤竞争对手，既违反了《广告法》第十三条规定："广告不得贬低其他生产经营者的商品或者服务"，又违反了《反不正当竞争法》第十一条规定："经营者不得编造、传播虚假信息或者误导性信息，损害竞争对手的商业信誉、商品声誉。"

[问题1] 贬低他人的广告，应当适用《广告法》，还是适用《反不正当竞争法》？为什么？

[问题2] 贬低他人，在什么情况下，应当适用《反不正当竞争法》？

[问题3] 经营者不支付任何费用给新闻单位，凭借私人关系，串通财经新闻记者，发布编造、传播虚假信息或者误导性信息，贬低竞争对手的商业信誉、商品声誉的新闻，应当适用《广告法》，还是适用《反不正当竞争法》？为什么？

[问题4] 经营者支付费用给新闻单位，以财经新闻报道形式，发布编造、传播虚假信息或者误导性信息，贬低竞争对手的商业信誉、商品声誉的新闻，应当适用《广告法》，还是适用《反不正当竞争法》？为什么？

第 4 章

广告内容的特别规定

[**本章知识要点**] 学习《广告法》和有关广告管理规章中关于医疗、药品、医疗器械、保健食品与特殊医学用途配方食品、婴儿乳制品及饮料和其他食品、烟酒、教育培训、有投资回报预期的招商或金融证券理财、房地产、农药、兽药、饲料和饲料添加剂、农作物种子、林木种子、草种子、种畜禽、水产苗种和种养殖等广告管理的特别规定，以及虚假广告的立法解释、虚假广告举证责任的一般原则等。重点掌握医疗、药品、医疗器械、保健食品与特殊医学用途配方食品、婴儿乳制品和饮料及其他食品、烟酒、教育培训、有投资回报预期的招商或金融证券理财、房地产、化妆品等广告的特别规定，以及虚假广告的主要类型及典型情形、虚假广告与虚假商业宣传的法律适用、虚假与艺术夸张及情感性诉求的区别、虚假广告"证真"与"证伪"责任的分配。

第一节 广告内容特别规定概述

一、广告内容特别规定的内涵

（一）广告内容特别规定，是广告法基本原则的具体体现，是针对特殊商品或者服务广告的特别规定，是对广告内容一般规定的补充。

《广告法》的结构，分列为总则、广告内容准则、广告行为规范、监督管理、法律责任等。其中广告内容准则第八条至第十四条是广告内容的一般规定，是一切广告应当遵守的规定。广告内容准则第十五条至第二十八条是对广告内容的特别规定。由于医疗、药品、医疗器械、保健食品与特殊医学用途配方食品、婴儿乳制品及饮料和其他食品、烟酒、教育培训、有投资回报预期的招商或金融证券理财、房地产、农药、兽药、饲料和饲料添加剂、农作物种子、林木种子、草种子、种畜禽、水产苗种和种养殖、化妆品等商品或服务具有特殊性，涉及畜牧业安全、农作物安全、人身安全及消费者权益保护，而且广告问题较多，应当加以更加明确严格的具体规定。

（二）广告内容特别规定，是广告发布前的自律审查、行政审查及广告监管的依据，是判断医疗、药品、医疗器械、保健食品与特殊医学用途配方食品、婴儿乳制品及饮料和其他食品、烟酒、教育培训、有投资回报预期的招商或金融证券理财、房地产、农药、兽药、饲料和饲料添加剂、农作物种子、林木种子、草种子、种畜禽、水产苗种和种养殖、化妆品等商品或服务广告是否可以发布的标准。

(三) 违反禁止发布内容规定的广告，就是违禁广告。

(四) 以虚假或者引人误解的内容欺骗、误导消费者的广告，就是虚假广告。广告内容准则第二十八条是广告内容的一般规定，是对虚假广告的立法解释，是判断虚假广告的标准。

二、广告内容特别规定的外延

广告内容特别规定的外延包括医疗、药品、医疗器械、保健食品与特殊医学用途配方食品、婴儿乳制品及饮料和其他食品、烟酒、教育培训、有投资回报预期的招商或金融证券理财、房地产、农药、兽药、饲料和饲料添加剂、农作物种子、林木种子、草种子、种畜禽、水产苗种和种养殖、化妆品等商品或服务广告管理的特别规定，以及判断虚假广告的标准。

第二节 医疗、药品、医疗器械广告管理的特别规定

一、法律规定

《广告法》第十五条规定："麻醉药品、精神药品、医疗用毒性药品、放射性药品等特殊药品，药品类易制毒化学品，以及戒毒治疗的药品、医疗器械和治疗方法，不得做广告。前款规定以外的处方药，只能在国务院卫生行政部门和国务院药品监督管理部门共同指定的医学、药学专业刊物上做广告。"

《广告法》第十六条规定："医疗、药品、医疗器械广告不得含有下列内容：（一）表示功效、安全性的断言或者保证；（二）说明治愈率或者有效率；（三）与其他药品、医疗器械的功效和安全性或者其他医疗机构比较；（四）利用广告代言人做推荐、证明；（五）法律、行政法规规定禁止的其他内容。药品广告的内容不得与国务院药品监督管理部门批准的说明书不一致，并应当显著标明禁忌、不良反应。处方药广告应当显著标明'本广告仅供医学药学专业人士阅读'，非处方药广告应当显著标明'请按药品说明书或者在药师指导下购买和使用'。推荐给个人自用的医疗器械的广告，应当显著标明'请仔细阅读产品说明书或者在医务人员的指导下购买和使用'。医疗器械产品注册证明文件中有禁忌内容、注意事项的，广告中应当显著标明'禁忌内容或者注意事项详见说明书'。"

《广告法》第十七条规定："除医疗、药品、医疗器械广告外，禁止其他任何广告涉及疾病治疗功能，并不得使用医疗用语或者易使推销的商品与药品、医疗器械相混淆的用语。"

《广告法》第十九条规定："广播电台、电视台、报刊音像出版单位、互联网信息服务提供者不得以介绍健康、养生知识等形式变相发布医疗、药品、医疗器械、保健食品广告。"

二、特殊药品及戒毒治疗的医疗器械和治疗方法的概念

依据《药品管理法》第三十九条规定："国家对麻醉药品、精神药品、毒性药品、放射性药品，实行特殊的管理办法。管理办法由国务院制定。"特殊药品及特殊医疗器械和治疗方法包括麻醉药品、精神药品、医疗用毒性药品，以及药品类易制毒化学品，戒毒治疗的药品、医疗器械和治疗方法等。

(一) 麻醉药品的概念

按照国务院《麻醉药品和精神药品管理条例》的有关规定，麻醉药品是指连续使用后易产生依赖性、能成瘾癖的，被列入国务院药品监督管理部门会同公安部门、卫生主管部门制定、调整并公布的麻醉药品目录的药品和其他物质。麻醉药品大致可分为阿片类、可卡因类、大麻类、合成麻醉药品类，以及卫生主管部门指定的其他易成瘾癖的药品、药用原植物及其制剂等。根据《禁毒法》第二条规定，使人形成瘾癖的麻醉药品也列入毒品范围。

(二) 精神药品的概念

按照国务院《麻醉药品和精神药品管理条例》的有关规定，精神药品是指直接作用于中枢神经系统，使之兴奋或抑制，连续使用能产生依赖性的，被列入国务院药品监督管理部门会同国务院公安部门、国务院卫生主管部门制定、调整并公布的精神药品目录的药品和其他物质。精神药品包括安钠咖、强痛定、氨酚待因片、复方樟脑酊等。依据使人体产生的依赖性和危害人体健康的程度，精神药品分为第一类和第二类（详见《精神药品品种目录》）。根据《禁毒法》第二条规定，使人形成瘾癖的精神药品也被列入毒品范围。

(三) 医疗用毒性药品的概念

按照国务院《医疗用毒性药品管理办法》的有关规定，医疗用毒性药品（简称"毒性药品"）是指毒性剧烈、治疗剂量与中毒剂量相近，使用不当会致人中毒或死亡的药品。毒性药品的管理品种，由卫生主管部门会同国家药品监督管理局、国家中医药管理局规定。比如，肉毒毒素是肉毒杆菌产生的含有高分子蛋白的神经毒素，是目前已知在天然毒素和合成毒剂中毒性最强烈的生物毒素。低剂量的肉毒毒素广泛使用于医疗美容，如果不当使用可能会引发肌肉松弛麻痹，严重时将引发呼吸衰竭、心力衰竭等危及生命健康的状况。其中A型肉毒毒素及其注射剂早在2008年就被卫生部列入毒性药品管理，实行严格管控措施。

(四) 放射性药品的概念

按照国务院《放射性药品管理办法》的有关规定，放射性药品是指用于临床诊断或者治疗的放射性核素制剂或者其标记药物。放射性药品与其他药品的不同之处在于，放射性药品含有的放射性核素能放射出α射线、β射线、γ射线。因此，凡在分子内或制剂内含有放射性核素的药品都称为放射性药品。

(五) 药品类易制毒化学品的概念

按照国务院《易制毒化学品管理条例》和原国家卫生部（现国家卫生健康委员会）制定的《药品类易制毒化学品管理办法》及药品类易制毒化学品品种目录，药品类易制毒化学品分为三类。第一类是可以用于制毒的主要原料，包括麦角酸、麦角胺、麦角新碱、麻黄素、伪麻黄素、消旋麻黄素、去甲麻黄素、甲基麻黄素、麻黄浸膏、麻黄浸膏粉等麻黄素类物质。第二类、第三类是可以用于制毒的化学配剂。

(六) 戒毒治疗的药品的概念

戒毒药品是指控制并消除滥用阿片类药物成瘾者的急剧戒断症状与体征的药品。常用戒毒药品分为阿片类（美沙酮、丁丙诺非、纳屈酮等）和非阿片类。

(七) 戒毒治疗的医疗器械的概念

按照《医疗器械监督管理条例》的规定，凡是用于戒毒治疗的医疗器械都是戒毒治疗的医疗器械。包括света麻柜、生物反馈仪、吸痰器、胃肠减压器、彩色多普勒超声诊断仪、心电图机、心电监护仪、全自动呼吸机等。

(八) 戒毒治疗方法的概念

按照国家卫生健康委员会、公安部、司法部国卫医发〔2021〕5号《戒毒治疗管理办法》的规定，戒毒治疗方法是指从事戒毒治疗的医疗机构，对吸毒人员采取的医疗、护理、康复等医学措施，帮助吸毒者减轻对毒品依赖，促进身心健康的医疗方法。戒毒治疗方法包括强制中断吸毒者的毒品供给的自然戒断法、药物脱毒治疗的药物戒断法，以及针灸、理疗仪等非药物戒断法。

三、禁止特殊药品及戒毒治疗的医疗器械和治疗方法发布广告

由于麻醉药品、精神药品、医疗用毒性药品、药品类易制毒化学品、放射性药品等仅限用于医疗、科研和教学需要，有严格的生产、经营及管理系统，实行统一进货、统一配送、统一管理，不需要进入大众市场交易，没必要广而告之。另一方面，其潜在危害性很大，一旦使用不当，有可能导致成瘾、损害身体健康，甚至危及生命安全的严重后果，因此，应当受到最严格的管理。以上特殊药品及戒毒治疗的医疗器械和治疗方法的广告禁止发布。

另外，2020年3月1日起施行的国家市场监督管理总局令第21号《药品、医疗器械、保健食品、特殊医学用途配方食品广告审查管理暂行办法》（以下简称"三品一械广告审查管理暂行办法"）第二十一条规定，军队特需药品、军队医疗机构配制的制剂，医疗机构配制的制剂，依法停止或者禁止生产、销售或者使用的药品、医疗器械，以及法律、行政法规禁止发布的，也不得发布广告。还有经批准试生产的、未取得注册商标的药品，除中药饮片外，也不得发布广告。2017年11月17日国家食品药品监督管理总局令第37号《互联网药品信息服务管理办法》第九条第二款规定，提供互联网药品信息服务的网站不得发布麻醉药品、精神药品、医疗用毒性药品、放射性药品、戒毒药品和医疗机构制剂的产品信息。

【案例】发布医疗用毒性药品广告，被罚款50万元

当事人上海星和医疗美容门诊部有限公司自2017年7月21日起通过大众点评APP发布"国产瘦脸针兰州衡力"注射类医疗美容产品信息，"产品介绍"页面上写有"国产瘦脸针，一种纯生物制剂，采用基因和生物合成方式制备的中性磷脂酶A2，可用于改善面部轮廓，使肥厚的肌纤维变薄、变细、收紧而达到瘦脸的作用"；发布"进口瘦脸针BOTOX保妥适"注射类医疗美容产品信息，"产品介绍"页面上写有"进口除皱针为美国艾尔建公司的专有商标……可直接作用于周围运动神经末梢……阻断乙酰胆碱的释放，从而放松肌肉，使面部肌肉与皱纹随之消失，从而达到除去面部皱纹与瘦脸的目的"等内容（见下图）。其瘦脸针"注射用A型肉毒毒素"属于医疗用毒性药品，依法不得做广告。大众点评网没有收取广告费用。当事人的上述行为违反了《广告法》第十五条第一款的规定，构成发布医疗用毒性药品违禁广告。2019年12月12日，中国（上海）自由贸易试验区市场监督管理局依据《广告法》第五十七条第（二）项的规定，对当事人做出沪市监自贸处字〔2019〕152019003378号《行政处罚决定书》，责令当事人停止发布违法广告，处罚款50万元。

【评析】 大量求美不成反毁容的医美事件，大多数是因为非法使用A型肉毒毒素制剂。2008年，国家卫生部（现国家卫生健康委员会）、国家食品药品监督管理局（现国家市场监督管理总局国家药品监督管理局）联合下发国食药监办〔2008〕405号《关于将A型肉毒毒素列入毒性药品管理的通知》，将A型肉毒毒素及其制剂列入毒性药品管理，并规定，药品批发企业只能将A型肉毒毒素制剂销售给医疗机构，未经指定的药品经营企业不得购销A型肉毒毒素制剂，药品零售企业不得零售A型肉毒毒素制剂，对非法生产、经营和使用A型肉毒毒素的

单位和个人，依法严厉查处。《广告法》第十五条第一款规定，医疗用毒性药品不得做广告。因此，医疗美容机构发布医疗用毒性药品广告，应当依法查处。

四、《广告法》对医疗、药品、医疗器械广告的特别规定

（一）医疗及医疗广告的概念

1. 医疗，是指疾病的诊断和治疗，是医疗机构向患者提供疾病诊断和治疗服务的专业词语。
2. 医疗广告，是指医疗机构通过一定媒介和形式直接或者间接地介绍自己医疗服务的商业广告活动。

（二）药品及药品广告的概念

1. 药品，是指用于预防、治疗、诊断人的疾病，调节人体生理机能并规定适用症、用量、用法的物质。根据《药品管理法》第五十七条的规定，药品包括中药材、中药饮片、中成药、化学原料药及其制剂、抗生素、生化药品、放射性药品、血清疫苗、血液制品和诊断药品等。
2. 药品广告，是指药品的生产者或经营者通过一定媒介和形式直接或者间接地介绍自己生产或经营的药品的商业广告活动。

（三）医疗器械及医疗器械广告的概念

1. 医疗器械，是指直接或者间接用于人体疾病诊断、治疗、预防，调节人体生理机能或替代人体器官的仪器、试剂（含体外诊断试剂）及校准物、设备、装置、植入物、材料及相关物品。

体外诊断试剂，是指按医疗器械管理的体外诊断试剂，包括在疾病的预测、预防、诊断、治疗监测、预后观察和健康状态评价的过程中，用于人体样本体外检测的试剂、试剂盒、校准品、质控品等产品，可以单独使用，也可以与仪器、器具、设备或者系统组合使用，比如新冠诊断试剂。按照药品管理用于血源筛查的体外诊断试剂、采用放射性核素标记的体外诊断试剂不属于医疗器械范围。

2. 医疗器械广告，是指医疗器械的生产者或经营者通过一定媒介和形式，直接或者间接地介绍自己生产或经营的医疗器械的商业广告活动。

（四）《广告法》对医疗、药品、医疗器械广告的特别规定

由于医疗、药品、医疗器械与人民的身体健康和生命安全息息相关，国家实行特殊管理，而且，医疗、药品、医疗器械行业专业性强，大众缺乏专业知识，很容易造成消费者对医疗、药品、医疗器械信息产生误解。为避免消费者受到此类"神医""神药""神器械"广告的误导，做出错误的判断，影响病情治疗，《广告法》对医疗、药品、医疗器械的广告内容做了如下特别规定，并规定取得《广告审查证明》后才可以发布。

1. 处方药，只能在国务院卫生行政部门和国务院药品监督管理部门共同指定的医学、药学专业刊物上做广告

（1）处方药，是指凭医生处方才能从药房或药店购买，并要在医生指导或监控下使用的药物，简称"R"（即医生处方左上角常见到的"R"），如抗生素等药物。

（2）非处方药，是指不需要医生处方，可直接从药房或药店购买的药物（有 OTC 字样，如针对感冒、发烧、咳嗽、消化系统疾病、头痛、关节疾病、鼻炎等过敏症的药物）以及营养补剂（如维生素、某些中药补剂等药物）。

普通百姓搞不明白医学、药学专业方面术语，而且，处方药必须凭医生处方才能从药房或药店购买，并无必要做广告。但是，为了研发新药与及时使用新药，在医学、药学专业领域内加强医学、药学科研交流，在国务院卫生行政部门和国务院药品监督管理部门共同指定的医学、药学专业刊物上发布广告还是有必要

的。因此，处方药仅限在国家指定的医学、药学专业刊物上做广告。

【案例】在国家指定刊物外发布处方药广告，被罚款 25 万元

在国家市场监督管理总局公布的 2019 年第二批虚假违法广告典型案件中，当事人山西荣华大药房连锁有限公司通过微信公众号发布含有"安宫牛黄丸具有清除血栓，软化血管的功效""救急症于即时，挽垂危于倾刻"等内容的处方药广告，构成在医学、药学专业刊物外发布广告及表示功效和安全性断言或者保证，违反了《广告法》第十五条第二款、第十六条第一款第（一）项的规定。2019 年 6 月 3 日，山西省市场监督管理局依据《广告法》第五十七条第一款第（二）项的规定，对当事人做出晋市监经罚字〔2019〕2 号《行政处罚决定书》，责令当事人停止发布违法广告，并处罚款 25 万元。

2. 药品广告的内容应当与药品说明书的内容一致

药品广告的内容应当以国务院药品监督管理部门核准的说明书为准，不得与国务院药品监督管理部门批准的说明书不一致。药品广告涉及药品名称、药品适应症或者功能主治、药理作用等内容的，不得超出说明书范围。药品广告的内容不得扩大说明书或者恶意隐瞒说明书内容，不得含有说明书以外的理论、观点等内容。这是重申了《药品管理法》第四十四条的规定。药品广告的内容应当与药品监督管理部门批准的说明书做到三个一致：（1）专业术语与批准的说明书一致；（2）理化标准与批准的说明书一致；（3）艺术加工、表现手法与批准的说明书一致。

3. 禁止医疗、药品、医疗器械广告表示功效的断言或者保证

如"最先进治疗方法""手到病除""不复发""疗效最佳""药到病除""根治""安全预防""安全无副作用""最新技术""最高科学""最先进制法""药王""国家级新药"等绝对化的语言的表示，含有违反科学规律，明示或者暗示包治百病、适合所有症状等内容。从医学科学角度分析，每个人的身体机能状况不一，病因不一，医疗、药品、医疗器械本身有适应症与不适应症之别，不可能存在包治百病、"华佗再世"的"灵丹妙药"。因此，医疗、药品、医疗器械广告不得含有表示功效的断言或者保证的内容。

【案例】发布表示功效、安全性断言保证的医疗广告，被罚款 3 万元

当事人吉林长春圣安疼痛病医院有限公司通过自有网站发布含有"治疗后效果显著，心脏病无须再用支架，彻底消除心肌梗死危险"等表示功效、安全性的断言或者保证内容的医疗广告，违反了《广告法》第十六条第一款第（一）项的规定。2019 年 1 月 7 日，原长春市工商行政管理局二道分局（现长春市市场监管局二道分局）依据《广告法》第五十八条第一款第（一）项的规定，对当事人做出长二工商行处字〔2019〕4 号《行政处罚决定书》，责令当事人停止发布违法广告，并处罚款 3 万元。

【评析】 2020 年起全球进行疫情防控，不法商家借"疫"炒作，发布虚假信息的医疗、药品、医疗器械广告，误导消费者，扰乱了市场秩序、防疫秩序。市场监管部门及时依法予以查处，有效净化了广告市场环境。

【案例】发布虚构的"冠状病毒测试卡"医疗器械广告，被罚款 20 多万元

病毒试剂等医疗器械是疫情防控重要用品。广东省广州市越秀区市场监管局接到举报，反映广州康

纯医疗器械有限公司涉嫌生产、销售无合格产品证件的体外诊断试剂"新冠病毒测试剂"。经广东省广州市越秀区市场监管局现场检查发现，当事人通过公司网店发布"冠状病毒测试卡"产品图片及产品描述的医疗器械广告，事求上该公司并无对应产品，违反了《广告法》第四条规定，构成《广告法》第二十八条规定的"商品或者服务不存在"的虚假广告。2021年5月25日，广东省广州市越秀区市场监管局对当事人做出（越）食药监械处〔2021〕000072号《行政处罚决定书》，责令当事人停止发布虚假违法广告，并依法对当事人做出罚款20.1万元的行政处罚。

4. 禁止医疗、药品、医疗器械广告说明治愈率或者有效率

药品上市前要完成前期的基础研究（药理、毒理、药效等动物研究），再申请进入人体4期的医学、临床试验阶段。该药被证明安全（效果大于其副作用和不良反应）后才能审批上市。根据《医疗器械注册管理办法》有关规定，医疗器械实行三类管理办法。第一类医疗器械实行备案管理，第二类、第三类医疗器械实行注册管理，上市前要完成产品研制、临床评价、产品注册阶段。

药品、医疗器械在批准上市前经临床试验阶段得到数据是根据试验标准、患者使用前后自觉症状、体征及客观检测指标等情况综合判断的。在实际医疗使用过程中，任何医疗、药品、医疗器械对疾病的治疗改善都无法达到100%的治愈率或者有效率。一般临床改善程度分为好转和有效，占60%—70%；无改善或无效，占30%—40%。所以，临床试验阶段得到的治愈率或者有效率数据不能一概而论，因人而异，与多种因素有关。即使达到60%—70%的治愈率或者有效率，还有30%—40%无改善或无效。如果宣传60%—70%的治愈率或者有效率，对于30%—40%无改善或无效的人是不公平的。因此，禁止医疗、药品、医疗器械广告说明治愈率或者有效率是科学、公平、合理的。

【案例】发布含有效率的药品广告，被罚款1万元

当事人重庆都弘大药房连锁有限公司秀山渝秀路店在药店悬挂"百灵鸟牌双羊喉痹通颗粒"药品印刷品广告。这个广告由贵州百灵企业集团制药股份有限公司印制，随货同行，免费提供一张给销售商用于营业员培训学习。当事人没有支付广告制作发布费用，无广告费用。贵州百灵公司生产的"百灵鸟牌双羊喉痹通颗粒"包装的字样和图案及药品广告，经过了贵州省市场监督管理局审查通过（广告批准文号：药广审第201970113号，有效期2019年7月23日至2020年7月22日）。在当事人的经营场所内被查获的"百灵鸟牌双羊喉痹通颗粒"药品广告，在悬挂一个多月期间，当事人未向药品广告审查机关提出药品广告审查申请，没有药品广告批准文号。药品广告与"百灵鸟牌双羊喉痹通颗粒"药品的说明书对比，内容增加了"独家苗药，绿色抗炎，抗菌，抗病毒，快速消肿止痛，对急性扁桃体咽炎的有效率为96.6%，对急性扁桃体炎的有效率为90%"等字样，当事人无法说明其有效率的来源、引证的文件或资料。此广告未经审查，而且含有有效率的内容，违反了《广告法》第十六条第一款第二项之规定。2020年4月22日，重庆市秀山土家族苗族自治县市场监督管理局根据《广告法》第五十八条第一款第一项之规定，对当事人做出渝秀山市监处字〔2020〕15号《行政处罚决定书》，责令当事人停止发布广告，在相应范围内消除影响，并处罚款1万元。

5. 禁止医疗、药品、医疗器械广告做功效和安全性等方面的比较

由于药品和医疗器械往往是针对某种、某类病情生产的，所以不同的药品和医疗器械适用于不同的病症，即使是同类的药品和医疗器械，所适用的情况也是因人而异，不同的药品和医疗器械之间往往难以进行准确比较。同时，由于人们普遍存在"病急乱投医"的心理状态，如果在广告中与其他药品、医疗器械的功效和安全性进行比较，很容易产生误导患者"吃错药"的后果。因此，禁止医疗、药品、医疗器械广告与其他药品、医疗器械做功效和安全性比较或者与其他医疗机构做比较。

6. 禁止医疗、药品、医疗器械广告利用广告代言人做推荐、证明

医疗、药品、医疗器械广告中广告代言人既包括公众知晓的明星，也包括医药科研单位、学术机构、医疗机构的专家、医生等，特别是专门从事医学研究和医疗工作的单位和人员，在人们的心目中具有很高的权威性。患者将这些专家、医生视为神明、救星。如果在广告中利用他们的名义和形象做推荐、证明，对病人的影响力巨大，容易产生误导作用。况且，这些明星、专家、医生并不是患者，无法以使用过的医疗、药品、医疗器械做推荐、证明。因此，医疗、药品、医疗器械广告不得利用广告代言人做推荐、证明。

【案例】发布广告代言人做推荐、证明的医疗广告，被罚款 12 万元

2017 年 8 月 6 日开始，当事人上海智美颜和医疗美容门诊部有限公司在其官网（网址：www.shangelswan.com）"真人案例"一栏发布医疗广告，内容包括《智美——直播东方卫视主持人[伏玟晓]微整全程》《[智美直播]著名主播杨蕾现场体验音波提拉》和"音波提拉真人案例""瑞蓝 True-Lift 真人案例""面部脂肪填充真人案例""眼袋祛除真人案例""玻尿酸填充法令纹真人案例""热玛吉真人案例"等。广告中利用东方卫视主持人伏玟晓等 19 名患者的形象做证明，包含相关患者诊疗前后照片形象对比等内容。当事人与上述患者签订了《肖像权使用授权协议书》，未收取服务费用。2018 年 3 月 1 日至 2018 年 9 月 6 日期间，当事人在其微信号"gh_d86ff0496c61"发布医疗广告，内容包括"您身边值得信赖的高端医美品牌——智美颜和医疗美容是一家以面部年轻化和眼部综合精雕为主的高端专业医美机构，囊括全球顶尖的医美专家、先进医疗器械药品和专业医疗服务团队，保证每一服务环节的高专业、透明度和安全性，让中国求美女性放心安心，悄然变美""智美颜和集合韩国、中国台湾、上海九院、华山、仁济、杭州浙一等多位皮肤科、整形外科权威专家坐诊，提供最先进的医美技术和最专业的医美治疗方案"的内容。上述广告内容是当事人撰写、编辑、制作后发布的，没有广告费用。案发后，当事人分别于 2018 年 9 月 6 日、2019 年 1 月 17 日、2019 年 1 月 25 日改正上述违法广告内容。当事人上述行为违反了《广告法》第十六条第一款第一项和第九条第三项的规定，2019 年 4 月 29 日，上海市黄浦区市场监管局依据《广告法》第五十八条第一款第一项、第五十七条第一项与《行政处罚法》第二十七条第二款"违法行为轻微并及时纠正，没有造成危害后果的，不予行政处罚"等规定，对当事人做出沪监管黄处字〔2019〕第 012018001865 号《行政处罚决定书》，责令当事人停止发布违法广告，在相应范围内消除影响，并处罚款 12 万元。

7. 禁止以介绍健康、养生知识等方式变相发布医疗、药品、医疗器械广告

虽然健康、养生知识与医疗、药品、医疗器械有一定关系，但是，健康、养生知识侧重于传授生活习惯、饮食习惯、情绪心理调节等针对亚健康的保健知识，而医疗、药品、医疗器械是针对患者进行科学诊断与治疗。两者有本质区别，后者直接关系到生命安全。如果以介绍健康、养生知识等变相发布医疗、药品、医疗器械广告，势必误导人们。因此，禁止广播电台、电视台、报刊音像出版单位、互联网信息服务提供者以介绍健康、养生知识等形式变相发布医疗、药品、医疗器械、保健食品广告。

责任与义务的主体：广播电台、电视台、报刊音像出版单位、

互联网信息服务提供者（互联网信息服务提供者定义详见第二章第四节）。

禁止媒体范围：电台、电视台、报刊音像出版、互联网空间（主要是网络平台）。

禁止形式：健康、养生知识的栏目。

禁止商品或服务：医疗、药品、医疗器械。

凡有下列情形之一的，应当认定为以介绍健康、养生知识等形式变相发布医疗、药品、医疗器械广告：

（1）健康、养生知识等栏目（节目）中，出现具体的医疗、药品、医疗器械广告信息的；

（2）健康、养生知识等栏目（节目）中，出现具体的医疗、药品、医疗器械的生产经营者或者服务提供者的详细地址、电话号码、电子信箱、网址、二维码、商品条形码、互联网即时通信工具等信息的；

（3）在介绍健康、养生知识的音像出版物中附加相关医疗、药品、医疗器械广告信息的。

8. 药品、医疗器械广告中应当显著标明提示语、忠告语

药品广告应当显著标明禁忌、不良反应。处方药广告还应当显著标明"本广告仅供医学药学专业人士阅读"，非处方药广告还应当显著标明非处方药标识（OTC）和"请按药品说明书或者在药师指导下购买和使用"字样。

推荐给个人自用的医疗器械的广告，应当显著标明"请仔细阅读产品说明书或者在医务人员的指导下购买和使用"。医疗器械产品注册证明文件中有禁忌内容、注意事项的，广告中应当显著标明"禁忌内容或者注意事项详见说明书"。

【案例】发布未标明提示语、忠告语的药品广告，被罚款 25 万元

当事人福建省民心医药连锁有限公司在企业的微信公众号上发布的非处方药广告，未标有"请按药品说明书或者在药师指导下购买和使用"；药品广告，未标有药品禁忌、不良反应；医疗器械广告，未标有"请仔细阅读产品说明书或者在医务人员的指导下购买和使用"；保健食品广告，未标有"本品不能代替药物"，违反了《广告法》第十五条、第十六条、第十八条的规定。2020年6月30日，福建省泉州市市场监督管理局依据《广告法》第五十七条、第五十八条的规定，做出泉市监二罚字〔2019〕125号《行政处罚决定书》，责令当事人停止发布违法广告，消除不良影响，并处以罚款 25 万元。

9. 医疗、药品、医疗器械广告必须取得《广告审查证明》后才可以发布

《广告法》第四十六条规定，发布医疗、药品、医疗器械广告，应当在发布前由有关部门（广告审查机关）对广告内容进行审查，未经审查，不得发布。

10. 其他法律、法规的规定

如《药品管理法》第八十九条规定，药品广告应当经广告主所在地省、自治区、直辖市人民政府确定的广告审查机关批准；未经批准的，不得发布。第九十条规定，药品广告的内容应当真实、合法，以国务院药品监督管理部门核准的药品说明书为准，不得含有虚假的内容。药品广告不得含有表示功效、安全性的断言或者保证；不得利用国家机关、科研单位、学术机构、行业协会或者专家、学者、医师、药师、患者等的名义或者形象做推荐、证明。非药品广告不得有涉及药品的宣传。第九十一条规定，药品广告，本法未做规定的，适用《价格法》《反垄断法》《反不正当竞争法》《广告法》等的规定。

《药品管理法》规定"不得利用国家机关、科研单位、学术机构、行业协会或者专家、学者、医师、药师、患者等的名义或者形象做推荐、证明"的规定比《广告法》第十六条药品广告不得含有利用广告代言人做推荐、证明的规定范围更大、更具体。比如，不得利用患者的名义和形象做推荐、证明。患者不是广告代言人，但以患者的名义和形象做推荐、证明往往使人产生该患者因为使用了某种药品得到康复的印象。药品适应与效果因人而异，对某患者有效，对其他患者不一定有效，甚至不对症下药还可能会发生伤

害致死的后果。

五、《医疗广告管理办法》的特别规定

民营医疗机构热衷于用广告招揽患者，对医院的诊疗技术、诊疗方法、诊疗效果作隐含保证治愈等内容夸大、不实的宣传，声称"国际最先进诊疗技术""一次性根除病症""唯一国家级肾病研究院""为众多患者圆了孕育之梦，成功率达98%"等的医疗广告往往极具诱惑力。相对于其他的商品或服务而言，医疗行业存在着信息不对称，容易给模棱两可、虚浮夸大的虚假广告以可乘之机。当患者慕名前往，亲历之后才发现上当受骗，严重影响身体健康和生命安全。如2016年震惊全国的魏则西事件。西安电子科技大学计算机专业大学生魏则西患"滑膜肉瘤"恶性软组织肿瘤晚期，魏则西父母被搜索竞价排名较高的医疗广告误导，去了某民营医疗机构承包的武警北京第二医院生物诊疗中心，使用细胞免疫疗法，结果"人财两空"。因此，有必要对医疗广告制定专门的管理规定，加强对医疗广告审查把关，保障人民生命权及健康权。

医疗广告既要遵守《广告法》一般规定及对医疗广告内容的特别规定，还要遵守《医疗广告管理办法》的特别规定。《医疗广告管理办法》中的主要特别规定如下：

（一）非医疗机构不得发布医疗广告和医疗机构不得以内部科室名义发布医疗广告

《医疗广告管理办法》第五条规定，非医疗机构不得发布医疗广告，医疗机构不得以内部科室名义发布医疗广告。医疗机构应当以医院的全称对外发布医疗广告，不得以医院内部科室名义发布医疗广告。非医疗机构不得发布含有介绍医疗机构或者医疗服务内容的医疗广告。

【案例】非医疗机构发布海外生子试管婴儿的医疗广告，被顶格罚款3万元

2021年1月21日，上海市崇明区市场监管局长兴所接到上海市公众诉求平台转来的举报单，举报人反映上海西多商务咨询有限公司通过微博等自媒体平台发布代孕医疗广告，存在违法行为，要求有关部门查处并回复。

经查，上海西多商务咨询有限公司是非医疗机构，2018年6月，通过其微博自媒体账号（账号昵称：喜多月子中心）对外发布含有"海外试管""不孕不育""冻卵""相关疾病"等内容的医疗广告（见下图），违反了《医疗广告管理办法》第五条的规定，构成非医疗机构违法发布医疗广告的行为。而且在2021年1月15日，上海西多商务咨询有限公司曾被上海市静安区市场监督管理局以沪市监静处〔2021〕062020002234号行政处罚，罚款人民币1.5万元。但其之后仍通过其他自媒体发布有关医疗广告，被有关媒体报道后造成一定社会影响。

2021年5月24日，上海市崇明区市场监管局依据《广告法》《医疗广告管理办法》第二十二条的规定，对当事人做出沪市监崇处〔2021〕302021000146号《行政处罚决定书》，责令当事人停止发布违法广告，并从重处罚款人民币3万元。

【评析】 "试管婴儿""体外受精""不孕不育""冻卵""疾病"等属于医疗用语，"试管婴儿""体外受精""冻卵"属于医疗行为。根据2001年卫生部令第14号《人类辅助生殖

技术管理办法》第二十四条第一款"本办法所称人类辅助生殖技术是指运用医学技术和方法对配子、合子、胚胎进行人工操作,以达到受孕目的的技术,分为人工授精和体外受精——胚胎移植技术及其各种衍生技术"的规定,"试管婴儿""胚胎移植"等均属于人类辅助生殖技术,属于医疗行为。当事人作为非医疗机构发布医疗广告,违反了《医疗广告管理办法》第五条的规定,而且在被罚款后未全面改正违法行为,仍通过其他自媒体对外发布有关医疗广告用语,应当从重处罚,适用法定罚款幅度上限做出行政处罚。

(二)医疗广告取得《广告审查证明》后才可以发布

医疗机构发布医疗广告,应当在发布前向广告审查机关卫生健康行政管理部门申请医疗广告审查;未取得《医疗广告审查证明》,不得发布。医疗机构应当严格按照审查通过的内容发布医疗广告,不得进行剪辑、拼接、修改。已经审查通过的广告内容需要改动的,应当重新申请广告审查。

广告经营者和广告发布者在承接医疗广告时,应当查验广告主的主体资格证明,《医疗机构执业证书》和《医疗广告审查证明》。广告发布者发布由广告代理公司代理的医疗广告时,应当查验医疗机构委托广告代理公司发布广告的合同或者协议,确定广告主的医疗资质。

【案例】发布未经有关部门审查的医疗广告,被罚款 5.64 万元

当事人祥云县博爱医院未经有关部门审查批准,通过网站、微信公众号发布医疗广告,而且广告中含有"中西医结合五联消银疗法专治牛皮癣,彻底铲除致病,彻底杀灭病毒,防止复发""各种疾病在这里一站式解决"等表示功效、安全性的断言或者保证的内容,违反了《广告法》第四十六条、第十六条第一款第一项和第三项的规定。2019 年 5 月 7 日,大理祥云县市场监督管理局依据《广告法》第五十八条第一款第一项和第十四项的规定,做出祥市监市场罚〔2019〕3 号《行政处罚决定书》,责令当事人停止发布违法广告,并处罚款 5.64 万元。

【评析】 医疗广告应当经有关部门审查批准才能发布。违法医疗广告不仅给人民群众造成财产损失,而且可能延误病情,使病人不能得到及时有效治疗。此类违法行为,必须受到持续严查重处。

(三)医疗广告内容应当格式化

医疗广告仅限于出现医疗机构第一名称、地址、所有制形式、医疗机构类别、诊疗科目、床位数、接诊时间、联系电话等内容,超出这个范围的,都属于违法医疗广告。而且,发布医疗机构第一名称、地址、所有制形式、医疗机构类别、诊疗科目、床位数的内容必须与卫生行政部门、中医药管理部门核发的《医疗机构执业许可证》或其副本载明的内容一致。

(四)医疗广告禁止出现的内容

《医疗广告管理办法》第七条规定,医疗广告的表现形式不得含有以下情形:

1. 涉及医疗技术、诊疗方法、疾病名称、药物的;2. 保证治愈或者隐含保证治愈的;3. 宣传治愈率、有效率等诊疗效果的;4. 淫秽、迷信、荒诞的;贬低他人的;5. 利用患者、卫生技术人员、医学教育科研机构及人员以及其他社会社团、组织的名义、形象做证明的;6. 使用解放军和武警部队名义的。

另外,《广播电视广告播出管理办法》也规定禁止广播电视播出医疗和健康资讯类广告中含有公众人物等形象做疗效证明的内容。

【案例】发布医疗技术、诊疗方法、疾病名称的医疗广告,被罚款近 2 万元

2020 年 9 月在泉州市市场监督管理局关于 2020 年虚假违法广告典型案例的通报案例中,当事人泉州艾格眼科医院有限公司在其医院网站上自行设计发布医疗广告,内含涉及医疗技术、诊疗方法、疾病名称等内容,而且未经卫生机关行政审查,违反《广告法》第四十六条,《医疗广告管理办法》第三条、第七条的规定。2020年1月，福建省泉州市市场监督管理局依据《广告法》第五十八条的规定，做出行政处罚，责令停止发布违法广告，消除不良影响，并处以罚款1.92万元。（说明：泉州市市场监督管理局未公布《行政处罚决定书》）

【案例】发布利用患者形象做证明的微信公众号医疗广告，被罚款2万元

2020年底，南京市雨花台区市场监管局接到举报，反映当事人南京苗邦美业企业管理有限公司发布违法广告。经查，当事人在其名称为"苗医生草本科技祛痘"的微信公众号上发布《长痘7年，3个月后重新换了张脸！我到底经历了什么？》《从满脸痘痘到健康肌的蜕变，她是如何做到的？》《爆痘烂脸？高效祛痘的秘密我只和你说……》等推送文章。

当事人在"苗医生草本科技祛痘"公众号的痘友案例版块中发布的《长痘7年，3个月后重新换了张脸！我到底经历了什么？》一文使用了2张治疗前的照片和3张治疗后的照片，阅读量为695。《从满脸痘痘到健康肌的蜕变，她是如何做到的？》一文使用了4张治疗前的照片和4张治疗后的照片，阅读量为421。《爆痘烂脸？高效祛痘的秘密我只和你说……》一文使用了1组治疗前后患者形象的对比图片，阅读量为575。文中均使用了患者治疗前后的对比照片，对治疗效果进行宣传。上述公众号使用费为300元/年。后续由当事人员工负责撰写发布文章推送和对公众号进行运营维护，未再产生费用。当事人于2021年1月29日提交了整改报告。

当事人利用患者形象做证明的行为违反了《医疗广告管理办法》第七条第（六）项的规定。2021年4月12日，南京市雨花台区市场监管局依据《医疗广告管理办法》第二十二条的规定，对当事人做出雨市监处字〔2021〕00085号《行政处罚决定书》，处罚款2万元。

【评析】 使用患者治疗前后的对比照片，对治疗效果进行宣传不科学，医疗与药品的原理一样，不是对任何人都有治疗效果的。

（五）禁止变相发布医疗广告

禁止利用新闻形式、医疗资讯服务类专题节（栏）目发布或变相发布医疗广告。医疗机构的人物专访、专题报道等新闻宣传，可以出现医疗机构名称，但不得出现有关医疗机构的地址、联系方式等医疗广告内容；不得在同一媒介的同一时间段或者版面发布该医疗机构的广告。

（六）医疗广告应当同时标注医疗机构第一名称和广告审查批准文号

医疗机构第一名称是指《医疗机构执业许可证》登记名称。在广告审查批准文号：（×）医广〔0000〕第00-00-0000号中，（×）为各省、自治区、直辖市的简称，"医广"为医疗广告，〔0000〕为审查批准年份，00-00-0000数字依次分别为审查批准月份-审查批准日-批准序号，如（京）医广〔2021〕第12-29-1330号。

（七）医疗广告审查批准文号的有效期

医疗广告审查批准文号的有效期为一年，期满仍需发布的，应当重新申请广告审查。

六、医疗美容广告管理规章的特别规定

（一）医疗美容和美容医疗机构的概念

医疗美容服务是医疗机构向社会提供的一项特殊医疗服务。根据卫生部（现国家卫生健康委员会）令第19号《医疗美容服务管理办法》第二条规定，医疗美容是指运用手术、药物、医疗器械以及其他具有创伤性或者侵入性的医技术方法对人的容貌和人体各部位形态进行的修复与再塑，包括物理美容治疗术、

激光美容治疗术、高频电美容治疗、冷冻美容治疗、其他物理美容术、脱毛术、穿耳技术、注射美容技术、A 型肉毒毒素美容注射技术、皮肤（软组织）注射（填充）美容技术、美容文饰技术、文眉技术、文眼线技术、文唇技术、不良文饰修复技术。医疗美容简称"医美"。

美容医疗机构简称"医美机构"，是指以开展医疗美容诊疗业务为主的医疗机构。

（二）医疗美容与生活美容的区别

医疗美容是指运用手术、药物、医疗器械以及其他具有创伤性或者侵入性的医学技术方法对人的容貌和人体各部位形态进行的修复与再塑的美容方式。

生活美容是指运用化妆品、保健品和非医疗器械等非医疗性手段，对人体所进行的皮肤护理、按摩等带有保养或者保健型的非侵入性的美容护理。生活美容是人们日常生活中自己能做，或到美容院让美容师操作的护理。简单来说，生活美容是借用护肤品在皮肤上面配合手法进行护理。

医疗美容与生活美容的区别关键是医疗美容必须按照《医疗机构管理条例》《执业医师法》《护士管理办法》和《医疗美容服务管理办法》规定，申办美容医疗机构的《设置医疗机构批准书》和《医疗机构执业许可证》后方可开展医疗美容执业活动。生活美容不用申办美容医疗机构的《设置医疗机构批准书》和《医疗机构执业许可证》。

（三）医疗美容与整形美容的关系

整形美容是医疗美容最主要的组成部分。医疗美容含义比较广，囊括了手术（又称"整形美容"）和非手术，包括微整形美容、激光美容、抗衰老美容、中医美容、口腔美容、纹绣美容、毛发移植等。

（四）医疗美容广告管理的特别规定

"颜值经济"大行其道，医美行业成为火热的行业，高速发展下，医疗美容乱象丛生，违法违规现象愈演愈烈，衍生出了虚假宣传、非法行医，甚至医美贷等行业。

2015 年到 2020 年，全国消协组织收到的医美行业投诉从 483 件增长到 7233 件，5 年间投诉量增长近 14 倍。《2020 年中国医疗美容行业洞察白皮书》数据显示，2019 年中国具备医疗美容资质的机构有 1.3 万家，而开展非法医疗美容项目的生活美容店铺则多达 8 万家，是正规机构的 6 倍。良莠不齐的商家、伪造仿造的器材、不具备从业资格证的医生、虚假宣传等，消费者难以辨别真伪。2021 年年初，演员高溜在微博发长文，讲述了自己做鼻子整形手术失败的不幸遭遇；7 月，网红小冉在某整形医院进行抽脂手术后感染身亡的事件，更是引发各界对医美乱象的广泛讨论。

医疗美容活动涉及人民群众身体健康和生命安全。医疗美容既有医疗属性，也有消费属性。为进一步维护消费者身体健康和生命安全等合法权益，从医美消费金融、医美机构到医美广告，医美行业的监管政策陆续出台。仅 2019 年，国家卫健委和药监局就出台了 11 份医美监管相关的全国性文件。2020 年 4 月 3 日，

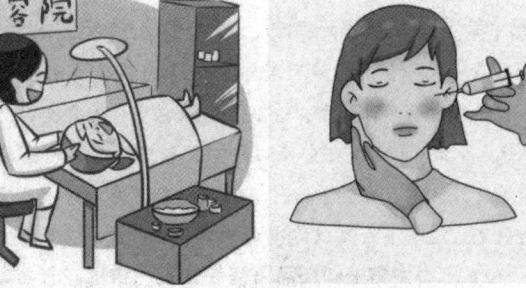

医疗美容与生活美容的区别

国家卫健委、中央网信办、教育部、公安部、商务部、海关总署、国家市场监督管理总局、国家药品监督管理局等八部门联合下发国卫办监督发〔2020〕4号《关于进一步加强医疗美容综合监管执法工作的通知》，规范医疗美容市场秩序。2021年5月28日，卫生健康委员会办公厅、网信办秘书局、公安部办公厅、海关总署办公厅、市场监管总局办公厅、邮政局办公室、药监局综合司、中医药局办公室等八部门联合下发国卫办监督函〔2021〕273号《关于印发打击非法医疗美容服务专项整治工作方案的通知》。2021年7月26日，国家卫生健康委员会办公厅发布《关于禁止"小腿神经离断瘦腿手术"的通知》。2021年8月11日，国家药品监督管理局官方网站发布文章，提示公众科学认识刷酸美容。刷酸治疗需在具有医疗资质的医院或诊所，由经过培训的专业人员进行操作，其所使用的酸并不是化妆品。所谓的刷酸其实是一种化学换肤术，又称化学剥脱术，是将化学制剂涂在皮肤表面，导致皮肤可控的损伤后促进新的皮肤再生。化学制剂的种类、浓度、在皮肤上的停留时间，都可影响换肤的深度。依据化学换肤的作用、深度不同，刷酸治疗可以分为浅层换肤、中层换肤、深层换肤。换肤作用的深度越深，效果也越明显，同时不良反应发生的概率也越大。2021年9月27日，国家广播电视总局办公厅向各省、自治区、直辖市广播电视局，新疆生产建设兵团文化体育广电和旅游局，中央广播电视总台办公厅、电影频道节目中心、中国教育电视台发出广电办发〔2021〕291号《国家广播电视总局办公厅关于停止播出"美容贷"及类似广告的通知》，要求自2021年9月27日起，各广播电视和网络视听机构、平台一律停止播出"美容贷"及类似广告。2021年11月1日，国家市场监督管理总局发布规范性文件《医疗美容广告执法指南》，作为医疗美容广告监管执法指导，指导对违法行为的定性分析，但不可作为处罚的法律依据。以上种种监管政策频繁出台，体现出了相关部门整治医美行业的决心，也为医疗美容广告套上"紧箍咒"提供了执法指导。

1. 医疗美容广告属于医疗广告

按照《医疗美容广告执法指南》《关于进一步加强医疗美容综合监管执法工作的通知》有关规定，医疗美容广告是指通过一定媒介或者形式直接或间接介绍美容医疗机构或者医疗美容服务的商业广告。医疗美容广告属于医疗广告。生活美容机构等非美容医疗机构不得开展医疗美容广告宣传。

2. 医疗美容广告不得含有国家法律、法规、规章禁止的内容

医疗美容广告按照《广告法》及《医疗广告管理办法》《医疗美容广告执法指南》予以管理。医疗美容广告不仅应当遵守《广告法》的规定，还应当遵守2016年1月19日国家卫生计生委第二次修订的《医疗美容服务管理办法》和国家市场监督管理总局《医疗广告管理办法》的规章，以及《国家广播电视总局办公厅关于停止播出"美容贷"及类似广告的通知》和《医疗美容广告执法指南》规范性文件。医疗美容广告中不得含有下列内容：

（1）不得含有宣传诊疗效果或者对诊疗的安全性、功效做保证性承诺。宣传诊疗效果是指宣传治愈率或者有效率等；保证性承诺是指宣传保证安全、保证治愈或者隐含保证安全、保证治愈等。

【案例】发布表示功效、安全性断言保证的医疗美容广告，被罚款23万元

当事人天津伊美尔医疗整形美容专科医院有限公司通过自有网站发布含有医疗技术人员名义、形象和患者整形前后对比照片，含有"出血更少、更安全""切口无痕，恢复快""20余年美胸经验、零事故、零担忧"等表示功效、安全性的断言或者保证内容的医疗整形美容广告，违反了《广告法》第十六条第（一）项的规定。2019年2月12日，天津市河西区市场和质量监督管理局依据《广告法》第五十八条第一款第（一）项的规定，对当事人做出津市场监管西稽广罚〔2019〕1号《行政处罚决定书》，处罚款23万元。

（2）不得发布未经药品监督管理部门审批或者备案的药品、医疗器械的广告；不得发布未经卫生健康行政部门审批、备案的诊疗科目和服务项目。

例如,"菲洛嘉"是一款妆字号批文的化妆品,不可作为医美的药品向人体进行直接注射。"美白针""溶脂针"等科目在我国没有被正式批准,不是合法的医美项目。又如,未核准设置麻醉科的美容医疗机构不得进行手术麻醉的医美项目。医美机构如要开展全麻手术,则必须取得卫生健康行政部门核准。

2021年年初,上海市虹口区市场监管局接到举报,反映上海某公司涉嫌在微整容整形APP平台上发布瘦脸针违法广告。虹口区市场监管局执法人员立即对该公司进行现场检查。经查,当事人通过某微整容整形APP平台对外发布含有"保妥适瘦脸针""注射瘦脸、衡力瘦脸"等内容广告。在当事人发布的广告中,出现了"瘦脸针保妥适"字样,并配有保妥适瘦脸针的产品图片、产品介绍。宣称"美国进口肉毒素产品,作用于肌肉组织,阻断神经和肌肉之间的信息传导……"执法人员通过调取当事人产品进出库记录,并向第三方平台协查,证实当事人宣传的"瘦脸针"为A型肉毒毒素。

根据国食药监办〔2008〕405号《关于将A型肉毒毒素列入毒性药品管理的通知》,A型肉毒毒素已列入毒性药品管理。本案中的瘦脸针属于医疗用毒性药品。当事人发布医疗用毒性药品违法广告的行为违反了《广告法》第十五条第一款"麻醉药品、精神药品、医疗用毒性药品、放射性药品等特殊药品,药品类易制毒化学品,以及戒毒治疗的药品、医疗器械和治疗方法,不得做广告"的规定。虹口区市场监管局依据《广告法》第五十七条第一款第(二)项的规定对当事人做出行政处罚。

(3) **不得发布对食品、保健食品、消毒产品、化妆品宣传与医疗美容相关的疾病治疗功能。**

(4) **不得利用广告代言人为医疗美容做推荐、证明;不得利用行业协会以及其他社会社团或组织的名义、形象做证明;不得使用患者名义或者形象进行诊疗前后效果对比或者做证明。**

医疗美容广告中出现的"推荐官""体验官"等,以自己名义或者形象为医疗美容做推荐证明的,应当认定为广告代言人。因为,不具备知名度的自然人,在广告中被赋予了"推荐官""体验官"等身份后,即使未明示个人真实信息,其身份设定也具备了一定的影响力,足以影响到广告受众的判断,所以,依然满足广告代言人的定义。

同理，医疗美容广告中出现的卫生技术人员、医疗教育科研机构及其人员的名义、形象属实的，应认定为使用医生或者专业人士为医疗广告代言。另外，一般自然人在医疗美容广告中谎称是"医生""医学专家"等医学专业人士，应认定为虚假广告。

患者以自己名义或者形象进行诊疗前后效果对比或者做证明，不是广告代言人，是违禁的违法广告。例如，医美机构发布诸如"自体肋骨鼻术后对比图""双眼皮案例分享"等内容，以患者名义或者形象进行诊疗前后效果对比或者做证明。

【案例】发布利用患者名义、形象做证明的医疗美容广告，被罚款 3 万元

当事人西安市碑林西美整形外科门诊部在其自设网站使用以往在其门诊部就诊患者的照片作为推广和证明，违反了《医疗广告管理办法》第七条第（六）项之规定。2019 年 6 月 17 日，西安市碑林区市场监督管理局依据《医疗广告管理办法》第二十二条之规定，对当事人做出碑市监工罚字〔2019〕第 48 号《行政处罚决定书》，处罚款 3 万元。

（5）不得发布以介绍健康、养生知识、人物专访、新闻报道等形式变相发布的医疗美容广告。

对卫生技术人员、医疗教育科研人员的专访、专题报道中出现有关美容医疗机构的地址和联系方式等内容的，应认定为变相发布医疗美容广告。

（6）不得含有违背社会良好风尚，制造"容貌焦虑"，将容貌不佳与"低能""懒惰""贫穷"等负面评价因素做不当关联，或者将容貌出众与"高素质""勤奋""成功"等积极评价因素做不当关联。

违背社会良好风尚，制造"容貌焦虑"

一些医美机构和部分自媒体一味拿颜值说事，单眼皮、蒙古皱、鼻子不挺、鼻翼较宽、胸部扁平偏小等，本是黄种人的特征，而这些机构或从业人员为了利益算盘，常用"美貌即正义""颜值即事业""变美就能走向人生巅峰"等洗脑话术，过度夸大颜值带来的效益，激化求美者的容貌焦虑，用制造焦虑的方式诱导人们去做塑睑、隆鼻、隆胸手术，不仅充斥低级趣味、污人耳目，还污染了社会风气，导致时有整容失败的悲剧发生。

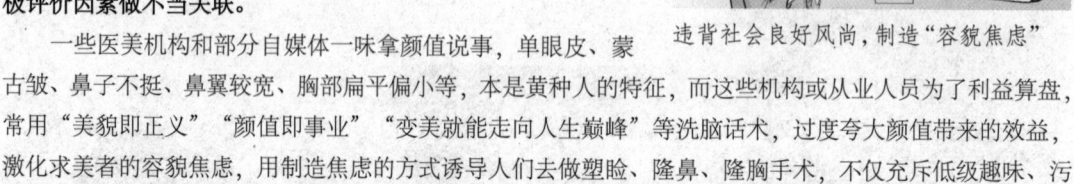

《广告法》第九条第七项规定，禁止发布违反公序良俗的广告。《医疗美容广告执法指南》在认定医疗美容广告违背公序良俗原则上，给出了比较明确的指导：制造"容貌焦虑"，将容貌不佳与"低能""懒惰""贫穷"等负面评价因素做不当关联，或者将容貌出众与"高素质""勤奋""成功"等积极评价因素做不当关联。据此，在医疗美容广告中出现类似不当关联的行为，可以认定为发布了违背公序良俗的广告。

（7）不得含有与其他药品、医疗器械的功效和安全性或者其他医疗美容机构做比较，贬低他人的内容的广告。

医疗美容不得以比较广告贬低他人，详见第三章第七节内容。

（8）广播电视和网络视听机构、平台一律不得发布"美容贷"及类似广告。

一些医美机构不仅用制造焦虑的方式来绑架消费，甚至以"美容贷"鼓动求美者进行不理性消费，导致时有参贷人因债务缠身而轻生的悲剧发生。

2021 年 9 月 27 日，国家广播电视总局办公厅发出广电办发〔2021〕291 号《国家广播电视总局办公厅

关于停止播出"美容贷"及类似广告的通知》，针对"美容贷"广告以低息，甚至无息贷款的方式吸引青年，诱导超前消费、超高消费，涉嫌虚假宣传、欺骗和误导消费者，造成不良影响等问题。要求自2021年9月27日起，各广播电视和网络视听机构、平台一律停止播出"美容贷"及类似广告。

在此通知前，2021年8月，上交所、深交所禁止新增"医美消费金融"ABS业务，封杀"医美贷"。ABS是指发起人将其流动性不足但具有未来现金流收入的贷款或其他信贷资产打包成流动性强的证券，并用信用增强的措施，通过证券发行的方式出售给资本市场上的投资人。

(9) 不得含有其他违反广告法律法规规定，严重侵害群众权益的行为。

3. 医疗美容广告取得《医疗广告审查证明》后才可以发布

医疗美容机构广告主发布或者委托发布医疗美容广告必须依法取得医疗机构执业许可证。医疗美容机构在发布医疗美容广告前，应当遵守《医疗广告管理办法》规定，向广告审查机关卫生健康行政管理部门申请医疗美容广告审查，取得《医疗广告审查证明》；未取得《医疗广告审查证明》，不得发布医疗美容广告。医疗美容机构应当严格按照审查通过的内容发布医疗美容广告，不得进行剪辑、拼接、修改。已经审查通过的广告内容需要改动的，应当重新申请广告审查。

广告经营者和广告发布者在承接医疗美容广告时，应当依法查验广告主的主体资格证明：《医疗机构执业许可证》和《医疗广告审查证明》，并严格按核准内容发布。广告发布者发布由广告代理公司代理的医疗广告时，应当查验医疗机构委托广告代理公司发布广告的合同或者协议，确定广告主的资质。

医疗美容机构依据《消费者权益保护法》《电子商务法》等法律法规及国务院卫生健康行政部门规定的内容、形式和途径主动公开医疗美容服务信息，不具有商业目的，一般不视为商业广告行为。

七、药品广告管理规章的特别规定

药品广告与人民群众身体健康和生命安全密切相关，依法规范药品广告的内容，完善药品广告的发布程序，对于推进药品广告监管法制化、制度化，保障人民的生命权、健康权，具有积极的意义。为保证用药安全，保护患者权益，有必要对药品广告进一步严格规范。因此，国家市场监督管理总局令第21号《三品一械广告审查管理暂行办法》《互联网药品信息服务管理办法》对药品广告做了专门规定。

药品广告既要遵守《广告法》广告内容准则的一般规定及对药品广告内容所做的特别规定，还要遵守《三品一械广告审查管理暂行办法》《互联网药品信息服务管理办法》的特别规定，主要规定如下。

(一) 药品广告取得《药品广告审查证明》后才可以发布

药品广告，应当在发布前向广告审查机关申请药品广告审查；未取得《药品广告审查证明》，不得发布药品广告，包括提供给互联网药品信息服务的网站发布的药品广告。《互联网药品信息服务管理办法》第十条第一款规定，提供互联网药品信息服务的网站发布的药品（含医疗器械）广告，必须经过食品药品监督管理部门审查批准。广告经营者和广告发布者在承接药品广告时，应当查验广告主的主体资格证明：《药品生产许可证》或者《药品经营许可证》和《药品广告审查证明》。广告发布者发布由广告代理公司代理的药品广告时，应当查验广告主委托广告代理公司发布广告的合同或者协议，确定广告主的资质。

药品广告应当严格按照审查通过的《药品广告审查证明》规定的内容发布药品广告，不得进行剪辑、拼接、修改。已经审查通过的广告内容需要改动的，应当重新申请广告审查。

【案例】未按照审查批准的内容发布药品广告，被罚款10万元

当事人上海信仁中药制药有限公司于2019年9月23日起首次在其微信公众号（微信号：

SHANGHAIXINREN2019）（以下简称：微信公众号"信仁中药"）中发布了题为"宝宝秋季总腹泻，可能是脾胃虚弱惹的祸！"的广告宣传，该广告宣传在宣传"信仁保儿宁糖浆"时存在"纯中药 安全无毒可靠"的宣传内容。又查，"保儿宁糖浆"是当事人的一款非处方药，批准文号：国药准字 Z31020103，药品广告审查批准文件：沪药广审（文）第 2019090292 号。微信公众号"信仁中药"中"宝宝秋季总腹泻，可能是脾胃虚弱惹的祸！"广告宣传由当事人自行制作、编辑、审核和发布，微信公众号"信仁中药"由当事人注册认证并运营，当事人无法提供这则广告的具体广告费用及计算标准、计算依据、计算方式，广告费用无法计算。2019 年 10 月 13 日，当事人对违法广告内容进行了删除整改。当事人系首次广告违法，违法广告发布时间短，传播范围有限，危害后果不大；案发后，当事人积极配合调查，提供真实有效的证据材料，如实说明案件的事实真相，主动消除危害后果。当事人药品广告未按照经审查批准的广告内容发布，使用了"纯中药 安全无毒可靠"的违法内容，违反了《药品广告审查发布标准》第十条第（五）项和《广告法》第十六条第一款第（一）项的规定。2019 年 11 月 27 日，上海市市场监督管理局依据《广告法》第五十八条第一款第（一）项、《行政处罚法》第二十七条第（一）项的规定，对当事人做出沪市监机处〔2019〕202019000011 号《行政处罚决定书》，责令当事人停止发布违法广告，并处罚款 10 万元。

【评析】作为药品，只要服用，均会对人体造成一定毒性影响。"有毒""无毒"在功能疗效、安全性上是相对的，受个体和环境的影响较大，服用人群之间有着一定的表现差异，当事人绝对地表述其产品"纯中药 安全无毒可靠"，表示功效、安全性的断言或者保证，违反了《广告法》第十六条第一款第一项的规定，鉴于当事人系首次广告违法；仅仅通过自己认证的微信公众号自媒体发布违法广告，传播渠道较单一、发布时间短，传播范围有限，危害后果不大；案发后积极配合调查，提供真实有效的证据材料，如实说明案件的事实真相，主动删除违法广告，消除危害后果。依据《行政处罚法》第二十七条第一项"当事人有下列情形之一的，应当依法从轻或者减轻行政处罚：（一）主动消除或者减轻违法行为危害后果的"的规定，对当事人从轻处罚符合过罚相当原则。

（二）不得发布广告的药品

1. 军队特需药品、军队医疗机构配制的制剂。
2. 医疗机构配制的制剂。
3. 依法停止或者禁止生产、销售或者使用的药品，如假药、劣药。
4. 法律、行政法规禁止发布的药品。

（三）处方药仅限在医学、药学专业刊物上发布广告

（四）药品广告的内容应当与药品说明书的内容一致

（五）药品广告不得违反《广告法》第九条、第十六条、第十七条、第十八条、第十九条规定，不得包含下列情形

1. 使用或者变相使用国家机关、国家机关工作人员、军队单位或者军队人员的名义或者形象，或者利用军队装备、设施等从事广告宣传；
2. 使用科研单位、学术机构、行业协会或者专家、学者、医师、药师、临床营养师、患者等的名义或者形象做推荐、证明；
3. 违反科学规律，明示或者暗示可以治疗所有疾病、适应所有症状、适应所有人群，或者正常生活和治疗病症所必需等内容；
4. 引起公众对所处健康状况和所患疾病产生不必要的担忧和恐惧，或者使公众误解不使用该产品会患某种疾病或者加重病情的内容；
5. 含有"安全""安全无毒副作用""毒副作用小"，明示或者暗示成分为"天然"，因而安全性有

保证等内容；

6.含有"热销、抢购、试用""家庭必备、免费治疗、免费赠送"等诱导性内容，"评比、排序、推荐、指定、选用、获奖"等综合性评价内容，"无效退款、保险公司保险"等保证性内容，怂恿消费者任意、过量使用药品的内容；

7.含有医疗机构的名称、地址、联系方式、诊疗项目、诊疗方法以及有关义诊、医疗咨询电话、开设特约门诊等医疗服务的内容；

8.法律、行政法规规定不得含有的其他内容。

（六）禁止变相发布处方药广告

不得利用处方药的名称为各种活动冠名进行广告宣传，不得使用与处方药名称相同的商标、企业字号在医学、药学专业刊物以外的媒介变相发布广告，也不得利用该商标、企业字号为各种活动冠名进行广告宣传。

（七）药品广告中应当显著标明提示语、忠告语

（八）药品广告应当显著标明药品广告审查批准文号

包括在提供互联网药品信息服务的网站发布的药品广告。《互联网药品信息服务管理办法》第十条第二款规定，提供互联网药品信息服务的网站发布的药品（含医疗器械）广告要注明药品广告审查批准文号。

药品广告审查批准文号：×药广审（视、声、文）第000000-00000号。其中×为各省、自治区、直辖市的简称；药为药品，视、声、文为广告媒介形式分类；0由11位数字组成，前6位代表广告批准文号失效年月日（年份仅显示后2位），后5位代表广告批准序号。

显著标明的概念与要求，是指以上提示性、忠告性的字体和颜色必须清晰可见、易于辨认，在视频广告中应当持续显示，在音频类广告中应当予以播报。

（九）药品广告审查批准文号的有效期

药品广告审查批准文号的有效期与产品注册证明文件、备案凭证或者生产许可文件最短的有效期一致。产品注册证明文件、备案凭证或者生产许可文件未规定有效期的，药品广告批准文号有效期为两年。期满仍需发布的，应当重新申请广告审查。

（十）药品广告审查批准文号的查询

经审查批准的药品广告，广告审查机关应当通过本部门网站以及其他方便公众查询的方式，在10个工作日内向社会公开。公开的信息应当包括广告批准文号、申请人名称、广告发布内容、广告批准文号有效期、广告类别、产品名称、产品注册证明文件或者备案凭证编号等内容。查询地址：国家市场监督管理总局网站—服务—我要查—"三品一械"广告查询。

（十一）药品不可以发布"买一赠一"等促销广告

《药品流通监督管理办法》第二十条规定，"药品生产、经营企业不得以搭售、买药品赠药品、买商品赠药品等方式向公众赠送处方药或者甲类非处方药"（药品标签上印有红色OTC标识，即甲类非处方药）。

《药品、医疗器械、保健食品、特殊医学用途配方食品广告审查管理暂行办法》第十一条第（六）项提到药品广告不得含有："免费赠送"的诱导性内容。

八、医疗器械广告管理规章的特别规定

医疗器械广告与人民群众身体健康和生命安全密切相关，因此，国家市场监督管理总局令第21号《药品、医疗器械、保健食品、特殊医学用途配方食品广告审查管理暂行办法》对医疗器械广告做了专门规定。

医疗器械广告既要遵守《广告法》广告内容准则的一般规定及对医疗器械广告内容所做的特别规定，还要遵守《药品、医疗器械、保健食品、特殊医学用途配方食品广告审查管理暂行办法》的特别规定，主要规定如下。

（一）医疗器械广告取得《广告审查证明》后才可以发布

医疗器械广告，包括互联网发布的医疗器械广告，应当在发布前向广告审查机关申请医疗器械广告审查。未取得医疗器械广告审查批准文件，不得发布医疗器械广告。根据《互联网药品信息服务管理办法》第十条规定，提供互联网药品信息服务的网站发布的药品（含医疗器械）广告，必须经过食品药品监督管理部门审查批准。

医疗器械广告应当严格按照已经审查通过的内容发布医疗器械广告，不得进行剪辑、拼接、修改。已经审查通过的广告内容需要改动的，应当重新申请广告审查。

广告经营者和广告发布者在承接医疗器械时，应当根据国家市场监督管理总局令第47号2021年10月1日起施行的《医疗器械注册与备案管理办法》和《体外诊断试剂注册与备案管理办法》，查验广告主的主体资格证明及医疗器械产品资质证书：第一类医疗器械实行产品生产前备案管理，应有《医疗器械生产备案凭证》。第二类、第三类医疗器械实行产品注册管理，应有《医疗器械生产许可证》《医疗器械注册证》。医疗器械注册证有效期为5年。经营第三类医疗器械企业必须具备《医疗器械经营许可证》，有效期为5年。经营第二类医疗器械企业必须具备医疗器械经营备案凭证，以及《医疗器械广告审查表》证明文件。广告发布者发布由广告代理公司代理的医疗器械广告时，应当查验广告主委托广告代理公司发布广告的合同或者协议，确定广告主的主体资格及医疗器械产品资质。

根据《医疗器械监督管理条例》《医疗器械注册与备案管理办法》，医疗器械按照风险程度实行分类管理。第一类是风险程度低，实行常规管理可以保证其安全、有效的医疗器械；第二类是具有中度风险，需要严格控制管理以保证其安全、有效的医疗器械；第三类是具有较高风险，需要采取特别措施严格控制管理以保证其安全、有效的医疗器械。除了第一类风险较小的医疗器械产品在生产前实行备案，第二类、第三类均需要取得注册许可。

（二）不得发布广告的医疗器械

1. 戒毒治疗的医疗器械。
2. 依法停止或者禁止生产、销售或者使用的医疗器械。
3. 法律、行政法规禁止发布的医疗器械。

（三）医疗器械广告不得违反《广告法》第九条、第十六条、第十七条、第十八条、第十九条规定，不得包含下列情形

与以上药品广告规定一样。

（四）医疗器械广告的内容应当与注册证书或者备案凭证、注册或者备案的产品说明书的内容一致

医疗器械广告的内容不仅应当以药品监督管理部门批准的注册证书或者备案凭证、注册或者备案的产品说明书内容为准，而且涉及医疗器械名称、适用范围、作用机理或者结构及组成等内容的，不得超出注册证书或者备案凭证、注册或者备案的产品说明书范围。

（五）广告中应当显著标明提示语、忠告语

推荐给个人自用的医疗器械的广告，应当显著标明"请仔细阅读产品说明书或者在医务人员的指导下购买和使用"。医疗器械产品注册证书中有禁忌内容、注意事项的，广告应当显著标明"禁忌内容或者注意事项详见说明书"。显著标明的概念与药品广告规定相同。

（六）医疗器械广告应当显著标明批准文号

包括提供互联网药品信息服务的网站发布的医疗器械广告。《互联网药品信息服务管理办法》第十条第二款规定，提供互联网药品信息服务的网站发布的药品（含医疗器械）广告要注明广告审查批准文号。显著标明的概念与要求与药品广告规定相同。

医疗器械广告批准文号：×械广审（视、声、文）第000000-00000号。其中×为各省、自治区、直辖市的简称；械为医疗器械，视、声、文为广告媒介形式分类；0由11位数字组成，前6位代表广告批准文号失效年月日（年份仅显示后2位），后5位代表广告批准序号。

（七）医疗器械广告审查批准文号的有效期

医疗器械广告审查批准文号的有效期与产品注册证明文件、备案凭证或者生产许可文件最短的有效期一致。产品注册证明文件、备案凭证或者生产许可文件未规定有效期的，广告批准文号有效期为两年。期满仍需发布的，应当重新申请广告审查。

（八）医疗器械广告审查批准文号的查询

经审查批准的医疗器械广告，广告审查机关应当通过本部门网站以及其他方便公众查询的方式，在10个工作日内向社会公开。公开的信息应当包括广告批准文号、申请人名称、广告发布内容、广告批准文号有效期、广告类别、产品名称、产品注册证明文件或者备案凭证编号等内容。查询地址：国家市场监督管理总局网站—服务—我要查—"三品一械"广告查询。

（九）应当及时充分地关注医疗器械产品目录的变化

医疗器械产品目录会不断增加或减少，特别是原不属于医疗器械的商品纳入医疗器械产品范围后，其广告就应当遵守义务性、禁止性规定。

过去，射频美容类产品作为一般商品，洁面仪、蒸脸器、射频仪、美眼仪等是按照家用小电器进行管理，相关界定和标准比较笼统和模糊，在产品安全方面也没有专门的强制性检测要求。在主播带货、明星代言、社交媒体"种草"等多方推广下，美容仪逐渐成为护肤新风尚，广受消费者追捧。根据智研咨询数据显示，2021年国内美容仪市场规模接近100亿元，到2026年将突破200亿元。家用美容仪线上销售量从2015年的1000万件增长至2019年的7000万件，四年间增长了近7倍。然而野蛮生长的背后，显露出监管的缺位。安全性存疑、质量不达标的美容仪常常受到消费者的诟病。2020年8月，在深圳市消委会发布的10款热销家用美容仪产品的比较实验中，有六款镍释放量偏高，容易引起皮肤过敏；二款美容仪不符合标准，存在低温烫伤的风险。此外，受测试的五款家用美容仪产品宣称具有瞬间提拉、二次清洁、两年热导入效果的美容仪均不如商家宣传的功效显著。

根据国家药监局《射频类美容产品分类界定指导原则》，射频美容类产品已纳入医疗器械管理范围。射频美容类产品是指采用射频原理且用于医疗美容用途的产品，还不涉及家用美容仪。其产品包括：1.预期使用射频能量作用于人体（包括但不限于皮肤组织及皮下深层软组织等），达到局部浅表温和加热、改善血液循环等目的的射频美容类产品；2.预期使用射频能量作用于人体（包括但不限于皮肤组织及皮下深层软组织等），使人体组织、细胞发生病理/生理学改变，且可能会对人体造成潜在的影响或损伤（如水肿、红斑、烫伤、微小瘢痕、皮下脂肪坏死塌陷等临床病症）的射频美容类产品；3.直接用于（包括但不限于）溶脂、塑形、瘢痕治疗、明显改变肤质等明确医学治疗行为，且可能会对人体造成潜在的影响或损伤（如

组织即刻收缩反应、组织变性、细胞凋亡等）的射频类美容产品。以上三类射频类美容产品应当按照注册或者备案，发布广告需要按照医疗器械管理规定审查内容。

九、使用疾病治疗功能及医疗、药品、医疗器械用语的排他性规定

违法广告案例中，常见普通食品、保健食品、酒类广告使用医疗用语或者使用与药品、医疗器械相混淆的用语。

按照传统中医理论，几乎所有的普通食品、食材都具有一定的食补、食疗作用，特别是兼具中药材属性的食材、食品。将食材作为药材有严格的药品审批注册制度，医疗、医疗器械也有严格的审批注册制度。因此，普通食材、食品不能与医疗、药品、医疗器械混为一谈，不得宣传疾病治疗功能，不得使用医疗用语或者易与药品、医疗器械相混淆的用语。医疗、药品、医疗器械的本质是治疗疾病，具有很强的医学专业性，其专业用语都有疾病治疗功能的特定含义，与一般生活用语不同。为防止误导患者、损害人民群众身体健康，医疗、药品、医疗器械以外的商品或者服务，都不得涉及宣传疾病治疗功能，不得使用医疗用语或者易使推销的商品与药品、医疗器械相混淆的用语。为此，《广告法》第十七条规定了三个方面的要求。

（一）凡是非医疗、药品、医疗器械的其他商品或者服务的广告禁止涉及宣传疾病治疗功能

"涉及"一词，《辞海》中解释为：牵涉到，关联到。除医疗、药品、医疗器械三类广告之外，其他任何商品或者服务广告只要牵涉、关联到疾病治疗功能的用语，以及容易导致广告受众对广告宣传的商品或者服务与医疗、药品、医疗器械发生误认的，均在禁止之列。在现实生活中，有的非医疗、药品、医疗器械的商品或者服务广告常常提及疾病名称，明示或者暗示其可以治疗某些疾病。如果消费者误信此类广告，得病后寄希望于这些商品或者服务让其恢复健康，不及时寻医用药，就可能延误病情，甚至危及生命。例如，补铁类营养素补充剂在广告中宣称能治疗贫血，"鲨鱼脑"广告宣称："补肺养阴、止肺虚性咳嗽、减少肺气病变……""补虚养胃、止胃寒性、呕吐……"（见右图），包含了中医、西医方面的疾病治疗功能的用语，违反了《广告法》第十七条规定。

（二）非医疗、药品、医疗器械的商品或者服务广告，不得使用医疗用语

在现实生活中，一些非医疗、药品、医疗器械的商品或者服务广告通过使用医疗用语，树立专业、权威、高端、健康的形象，从而误导消费者购买。例如，一些非医疗美容机构宣称运用了细胞修复再生技术、基因技术等中西医疗方法；一些非医疗机构在店招广告中使用"中医""病理推拿"，出现刮痧治疗相关疾病的功能介绍。卫生部、国家中医药管理局《关于中医推拿按摩等活动管理中有关问题的通知》（国中医药发〔2005〕45号）规定"非医疗机构开展推拿、按摩、刮痧、拔罐等活动，在机构名称、经营项目名称和项目介绍中不得使用'中医''医疗''治疗'及疾病名称等医疗专门术语，不得宣传治疗作用"。

"病理"一词是指疾病发生发展的过程和原理。医学中有病理学学科，医疗活动中有病理切片、病理分析等用语，"病理推拿"则有疾病治疗功能之含义。

按摩分为保健按摩、运动按摩和医疗按摩。保健按摩是指用手在人身上推、按、捏、揉，以促进血液循环，通经络穴位，调整机体功能，是一种物理方法。运动按摩以调整和保护运动员良好的竞技状态，增进和发展运动员潜在体能，取得更好的运动成绩为其目的。医疗按摩是以中医的脏腑、经络学说为理论基础，并结合西医的解剖和病理诊断，为解决特定的病理而进行的按摩，以诊治伤病为主，通常由医生开处方，由

按摩治疗师在医务室提供按摩服务。

因此，保健按摩广告禁止涉及疾病治疗功能，不得使用医疗用语或者易使推销的商品与药品、医疗器械相混淆的用语。涉及疾病治疗功能的广告，关系人民群众按科学途径寻医问诊，及时对症治疗，保护身体健康。个别从事保健按摩服务的经营者热衷于广告炒作，夸大治疗效果，不仅给人民群众造成财产损失，而且可能延误病情的及时、有效治疗，尤其是对老年群体容易造成较大危害。对此类违法行为，市场监管部门严查重处。例如，2021年1月28日，静安区市场监管局根据群众举报，对上海泰庚堂保健按摩有限公司开展调查。经查，从2020年2月开始，该公司在其官方网站上宣称，能量功法疗法具有"对心脑血管疾病、血栓后遗症、帕金森、老年痴呆、脑积水、更年期综合征、顽固性头痛……治疗效果；对于肌肉萎缩症有修复神经核功能的神效"，违反了《广告法》关于"除医疗、药品、医疗器械广告外，禁止其他任何广告涉及疾病治疗功能，并不得使用医疗用语或者易使推销的商品与药品、医疗器械相混淆的用语"的规定，构成发布违禁广告的违法行为。2021年4月20日，上海市静安区市场监管局依法对上海泰庚堂保健按摩有限公司给予处罚，责令其停止发布违法广告，并依法处以罚款。

又例如，某酒吧在海报中将一种调制混合酒命名为"老中医特调"，通过使用医疗用语"老中医"，从而误导消费者购买其商品。（见右图）

（三）非医疗、药品、医疗器械的商品或者服务广告，不得使用易与药品、医疗器械相混淆的用语

在现实生活中，有的商品为增强吸引力，在广告中使用易与药品、医疗器械相混淆的用语。例如，金王纯花粉"全面调整人体内分泌平衡"一语，使消费者误认为其对人体内分泌失衡具有治疗作用，属于使用易与药品混淆的用语。又例如，电饭煲与医疗器械没有任何关系，却在电商广告中宣称"控糖人群的福星""糖尿病人疯抢的脱糖养生煲来了""米饭脱糖51%""米饭食疗脱糖仪""糖尿病及肥胖人士福音"等，易使糖尿病人误认为该型号电饭煲可以帮助控制血糖。如果糖尿病人信以为真，就可能造成病情恶化。（见右图）

【案例】房地产广告使用医疗用语，被罚款16.5万元

当事人漳州碧盈房地产开发有限公司系漳浦县官浔镇溪坂村"碧桂园，花仙府墅"房地产项目的开发商，为了促进销售，2019年5月12日至2020年3月5日，在碧桂园，花仙府墅营销中心发布含有"斥巨资引进疗养级别的海水温泉""碧桂园，花仙府墅引进东泗温泉，泉水中的锶元素和偏硅酸均超规定标准，属稀有含氡、锂锶硅氟医疗热泉水"等内容的灯箱广告，广告费为645.52元。2019年8月25日至2019年12月，发布含"项目不惜高价从东泗引入天然热矿海水温泉，泉水中的锶元素和偏硅酸均超过医疗热泉水水质标准，泉水具备医疗价值，被命名为医疗型偏硅酸锶泉……常泡有益身体健康"等内容的广告单页，广告费为6800元。在2019年12月12日出版的《海峡导报》上发布两篇标题分别为《世界再大，不过一座院子》《时代在变，世界在变，不变的是我们的院子情怀》的广告文章，以及在《海峡

导报》开设运营的"大漳州"账号（该账号设立于"今日头条"APP）上发布标题为《漳州碧桂园：世界再大，不过一座院子》的广告文章。上述三篇广告正文均含有"碧桂园，花仙府墅是碧桂园携27载城市绿色建筑经验……项目不惜高价从东泗引入天然热矿海水温泉，泉水中的锶元素和偏硅酸均超过医疗热泉水水质标准，这样的泉水更具医疗价值，故被命名为医疗型偏硅酸锶泉……常泡温泉有利于降血脂、血压，排除尿酸，对关节炎和皮肤病有一定的疗效"等内容，广告费为10万元。当事人发布上述灯箱广告、广告单页和《海峡导报》涉案文章（含发布于"大漳州"账号的涉案文章）的广告费为107 445.52元。在福建省漳浦县市场监督管理局调查期间，当事人主动撤下上述灯箱广告和广告单页，以及"大漳州"账号上发布的标题为《漳州碧桂园：世界再大，不过一座院子》的广告文章。上述广告均使用了医疗用语，违反了《广告法》第十七条的规定。2020年8月25日，福建省漳浦县市场监督管理局依据《广告法》第五十八条第一款第（二）项的规定，对当事人做出浦市监队罚字〔2020〕290号《行政处罚决定书》，责令当事人停止发布违法广告，消除不良影响，并处以罚款16.5万元。

【案例】宣传蔬菜有疾病治疗功能的广告，被罚款80万元

2020年2月5日，当事人上海中城网络科技有限公司从其合作伙伴苏州自在游文化传媒有限公司获取标题为《顺丰包邮！59.9抢抗疫蔬菜大礼包！面对疫情，保菜篮子，我们在行动》共4页广告页面。同日，当事人未经审核，将上述广告页面完整地发布于"今日秒杀"电商平台上。具体内容如下："鲜脆胡萝卜"页面宣传"胡萝卜的营养成分极为丰富，含有蔗糖、淀粉、胡萝卜素、维生素B_1、维生素B_2、叶酸，胡萝卜具有去痰、消食、除胀和下气定喘的作用。胡萝卜含有一种免疫能力很强的物质，它就是木质素，它可以提高人体巨噬细胞的能力，减少得感冒"，"鲜嫩生菜"页面宣传"生菜性质甘凉，有清热提神、镇痛催眠、降低胆固醇、辅助治疗神经衰弱等功效。含有丰富的维生素C，具有一定的美白功效"（见下图），"爽口芹菜"页面宣传"芹菜炒食后细嫩柔滑，爽口鲜美，香脆可口，其富含蛋白质、碳水化合物、胡萝卜素、B族维生素、钙、磷、铁、钠等，同时，具有平肝清热、祛风利湿、除烦消肿、润肺止咳、降低血压、健脑镇静的功效"。经查实，当事人发布的广告页面中的"鲜脆胡萝卜""鲜嫩生菜""爽口芹菜"皆为普通蔬菜，并非药品及医疗器械，不具有上述治疗疾病的功效。当事人于2020年2月18日主动下架了上述广告，无广告费用。

上述广告内容违反了《广告法》第十七条的规定，构成普通商品宣传疾病治疗功能的违法行为。2020年3月13日，上海市松江区市场监管局依据《广告法》第五十八条第一款第（二）项的规定，对当事人做出沪市监松处〔2020〕272020000214号《行政处罚决定书》，责令当事人停止发布违法广告，并处罚款80万元。

【案例】产品包装上宣传"防疫抗瘟"，被罚没款2.67万元

2020年2月28日，当事人上海市松江区岳阳街道凝翠百货商行（个体工商户）从上海忠缘弘食品有限公司购买了15包一号方代茶饮、1个香囊、1盒沉香。2020年3月2日，当事人从上海擎德科技有限公司购买了303个KN95口罩，并于当日将1包一号方代茶饮、1个香囊、1盒沉香、1个口罩组装成一个套盒作为样品展示，并在上述产品包装上贴上"防疫抗瘟"不干胶进行赠送用以吸引顾客。上述套盒内产品为食用农产品、普通产品、劳防用品，当事人对上述套盒进行了疾病治疗或预防的广告宣传。

当事人自行设计并委托他人打印上述"防疫抗瘟"字样的不干胶，广告费用为人民币80元。至2020年3月3日案发日止，当事人未赠送套盒，并对上述不干胶进行了撕毁。2020年3月2日，当事人从上海擎德科技有限公司购买了303个KN95口罩，购进时有外包装上面标注有中文名称："KN95自吸过滤式防颗粒物"，厂名："上海擎德科技有限公司"，厂址："上海市闵行区申旺路588号4幢3层A区"。当事人拆掉外包装之后将没有标注中文产品名称、生产厂厂名厂址的口罩置于经营场所内待赠送。上述口罩市场零售价16元/个，至2020年3月3日案发日止，当事人还未送出。综上，货值金额共计人民币4848元。当事人营业执照登记地址为上海市松江区岳阳街道松汇中路484号底层，当事人于2019年10月起迁至上海市松江区三新北路900弄942号经营，未办理住所变更登记。2020年3月3日，当事人停止经营。2019年10月8日起，当事人未办理食品经营许可证在上海市松江区三新北路900弄942号销售茶叶。当事人于2019年9月23日从上海市松江区中山街道炜腾茶叶店购进了精制茶，并全部售完。销售食品金额总计为人民币6908元，违法所得为人民币3008元。综上，当事人未经许可从事食品经营行为的货值金额为人民币6908元。2020年3月3日，当事人停止经营。当事人的上述行为违反了《广告法》第十七条、《上海市产品质量条例》第十五条第三款、《个体工商户条例》第十条的规定，构成普通商品宣传疾病治疗功能，未标注中文产品名称、生产厂名厂址，擅自变更经营场所等违法行为。2020年4月17日，上海市松江区市场监管局依据《广告法》第五十八条第一款第（二）项的规定，对当事人做出沪市监松处〔2020〕272020000301号行政处罚，责令改正；没收303个未标注中文产品名称、生产厂厂名厂址的口罩；没收违法所得3008元；罚款人民币23 664元。

【评析】当事人在套盒包装上宣传"防疫抗瘟"，把未标注中文产品名称、生产厂厂名厂址的口罩作为赠品赠送，以及未办理个体工商户住所变更登记，擅自变更经营场所等行为，违反《广告法》《上海市产品质量条例》《个体工商户条例》的规定，故与普通商品宣传疾病治疗功能的违法广告一并处罚。

（四）涉及疾病治疗功能用语、医疗用语、与药品和医疗器械相混淆用语的认定

在实践中，涉及宣传疾病治疗功能的用语、医疗用语、与药品和医疗器械相混淆的用语的认定，应当根据《药品管理法》《药典法》《药品注册管理办法》《医疗机构管理条例》《医疗广告管理办法》《医疗机构诊疗科目名录》《医疗美容服务管理办法》《医疗器械监督管理条例》《医疗器械通用名称命名规则》《医疗器械说明书和标签管理规定》《关于印发国际疾病分类第十一次修订本（ICD-11）中文版的通知》等有关标准或规范性文件，以及一般广告受众是否认为广告用语具有治疗某种（类）疾病的功效进行个案判断。

一般情况下，使用了下列用词（用语）的，可以认定其宣传疾病治疗功能，使用医疗用语或者与药品、医疗器械相混淆的用语。

1. 涉及疾病诊断和治疗内容的用语，包括并不限于以下用语

（1）使用医学名称及诊疗科目名称，如中医、西医、中西医结合、内科、外科、妇科、五官科、牙科等。

（2）使用各种疾病的名称及疾病的治疗用语，如医疗、医治、治疗、诊治、就诊、治愈、康复等。

（3）含有疾病诊断方法和手段的用语，如体检、化验、B超、CT、透射、验血等。

（4）含有疾病治疗方法和手段的用语，如处方、开方、抗病毒、手术及手术名称、注射、化疗、理疗、祛疤、治疗斑秃、逐层减退多种色斑、减退妊娠纹、整形等。

(5) 含有表述疾病症状改善的用语，如退烧、退热、止痛、止咳等。

2. 属于医疗术语或医疗用语，包括并不限于以下用语

中药、西药、药方、复方、药物、防癌、抗癌、降血压、防治高血压、消炎、抗炎、活血、消毒、排毒、解毒、清热解毒、清热祛湿、消除斑点、斑立净、抗敏、防敏、脱敏、祛瘀等。

3. 使用对人体产生抗菌、抑菌、除菌、灭菌、防菌作用等用语的限制

除消毒用品及具有特殊功能日化产品（如洗涤用品、人体清洁用品等）外，在化妆品以及其他直接适用于人体的商品广告中使用抗菌、抑菌、除菌、灭菌、防菌等用语。

但是，仅宣传商品本身因添加了相关成分而具有抗菌、抑菌、除菌、灭菌、防菌等效果，并非宣传作用于人体后会对人体产生抗菌、抑菌、除菌、灭菌、防菌等作用，且具备科学性、真实性依据，又有相关检测报告的，不能认为违反《广告法》第十七条规定。另外，《广告法》第十七条规定的"疾病治疗功能"是针对人类疾病，不针对动物疾病。

（五）广告经营者和广告发布者应当严格审查把关

广告经营者和广告发布者在承接非药品、医疗器械、医疗服务以外的其他商品、服务广告时应当严格审查把关，凡出现宣传疾病治疗功能，使用医疗用语或者与药品、医疗器械相混淆的用语的，不得设计、制作、代理、发布。

第三节　保健食品与特殊医学用途配方食品、婴儿食品广告管理的特别规定

一、法律规定

《广告法》第十八条规定："保健食品广告不得含有下列内容：（一）表示功效、安全性的断言或者保证；（二）涉及疾病预防、治疗功能；（三）声称或者暗示广告商品为保障健康所必需；（四）与药品、其他保健食品进行比较；（五）利用广告代言人做推荐、证明；（六）法律、行政法规规定禁止的其他内容。保健食品广告应当显著标明'本品不能代替药物'。"

《广告法》第十九条规定："广播电台、电视台、报刊音像出版单位、互联网信息服务提供者不得以介绍健康、养生知识等形式变相发布医疗、药品、医疗器械、保健食品广告。"

《广告法》第二十条规定："禁止在大众传播媒介或者公共场所发布声称全部或者部分替代母乳的婴儿乳制品、饮料和其他食品广告。"

二、保健食品及保健食品广告的概念

（一）保健食品的概念

保健食品是指具有特定保健功能或者以补充维生素、矿物质为目的的食品，即适宜特定人群食用，具有调节机体功能，不以治疗疾病为目的，并且对人体不产生任何急性、亚急性或者慢性危害的食品。所以保健食品具有三种属性：食品属性、特定功能属性、非药品属性。

保健食品必须经市场监督管理部门注册和备案。市场监督管理部门根据申请人申请的 27 种之一的特定保健功能或者以补充维生素、矿物质为目的的保健食品，依照法定程序、条件和要求，对申请注册的保健食品进行安全性试验（毒理）、功能学试验（动物功能/人体试食试验）、稳定性试验、卫生学检验、功效/标志性成分鉴定试验。根据产品的功能和原料特性，还可能进行激素检测、兴奋剂检测、菌株鉴定试验、原料品种鉴定等，以及对标签说明书内容等进行系统评价和审查，并决定是否准予其注册，包括对产品注册申请、变更申请和技术转让产品注册申请的审批。准予注册后授予保健食品批准文号和保健食品标志（俗称"蓝帽子"），如右图。国产保健食品批准文号格式为：国食健字 G+4 位年代号 +4 位顺序号；进口保健食品批准文号格式为：国食健字 J+4 位年代号 +4 位顺序号。

应当注意普通食品与保健食品之间的区别，保健食品与含有新食品原料的食品之间的区别，绿色食品与保健食品之间的区别，特殊营养食品与保健食品之间的区别，药品与保健食品之间的区别。

（二）普通食品与保健食品之间的区别

	保健食品	普通食品
是否具备特定功能（食品的第三功能）	是	否
原料	必须符合食品卫生要求，同时要通过安全毒理学试验	必须是安全的
适宜人群	一般有特定食用范围（特定人群）	无特定人群
批准文号	卫食健字、国食健字	食品生产许可证
监管部门	由国家市场监督管理总局审评，省级市场监督管理部门管理生产过程	由区一级的卫生局和技术监督局管理
标签管理和命名	参照保健食品命名规定和药品说明书标签管理规定执行	要求参照 GB 7718 和食品标签管理规定

（三）含有新食品原料食品与保健食品之间的区别

含有新食品原料食品不是保健食品。根据国家卫生健康委员会公布的《新食品原料安全性审查管理办法》的规定，含有新食品原料食品是指经过研制、发现、引进，我国居民没有食用习惯或者仅在个别地区有食用习惯的、对人体无毒无害的食材原料，如蝎子、金花茶、仙人掌、某些海藻等。新食品原料不包括转基因食品、保健食品、食品添加剂新品种。

（四）绿色食品与保健食品之间的区别

绿色食品是指无污染、无公害、安全、优质、营养型的食品。绿色食品标志，是指凡是符合绿色食品标准，并经中国绿色食品发展中心认定许可使用的标志。它是 1996 年 11 月 7 日经国家知识产权局核准注册的我国第一例证明商标。绿色食品标准分为两个技术等级，即 AA 级绿色食品标准和 A 级绿色食品标准。AA 级绿色食品标志底色为白色，标志与标准字体为绿色；而 A 级绿色食品的标志底色为绿色，标志与标准字体为白色。右图为 AA 级绿色食品标志。

（五）特殊营养食品与保健食品之间的联系与区别

根据《特殊营养食品标签》3.1条的规定，特殊营养食品，是指通过改变食品的天然营养素的成分和含量比例（如低糖、低钠、低或高蛋白食品），以适应某些特殊人群营养需要的食品。如针对糖尿病人对食品有低糖特殊要求而提供的低糖含量的食品，因为这些人某些营养无法通过常规途径摄取，只能靠特殊营养食品来补充。特殊营养食品的标签应遵循以下原则：必须标明产品在保质期内所能保证的热量数值和营养素含量。不得暗示食用该食品可以不经医务人员、营养专家或其他有关人员的指导。不得标注对某种疾病有"预防"或"治疗"作用，"返老还童""延年益寿""白发变黑""齿落更生""抗癌治癌"或其他类似用语，"祖传秘方""滋补食品""健美食品""宫廷食品"或其他类似用语；不得在食品名称前后，冠以药物名称或以药物图形、名称暗示疗效、保健或其他类似作用。

特殊营养食品包含某些保健食品，都添加或含有一定量的生理活性物质，适于特定人群食用。但是，保健食品不全是特殊营养食品。特殊营养食品一般含有蛋白质、维生素、矿物质、膳食纤维等人体所需的多种营养素，这些营养物质往往不容易被人体吸收。而保健食品具有特定保健功能、适宜特定人群，营养价值高，相对容易被人体吸收。它们的区别是：特殊营养食品不需要通过动物或人群实验，不需要证实有明显的功效作用；而保健食品必须通过动物或人群实验，证实有明显、稳定的功效作用。

（六）药品与保健食品之间的区别

	保健食品	药品
食用目的	调节机体技能，提高抵御疾病能力	治疗疾病
是否可以长期服用	可以	不可以
副作用	无	有
使用方法	仅口服食用	可口服、注射、涂抹等
原料	有毒有害物质不得食用	可根据安全配方合理食用
批准文号	卫食健字、国食健字	国药准字

由于人们，特别是老年人，对保健品认知不深，在保健品夸大宣传之下，不少人误把保健品当作可以"治病"的良药。虽然，随着人们对保健品的认知越来越理性客观，误解逐渐减少，但是，仍有一小部分人对保健品寄予了"治病"的期望。

（七）保健食品广告的概念

保健食品广告是指保健食品的生产者或者经营者，通过一定媒介和形式，直接或者间接地介绍自己所推销的保健食品的商业广告活动。现实生活中，普通食品广告、保健食品广告违法率较高，例如使用疾病治疗功能用语、医疗用语或者易与药品混淆的用语，把普通食品夸大成有保健功能，甚至有药品功能，把保健食品说成有疾病治疗功能的药品。

（八）保健食品广告可以宣传的功能

根据2016年国家食品药品监督管理总局公布的《保健食品的功能范围》，2020年国家市场监督管理总局修改后公布的《保健食品注册与备案管理办法》以及2019年10月1日起施行的《保健食品原料目录与保健功能目录管理办法》，目前，保健食品的申报功能为27项：

1. 免疫调节（增强免疫力），2. 调节血脂（辅助降血脂），3. 调节血糖（辅助降糖），4. 抗氧化（延缓衰老），5. 辅助改善记忆，6. 缓解视疲，7. 促进排铅，8. 清咽功能，9. 调节血压（辅助降血压），

10. 改善睡眠，11. 促进泌乳，12. 缓解体力疲劳（抗疲劳），13. 提高缺氧耐受力（耐缺氧），14. 对辐射危害有辅助保护功能（抗辐射），15. 减肥，16. 改善生长发育，17. 增加骨密度，18. 改善营养性贫血，19. 对化学性肝损伤有辅助保护作用，20. 美容（祛痤疮），21. 美容（祛黄褐斑），22. 美容（改善皮肤水分），23. 美容（改善皮肤油分），24. 改善胃肠道功能（润肠通便），25. 对胃黏膜损伤有辅助保护功能，26. 调节肠道菌群，27. 改善胃肠道功能（促进消化）等。

根据 2016 年国家食品药品监督管理局公布的《允许保健食品声称的保健功能目录（一）》，以补充维生素、矿物质为目的的保健食品有 22 种，分别可补充：

1. 钙，2. 镁，3. 钾，4. 锰，5. 铁，6. 锌，7. 硒，8. 铜，9. 维生素 A，10. 维生素 D，11. 维生素 B_1，12. 维生素 B_2，13. 维生素 B_6，14. 维生素 B_{12}，15. 烟酸（尼克酸），16. 叶酸，17. 生物素，18. 胆碱，19. 维生素 C，20. 维生素 K，21. 泛酸，22. 维生素 E。

以上 27 项保健食品，22 种以补充维生素、矿物质为目的的保健食品均没有任何治疗疾病的作用。

涉及保健功能的关键词有"调节、改善、辅助、促进、缓解、延缓、提高、保护、增加、增强、补充"等。我国从未批准过任何"补脑"保健功能的保健食品，已批准的仅具有"缓解体力疲劳""增强免疫力"等功能的保健食品，也不适用于补脑、提高智商和缓解脑力疲劳等，因为不存在短时间内提高智力和学习成绩的"灵丹妙药"。

三、《广告法》对保健食品广告的特别规定

（一）禁止表示功效的断言或者保证

如含有违反科学规律，明示或者暗示保健食品功能适合所有人群；使用"安全预防""安全无副作用""无效退款"以及"最新科学""最新技术""最先进加工工艺""最""第一""顶级""极致""超凡"等表示功效的断言或者保证等用语或者绝对化用语。如果广告中使用了"强力""特效""全效""强效""奇效""高效""速效""神效""立竿见影"等不切实际的绝对化用语，则构成夸大性词意，甚至构成虚假广告。

（二）禁止涉及疾病预防、治疗功能

很多经营者在推销保健食品时，总是把保健食品与药品混为一谈，使用疾病治疗功能用语、医疗用语、与药品和医疗器械相混淆用语，如含有"处方""复方""药""医""治疗""祖传处方""御制复方""秘制复方""宫廷复方"；使用"心脑血管""风湿性""肾炎""胃炎""胃溃疡""贫血""发烧""上呼吸道感染""病毒性感冒""癌症""糖尿病"等各种疾病名称，并明示或者暗示对它们有预防、辅助治疗、治疗功能。如果宣传无根据的祖传、御制、秘制、宫廷、不复发、疗效佳等溢美之词，则构成虚假性词意，构成虚假广告。

【案例】发布有疾病预防、治疗功能的保健食品广告，被罚款 14.9 万元

自 2019 年 9 月 20 日起，当事人广州状元郎健康产业有限公司在微信公众号"状元郎品牌运营中心"平台介绍其销售的保健食品"益彤牌益生菌粉（橘子口味）"时，在"产品卖点"中发布"3. 双向调节、预防宝宝的常见肠道疾病（如便秘、腹泻等）"等文字内容。至被广州市白云区市场监管

局依法查获时止，当事人其间销售上述商品共计 2950 盒，销售金额共计 65 341 元。当事人员工在微信公众号平台发布，故广告费用无法计算。当事人发布的上述保健食品广告中涉及疾病预防、治疗功能，违反了《广告法》第十八条第二款第（二）项的规定。根据《广东省市场监督管理局关于行政处罚自由裁量权的适用规则》第十条所列的考量情形，符合《广东省市场监督管理局行政处罚自由裁量权标准》一般级别选择处罚幅度，2020 年 12 月 14 日，广州市白云区市场监管局依据《广告法》第五十八条的规定，对当事人做出穗云市监处字〔2020〕547 号《行政处罚决定书》，责令当事人停止发布违法广告，在相应范围内消除影响，并处罚款 14.9 万元。

（三）禁止声称或者暗示广告商品为保障健康所必需

保健食品仅适于特定人群食用。人们只要坚持健康的生活方式，营养均衡，没有必要食用保健食品。有时食用不适宜自身体质的保健食品，反而造成营养不均衡，甚至诱发疾病。所以，保健食品并不是人人保障健康所必需。

例如，广告中含有"没有某某保健品的呵护，你将疾病缠身""宝宝健康成长必备""老年人要睡眠好，少不了某某保健品"等内容就是暗示某保健食品为保障健康所必需。

【案例】发布暗示保健食品为必需的广告，被罚款 3 万元

当事人上海长语贸易有限公司于 2020 年 2 月 23 日在东方电视购物频道发布自行设计制作的"健美生维生素 D 维生素 C 咀嚼片"进口保健食品广告，在广告中宣传"打赢这一仗！防病驱疫，提高免疫力是关键""我们要打赢这场仗，很关键的一个点是要提高自己身体的免疫力非常重要，第二点提高身体免疫力至关重要""如果你没有补充到充足的维 C 可能会出现一些问题，第一点就是免疫力，你会免疫力低下……第三点，感冒、流感，这个最近都不用再讲了，一定要补充维生素 C，能够提高我们身体的一些免疫力。对于感冒和流感高发的一些季节，特别是传染性质比较强的一些季节，尤其建议大家要去多吃一些维 C 了"等内容，展示了广告商品与其他维生素 C 片的对比图片，并将两者的产品成分标红进行对比，突出其不同点。广告于 2020 年新冠肺炎疫情防控期间播出，利用商品的保健功能暗示其对新型冠状病毒肺炎的预防功能、治疗功能，暗示商品为保障健康所必需，并与药品、其他保健食品进行比较。广告费用为 6000 元。当事人行为违反了《广告法》第十八条第一款第（二）（三）（四）项的规定。2020 年 4 月 30 日，上海市杨浦区市场监管局做出沪市监杨处〔2020〕102020000103 号《行政处罚决定书》，责令当事人停止发布违法广告，并处罚款 3 万元。

（四）禁止与药品、其他保健食品进行比较

如含有"药品七分毒，某某保健品无毒无副作用""某某保健品胜过某某药品""某某保健品纯天然植物制成，某某品牌保健品人工化学合成"等内容就是与药品、其他保健食品进行比较。

由于保健食品往往是针对某种特定人群研发生产的，所以不同的保健食品适用于不同的特定人群，即使是同类的保健食品，所食用的效果也是因人而异的，所以不同的保健食品之间往往难以进行准确比较。同时，由于人们普遍存在"病急乱投医"的心理状态，如果保健食品在广告中与药品进行比较，很容易误导患者，造成以食用保健食品代替药品治疗疾病，贻误病情、危及生命的后果。因此，禁止与药品、其他保健食品进行比较。

（五）禁止利用广告代言人做推荐、证明

如使用"医疗机构、医生、专家、消费者的名义或者形象"为保健食品做推荐、证明。

（六）法律、行政法规规定禁止的其他内容

《食品安全法》第五十一条规定："国家对声称具有特定保健功能的食品实行严格监管，有关监督管理部门应当依法履职，承担责任，具体管理办法由国务院规定。声称具有特定保健功能的食品不得对人体产生急性、亚急性或者慢性危害，其标签、说明书不得涉及疾病预防、治疗功能，内容必须真实，应当载明适宜人群、不适宜人群、功效成分或者标志性成分及其含量等；产品的功能和成分必须与标签、说明书相一致。"

（七）禁止在法定媒介以介绍健康、养生知识等形式变相发布保健食品广告

法定媒介是指电台、电视台、报刊音像出版、互联网。变相发布是指不是以典型广告形式发布，而是以专家主讲养生＋患者现身说法等形式。有些专家边讲边推销要价上千的保健品，并宣称其防治百病。由于公众缺乏保健品知识，难以判断其真实效果，经常被忽悠得"云里雾里"。专家主讲养生＋患者现身说法的节目夸大宣传保健品功能，甚至宣称有治病疗效，严重误导消费者，不仅造成消费者财产损失，甚至耽误患者及时就医，对人民群众生命安全造成严重危害。

虽然健康、养生知识与保健食品有一定关系，但是，健康、养生知识侧重于传授生活习惯、饮食习惯，情绪心理调节等针对亚健康的保健知识，性质是公益活动。而保健食品是针对人体机理不平衡、营养不均衡的特定人群。一类主要供给某些生理功能存在问题的人食用，强调其在促进康复方面的调节功能；另一类以健康人群为对象，主要为了补充营养素，满足生命周期不同阶段的需求。保健食品广告性质是商业活动。两者有本质区别。如果以介绍健康、养生知识等方式变相发布保健食品广告，势必会误导人们深信不疑地认为保健食品是人人健康、养生所必需的。因此，禁止医疗、药品、医疗器械在电台、电视台、报刊音像出版物、互联网以介绍健康、养生知识等形式变相发布广告。

凡有下列情形之一的，应当认定为以介绍健康、养生知识等形式变相发布保健食品广告：

1.广播电视播出机构、报纸期刊出版单位、互联网信息服务提供者刊播的介绍健康、养生知识的栏目(节目)，介绍具体的保健食品的；

2.广播电视播出机构、报纸期刊出版单位、互联网信息服务提供者刊播的介绍健康、养生知识等栏目(节目)，出现相关保健食品经营者或者提供者的详细地址、电话号码、电子信箱、网址、二维码、商品条形码、互联网即时通信工具等信息的；

3.音像出版单位在介绍健康、养生知识等的音像出版物中附加相关保健食品广告的。

（八）保健食品广告中应当显著标明提示语、忠告语，标明广告批准文号

保健食品广告应当声明本品不能代替药物，显著标明"保健食品不是药物，不能代替药物治疗疾病"，并显著标明保健食品标志、适宜人群和不适宜人群。因为，保健食品不能直接用于治疗疾病，只能充当人体机理调节剂、营养补充剂。因此，必须提醒消费者保健食品不能用于治疗疾病，代替药品。

保健食品广告还应当显著标明广告批准文号：×食健广审（视、声、文）第000000-00000号。其中×为各省、自治区、直辖市的简称；食健为保健食品，视、声、文为广告媒介形式分类；0由11位数字组成，前6位代表广告批准文号失效年月日（年份仅显示后2位），后5位代表广告批准序号，如川食健广审（文）第211213-00082号。

显著标明的概念与要求与药品广告规定相同。

四、保健食品广告管理规章的特别规定

保健食品仅适用于特定人群食用，尤其不适用疾病治疗。但是，在实际生活中，多数消费者认为服用保健食品无任何坏处，人人都可以食用，能保持健康、身材、美容、延缓衰老等。特别是大多数老年人浅显地认为保健食品可以预防疾病、辅助治疗疾病，甚至可以治疗疾病。少有人关注保健食品的管理规定及实际审批情况，对保健食品广告的审批管理及批准文号等知之甚少。

《广告法》对保健食品广告管理的立法规定并不具体。为此，国家市场监督管理总局以第21号令《药品、医疗器械、保健食品、特殊医学用途配方食品广告审查管理暂行办法》对保健食品广告作了如下专门具体规定。

（一）保健食品广告取得广告审查批准证明文件后才可以发布

保健食品广告，应当在发布前经生产企业所在地省级市场监督管理部门审查批准，取得广告批准证明文件。未取得保健食品广告审查批准，不得发布保健食品广告。保健食品广告应当严格按照审查批准的内容发布，不得进行剪辑、拼接、修改。已经审查通过的广告内容需要改动的，应当重新申请广告审查。

广告经营者和广告发布者在承接保健食品广告时，应当查验广告主的主体资格证明：标注保健食品生产许可事项的《食品生产许可证》或者《食品经营许可证》和保健食品广告审查批准证明文件。广告发布者发布由广告代理公司代理的药品广告时，应当查验广告主委托广告代理公司发布广告的合同或者协议，确定广告主的资质。

（二）不得发布广告的保健食品

1. 依法停止或者禁止生产、销售或者使用的保健食品；
2. 法律、行政法规禁止发布的保健食品，如未经注册或备案的保健食品。

（三）保健食品广告的内容应当以市场监督管理部门批准的注册证书或者备案凭证、注册或者备案的产品说明书内容为准。

保健食品广告涉及保健功能、产品功效成分或者标志性成分及含量、适宜人群或者食用量等内容的，不得超出注册证书或者备案凭证、注册或者备案的产品说明书范围。

保健食品广告不得使用与产品特性没有关联、消费者不宜理解的词语，如纳米、基因、太空等；不得使用超范围声称产品功能，如补铁类营养素补充剂不能声称补血或者改善营养性贫血，补钙类营养素补充剂不能声称改善骨密度等；不得使用其他误导消费者的词语，如使用谐音字或者形似字足以造成消费者误解的。

（四）保健食品广告审查批准文号的有效期

保健食品广告审查批准文号的有效期与产品注册证明文件、备案凭证或者生产许可文件最短的有效期一致。产品注册证明文件、备案凭证或者生产许可文件未规定有效期的，广告批准文号有效期为两年。期满仍需发布的，应当重新申请广告审查。

（五）保健食品广告审查批准文号的查询

经审查批准的保健食品广告，广告审查机关应当通过本部门网站以及其他方便公众查询的方式，在10个工作日内向社会公开。公开的信息应当包括广告批准文号、申请人名称、广告发布内容、广告批准文号有效期、广告类别、产品名称、产品注册证明文件或者备案凭证编号等内容。查询地址：国家市场监督管理总局网站—服务—我要查—"三品一械"广告查询。

（六）普通食品广告不得声称保健功能或借助宣传某些成分作用明示或者暗示保健作用

《食品安全法实施条例》第三十八条规定："对保健食品之外的其他食品，不得声称具有保健功能。"现行有效的《网络食品安全违法行为查处办法》第十七条规定："入网食品生产经营者不得从事下列行为：（二）网上刊载的非保健食品信息明示或者暗示具有保健功能。"普通食品广告宣传保健功能或者借助某些成分的作用明示或者暗示其保健功能的，涉嫌违反上述行政法规和规章的规定。

普通食品不具备保健功能。不得出现保健功能的宣传内容。广告经营者、广告发布者在承接食品广告时，应当按照《广告法》第十七条、第四十六条等法律规定。对涉及宣传保健功能效果的广告内容，广告主提供保健食品批准注册证书、保健食品广告审查批准文件。无保健食品批准注册证书、保健食品广告审查批准文件，不得经营及发布声称保健功能或借助宣传某些成分作用明示或者暗示保健作用的普通食品广告。

【案例】发布"怕三高，吃山润山茶油"广告，被罚款30万元

当事人湖南山润油茶科技发展有限公司在黄冈市城区多处销售商的经营场所内外，以及围幔、海报、绿色连环提手、气球广告上，宣传"怕三高，吃山润山茶油"。

"山润山茶油"是普通食品。"三高"不是疾病名称，但相关公众均知晓"三高"是"高血压、高血脂、高血糖"疾病的统称。"怕三高，吃山润山茶油"虽然没有明确宣称产品可以有效降低血压、血脂、血糖，但从语义上，很容易被公众理解为"如果担心（害怕）三高，就吃山润山茶油"的含义，存在暗示"三高"疾病统称和普通食品"山润山茶油"之间具有极强的关联性，易导致消费者，特别是"三高"人群，认为"山润山茶油"对"三高"疾病具有预防或缓解的功效，对消费者购买产生一定的实质性影响。而且，当事人对"山润山茶油"是否存在功效，未能提供相关的证明证实。因此，"怕三高，吃山润山茶油"广告语，违反了《广告法》第十七条、第二十八条，《药品、医疗器械、保健食品、特殊医学用途配方食品广告审查管理暂行办法》的规定，构成了使用与疾病相关用语，虚假宣传，欺骗和误导消费者。2019年5月23日，黄冈市市场监督管理局龙感湖分局根据《广告法》第五十五条、第五十八条的规定，对当事人做出龙工商处字〔2019〕3号《行政处罚决定书》，责令当事人消除影响，并处罚款30万元。

当事人不服，提起行政诉讼，在湖北省黄冈市人民法院一审、二审中，当事人提交了中南大学高血压病研究所研究证明、湖南省健康服务业协会《关于大三湘茶油保健功能的推荐意见》《"山润山茶油"功能评价意见》等，拟证明长期食用山润山茶油对"三高"的三个健康指标——血压、血脂、血糖及胆固醇有一定的食疗功能。根据《最高人民法院关于行政诉讼证据若干问题的规定》，出具该份意见的湖南省健康服务业协会不是鉴定部门，不具有相应的鉴定资格，该份专家意见没有表述鉴定时提交的相关材料，没有表述鉴定的依据和使用的科学技术手段，也没有表述鉴定的过程，更没有鉴定部门和鉴定人资格的说明。根据《最高人民法院关于行政诉讼证据若干问题的规定》第三十条、第三十二条规定，该份专家意见不具有合法性。法院一审、二审中，认定黄冈市市场监督管理局龙感湖分局行政处罚决定并无不当，依照《行政诉讼法》第八十九条第一款第一项之规定，判决维持黄冈市市场监督管理局龙感湖分局行政处罚决定。[源自湖北省黄冈市中级人民法院（2020）鄂11行终139号行政判决书]

【评析】"怕三高，吃山润山茶油"与"怕上火，喝王老吉"的语法、构词结构相同，为什么"怕三高，吃山润山茶油"违法了？因为，"三高"与"上火"约定俗成的含义不同。"三高"已被公众俗成知晓为"高血压、高血脂、高血糖"疾病的统称。严格意义上讲，"上火"不是医疗用语。"上火"来源于传统中医理论的民间约定俗成的抽象概念。虽然"上火"属于中医热证范畴，但是"上火"不是疾病的统称，而是民间俗语。引起"上火"的原因很多，常熬夜、吃辛辣食物、喝水少都会"上火"，但"上火"不是疾病。中医认为人体阴阳失衡，内火旺盛，即会"上火"（热证）。如大便秘结、小便短赤、眼睛红肿、口角糜烂、牙疼、咽喉痛、长痘痘等都是"上火"，意为人体阴阳失衡，通则不痛，痛则不通。西医一直没有明确支持。而且，一般去正规中医院看病，在病例上不会写"上火"。现代医学中没有"上火"这个医疗用语概念。因此，"怕上火，喝王老吉"只是表明食品的一种属性，表明王老吉是一种凉茶饮料。因凉茶具有清火去躁、清热解毒的功效，所以被称为去火饮料，并没有宣传产品有疾病预防、治疗功能。广告中只是突出产品效用，扩大影响，突出卖点。中药食材自古就和饮食文化融为一体。《食品安全法》第三十八条规定，"生产经营的食品中不得添加药品，但是可以添加按照传统既是食品又是中药材的物质。按照传统既是食品又是中药材的物质目录由国务院卫生行政部门会同国务院食品安全监督管理部门制定、公布"，说明某些中药材的物质也可以加入食品中。国家卫生健康委员会修改制定了相关规章《既是食品又是药品的物品名单》（市场俗称"药食同源"），在这一名单中的中药材，都可以加入普通食品中，所以，上述行为并不违反《食品安全法》。食疗与药疗往往是相互的。几乎所有的食品均具有一定的食疗作用，但是不能宣传食品有医疗、药品功效。"怕上火，喝王老吉"并没有夸张其药用医疗作用。

五、特殊医学用途配方食品广告管理的特别规定

（一）特殊医学用途配方食品及特殊医学用途配方食品广告的概念

1. 特殊医学用途配方食品的概念

根据《特殊医学用途配方食品注册管理办法》第四十八条的规定，特殊医学用途配方食品是指为满足进食受限、消化吸收障碍、代谢紊乱或者特定疾病状态人群对营养素或者膳食的特殊需要，专门加工配制而成的配方食品。其本质上属于特殊膳食用食品。当目标人群无法进食普通膳食或无法用日常膳食满足其营养需求时，特殊医学用途配方食品可以作为一种营养补充、支持。此类食品不是药品，不能替代药物的治疗作用，不得声称对疾病有预防和治疗功能。但是，特殊医学用途配方食品中的特定全营养配方食品广告参照处方药广告管理，仅限在医学、药学专业刊物上发布广告。

特殊医学用途配方食品包括以下两大类。

一是适用于0月龄至12月龄婴儿的无乳糖配方食品或者低乳糖配方食品、乳蛋白部分水解配方食品、乳蛋白深度水解配方食品或者氨基酸配方食品、早产或者低出生体重婴儿配方食品、氨基酸代谢障碍配方食品和母乳营养补充剂等。

二是适用于1岁以上人群的全营养配方食品、特定全营养配方食品、非全营养配方食品。

（1）全营养配方食品是指可以作为单一营养来源满足目标人群营养需求的特殊医学用途配方食品。

（2）特定全营养配方食品是指可以作为单一营养来源满足目标人群在特定疾病或者医学状况下营养需求的特殊医学用途配方食品。常见特定全营养配方食品有糖尿病全营养配方食品，呼吸系统疾病全营养配方食品，肾病全营养配方食品，肿瘤全营养配方食品，肝病全营养配方食品，肌肉衰减综合征全营养配方食品，创伤、感染、手术及其他应激状态全营养配方食品，炎性肠病全营养配方食品，食物蛋白过敏全营养配方食品，难治性癫痫全营养配方食品，胃肠道吸收障碍、胰腺炎全营养配方食品，脂肪酸代谢异常全营养配方食品，肥胖、减脂手术全营养配方食品。其广告参照处方药广告管理。

（3）非全营养配方食品是指可以满足目标人群部分营养需求的特殊医学用途配方食品，不适用于作为单一营养来源。常见非全营养配方食品有营养素组件（蛋白质组件、脂肪组件、碳水化合物组件）、电解质配方、增稠组件、流质配方和氨基酸代谢障碍配方。

2. 特殊医学用途配方食品广告的概念

特殊医学用途配方食品广告是指特殊医学用途配方食品的生产者或者经营者，通过一定媒介和形式，

直接或者间接地介绍自己所推销的特殊医学用途配方食品的商业广告活动。

现实生活中，特殊医学用途配方食品违法率较高。使用疾病治疗功能用语、医疗用语或者易与药品混淆的用语现象时有发生，或把特殊医学用途配方食品夸大成有药品功能，说成有疾病治疗功能药品，误导患者。

（二）有关特殊医学用途配方食品的特别规定

特殊医学用途配方食品仅适于无法进食普通膳食或无法用日常膳食满足其营养需求的特定人群食用，能够满足进食受限、消化吸收障碍、代谢紊乱或者特定疾病人群对营养素或者膳食的特殊需求，尤其不适用疾病治疗。但是，在实际生活中，多数消费者对特殊医学用途配方食品的定义和法律规定并不了解，将特殊医学用途配方食品中"医学用途"曲解为有疾病治疗功能。为此，《食品安全法》、国家市场监督管理总局第21号令《三品一械广告审查管理暂行办法》专门对特殊医学用途配方食品广告做了特别规定，以弥补《广告法》对特殊医学用途配方食品广告规定的缺失。

《食品安全法》第八十条第二款规定："特殊医学用途配方食品广告适用《中华人民共和国广告法》和其他法律、行政法规关于药品广告管理的规定。"

因此，特殊医学用途配方食品广告既要遵守《广告法》广告内容准则的一般规定和特别规定，还要遵守《食品安全法》《药品、医疗器械、保健食品、特殊医学用途配方食品广告审查管理暂行办法》的特别规定，主要规定如下：

1. 不得发布广告的特殊医学用途配方食品，不得发布广告的范围如下

（1）依法停止或者禁止生产、销售或者使用的特殊医学用途配方食品；

（2）法律、行政法规禁止发布的保健食品，如未经注册的特殊医学用途配方食品。

2. 取得广告审查批准证明文件后才可以发布特殊医学用途配方食品广告

特殊医学用途配方食品广告，应当在发布前向广告审查机关申请特殊医学用途配方食品广告审查。应当严格按照审查通过的规定的内容发布特殊医学用途配方食品广告，不得进行剪辑、拼接、修改。已经审查通过的广告内容需要改动的，应当重新申请广告审查，取得广告审查证明。未取得特殊医学用途配方食品广告审查批准证明文件，不得发布特殊医学用途配方食品广告。

广告经营者和广告发布者在承接特殊医学用途配方食品广告时，应当查验广告主的主体资格证明：特殊医学用途配方食品批准注册证书，标注特殊医学用途配方食品生产许可事项的《食品生产许可证》或者《食品经营许可证》和特殊医学用途配方食品广告审查批准证明文件，广告发布者发布由广告代理公司代理的药品广告时，应当查验广告主委托广告代理公司发布广告的合同或者协议，确定广告主的资质。

3. 特殊医学用途配方食品广告的内容应当以国家市场监督管理总局批准的注册证书和产品标签、说明书为准

特殊医学用途配方食品广告涉及产品名称、配方、营养学特征、适用人群等内容的，不得超出注册证书、产品标签、说明书范围。

4. 特殊医学用途配方食品广告不得违反《广告法》第九条、第十七条、第十八条、第十九条规定，不得包含药品、医疗器械、保健食品广告不得包含的内容

详见《广告法》第九条、第十七条、第十八条、第十九条规定。

5. 特殊医学用途配方食品中的特定全营养配方食品广告仅限在医学、药学专业刊物上发布

特定全营养配方食品是针对特定疾病或者医学状况下单一营养需求的特殊目标人群的，所以，其广告按照处方药广告管理规定，仅限在国务院卫生行政部门和国务院药品监督管理部门共同指定的医学、药学专业刊物上发布。

6. 特殊医学用途婴儿配方食品广告不得在大众传播媒介或者公共场所发布

此处大众传播媒介概念，根据《广告法》第十四条第二款规定，应当是指新闻传播媒介。

此处公共场所概念，是指人群经常聚集、供公众使用或服务于人民大众的活动场所，是公众进行工作、学习、经济、文化、社交、娱乐、体育、参观、医疗、卫生、休息、旅游和满足部分生活需求所使用的一切公用建筑物、场所及其设施的总称，包括等候室、影剧院、餐馆、饭店（宾馆）、酒吧、商场、展览馆、会议厅堂、体育比赛场馆、公园、游乐场等场所。

7. 禁止变相发布特定全营养配方食品广告

变相发布是指不得使用特定全营养配方食品的名称、商标、企业字号为各种活动冠名进行广告宣传。不得使用与特定全营养配方食品名称相同的商标、企业字号在医学、药学专业刊物以外的媒介发布广告。

8. 广告中应当显著标明提示语、忠告语

提示语、忠告语"适用于特定疾病人群对营养素或者膳食的特殊需要""不适用于一般人群使用""请在医生或者临床营养师指导下使用"。

9. 特殊医学用途配方食品广告应当显著标明广告批准文号

特殊医学用途配方食品广告批准文号：×食特广审（视、声、文）第000000-00000号。其中×为各省、自治区、直辖市的简称；食特为特殊医学用途配方食品，视、声、文为广告媒介形式分类；0由11位数字组成，前6位代表广告批准文号失效年月日（年份仅显示后2位），后5位代表广告批准序号。

显著标明的概念和要求与药品广告规定相同。

10. 特殊医学用途配方食品广告审查批准文号的有效期

特殊医学用途配方食品广告批准文号的有效期与产品注册证明文件、备案凭证或者生产许可文件最短的有效期一致。产品注册证明文件、备案凭证或者生产许可文件未规定有效期的，广告批准文号有效期为两年。期满仍需发布的，应当重新申请广告审查。

11. 特殊医学用途配方食品广告审查批准文号的查询

经审查批准的特殊医学用途配方食品广告，广告审查机关应当通过本部门网站以及其他方便公众查询的方式，在10个工作日内向社会公开。公开的信息应当包括广告批准文号、申请人名称、广告发布内容、广告批准文号有效期、广告类别、产品名称、产品注册证明文件或者备案凭证编号等内容。查询地址：国家市场监督管理总局网站—服务—我要查—"三品一械"广告查询。

12. 普通食品广告不得宣传特殊医学用途，使用与特殊医学用途配方食品相混淆用语

普通食品与特殊医学用途配方食品的性质、功能完全不同。特殊医学用途配方食品是指适用于特定疾病状态人群对营养素或者膳食的特殊需要，专门加工配制而成的配方食品。不仅产品上市必须经注册批准，广告必须在发布前经审查批准，而且，食用也必须在医生或临床营养师指导下。其中特定全营养配方食品广告参照处方药广告管理，仅限在医学、药学专业刊物上发布广告。普通食品不需要注册批准，不需要广告审查批准，不需要医生或临床营养师指导，不具备特殊医学用途配方食品的临床效果。因此，普通食品不得出现特殊医学用途的宣传内容及与特殊医学用途配方食品相混淆用语。

广告经营者、广告发布者在承接普通食品广告时，应当按照《广告法》第十七条、第四十六条等法律规定。对涉及宣传特殊医学用途效果的广告内容，广告主提供特殊医学用途配方食品批准注册证书，特殊医学用途配方食品广告审查批准文件。无特殊医学用途配方食品批准注册证书、特殊医学用途配方食品广告审查批准文件，不得经营、发布声称宣传特殊医学用途，使用与特殊医学用途配方食品相混淆用语的广告。

六、禁止在大众传播媒介或者公共场所发布声称全部或者部分替代母乳的婴儿乳制品、饮料和其他食品广告

(一) 母乳代用食品的概念

世界卫生组织对婴儿的定义,婴儿是指小于1周岁的小孩,也就是0—12个月龄的小孩。

母乳代用食品是指在市场上以婴儿为对象销售的或以其他形式提供的、经改制或不经改制,适宜于部分或全部代替母乳的其他乳或乳制品、食品和饮料,主要是指婴儿配方奶粉。母乳代用食品不包括奶瓶和奶嘴,而母乳代用品包括奶瓶和奶嘴。

(二) 母乳代用食品广告的概念

母乳代用食品广告是指生产者或者经营者通过一定媒介和形式,直接或者间接地介绍自己所推销的母乳代用食品的商业广告活动。

(三) 母乳代用食品广告的管理规定

1. 禁止发布声称全部或者部分替代母乳的婴儿乳制品、饮料和其他食品广告

现实生活中,婴儿配方奶粉宣称代替母乳的广告的违法率较高。此类广告利用产后母亲希望保持身材的心理,宣称奶粉营养丰富,与母乳毫无差别,完全可以代替母乳,从而把人们带入喂养的误区,严重误导消费者,影响婴幼儿健康成长。

保护未成年人身心健康应当从娃娃开始管起。母乳是婴儿成长所需的最自然、安全、营养完整的天然食物。与母乳相比,母乳代用食品中的蛋白质、脂肪及碳水化合物的质量差别无法改变,奶粉中还缺乏母乳中存在的天然抗感染因子和生物活性因子。母乳是婴儿所需的最自然、安全、营养完整的天然食物,应该鼓励和促进母乳喂养。只有在母乳不能满足需要时,才适用乳或乳制品、婴儿配方食品和饮料。

为保护和促进母乳喂养,1981年,第34届世界卫生大会通过了《国际母乳代用品销售守则》,我国是签署国。其中5.1规定:"对于本《守则》范围内产品,不得向普通群众作广告宣传或进行其他形式的推销活动。"这意味着禁止向公众发布母乳代用品广告。

关于大众传播媒介、公共场所、婴儿乳制品、饮料和其他食品、声称全部或者部分替代母乳的概念理解如下。

(1) 大众传播媒介:是指广播、电视台、报刊音像出版物、互联网等媒介。

(2) 公共场所:是指人群经常聚集、供公众使用或服务于人民大众的活动场所。

(3) 婴儿乳制品:主要是指婴儿配方奶粉。

(4) 饮料和其他食品:主要是指米粉、蔬菜果泥、果汁等婴儿食品。

(5) 声称全部或者部分替代母乳:主要是指明示或暗示全部或者部分替代母乳。如奶粉广告语"有了某某婴儿奶粉,你的身材如少女""孩子是我们一生的事业,不要让孩子输在起跑线上""喝羊奶、不上火""降价""低价""特价","0—1岁的婴儿可持出生证原件和复印件免费领取××奶粉一盒",宣传语出现"类似母乳""接近母乳"等。还有一些经营米粉、蔬菜果泥、果汁等婴儿食品的企业,认为其6个月以内的产品不属于母乳代用品,依然在包装上使用婴儿形象,一些产品甚至标注适用月龄为"1—6个月"。一些企业在销售活动中大打"擦边球",如在视频广告中出现了能够辨别的母乳代用品形象;利用公司名称和母乳代用品产品名称一致的特点发布广告,对母乳代用品进行变相的广告宣传,都属于违禁行为。适用于0—12个月龄的婴儿配方乳粉是以替代母乳为目的的,因此不得在大众传播媒介、公共场所发布广告。

【案例】发布暗示奶粉可以替代母乳的广告，被罚款 20 万元

2016 年 3 月，当事人上海母婴之家网络科技股份有限公司在"母婴之家"APP 上销售"德国爱他美 Aptamil Pre 初段婴儿奶粉"，声称该款奶粉的营养成分和母乳"无限接近"。"无限"一词表明其与母乳几乎毫无差别，暗示其奶粉可以替代母乳，误导人们认为奶粉喂养和母乳喂养是一样的，违反了《广告法》第二十条规定。上海市工商局机场分局（现上海市市场监管局机场分局）根据《广告法》第五十七条第三项规定，对实际运营"母婴之家"APP 的当事人依法做出《行政处罚决定书》，责令当事人停止发布违法广告，并处罚款人民币 20 万元。

2. 婴幼儿奶粉广告不得含有明示或者暗示其具有益智、增强体质、增强抵抗力、提高免疫力、保护肠道等功能或者保健作用。

奶粉属于食品中的营养食品，不是保健食品，更不是药品。奶粉广告应当遵守《食品安全法》《广告法》及相关规章的规定。

《食品安全法》第七十三条规定："食品广告的内容应当真实合法，不得含有虚假内容，不得涉及疾病预防、治疗功能。"第七十八条规定："保健食品的标签、说明书不得涉及疾病预防、治疗功能，内容应当真实，与注册或者备案的内容相一致，载明适宜人群、不适宜人群、功效成分或者标志性成分及其含量等，并声明'本品不能代替药物'。保健食品的功能和成分应当与标签、说明书相一致。"第一百四十条规定："违反本法规定，在广告中对食品作虚假宣传，欺骗消费者，或者发布未取得批准文件、广告内容与批准文件不一致的保健食品广告的，依照《中华人民共和国广告法》的规定给予处罚。广告经营者、发布者设计、制作、发布虚假食品广告，使消费者的合法权益受到损害的，应当与食品生产经营者承担连带责任。社会团体或者其他组织、个人在虚假广告或者其他虚假宣传中向消费者推荐食品，使消费者的合法权益受到损害的，应当与食品生产经营者一起承担连带责任。"

另外，《婴幼儿配方乳粉产品配方注册管理办法》规定了标签、说明书禁止涉及疾病预防、治疗功能；禁止明示或者暗示具有保健作用；禁止明示或者暗示具有益智、增加抵抗力、提高免疫力、保护肠道等功能性表述等。

网络和第三方平台违法违规经营行为包括：网上刊载的婴幼儿配方乳粉产品信息明示或者暗示具有益智、增加抵抗力、提高免疫力、保护肠道等功能或者保健作用。

例如，在淘宝平台上，店家在广告图文中使用"增强体质""助力肠道""提高身体抵抗力""体质变好""促进智力和脑部发育"等宣传文字（见右图），违反了《食品安全法》《广告法》及相关规章《婴幼儿配方乳粉产品配方注册管理办法》的规定。

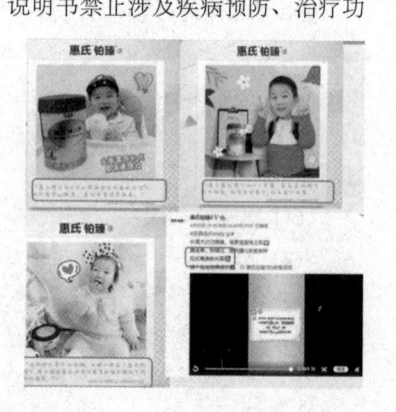

第四节　农牧业商品广告管理的特别规定

一、法律规定

《广告法》第二十一条规定："农药、兽药、饲料和饲料添加剂广告不得含有下列内容：（一）表示功效、安全性的断言或者保证；（二）利用科研单位、学术机构、技术推广机构、行业协会或者专业人士、用户的名义或者形象做推荐、证明；（三）说明有效率；（四）违反安全使用规程的文字、语言或者画面；（五）法律、行政法规规定禁止的其他内容。"

二、农药、兽药、饲料和饲料添加剂的概念

(一) 农药的概念

根据《农药管理条例》第二条规定，农药是指用于预防、控制危害农业、林业的病、虫、草、鼠和其他有害生物以及有目的地调节植物、昆虫生长的化学合成或者来源于生物、其他天然物质的一种物质或者几种物质的混合物及其制剂。简而言之，农药是指用于农业、林业、牧业预防、控制、有害生物的药品。

(二) 兽药的概念

根据《兽药管理条例》第七十二条规定，兽药是指用于预防、治疗、诊断动物疾病或者有目的地调节动物生理机能的物质（含药物饲料添加剂），主要包括血清制品、疫苗、诊断制品、微生态制品、中药材、中成药、化学药品、抗生素、生化药品、放射性药品及外用杀虫剂、消毒剂等。兽药分为兽用处方药与兽用非处方药。兽用处方药，是指凭兽医处方方可购买和使用的兽药。兽用非处方药，是指由国务院兽医行政管理部门公布的、不需要凭兽医处方就可以自行购买并按照说明书使用的兽药。

(三) 饲料和饲料添加剂的概念

1. 饲料的概念

根据《饲料和饲料添加剂管理条例》第二条规定，饲料是指经工业化加工、制作的供动物食用的产品，包括单一饲料、添加剂预混合饲料、浓缩饲料、配合饲料和精料补充料。

(1) 饲料原料，指来源于动物、植物、微生物或者矿物质，用于加工制作饲料但不属于饲料添加剂的饲用物质。

(2) 单一饲料，指来源于一种动物、植物、微生物或者矿物质，用于饲料产品生产的饲料。

(3) 添加剂预混合饲料，指由两类或者两类以上营养性饲料添加剂为主，与载体或者稀释剂按照一定比例配制的饲料，包括复合预混合饲料、微量元素预混合饲料、维生素预混合饲料。

(4) 浓缩饲料，指主要由蛋白质、矿物质和饲料添加剂按照一定比例配制的饲料。

(5) 配合饲料，指根据养殖动物营养需要，将多种饲料原料和饲料添加剂按照一定比例配制的饲料。

(6) 精料补充料，指为补充草食动物的营养，将多种饲料原料和饲料添加剂按照一定比例配制的饲料。

2. 饲料添加剂的概念

根据《饲料和饲料添加剂管理条例》第二条规定，饲料添加剂是指在饲料加工、制作、使用过程中添加的少量或者微量物质，包括营养性饲料添加剂、一般饲料添加剂。

(1) 营养性饲料添加剂，指为补充饲料营养成分而掺入饲料中的少量或者微量物质，包括饲料级氨基酸、维生素、矿物质微量元素、酶制剂、非蛋白氮等。

(2) 一般饲料添加剂，指为保证或者改善饲料品质、提高饲料利用率而掺入饲料中的少量或者微量物质。

三、农药、兽药、饲料和饲料添加剂广告的概念

农药、兽药、饲料和饲料添加剂广告是指农药、兽药、饲料和饲料添加剂生产者或者销售者，通过一定的媒介和形式，直接或间接地介绍自己的农药、兽药、饲料和饲料添加剂产品的广告。

四、《广告法》对农药、兽药、饲料和饲料添加剂广告的特别规定

农药、兽药、饲料和饲料添加剂广告在推广农牧业科技，保障农作物、牲畜安全，方便用户等方面发挥了积极的传播作用。从整个广告市场来看，农药、兽药、饲料和饲料添加剂的广告数量不多，相对于人们消费生活资料、生活服务的广告而言，其违法率也不高。但是，农药、兽药、饲料和饲料添加剂直接影响到农作物、牲畜安全，间接影响到人们身体健康。近年来，一些不法分子利用广告销售假冒伪劣农药、兽药、饲料和饲料添加剂，牟取暴利，危害农牧业，侵犯农民牧民根本利益，影响国计民生。所以必须采取强有力的措施，加强农药、兽药、饲料和饲料添加剂安全管理，严厉打击利用广告销售伪劣农药、饲料和饲料添加剂的行为。因此，《广告法》专门对农药、兽药、饲料和饲料添加剂广告做出了特别规定。

（一）禁止表示功效、安全性的断言或者保证

例如，宣传"无害""无毒""无残留""保证高产""药到病除""立竿见影""促进猪的生长和增重速度，平均增重提高可达10%以上""提高瘦肉率和屠宰率"等内容。

【案例】发布表示功效的饲料广告，被罚款4500元

当事人福建省厦门味莱饲料科技有限公司在其公众号上发布"促进猪的生长和增重速度，平均增重提高可达10%以上。促进能量代谢，降低料肉比，改善猪肉品质，提高瘦肉率和屠宰率"等表示功效、安全性的断言或者保证的广告，违反了《广告法》第二十一条的规定。2020年7月，福建省厦门市集美区市场监督管理局依据《广告法》第五十八条的规定，对当事人做出《行政处罚决定书》，责令当事人停止发布违法广告，消除不良影响，并处以罚款4500元。

【案例】发布表示功效的兽药广告，被处以罚款

2021年11月5日，上海市奉贤区市场监督管理局执法人员在对某公司经营的网店开展检查中，查见其在网店内销售3款某品牌兽药。经查，当事人所发布的兽药广告宣传内容未经审查，且广告宣传网页内使用"安全无毒""细菌感染克星""正规兽药批准文号""真菌克星"等文字及图片。上海市奉贤区市场监督管理局依法展开立案调查。当事人在其网店内发布未经审查的兽药广告，并对兽药商品使用安全性的断言和保证，违反科学规律，误导消费者，违反了《广告法》第二十一条第（一）项规定，农药、兽药、饲料和饲料添加剂广告不得含有表示功效、安全性的断言或者保证内容，以及《兽药管理条例》第三十一条规定和《广告法》第四十六条规定，发布兽药广告必须经广告审查机关对广告内容进行审查，且符合《兽药广告审查发布规定》的相关规定，方可对外发布。

上海市奉贤区市场监督管理局根据《广告法》第五十八条第一款第（四）项、第（十四）项的规定，责令当事人停止发布广告，在相应范围内消除影响，并处以罚款。

（二）禁止利用科研单位、学术机构、技术推广机构、行业协会或者专业人士、用户的名义或者形象做推荐、证明

例如，兽药广告使用兽医名义或者形象做推荐、证明；农药、兽药、饲料和饲料添加剂广告使用农药、兽药、饲料和饲料添加剂用户名义或者形象做推荐、证明。

（三）禁止说明有效率

例如，农药广告声称"杀菌有效率100%，是目前农用杀菌剂中王中之王"。

（四）禁止违反安全使用规程的文字、语言或者画面

例如，广告画面中出现不符合防护要求的操作，出现有毒农药、兽药靠近食品、儿童的画面，出现

有毒农药、兽药靠近饲料和饲料添加剂的画面等。

(五) 法律、行政法规规定禁止的其他内容

例如，国务院《饲料和饲料添加剂管理条例》第三十条规定，"禁止对饲料、饲料添加剂作具有预防或者治疗动物疾病作用的说明或者宣传。但是，饲料中添加药物饲料添加剂的，可以对所添加的药物饲料添加剂的作用加以说明"，就是指饲料和饲料添加剂不得作为兽药进行宣传，但可以说明添加药物饲料添加剂，并对其作用加以说明。

(六) 农药、兽药广告取得《广告审查证明》后才可以发布

国务院《兽药管理条例》第三十一条规定："兽药广告的内容应当与兽药说明书内容相一致，在全国重点媒体发布兽药广告的，应当经国务院兽医行政管理部门审查批准，取得兽药广告审查批准文号。在地方媒体发布兽药广告的，应当经省、自治区、直辖市人民政府兽医行政管理部门审查批准，取得兽药广告审查批准文号；未经批准的，不得发布。"

《广告法》第四十六条规定，农药、兽药广告必须经农（牧）业行政部门审查批准，签发农药广告审查表、兽药广告审查表和农药广告审查批准文号、兽药广告审查批准文号，方可发布农药、兽药广告。

五、农药广告管理规章的特别规定

2020年10月23日，国家市场监督管理总局令第31号将《农药广告审查标准》修订为《农药广告审查发布规定》（同时废止《农药广告审查标准》）。除了重申《广告法》对农药广告禁止表示功效、安全性的断言或者保证；禁止利用科研单位、学术机构、技术推广机构、行业协会或者专业人士、用户的名义或者形象做推荐、证明；禁止说明有效率；禁止违反安全使用规程的文字、语言或者画面等特别规定外，还补充了未经国家批准登记的农药不得发布广告规定和以下特别规定：

1. 禁止贬低同类产品，与其他农药进行功效和安全性对比；
2. 禁止含有评比、排序、推荐、指定、选用、获奖等综合性评价内容；
3. 禁止使用直接或者暗示的方法，以及模棱两可、言过其实用语，使人在产品的安全性、适用性或者政府批准等方面产生误解；
4. 禁止滥用未经国家认可的研究成果或者不科学的词句、术语；
5. 禁止含有"无效退款""保险公司保险"等承诺；
6. 农药广告内容应当与农药登记证和农药登记公告的内容相符，不得任意扩大范围；
7. 农药广告的批准文号应当列为广告内容同时发布；
8. 广告经营者不得设计、制作，广告发布者不得发布违反《广告法》、违反本规定的农药广告等特别规定。

特别注意：只要宣称"驱蚊""灭蚊"的产品就属于农药，应当按照《农药管理条例》管理。2021年9月23日农业农村部以农办法函〔2021〕19号文发布《农业农村部办公厅关于防蚊驱蚊类产品认定的意见》指出，根据《农药管理条例》第二条第一款、第二款规定，具备防蚊驱蚊功能的"防蚊贴""防蚊剂""防蚊液""驱蚊手环"等产品，属于农药范畴，依法应当按农药进行管理。这意味着不存在"驱蚊化妆品"。而且驱蚊花露水与普通花露水也不同。驱蚊花露水不属于化妆品，属于农药，属于微毒产品。普通花露水没有驱蚊功能。因此，只要宣称了"驱蚊""灭蚊"的产品就应当按照《农药管理条例》管理，产品必须取得农药登记证号，并在包装上标注"毒性"才能上市。

六、兽药广告管理规章的特别规定

2020年10月23日，国家市场监督管理总局令第31号修订《兽药广告审查发布规定》，除了重申《广告法》禁止兽药广告表示功效、安全性的断言或者保证；禁止利用科研单位、学术机构、技术推广机构、行业协会或者专业人士、用户的名义或者形象做推荐、证明；禁止说明有效率；禁止违反安全使用规程的文字、语言或者画面；法律、行政法规规定禁止的其他内容等特别规定外，还补充了以下特别规定：

1. 兽药广告不得贬低同类产品，不得与其他兽药进行功效和安全性对比；
2. 不得含有"最高技术""最高科学""最进步制法""包治百病"等绝对化的表示；
3. 不得含有评比、排序、推荐、指定、选用、获奖等综合性评价内容；
4. 不得含有直接显示疾病症状和病理的画面，不得含有"无效退款""保险公司保险"等承诺；
5. 兽药的使用范围不得超出国家兽药标准的规定；
6. 兽药广告的批准文号应当列为广告内容，同时发布；
7. 不得发布兽用麻醉药品、精神药品以及兽医医疗单位配制的兽药制剂；
8. 不得发布所含成分的种类、含量、名称与兽药国家标准不符的兽药；
9. 不得发布临床应用发现超出规定毒副作用的兽药；
10. 不得发布国务院农牧行政管理部门明令禁止使用的兽药；
11. 不得发布未取得兽药产品批准文号或者未取得进口兽药注册证书的兽药广告。

【案例】发布未经审查并有表示功效、安全性断言的兽药广告，被罚款1.1万元

当事人山东琪康生物技术有限公司于2017年5月21日同沂水雅共网络科技有限公司签订网站开发制作合同，委托沂水雅共网络科技有限公司为其设计、制作公司网站，在该网站上对外发布其生产的"硫酸黏菌素可溶性粉""力克康""恩诺沙星可溶性粉""硫酸新霉素可溶性粉""健鸡散""镇喘散"等兽药广告，在广告中出现"疗效神奇""使用安全""疗效显著""有效率100%"等表示功效、安全性的断言，说明有效率的广告内容，同时当事人未能提供出《兽药广告审查证明》。当事人共支付给沂水雅共网络科技有限公司网站设计、制作、维护费共计10 240元。经市场调查，与当事人上述网站类似的网站，设计、制作费市场报价9000元，维护费每年500元。另查明，沂水雅共网络科技有限公司于2020年1月8日注销营业执照。在立案调查过程中，当事人主动关停了含有上述兽药广告内容的网站，及时中止违法行为。同时当事人积极配合调查，如实陈述违法事实，并如实提供有关证据资料，致使案件查处效果明显。

当事人上述广告违反了《广告法》第二十一条、第四十六条规定。2020年7月17日，山东省沂水县市场监督管理局依据《广告法》五十八条规定，对当事人做出沂水市监处〔2020〕62238号《行政处罚决定书》，责令当事人停止发布违法兽药广告，在相应范围内消除影响，并处罚款1.1万元。

第五节 烟草广告管理的特别规定

一、法律规定

《广告法》第二十二条规定，禁止在大众传播媒介或者公共场所、公共交通工具、户外发布烟草广告；禁止向未成年人发送任何形式的烟草广告；禁止利用其他商品或者服务的广告、公益广告，宣传烟草制品名称、商标、包装、装潢以及类似内容。烟草制品生产者或者销售者发布的迁址、更名、招聘等启事中，不得含有烟草制品名称、商标、包装、装潢，以及类似内容。

二、烟草及烟草广告的概念

（一）烟草的概念

《广告法》所指的烟草，是指《烟草专卖法》第二条规定的烟草制品，包括卷烟、雪茄烟、烟丝、复烤烟叶、烟叶、卷烟纸、滤嘴棒、烟用丝束。

修订后的《烟草专卖法实施条例》规定，电子烟参照烟草制品监管。电子烟的戒烟功效是电子烟广告的最大卖点，但没有任何科学证据表明电子烟可帮助戒烟，政府也没有批准其用于戒烟。美国食品药品监督管理局（FDA）曾对该国市场上19款电子烟的成分进行了分析，结果发现电子烟的吸烟装置含有二甘醇以及亚硝胺等致癌物质和其他对人体有毒的化学品。电子烟不仅不能戒烟，还会对使用者的健康造成伤害。世界卫生组织明确表示，从未吸烟的未成年人使用电子烟，会使其吸食卷烟的可能性至少增加1倍，建议所有禁烟的公共场所也要禁止电子烟。

国家市场监督管理总局和国家烟草专卖局联合印发的《关于禁止向未成年人出售电子烟的通告》（国家市场监督管理总局、国家烟草专卖局通告2018年第26号）、国家烟草专卖局和国家市场监督管理总局联合印发的《关于进一步保护未成年人免受电子烟侵害的通告》（国家烟草专卖局、国家市场监督管理总局通告2019年第1号），全面清理互联网改头换面、变相销售电子烟的行为及虚假违法广告。

（二）烟草广告的概念

世界卫生组织的《烟草控制框架公约》，其第1条（c）款载明"烟草广告和促销"系指任何形式的商业性宣传、推介或活动，其目的、效果或可能的效果在于直接或间接地推销烟草制品或促进烟草使用。

根据我国《广告法》《烟草专卖法》有关规定理解，烟草广告是指烟草制品生产者或者经营者发布的含有烟草企业名称、标识、烟草制品名称、商标、包装、装潢等内容的广告，主要包括烟草制品广告、烟草企业形象广告和烟草赞助广告等三种形式。

1. 烟草制品广告，是指烟草企业有偿地、直接地介绍烟草制品或其商标的广告。

2. 烟草企业形象广告，是指烟草企业有偿地、不直接地介绍烟草产品或其商标，而只介绍其企业形象或企业宗旨的广告。

3. 烟草赞助广告，是指烟草企业支付一定费用，用以支持举办某一专栏节目、文化活动或体育赛事，而在大众传播媒介或演出、比赛场所出现该烟草企业名称或形象的广告。

三、烟草广告的禁止性规定

国家卫健委和世卫组织驻华代表处在 2021 年 5 月 26 日共同发布的《中国吸烟危害健康报告 2020》显示，中国吸烟人数超过 3 亿，15 岁及以上人群吸烟率为 26.6%，其中男性吸烟率高达 50.5%。如不采取有效行动，预计到 2030 年将每年增加 200 万人，到 2050 年将每年增加 300 万人。报告列举了吸烟及二手烟与四大慢性病，即慢性呼吸疾病、恶性肿瘤、心血管疾病及糖尿病之间的关联方面的全球最新研究数据。报告还指出，电子烟烟液中含有有害物质。研究机构对 12 个电子烟样品中的醛类化合物进行测定，甲醛检出率 100%、乙醛检出率 100%、丙烯醛检出率 91.67%、邻甲基苯甲醛检出率 100%。这类物质被列为 1 类、2B 类致癌物。实验室研究证据还表明，电子烟气溶胶中含有有害物质，二手气溶胶是一种新的空气污染源。电子烟气溶胶中的金属含量可能比可燃烟草卷烟中的多。

世界卫生组织对烟草广告控制十分严格，大多数发达国家已禁止烟草广告，据不完全统计，世界上全面禁止烟草广告的有 20 个国家，部分限制和禁止烟草广告的有 38 个国家。

我国是世界卫生大会通过的《烟草控制框架公约》成员国，《烟草控制框架公约》及其议定书对烟草及其制品的成分、包装、广告、促销、赞助、价格和税收等问题均做出了明确规定。切实履行公约是我国政府的庄严承诺。

烟草涉及人的生命健康，属于特殊商品，国家实行特许经营，烟草广告实行特别管理。我国政府根据《烟草控制框架公约》规定，通过行政立法和地方立法，禁止在公共场所吸烟，严格限制烟草广告，加强《烟草专卖法》《未成年人保护法》等法律的执法力度，让青少年远离烟草，让吸烟者少受烟之害。《烟草专卖法》第十七条规定，卷烟、雪茄烟应当在包装上标明焦油含量级和"吸烟有害健康"；第十八条规定"禁止在广播电台、电视台、报刊播放、刊登烟草制品广告"。而且《广告法》将烟草广告发布的禁止范围做了如下进一步扩大。

（一）禁止在大众传播媒介或者公共场所、公共交通工具、户外发布烟草广告

现行《广告法》对大众传播媒介包括哪些媒体、公共场所包括哪些场所、是否包括烟草销售门店、何谓公共交通工具、何谓户外都没有明确定义。

1. 大众传播媒介和互联网媒介的概念

根据《广告法》第十四条规定，大众传播媒介应当是指新闻传播媒介。但是互联网媒介是否属于大众传播媒介，现行《广告法》没有明确定义。

根据国家工商行政管理总局、中央宣传部、国务院新闻办公室、公安部、监察部、国务院纠风办、工业和信息化部、卫生部、国家广播电影电视总局、新闻出版总署、国家食品药品监督管理局、国家中医药管理局关于印发工商广字〔2012〕26 号《大众传播媒介广告发布审查规定》的通知规定，互联网媒介属于大众传播媒介。另外，《互联网广告管理办法》第五条第二款规定，禁止利用互联网发布烟草广告。

2. 公共场所的概念

详见第 2 章第四节。

3. 公共交通工具的概念

根据最高人民法院《关于审理抢劫案件具体应用法律若干问题的解释》第二条规定，对公共交通工具的界定为"主要是指从事旅客运输的各种公共汽车，大、中型出租车，火车，船只，飞机等正在运营中

的交通工具"。

4. 户外的概念

根据《广告法》第四十一条、第四十二条规定，户外的概念应当是指室外场所、空间、设施等，严格意义应当是用于发布户外广告的媒体。与公共交通工具、公共场所的概念相互交叉。

以上大众传播媒介、互联网媒介、公共场所（含网络空间）、公共交通工具、户外的广告传播范围广，影响力大，如果不禁止发布烟草广告，势必让人淡化对烟草危害的认识，诱导人们购买，最终使更多人，特别是青少年成为吸烟者。

商店、卖场、便利店属于公共场所范畴，但是，烟草专营商店是否属于《广告法》禁止发布烟草广告的公共场所范畴，《广告法》并没有明确界定。顾名思义，公共场所应当包括烟草专营商店。有研究表明，烟草专营零售终端对青少年的影响极大。青少年暴露于烟草制品最常见的地方就是烟草专营销售终端。但是，从情理上理解，专营烟草品的商店，不可能不出现烟草品、烟草企业名称、商标、品名、包装、装潢等内容。所以，既要保护未成年人的身心健康，又要兼顾烟草专营商店的实际情况，烟草专营商店应当主动承担起社会责任，尽量避免烟草企业名称、商标、品名、包装、装潢等宣传内容在未成年人面前出现。将有烟草企业名称、商标、品名、包装、装潢等宣传内容的烟草销售商店空间予以适当封闭，并仿效网吧做法，在入口处挂上"未成年人不得入内"的警示语。

【案例】在公共场所发布烟草广告，被罚款8万元

当事人中国石化销售股份有限公司陕西渭南大荔石油分公司荔北加油站在其便利店内，在烟草柜的上方设两个广告位：左广告位挂有"贵州茅台集团，习酒公司，优质产品，国色天香"等内容的广告；右广告位挂有"帝豪烟"的烟草广告，广告内容中含有帝豪香烟的名称、商标、包装等内容，广告语为"支支帝豪烟，丝丝家乡情"。经查实，其帝豪烟草广告是2017年由公司从外部随烟草货柜一起来的，帝豪烟于2012年下架。当事人上述行为违反了《广告法》第二十二条第一款之规定。当事人于当日执法员检查后，向消费者发布《致歉信》，并拆除了烟草广告。2019年7月22日，陕西省市场监督管理部门依据《广告法》第五十七条之规定，对当事人做出荔市监工商处字〔2019〕第58号《行政处罚决定书》，责令当事人改正，停止发布违法广告，并处罚款8万元。

【评析】加油站是公共场所，不得发布烟草广告。《广告法》第二十二条第一款规定，禁止在大众传播媒介或者公共场所、公共交通工具、户外发布烟草广告。

（二）禁止向未成年人发送任何形式的烟草广告

1. 未成年人的概念

《民法典》第十七条、第十八条规定，不满十八周岁的自然人为未成年人。

2. 发送任何形式烟草广告的概念

发送任何形式烟草广告是指通过各种媒介、公共场所（含网络空间）等，以展示、包装、知识、原生信息流、搜索、活动、社交等形式发送烟草广告。

未成年人是法律保护的重点对象。《广告法》第十条规定，广告不得损害未成年人的身心健康。2021年6月1日起施行的修订后《未成年人保护法》，在"社会保护"一章对禁止向未成年人提供烟草、禁止吸烟的范围做出了更加完善的规定，任何组织或者个人不得刊登、播放、张贴或者散发含有危害未成年人身心健康内容的广告；不得在学校、幼儿园播放、张贴或者散发商业广告；不得利用校服、教材等发布或者变相发布商业广告。增加了禁止在学校、幼儿园周边设置烟草销售网点的规定，并明确将电子烟包含在内。在法律责任一章规定了明确的处罚措施，保障未成年人远离烟草伤害。

【案例】通过微信公众号发布烟草广告，被罚款 25 万元

在国家市场监督管理总局公布的 2019 年第二批虚假违法广告典型案件中，当事人赵县正尔兴广告有限公司在其公司名下两个微信公众号"yanqiang818"和"zjdjcck"上擅自发布烟草广告，违反了《广告法》第二十二条第一款的规定。2019 年 4 月，河北省赵县市场监督管理局依据《广告法》第五十七条第一款第（四）项的规定，做出行政处罚，责令其停止发布违法广告，并处罚款 25 万元。（说明：河北省赵县市场监督管理局未公布《行政处罚决定书》）

【评析】 微信公众号是互联网大众传播媒介，不得发布烟草广告。《广告法》第二十二条第一款规定，禁止在大众传播媒介或者公共场所、公共交通工具、户外发布烟草广告。

（三）禁止变相发布烟草广告

变相发布烟草广告是指在其他商品或者服务广告、公益广告或者烟草制品企业迁址、更名、招聘等启事中，宣传烟草制品名称、商标、包装、装潢以及类似内容。

例如，在其他商品或者服务的广告中，虽然未标烟草制品企业名称、烟草制品名称，但主要画面、用语与其他烟草广告的主画面、用语相同或近似的；在其他商品或者服务的广告中以组合形式营销香烟，例如赠送烟草礼品，搞有奖促销"买一个打火机，送一包香烟"，发布含烟草制品名称、商标、包装、装潢以及类似内容；在餐馆、饭店、酒吧的组合营销广告中包含烟草制品名称、商标、包装、装潢以及类似内容，如餐馆、饭店的婚庆喜宴配套优惠价香烟等广告，属于变相发布烟草广告。

例如，公益广告中包含烟草制品名称、商标、包装、装潢以及类似内容，属于变相发布烟草广告，如"爱我中华"，凡吸烟者都知道是双关语，既弘扬爱国主义的公益广告，又暗示中华香烟。还有"中华盛世，双喜临门"等，也属于变相发布烟草广告。但在公益广告中冠名烟草制品生产企业名称不是变相发布烟草广告，如"上海烟草集团提醒您，吸烟有害健康，不要在公共场所吸烟"。

例如，烟草制品企业在发布迁址、更名、招聘等启事时，以及通过四大媒体以发布企业及其人员春节"贺岁"的名义或与四大媒体主办、协办、合办栏目，发布包含烟草制品名称、商标、包装、装潢以及类似内容，都属于变相发布烟草广告。烟草制品企业法律顾问发布律师声明，可以提醒消费者识别假冒烟草制品名称、商标、包装、装潢的方法，但是不得借机宣传烟草企业生产销售的烟草制品名称、商标、包装、装潢及类似内容，变相发布烟草广告。

第六节 酒类广告管理的特别规定

一、法律规定

《广告法》第二十三条规定，酒类广告不得含有下列内容：（一）诱导、怂恿饮酒或者宣传无节制饮酒，（二）出现饮酒的动作，（三）表现驾驶车、船、飞机等活动，（四）明示或者暗示饮酒有消除紧张和焦虑、增强体力等功效。

二、酒类广告的概念

（一）酒的概念

酒是一种用粮食、水果等含淀粉或糖的物质，经过发酵制成的含乙醇的饮料。乙醇在酒液中的含量除啤酒外，都用容量百分率%(V/V)表示，称为酒精度(简称"酒度")表示。在酒温度为20度时，每100毫升酒液中含乙醇1毫升，即1%(V/V)，即酒精度为1度。酒大致有：威士忌、白酒、香槟、红酒、干邑、清酒、鸡尾酒、伏特加、黄酒、米酒等。酒按酒精度有低度与高度之分，40度以上（含40度）为高度酒，39度以下（含39度）为低度酒。

需要注意的是，啤酒也是酒。按照《商标注册用商品和服务国际分类尼斯协定》，啤酒归在饮料食品中，不属于酒类。但是，啤酒属于低度发酵酒，按酒类广告管理。

例如，电视台播出"虎牌"啤酒电视广告中出现饮"酒"动作(见左图)，违反《广告法》第二十三条第二项规定。

（二）酒类广告的概念

酒类广告，是指含有酒类商品名称、商标、包装、制酒企业名称等内容的广告。

三、酒类广告的禁止性规定

酒是特殊商品，因关乎人的生命健康，国家实行特许经营，所以酒类广告也实行特别管理。

（一）禁止诱导、怂恿饮酒或者宣传无节制饮酒

诱导，是指劝诱、引导。怂恿，是指煽动、鼓动、撺掇。无节制，是指丝毫不加以限制或控制。例如，浏阳河白酒电视广告中，五名"超女"一边划船，一边歌唱改编的"浏阳河"："想唱就唱，想喝就喝，今年拜年，浏阳河酒。""想唱就唱""想喝就喝"属于诱导、怂恿饮酒或者宣传无节制饮酒。

另外，明示或者暗示个人、商业、社会、体育、性生活等方面的成功归因于饮酒，在一定程度上有诱导、故意怂恿饮酒的行为，个人、商业、社会、体育、性生活等方面的成功与饮酒没有必然联系。

还有，以酒类商品作为奖品或者礼品不再禁止，虽然酒类商品作为奖品或者礼品并不等同于宣传无节制饮酒，但是，有助推社会饮酒之效果，因此，企业还是应当正确把握尺度，减少以酒类商品作为奖品或者礼品的广告，在酒类广告中尽量标注"适度饮酒"等相关提示语，倡导健康的生活方式，并应当根据《广告法》第八条的规定，标明赠品的品种、规格、数量、期限和方式等。

（二）禁止出现饮酒的动作

饮酒的动作，是指将酒杯中酒倒入口中。只要酒杯与嘴唇接触在一起就是饮酒的动作(如图1、2、3)。不包括举杯、闻杯、干杯的动作(如图4、5)。但是，在视频广告中，因为饮酒体现的是一系列连贯的动作，如果仅仅切去酒入口的镜头，仍可能被认定为含有"饮酒"的动作。

图1　　图2　　图3　　图4　　图5

【案例】百威广告含饮酒动作，被罚款 25 万元

百威投资（中国）有限公司于 2021 年 4 月 18 日在杭州安吉百威举办"福佳春季游推广视频"活动，又于 2021 年 5 月 14 日在其微信公众号"Hoegaarden01"中发布了一篇名为《春日游，碰杯正当时》的广告长图文。该广告长图文包含了：（1）一段时长为 6 分 29 秒的视频，视频尾端出现了碰杯后的饮酒动作；（2）3 秒的动图（gif）出现了碰杯后的饮酒动作；（3）活动受邀请的博主有持杯饮酒的照片。因酒类广告含有饮酒动作，违反了《广告法》第二十三条第（二）项规定，构成了发布酒类违禁广告的违法行为。2021 年 11 月 11 日，上海市静安区市场监督管理局根据《广告法（2015）》第五十八条规定，做出沪市监静处〔2021〕062021001534 号处罚决定书，罚款 25 万元，并责令其停止发布。

（三）禁止表现驾驶车、船、飞机等活动

酒类广告中不得出现边饮酒边驾驶车、船、飞机等画面，即具有潜在危险的酒驾画面。

另外，酒类广告中不再禁止使用未成年人形象。但是《未成年人保护法》第三十七条规定，禁止向未成年人出售烟酒。《广告法》第十条规定，广告不得损害未成年人的身心健康。《广告法》第四十条规定，禁止在针对未成年人的大众传播媒介上发布酒类广告。因此，在酒类广告中应谨慎使用未成年人形象，不得向未成年人介绍、推荐酒类商品，不得以未成年人的名义或者形象介绍酒类商品或者出现未成年人购买、消费酒类商品的内容。

（四）禁止明示或者暗示饮酒有消除紧张和焦虑、增加体力等功效

此规定是指酒类广告中不得明示或暗示饮酒有消除紧张和焦虑、增加体力的功效等内容。

（五）酒类广告的内容必须符合卫生许可的事项，并不得使用医疗用语或者易与药品混淆的用语

《广告法》第十七条规定，除医疗、药品、医疗器械广告外，禁止其他任何广告涉及疾病治疗功能，并不得使用医疗用语或者易使推销的商品与药品、医疗器械相混淆的用语，但是，经食品药品监管部门批准的药酒除外。

（六）药酒、保健酒分别按照药品、保健食品广告发布标准把关

经卫生行政部门批准的、有医疗作用的酒类商品，其广告发布标准按照药品广告发布标准把关广告内容。经食品药品监管部门批准的、有保健功能的酒类商品，其广告发布标准按照保健食品广告发布标准把关广告内容。

（七）不得以未成年人的名义或者形象介绍酒类商品

《未成年人保护法》第三十七条明确规定，禁止向未成年人出售烟酒。因此，广告中不得向未成年人介绍、推荐酒类商品；在酒类广告中应谨慎使用未成年人形象，不得以未成年人的名义或者形象介绍酒类商品或者出现未成年人购买、消费酒类商品的内容。

（八）针对未成年人的大众传播媒介不得发布酒类广告，广播电视播出酒类商业广告不得超过规定时间与数量

大众传播媒介发布酒类广告，不得违反《广告法》第四十条，在针对未成年人的大众传播媒介上不得发布酒类广告的规定，不得违反《广播电视广告播出管理办法》第二十五条规定，即广播电视播出机构应当严格控制酒类商业广告，不得在以未成年人为主要传播对象的频率、频道、节（栏）目中播出的规定，广播电台每套节目每小时播出的烈性酒类商业广告，不得超过 2 条，电视台每套节目每日播出的烈性酒类商业广告不得超过 12 条，其中 19:00 至 21:00 之间不得超过 2 条。

（九）酒类广告出现的评优、评奖、评名牌、推荐等评比结果应当真实、合法、准确、清楚地表明

《酒类广告管理办法》废止后，酒类广告中可以出现酒类商品的评优、评奖、评名牌、推荐等评比结果，但应当依据《广告法》第十一条的规定，真实、准确，并表明出处。引证内容有适用范围和有效期限的，应当明确表示。即评比活动应当真实、合法，奖项表示应当准确、清楚，表明评奖单位、评奖范围和获奖时间；奖项表示中不得违法使用绝对化用语。

第七节 教育培训广告管理的特别规定

一、法律规定

《广告法》第二十四条规定，教育、培训广告不得含有下列内容：（一）对升学、通过考试、获得学位学历或者合格证书，或者对教育、培训的效果作出明示或者暗示的保证性承诺；（二）明示或者暗示有相关考试机构或者其工作人员、考试命题人员参与教育、培训；（三）利用科研单位、学术机构、教育机构、行业协会、专业人士、受益者的名义或者形象作推荐、证明。

《未成年人保护法》第三十三条第三款规定，幼儿园、校外培训机构不得对学龄前未成年人进行小学课程教育。第三十八条第二款规定，学校、幼儿园不得与校外培训机构合作为未成年人提供有偿课程辅导。

《民办教育促进法》第四十二条规定，民办学校的招生简章和广告，应当报审批机关备案。

《民办教育促进法实施条例》第二十六条规定，民办学校应当按照招生简章或者招生广告的承诺，开设相应课程，开展教育教学活动，保证教育教学质量。

二、教育、培训及其广告的概念

（一）教育的概念

《广告法》所指的教育，是指学历教育和非学历教育，即由教育机构提供有目的、有计划、有组织的系统基础理论及素质培养的学历教育的社会活动。教育机构一般以"学校""学院""大学"等冠名。

（二）培训的概念

《广告法》所指的培训，是指由社会机构提供的有目的、有计划、有组织的专门训练技能的活动，包括以获得岗位技能合格证书为主的训练过程。

（三）教育、培训广告的概念

教育、培训广告是指教育机构、培训机构为了扩大生源，通过一定的媒介和形式，直接或间接地介绍自己的学历教育、岗位技能培训的广告。

三、教育、培训市场及其广告情况

自教育体制改革以来，我国以传授系统知识的学历教育为主的教育机构，已划分为公办与民办两种体制。而民办又划分为营利性与非营利性两种性质，招生市场化，引发了竞争态势。招生广告作为一种营销竞争手段，为民办院校普遍采用，其中出现了一些夸大失实的广告。

同时，中国培训行业的各类培训机构数量呈爆发性增长，学前教育、学科辅导、数字技术成为培训产业的三大支柱，企业管理类培训、金融培训、考试辅助类培训等也遍地开花。培训市场竞争十分激烈，五花八门的培训广告处处可见。其中出现了一些以升学率、考试合格率等培训效果做出明示或者暗示的保证性承诺，明示或者暗示拥有相关考试机构及其工作人员、考试命题人员，用科研单位、学术机构、教育机构、行业协会、专业人士、受益者的名义或者形象作推荐、证明的培训招生广告，比如，"恭喜本校＊＊＊学生考了＊＊＊""高分包过""考试担保达到＊＊＊分数""升学率达到＊＊＊"等。特别是夸大培训效果、误导公众教育观念、制造家长焦虑的校外培训广告，扰乱培训市场，增加不必要的社会负担。因此，必须加大对教育、培训广告的监管力度，促进教育、培训市场的健康发展。

四、教育、培训广告的禁止性规定

（一）禁止明示或者暗示保证升学、保证考试通过、保证获得学位学历或合格证书等，对培训效果作出承诺

【案例】发布保证性承诺的培训广告，被罚款 30 万元

在国家市场监督管理总局公布的 2019 年第二批虚假违法广告典型案件中，2019 年，当事人云南泛亚专修学院（高等教育成人自学考试，由云南省教育厅批准，云南省民政厅注册登记）通过网站发布含有"自学考试拿证时间 2.5 年—5 年、通过率 3%—10%，成人高考拿证时间 3 年—5 年、通过率 95% 以上，网络教育拿证时间 2.5 年、通过率 99% 左右""目前录制好的课程有 20 多个专业，300 多门课程，授课师资均为全国 211 重点大学的专家教授及多年从事自考辅导的老师"等内容的广告，对升学、通过考试、教育、培训做出保证性承诺，且存在虚假内容，违反了《广告法》第二十四条第（一）项、第二十八条第二款第（一）项和第（二）项的规定。2019 年 3 月，昆明市五华区市场监督管理局依据《广告法》第五十五条第一款、第五十八条第一款第（六）项的规定，做出《行政处罚决定书》，责令当事人停止发布违法广告，并处罚款 30 万元。

（二）禁止明示或者暗示有相关考试机构或者其工作人员、考试命题人员参与教育、培训

【案例】发布有相关考试命题人员参与培训的培训广告，被罚款 12.12 万元

在上海市市场监管部门公布的 2020 年第一批虚假违法广告典型案例中，当事人上海中智国际教育培训中心（由上海市徐汇区民政局注册登记）为招收更多学员，发布含有"HSK 試験官及び出題．採点資格"的广告用语，其中文意思是"HSK 考官以及出题，打分资格"，在广告中明示其教师团队拥有 HSK 考官以及出题和阅卷资格，违反了《广告法》第二十四条第二款第（二）项的规定。上海市市场监管部门依据《广告法》第五十八条第一款第六项的规定，责令当事人停止发布违法广告，并处罚款 12.12 万元。（说明：上海市市场监督管理局未公布《行政处罚决定书》）

（三）禁止利用科研单位、学术机构、教育机构、行业协会、专业人士、受益者的名义或者形象做推荐、证明

【案例】发布以教育机构的名义、形象做推荐、证明的虚假培训广告，被罚款 123.5 万元

当事人学成世纪（北京）信息技术有限公司所属"学大教育"在其 APP 中售卖的某课程，标示原价 6000 元，现价 3600 元，但以原价（标注的高价）在促销活动前从未成交，构成利用虚假的或者使人误解的价格手段，诱骗消费者交易的行为，违反了《价格法》第十四条第（四）项的规定。同时，"学大教育"APP 上称"大题全部压中啦，尤其是哲学政治的，几乎一模一样的"，引用不真实用户评价、虚构教

师履历，构成了实施虚假或者引人误解的商业宣传行为，违反了《反不正当竞争法》第八条第一款的规定。"学大教育"在其官方网址 www.xueda.com 上宣传"新高考直通车计划，直达36所'双一流'"，构成了对升学、获得学位学历，或者对教育、培训的效果做出明示或者暗示的保证性承诺行为，违反了《广告法》第二十四条第（一）项的规定；在其官网上利用清华大学、北京大学、中国人民大学等教育机构校徽进行宣传，属于"利用教育机构、专业人士的名义或者形象作推荐、证明"的行为，违反了《广告法》第二十四条第（三）项的规定。2021年5月28日，北京市朝阳区市场监督管理局依据《广告法》第五十八条第一款第（六）项的规定，对当事人做出《行政处罚决定书》，对利用虚假的或者使人误解的价格手段，诱骗消费者交易的价格违法、对教育、培训的效果做出明示或者暗示的保证性承诺、利用教育机构、专业人士的名义或者形象做推荐证明及虚构教师履历等虚假宣传行为，合并罚款123.5万元。（说明：北京市朝阳区市场监督管理局未公布《行政处罚决定书》。）

【案例】发布以受益人名义做推荐证明的培训广告，被罚款2万多元

2021年5月，南京市雨花台区市场监管局在现场检查中，发现某教育培训中心的经营场所门前贴了一张"喜报"，内容为"热烈祝贺***教育学员2021年春季期中考试再创佳绩"，并列举了学生姓名、年级、学校、成绩，涉及学生38名。（见右图）这种通过张贴"喜报"公布培训学生成绩的方式证明其培训效果，以受益人角色进行具名宣传的行为违反了《广告法》第二十四条第（三）项规定。此外，该机构还存在使用虚构原价的促销手段推销课程，以及在广告中使用"小升初全程规划 高效提分"的宣传语暗示其培训效果等行为，违反了《广告法》第二十四条第（一）项规定。南京市雨花台区市场监管局依据《广告法》第五十八条第一款第（六）项的规定，责令当事人停止发布违法广告，并处罚款2.02万元。（说明：南京市雨花台区市场监管局未公布《行政处罚决定书》。）

（四）自觉遵守在主流媒体、新媒体、公共场所、居民区各类广告牌和网络平台等不刊登、不播发校外培训广告

2021年5月21日，中共中央总书记、国家主席、中央军委主席习近平主持召开中央全面深化改革委员会第十九次会议，审议通过了《关于进一步减轻义务教育阶段学生作业负担和校外培训负担的意见》（以下简称《意见》），并由中共中央办公厅、国务院办公厅印发。《意见》要求做好培训广告管控。中央有关部门、地方各级党委和政府要加强校外培训广告管理，确保主流媒体、新媒体、公共场所、居民区各类广告牌和网络平台等不刊登、不播发校外培训广告。不得在中小学校、幼儿园内开展商业广告活动，不得利用中小学和幼儿园的教材、教辅材料、练习册、文具、教具、校服、校车等发布或变相发布广告。依法依规严肃查处各种夸大培训效果、误导公众教育观念、制造家长焦虑的校外培训违法违规广告行为。

2021年11月3日，国家市场监督管理总局、中央宣传部、中央网信办、教育部、民政部、住房和城乡建设部、国务院国资委、广电总局发出的《关于做好校外培训广告管控的通知》规定：不区分学科类、非学科类，要确保做到主流媒体及新媒体、网络平台以及公共场所、居民区等线上线下空间不刊登、不播发面向中小学（含幼儿园）的校外培训广告。要依法从严查处利用节（栏）目、"软文"等方式变相发布校外培训广告的行为，对于夸大培训效果、误导公众教育观念、制造焦虑的虚假违法校外培训广告依法从重处罚。

所谓校外学科类的教育培训，根据教育部办公厅教监管厅函〔2021〕3号《关于进一步明确义务教育阶段校外培训学科类和非学科类范围的通知》，校外学科类的教育培训是指道德与法治、语文、历史、地理、数学、外语（英语、日语、俄语）、物理、化学、生物等课程。

所谓校外非学科类的教育培训是指体育（或体育与健康）、艺术（或音乐、美术）学科，以及综合实践活动（含信息技术教育、劳动与技术教育）等课程。

另外，《广告法》仅规定教育、培训广告不得含有内容及不得在中小学校、幼儿园内开展商业广告活动，不得利用中小学和幼儿园的教材、教辅材料、练习册、文具、教具、校服、校车等发布或变相发布广告的行为，并没有禁止在主流媒体、新媒体、公共场所、居民区各类广告牌和网络平台等刊登、播发校外培训广告。然而《意见》要求主流媒体、新媒体、公共场所、居民区各类广告牌和网络平台等不刊登、不播发校外培训广告。根据《立法法》规定，行政法规必须由国务院根据宪法和法律，依照法定程序制定，并由总理签署国务院令公布。国务院办公厅属于国务院办事机构，其制定并下发的《意见》等规范性文件不属于法律、行政法规，属于其他规范性文件，法律位阶低于行政法规、规章。虽然不具有行政处罚依据的法律效力，但是具有普遍约束力，可以作为行政监管执法的间接依据。广告活动主体应当自觉遵守《意见》要求。

第八节　招商等投资广告管理的特别规定

一、法律规定

《广告法》第二十五条规定，招商等有投资回报预期的商品或者服务广告，应当对可能存在的风险以及风险责任承担有合理提示或者警示，并不得含有下列内容：（一）对未来效果、收益或者与其相关的情况做出保证性承诺，明示或者暗示保本、无风险或者保收益等，国家另有规定的除外；（二）利用学术机构、行业协会、专业人士、受益者的名义或者形象做推荐、证明。

二、招商等投资广告的概念

1. 招商，即招揽商户，是指发包方将自己的服务、产品或项目面向一定范围进行发布，招募拥有资本、技术、渠道的商户与发包方共同发展。招商概念范围很广，包括引资本招商、引技术招商、引经营主体招商等。如政府招商引资，即地方政府（开发区）以说服投资者受让土地或租赁厂房为主要表现形式的，针对一个地区的投资环境的销售行为。如企业为了完成技术项目，引进拥有核心技术的合作方；企业为了整合市场资源，迅速开拓占领市场，招募拥有销售渠道的商户加盟，共同销售产品。除此之外还有购物中心招商，出租购物空间的招募商户等。

2. 投资，是指为了在未来可预见的时期内获得收益或是资金增值，在一定时期内对一定领域的标的物或项目投放足够数额的资金或实物的货币等价物的经济行为，可分为实物投资、资本投资和证券投资。投资包括房产、债券（国债、金融债、公司债）、股票、贵金属（黄金、白银）、理财型保险、基金、银行理财产品、信托、钱币古董、民间借贷等。

三、招商等投资广告的义务性和禁止性规定

义务性规定，是指要求当事人应当做出某种积极行为、履行责任的法律规定。禁止性规定，是指命令当事人不得为一定行为的法律规定。

无论招商，还是投资，加盟者、投资者都是为了收益回报，所以，招商、投资广告都含有预期收益回报的内容，否则，广告响应力弱。但是，招商、投资都有风险，不能只讲收益，不讲风险。现实生活中，招商、投资广告确实存在大量的不讲风险、只讲收益回报的误导性广告，甚至承诺收益保证，事后又不兑现承诺，造成加盟人、投资人损失，引发社会不安定。如债券、股票、贵金属、理财型保险、基金、银行理财产品、信托、钱币古董、招商加盟等领域的纠纷频发，其中互联网P2P问题最多，有诸多用误导性广告欺骗投资人，诈骗老百姓血汗钱的案例。

因此，《广告法》对招商等有投资回报预期的商品或者服务广告做了专门规定，防止虚假、误导广告发生，保护投资人、加盟人的利益。

（一）招商等投资广告应当对可能存在的风险以及风险责任承担合理提示或者警示

【案例】广告主与广告经营者发布无风险提示警示理财广告，被分别罚款近50万元

当事人新疆大晨报股份公司、乌鲁木齐金粒广告传媒有限公司通过报纸发布含有"恒基泰富助财富稳健增长，可靠、实力、稳健""恒基泰富有效保障您的资产安全""轻松理财 安享财富人生""理财全方位 财富零距离"等内容的广告，未对可能存在的风险以及风险责任承担有合理提示或者警示，违反了《广告法》第二十五条第一款第（一）项的规定。2019年4月10日、2019年5月30日，乌鲁木齐市市场监督管理局依据《广告法》第五十八条等规定，分别对当事人新疆大晨报股份公司做出乌市监经处〔2019〕01号《行政处罚决定书》，对当事人乌鲁木齐金粒广告传媒有限公司做出乌市监罚〔2019〕13号《行政处罚决定书》，责令当事人停止发布违法广告，并分别处罚款45.03万元、49.42万元。（说明：乌鲁木齐市市场监督管理局未公布《行政处罚决定书》。）

【评析】 通常广告主为了吸引投资人，往往对风险只字不提，比如前述案例，未对相关的风险进行提示，这也是投资回报类广告被处罚的较为普遍的原因。投资往往有风险，投资人不仅可能无法获得预期的收益，而且有可能会血本无归，对此，广告主应当在招商、保险、期货、债券、基金、理财、招商加盟等广告中以醒目的方式标注"市场有风险，投资需谨慎""产品有风险，投资需谨慎"的风险提示语，使投资人认识到潜在风险，做出是否投资得选择。

（二）禁止对未来效果、收益或者与其相关的情况做出保证性承诺，明示或者暗示保本、无风险或者保收益，国家另有规定的除外

【案例】发布保本的理财广告，被罚款70万元

北京市海淀区市场监督管理局执法人员于2019年3月16日现场检查并点击打开当事人北京融世纪

信息技术有限公司自有的融360网站，发现融360网站网页"信用卡"栏目标签所链接的页面上端有"理财"栏目标签。点击融360网站"理财"栏目，通栏处有"安全理财就看这儿，踏实巧取高收益！融360联合靠谱网贷平台联合发布"的文字内容，并含有"融360 9%—12%年化收益，安全有保障""存钱罐，账户余额也有收益""机构100%本息保障"等内容，点击"立即充值"按钮跳转的页面上，含有"安全+省心 大众理财平台""资金有保障 天天有收益"的内容，再点击"信用卡"栏目广告网页链接，含有"来自全球顶尖金融机构 安全、短期理财产品"的字样。广告均未对风险责任承担进行提示或警示，并含有对未来效果、收益做出保证性承诺用语，违反了《广告法》第二十五条第（一）项的规定。2019年6月4日，北京市海淀区市场监督管理局依据《广告法》第五十八条第一款第（七）项的规定，对当事人做出京工商海处字〔2019〕第515号《行政处罚决定书》，责令当事人停止发布违法广告，并处罚款70万元。

【评析】在常见的一些广告违法案例中，广告主通常宣称"预期年化利率最高××%""投资回报率70%，稳赚不赔""保证本金不损失，年收益率达8%"，以较高的投资回报率数字来吸引投资人、消费者的目光。比如以上案例中，广告主即宣称"9%—12%年化收益"。然而，这种保证性承诺并无科学、合理的测算依据和测算方式，同时，投资的未来效果、收益等情况往往受市场环境、管理人自身能力以及国家宏观调控等诸多因素的影响，从而具有不确定性，而广告主一味宣传高收益、高回报容易误导投资人、消费者，使其忽略可能存在的风险。因此，《广告法》明确禁止，不得对收益做出保证性承诺。

（三）禁止利用学术机构、行业协会、专业人士、受益者的名义或者形象做推荐、证明

【案例】发布受益者做推荐、证明的广告，被罚款10万元

当事人山西易联金服网络科技有限公司（后变更为"山西君子岛文化科技集团有限公司"）通过自行运营的"开金所"互联网平台发布含有"推荐榜，用户名，投资金额，赚取收益"等内容的广告，未对风险责任承担进行提示或警示，并利用受益者的名义或者形象做推荐、证明，违反了《广告法》第二十五条第一款第（二）项的规定。2019年1月21日，山西省太原市市场监管局小店分局依据《广告法》第五十八条第一款第（七）项的规定，对当事人做出市工商店广罚字〔2019〕14号《行政处罚决定书》，责令当事人停止发布违法广告，并处罚款10万元。

【评析】关于广告代言人方面，投资回报类广告也有其特殊要求，不得利用学术机构、行业协会、专业人士、受益者的名义或者形象做推荐、证明。这些机构和人员因其特殊的身份，如果做推荐、证明，容易使消费者产生盲目相信的心理，因此，为了防止误导消费者，此类广告的代言人不得以专业人士、受益者的名义或者形象出现。

第九节 房地产广告管理的特别规定

一、法律规定

《广告法》第二十六条规定，房地产广告，房源信息应当真实，面积应当表明为建筑面积或者套内建筑面积，并不得含有下列内容：（一）升值或者投资回报的承诺；（二）以项目到达某一具体参照物的所需时间表示项目位置；（三）违反国家有关价格管理的规定；（四）对规划或者建设中的交通、商业、

文化教育设施以及其他市政条件作误导宣传。

二、房地产广告的概念

根据《房地产广告发布规定》，房地产广告，是指房地产开发企业、房地产权利人、房地产中介机构发布的房地产项目预售、预租、出售、出租、项目转让以及其他房地产项目介绍的广告，不包括居民私人及其非经营性售房、租房、换房广告。

三、《广告法》对房地产广告的特别规定

由于房地产广告直接关系民生，《广告法》对房地产广告做出了强制义务性和禁止性的特别规定，让消费者明明白白看懂房地产广告，从而做出理性选择。

（一）《广告法》对房地产广告的义务性规定

1. 房地产广告的房源信息应当真实

真实性是广告应当具备的基本要求。一些房地产经纪公司为了吸引消费者、抢占客户资源，在广告中发布价格特别优惠的、子虚乌有的房源信息，待消费者与其联系后，再向消费者推荐其他房源，这种行为不仅违反房地产广告的规定，同时可能构成虚假广告。

2. 面积应当表明为建筑面积或者套内建筑面积

房屋面积是购房者决定是否购买房屋的重要参考因素。房屋面积有"建筑面积""套内建筑面积""套内房屋使用面积"之区别，不能简单使用"面积"表述。而且，"建筑面积""套内建筑面积""套内房屋使用面积"三种面积概念不同，由于建筑结构、得房率等不同，实际套内使用面积往往大相径庭。建筑面积 = 套内建筑面积 + 分摊面积。套内建筑面积 = 使用面积 + 墙体面积 + 阳台面积。套内房屋使用面积，是指套内房屋使用空间的面积，如果按建筑面积计算单价，将比以套内建筑面积计算的单价低。所以，房地产广告涉及面积的，应当表明是建筑面积还是套内建筑面积，而且只能在建筑面积或套内建筑面积之间进行选择，不能使用其他面积概念进行表述。这种表述更加明确与规范化，也能直接与房产证中明确标注的套内建筑面积相吻合。

例如，山东省威海市市场监管局联合荣成市市场监管局对石岛管理区东山街道办事处附近户外广告

牌进行检查。执法人员在检查中发现，北车村东侧公路一处房地产广告存在未标明建筑面积和套内面积等违法问题，执法人员现场联系广告发布者，责令其限期整改。

【案例】发布"面积"表述不清及绝对化用语的房地产广告，被罚款60万元

当事人深圳市中执资本投资有限公司对沙河观景阁169套公寓重新装修后，改名包装成"侨城尚寓"的"鸽笼房"向社会销售，并发布广告声称"中国空前！深圳绝版！""6平方米精装极小户型驾到！"，没有标明是建筑面积还是套内面积，使用了绝对化用语并且虚假，违反《广告法》第四条、第九条第（三）项及第二十六条第一款规定，深圳市市场和质量监管委南山局根据《广告法》第五十五条、第五十七条、第五十八条规定，对当事人做出《行政处罚决定书》，责令当事人停止发布违法广告，并处罚款60万元。（说明：深圳市市场和质量监管委南山局未公布《行政处罚决定书》）。

（二）《广告法》对房地产广告的禁止性规定

1. 禁止含有升值或者投资回报的承诺

【案例】发布含有升值或者投资回报的房地产广告，被罚款60万元

在南京市市场监管局公布的2020年第三批违法广告案例中，当事人南京市某公司通过微信公众号、视频等途径发布房地产广告，广告中含有"拥有全球唯一……主题乐园、世界唯一，全国最长室内步行街""最高投资回报率10%"等内容，违反了《广告法》第九条、第二十六条的规定。2020年7月，南京市栖霞区市场监管局依据《广告法》第五十七条、第五十八条规定，对当事人做出《行政处罚决定书》，责令当事人停止发布违法广告，并处罚款60万元。（说明：南京市栖霞区市场监管局未公布《行政处罚决定书》）。

2. 禁止以项目到达某一具体参照物的所需时间表示项目位置

消费者买房时，生活配套措施，尤其是交通的方便程度，是关注的重点。一些楼盘打出了离地铁站10分钟车程的"地铁房"广告来吸引消费者，实际情况却不是如此。此类广告混淆了时间概念和距离概念，用时间来反映距离，不仅不科学，而且可能会造成误导。由于消费者乘坐的交通工具不一样，路况不一样，时间肯定不一样，所以《广告法》明确禁止此类宣传。

【案例】发布用时间表示距离及含有升值字样的房地产广告，被罚款19万元

当事人南京中南御城房地产开发有限公司在中南棉花塘项目的宣传中使用了"距离S1机场线翔宇路北地铁站仅约600米，步行仅需5分钟""项目路网发达，经机场线半小时内可到达南京南站、禄口机场及市内其他主要区域""一流的品牌实力，强大的商业运营资源，确保项目繁荣的同时，确保业主财富增值""升值旺 新城核心数万 人口红利潜力无限"等宣传内容（见下图）。上述广告宣传中含有升值或投资回报的承诺，且以项目到达某一具体参照物的所需时间表示项目位置，违反《广告法》第二十六条第一项和第二项的规定，构成发布违法房地产广告的行为。2020年4月10日，南京市江宁区市场监管局依据《广告法》第五十八条第一款第八项的规定，对当事人做出江宁市监罚〔2020〕07006号《行政处罚决定书》，责令当事人在相应范围内消除影响，并处罚款19万元。

3. 禁止含有违反国家有关价格管理的规定

消费者买房时，价格也是关注的重点，一些楼盘在房地产广告中捏造、散布涨价信息，造成消费者紧张与压力，属于《价格管理条例》第二十九条第（三）项规定的抬级抬价、压级压价的价格违法行为。房地产广告中有价格表示时，不清楚表示实际销售价格，不明示价格的有效期限，都属于有违国家有关价格管理的规定。

4. 禁止含有对规划或者建设中的交通、商业、文化教育设施以及其他市政条件做误导宣传

这在声称"学区房""地铁房"的房地产广告中出现较多，如在房地产广告中承诺业主凭购房合同就可入读某初级中学和小学，或者承诺买房帮助业主办理户口和入学，在房地产广告中声称"某号线地铁直达"。然而，消费者却遭遇了"伪学区房""伪地铁房"的骗局，好不容易花了血本买了楼房，所谓距名校仅咫尺之遥，竟在该学区之外，所谓配建名校也未见踪影。即使属于"学区房"，最终能不能上，要看学校的名额是否有限制，在名额不足的情况下，按考分录取，没有录取上的会被教育部门划分到周边其他学校。事实上，一些开发商楼盘的诸多承诺往往停留在图纸建设中或规划中，改弦更张的可能性较大，一不留神就把先前描述过的便捷交通、繁华商业、顶级教育资源等灿烂前景给推翻了，若再用诸如政府规划调整、国家政策因素等"不可抗力"加以搪塞，消费者只有打落牙齿往肚里咽的份。即使状告开发商赢了，拿到了补偿款，但让孩子上名校的心愿可能已成泡影。

【案例】发布误导性"学区房"的房地产广告，被罚款3.6万元

当事人西安立信置业有限公司在售楼时，在其户外及宣传单页的广告上宣称是浐灞一小的学区房。户外广告牌声称"中科院幼儿园圆满签约落户，浐灞一小学区房"（见下图），在位于浐灞生态区北辰大道处的售楼部《义务教育设施代建费缴纳协议》公示栏上描述"天朗蔚蓝东庭已签约浐灞一小，业主子女享受无名额限制优先入学特权"。事实上，浐灞一号的开发商根本没有交教育配套费，已入驻浐灞一号小区4年的业主发现孩子根本上不了就近的浐灞一小，给购房的消费者造成了误导性的宣传，违反《广告法》第二十六条第四项的规定，构成发布违法房地产广告行为。2017年7月27日，西安市市场监督管理局港务浐灞分局依据《广告法》第五十八条第一款第八项的规定，对当事人做出市工商浐处字〔2017〕第85号《行政处罚决定书》，责令当事人停止发布违法广告，并处罚款3.6万元。

【案例】发布误导宣传正在建设规划有关设施的房地产广告，被罚款17多万元

当事人厦门东悦地产有限公司2020年5月起通过微信公众号、房多多平台、安居客平台发布视频，宣称项目周边有"行政中心站""3号线浦边站""政务服务中心""双十实小旁"（双十是指双十中学，实小是指实验小学）等交通、教育设施及其他市政条件，未在相应位置标注"建设中"或"规划中"，违反了《广告法》第二十六条第四项的规定。2020年8月28日，福建省厦门市翔安区市场监督管理局依据《广告法》第五十八条第一款第八项的规定，对当事人做出厦翔市监处〔2020〕71号《行政处罚决定书》，责令当事人停止发布违法广告，消除不良影响，并处广告费用2.9倍罚款，即罚款17 5450元。

四、房地产广告管理规章的特别规定

自 2021 年 6 月 1 日起施行修订的国家市场监督管理总局《房地产广告发布规定》规章，除了重申《广告法》第二十六条对房地产广告的管理规定外，还补充了以下义务性、禁止性的特别规定。

（一）涉及所有权或者使用权的，所有或者使用的基本单位应当是有实际意义的完整的生产、生活空间

例如，某楼盘将公共绿地宣传为"院子""私家庭院""私家花园"；某楼盘在广告中声称"层高 4 米，买一房送二房""买顶楼送阁楼"，其实"送二房""送阁楼"的房产所有权不是有实际意义的完整的生活空间。

【案例】发布与实际情况不符的房地产广告，被罚款 70 万元

在国家市场监督管理总局公布的 2019 年第二批虚假违法广告典型案件中，当事人南京金梦都房地产开发有限责任公司通过微信公众号发布房地产广告，将没有实际意义、完整的生产、生活空间的公共绿地宣传为"院子""私家庭院""私家花园"。根据调查，公共绿地为全体业主共有。且其宣传的"均为电梯直接入户"也无资料证明。据当事人陈述，样板房及微信公众号均为当事人自行设计、策划、发布，湖光山色项目未竣工，尚未核算样板房费用，微信公众号为当事人自行运营，因此广告费用无法计算。在立案调查期间，当事人已主动改正了违法行为，删除了微信公众号宣传内容，整改了样板房的院子部分。广告与实际情况不符，违反了《广告法》第二十八条第二款第（二）项的规定。而且当事人的业主多次举报信访，社会影响恶劣。2019 年 3 月 8 日，南京市江宁区市场监督管理局依据《广告法》第五十五条第一款的规定，对当事人做出江市监管案〔2019〕00020 号《行政处罚决定书》，责令当事人停止发布违法广告，并从重处罚，对其罚款 70 万元。

（二）对价格有表示的，应当清楚表示为实际的销售价格，明示价格的有效期限

例如，某楼盘在广告中以巨大的数字"5999 元 / 平方米"凸显出房屋价格，然后以不易被察觉的小小的"起"字跟在数字后。购房者在拿到楼盘宣传单时，被那大大的数字吸引，于是心里暗喜价格不错，捡了便宜，然而却忽略了数字之后还跟着小小的"起"字。当兴奋地去看房时，购房者才发现数字标注的"5999 元 / 平方米"房子根本就不存在，都是 15999 元 / 平方米"。也就是说，宣传单中应当清楚表示实际销售价格"5999—15999 元 / 平方米"，并明示此价格的有效期限为"××××年××月××日—××××年××月××日止"。并且最低价和最高价应当是实际可售的房屋价格。

（三）项目位置示意图，应当准确、清楚，比例恰当

所谓项目位置示意图，是指项目所在区域位置或者地理位置。区域位置图显示建设项目所在的区域位置、周边的行政区划。地理位置图是准确的地理位置，和地图差不多。区域位置相对地理位置要具体详细一些，主要包含周边已建、在建、拟建的建筑物，交通、商业、文化教育设施及其他市政条件等。

所谓准确、清楚，比例恰当，是指无论是区域位置还是地理位置的示意图，都应当如实客观、具体、无误差地标明项目所在位置及与周边已建、在建、拟建的建筑物，交通、商业、文化教育设施及其他市政条件等之间的相对关系，而且应当按照地图测绘的距离和比例放大，不得故意缩短项目与周边重要建筑设施的距离，不得故意隐瞒或夸大周边已建、在建、拟建的建筑物，交通、商业、文化教育设施及其他市政条件。例如，开发商经常在项目位置示意图中故意缩短项目与周边重要建筑设施的距离，或者故意隐瞒或夸大周边已建、在建、拟建的建筑物，交通、商业、文化教育设施及其他市政条件，误导购房者。

（四）涉及交通、商业、文化教育设施及其他市政条件正在规划或者建设中，应在广告中注明

此规定是指应当注明项目周边在建、拟建的建筑物，交通、商业、文化教育设施及其他市政条件等。例如，楼盘周边正在规划或者建设中的中小学、地铁、商场、影院、公园等设施及其他市政条件，应当在广告中注明"规划中""建设中"。

（五）涉及内部结构、装修装饰的，应当真实、准确

广告中涉及房屋内部结构、装修装饰的，应当如实客观、具体、无误差地标明，不得故意隐瞒或夸大。例如，开发商经常在宣传材料上标有"精装酒店式公寓""霍曼四房门、科宝博洛尼整体橱柜、美标洁具、马可波罗地砖、圣象地板、阿里斯顿热水器、森德散热器，国际一流品牌整体精装，安置高贵身心，保证主人拎包入住"等详细装修的内容，而实际情况相差甚远。

（六）涉及贷款服务的，应当载明提供贷款的银行名称及贷款额度、年期

此规定是指广告中涉及房屋贷款服务的，应当如实客观、具体、无误差地标明提供贷款的银行名称及贷款额度、年期，不得故意隐瞒贷款条件、贷款额度、还款年期、贷款利率，或夸大贷款便利。例如，某开发商营销公司为促销商品房，声称"可零首付"，但未同时标明"零首付"的条件。实际上"可零首付"是需要购房者以原有的房屋申请抵押贷款，另外可申请抵押的房屋还有时间上的限制。

（七）使用建筑设计效果图或者模型照片的，应在广告中注明

因施工过程中的设计变更或其他原因，建筑设计效果图或者建筑模型照片与最终建成的房产可能会存在差别，所以，如果广告使用设计效果图或模型照片的，应当在广告中注明。

（八）涉及物业管理的，应符合国家规定；涉及尚未实现物业管理内容，应在广告中注明

不少开发商打出"酒店式物业、24小时贴身服务""酒店式物业、24小时管家服务""××物业全程顾问服务，世界级服务模式完美呈现"等内容的广告，如上述物业管理内容尚未实现的，则应标明，否则属于广告违法。

（九）涉及房地产价格评估的，应当表明评估单位、估价师和评估时间；使用其他数据、统计资料、文摘、引用语的，应当真实、准确，表明出处

详见第三章第五节对广告中引证内容的规定。

（十）房地产预售、销售广告，必须载明以下事项：开发企业名称；中介服务机构代理销售的，载明该机构名称；预售或者销售许可证书号。广告中仅介绍房地产项目名称的，可以不必载明上述事项

房地产销售有预售或者销售之分，房地产广告中必须载明预售或者销售许可证书号。预售、销售经营者有房地产开发企业或者房地产中介服务代理企业，房地产广告中必须载明开发企业名称或者中介服务代理企业名称。如果广告中仅介绍房地产项目名称的，可以不必载明上述事项。

（十一）不得含有风水、占卜等封建迷信内容，对项目情况进行的说明、渲染，不得有悖社会良好风尚

详见第三章第五节禁止含有淫秽、色情、赌博、迷信、恐怖、暴力的内容。例如，开发商在广告中声称"龙脉圣地，世代相传""南北对流，通风采光，上风上水，藏风纳气"等类似的含有风水、占卜等封建迷信的内容，为《广告法》第九条第（七）（八）项规定所禁止的内容，也属于此规章重申禁止的行为。

（十二）不得利用其他项目的形象、环境作为本项目的效果

所谓利用其他项目的形象、环境作为本项目的效果，是指使用有知名度、影响力的他人项目或公共项目的形象、环境为自己项目"背书"造势，显示自己项目的商业价值。例如，开发商在广告中使用"天安门、人民广场、独立公园"等其他项目的形象作为本项目的效果进行展示。

（十三）不得出现融资或者变相融资的内容

只有获得国家许可的金融机构才有权面向社会公众进行融资，房地产企业不得融资或变相融资。常见的融资或变相融资行为，主要有不具有房产销售内容或者未取得销（预）售许可证而进行销售并收取房款的行为，包括返本销售、售后包租等。因而不得就该类行为发布房地产广告。

（十四）不得含有能为入住者办理户口、就业、升学等事项的承诺

房地产商为了吸引客户，经常会打出诸如"买房子送户口"或者"买房即可拥有名校教育资源"等对购房行为有实质性影响的内容，但实际结果要么是上述指标有限，要么购房后根本无法兑现。

（十五）不得发布广告的房地产项目

1.在未经依法取得国有土地使用权的土地上开发建设的房地产项目；2.在未经国家征用的集体所有的土地上建设的房地产项目；3.违反国家有关规定建设的房地产项目；4.不符合工程质量标准，经验收不合格的房地产项目；5.司法机关和行政机关依法裁定、决定查封或者以其他形式限制房地产权利的房地产项目；6.权属有争议的房地产项目；7.预售房地产，但未取得该项目预售许可证的房地产项目；8.法律、行政法规规定禁止的其他情形。以上房地产项目不得发布广告的8种情形大致可分为四类：第1、2、3、4种情形属于违反国家房地产管理制度，暂时或永久无法办理房产权利书的情形，因而不能发布房地产广告；第5、6种情形于房地产权属存在瑕疵，未最终确定归属的情形，不得发布房地产广告；第7种情形则是为了防止开发商将预售款用于非项目建设的其他用途，所以只有取得预售许可，才能发布房地产预售广告；第8种情形是引致条款，将房地产广告管理规章没有包括的，其他法律、行政法规已有规定的，都包括在这个条款中，主要是为了防止本法律与其他法律、行政法规竞合，防止本法律不周延性，明确可以引用其他法律、行政法规规定的条款规制房地产广告活动。

（十六）发布房地产广告应当提供真实、合法、有效的证明文件

1.房地产开发企业、房地产权利人、房地产中介服务机构的营业执照或者其他主体资格证明；2.房地产主管部门颁发的房地产开发企业资质证书；3.自然资源主管部门颁发的项目土地使用权证明；4.工程竣工验收合格证明；5.发布房地产项目预售、出售广告，应当具有地方政府建设主管部门颁发的预售、销售许可证证明；出租、项目转让广告，应当具有相应的产权证明；6.中介机构发布所代理的房地产项目广告，应当提供业主委托证明；7.确认广告内容真实性的其他证明文件。

第十节　动植物种苗及种养殖广告管理的特别规定

一、法律规定

《广告法》第二十七条规定，农作物种子、林木种子、草种子、种畜禽、水产苗种和种养殖广告关于品种名称、生产性能、生长量或者产量、品质、抗性、特殊使用价值、经济价值、适宜种植或者养殖的范围和条件等方面的表述应当真实、清楚、明白，并不得含有下列内容：（一）作科学上无法验证的断言；（二）表示功效的断言或者保证；（三）对经济效益进行分析、预测或者做保证性承诺；（四）利用科研单位、学术机构、技术推广机构、行业协会或者专业人士、用户的名义或者形象做推荐、证明。

二、动植物种苗及种养殖的概念

动植物种苗及种养殖，包括农作物种子、林木种子、草种子、种畜禽、水产苗种和种养殖。

（一）种子的概念

我国《种子法》第二条第二款规定，种子是指农作物和林木的种植材料或者繁殖材料，包括籽粒、果实和根、茎、苗、芽、叶等。

（二）农作物种子的概念

根据我国《种子法》第二条第二款规定，农作物种子包括：粮食、棉花、油料、麻类、糖类、蔬菜、果树（核桃、板栗等干果除外）、茶树、花卉（野生珍贵花卉除外）、桑树、烟草、中药材、草类、绿肥、食用菌等作物以及橡胶等热带作物的种植材料或者繁殖材料，包括籽粒、果实和根、茎、苗、芽、叶等。

（三）林木种子的概念

根据我国《种子法》第二条第二款规定，林木种子是指林木的繁殖器官，林业生产中播种材料的统称。按植物学分类，林木种子包括五种类型：①真正的种子，如松属、杨属；②果实，翅果如臭椿、白榆，坚果如栎树属、椴树属，瘦果如桑树，颖果如毛竹；③果实的一部分，如核桃、楝树；④种子的一部分，如银杏、紫玉兰；⑤无融合生殖形成的种子，如柑橘类等。

（四）草种子的概念

根据我国《种子法》第二条第二款规定，草种子是指草类的种植材料或者繁殖材料，包括籽粒、果实和根、茎、苗、芽、叶等。

（五）种畜禽的概念

根据我国《畜牧法》第七十二条规定，种畜禽是指经过选育，具有种用价值，适于繁殖后代的畜禽及其卵子（蛋）、胚胎、精液等，包括人工养殖的猪、牛、羊、马、驴、驼、兔、犬、鸡、鸭、鹅、鸽、鹌鹑、蜜蜂等。

（六）水产苗种的概念

我国《水产苗种管理办法》第二条规定："本办法所称的水产苗种包括用于繁育、增养殖（栽培）生产和科研试验、观赏的水产动植物的亲本、稚体、幼体、受精卵、孢子及其遗传育种材料。"

（七）种养殖的概念

种养殖是指培育和繁殖农作物种子、林木种子、草种子、种畜禽、水产苗种等种类。

三、动植物种苗及种养殖广告的概念

动植物种苗及种养殖的生产者或者经营者通过一定媒介和形式，直接或者间接地介绍自己所推销的农作物种子、林木种子、草种子、种畜禽、水产苗种和种养殖的商业广告活动。

四、对动植物种苗及种养殖广告的特别规定

(一)《广告法》对动植物种苗及种养殖广告的特别规定

1. 表述应当真实、清楚、明白。在农作物种子、林木种子、草种子、种畜禽、水产苗种和种养殖的品种名称、生产性能、生长量或者产量、品质、抗性、特殊使用价值、经济价值、适宜种植或者养殖的范围和条件等方面的表述应当真实、清楚、明白。

2. 不得作科学上无法验证的断言。

3. 不得含有表示功效的断言或者保证。

4. 不得对经济效益进行分析、预测或者做保证性承诺。

5. 不得利用科研单位、学术机构、技术推广机构、行业协会或者专业人士、用户的名义或者形象做推荐、证明。

例如,某水稻种子广告语"目前大部分水稻非纯天然有机,本产品保证成活率100%,中科院院士×××强烈推荐",既是做科学上无法验证的表示功效的断言或者保证,又是利用科研单位专业人士做推荐、证明的违禁广告。

(二)《种子法》对农作物种子、林木种子、草种子广告的特别规定

1. 未经农业、林业主管部门审定的农作物品种,不得发布广告

我国《种子法》第二十三条第一款规定:"应当审定的农作物品种未经审定的,不得发布广告、推广、销售。"

2. 应当登记的农作物品种未经登记的,不得发布广告

我国《种子法》第二十三条第三款规定:"应当登记的农作物品种未经登记的,不得发布广告、推广,不得以登记品种的名义销售。"

3. 种子广告的种子主要性状描述等应当与审定、登记公告一致

我国《种子法》第四十二条规定:"种子广告的内容应当符合本法和有关广告的法律、法规的规定,主要性状描述等应当与审定、登记公告一致。"

【案例】种子标签做引人误解的商业宣传,被罚款1万元

当事人盱眙县官滩镇农技站化肥农药第二门市销售的Y两优689杂交水稻种子,其种子标签标注与国审稻2013018审定公告不一致,种子包装袋上的标签标注将审定公告中关于种子适应性、抗病性的不足之处的描述予以删除,使消费者对该种子产品,特别是种子适应性、抗病性中存在的风险不能进行全面客观的了解,这足以误导消费者认为种子不存在适应性、抗病性的风险,客观上较其他同类产品形成了有利的竞争优势,妨碍了正常的市场竞争秩序。此广告违反了《种子法》关于种子的主要性状描述等应当与审定、登记公告一致的规定,违反了《反不正当竞争法》有关不得对商品做虚假或者引人误解的商业宣传,欺骗、误导消费者的规定,构成了引人误解的商业宣传行为。2015年8月6日,江苏省盱眙县市场监督管理局根据《反不正当竞争法》有关规定,对当事人做出盱市管案字〔2015〕161号《行政处罚决定书》,责令当事人停止发布违法广告,并处罚款1万元。

盱眙县官滩镇农技站化肥农药第二门市不服,先后诉至江苏省盱眙县人民法院、江苏省淮安市中级人民法院,一审、二审法院行政判决均驳回盱眙县官滩镇农技站化肥农药第二门市的诉讼请求。

【评析】 杂交水稻种子的标签标注做虚假或者引人误解的商业宣传行为,应当适用《反不正当竞争法》的规定做出处罚。因为标签标注行为不是广告行为,而是商业宣传行为。

(三) 《畜牧法》对种畜禽广告的特别规定

我国《畜牧法》第二十八条规定："发布种畜禽广告的，广告主应当提供种畜禽生产经营许可证和营业执照。广告内容应当符合有关法律、行政法规的规定，并注明种畜禽品种、配套系的审定或者鉴定名称；对主要性状的描述应当符合该品种、配套系的标准。"

第十一节 化妆品广告管理的特别规定

一、法律规定

虽然《广告法》未对化妆品广告做专门规定，但是2021年1月1日起施行的国务院令第727号《化妆品监督管理条例》对化妆品生产经营活动及广告宣传做了专门规定。

《化妆品监督管理条例》第四十三条规定："化妆品广告的内容应当真实、合法。化妆品广告不得明示或者暗示产品具有医疗作用，不得含有虚假或者引人误解的内容，不得欺骗、误导消费者。"第六十九条规定："化妆品广告违反本条例规定的，依照《中华人民共和国广告法》的规定给予处罚；采用其他方式对化妆品做虚假或者引人误解的宣传的，依照有关法律的规定给予处罚；构成犯罪的，依法追究刑事责任。"

二、化妆品及化妆品广告的概念

(一) 化妆品的概念

化妆品包含于日用化学品中，属于日用化学品的一个分类。日用化学品不仅包括化妆品，还包括花露水、洗洁精、洗衣粉、洗衣液、洁厕灵、肥皂等。化妆品常见产品有化妆水、乳液、眼霜、精华液、粉底液、遮瑕膏、口红、洗发水、沐浴露、护肤品、牙膏、具有特殊化妆品功效的香皂等。具体化妆品类别详见《化妆品分类规则和分类目录》。

注意：这里的花露水是指普通花露水，而不是驱蚊花露水。驱蚊花露水属于农药。

《化妆品监督管理条例》第三条规定："化妆品，是指以涂擦、喷洒或者其他类似方法，施用于皮肤、毛发、指甲、口唇等人体表面，以清洁、保护、美化、修饰为目的的日用化学工业产品。"即凡是以涂擦、喷洒或者其他类似方法作用于皮肤、毛发、指甲、口唇，起到清洁、保护、美化、修饰功能的日用化学品都是化妆品。

第三条规定中的"口唇"概念，是将口腔护理用品纳入了化妆品范畴。牙膏等口腔护理用品的主要功能是清洁和美化，符合化妆品定义。美国、欧盟、日本等早已将口腔护理用品纳入化妆品管理。因此，《化妆品监督管理条例》第七十七条第一款规定："牙膏参照本条例有关普通化妆品的规定进行管理。"此前，由于法规没有对牙膏类产品进行明确规定，不少品牌商在牙膏宣传中使用医疗用语，夸大牙膏功效，虚假宣传，被处罚较多。

牙膏的主体材料大致相同，主要成分都差不多，包括并不限于摩擦剂、黏合剂、洁净剂、芳香剂。市面上常见的"功效牙膏"，主要有药物保健类牙膏、防龋牙膏、美白类牙膏。牙膏宣称"抗过敏、止血、美白"等功效，事实上仅添加了一些抗过敏、止血、美白的成分剂而已。据专家介绍，牙膏在口腔内停留的时间不长，所谓"特效功能"的牙膏，其"特效成分"在短时间内难以发挥药效作用。例如，加"钙"牙膏几乎无法为牙齿补钙。因此，"特效功能"的牙膏广告纯粹是概念炒作，大多数涉嫌虚假宣传。根据《化妆品监督管理条例》第七十七条第一款规定，牙膏备案人按照国家标准、行业标准进行功效评价后，可以宣称牙膏具有防龋、抑牙菌斑、抗牙本质敏感、减轻牙龈问题等功效。

【案例】发布含有治疗功效的牙膏广告，被罚款 10 万元

广东南方洁灵科技实业有限公司在苏宁易购电商平台开设的"洁灵旗舰店"的官网上，其广告宣传画、网页图片和产品包装盒上均有宣传其公司生产的"洁灵牌植物甙功效牙膏""经临床验证，改善牙周炎问题，适用于牙周膜受损、牙周红肿、牙龈萎缩"等含有预防和治疗功效的宣传用语（见左图）。当事人供述，这是一款普通的牙膏，不是药品，根本没有治疗的功能，以上的广告宣传内容都是其自行设计发布，目的是获得更好广告效果，吸引更多消费者。当事人的上述行为违反了《广告法》第十七条"除医疗、药品、医疗器械广告外，禁止其他任何广告涉及疾病治疗功能，并不得使用医疗用语或者易使推销的商品与药品、医疗器械相混淆的用语"的规定。2020 年 3 月 12 日，广东省广州市白云区市场监督管理局根据《广告法》第五十八条规定，对当事人做出穗云工商处字〔2020〕45 号《行政处罚决定书》，责令当事人停止发布违法广告，并处罚款 10 万元。

有些日用化学品可以作为化妆品，也可以作为消毒产品。比如，"消"字号洗手液属于消毒产品，能够杀灭或抑制常见致病菌。"G 妆网备字"字号洗手液属于普通化妆品，一般不具备杀菌、抑菌功效，只具备清洁、去污的功效。又比如花露水，若宣称具有芳香、清凉、去屑止痒的功效，属于化妆品范畴；若宣称具有驱蚊等功效，则不属于化妆品范畴。

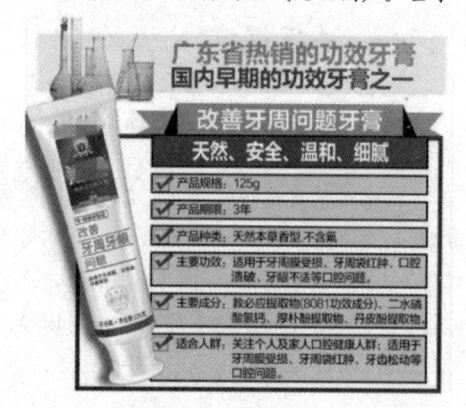

"消"字号是经卫生部门审核批准获得的、具有卫生批号的外用卫生消毒用品。尤其要注意的是，"消"字号产品不能作为护肤品在脸上涂抹。《消毒管理办法》规定，消毒产品主要起杀灭和消除病原微生物作用，不能出现或暗示治疗效果。换句话说，"消"字号产品不具备调节人体生理功能及皮肤护理作用，不可宣称有疗效。如果商家宣称具有疗效、皮肤护理作用，便是虚假宣传。

化妆品的最简便识别方法是看产品及包装标签上是不是有"妆"字号。如果是"妆"字号的，就是化妆品。根据《化妆品注册备案管理办法》规定，"G 妆网备字"是非特殊用途的普通化妆品经药品监管部门备案后获得的备案编号。"国妆特字"号是特殊用途化妆品经药品监管部门注册后获得的 5 年有效期注册编号。无论是普通化妆品，还是特殊用途化妆品的生产，都应当有有效期为 5 年的《化妆品生产许可证》。

（二）化妆品广告的概念

化妆品广告是指化妆品的注册人、备案人或者生产经营企业通过一定媒介和形式直接或者间接地介绍自己生产经营的化妆品的商业广告活动。凡是广告宣传的商品属于化妆品的，都是化妆品广告。

三、化妆品广告管理的特别规定

与药品、医疗器械不同，药品、医疗器械必须在专业人员指导下选择使用，而化妆品则由消费者自主选择使用。因此，化妆品产品标签标注或广告宣称是向消费者传递产品基本信息、属性特征、功效和安全警示等内容的主要途径。合法、准确的标签标注或广告宣称能够确保消费者正确、合理、安全使用产品。加强化妆品标签或广告宣称管理，禁止违规标签标注和广告宣称，是切实维护消费者健康权益的必要保障。

《化妆品监督管理条例》是化妆品行业的"根本大法"。按照《产品质量法》《广告法》和《化妆品监督管理条例》，国家制定了《化妆品分类规则和分类目录》《化妆品功效宣称评价规范》《化妆品标签管理办法》《化妆品新原料注册备案资料管理规定》《化妆品注册备案管理办法》《化妆品注册备案资料管理规定》等配套规章。这些规章既是化妆品生产经营管理依据，也是化妆品广告管理的依据。因此，化妆品行业人员及广告人员应当认真学习，逐字逐句研究化妆品监督管理的法规、规章，避免"踩雷"。

（一）《化妆品分类规则和分类目录》

本目录自2021年5月1日起施行。在中华人民共和国境内生产经营的化妆品企业，根据化妆品功效宣称、作用部位、使用人群、产品剂型和使用方法，按照规则和目录进行分类编码（简称"报送码"），包括：

1. **功效宣称分类目录26个**：(1) 染发；(2) 烫发；(3) 祛斑；(4) 美白防晒；(5) 防脱发；(6) 祛痘；(7) 滋养；(8) 修护；(9) 清洁；(10) 卸妆；(11) 保湿；(12) 美容修饰；(13) 芳香；(14) 除臭；(15) 抗皱；(16) 紧致；(17) 舒缓；(18) 控油；(19) 去角质；(20) 爽身；(21) 护发；(22) 防断发；(23) 去屑；(24) 发色护理；(25) 脱毛；(26) 辅助剃须剃毛（以及其他待定的新功效）。

2. **作用部位分类目录10个**：(1) 头发；(2) 体毛；(3) 躯干部位；(4) 头部；(5) 面部；(6) 眼部；(7) 口唇；(8) 手与足；(9) 全身皮肤；(10) 指（趾）甲（以及其他待定的新功效作用部位）。

3. **使用人群分类目录3个**：(1) 婴幼儿（0—3周岁，含3周岁）、(2) 儿童（3—12周岁，含12周岁）、(3) 普通人群，待定的新功效（如宣称孕妇和哺乳期妇女适用的产品）。

4. **产品剂型分类目录11个**：(1) 膏霜乳；(2) 液体；(3) 凝胶；(4) 粉剂；(5) 块状；(6) 泥；(7) 蜡基；(8) 喷雾剂；(9) 气雾剂；(10) 贴与膜及含基材；(11) 冻干（以及其他待定的剂型）。

5. **使用方法分类目录2个**：淋洗、驻留。

以上分类编码不仅仅是化妆品注册人、备案人根据化妆品功效宣称、作用部位、使用人群、产品剂型和使用方法，对化妆品的安全性和功效宣称进行分类编码管理，也是化妆品广告管理审查的依据。

（二）《化妆品功效宣称评价规范》

1. **本规范有关用语的含义**

(1) 化妆品功效宣称评价，是指通过文献资料调研、研究数据分析或者化妆品功效宣称评价试验等手段，对化妆品在正常使用条件下的功效宣称内容进行科学测试和合理评价，并做出相应评价结论的过程。

(2) 文献资料，是指通过检索等手段获得的公开发表的科学研究、调查、评估报告和著作等，包括国内外现行有效的法律法规、技术文献等。文献资料应当标明出处，确保有效溯源，相关结论应当充分支持产品的功效宣称。

(3) 研究数据，是指通过科学研究等手段获得的、尚未公开发表的、与产品功效宣称相关的研究结果。研究数据应当准确、可靠，相关研究结果能够充分支持产品的功效宣称。

(4) 人体功效评价试验，是指在实验室条件下，按照规定的方法和程序，通过人体试验结果的主观评估、客观测量和统计分析等方式，对产品功效宣称做出客观评价结论的过程。

(5) 消费者使用测试，是指在客观和科学方法的基础上，对消费者的产品使用情况和功效宣称评价信息进行有效收集、整理和分析的过程。

(6) 实验室试验，是指在特定环境条件下，按照规定方法和程序进行的试验，包括但不限于动物试验、体外试验（包括离体器官、组织、细胞、微生物、理化试验）等。

2. 基本原则

在中华人民共和国境内生产经营的化妆品，在上市前应当进行功效评价。化妆品注册人、备案人在申请注册或进行备案的同时，应当按照本规范要求，在国家药品监督管理局指定的专门网站上传产品功效宣称依据的摘要。化妆品注册人、备案人对提交的功效宣称依据的摘要的科学性、真实性、可靠性和可追溯性负责。化妆品的功效宣称应当有充分的科学依据，功效宣称依据包括文献资料、研究数据或者化妆品功效宣称评价试验结果等。

3. 可免予公布产品功效宣称依据的摘要范围

能够通过视觉、嗅觉等感官直接识别的（如清洁、卸妆、美容修饰、芳香、爽身、染发、烫发、发色护理、脱毛、除臭和辅助剃须剃毛等），或者通过简单物理遮盖、附着、摩擦等方式发生效果（如物理遮盖祛斑美白、物理方式去角质和物理方式去黑头等）且在标签上明确标识仅具物理作用的功效宣称。

4. 不同功效宣称的评价方式

（1）仅具有保湿和护发功效的化妆品，可以通过文献资料调研、研究数据分析或者化妆品功效宣称评价试验等方式进行功效宣称评价。（2）具有抗皱、紧致、舒缓、控油、去角质、防断发和去屑功效，以及宣称温和（如无刺激）或量化指标（如功效宣称保持时间、功效宣称相关统计数据等）的化妆品，应当通过化妆品功效宣称评价试验方式，可以同时结合文献资料或研究数据分析结果，进行功效宣称评价。（3）具有祛斑美白、防晒、防脱发、祛痘、滋养和修护功效的化妆品，应当通过人体功效评价试验方式进行功效宣称评价。（4）具有祛斑美白、防晒和防脱发功效的化妆品，应当由化妆品注册和备案检验机构按照强制性国家标准、技术规范的要求开展人体功效评价试验，并出具报告。（5）进行特定宣称的化妆品（如宣称适用于敏感皮肤、宣称无泪配方），应当通过人体功效评价试验或消费者使用测试的方式进行功效宣称评价。

5. 化妆品功效宣称评价报告

化妆品功效宣称评价试验完成后，应当由承担功效评价的机构出具化妆品功效宣称评价报告。功效宣称评价报告应当信息完整、格式规范、结论明确，并由评价机构签章确认。报告一般应当包括以下内容：（1）化妆品注册人、备案人或境内责任人名称、地址等相关信息；（2）功效宣称评价机构名称、地址等相关信息；（3）产品名称、数量及规格、生产日期或批号、颜色和物态等相关信息；（4）试验项目和依据、试验的开始与完成日期、材料和方法、试验结果、试验结论等相关信息。采用以上的试验方法的，应当在报告后随附试验方法的完整文本。方法文本、试验报告为外文的，还应当翻译成标准中文。

化妆品广告功效宣称评价管理审查的依据。例如，化妆品广告功效宣称，都应当有公布功效宣称的评价摘要、功效宣称评价报告。

（三）《化妆品标签管理办法》

1. 防止配方原料成分概念性添加的功效宣称

因为化妆品成分太复杂，市面上有不少化妆品的功效物质都是概念添加，化妆品宣传以偏概全、偷换概念是广告企划人员的惯用伎俩。其功效宣称背后，是广告企划人员靠脑洞、头脑风暴、标新立异想出来的概念宣称。对此，国家药品监督管理局2021年第77号《化妆品标签管理办法》规定如下。

（1）化妆品标签禁止通过下列方式标注或者宣称：包括使用医疗术语、医学名人的姓名、描述医疗作用和效果的词语或者已经批准的药品名来明示或者暗示产品具有医疗作用；使用虚假、夸大、绝对化的词语进行虚假或者引人误解的描述；利用商标、图案、字体颜色大小、色差、谐音或者暗示性的文字、字母、汉语拼音、数字、符号等方式暗示医疗作用或者进行虚假宣称，也包括使用尚未被科学界广泛接受的术语、机理编造概念误导消费者；通过编造虚假信息、贬低其他合法产品等方式误导消费者；使用虚构、伪造或者无法验证的科研成果、统计资料、调查结果、文摘、引用语等信息误导消费者，还包括通过宣称所用原料的功能暗示产品实际不具有或者不允许宣称的功效；使用未经相关行业主管部门确认的标识、奖励等进行化妆品安全及功效相关宣称及用语；利用国家机关、事业单位、医疗机构、公益性机构等单位及其工作人员、聘任专家的名义、形象做证明或者推荐；做表示功效、安全性的断言或者保证。

(2) 化妆品标签中宣称原料功效的，应当与该原料在产品配方中的使用目的相符，且该原料在产品配方中的添加量应当不低于使产品达到所宣称功效的有效量。化妆品配方原料含量高于 0.1% 的成分，都要按照添加量的高低依次排序。化妆品配方原料中所有不超过 0.1%（w/w）的成分应当以"其他微量成分"作为引导语引出，另行进行标注，可不按照配方含量的降序列出。比如某款活性物，为 1% 的活性物+99% 的水，配方建议添加用量 1%，那么该活性物在配方中的实际添加量仅为 0.01%，要被列为"其他微量成分"进行标注。

此规定有利于防止化妆品宣传以偏概全、偷换概念，能有效解决化妆品宣传利用微量功效成分打擦边球的问题。

(3) 化妆品商标名的使用除了要符合国家商标有关法律法规的规定外，还应当符合国家化妆品管理相关法律法规的规定；不得以商标名的形式宣称医疗效果或产品不具备的功效。以原料名称或暗示含有某种原料的用语作为商标名，产品配方中含有该种原料的，应在销售包装可视面上对其使用目的进行说明；产品配方不含有该原料的，应当在销售包装可视面上明确标注产品不含该原料，原料名称仅作商标名使用。比如把品牌名称叫作石墨烯、蜂毒、基因一号、羊胎素等，误导消费者，有挂羊头卖狗肉的虚假宣传之嫌。

2. 功效宣称创新用语的管理

化妆品可以使用创新功效宣传用语，但创新功效因尚未被行业广泛使用，所以可能会导致消费者不易理解。不属于禁止标注用语的，应当在相邻位置对其含义进行解释说明。从产业特点上看，化妆品既是科学研发的成果，同时也具有流行、时尚的特点。在防止夸大虚假宣称误导消费的同时，应当允许化妆品进行与产品时尚、浪漫特征相符的宣称，避免管治过死而抑制产业创新。同时，为了让消费者更清晰地了解创新术语的实际含义，要求应当在相邻位置对创新用语的具体含义进行解释。不过，消费者要理解创新功效宣传用语的含义可能会费脑。另外，化妆品广告中使用创新功效宣传用语，特别是备案的普通化妆品使用创新用语，会加大广告管理难度。

3. 功效宣称依据

化妆品标签中的功效宣称应当有充分的科学依据，化妆品功效宣称的科学依据包括相关研究数据、功效评价资料或文献资料。研究数据的来源包括人体试验、体外试验、消费者使用测试以及其他科学研究试验。化妆品标签中功效宣称的科学依据的摘要应当在国务院药品监督管理部门指定的网站公布，摘要内容应当至少包括功效评价的目的、方法、结果、结论及评价机构信息，摘要的形式应当符合化妆品功效宣称指导原则的要求。化妆品标签中宣称原料功效的，应当与该原料在产品配方中的使用目的相符，且该原料在产品配方中的添加量应当不低于使产品达到所宣称功效的有效量。产品功效宣称评价应当根据国务院药品监督管理部门公布的化妆品功效宣称评价指导原则开展。产品的功效宣称经过具有化妆品人体安全与功效相应资质认定的检验机构进行人体功效评价试验，且试验结果认为其客观有效的，可以在产品标签上标注该功效"已经过评价验证"。

4. 功效宣称禁用语

化妆品标签禁止标注或宣称下列内容：

（1）使用医疗术语、医学名人的姓名、描述医疗作用和效果的词语或已经批准的药品名来明示或者暗示产品具有医疗作用的；

（2）使用虚假、夸大、绝对化的词语进行虚假或者引人误解描述的；

（3）使用尚未被科学界广泛接受的术语、机理或者通过贬低合法产品或原料等方式编造概念误导消费者的；

（4）利用商标、字体大小、色差、谐音或者暗示性的文字、图形、符号误导消费者的；

（5）通过产品性状、外观形态等进行明示或暗示，误导消费者易于将化妆品与食品、药品等混淆的；

（6）利用图案、谐音、字体颜色大小等形式暗示产品具医疗作用或产品不具备的功效的；

（7）通过宣称所用原料的功能暗示产品具有不被允许宣称的功效，或暗示产品不具有的功效的；

（8）普通化妆品宣称具有特殊化妆品相关功效，或非化妆品通过标注化妆品相关许可或备案号让消费者误认为是化妆品的；

（9）使用未经国务院药品监督管理部门或认证认可部门认可的标识、奖励等进行化妆品安全及功效相关宣称及用语的；

（10）利用国家机关、事业单位、医疗机构、公益性机构等单位及其工作人员的名义、形象做证明或者推荐的；

（11）含有"保险公司承保""无效退款"等承诺性语言的；

（12）标注庸俗、封建迷信或其他违反社会公序良俗的内容的；

（13）法律、行政法规和化妆品强制性国家标准禁止标注的其他内容。

5. 功效宣称禁用语实施动态管理

化妆品标签宣称禁用语实施动态管理。国务院药品监督管理部门根据化妆品监管工作实际，对化妆品标签宣称禁用语进行实时调整。即同步建立化妆品禁用语库，随着市场宣称情况的变化，对其施行动态增补管理，以方便日常监管工作中操作。

《化妆品标签管理办法》使化妆品宣传更加科学规范，保护了广大消费者的知情权，有利于消费者更加理性地选择化妆品。《化妆品标签管理办法》规定中的很多管理内容都与《广告法》的规定及广告审查的要求内容高度重合。比如功效宣称禁用语是化妆品广告管理审查的依据。概念添加、以偏概全、偷换概念、使用功效性商标名、功效宣称创新用语误导消费者的宣传，都是化妆品广告管理审查的重点、难点。

（四）化妆品广告管理的具体规定

1. 化妆品广告执行《化妆品监督管理条例》，参照执行《化妆品分类规则和分类目录》《化妆品功效宣称评价规范》《化妆品标签管理办法》等配套规章的规定。

2. 广告的内容应当真实、合法。不得欺骗、误导消费者。不得使用虚假、夸大、绝对化的词语进行虚假或者引人误解的描述，不得使用尚未被科学界广泛接受的术语、机理或者通过贬低合法产品或原料等方式编造概念来误导消费者，不得利用暗示功效的商标、字体大小、色差、谐音或者暗示性的文字、图形、符号误导消费者。

化妆品的功效宣称应当有充分的科学依据。涉及引用实验结果或者第三方调查、统计数据的，应当表明出处；相关数据有适用范围或者有效期限的，应当明确表示。如果实验或调查的条件、方法、范围等具体内容，对消费者正确理解相关广告数据宣称有重大影响的，应当同时以显著、清晰的方式在广告中标注。

比如，一些网络商家销售"干细胞化妆品"，宣称具有"冻龄""逆龄抗衰""深层修复""双重呵护，

图1　　　　　　　　图2　　　　　　　　图3

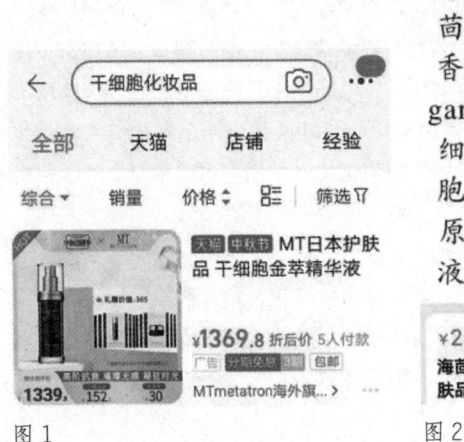

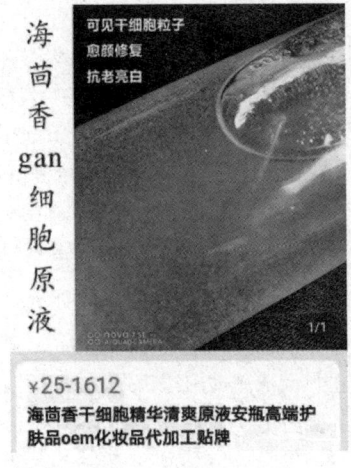

肌肤仿若初生""高阶抗衰、璀璨无痕、凝住时光"等神奇功效。一瓶干细胞精粹精华液售价高达1300多元，给人的感觉往往是高端大气上档次、科技感十足，误导了不少消费者购买（见图1、2）。

2021年6月30日，国家市场监督管理总局广监司发布《关于加强干细胞广告监管的工作提示》（见图3），明确提示："一、目前除已有成熟技术规范的造血干细胞移植治疗血液系统疾病外，其他干细胞治疗仍处于临床研究阶段，尚未进入临床应用阶段。二、目前在卫生健康部门备案的干细胞临床研究，仅有1项涉及糖尿病的临床研究。三、目前在卫生健康部门备案的干细胞临床研究中无干细胞在抗衰、抗癌、美容方面的研究。"

以上提示表明，除个别疾病的临床应用和临床研究外，干细胞疗法在抗衰、抗癌、美容等方面既没有相关研究，也没有临床依据。

2021年9月13日，国家药监局网站发布科普文章，指出"干细胞化妆品"是个伪概念。所谓植物干细胞，是指在植物的茎端和根尖的分生组织中，存在一群特殊的细胞，这些细胞是植物根、茎、叶、花生长的源泉。其本质上是一类植物细胞，不能分化为人的细胞。在《已使用化妆品原料目录》中，收录了一些植物来源的化妆品原料。这些植物来源的原料添加至化妆品中，主要通过其植物化学成分发挥作用，与其是否为植物的分生组织无必然关系。一些商家宣称化妆品中含有"植物干细胞"，容易使消费者误解认为植物分生组织对人的细胞具有分化作用。

目前，干细胞技术在医学领域大多仍处于临床研究阶段。在卫生健康部门备案的干细胞临床研究中，尚无干细胞在美容、抗衰方面的研究。2021年国家药监局修订发布的《已使用化妆品原料目录》中，未收录名称含有"干细胞"的化妆品原料。目前，国家药监局未注册或者备案任何干细胞相关的化妆品原料。

根据《化妆品监督管理条例》，化妆品标签禁止标注"虚假或者引人误解的内容"。化妆品的标签宣称含有"干细胞"，违反了化妆品标签管理的规定。"干细胞"属于宣称违禁词。也就是说，市场上发布的干细胞疗法能抗衰、美容、控糖、抗癌都是虚假违法广告，任何医疗机构、非医疗机构开展干细胞疗法进行抗衰、美容、控糖、抗癌治疗都是违法的。因此禁止宣传"干细胞"化妆品。

4. 不得含有《广告法》第九条规定的十一项情形。不得利用国家机关、事业单位及其工作人员的名义、形象做证明或者推荐；不得使用他人名义保证或以暗示方法使人误解其功效。

5. 不得与食品、药品等混淆。不得涉及疾病治疗功能，不得使用医疗用语或者与药品、医疗器械相混淆的用语。不得明示或者暗示产品具有医疗作用。不得使用医疗术语、医学名人的姓名、描述医疗作用和效果的词语或已经批准的药品名明示或者暗示产品具有医疗作用，不得利用图案、谐音、字体颜色大小等形式暗示产品医疗作用或产品不具备的功效。宣传化妆品名称不得含有"中药""中草药""中药精华"等用语，如"中药染发剂""中药精华洗发液"等。不得将"中药""中草药""中药精华"等词语与化妆品商标、品类等联合使用，产生化妆品等同于"中药""中草药""中药精华"的语意，如"中药精华××产品"等。不得将"中药""中草药""中药精华"等词语与化妆品功效组合使用，使消费者对化妆品的作用机理和使用范围产生误认，如"中药去屑"等。但是，如果化妆品中添加有法定允许的中药成分的，可以在化妆品广告中出现具体的中药材品名，如"人参""首乌"等。

6. 不得通过宣称所用原料的功能暗示产品实际不具有或不允许宣称的功效。

7. 普通化妆品不得宣称特殊化妆品相关功效，或非化妆品通过标注化妆品相关许可或备案号让消费者误认为是化妆品。（2022年1月1日起实施的国家市场监督管理总局令第46号《化妆品生产经营监督管理办法》第三十八条第三款规定，普通化妆品不得宣称特殊化妆品相关功效。）

【案例】非特殊用途化妆品宣传美白祛斑功效，被罚款20万元

当事人香奈儿（中国）贸易有限公司在其运营的香奈儿（中国）官网销售"香奈儿奢华精粹乳霜（轻盈）"和"香奈儿光彩晚安修护面膜"的化妆品，并在商品网页发布的广告中使用了"抑制黑色素""色斑淡化"等含美白祛斑功效的广告宣传用语。经查，这两款产品取得了进口非特殊用途化妆品备案，属于非特殊用途化妆品。但它不具备美白祛斑功效，缺乏美白祛斑功能的实验报告，其宣传误导欺骗了广告受众，违反了《广告法》第四条规定，构成《广告法》第二十八条第二款第（二）项规定的发布虚假广告行为。2020年11月12日，上海市静安区市场监督管理局依据《广告法》第五十五条第一款的规定，对当事人做出沪市监静处〔2020〕062018001013号《行政处罚决定书》，责令当事人停止发布违法广告，并处罚款人民币20万元。

8. 不得使用未经国务院药品监督管理部门或认证认可部门认可的标识、奖励等进行化妆品安全及功效相关宣称及用语。

9. 不得含有庸俗、封建迷信或其他违反社会公序良俗的内容。

10. 不得含有法律、行政法规和化妆品强制性国家标准禁止标注的其他内容。

11. 宣称涉及美白等功效，不得与在国务院药品监督管理部门规定的专门网站上公布的功效宣称所依据的文献资料、研究数据或者产品功效评价资料的摘要或国家注册审批的内容不相符。

12. 自行配制化妆品不得发布广告。

13. 特殊化妆品未经注册不得发布广告。

根据《化妆品监督管理条例》（以下简称《条例》）规定，国家按照风险程度对化妆品实行分类管理，染发类、烫发类、祛斑美白类、防晒类、防脱发类的五大类化妆品或者宣称新功效的化妆品为特殊化妆品。特殊化妆品以外的化妆品为普通化妆品。国家对特殊化妆品实行注册管理，对普通化妆品实行备案管理。特殊化妆品必须经国家药品监督管理部门注册后方可生产、进口。因此，特殊化妆品注册属于行政许可事项。

根据《广告法》第十一条第一款规定，广告内容涉及的事项需要取得行政许可的，应当与许可的内容相符合。发布特殊化妆品广告，或者宣传特殊化妆品功效的，应当提供国家药品监督管理部门核发的特殊化妆品注册证。对于不能提供特殊化妆品注册证的特殊化妆品广告，根据《广告法》第三十四条第二款规定，广告经营者不得提供设计、制作、代理服务，广告发布者不得发布。

另外，自2021年1月1日起，育发类、脱毛类、美乳类、健美类、除臭类五大类特殊用途化妆品不再按照特殊化妆品管理。《条例》施行前已经注册的上述五大类特殊用途化妆品自2021年1月1日《条例》施行之日起有5年的过渡期（至2025年末），过渡期内可以继续生产、进口、销售。过渡期满后不得生产、进口、销售该类化妆品。过渡期内亦可持有原特殊用途化妆品批准文件发布广告。

14. 涉及儿童化妆品广告的管理规定。

2021年9月30日，国家药品监督管理局公布《儿童化妆品监督管理规定》，共22条，自2022年1月1日起施行。这是我国首个专门针对儿童化妆品的监管规章，提出较一般化妆品更为严格的监管要求。明确了立规章目的、适用范围、儿童化妆品定义、儿童化妆品注册人备案人主体责任，规定了覆盖注册备案管理、标签标识、安全评估、生产经营、上市后监管等全链条监管要求，指导注册人备案人开展儿童化妆品生产经营活动。其中涉及广告宣传的管理规定如下。

（1）明确儿童化妆品定义，是指适用于年龄在12岁以下（含12岁）儿童，具有清洁、保湿、爽身、防晒等功效的化妆品。儿童皮肤娇嫩易损，化妆品功效满足基本需求即可。据此，儿童化妆品定义更着重于清洁、保湿、爽身、防晒等满足儿童基本护肤需求的功效类别。

在国家药监局2021年4月发布的《化妆品分类规则和分类目录》的使用人群分类目录中，婴幼儿（0—3周岁，含3周岁）化妆品功效宣称限于清洁、保湿等6种，儿童（3—12周岁，含12周岁）化妆品功效宣称限于清洁、卸妆等10种。而《儿童化妆品监督管理规定》仅列出了4种主要功效。这是因为儿童有皮肤娇嫩易损等生理特点，儿童化妆品功效并非越多越好，而是能够满足基本的生活需要即可。因此，《儿童化妆品监督管理规定》提出，企业在研制开发儿童化妆品时，应更着重于清洁、保湿、爽身、防晒等满足儿童基本护肤需求的功效类别。

（2）标识"适用于全人群""全家使用"等词语或者利用商标、图案、谐音、字母、汉语拼音、数字、符号、包装形式等暗示产品使用人群包含儿童的产品按照儿童化妆品管理。

（3）应当在销售包装展示面标注国家药品监督管理局规定的儿童化妆品标志。非儿童化妆品不得标注儿童化妆品标志。儿童化妆品应当以"注意"或者"警告"作为引导语，在销售包装可视面标注"应当在成人监护下使用"等警示用语。

（4）不得使用尚处于监测期的新原料，不允许使用基因技术、纳米技术等新技术制备的原料。不得使用激素、抗感染类药物等禁用原料或者可能危害人体健康的物质。

（5）不允许使用以祛斑美白、祛痘、脱毛、除臭、去屑、防脱发、染发、烫发等为目的的原料。

（6）标签不得标注"食品级""可食用"等词语或者食品有关图案。

（7）化妆品经营者应当建立并执行进货查验记录制度，查验直接供货者的市场主体登记证明、特殊化妆品注册证或者普通化妆品备案信息、儿童化妆品标志、产品质量检验合格证明，并保存相关凭证。

（8）在互联网时代，网购成为消费者购买儿童化妆品的重要渠道。为规范儿童化妆品经营行为，突出强调了"线上经营要求"：电子商务平台内儿童化妆品经营者以及通过自建网站、其他网络服务经营儿童化妆品的电子商务经营者应当在其经营活动主页面全面、真实、准确披露与化妆品注册或者备案资料一致的化妆品标签等信息，并在产品展示页面显著位置持续公示儿童化妆品标志。

（9）有使用禁止用于化妆品生产的原料、应当注册但未经注册的新原料生产儿童化妆品，在儿童化妆品中非法添加可能危害人体健康的物质的情形之一的，应当认定为《化妆品监督管理条例》规定的情节严重情形。

（10）儿童牙膏参照《儿童化妆品监督管理规定》进行管理。

违反上述规定，按照《广告法》《电子商务法》《化妆品监督管理条例》等法律、法规、规章予以处罚。

第十二节 虚假广告的立法解释

一、法律规定

《广告法》第二十八条规定，广告以虚假或者引人误解的内容欺骗、误导消费者的，构成虚假广告。广告有下列情形之一的，为虚假广告：（一）商品或者服务不存在的；（二）商品的性能、功能、产地、用途、质量、规格、成分、价格、生产者、有效期限、销售状况、曾获荣誉等信息，或者服务的内容、提供者、形式、质量、价格、销售状况、曾获荣誉等信息，以及与商品或者服务有关的允诺等信息与实际情况不符，对购买行为有实质性影响的；（三）使用虚构、伪造或者无法验证的科研成果、统计资料、调查结果、文摘、引用语等信息做证明材料的；（四）虚构使用商品或者接受服务的效果的；（五）以虚假或者引人误解的内容欺骗、误导消费者的其他情形。

二、虚假广告的概念

广告既是商品或服务促销的重要手段，也是广大消费者、用户进行商品或服务选择的重要依据。然而，似乎消费者越来越讨厌广告，主要原因是虚假广告严重挫伤了公众对广告的信赖，损害了广告的信誉，侵犯了消费者的利益，也破坏了商品生产者之间的正当竞争关系，严重影响了广告业持续健康发展。尽管广告执法机关将虚假广告作为重拳打击对象，加大对医疗、药品、食品、保健食品、金融投资等领域虚假广告的监管力度，严厉查处虚假违法广告，但是，虚假广告仍然屡禁不止，不少不法商家、媒体为了追求利益，宁愿铤而走险。正如马克思在《资本论》中所指出的："当利润达到10%时，便有人蠢蠢欲动；当利润达到50%的时候，有人敢于铤而走险；当利润达到100%时，他们敢于践踏人间一切法律；而当利润达到300%时，甚至连上绞刑架都毫不畏惧。"因此，虚假广告必须用"重典"规制，用重拳打击。

为了精准打击虚假广告，《广告法》第二十八条第一款规定对虚假广告做了如下立法解释："广告以虚假或者引人误解的内容欺骗、误导消费者的，构成虚假广告。"即虚假广告是指通过一定媒体或形式，对商品和服务进行不真实、不正确、不准确的广告宣传，欺骗、误导消费者。

三、虚假广告的主要类型及典型情形

根据《广告法》第二十八条第一款规定，"虚假或者引人误解"。虚假广告的主要类型可以分为欺骗性虚假广告、误导性虚假广告两大类。

根据《广告法》第二十八条第二款规定所列举的第（一）项至第（四）项虚假广告典型情形及第5项"其他情形"，虚假广告的典型情形分别为：

第一种，虚构商品或者服务；

第二种，商品或者服务的主要信息及允诺信息与实际情况不符，对购买行为有实质性影响；

第三种，虚构、伪造引证材料或者无法验证；

第四种，虚构使用效果。

第五种，其他情形。

"其他情形"是《广告法》列举虚假广告情形的兜底条款。由于虚假广告表现形式多样，花样百出，法律列举的第一项至第四项典型情形不能完全概括，需要一个范围较大的条款进行概括，便于行政执法机关对花样百出的虚假广告进行个案认定，及时打击虚假广告；也为行政法规、司法解释补充虚假广告情形留下立法依据。

"其他情形"虚假广告应当根据虚假广告的主要构成特征及个案事实予以认定。例如，广告中让普通人冒充扮演"老中医""中医世家""国际大师""某某国际高等学府名师"的身份为商品或服务做推荐、证明，借助虚构、伪造的身份信息欺骗、误导消费，虽然不能构成《广告法》第三十八条规定的广告代言人，也不能归类于《广告法》第二十八条第二款第一项至第四项所列举的虚假广告典型情形，但可以归类于《广告法》第二十八条第二款第五项兜底条款所规定的其他虚假广告情形之一。

虚假广告认定一般从两个方面判别：第一个方面是否虚构、伪造广告所宣传的商品和服务，即商品和服务本身是否客观存在；第二个方面是广告所宣传的商品和服务本身是存在的，但商品和服务的主要信息是否夸大失实，以暗示、省略或语意含糊引人误解，对消费者购买决策有实质性影响，误导消费者。第一个方面是以客观事实为认定标准，第二个方面是以一般消费者的主观认识可能被误导或者被误导的后果作为判断依据。

（一）欺骗性虚假广告及其主要典型情形

这类虚假广告主要特征是虚构事实，欺骗消费者。包括《广告法》第二十八条第二款列举的第（一）项、第三项、第四项典型情形。

第一项法定情形：虚构了商品或服务。这个比较好理解，即商品或者服务本身不存在。

【案例】发布虚构长江水产品的广告，被罚没款 10.75 万元

南京速商在线网络科技有限公司在微信公众号发布了一篇介绍某饭店的"软文"广告，图文并茂。文中有"江货""江鲜""江鱼""江、河鲜"和"每日从泰州鲜运至南京"等字样。经调查核实，广告主某饭店未曾在经营中使用过长江渔获物，其实际使用的是从众彩等农贸市场采购的养殖水产品，构成《广告法》第二十八条第二款第一项规定"商品或者服务不存在的"的虚假广告。2020年9月15日，南京市雨花台区市场监管局依据《广告法》第五十五条第一款、第五十七条之规定，对当事人做出雨市监管处字〔2020〕9-80009号《行政处罚决定书》，对广告主、负有责任的广告经营者和广告发布者分别做出行政处罚，责令停止发布违法广告，在相应范围内消除影响，罚没款共计10.75万元。

第三项法定情形：使用虚构、伪造科研成果、统计资料、调查结果、文摘、引用语等信息做证明材料，或者无法验证的科研成果、统计资料、调查结果、文摘、引用语等信息做证明材料的。

应当特别注意虚构与伪造的区别：虚构是凭空想象、幻想、捏造，即非真实存在的事物。虚构有双重属性，一种是不存在的事物，是虚假广告；另一种是经过艺术创造或塑造，在现实生活中不存在，但又合情合理的事物。比如，意料之外、情理之中的艺术夸张广告、科幻广告，不是虚假广告。伪造是编造，捏造，以假乱真。比如，假冒制造广告审查证明文件等。

因此，虚构引证材料是指科研成果、统计资料、调查结果、文摘、引用语等引证材料本身不存在，是捏造出来的；伪造引证材料是指科研成果、统计资料、调查结果、文摘、引用语等引证材料本身存在但并不拥有，通过假冒手段制造，以假的引证材料冒充真的引证材料。虚构、伪造或者无法验证的引证材料，主要表现为以下两种情况。

一种是广告中使用的引证材料完全虚构。比如，广告利用消费者对"权威专家""国外科学研究成果""统计资料""调查结果""权威文摘""权威言论"的崇拜心理，采用无中生有的捏造科研成果与科学结论，伪造统计数据与调查结果，编造权威言论，声称"重大科学发现""科学家研究发现""重大科学研究证明""科学实验数据显示""统计资料显示""调查结果证明"等为广告做证明。例如以下虚构统计数据、虚构科学实验数据的两件处罚案例。

【案例】发布虚构统计数据的广告，被罚款 50 万元

舜鸿地产（成都）有限公司在"山河峯荟"项目印刷品宣传中使用"金融城门户，南三环正街""约10万业主入住，约20万方城市街区……""禹洲集团，香港上市领军企业""约10万人潮，催生财富裂变""商务人潮，金融城商务人群中心，逾千家企业消费需求旺盛""超65万地铁客流""约7800学府人潮"等内容，且宣传内容和数据的真实性无法核实，构成《广告法》第二十八条"广告有下列情形之一的，为虚假广告：（三）使用虚构、伪造或者无法验证的科研成果、统计资料、调查结果、文摘、引用语等信息做证明材料的"规定的虚假广告。2021年3月，成都市高新区市场监管局做出行政处罚，对其罚款50万元。

【案例】发布虚构科学实验数据广告，被法院判决退还消费者货款并赔偿损失

消费者周某在重庆某超市购买了一瓶某品牌特效暗疮水。其包装标识上宣称"运用高频高压萃取技术，于零下300度提取的珍贵矿物微晶盐""富含人体肌肤所需的128种微量元素"等。周某使用后并没有达到宣传的效果，认为其虚假宣传，遂将超市起诉至法院，要求该超市退还其货款33元，支付货款的一倍的赔偿金。法院经审理后认为，超市对该产品所述宣传内容负有举证责任，但未能出示任何证据证明上述信息属实。法院据此判定这些信息构成对消费者的误导和欺诈，最终判决超市向消费者退还货款，并赔偿损失。

【评析】以上案例是虚构引证材料。另一种是广告中使用没有经过验证、无法验证的引证材料。这里的无法验证，应当是指科研成果与科学结论无法在生活中验证，而不是指统计资料、调查结果、文摘、引用语等引证材料无法举证佐证。比如，将有利于自己的一次科学实验数据用作产品功能效果宣传的依据，就会构成虚假广告。此种广告如果引人误解，对消费者购买决策有实质性影响，误导消费者可能与第（二）项法定情形误导性虚假广告重合。

第四项法定情形：虚构使用商品或者接受服务的效果，即虚构使用效果。

【案例】发布虚构使用商品效果的虚假商业宣传，被罚款 20 万元

当事人欧莱雅（中国）有限公司在重庆某百货有限公司欧莱雅专柜发放商业宣传印刷品，内容含有"法国碧欧泉8天，肌肤犹如新生愈颜、弹润、透亮，源自活源精粹的愈颜力、奇迹水肌底精华露，无论年龄，无论肌肤状态，8天肌肤犹如新生，明星达人挚爱之选，众人见证8天奇迹，肌肤问题一并解决，68800人已经见证奇迹水带来的肌肤新生……"等用语（见下页图）。经重庆市江北区市场监督管理局查明，

当事人上述商业宣传虚构商品的性能、功能及使用商品的效果，违反了《反不正当竞争法》第八条"经营者不得对其商品的性能、功能、质量、销售状况、用户评价、曾获荣誉等做虚假或者引人误解的商业宣传，欺骗、误导消费者"的规定，构成虚假的商业宣传。2019年6月26日，重庆市江北区市场监督管理局根据《反不正当竞争法》第二十条第一款之规定，对当事人做出渝江北市监经处字〔2019〕26号《行政处罚决定书》，责令当事人停止发布违法广告，并处罚款20万元。

【评析】印刷品既是商业宣传，也是广告宣传；既可以适用《反不正当竞争法》做出处罚，也可以适用《广告法》做出处罚。但是，本案是印刷品广告，"众人见证8天奇迹，肌肤问题一并解决，68 800人已经见证奇迹水带来的肌肤新生"明显是虚构使用商品的效果的表述，适用《广告法》更准确。在执法实践中，类似应当适用《广告法》，却适用《反不正当竞争法》的情况不是个案，这与各地执法机关的执法习惯有关。因为，适用《广告法》，需要执法人员调查取证广告费用，按照广告费用的倍数做出处罚或者查证广告费用无法计算，直接罚款；而适用《反不正当竞争法》，不需要执法人员调查取证商业宣传费用，简单方便。类似案件适用《反不正当竞争法》处罚，一旦当事人行政复议或者行政诉讼，极有可能因适用法律错误而败诉。

【案例】发布虚构接受服务效果的广告，被罚款27万余元

当事人北京尚德在线教育科技有限公司主要提供成人自学考试课程的在线培训。为了在手机端的UC浏览器（UC头条）上发布广告，其授权代理的武汉直播优选在线教育科技有限公司和北京智盈时代科技有限公司签订了《卧龙汇川信息服务年度框架协议》（有效期：2018年1月1日至2018年12月31日）。自2018年11月2日至2018年12月2日，当事人在手机端的UC浏览器（UC头条）上发布了含有"别再买假学历！北京有种本科学历叫一年学完，国家承认！"等内容的广告。经市场监督管理局调查核实，当事人无法颁发学历证书，学员一年学完相关的专业课程后想取得本科学历还需参加国家的统一考试。发布该广告产生的费用为55 858.98元。当事人发布的广告违反了《广告法》第四条的规定，构成《广告法》第二十八条第二款第（四）项之规定的虚构接受服务效果的虚假广告。2019年5月16日，北京市石景山区市场监督管理局根据《广告法》第五十五条第一款之规定，对当事人做出京石市监工处字〔2019〕第4号《行政处罚决定书》，责令当事人停止发布违法广告，并处罚款279 294.90元。

（二）误导性虚假广告及典型情形

第二项法定典型情形： 商品的性能、功能、产地、用途、质量、成分、价格、生产者、有效期限、销售状况、曾获荣誉等信息，或者服务的内容、提供者、形式、质量、价格、销售状况、曾获荣誉等信息，以及与商品或者服务有关的允诺等信息与实际情况不符，对购买行为有实质性影响的。

误导性虚假广告与欺骗性虚假广告的主要区别在于不是虚构而是夸大失实，不是欺骗，而是引人误解地对消费者购买行为有实质性影响。所以误导性虚假广告亦称夸大失实、引人误解的虚假广告。此种虚

假广告典型情形构成要件有以下两个。

1. 与商品或者服务有关的允诺等信息与实际情况不符。它是指夸大失实与引人误解，而不是指虚构、伪造。

2. 对消费者购买决定行为有实质影响。它是指广告中宣传的以上信息内容符合消费者的需求和欲望，足以影响消费者的购买行为，或者理解为含有能够足以影响消费者购买行为的实质信息。

因此，误导性虚假广告的判断比欺骗性虚假广告的判断更有难度。误导性虚假广告的真实意图的隐蔽性更强，表现手法更多，往往更容易引人上当受骗。

认定误导性虚假广告，应当以实质信息是否夸大失实，是否足以引起消费者认识上的误解来判断。只要宣传内容本身可能或足以造成消费者产生歧义或错误认识即可，而不要求必须有事实上已经产生的误导后果。

【案例】发布对消费者的购买行为产生实质性影响的虚假广告，被罚款45万元

2018年9月起，当事人Canada Goose（加拿大鹅）关联公司希计（上海）商贸有限公司在天猫平台开设"CANADA GOOSE官方旗舰店"，委托上海博道商务有限公司进行日常运营、维护及商品发布。同月起，网站发布"我们的所有羽绒混合材料均含有Hutterite羽绒，这是优良且最保暖的加拿大羽绒"的文字内容，销售上万元一件的加拿大品牌羽绒服。

经查，Hutterite羽绒是指采自加拿大北部Hutterite（哈特人）群部落养殖区的鸭、鹅的绒毛。中国羽绒协会及上海服装行业协会专业介绍，羽绒的保暖性能和羽绒的蓬松度、绒子含量两个指标直接相关，而这两个指标受鹅、鸭的生长周期影响。生长周期越长，羽绒成熟度越高，保暖性越强；体型大、发育成熟禽鸟的羽绒质量最佳。因此，在禽鸟品种相同的情况下，羽绒的品质和禽鸟的成熟度有关，和产地、气候无关。调查还发现，在当事人销售的190款羽绒服中，鹅绒产品约占16.8%，鸭绒产品约占83.2%。也就是说，其销售的大部分羽绒服并非使用保温性能更出色的高蓬松度鹅绒，而是使用了蓬松度较低的鸭绒。2020年，当事人加拿大鹅天猫旗舰店网页点击量达1.81亿次，销售额达人民币1.67亿元，涉案广告有一定社会影响。

当事人宣称"我们的所有羽绒混合材料均含有Hutterite羽绒，这是优良且最保暖的加拿大羽绒"内容与实际情况不符，对消费者的购买行为产生实质性影响，违反了《广告法》第四条第一款的规定，构成虚假广告行为。2021年6月24日，上海市黄浦区市场监督管理局依据《广告法》第五十五条规定，对当事人做出沪市监黄处〔2021〕012021000172号《行政处罚决定书》，责令当事人停止发布违法广告，在相应范围内消除影响，并处罚款人民币45万元。

【评析】此案中羽绒服是真实的，但是，足以影响消费者购买行为的实质信息"所有羽绒混合材料均含有Hutterite羽绒""优良且最保暖的加拿大羽绒"失实。其销售的大部分羽绒服并非使用保温性能更出色的高蓬松度鹅绒，而是使用了蓬松度较低的鸭绒。羽绒成分以偏概全，从而构成误导性虚假广告。

【案例】发布"空气净化"误导消费者的窗帘广告，被罚款172万余元

2020年8月29日至10月13日，当事人宜家（中国）投资有限公司为推广其GUNRID古恩里德窗帘产品，在上海地铁站内灯箱广告和小红书APP广告宣传中含有"空气净化"等内容，主要内容有"旧材料，带来新空气""空气净化窗帘GUNRID古恩里德￥299/2幅""由回收PET瓶制成"等。经查，当事人自行设计广告，支出广告发布费用共计57.5万余元。

据消费者调查显示，"空气净化"功能是消费者购买相关窗帘的主要因素；如果消费者知晓"空气净化"

功能是在试验条件下才能实现的事实，购买意愿应该会发生较大转变。市场监管部门认为，当事人将在限定试验条件下对窗帘样品进行检测所得到的一种理想状态下的净化结果作为广告宣传内容，忽略了窗帘实际使用的生活环境条件，误导消费者，使其误认为在没有限制条件下使用该窗帘即可净化室内环境中的多种污染物。

以上广告内容违反了《广告法》第四条"广告不得含有虚假或者引人误解的内容，不得欺骗、误导消费者"的规定，构成了《广告法》第二十八条第二款第（二）项"商品的性能、功能、产地、用途、质量、规格、成分、价格、生产者、有效期限、销售状况、曾获荣誉等信息，或者服务的内容、提供者、形式、质量、价格、销售状况、曾获荣誉等信息，以及与商品或者服务有关的允诺等信息与实际情况不符，对购买行为有实质性影响"所规定的引人误解的虚假广告。2021年7月23日，上海市市场监管局执法总队根据《广告法》，对当事人做出沪市监总处〔2021〕322020000532号《行政处罚决定书》，责令当事人停止发布，并处罚款172.51791万元。

【评析】此案中广告宣传的"空气净化"功能与实际情况不符，其宣称依据是在特定试验条件下检测得到的净化结果，在实际生活中使用时无法重现同样净化结果。而且，"空气净化"功能的实质信息足以影响消费者购买行为。如果消费者知晓"空气净化"功能是在试验条件下才能实现的，会购买其他价廉物美的窗帘。

【案例】发布允诺失实的广告，被罚款100万元

当事人成都市崇州市崇中展业投资有限公司在"南城星汇商品楼"项目印刷品宣传中针对C3户型使用"厨房带轩敞生活阳台，可随心烹饪，储物及收纳"等内容，针对C1和C2户型，使用红色虚线标注为全赠送面积。但上述生活阳台在实际验收时，与设计及施工的实际情况不符，"全赠送面积"允诺与实际情况不符，对购买行为有实质性影响，构成《广告法》第二十八条第（二）项规定的虚假广告。2021年3月8日，成都市崇州市市场监管局对当事人做出成崇市监处〔2021〕51018421000119号《行政处罚决定书》，责令当事人停止发布，并处罚款100万元。

【评析】此案中楼盘虽然是真实的，没有虚构欺骗，但是足以引起消费者购买行为的实质信息的生活阳台及"全赠送面积"允诺失实，构成误导性虚假广告。

现行法律法规对引人误解的虚假广告没有明确的认定标准，但是最高人民法院《关于审理不正当竞争民事案件应用法律若干问题的解释》第八条做了司法解释：经营者具有下列行为之一，足以造成相关公众误解的，可以认定为反不正当竞争法第九条第一款规定的引人误解的虚假宣传行为，（一）对商品做片面的宣传或者对比的；（二）将科学上未定论的观点、现象等当作定论的事实用于商品宣传的；（三）以歧义性语言或者其他引人误解的方式进行商品宣传。以明显的夸张方式宣传商品，不足以造成相关公众误解的，不属于引人误解的虚假宣传行为。人民法院应当根据日常生活经验、相关公众一般注意力、发生误解的事实和被宣传对象的实际情况等因素，对引人误解的虚假宣传行为进行认定。

以上司法解释中的"歧义性语言"，是指广告中商品或服务是真的或者内容大部分是真实的，但是在措辞上使用歧义性语言明示或者暗示、省略或含糊，使消费者对真实情况产生误解，并影响其购买决策。这是判定夸大失实、引人误解的误导性虚假广告的重要依据，也是对《广告法》第二十八条第二款第（五）项兜底条款所规定的"以虚假或者引人误解的内容欺骗、误导消费者的其他情形"所做细化的列举性司法解释。

【案例】发布语言歧义的误导性虚假广告，被罚款 30 万元

当事人永和食品（中国）股份有限公司在微信公众号发布了标题为"这杯国饮，果断赞了！"的广告，含有"永和豆浆的产品作为国礼走进各国驻华大使馆"的内容。经查实，当事人在非正式场合向个别使馆工作人员赠送其产品，赠送行为和产品均未经政府授权，与广告宣称严重不符。当事人上述广告，以"走进"的歧义性语言，用含糊概念自诩"国饮"，误导受众，违反了《广告法》第二十八条第二款第（五）项规定。2019 年 9 月 19 日，上海市市场监督管理局机场分局依据《广告法》第五十五条第一款等规定，对当事人做出沪市监机处字〔2019〕第 200201910006 号《行政处罚决定书》，责令当事人停止发布违法广告，并处罚款 30 万元。

四、虚假广告与虚假商业宣传的法律适用

商业宣传是商业广告的上位概念，商业宣传包含商业广告。但是，《反不正当竞争法》第二十条第二款规定"经营者违反本法第八条规定，属于发布虚假广告的，依照《中华人民共和国广告法》的规定处罚"。此规定体现了特别法优于普通法的原则。凡是利用传播媒体开展的商业宣传活动属于《广告法》调整的商业广告活动；凡是没有利用传播媒体的商业宣传活动不属于《广告法》调整的商业广告活动，而应当属于商业宣传活动。所以，虚假商业广告应当适用《广告法》，虚假商业宣传应当适用《反不正当竞争法》。（商业广告与商业宣传的区别详见第二章第四节"《广告法》适用范围"。）

【案例】谎称消毒杀菌产品获得"南山奖"，构成虚假宣传，被罚款 30 万元

当事人上海明邸网络科技有限公司的一款名为 FCB 天然植萃（免洗抑菌喷雾）的消毒杀菌产品瓶盖的封条上有"连续两年荣获空净行业大奖南山奖"的字样，外包装上有"荣获钟院士亲自冠名空净行业奥斯卡'南山奖'"等字样。产品说明书上宣传 20—30 分钟杀灭新冠病毒的有效性达 99.9%。经核查，涉案产品从未获得过"南山奖"，且当事人仅对 FCB 天然植萃的原液进行了实验室测试，与被稀释后的产品在日常环境中的效果不一致。当事人上述行为，违反了《反不正当竞争法》第八条第一款的规定。2021 年 3 月 17 日，上海市闵行区市场监管局依据《反不正当竞争法》第二十条第一款的规定，对当事人做出沪市监闵处〔2021〕122021003304 号《行政处罚决定书》，责令当事人停止虚假宣传，并处罚款人民币 30 万元。

【评析】 本案当事人在对涉案产品的功能不明确的情况下，以实验室环境下的数据对消费者进行误导，使消费者误以为该产品能在日常使用中杀灭新冠病毒。且企业明知"南山奖"与企业产品无关，但为了提升该款产品的知名度，提高销售量，故意在产品包装及瓶身封条上对产品进行虚假的商业宣传。

虚假商业宣传，不仅欺骗、误导消费者，而且使产品在同类产品竞争时处于有利地位，损害其他经营者合法权益，构成不正当竞争。

【案例】在产品外包装上夸大除菌功效，做虚假宣传，被处罚 20 万元

当事人广州宝洁有限公司在"舒肤佳柠檬清新型香皂"外包装正面用较大字体标注"去除 99% 细菌"（字体为红色），在外包装侧面用较小字体注解为"洗去细菌"，利用颜色、字体大小、注解位置的不同，将没有充分科学论证的"去除 99% 细菌"进行突出的标注，对其产品功能做引人误解的商业宣传，欺骗、

误导消费者；又使当事人"舒肤佳柠檬清新型香皂"与同类产品竞争时处于有利地位，损害其他经营者合法权益。上述行为违反了《反不正当竞争法》第八条第一款规定，构成引人误解虚假商业宣传的不正当竞争行为。2021年8月17日，河南省平顶山市市场监督管理局根据《反不正当竞争法》第二十条规定，对当事人做出平市监处字〔2021〕62号《行政处罚决定书》，责令当事人停止违法行为，并处罚款人民币20万元。

另外，食品虚假宣传不仅可以适用《反不正当竞争法》，还可以适用《食品安全法》。《食品安全法》第一百四十条第四款规定："对食品做虚假宣传且情节严重的，由省级以上人民政府食品安全监督管理部门决定暂停销售该食品，并向社会公布；仍然销售该食品的，由县级以上人民政府食品安全监督管理部门没收违法所得和违法销售的食品，并处二万元以上五万元以下罚款。"

五、虚假广告与艺术夸张及情感性诉求的区别

广告是一种综合性的商业艺术传播，除了经济、商业的传播外，还有文化、艺术的传播。广告是创意艺术很强的商业传播。创意艺术，无疑包含着艺术夸张的表现手法。

正确界定误导性虚假与合理艺术夸张关系到广告的生命力与活力。真实是广告的生命力，创意是广告的活力，两者缺一不可。

（一）艺术夸张的创意广告，一般不属于虚假广告

艺术夸张的创意广告具有较强的艺术感染力，能给受众留下深刻的印象。比如，为了强调冰箱保鲜，采取创意夸张的手法，视觉表现为一条鲜活的鱼从冰箱里被钓出等。广告看似夸大失实，但是一般公众或消费者都知道这是一种艺术夸张手法，不会误导消费者。20世纪80年代有一句家喻户晓的广告语——白丽美容香皂"今年20，明年18"。当时曾有执法者认为这是虚假广告，经多次大讨论后，共识为这是合理的艺术夸张创意广告。因为，一般公众或消费者都知道用了香皂不会年轻2岁。还有经典广告语"人头马一开，好运自然来"，广告受众也明知打开"人头马"酒，好运不会随之而来。

虚假与艺术夸张的区别，不能以消费者及其主观认识来判断，应以大多数消费者对广告中传递的信息的理解作为判断标准。凡是大多数消费者不会因为广告艺术夸张而丧失真实性的判断能力，那就不是虚假广告。为了客观公正地评判界定虚假与艺术夸张，应建立广告主、经营者、发布者及广告监管机关之外的广告评议组织，组成一个包括消费者、广告学者、消费者协会、行业协会在内的独立广告评议委员会，评议广告虚假与否，也可请公证处按一定程序做严格的广告受众抽样调查，而不是凭个别执法人员、权威人士、专家或媒体记者的主观认定。

独特的艺术夸张往往是广告的魅力所在，但是任何形式的艺术夸张均必须是一般受众依常理即可分辨出来，不致发生误解、误导的。所以，艺术夸张必须把握好度，否则，稍不小心就会成为虚假广告。

（二）科幻广告，一般不属于虚假广告

2001年北极绒牌保暖内衣在中央电视台播放了一则科幻故事情节的广告：演员赵本山被外星人劫持、冰冻。劫持是为了知道赵本山不怕冷的原因。赵本山被解冻后安然无恙，向外星人讲明是"北极绒"起了巨大作用，并且建议外星人："怕冷就穿北极绒，地球人都知道。"北极绒牌保暖内衣被消费者陈先生告上法庭，理由是北极绒牌保暖内衣根本起不到广告中所宣传的作用，欺诈消费者，并追加了第三被告——出具广告审查咨询书的中广协信息咨询中心，认为其"为广告客户出具认证书，并加盖中国广告协会的公

章,为被告提供了保护伞",也属"诱导消费者、欺骗消费者"。法院审理后认为,广告在真实、合法的基础上允许一定程度的艺术加工,陈先生系有完全民事行为能力的公民,不应对系争广告的内容发生误解。法院依法驳回了陈先生诉讼请求。此案说明:以明显的夸张方式宣传商品,不足以造成相关公众误解的,不属于虚假广告。

判定科幻广告是否为误导型虚假时,应当按照艺术夸张的创意广告做出判断,应当坚持一般公众施以普通注意原则、误导可能性原则和客观归责原则,即按照日常生活经验、相关公众一般注意力,发生误解的事实和被宣传对象的实际情况等因素,来判断宣传内容是否具有误导性。

值得注意的是"外星人劫持赵本山"的北极绒广告,外星人是否存在,没有科学论断,应当在广告上标注"科幻"或"纯属虚构"提示语。

(三) 抽象的情感性诉求广告,一般不属于虚假广告

判定虚假广告还要注意区分广告中的功能性的理性诉求和情感性的感性诉求。情感性的诉求广告,一般也不属于虚假广告。

功能性的理性诉求,是指对有关商品或者服务的优劣进行摆事实、讲道理的劝说。情感性的感性诉求,是指无关商品或者服务事实的情感上沟通劝说。其主要取决于消费者个人的主观情感感受,消费者购买行为与商品或者服务的功能性事实无直接关系。比如,特步运动鞋广告语"飞一般的感觉"(见右图),某咖啡馆广告宣称"喝一杯××牌咖啡,会让他爱上你",某香水广告宣称"××香水,使你更有女人味,更性感"这些均是情感上的沟通劝说。即使夸大,也是情感表达夸大,一个具有日常生活经验的理性消费者并不会真的相信这种情感上的劝说。

六、虚假广告"证真"与"证伪"责任的分配

在虚假广告被行政处罚后的行政诉讼案件中,大多数行政诉讼代理人都会在虚假广告认定事实方面的质证及举证方面进行激烈辩论。法院认为,行政诉讼案件中被告作为行政管理机关,负有对其具体行政行为举证的责任,而原告亦负有对其广告真实性、准确性予以主动证明的义务。

(一) 广告主承担"证真"的责任

《广告法》第四条第二款规定"广告主应当对广告内容的真实性负责"。此规定包含广告主应当履行的两个法定义务。

一是注意义务及审查责任。注意义务是行为人在做出某种行为时,应能预见到自己的行为有可能产生的某种损害后果,并且做好防范措施,避免损害后果的发生。即广告主在广告发布前对广告内容的真实性进行自律审查,无法律事实依据不发布,避免虚假违法广告的发生。

二是"证真"义务及行为责任。广告主应当提供证据证明其广告内容真实性的义务及责任。即在市场监督管理部门调查核实时,广告主应当提供佐证广告内容真实性的书证、物证或视听资料等证据。

《广告法》第四十九条第三项规定,市场监督管理部门可以行使要求涉嫌违法当事人限期提供有关证明文件的职权;第五十一条规定,市场监督管理部门依照本法规定行使职权,当事人应当协助、配合,不得拒绝、阻挠。否则,广告主应当依法承担加重责任。加重责任是指负有举证责任的广告主在不提供或者无法提供"证真"的证据时所要承担对其不利的法律后果。

所谓不利的法律后果，一是指在行政诉讼程序中，人民法院一般不采纳原告在被告行政执法取证程序中未提供的证据，而导致败诉。最高人民法院《关于行政诉讼证据若干问题的规定》第五十九条规定，"被告在行政程序中依照法定程序要求原告提供证据，原告依法应当提供而拒不提供，在诉讼程序中提供的证据，人民法院一般不予采纳"。二是指广告主不协助、不配合、不提供"证真"的证据时，市场监督管理部门依法将其认定为违法情节严重，予以从重处罚。例如，福建省漳州某房地产开发有限公司在某商场超市门口设立的楼盘宣传展点，摆放房地产展架广告、展示牌，发放房地产宣传彩页，发布违法房地产广告，被福建省龙岩市新罗区市场监督管理局从重处罚款 110 万元。该公司不服该处罚决定，认为罚款远远超过了原告所花费的广告费用，且案涉广告发布时间短，社会影响小，处罚过重。该公司诉至法院，请求判决撤销上述行政处罚决定。一审、二审法院经审理认为，有证据证明经执法机关三次以上催促仍拒不配合调查其违法行为的，可以从重处罚，判决驳回开发商的诉讼请求。

《广告法》在规定广告主是广告内容"证真"第一责任人的同时，也规定广告经营者、广告发布者负有《广告法》第三十四条规定的"查验有关证明文件，核对广告内容"的自律审查责任，与广告主共同确保广告内容的真实性，否则，也将承担负有责任的法律后果。

(二) 无论广告主是否"证真"，市场监管部门都负有"证伪"的责任

根据现行《广告法》规定，市场监督管理部门在广告主不提供或者无法提供"证真"的证据时，应当通过其他途径充分调查取证、查明事实，取得"证伪"证据，不能因为由广告主承担不利后果，而不尽职、不尽调，在无"证伪"证据情况下，消极认定广告内容虚假。

因为，在行政执法取证过程中，市场监管部门有收集、审查证据的权利和义务，既有要求广告主限期提供有关"证真"证据的职权，也负有在行政复议、行政诉讼过程中的"证伪"义务。在强调广告主负责广告内容"证真"义务的同时，市场监管部门也应履行相应的"证伪"义务。不能因为最高人民法院《关于行政诉讼证据若干问题的规定》第五十九条的规定，而免除市场监管部门的"证伪"义务。在广告主无法"证真"和市场监管部门也无法"证伪"的情况下，不能推定广告内容虚假。即无论广告主是否"证真"，市场监管部门都负有"证伪"的义务，如果市场监管部门无法"证伪"，就不能认定广告虚假。

市场监管部门"证伪"责任主要包括如下四点。

第一，应查明案件基本事实。主要查明：(1) 何人，包括广告是由谁实施的、实施人的基本情况等，以确定责任主体；(2) 何时，包括广告发布时间、持续影响时间等情况，以确定追诉时效；(3) 何地，包括广告的实施地、影响范围等情况，以确定是否具有地域管辖权；(4) 何事，包括是广告还是非广告、何种广告内容等情况，以确定性质、是否属于职权管辖范围、适用什么法律、法规；(5) 何情节，包括案件的起因、经过、结果、影响，当事人的主观过错情况、是否初犯等具体情况，应尽量详细、准确，以确定过罚相当尺度。

第二，向广告主阐明其对广告宣传内容负有"证真"的举证责任以及不举证或者不充分举证可能承担的不利后果，以及限期举证的时间，对举证期限要求应当合理，应当考虑举证的难易程度，给予合理的举证期限。

第三，应当从形式和内容上对广告主提供的证据进行全面审查，重点审查证据材料是否客观、充分，是否具有法定的从重、从轻、减轻情节等。如果广告主不提供"证真"证据，但是市场监管部门有"证伪"的证据、依据，可以推定广告内容为欺骗性虚假或者误导性虚假。

第四，对广告内容真伪的举证责任，在一定条件下，举证责任主体会转移。比如，广告主提供的"证真"证据不能证明广告内容真实或者市场监管部门不采信广告主提供的"证真"证据，举证责任就转移到了市场监管部门。市场监管部门应当依职权进行实质调查取证，通过各种途径查明事实，认定广告主的广告内容为欺骗性虚假或者误导性虚假广告。这样对于广告主说服力更强，在行政复议、行政诉讼中的举证证明力更强。

【案例】执法机关尽职尽调取得虚假广告认定证据处罚案

上海某房地产公司在其楼盘宣传册中使用了"远离城市 PM2.5 侵扰"的用语，当时执法人员感觉在雾霾比较严重的情况下，部分区域不可能远离 PM2.5 侵扰，于是展开了调查。执法人员通过询问当事人、现场检查、协调专业部门出具证明材料，充分证明了当事人宣称的其楼盘"远离城市 PM2.5 侵扰"与事实不符，属于虚假广告，依法对当事人进行了行政处罚。

本案中，当事人强调其楼盘附近有世纪公园和汤臣高尔夫球场 2 块大面积的绿地。绿地作为天然氧吧，有利于改善附近的空气质量，所以能够远离雾霾的侵扰。从常识判断，绿地对空气的确有一定的净化作用，执法人员在没有掌握该楼盘区域空气质量的情况下，无法完全否定当事人的申辩意见。如何证明当事人宣称的其楼盘"远离城市 PM2.5 侵扰"与事实不符，从而认定其广告内容虚假，成为本案的难点。

在案件调查过程中，上海遇到了大面积的雾霾天气，执法人员选择了一个雾霾天气比较严重的上午，到当事人的楼盘区域进行检查，发现该楼盘和其他地方一样处在严重的雾霾之中。执法人员当即要求当事人解释该楼盘是如何"远离城市 PM2.5 侵扰"的，在证据面前，当事人承认了宣传用语使用不当，只考虑到附近两处绿地的净化作用，并没有经过权威部门的空气质量检测。

虽然当事人承认其宣传用语没有依据，但尚不足以认定其广告内容虚假，需要专业部门提供权威空气质量数据作为更加充分的证据。在一次讨论中，一名执法人员提出，上海每天的空气质量指数是由上海市环境监测中心发布的。于是执法人员与该监测中心取得联系，希望提供本案涉及楼盘所在区域的空气质量数据。但是该监测中心的专家告知该楼盘附近没有空气质量监测点位，无法提供该地点准确的空气质量数据。在这种情况下，执法人员详细说明了认定广告内容虚假的证据要求，希望该监测中心从环境专业知识的角度提供支持。经过多次沟通，该监测中心出具了证明材料，就 3 个方面进行了说明：一是雾霾产生的原因；二是 2013 年上海空气质量，特别是 PM2.5 年均浓度不达标，全年 124 个污染日中，PM2.5 为首要因子的污染日达 87 天，离当事人楼盘最近的一个空气质量监测点位的数据显示 PM2.5 年均浓度也不达标；三是雾霾在大气中停留时间长，而且具有区域性和流动性的特点，在上海市区 PM2.5 浓度整体超标的情况下，特别是在污染日，单个点位或者地区难以"独善其身"。

至此，执法人员通过现场检查证明其楼盘在污染日同样处在雾霾之中，而且紧邻车流量比较大的内环高架路附近，机动车尾气排放也相对严重，以及专业部门出具的空气质量证明材料，以上证据形成了完整的证据链，充分证明当事人的楼盘无法"远离城市 PM2.5 侵扰"，广告内容与事实不符，属于虚假广告。执法机关依据《广告法》对当事人进行了处罚。[摘自《中国工商报》（现《中国市场监管报》）上海市工商局检查总队（现上海市市场监督管理局执法大队）丛大勇的文稿]

第 4 章习题

一、填空题

1. 麻醉药品、_____ 药品、医疗用毒性药品、放射性药品等特殊药品，药品类易制毒化学品，以及戒毒治疗的药品、医疗器械和治疗方法，不得发布广告。

2. 特殊医学用途婴儿配方食品不得在大众传播媒介或者_____发布广告。

3. 医疗、药品、医疗器械、保健食品不得在电台、电视台、报刊音像出版、互联网以介绍_____等形式变相发布广告。

4. 婴儿乳制品、饮料和其他食品可以在大众传播媒介或者公共场所发布广告，但不得声称全部或者部分_____母乳。

5. 处方药和特殊医学用途配方食品中的_____食品广告只能在国务院卫生行政部门和国务院药品监督管理部门共同指定的医学、药学专业刊物上发布。

6. 药品广告的内容应当与国务院药品监督管理部门批准的_____一致，并应当显著标明禁忌、不良反应。

7. 医疗器械广告的内容应当以药品监督管理部门批准的注册证书或者备案凭证、注册或者备案的产品_____内容为准。

8. 保健食品广告的内容应当以市场监督管理部门批准的注册证书或者备案凭证、注册或者备案的产品_____内容为准。

9. 特殊医学用途配方食品广告的内容应当以国家市场监督管理总局批准的注册证书和产品标签、_____为准。

10. 除医疗、药品、医疗器械广告外，任何广告不得使用涉及疾病治疗功能、医疗用语或者易使推销的商品与药品、医疗器械相_____的用语。

11. 保健食品广告不得涉及_____预防、治疗功能。

12. 未经_____审查，不得发布药品、医疗、医疗器械、保健食品、特殊医学用途配方食品、化妆品、农药、兽药广告。

13. 药品、医疗、医疗器械、保健食品、特殊医学用途配方食品、化妆品广告，应当严格按照审查通过的《广告审查证明》规定的内容发布广告，不得进行剪辑、拼接、修改。已经审查通过的广告内容需要改动的，应当_____申请广告审查。

14. 不得利用处方药或者特定全营养配方食品的名称为各种活动_____进行广告宣传。

15. 医疗广告内容应当_____，仅限于出现医疗机构第一名称、地址、所有制形式、医疗机构类别、诊疗科目、床位数、接诊时间、联系电话等内容。

16. 非医疗机构广告宣称"中医""病理"推拿，属于使用了"中医""病理"_____术语，违反了《广告法》第十七条规定。

17. 不得利用特定全营养配方食品的_____为各种活动冠名进行广告宣传。

18. 酒类广告不得使用_____用语或者易与药品混淆的用语。

19. 驾照考试培训广告宣称"最快20小时拿证""考试不过，免费重学"等，属于对培训效果做出明示或者暗示的_____承诺，违反了《广告法》第二十四条规定。

20. 房地产广告声称"项目路网发达，经机场线半小时内可到达包括南京南站、禄口机场及市内其他主要区域"等宣传内容。以项目到达某一具体参照物的所需_____表示项目位置，违反《广告法》第二十六条第一项和第二项的规定。

191

二、判断题（正确的打"√"，错误的打"×"）

1. 药品广告应当显著标明禁忌、不良反应，处方药广告还应当显著标明"本广告仅供医学药学专业人士阅读"，非处方药广告还应当显著标明非处方药标识（OTC）和"请按药品说明书或者在药师指导下购买和使用"。药品广告还应当显著标明广告批准文号。（   ）

2. 化妆品广告执行《化妆品监督管理条例》，参照执行《化妆品分类规则和分类目录》《化妆品功效宣称评价规范》《化妆品标签管理办法》等配套规章，牙膏广告参照《化妆品监督管理条例》中有关普通化妆品管理的规定。儿童化妆品广告参照执行《儿童化妆品监督管理规定》，儿童牙膏广告参照执行《儿童化妆品监督管理规定》。（   ）

3. 推荐给个人自用的医疗器械的广告，应当显著标明"请仔细阅读产品说明书或者在医务人员的指导下购买和使用"，还应当显著标明广告批准文号。（   ）

4. 医疗器械产品注册证书中有禁忌内容、注意事项的，广告应当显著标明"禁忌内容或者注意事项详见说明书"。（   ）

5. 保健食品广告应当显著标明"保健食品不是药物"，并显著标明保健食品标志、适宜人群和不适宜人群，还应当显著标明广告批准文号。（   ）

6. 特殊医学用途配方食品广告应当显著标明适用人群、"不适用于非目标人群使用""请在医生或者临床营养师指导下使用"，还应当显著标明广告批准文号。（   ）

7. 药品、医疗器械、保健食品和特殊医学用途配方食品广告中应当显著标明的内容，其字体和颜色必须清晰可见、易于辨认，在视频广告中应当持续显示。（   ）

8. 不得使用与处方药名称或者特定全营养配方食品名称相同的商标、企业字号在医学、药学专业刊物以外的媒介变相发布广告，也不得利用该商标、企业字号为各种活动冠名进行广告宣传。（   ）

9. "鲨鱼脑"广告宣称"补肺养阴，止肺虚性咳嗽、减少肺气病变……""补虚养胃、止胃寒性、呕吐……"，包含了中西医方面的病症治疗用语，构成普通商品宣传疾病治疗功能的违法行为，违反了《广告法》第十七条的规定。（   ）

10. "没有某某保健品的呵护，你将疾病缠身""宝宝健康成长必备""老年人要睡眠好，少不了某某保健品"等内容，属于暗示某保健食品为保障健康所必需，违反了《广告法》第十八条的规定。（   ）

11. 普通食品广告不得声称保健功能或暗示保健作用。（   ）

12. 化妆品广告不得使用尚未被科学界广泛接受的术语、机理或者通过贬低合法产品或原料等方式编造概念误导消费者。（   ）

13. 化妆品广告不得使用医疗术语、医学名人的姓名、描述医疗作用和效果的词语或已经批准的药品名明示或者暗示产品具有医疗作用，不得与食品、药品等混淆。普通化妆品不得宣称特殊化妆品相关功效。（   ）

14. 医疗美容广告中不得含有"美白针""溶脂针"；不得含有违背社会良好风尚、制造"容貌焦虑"内容。广播电视和网络视听机构、平台一律不得发布"美容贷"及类似广告。（   ）

15. 农作物种子、林木种子、草种子、种畜禽、水产苗种和种养殖广告中关于品种名称、生产性能、生长量或者产量、品质、抗性、特殊使用价值、经济价值、适宜种植或者养殖的范围和条件等方面的表述应当真实、清楚、明白。（   ）

16. 禁止在大众传播媒介或者公共场所、公共交通工具、户外发布烟草广告。禁止向未成年人发送任何形式的烟草广告。（   ）

17. 房地产广告房源信息应当真实，面积应当表明为使用面积或者套内建筑面积。（ ）
18. 房地产广告声称"拥有全球唯一主题乐园、全国最长室内步行街、最高投资回报率10%"等内容，违反了《广告法》第九条、第二十六条的规定。（ ）
19. 招商等有投资回报预期的商品或者服务广告，应当对可能存在的风险以及风险责任承担有合理提示或者警示。（ ）
20. 投资理财广告声称"机构100%本息保障""9%—12%年化收益"等内容，属于对未来效果、收益做出保证性承诺用语，违反了《广告法》第二十五条第（一）项的规定。（ ）

三、不定项选择题

1. 下列（ ）药品不得发布广告。
   A. 军队特需药品
   B. 军队医疗机构配制的制剂药品
   C. 医疗机构配制的制剂药品
   D. 除中药饮片外，未取得注册商标的药品

2. 药品广告不得含有（ ）。
   A. 表示功效、安全性的断言或者保证
   B. 含有说明治愈率或者有效率
   C. 含有与其他药品、医疗器械的功效和安全性或者其他医疗机构比较
   D. 含有利用广告代言人做推荐、证明

3. 医疗广告不得含有（ ）。
   A. 表示功效、安全性的断言或者保证
   B. 说明治愈率或者有效率
   C. 与其他药品、医疗器械的功效和安全性或者其他医疗机构比较
   D. 利用广告代言人做推荐、证明

4. 某药品广告声称"独家苗药，绿色抗炎，抗菌，抗病毒，快速消肿止痛，对急性扁桃体咽炎的有效率为96.6%，对急性扁桃体炎的有效率为90%"，属于（ ）。
   A. 说明治愈率或者有效率
   B. 功效的断言或者保证
   C. 综合性评价内容
   D. 诱导性内容

5. 某医疗美容广告声称"××卫视主持人×××微整全程""著名主播××现场体验音波提拉"，并有19名患者做推荐、证明，展示患者诊疗前后的对比照片等内容，属于（ ）。
   A. 说明治愈率或者有效率
   B. 功效的断言或者保证
   C. 用患者的名义、形象做推荐、证明
   D. 利用广告代言人做推荐、证明

6. 公益广告不得含有（ ）。
   A. 烟草制品名称
   B. 烟草制品商标
   C. 烟草制品包装、装潢
   D. 烟草制品企业名称

7. 烟草广告不得含有（ ）。
   A. 未成年人形象   B. 老年人形象   C. 中年人形象   D. 妇女形象

8. 烟草制品生产者或者销售者发布的（ ）中，不得含有烟草制品名称、商标、包装、装潢以及类似内容。

A. 迁址启事　　B. 更名启事　　C. 招聘启事　　D. 非烟草的商品或者服务的广告

9. 药品、医疗器械、保健食品广告应当遵守《广告法》，还应当遵守（　　）的有关规定。

A.《药品、医疗器械、保健食品、特殊医学用途配方食品广告审查管理暂行办法》

B.《互联网广告管理办法》

C.《中华人民共和国中医药条例》

D.《化妆品监督管理条例》

10. 保健食品广告不得含有（　　）。

A. 表示功效、安全性的断言或者保证，涉及疾病预防、治疗功能

B. 声称或者暗示广告商品为保障健康所必需

C. 与药品、其他保健食品进行比较

D. 利用广告代言人做推荐、证明

11. 农药、兽药、饲料和饲料添加剂广告不得含有（　　）。

A. 表示功效、安全性的断言或者保证

B. 利用科研单位、学术机构、技术推广机构、行业协会或者专业人士、用户的名义或者形象做推荐、证明

C. 说明有效率

D. 违反安全使用规程的文字、语言或者画面

12. 农作物种子、林木种子、草种子、种畜禽、水产苗种和种养殖广告不得含有（　　）。

A. 做科学上无法验证的断言

B. 表示功效的断言或者保证

C. 对经济效益进行分析、预测或者做保证性承诺

D. 利用科研单位、学术机构、技术推广机构、行业协会或者专业人士、用户的名义或者形象做推荐、证明

13. 酒类广告不得含有（　　）。

A. 诱导、怂恿饮酒或者宣传无节制饮酒

B. 出现饮酒的动作

C. 表现驾驶车、船、飞机等活动

D. 明示或者暗示饮酒有消除紧张和焦虑、增加体力等功效

14. 教育、培训广告不得含有（　　）。

A. 对升学、通过考试、获得学位学历或者合格证书，或者对教育、培训的效果做出明示或者暗示的保证性承诺

B. 明示或者暗示有相关考试机构或者其工作人员、考试命题人员参与教育、培训

C. 利用科研单位、学术机构、教育机构、行业协会、专业人士、受益者的名义或者形象做推荐、证明

D. 法律、行政法规规定禁止的其他内容

15. 房地产广告不得含有（　　）。

A. 升值或者投资回报的承诺

B. 以项目到达某一具体参照物的所需时间表示项目位置

C. 违反国家有关价格管理的规定

D. 对规划或者建设中的交通、商业、文化教育设施以及其他市政条件做误导宣传。

16. 化妆品广告不得含有（　　）。

　　A. 与食品、药品等混淆的内容

　　B. 使用尚未被科学界广泛接受的术语、机理或者通过贬低合法产品或原料等方式编造概念误导消费者，如"干细胞"

　　C. 和医院、大学等机构联合研制、联合监制

　　D. "保险公司承保""无效退款"等承诺性语言

17. 虚假广告主要表现为（　　）二大类。

　　A. 欺骗性虚假广告　　　　　　　　B. 误导性虚假广告

　　C. 绝对化用语虚假广告　　　　　　D. 与实际相符，但允诺违约虚假广告

18. 欺骗性虚假广告典型情形有（　　）。

　　A. 虚构商品或者服务

　　B. 虚构伪造引证材料

　　C. 虚构使用效果

　　D. 商品或者服务的主要信息及允诺信息与实际情况不符，对购买行为有实质性影响

19. 误导性虚假广告典型情形有（　　）。

　　A. 虚构商品或者服务

　　B. 虚构伪造引证材料

　　C. 虚构使用效果

　　D. 商品或者服务的主要信息及允诺信息与实际情况不符，对购买行为有实质性影响

20. 一般不属于虚假广告的情形有（　　）。

　　A. 明显的艺术夸张的创意广告，不足以造成相关公众误解的

　　B. 抽象的情感性诉求广告，不足以造成相关公众误解的

　　C. 艺术夸张的科幻广告，不足以造成相关公众误解的

　　D. 一般消费者不会因为广告艺术夸张而丧失判断能力，不足以造成误解的

四、简答题

1. 医疗广告仅限于出现哪些内容？
2. 医疗美容与生活美容的区别？
3. 涉及疾病诊断和治疗内容的用语有哪些？
4. 属于医疗术语或医疗用语的有哪些？
5. 保健食品广告可以宣传的功能有哪些？
6. 虚假广告法定情形有几种？
7. 如何判断误导性虚假广告？
8. 如何区别虚假广告与明显艺术夸张广告？

五、论述题

1. 药品、医疗器械、保健食品和特殊医学用途配方食品广告不得含有哪些内容？

2. 试论虚假广告举证责任的一般原则。

六、案例分析

【案例一】某电视台播出的《消费体验》节目中，多次出现主持人与某酒厂负责人饮酒的画面，两人对话互动过程中，不断宣传介绍酒的生产工艺、口感与品质。该节目的播出内容及方式容易让消费者误以为这是一则新闻报道。经调查，电视台播出该节目收取广告费用3000元。案件调查终结后，执法人员对当事人违法行为应如何处罚产生不同意见。

第一种意见认为，电视台以新闻报道的形式发布广告与在广告中出现饮酒的动作，是同一时间对同一商品基于同一目的所做的广告宣传，因此电视台播出该广告只实施了一个违法行为。该违法行为同时触犯了《广告法》第十四条"大众传播媒介不得以新闻报道形式变相发布广告。通过大众传播媒介发布的广告应当显著标明'广告'，与其他非广告信息相区别，不得使消费者产生误解"和第二十三条"酒类广告不得含有下列内容……（二）出现饮酒的动作"两个条款，应该参照想象竞合违法行为，对当事人按照"择一重处"原则处罚，因此应以《广告法》第五十九条予以处罚。

第二种意见认为，电视台以新闻报道的形式发布广告与广告中出现饮酒动作是两个违法行为，但二者存在必然联系，互为存在的基础，即以新闻报道形式进行的宣传是出现饮酒动作行为的载体，出现饮酒动作的行为又是新闻报道宣传的内容，两者不可分割。因此，可以按照牵连违法行为对当事人按照"择一重处"原则处罚。

第三种意见认为，电视台以新闻报道的形式发布广告与广告中出现饮酒动作是两个独立的违法行为，二者间不存在牵连关系。因此，应依据《广告法》第五十八条和第五十九条合并处罚。

［问题］你认为哪个观点正确？为什么？请用法理分析。

［提示］法理：想象竞合是行为人基于一个主观意图，实施了一个违法行为，侵犯了数个客体，从而在形式上构成数个违法行为的形态。牵连违法行为是指一个违法行为的发生必然会导致另一个违法行为的发生，即A行为的发生必然导致B行为发生。

【案例二】某医院在自制印刷品医疗广告上宣称"月经不调、盆腔炎治愈率100%，无副作用"。

［问题］你认为此广告是否违法？如果违法，是什么类型违法广告？为什么？请列举法律依据。

【案例三】非处方药品"补肾助阳丸"在广告中声称：专门治疗性功能疾病，治愈率99%。但是，在食品药品监督管理部门批准的说明书上，"补肾助阳丸"功能为滋阴壮阳、补肾益精，用于肾虚体弱，腰膝无力，梦遗阳痿。

［问题］你认为此广告是否违法？如果违法，是什么类型违法广告？为什么？请列举法律依据。

【案例四】北京字节跳动科技有限公司旗下"今日头条"在未取得药品广告审查证明的情况下发布了"芪冬养血胶囊"非处方药广告。

［问题］你认为此广告是否违法？如果违法，是什么类型违法广告？为什么？请列举法律依据。

【案例五】某基因科技有限公司在丽水人民广播电台发布"高至高1+2"增高的医疗器械产品及配套的"福叶牌钙金胶囊"保健食品广告。宣称："高至高1+2产品能促进人体增高的功能""想增高就增高，一步到位，高至高"。经查实，"高至高 1+2"的增高功能无任何有关促进人体增高作用的科学实验数据，该产品的增高功能未经任何国家职能部门认定。"福叶牌钙金胶囊"保健食品核定的保健功能是"抗疲劳"，适宜"易疲劳及缺钙人群"，没有有关"增高"功能方面的核定内容。

[问题]你认为此广告是否违法？如果违法，是什么类型违法广告？为什么？应当如何依法处理？请列举法律依据。

【案例六】某公司在电视台发布"联邦全能复康胶囊"保健食品广告，含有"全面彻底解决男性性功能""治前列腺肥大"等用语，还利用医疗机构、医生的名义、形象证明该产品的功效。

[问题]你认为此广告是否违法？如果违法，是什么类型违法广告？为什么？请列举法律依据。

【案例七】在"母婴之家"APP 上销售的"德国爱他美 Aptamil Pre 初段婴儿奶粉"商品说明书对该款奶粉介绍时声称：营养成分和母乳无限接近。

[问题]你认为此广告是否违法？如果违法，是什么类型违法广告？为什么？请列举法律依据。

【案例八】某烟草公司连续两次在某市电视台发布"烟草公司经理偕全体员工向关心烟草事业的各级领导和社会各界表示衷心感谢，并在春节来临之际向大家致以诚挚问候"的广告，同时标有一个某卷烟厂注册的烟草制品商标标识，该烟由此烟草公司总经销。

[问题]你认为此广告是否违法？如果违法，是什么类型违法广告？为什么？请列举法律依据。

【案例九】某进修学校为推广其教育培训服务，宣称"参加新航道学校国际备考课程，上海国际高中同等条件下优先录取""新航道 AP 课程中心所有考生的 AP 成绩 100% 的通过率""十所顶尖国际高中同等条件下优先录取"等内容，并使用培训受益者的名义和形象做推荐、证明。

[问题]你认为此广告是否违法？如果违法，是什么类型违法广告？为什么？请列举法律依据。

【案例十】在上海市场监管部门公布的 2020 年第一批虚假违法广告典型案例中，上海林怀网络科技有限公司在微博及其官方网站宣传其驾照考试培训项目"最快 20 小时拿证""考试不过，免费重学""全自营一对一教学模式"。同时在其官网利用学员手持驾照、送锦旗和学员微信聊天图片等进行推荐证明等。经查实，"20 小时"系指 20 个上车实操小时，而非总学时，当事人承认"最快 20 小时拿证"是不可能存在的；"免费重学"，只是免除教学费用，其他费用并不免除；宣传"自营连锁""全自营一对一教学模式"，实际上当事人只是部分自营。

[问题]你认为此广告是否违法？如果违法，是什么类型违法广告？为什么？请列举法律依据。

【案例十一】某金融信息服务有限公司未经科学测算论证，在 P2P 投资理财产品广告中声称"预期年化利率最高 12%"，没有提示或者警示投资风险。

[问题]你认为此广告是否违法？如果违法，是什么类型违法广告？为什么？请列举法律依据。

【案例十二】某房地产公司在其广告宣传页中，表明出售的房屋面积是使用面积，并声称"距离地铁某站 5 分钟"，还以规划中的学区房声称"保证至少升值 30%"。

[问题]你认为此广告是否违法？如果违法，是什么类型违法广告？为什么？请列举法律依据。

【案例十三】 某置业有限公司为促进房屋预售进行多种形式的广告宣传，广告内容中突出宣传在建房地产项目周边的幼儿园和中、小学校各一所。实际上，由于项目尚未建造完成，在广告发布时，地区教育管理部门并未对该项目的学区划分情况予以明确。

［问题］你认为此广告是否违法？如果违法，是什么类型违法广告？为什么？请列举法律依据。

【案例十四】 某品牌汽车4S店销售大厅的宣传展板上有与同类品牌车辆对比的内容，包含"10万元最具性价比家轿""同级车最优秀""冠军底盘成就操控之王""超越同级装备"等结论，以及"全球300万用户共同推荐的品质信赖"等统计用语。经查，当事人对于上述宣传用语和统计结论无法提供有效的来源或者出处。如何定性本案当事人的违法行为？执法人员存在3种不同意见。第一种意见认为，当事人的行为是广告违法行为。根据《广告法》第九条第（三）项的规定，广告不得使用国家级、最高级、最佳等用语。本案当事人在展厅宣传板中使用了"最具""最优秀""冠军之王"等用语，应当定性为广告违法行为。第二种意见认为，当事人的行为是虚假宣传行为。根据《反不正当竞争法》第八条规定，经营者不得对其商品的性能、功能、质量、销售状况、用户评价、曾获荣誉等做虚假或者引人误解的商业宣传，欺骗、误导消费者。本案当事人在宣传过程中，使用了绝对性语言，且无法提供对比结论和统计结果的有效来源或者出处，应定性为虚假宣传。第三种意见认为，当事人的行为是商业诋毁行为。根据《反不正当竞争法》第十一条的规定，经营者不得编造、传播虚假信息或者误导性信息，损害竞争对手的商业信誉、商品声誉。本案当事人在汽车销售中，将自己销售的车辆与同类品牌车辆从性能、装备、技术参数等多方面进行对比，擅自做出自己销售的车辆优于同类品牌汽车的结论，应当定性为商业诋毁。

［问题］你认为以上哪一种意见是正确的？为什么？请列举依据。

【案例十五】 2020年4月，上海市浦东新区市场监管局执法人员在对某中医门诊部检查时发现，门诊部入口处悬挂了内容为"防疫专用方 增加抵抗力 抗击新冠 代煎代配 服用简便"的红色横幅。经查，该中医门诊部的中医科医生主动向前来就医的病患推荐购买"防疫专用方"，宣称可以提高身体抵抗力，预防新冠肺炎。据当事人称，所谓防疫专用方，是指黄芪、白术、防风三味饮片组成的"玉屏风"药方，由医生开具添加在治疗患者自身疾病的药方之中，可以增强抵抗力、预防感冒。但同时，当事人承认，没有证据证明"玉屏风"药方对新冠肺炎有预防和治疗效果。执法人员走访了两位资深中医科专家，据专家介绍，"玉屏风"药方，由防风、黄芪、白术组成，具有益气固表止汗之功效。临床常用于治疗过敏性鼻炎、上呼吸道感染，以及用于治疗由表虚不固所致体虚感冒，其通过益气固表，保护机体免受外邪侵袭，的确有一定的作用。但对于目前的新冠疫情，尤其是宣称"防疫专用方"，不但须得到明确的医学理论支撑，还须得到公认的诊疗规范、指南的支持。当事人是以中医诊疗为特色的民营医院，利用悬挂在门诊部外醒目处的宣传横幅，宣称其"防疫专用方"可以抗击新冠肺炎，借此吸引市民前来开方，增加门诊诊疗收入。事实上，该"防疫专用方"既没有预防、治疗新冠肺炎的中医理论支持，也不在国家推荐治疗新冠肺炎的中成药和中医药方之列。

［问题］你认为此宣传是否违法？是什么类型违法宣传？为什么？请列举法律依据，应当依什么法律处罚？

第 5 章

广告行为的管理规定

[本章知识要点] 学习广告行为规范的规定，包括依法订立书面合同、禁止不正当竞争的规定；对广告主、广告经营者、广告发布者、广告代言人的规定；涉及他人人身权利、保护未成年人的规定；对户外广告、电子信息方式发送广告、互联网广告的规定；对公共场所的管理者或者电信业务经营者、互联网信息服务提供者的规定等。掌握订立书面合同的规定、禁止不正当竞争的规定、使用他人名义或者形象的规定、户外广告的规定、对电子信息方式发送广告的规定等，重点掌握广告审查等业务管理制度、对广告代言人的规定、禁止不正当竞争的规定、保护未成年人的规定、对互联网广告活动的规定等。

第一节 对广告经营者、发布者行为的管理规定

一、法律规定

《广告法》第二十九条规定，广播电台、电视台、报刊出版单位从事广告发布业务的，应当设有专门从事广告业务的机构，配备必要的人员，具有与发布广告相适应的场所、设备。

《广告法》第三十四条规定，广告经营者、广告发布者应当按照国家有关规定，建立、健全广告业务的承接登记、审核、档案管理制度。

广告经营者、广告发布者依据法律、行政法规查验有关证明文件，核对广告内容。对内容不符或者证明文件不全的广告，广告经营者不得提供设计、制作、代理服务，广告发布者不得发布。

《广告法》第三十五条规定，广告经营者、广告发布者应当公布其收费标准和收费办法。

《广告法》第三十六条规定，广告发布者向广告主、广告经营者提供的覆盖率、收视率、点击率、发行量等资料应当真实。

《广告法》第三十七条规定，法律、行政法规规定禁止生产、销售的产品或者提供的服务，以及禁止发布广告的商品或者服务，任何单位或者个人不得设计、制作、代理、发布广告。

二、新闻出版单位发布广告应当具备的条件

（一）设有专门从事广告业务的机构

这里的机构是指新闻出版单位内设的广告经营机构，如电台、电视台的内设广告经营管理中心等。新闻媒体属于事业单位性质，根据事业单位分类改革实施方案，新闻媒体单位将逐步把从事广告发布经营活动的机构从事业单位分离出去，因此，新闻媒体单位中专门从事广告发布业务的机构将逐步改变为广告经营活动的实体公司，并按照《公司法》予以登记，实现新闻媒体单位广告经营管理中心与传媒公司的"两块牌子一套人马"的模式。

（二）具备必要的人员

必要的人员是指专门从事广告活动的专业人员，比如经营管理与财会人员，市场调查人员，广告策划、创意、设计制作、编排、编串、编审人员，熟悉广告管理法规的审查人员等。

（三）具备必要的设备

必要的设备是指设计制作、发布、监测广告的硬件与软件设备，如广播电台的信号播出切换器、数/模转换器、音频嵌入器与解嵌器、音频自动增益控制器、同步信号发生器、GPS授时系统、延时器、广播电视录编储播监控管一体化网络系统等。

三、广告经营者和广告发布者应当建立广告业务管理制度

广告经营者和广告发布者无论是对外开展经营活动，还是加强内部管理，把关广告的真实性、合法性，以及明确内外法律责任，都有必要建立广告业务承接登记、审核、档案的管理制度，避免因为广告业务管理制度缺乏导致承担不利后果。

（一）建立广告业务的承接登记制度 yizhi

广告经营者、广告发布者之间与广告主之间发生业务关系，首先要洽谈、承接业务，即广告主向广告经营者和广告发布者提出委托广告设计制作或代理发布业务的要约，广告经营者和广告发布者按照广告主要求，设计多套广告设计制作或代理发布的方案（提案）给广告主，由广告主选择和认可。并且双方依照《合同法》《广告法》要求起草、协商签订书面合同。广告经营者、广告发布者将广告主营业执照上标明的名称、地址、品牌、项目、时间、要求及合同执行人等主要事项进行台账登记，有利于加强内部业务流程管理及分清法律责任。

（二）建立广告业务的审核制度

广告经营者和广告发布者应当在洽谈、承接广告业务时，指定专人查验广告主的主体资格及广告内容的证明文件、核对广告内容。这既是广告经营者和广告发布者拥有的权利，也是广告经营者和广告发布者必须履行的法定强制义务。广告业务的审核制度其实是相对于政府对特殊商品或者服务实施行政审查之外的一种企业自律审查的制度，有利于确保广告内容的真实性、合法性，减少违禁、虚假广告的发生。广告业务的审核制度包括以下几点。

1. 查验广告主的主体资格及其经营范围是否符合有关法律、行政法规的规定。比如委托化妆品广告设计、制作、代理、发布业务的广告主是否符合《化妆品监督管理条例》规定的主体资格，是否有化妆品生产许可证，是否为化妆品广告的注册人、备案人等。

2. 审核广告内容是否符合《广告法》及有关法律、行政法规的规定。查验广告内容的有关证明文件，核对广告内容，并且由广告审查员专司广告内容的审查，凡未经广告审查员审核签字通过或审查未通过的，

不得设计、制作、代理、发布。

所谓查验有关证明文件、核对广告内容，是指查验、核对广告内容与有关证明文件是否一致；审核广告内容是否符合《广告法》及有关法律、行政法规的规定。凡是证明不全、内容违法的广告，不得设计、制作、代理、发布，否则，要承担不利的法律后果。

【案例】未落实广告审核制度，发布虚假广告，被顶格罚款 200 万元

北京市市场监管局对 2021 年中央电视台"3·15"晚会曝光的 360 搜索发布虚假医疗违法广告进行立案调查。经查，涉案广告代理商在代理并上传广告过程中，需要通过"360 点睛软件"提交给北京好搜点睛科技有限公司审核，通过后方可发布。但北京好搜点睛科技有限公司未落实广告审核发布制度，未对广告内容进行查验，未查验有关证明文件、核对广告内容，造成发布虚假广告，违反了《广告法》第四条、第二十八条、第三十四条等相关规定，北京市市场监管局依据《广告法》第五十五条规定，对该公司做出顶格罚款 200 万元的处罚决定。相关广告代理商涉嫌违法的案件线索也移送属地市场监管部门处理。

值得注意的是，核对与核实是不同的概念。核对是形式审查，是核对广告内容的性质，是查验广告证明文件与广告内容之间是否一致。核实是实质审查，不仅查验广告证明文件与广告内容之间是否一致，还应当查验证明文件是否真实合法有效。

【案例】非法定审查义务，广告发布者不承担责任

"EM 原露"注册商标权利人是某生技开发公司（以下称为"原告"）。某科技有限公司（以下称为"被告一"）在某科技出版社杂志（以下称为"被告二"）发布以"EM 原液"作为产品名称的广告。原告认为，被告一使用"EM 原液"作为其产品名称，构成对其注册商标"EM 原露"的侵权。被告二为侵权产品进行广告宣传，构成共同侵权，遂诉至法院，要求追究被告一、被告二的法律责任。

法院经审理认为，被告一将"EM 原液"用于其产品名称并突出使用，足以使消费者产生对商品来源的混淆，构成侵犯原告注册商标专用权，应承担停止侵害和赔偿损失的民事责任。被告二的义务主要是对被告一要求发布的广告内容、产品质量的真实性及广告主身份的真实性进行审查，广告中出现侵犯原告注册商标专用权的情形属于被告二的非法定审查义务。因为，被告一未将"EM 原液"作为商标使用，而作

为商品名称使用，不属于"确认广告内容真实性的其他证明文件"审查。因此，被告二依法履行了法定的广告审查义务，其作为广告发布者，并无对商标侵权审查的法定义务，在本案中不应承担责任，但应立即停止"EM原液"产品广告宣传。

【评析】广告经营者、广告发布者没有能力，也没有义务对有关证明文件承担实质审查的责任，而且也没有义务对广告内容中出现的类似将他人注册商标作为自己商品名称使用，构成商标侵权的专业性问题进行核对审查。

(三) 建立广告业务的档案制度

广告经营者、广告发布者应当将广告业务全部资料，包括合同、电子邮件下载文本、传真件、广告作品、有关证明文件、内部流程的设计制作施工单、发布单等资料按户整理存档，以备合同纠纷、广告内容发生违法问题后的责任分配及举证。同时，建立广告业务的档案制度，有利于广告管理机关分清违法广告的责任主体，有利于解决合同纠纷，有利于广告经营者、广告发布者的内部考核。按照《消费者权益保护法》第四十五条第一款规定，发布虚假广告，广告经营者、发布者不能提供经营者的真实名称、地址和有效联系方式的，应当承担赔偿责任。因此，广告经营者、广告发布者建立广告业务的承接登记制度十分必要。

【案例】不能提供广告主真实信息，广告公司赔偿消费者损失

邱先生按照某杂志广告刊登的广州某电子公司电子产品销售让利活动广告提供的信息，向收款人汇款360元，并支付汇费3.60元，购买广告中所登载的编号为DM330、推广价360元、带三十万像素相机、彩屏、四十和弦铃声的产品。然而，邱先生收到的却是一部收音机，没有所谓的三十万像素相机、彩屏及四十和弦铃声。邱先生多次写信给收款人进行交涉，均因收件人地址欠详被退回。

某杂志广告部向邱先生提供了该广告的代理商某广告公司。邱先生多次向广告代理公司索要广州某电子公司的真实名称、身份、地址都未果。邱先生认为某广告代理公司作为杂志广告的独家代理商，为经营者宣传虚假信息，应承担相应责任。于是，他将广告代理公司告上了法庭，要求广告代理公司赔偿其邮购费、诉讼费、长话费、信件费、误工费、精神补偿等损失，共计1650元。北京市丰台区人民法院经审理认为，广告公司作为广告经营者未能提供广告主的真实名称、地址，对所发布的虚假广告，应当承担相应的法律责任，判决广告公司赔偿邱先生各种费用485.60元。

又例如，刘某诉湖北广播电视台虚假宣传纠纷一案。刘某通过电视台下属广播电台购买了上海晟成公司的理财产品，后因该公司涉嫌非法吸收公众存款罪无法经营。刘某起诉该电视台虚假宣传。审理中，电视台出具了广告主晟成公司的营业执照、晟成公司与银行签订的《资金存管协议》《信息系统安全等级保护备案表》《免责声明》(产品问题产生的风险，与电视台无关)。法院认定电视台系广告发布者，可以提供广告主的真实信息以及尽到了对广告主审查义务，故驳回原告诉请。

另外，广告自律审查制度还包括广告协会、律师事务所、广告咨询公司接受广告主、广告经营者和广告发布者的委托，对发布前广告内容进行咨询审查，并出具审查咨询意见书，作为广告发布内

容真实性、合法性的参考依据。广告主、广告经营者和广告发布者通过广告协会、律师事务所、广告咨询公司的专业咨询审查，能够杜绝违禁、虚假广告的发生。同时，一旦因审查咨询意见书造成违法广告发生，广告主、广告经营者和广告发布者被行政处罚，可以转移法律后果，追诉广告协会、律师事务所、广告咨询公司的法律责任。

四、广告经营者和广告发布者应当公布广告收费标准和收费办法

根据《价格法》有关规定，广告服务价格属于市场调节价格，由广告经营者和广告发布者自主定价或者与广告主协商定价，但应当明码标价，公布收费标准和收费办法。一旦收费标准和收费办法有变化，也应当事先制定新的收费标准和收费办法，并予以公布。其中与广告主协商定价不得高于已公布的收费标准和收费办法，否则，会承担不利的法律后果。

(一) 公布的含义

公布，是指收取广告服务费用的广告经营者、广告发布者在自己的业务地点或者互联网页面中以矩阵表或文字表述的形式向社会公开其收费标准和收费办法。

(二) 收费标准和收费办法的含义

1. 收费标准，是指广告服务的价格，即不同广告服务项目收取不同的服务价格。
2. 收费办法，是指不同的广告服务项目在何时、何地，以什么比例、什么方式收取服务费用；是在广告合同订立时收取定金或者预收项目总价一定比例的服务费用，还是在服务项目进行中收取一定比例服务费用，或者服务项目完成后收取服务费用等；是转账、汇票、委托付款，还是小额现金结算等。

收费标准和收费办法应当遵循公平、合法和诚实信用的原则。定价的基本依据是生产经营成本和市场供求状况。定价是否合法、合情、合理，主要看三个方面：第一看收取的费用和所付出的成本是否相适应；第二看相同广告服务项目市场价格总水平；第三看缴纳费用方是否自愿与认可。如果为了排挤竞争对手或者独占市场，以低于成本的价格倾销，或者以垄断手段，收取暴利的服务费用，损害广告主、其他经营者的合法权益，扰乱正常的生产经营秩序，不仅不合情、不合理，而且会违反《价格法》《反垄断法》有关规定，承担不利的法律后果。

五、广告发布者应当提供真实的媒体价值资料

传统广告媒体价值取决于它的覆盖率、收视率、发行量。互联网广告媒体价值取决于它的点击率（流量）、转化率和变现效果。广告发布者应当客观真实地向广告主、广告经营者提供媒体价值的真实资料，不得弄虚作假。

(一) 媒体的覆盖率、收视率、发行量、点击率、转化率的含义

1. 覆盖率，是指广告发布者所拥有的媒体在某一时间、某一范围内所能覆盖受众的百分比。
2. 收视率，是指某一时段内收看某电视频道(或某电视节目)的人数(或家户数)占电视观众总人数(或家户数)的百分比。
3. 发行量，是指发布广告的报刊媒体的发行总数量。
4. 点击率（流量），是指网站页面上某一内容被点击的次数与被显示次数之百分比，反映了网页上某一内容的浏览、关注程度。
5. 转化率，是指点击次数（流量）与实际购买行为人数之百分比。

以上的媒体覆盖率、收视率、发行量、点击率、转化率，反映了广告媒体传播效果 KPI 指标与 ROI（return on investment，投资回报率）指标。

（二）广告发布者应当提供真实媒介价值资料的含义

覆盖率、收视率、发行量、点击率、转化率是衡量媒体传播价值的重要指标。它们是制定广告媒体收费标准的重要依据，也是衡量广告媒体传播效果的重要依据，更是广告主准确有效地选择广告投放媒介的重要依据。广告主在选择媒体或进行媒体组合时，基本上是以媒体传播价值的大小为依据。因此，广告发布者不得造假媒体传播价值资料，不得造假互联网广告流量。

六、广告经营者和广告发布者不得在广告活动中进行任何形式的不正当竞争

详见本章第五节"禁止不正当竞争的管理规定"。

七、应当依法订立书面广告合同

详见本章第六节"广告合同的管理规定"。

八、广告经营者和广告发布者不得设计、制作、代理、发布法律、行政法规禁止的广告

此项规定是引致条款，因为《广告法》不可能罗列穷尽禁止生产、销售的商品或者服务，以及禁止发布广告的商品或者服务。因此，学习掌握与广告有关的法律、法规十分重要。此项规定包含以下两个方面内容：

（一）法律、行政法规规定禁止生产、销售的商品或服务，不得设计、制作、代理、发布广告

涉及禁止生产销售的商品或者服务的法律、行政法规主要有《食品安全法》《药品管理法》《产品质量法》《注册会计师法》《银行业监督管理法》《银行管理暂行条例》《盐业管理条例》《化学危险物品安全管理条例》《麻醉品管理办法》《国务院关于严禁淫秽物品的规定》等。

1.《食品安全法》第二十八条规定，禁止生产经营下列食品：（1）用非食品原料生产的食品或者添加食品添加剂以外的化学物质和其他可能危害人体健康物质的食品，或者用回收食品作为原料生产的食品；（2）致病性微生物、农药残留、兽药残留、重金属、污染物质以及其他危害人体健康的物质含量超过食品安全标准限量的食品；（3）营养成分不符合食品安全标准的、专供婴幼儿和其他特定人群的主辅食品；（4）腐败变质、油脂酸败、霉变生虫、污秽不洁、混有异物、掺假掺杂或者感官性状异常的食品；（5）病死、毒死或者死因不明的禽、畜、兽、水产动物肉类及其制品；（6）未经动物卫生监督机构检疫或者检疫不合格的肉类，或者未经检验或者检验不合格的肉类制品；（7）被包装材料、容器、运输工具等污染的食品；（8）超过保质期的食品；（9）无标签的预包装食品；（10）国家为防病等特殊需要明令禁止生产经营的食品；（11）其他不符合食品安全标准或者要求的食品。

2.《药品管理法》第六十七条、第七十六条、第九十八条规定，禁止进口疗效不确切、不良反应大或者其他原因危害人民健康的药品；医疗机构配制的制剂不得在市场上销售；禁止生产、销售假药、劣药；禁止未取得药品批准证明文件生产、进口药品；禁止使用未按照规定审评、审批的原料药、包装材料和容

器生产药品等。《药品、医疗器械、保健食品、特殊医学用途配方食品广告审查管理暂行办法》第二十一条补充规定，军队特需药品、军队医疗机构配制的制剂以及依法停止或者禁止生产、销售或者使用的药品、医疗器械、保健食品和特殊医学用途配方食品不得发布广告。

3.《药品管理法》《食品安全法》《产品质量法》规定，禁止生产经营淘汰产品，有害变质产品。

4.《银行业监督管理法》第十九条规定，未经国务院银行业监督管理机构批准，任何单位或者个人不得设立银行业金融机构或者从事银行业金融机构的业务活动。《银行管理暂行条例》第四条规定，禁止非金融机构经营金融业务。

5.《盐业管理条例》第十七条规定，禁止利用盐土、硝土和工业废渣、废液加工制盐。但以盐为原料的碱厂综合利用资源加工制盐不在此限。

6.《化学危险物品安全管理条例》第七条规定，禁止乡、镇、街道企业生产剧毒化学危险物品。

7.《国务院关于严禁淫秽物品的规定》规定，禁止进口、制作（包括复制）、贩卖和传播淫秽物品。

（二）其他法律、行政法规禁止发布广告的商品或者服务

除了以上广告宣传的商品或者服务本身是法律、行政法规规定禁止生产、销售的，不得设计、制作、代理、发布之外，还有法律、行政法规禁止发布广告的商品或者服务。例如，1.《渔业法》第二十二条、第二十九条规定，未经国务院渔业行政主管部门批准，任何单位或者个人不得在水产种质资源保护区内从事捕捞活动。在禁止长江流域的生产性捕捞期间，长江流域的水产品禁止发布广告。2.《商标法》第六条规定，国家规定必须使用注册商标的商品，必须申请商标注册，未经核准注册的，不得在市场销售。《烟草专卖法》第十九条规定，卷烟、雪茄烟和有包装的烟丝必须申请商标注册，未经核准注册的，不得生产、销售。没有注册商标的烟草制品不得发布广告。3.《药品管理法》第六十一条第二款规定，疫苗、血液制品等国家实行特殊管理的药品不得在网络上销售。疫苗、血液制品不得在网络发布广告。4.《药品管理法》第七十六条第三款规定，医疗机构配制的制剂不得在市场上销售。医疗机构配制的制剂不得发布广告。5.国务院、中央军事委员会中国人民解放军实施《药品管理法》办法第十三条第三款规定，军队医疗机构配制的制剂，不得在市场销售。第十八条第二款规定，禁止对军队特需药品、军队医疗机构配制的制剂进行广告宣传。军队医疗机构配制的制剂不得发布广告。

以上仅仅是列举了部分与广告有关的法律、行政法规规定。值得注意的是，《广告法》的引致条款仅准用法律、行政法规，不适用地方性法规。按照《立法法》有关规定及法的效力等级理论，地方性法规是没有权力规定哪些商品或者服务禁止生产销售及哪些商品或者服务禁止发布广告的。

第二节　对广告主行为的管理规定

一、法律规定

《广告法》第三十二条规定，广告主委托设计、制作、发布广告，应当委托具有合法经营资格的广告经营者、广告发布者。

二、广告主应当委托具有合法经营资格的广告经营者、广告发布者做广告

所谓合法经营资格的含义包括两个方面：

一个方面是广告经营者和广告发布者是依法设立的，经过市场监管机关登记，领取了企业法人营业执照或者个体工商户执照；

另一个方面是广告发布者和广告经营者具有合法的广告经营范围，即广告主委托的广告项目与市场监管机关核准营业执照的经营范围一致。

如果广告主不履行以上法定义务，应当承担因自己的过错而造成广告合同无效及所产生经济损失的后果。

三、不得在广告活动中进行任何形式的不正当竞争

详见本章第五节"禁止不正当竞争的管理规定"。

四、应当依法与广告经营者、广告发布者订立书面广告合同

详见本章第六节"广告合同的管理规定"。

五、应当向广告经营者和广告发布者提供有关广告的真实、合法、有效证明文件

虽然《广告法》并没有明确规定广告主应当向广告经营者和广告发布者提供真实、合法、有效的广告证明文件，但是，《广告法》第四条规定，广告主应当对广告内容的真实性负责。这说明广告主有举证责任。《广告法》第三十四条第二款规定，广告经营者、广告发布者应当查验有关证明文件，核对广告内容。这说明广告经营者、广告发布者具有向广告主索取有关证明的权利。因此，广告主应当向广告经营者和广告发布者提供真实、合法、有效证明文件。

六、遵守《广告法》及与广告活动有关的法律、法规、规章的规定

广告主作为广告内容真实性的第一责任人，应当全面遵守《广告法》及与广告有关的法律、法规、规章的规定。

第三节 对广告代言人及代言行为的管理规定

一、法律规定

《广告法》第二条规定，本法所称广告代言人，是指广告主以外的，在广告中以自己的名义或者形象对商品、服务做推荐、证明的自然人、法人或者其他组织。

《广告法》第三十八条规定，广告代言人在广告中对商品、服务做推荐、证明，应当依据事实，符合本法和有关法律、行政法规规定，并不得为其未使用过的商品或者未接受过的服务做推荐、证明。不得利用不满十周岁的未成年人作为广告代言人。对在虚假广告中做推荐、证明受到行政处罚未满三年的自然人、法人或者其他组织，不得利用其作为广告代言人。

《消费者权益保护法》第四十五条第三款规定，社会团体或者其他组织、个人在关系消费者生命健康商品或者服务的虚假广告或者其他虚假宣传中向消费者推荐商品或者服务，造成消费者损害的，应当与提供该商品或者服务的经营者一起承担连带责任。

《食品安全法》第一百四十条第三款规定，社会团体或者其他组织、个人在虚假广告或者其他虚假宣传中向消费者推荐食品，使消费者的合法权益受到损害的，应当与食品生产经营者一起承担连带责任。

二、广告代言人的概念

广告代言人，是指广告主以外的，在广告中以自己的名义或者形象对其使用过的商品、服务做推荐、证明的自然人、法人或者其他组织，包括知名文艺工作者、知名体育工作者、专家学者、网络红人等在某个领域内具有一定影响力的人物及团体。

广告代言有利于三方利益：1. 广告主借助具备庞大粉丝的影视明星、网红等公众人物代言产品，促进销售；2. 消费者通过广告代言人推荐、证明，了解、选购商品或者服务；3. 广告代言人获得代言费的利益收入。但是，近年来，广告代言人错误引导社会公众、虚假代言事件不断发生。从孙某代言"创办1年，成交量遥遥领先"瓜子二手车虚假广告（见下图），到马某代言涉嫌诈骗7亿多元的茶芝兰投资加盟（见下图），以及新华社点名批评的汪某代言"爆雷"的"爱钱进"网络借贷理财产品，给社会带来了较大的负面影响。从良心道义和法律上讲，代言人应当承担更多社会责任，守住最起码、最基本的诚信做人底线。

三、广告代言的分类

（一）附着商品的广告代言

不对产品发表意见，仅仅起到烘托背景、引发受众关注的作用，进而提示公众关注某个商品信息，如某食品饮料的瓶身上印着某明星的形象图片。

（二）推荐型广告代言

在广告中通过自己的言行向消费者介绍产品或服务，其目的是诱导消费者购买或尝试，如"选一支好牙膏，给自己加一份健康保障。云南白药牙膏（000538-CN），国家保密配方"。

[备注] 此广告语偷换概念，涉嫌误导。云南白药属于国家保密配方，云南白药牙膏不属于国家保密配方。卫生部（现国家卫生健康委员会）在关于《卫生工作中国家秘密及其密级具体范围的规定》说明中明确提出："绝密级事项其一就是被列为国家重点保护的中药制剂，是指由卫生部确定的中成药。如云南白药，其保密期限为长期。"

（三）证言型广告代言

不仅利用自己的声誉或信誉向受众推荐产品，而且以保证人身份，对产品的质量、性能、成分、功能等做出证明或保证，以诱导消费者信赖，从而购买或尝试该产品，如"专业生产，品质保证，名牌产品，让人放心，还实惠，我信赖"。

（四）专家型广告代言

以专家的身份出现，在消费者眼中，专家推荐的产品更容易获得消费者的信任，专家代言与消费决策之间具有更强的因果联系，因而法律应当对专家代言人苛以更强的注意义务。不管代言人事实上是否为本领域专家，只要其以专家身份出现，就构成专家型代言。

（五）典型消费者代言

关键意见消费者KOC（Key Opinion Consumer）为使用过的商品或者接受过的服务做推荐、证明，消费者代言的说服力主要来源于相似度与可靠度。

四、广告代言人的三个构成要件

（一）广告代言人是广告主之外的自然人、法人或者非法人组织

广告代言人是受广告主委托，以自己的名义或者形象代广告主之言的人，所以，不包括广告主本身，即广告主以外的自然人、法人或者其他组织，是广告代言人的构成要件之一，也是区分广告代言人与广告主的BOSS、CEO、有劳动合同关系的导购员、营业员等雇员的界限之一。

1. 广告代言人中自然人、法人或者其他组织的含义

（1）自然人的含义，包括具有知名度的明星等公众人物，表明自己身份的非公众人物。

（2）法人的含义，包括科研单位、学术机构、技术推广机构、行业协会等法人。

（3）其他组织的含义，根据《民法典》第一百零二条规定，是指不具有法人资格，但是能够依法以自己的名义从事民事活动的组织。包括不具有法人资格的科研机构、专业服务机构等。

2. 不属于广告代言人的自然人、法人或者非法人组织

（1）在广告中做与商品、服务无关的引证内容出处的自然人、法人或者其他组织不是广告代言人。例如，广告中标明数据、统计资料、调查结果、文摘、引用语等引证内容出自某自然人、法人或者其他组织。

（2）具有广告主法定代表人身份，以及与广告主有劳动合同关系的自然人不是广告代言人。《民法典》

第六十二条规定,"法定代表人因执行职务造成他人损害的,由法人承担民事责任。法人承担民事责任后,依照法律或者法人章程的规定,可以向有过错的法定代表人追偿"。第一百七十条规定,"执行法人或者非法人组织工作任务的人员,就其职权范围内的事项,以法人或者非法人组织的名义实施的民事法律行为,对法人或者非法人组织发生效力。法人或者非法人组织对执行其工作任务的人员职权范围的限制,不得对抗善意相对人"。据此规定,广告主的法定代表人、执行自己企业工作任务的雇员在广告中为自己企业生产销售的商品或服务做推荐、证明,是一种职务行为,属于广告主的广告行为,不属于广告代言人行为。

(3) 商店营业员、电视购物导购员、电子商务店家的主播不是广告代言人。虽然法律、法规对于商店营业员、电视购物导购员、电子商务店家主播没有明确定义。但结合商业习惯及其实际情况,他们实质是与广告主建立劳动关系的雇员,他们通过对商品或者服务的性能、功能、用途、质量、价格、成分、使用方法等做客观介绍,解除消费者的购买疑虑,引导消费者购买。这是一种推销行为,也是一种职务行为。因误导甚至欺诈而产生的法律后果,由广告主承担法律后果。因为《消费者权益保护法》规定,消费者在购买商品或者接受服务过程中产生的纠纷,应当找生产经营者,即广告主,而非商店营业员、电视购物导购员、电子商务店家主播本人。

【案例】主播做误导商业宣传,其公司被罚款30万元

2020年11月10日,从事网络直播业务的新型电商公司美腕(上海)网络科技有限公司(李佳琦为合伙人)安排公司旗下主播,通过淘宝直播平台推广家用电器产品"初普 stop vx 美容仪"。在直播过程中,该主播使用"全脸激活胶原蛋白、提拉紧致、提拉淡纹,效果巨明显……坚持用了一个月,就相当于打了一次热玛吉,效果真的很可怕很神奇"等用语对上述产品进行引人误解的商业宣传。上海市长宁区市场监督管理局认为,"初普 stop vx 美容仪"与"热玛吉"两者从定价、产品使用性能、功能、持续效果等方面都存在较大差异。当事人在无任何依据的情况下,将两者进行对比,容易引发受众不恰当的联想,足以对消费者造成误导。当事人上述行为违反了《反不正当竞争法》第八条第一款"经营者不得对其商品的性能、功能、质量、销售状况、用户评价、曾获荣誉等做虚假或者引人误解的商业宣传,欺骗、误导消费者"的规定。2021年8月4日,上海市长宁区市场监督管理局根据《反不正当竞争法》第二十条第一款"经营者违反本法第八条规定对其商品做虚假或者引人误解的商业宣传的,由监督检查部门责令停止违法行为,处二十万元以上一百万元以下的罚款;情节严重的,处一百万元以上二百万元以下的罚款,可以吊销营业执照"之规定,做出沪市监长处〔2021〕052021000013号处罚决定书,责令当事人停止违法行为,并处罚人民币30万元。

【评析】本案例说明,商店营业员、电视购物导购员、电子商务主播的推销行为是一种广告主员工的职务行为,而不是广告代言。如果因虚假或者引人误解的商业宣传而产生的法律后果,应当由其雇用公司承担。

3. 明星为自己创办的公司进行代言,原则上不是广告代言人,但也有例外

如果明星为自己创办的公司进行代言,原则上可能与以上(3)情况相似,属于企业家代言自身企业,不属于广告代言人。比如,"得到"APP 创始人罗振宇在自媒体视频脱口秀《罗辑思维》中为"得到"APP 进行宣传,珠海格力电器股份有限公司董事长董明珠为"格力"电器"直播带货",聚美优品 CEO 陈欧"我为自己代言"。

但是，明星为自己创办的公司进行代言，向自己的公司收取代言费，消费者仍然认为其是明星，因其个人魅力影响而购买商品或者服务，而不是因为其推荐、证明的商品或者服务的功能、质量、价格的影响。那么，此时，明星具有广告主与广告代言人的双重身份。一旦发生虚假广告，其公司承担广告发布者的法律责任，其个人承担广告代言人的法律责任。

另外，如果让某个明星持有了一些公司股份或者挂名一个职位，俗称"穿马甲"，是否就不属于广告代言人？非也。虽然明星持有了一些公司股份或者挂名一个职位，但是，消费者仍然认为其是明星，受其推荐、证明影响而购买商品或者服务。因为，消费者更关注的是其个人魅力。这与广告主的BOSS、CEO，有劳动合同关系的导购员、营业员等雇员做推荐、证明不同，消费者对广告主的BOSS、CEO，有劳动合同关系的导购员、营业员推荐、证明商品或者服务，仍然认为其是"自卖自夸"，消费者关注的是商品或者服务功能、质量、价格，不会受其个人影响而购买商品或者服务。所以，即使明星持有公司股份或者挂名一个职位，仍然是广告代言人。

（二）以自己的名义或者形象代言

"以自己的名义或者形象"的含义包括：1.明确标示真实身份信息；2.虽然广告中没有标明其身份，但对于广告受众而言，可辨明其身份；3.以自己的独立人格及其影响力、号召力代言。这是广告代言人的构成要件之二，也是区分广告代言人与广告演员、商店营业员、电视购物导购员、电子商务店家主播之间的界限之一。

广告演员包括演艺人员与非演艺人员。演艺人员"是指在中国境内从事音乐、戏剧、舞蹈、曲艺、杂技以及其他形式的现场文艺演出活动的表演者"。非演艺人员是指在广告中表演的普通人。前者可能成为广告代言人，后者是广告演员。

广告演员，作为与广告代言人的相对概念，是指在广告中未利用自己的独立人格及其影响力、号召力代言广告的表演者。在广告演员中只有以自己的独立人格及其影响力、号召力推荐、证明商品或者服务时，才属于广告代言人。广告代言人包括没有标明其身份，但对于广告受众而言，可辨明其明星身份的广告演员。如果在广告中既没有标明身份，一般受众又无法辨别其身份的，属于广告演员的表演，而不属于广告代言人。例如，可口可乐欢乐一家人的电视广告、酵母一家人的电视广告（见下图），演员没有表明身份，相关受众也无法辨别其身份，而且，也未直接对产品进行推荐、证明，而是参与广告片的演出，就属于广告表演，不属于广告代言人。

那么，如果明星仅在广告中表演，不为广告主所推销的商品或服务做推荐、证明，是否就不属于广告代言人？非也。因为：1.明星即使没有表明自己的身份，但是使用了自身形象，相关受众知道他是谁，满足使用自己的名义或者形象的要件；2.虽然未直接推荐产品或服务，但是，明星参与广告表演，易导致相关受众对该明星与该商品或服务建立强烈的关联关系，从而增加对商品或服务的亲近感和信任感，达到

了以明星独立人格背书的效果；3. 明星参与广告表演的收益与普通人表演不可同日而语，需要承担相应的法律和社会责任更重。比如，在汽车广告中出现了王一博形象（见上页图），王一博并未表明身份，也没有为产品做推荐、证明，但是已经达到了利用其独立人格为奥迪汽车推荐的效果，应认定为在广告中代言，属于广告代言人。

还有一种较为特殊的情况就是视频、音频广告中并未出现人物形象，出现了广为人知、具有较高识别度和影响力的配音演员的声音，不能简单认定配音演员为广告代言人，因为声音容易被模仿，需要从广告中是否明确表明配音演员推荐证明或者该配音演员签订代言合同等情况来综合判定。

另外，请注意以下三点。

1. 不是明星的演艺人员虽然在广告中的表演不属于广告代言人，但如果为虚假广告进行表演，仍然会承担相应的责任。比如，2021 年 2 月 5 日中国演出行业协会发布了《演出行业演艺人员从业自律管理办法》规定，若演艺人员"违反广告代言相关法律法规，或以虚假宣传、引人误解的方式欺骗、误导消费者"，中国演出行业协会将监督引导会员单位在行业范围内分别实施 1 年、3 年、5 年和永久等不同程度的行业联合抵制，并协同其他行业组织实施跨行业联合惩戒。

2. 在广告中以伪造的身份或者长得像明星、模仿明星对商品或服务做推荐、证明的，其没有用自己的独立人格代言，也不属于广告代言人，而是广告表演者。比如，普通人在广告中以伪造的身份扮演"神医""名师"的角色推介相应商品或服务，不符合广告代言人的构成要件。

3. 广告代言人接受广告主、广告经营者的委托，通过自设网站或者自媒体、社交媒体等互联网媒介发布代言广告，应当认定为既是广告代言人，也是广告发布者。

（三）为他人的商品或服务做推荐、证明

在广告中为他人的商品或服务做推荐、证明是广告代言人的构成要件之三。

所谓推荐，是指把自己使用过的好商品、好服务向公众做介绍，希望公众接受或购买。所谓证明，是指以保证人身份，对自己使用过的产品做证明或保证。

广告代言人的认定必须同时具备以上三个构成要件，缺一不可。另外，值得注意的是广告代言人并不一定要与广告主签订过协议，也并不一定要直接接受广告费，才可以被认定为代言广告。只要同时符合以上三个构成要件，就可以认定为广告代言人。

关于电商直播带货营销中主播是否属于广告代言人的界定问题，详见本章第十一节"互联网广告活动的管理规定"。

五、对广告代言人的管理规定

（一）国家机关、国家机关工作人员不得代言广告

《广告法》第九条第二项规定，广告不得使用或者变相使用国家机关、国家机关工作人员的名义或者形象。因此，国家机关、国家机关工作人员不得为商品或者服务做推荐、证明。

（二）应当依据事实，合法守德代言

1. 依据事实，审核内容，客观真实地代言

广告代言人作为公众人物，不能只以金钱或者利益为目的，一定要在获得合法利益的基础上做代言。代言之前，广告代言人应当尽到相当的"注意义务"，即通过各种渠道、各种方式了解将要代言产品是否具有潜在的社会危害性，了解将要代言产品是否隐瞒了重大信息，是否有虚假宣传的成分。参照《广告法》对广告经营者、广告发布者关于审核的规定，即"依据法律、行政法规查验有关证明文件，核对广告内容"。

广告代言人经纪公司在与品牌方洽谈合作时，应注意查验、核对代言产品的产品质量证明书、产品合格证、产品检验/检测报告等证明文件，并可在代言合同中明确要求品牌方对代言产品质量做出承诺及保证，审查代言产品的产品成分、性能、功效等是否真实可信，代言产品的使用是否存在特殊注意事项等。

2. 合法代言

广告代言人应当遵守《广告法》和相关法律、行政法规规定，保证广告代言活动不存在法律禁止的情形。包括：

（1）不得代言法律、行政法规禁止代言的商品或服务

比如，不得代言医疗、药品、医疗器械、保健食品、特殊医学用途配方食品广告。《广告法》第十六条、第十八条规定，不得在医疗、药品、医疗器械、保健食品广告中做推荐、证明。《药品、医疗器械、保健食品、特殊医学用途配方食品广告审查管理暂行办法》第二十一条规定，特殊医学用途配方食品，不得发布广告等等。（详见本章第一节"广告经营者和广告发布者不得设计、制作、代理、发布法律、行政法规禁止的广告"）

【案例】违法代言保健品广告，被没收违法所得和罚款

2021年3月15日，潘粤明接受委托，拍摄了日加满牌日加满饮品的60秒视频和3张平面精修图片，用于商业推广。上述60秒视频含有当事人手持日加满牌日加满饮品和"我需要巨大的能量，加满身心。缓解疲劳，增强免疫力，日加满随时为我补充能量"等独白内容，同时，视频中显著标明"日加满品牌挚友潘粤明"；上述3张平面精修图片分别为潘粤明手持日加满牌日加满饮品作饮用状特写的站姿、坐姿照，并显著标明"潘粤明"姓名。

经查，为宣传、推广上述日加满牌日加满饮品，2021年6月8日至7月22日，广告主上海东铪商贸有限公司先后在抖音、微博、小红书企业账号发布上述60秒视频，在微信公众号发布了标题为《集结 | 锁定潘粤明的帅能量》的推文，该推文配有上述60秒视频和3张平面精修图，且上述发布的视频和推文中均未标明"本品不能代替药物"。2021年7月22日，上海东铪商贸有限公司删除上述广告。经统计，潘粤明违法代言所得257885.07元。

上海市市场监督管理局执法总队认定，潘粤明以自己的名义和形象为保健食品作推荐和证明的上述行为，违反《广告法》第十八条第一款第（五）项规定，保健食品广告不得利用广告代言人作推荐、证明，构成违法代言广告行为。但鉴于上述广告持续时间短，且潘粤明能积极配合调查等情节，决定对潘粤明从轻处罚，没收违法所得并处违法所得一倍的罚款。

2022年12月26日，上海市市场监督管理局执法总队根据《广告法》第六十二条第二项规定，作出沪市监总处（2022）322021000445号行政处罚决定书，没收演员潘粤明违法代言保健品广告违法所得约25.8万元，罚款约25.8万元。

另经查明，上海东铪商贸有限公司发布的上述保健食品广告未经广告审查机关审查，也未在广告中显著标明"本品不能代替药物"，并利用潘粤明的名义和形象对所销售的日加满牌日加满饮品（保健食品）作推荐、证明，违反了《广告法》第十八条第一款第（五）项规定，保健食品广告不得利用广告代言人作推荐、证明，第十八条第二款规定，保健食品广告应当显著标明"本品不能代替药物"。

2022年12月26日，上海市市场监督管理局执法总队根据《广告法》第五十八条第一款第（三）项规定，作出沪市监总处（2022）322021000305号行政处罚决定书，责令当事人上海东铪商贸有限公司停止发布违法广告、在相应范围内消除影响，并处以广告费用一倍的罚款112.36万元。

(2) 不得出现法律、行政法规禁止出现的内容

比如，代言酒类广告，不得出现《广告法》第二十三条规定的禁止出现诱导、怂恿饮酒或者宣传无节制饮酒，禁止出现饮酒的动作，禁止出现驾驶车、船、飞机等活动，禁止出现明示或者暗示饮酒有消除紧张和焦虑、增加体力等功效等。（详见第 3 章、第 4 章"对广告内容的禁止性规定"）

3. 坚持正确导向，维护公序良俗

应当坚持正确的宣传导向，践行社会主义核心价值观，维护社会公共利益、公共秩序和社会良好风尚，符合社会主义精神文明建设要求。坚决维护国家主权和领土完整，自觉维护民族尊严和国家利益。不发表或者传播一切损害党和国家形象、分裂祖国、泄露国家秘密、歪曲历史事实、侮辱诽谤英雄烈士、伤害民族情感、破坏民族团结的内容；不发布或者传播民族、种族、宗教、性别歧视的内容；不发布或者传播妨碍环境、自然资源或者文化遗产保护的内容；不发布或者传播低俗庸俗媚俗、淫秽、色情、赌博、迷信、恐怖、暴力等内容；不发布或者传播拜金主义、享乐主义、铺张浪费、奢靡之风的内容；不发布或者传播诋毁其他生产经营者的商品或者服务的内容；不发布或者传播损害未成年人人格尊严、违背未成年人身心发展规律和特点的内容；不发布或者传播贬低损害残疾人人格的内容；不发布或者传播贬低损害妇女人格的内容；不发布或者传播侮辱歧视老年人的内容。不泄露他人隐私。

（三）不得为未使用过的商品或者未接受过的服务做推荐、证明

说话要有证据，这是常理。代言广告也如此。广告代言人应当秉承先体验了解、再代言的原则，在推荐、证明商品或者服务之前，采用一般消费者认同的习惯和方式亲自体验使用所代言的商品或接受的服务，避免象征性使用或者以亲友等其他人的使用感受代替本人实际体验。应当确认所使用的商品或者所接受的服务与推荐、证明的代言广告内容相一致，确保宣称的功效等内容与实际体验相一致，并保存使用商品或者接受服务的相关证据。不得违背实际体验感受或者违背公众基本常识作推荐、证明。如果发现或者怀疑商品或者服务涉嫌违法、假冒伪劣的，应当及时调查核实有关情况，拒绝为不知性能、不知成分、没有使用过的商品或者服务代言或"吹牛"，这也是广告代言人对自己名誉负责、对消费者负责。

比如男性代言女性用品，如何证明自己使用过该产品？汪东城曾经代言自由点卫生巾（见下图），真是令人啼笑皆非的事。

【案例】男性艺人低俗代言女性内衣，被罚没款 87 万多元

2021 年 2 月 24 日 10 时 50 分，李瑞超（艺名"李诞"）在其个人微博号（微博昵称："李诞"）发布了一条彼悦（北京）科技有限公司 Ubras 品牌女性内衣的广告，含有"一个让女性轻松躺赢职场的装备""我说没有我带不了的货，你就说信不信吧"等低俗文案内容，并附带推介该商品的视频（见右下图）。

女性立足职场，靠的是能力和努力，上述广告文案"躺赢职场"，将"职场"与"内衣"挂上关系，存在物化、矮化，甚至歧视女性的倾向，有辱女性尊严，是对女性在职场努力工作的一种歧视。另外，李瑞超作为男性公众人物在广告中利用自身的知名度为女性内衣做推荐，属于广告代言行为，且并未使用过该商品。经调查，此微博广告在同日 14 时 28 分 45 秒删除。上述广告发布期间阅读量 1259649，点赞量 7917，评论量 287，转发量 212。李瑞超代言 Ubras

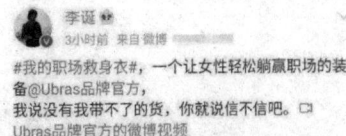

品牌女性内衣广告费总计 40 万元，由海峡西岸（北京）文化传媒集团有限公司及李瑞超独家经纪人上海笑果文化传媒有限公司（以下简称"笑果文化"。李瑞超持股 4.58%，同时任职该公司董事）收取。

李瑞超的上述广告代言及发布行为，分别违反了《广告法》第九条第（七）项、第三十八条第一款规定，构成了广告代言人为其未使用过的商品做推荐、证明的行为和发布违背社会良好风尚的违法广告的行为。2021 年 6 月，北京市海淀区市场监督管理局根据《广告法》第五十七条、第六十二条第三项的规定，做出行政处罚：没收违法所得 225573.77 元，罚款 651147.54 元，共计罚没款 876 721.31 元。

2021 年 7 月 26 日，上海市奉贤区市场监督管理局依据以上事实，根据《广告法》第五十七条的规定，对未尽到审核义务的广告经营者笑果文化做出行政处罚：责令当事人改正，没收广告费用 33 003.01 元，处罚款 20 万元。

注意：对同一违法案件中的广告经营者、广告发布者及广告代言人分别处罚，不违反《行政处罚法》"一事不二罚"的原则。

【案例】明星代言"足力健"成被告，被诉与广告主共同赔偿 16.9 万元

张凯丽作为实力派演员，在《渴望》中美丽贤惠的形象至今还为大家所津津乐道。她凭借其直爽的性格在受众面前留下了鲜明的形象认知，成为新一代的"国民妈妈"，不料在代言"足力健"老人鞋品牌后，被推上了被告席。"足力健"号称"着力打造中国专业老人鞋领导品牌"，在多家电视台、网络平台投放的广告宣传中，主打"防滑"设计，宣称"走在冰上我心里也踏实"。

张凯丽在代言"足力健"广告时宣称："老年人出门，就怕滑倒摔跤，赶紧换上足力健老人鞋，全脚掌防滑系统，出门不怕滑，走路更安全。"视频中还有消费者为足力健老人鞋讲述穿着体验，称穿上足力健老人鞋，"踩在雨雪、湿滑路面上，一点儿也不打滑，走起路来稳稳当当，很安全，走路的时候不怕摔倒，走在冰上我心里也踏实"等广告语。但是，2018 年 9 月 19 日，江苏邳州市 64 岁老人袁玉华脚上穿着货号为 3310 的足力健老人鞋，竟然在超市门口下台阶时脚滑摔跤了，在花费 5 万元、治疗一年后，右小腿肌肉萎缩，不能正常行走。于是袁玉华将足力健老人鞋生产厂家睢县足力健鞋业有限公司、北京孝夕阳科技发展有限公司与代言人张凯丽告上北京市东城区人民法院。法院认定"足力健"广告虚假，判决足力健老人鞋生产厂家睢县足力健鞋业有限公司、北京孝夕阳科技发展有限公司与代言人张凯丽共同赔偿各项费用及惩罚性赔偿共计约 16.9 万元。

（四）不得利用不满十周岁的未成年人作为广告代言人

不满十周岁的未成年人不得代言广告。但是，不满十周岁的未成年人可以参与广告表演。例如，下页图空调广告中熟睡的婴儿，未对商品或服务做推荐、证明，也未标示真实身份，广告受众也无法辨明其身份，因此，属于广告表演。（详见本章第八节"保护未成年人的特别规定"）

（五）代言虚假广告被行政处罚未满三年的自然人、法人或者其他组织，不得作为广告代言人

明星代言虚假广告，应当承担更重的惩罚。毕竟，明星代言虚假广告有更大欺骗性，后果更严重。而且明星代言广告拿了高额的代言费，收取代言费与承担更重的法律责任，是权利与义务对等的一种体现。

广告代言人"禁言"三年，是限制广

告代言资格的惩罚机制，提高了广告代言人的违法成本，加重法律后果，有利于广告代言人自律审查、慎重代言，同时，也防止了重大失德失范、道德败坏、不敬畏法律的广告代言人再次代言虚假广告，欺骗消费者的后果再次发生。

另外，明星在非法集资广告中代言获得的代言费应当清退。非法集资是指未经国务院金融管理部门依法许可或者违反国家金融管理规定，以许诺还本付息或者给予其他投资回报等方式，向不特定对象吸收资金的行为。2021 年 5 月 1 日起施行的国务院国令第 737 号《防范和处置非法集资条例》第二十五条规定，非法集资人、非法集资协助人应当向集资参与人清退集资资金。清退过程应当接受处置非法集资牵头部门监督。第二十六条第（五）项规定，在非法集资中获得的广告费、代言费、代理费、好处费、返点费、佣金、提成等经济利益等均属于资金清退范围。

（六）特定主体不得在特定广告中做推荐、证明

1. 食品安全监督管理等部门、食品检验机构、食品行业协会不得以广告或者其他形式向消费者推荐食品。（《食品安全法》第一百四十条第三款规定）

2. 消费者组织不得以收取费用或者其他牟取利益的方式向消费者推荐商品和服务。（《食品安全法》第一百四十条第三款规定）

3. 产品质量检验机构不得向社会推荐生产者的产品。（《产品质量法》第二十五条规定）

4. 农药、兽药、饲料和饲料添加剂广告，不得利用科研单位、学术机构、技术推广机构、行业协会或者专业人士、用户的名义或者形象做推荐、证明。（《广告法》第二十一条规定）

5. 教育、培训广告，不得利用科研单位、学术机构、教育机构、行业协会、专业人士、受益者的名义或者形象做推荐、证明。（《广告法》第二十四条规定）

6. 招商等有投资回报预期的商品或者服务广告，不得利用学术机构、行业协会、专业人士、受益者的名义或者形象做推荐、证明。（《广告法》第二十五条规定）

7. 农作物种子、林木种子、草种子、种畜禽、水产苗种和种养殖广告，不得利用科研单位、学术机构、技术推广机构、行业协会或者专业人士、用户的名义或者形象做推荐、证明。（《广告法》第二十七条规定）

要注意"受益者""用户"与广告代言人的关系。这里的"用户"一般是指消费者。但是，广告代言人只有使用过商品或接受过服务才能代言广告，其必然属于"用户"。因此，广告代言人具有"用户"和代言人的双重身份。所以，凡是禁止使用"用户"的名义或者形象做推荐、证明的，广告代言人也尽量不做推荐、证明。

（七）网络直播营销中构成商业广告代言的，应当履行广告代言人的责任和义务

明星在网络直播营销过程中发布的直播内容构成商业广告的，应当严格遵守《广告法》的各项规定，履行广告代言人的责任和义务，遵循《网络直播营销管理办法（试行）》和 2023 年 2 月 25 日国家市场监督管理总局令第 72 号公布《互联网广告管理办法》等有关规定。直播营销人员以自己的名义或者形象对商品、服务作推

荐、证明，构成广告代言的，应当依法承担广告代言人的责任和义务。

（八）跟踪处置所代言企业的失信、违法事件，承担应有责任与义务

代言人应对所代言企业及代言商品或服务予以跟踪关注，如果代言企业出现严重违法失信行为、代言商品或者服务存在严重质量安全问题，应及时解除代言合同，发表声明。

代言人代言虚假广告，应承担连带责任，积极配合市场监管部门调查，主动接受调查询问，如实提供广告代言合同、代言费票据等相关证据材料，不得推诿拒绝，不得提供虚假、伪造的证明材料，不得阻碍调查人员依法执行公务，并及时消除影响、化解纠纷，不得无视冷漠、推卸扯皮、恶意逃避。在非法集资广告中获取的代言费，广告代言人应当积极主动清退。

（九）被擅自代言广告，应当及时维权、发表声明、提醒公众

明星发现企业商家在未签订商业广告代言合同或未经授权同意情况下，擅自利用本人肖像、签名等形式发布广告时，应及时通过告诫企业商家改正、向市场监管部门举报、提起民事诉讼等途径，依法维护自身肖像权、姓名权等合法权益，并迅速发表声明予以澄清，提醒公众以防上当受骗。

（十）企业应当慎重选择广告代言人，跟踪处置代言人的失信、违法事件

企业选择广告代言人一定要慎重。在选择代言人期间，企业应当做背景调查，跟踪代言人言行与风险舆情，不能只看重短期的流量和爆点，而应当慎重考察代言人的品行，防范政治、法律、道德等品牌风险发生。如果代言人出现失德言行、侵犯他人合法权益、偷税漏税、涉嫌犯罪等较大负面事件，企业应主动解除代言合同，下架代言广告。

如今明星的粉丝经济效应明显，可是一旦某个顶流明星发生问题，则与之相关的品牌、广告、项目投资都要受损。比如，在都美竹等"自杀式"曝光揭露下，2021年7月31日吴亦凡因涉嫌强奸罪，被北京市公安局朝阳分局依法刑事拘留，他领衔主演古装探案剧《青簪行》不能播出，腾讯收回6亿元投资显然无望。又比如，2021年8月13日，网友爆出演员、歌手张哲瀚于2019年底在日本乃木神社（侵华日军将领供奉之地）参加朋友婚礼和发布在靖国神社里开心的照片，及与主张分裂中国、支持西藏独立、否定南京大屠杀的印尼前第一夫人黛薇夫人合影。2021年8月13日下午，人民日报网发文："身为公众人物，对历史常识如此匮乏，对民族苦难浑然不觉，太不应该。事关民族大义，不容任何试探，更不容有任何挑战。若明知故犯，就得付出沉重代价"。当天，"娃哈哈""九阳"多个品牌纷纷发布声明，与张哲瀚终止合作，并删除张哲瀚代言的相关内容。虽然相关品牌及时发表声明与张哲瀚终止合作关系，但是，已影响品牌形象。

六、虚拟偶像、虚拟主播代言广告的法律问题

艺人违法失德事件频频发生，虚拟偶像、虚拟主播似乎成了完美的替代。国内外的"初音未来""洛天依""叶修""Lil Miquela"等虚拟偶像，"辉夜月""鹿乃"等虚拟主播陆续走红网络，获得不输真人明星的热度和收益。

运用动漫二次元、元宇宙的文化及3D、AR、AI技术制作的虚拟偶像、虚拟主播作为产品与品牌的"代言人"具有两大优势：一是可以更好地根据企业的需求去进行形象设计、人设打造，不受时空限制地与品牌联动，与消费者交流；二是风险可控，没有不当行为的隐患，永远年轻健康，永远不知疲倦，还可以完全按照商业需求来打造和操纵，出品方可以掌控虚拟偶像、虚拟主播"行为"。由于虚拟偶像、虚拟主播并非自然人，似乎规避了真人代言广告的不可控因素及风险。但是，从现有法律规定上看，并非如此。

(一)虚拟偶像、虚拟主播不是法律意义上的广告代言人

虽然虚拟偶像、虚拟主播在商业广告中也被称为"代言人",但不构成《民法典》的"法律人格说",也不构成《广告法》法律意义上的广告代言人。因为,就主体要件而言,虚拟偶像、虚拟主播不具有自然人、法人或其他组织的主体身份;就行为要件而言,虚拟偶像、虚拟主播依附于人类运用3D、AR技术创作,没有人类"灵魂",不可能表达自己的独立意见。另外,即使今后强大的建模、算法的AI人工智能技术使虚拟偶像、虚拟主播,在源源不断的信息收集与学习能力下,吸收"成长"的"养料",比一般的虚拟偶像、虚拟主播更"懂"人和"像"人,发生超越出品方掌控能力的"言行",表达自己的独立意见时,其仍然是机器人,而不是自然人,一旦做出违法失德的行为,必然由一定的法律人格主体承担责任。

(二)法律责任归属于法律人格的主体

虽然虚拟偶像、虚拟主播不是法律意义上的广告代言人,但在代言违法失德广告中,仍然受到法律规制、约束。只不过是虚拟偶像、虚拟主播与出品方广告主的身份合一,或者与掌控虚拟偶像、虚拟主播的"言行"的广告经营者的身份合一。虚拟偶像、虚拟主播推荐或证明产品是源于其掌控方的广告主、广告经营者的意志,相关责任应当由广告主、广告经营者承担。

第四节 对广告活动特殊主体行为的管理规定

一、法定依据

《广告法》第四十五条规定,公共场所的管理者或者电信业务经营者、互联网信息服务提供者对其明知或者应知的利用其场所或者信息传输、发布平台发送、发布违法广告的,应当予以制止。

二、广告活动特殊主体的概念

广告活动特殊主体,是指在广告活动中的公共场所管理者、电信业务经营者、互联网信息服务提供者。他们相对于广告主、广告经营者和广告发布者而言是广告活动中的特殊主体。

(一)公共场所的管理者的含义

公共场所的管理者的含义,是指人群经常聚集、供公众使用或服务于大众的活动场所的管理者,包括等候室、影剧院、餐馆、(饭店)宾馆、酒吧、商场、展览馆、会议厅堂、体育比赛场馆、公园、游乐场等场所的管理者。

(二)电信业务经营者的含义

根据工业和信息化部《电信业务经营许可管理办法》,电信业务经营者分为基础电信业务经营者和增值电信业务经营者;根据提供业务的网络,可以分为固定电信业务经营者和无线电信业务的经营者等。

1.基础电信业务经营者,是指提供公共网络基础设施、公共数据传送和基本话音通信服务的业务的经营者,如中国电信、中国铁通、中国移动、中国联通等。

2.增值电信业务经营者,是指利用各种与通信网络相连的数据与交易/事务处理应用平台,通过通信网络为用户提供在线数据处理和交易/事务处理的业务,包括交易处理业务、电子数据交换业务和网络/电子设备数据处理、存储转发、信息服务的经营者,如腾讯等。

3. 固定电信业务经营者包括普通电话机、IP 电话终端、传真机、无绳电话机、联网计算机等电话网和数据网终端设备经营者，俗称固定电话通信业务的经营者，如中国电信、中国铁通等。

4. 无线电信业务经营者，俗称移动通信业务的经营者，如中国移动、中国联通等。

（三）互联网信息服务提供者的含义

互联网信息服务提供者，是指通过信息网络向公众提供信息或者为获取网络信息等提供服务，包括提供网络上的一切设施、信息和中介、接入等技术服务的个人用户、网络服务商以及非营利组织。根据其提供的服务不同，网络服务提供者具体可以分为网络接入服务提供者、网络平台服务提供者、网络内容及产品服务提供者，如京东、淘宝等电子商务平台，百度、搜狗等搜索引擎，快手、抖音网络视频平台、网络直播平台等。

三、广告活动特殊主体应当制止违法广告

一些虚假或违禁广告在等候室、影剧院、餐馆、（饭店）宾馆、酒吧、商场、展览馆、会议厅堂、体育比赛场馆、公园、游乐场等公共场所被派发、张贴、设置，或者以手机短信、邮件等电子信息方式发送，或者在互联网 APP、微博、微信、百度等搜索引擎、京东和淘宝等电子商务平台、快手和抖音等网络视频平台、网络直播平台等发布，都离不开公共场所管理者、电信业务经营者、互联网信息服务提供者所提供的条件。如果公共场所管理者能够及时制止虚假或违禁广告，电信业务经营者、互联网信息服务提供者能够及时用语义识别技术或者审查系统等网管措施及时地加以制止，那么，虚假或违禁广告就无法发送、发布。因此，以上广告活动特殊主体应当负有制止发送、发布违法广告的义务，若明知或者应知广告违法，却不予制止的，应当承担责任。

【案例】公共场所管理者明知广告违法，没有制止，被罚款 1 万元

上海市崇明区市场监督管理局陈家镇所执法人员在检查中发现，当事人尹屹梅在经营场所内张贴"伟哥"处方药印刷品广告，涉嫌违反广告法有关规定，遂予以立案调查。经查明，当事人尹屹梅在上海市崇明区陈家镇裕民路 13 号 A 区 11 号开设好药师安健大药房，对外从事药品销售经营活动。相关药品零售代表在当事人经营场所内张贴了有"伟哥"字样的印刷品广告。根据《广告法》第十五条第二款的规定，

上述处方药只能在国务院卫生行政部门和国务院药品监督管理部门共同指定的医学、药学专业刊物上做广告，据此规定张贴在当事人药店内的上述广告属于违法广告。当事人尹屹梅作为公共场所管理者，在知道相关药品零售代表利用其经营场所发布上述违法印刷品广告的情况下，没有予以制止，违反了《广告法》第四十五条规定。上海市崇明区市场监督管理局根据《广告法》第六十三条规定，对好药师安健大药房尹屹梅处以罚款1万元，相应广告主也被另案处罚。

【案例】互联网平台运营者未及时制止违法广告，被罚款64.3万元

2020年7月16日"央视3·15"晚会点名曝光，趣头条APP发布了7条网络赚钱和2条普通食品违法广告。1.普通食品广告宣称"你想瘦40斤"及减肥前后对比图。2.普通食品广告宣称"淡化色斑、疏通三淤、预防乳腺增生和肿瘤……"缺乏科学依据，误导欺骗广告受众。网络赚钱广告宣称"只需一部'brand'手机，30分钟进账1800元""一天赚一个工资""10分钟挣800元，无需任何押金，躺着就能赚钱！"等，同时不停跳出一个微信号，引诱用户添加。当用户添加这个微信号后，微信私聊中就收到一个网址链接，再诱骗用户点击链接跳转到博彩网站，有"快3""幸运飞艇""香港六合彩""大发六合彩等43项彩票，6项棋牌游戏。甚至还有现场购买彩票的直播，实际上是吸引用户参与赌博等（见左图）。上述9条广告均构成虚假广告。上海点冠网络科技有限公司作为上述违法广告的经营者、发布者，违反了《广告法》第二十八条第二款第（二）项的规定，构成发布虚假广告的行为。上海市场监管部门依据《广告法》第五十五条第三款的规定，责令其停止发布违法广告，处罚没款198.8万元。上海基分文化传播有限公司作为趣头条APP的平台运营方，未及时发现并采取措施制止上述违法广告，违反了《广告法》第四十五条的规定，构成互联网信息服务提供者明知或者应知广告活动违法，不予制止的违法行为。市场监管部门依据《广告法》第六十四条的规定，责令其停止发布违法广告，罚款64.3万元。

第五节　禁止不正当竞争的管理规定

一、法律规定

《广告法》第三十一条规定，广告主、广告经营者、广告发布者不得在广告活动中进行任何形式的不正当竞争。

二、广告活动中不正当竞争的概念

《反不正当竞争法》第二条规定，经营者在生产经营活动中，应当遵循自愿、平等、公平、诚信的原则，遵守法律和商业道德。本法所称的不正当竞争行为，是指经营者在生产经营活动中，违反本法规定，扰乱市场竞争秩序，损害其他经营者或者消费者的合法权益的行为。

根据《广告法》《反不正当竞争法》等法律、法规、规章的规定，广告活动中不正当竞争，一般是指发布虚假

广告，发布贬低他人广告或者以不正当手段排挤竞争对手，损害其他经营者或者消费者的合法权益，扰乱广告经营秩序的行为。

三、广告活动中不正当竞争的主要情形

根据《反不正当竞争法》第六条规定、《价格法》第十四条第（四）项规定、《互联网广告管理办法》第十六条规定，广告活动中主要有广告内容与行为两个方面的不正当竞争情形。

（一）广告内容含有不正当竞争的主要情形

1. 广告或者商业宣传中擅自使用与他人有一定影响的商品名称、包装、装潢等相同或者近似的标识，引人误认为是他人商品或者与他人存在特定联系

构成要件是：商品名称、包装、装潢等标识必须为一定范围的相关公众所知晓；商品的包装、装潢必须具有区别商品来源的显著特征，使相关公众便于识别；会使相关公众产生混淆，由于名称、包装、装潢是某种商品所特有，他人使用该名称、包装、装潢会导致公众产生混淆的结果。

【案例】发布擅自使用与他人近似软件名称，被罚款 2 万元

2021 年 2 月，上海市金山区市场监管局接消费者举报，称其在手机应用市场下载了"×笔公考"APP，付费注册后，发现"×笔公考"并非"×笔教育"所开发的系列软件，而是辖区甲公司出品的假冒软件。

经查，甲公司于 2021 年 1 月 1 日起，在多个手机应用市场上架一款名为"×笔公考"的应用软件，与北京×笔蓝天科技有限公司开发运营的"×笔教育"系列应用软件、微信公众号"×笔公考"的名称及内容近似。北京×笔蓝天科技有限公司开发运营的"×笔教育"系列应用软件及微信公众号，在国内公务员、事业单位培训考试领域具有一定知名度，"×笔教育"名称也随着其推广及消费者使用反馈等，与该公司建立了特定对应关系，成为其重要的商业标识。作为同业竞争者，甲公司在知晓市面上存在知名同类产品"×笔教育"的情况下，使用"×笔公考"作为应用软件名称，具有攀附商誉的故意性，削弱了相关名称区分商品来源的功能，极易引起消费者的误解和混淆，误导消费者产生错误消费。

甲公司行为违反了《上海市反不正当竞争条例》第八条第一款第（四）项"经营者不得实施下列混淆行为，引人误认为是他人商品或者与他人存在特定联系：擅自使用与他人有一定影响的商品独特形状、节目栏目名称、企业标识、网店名称、自媒体名称或者标识、应用软件名称或者图标等相同或者近似的标识"的规定，上海市金山区市场监管局依法对其责令停止违法行为，并处罚款 2 万元。

【案例】擅自使用与他人近似的包装装潢的不正当竞争，被判赔偿 100 万元

好侍食品集团本社株式会社（下称"原告"）的代理人在上海新国际博览中心展会上发现佛山市德生星火食品有限公司（下称"被告一"）、汕头市德生食品厂（下称"被告二"）、广州市德生食品有限公司（下称"被告三"）生产销售的"德生妙多咖喱""德生妙多风味咖喱"调料，以及广告宣传册、公众号"德生食品"都使用了与原告"百梦多咖喱""爪哇风味咖喱"日式块状调料近似的产品包装装潢，遂向上海市浦东新区人民法院提起诉讼，请求被告一、被告二立即停止使用与原告"百梦多咖喱""爪哇风味咖喱"日式块状调料包装装潢近似的产品包装装潢，被告三停止销售、宣传涉案商品，请求三被告销毁包装及宣传资料。被告一、被告二连带承担经济损失 100 万元，三被告连带赔偿合理费用 20 万元。

【评析】 上海市浦东新区人民法院经审理后认为，原告"百梦多咖喱""爪哇风味咖喱"日式块状调料包装装潢已有一定影响，具有区别商品来源的显著特征。将"百梦多咖喱"与"德生妙多咖喱"、"爪

哇风味咖喱"与"德生妙多风味咖喱"进行比对，二者不论是背景颜色、文字排列方式和还是文字大小、商标位置、画面元素的选择等各方面均相似。故"德生妙多咖喱"与"百梦多咖喱"、"德生妙多风味咖喱"与"爪哇风味咖喱"包装装潢近似，构成不正当竞争。法院判决被告一停止使用、被告三停止宣传与原告"百梦多咖喱""爪哇风味咖喱"包装装潢近似的产品包装装潢，被告一赔偿原告经济损失50万元，被告一、被告二连带赔偿好侍公司合理费用10万元。被告不服，上诉至上海市知识产权法院，二审法院维持原判。

2.广告或者商业宣传中擅自使用他人有一定影响的企业名称（包括简称、字号等）、社会组织名称（包括简称等）、姓名（包括笔名、艺名、译名等），引人误认为是他人商品或者与他人存在特定联系

【案例】发布擅自使用与他人近似商标、企业名称的广告，被罚款5万元

尚品伯爵（三亚）文化有限公司厦门分公司在其经营场所内的店招等多个场合使用了与被侵权公司企业名称及注册商标相近似的字样，并在多个互联网平台均开通了账号，使用的都是与被侵权公司企业名称及注册商标相近似的字样进行广告宣传。其客服在向客户进行宣传时使用了与被侵权公司企业名称及注册商标等相近似的字样，使消费者误认为该公司与被侵权公司存在特定联系，违反了《反不正当竞争法》第六条第（三）项规定。依据《反不正当竞争法》第十八条第一款、第二款的规定，福建省厦门市思明区市场监管局于2020年10月做出行政处罚，责令其停止违法行为，办理名称变更登记，名称变更前由原企业登记机关以统一社会信用代码代替其名称，并处罚款5万元。

3.广告或者商业宣传中擅自使用他人有一定影响的域名主体部分、网站名称、网页等，引人误认为是他人商品或者与他人存在特定联系

【案例】擅自使用他人域名主体部分和网页内容，被罚款10万元

福建纳莲电气有限公司法定代表方某于2009年起任被侵权公司（该公司在行业内有一定的知名度，其网站在行业内具有一定的影响）销售经理。任职期间，方某于2015年12月注册成立了福建纳莲电气有限公司，并于2016年6月将被侵权公司具有一定影响的域名主体部分申请注册为福建纳莲公司网站域名的一部分，同时擅自使用被侵权公司网页内容，使得当事人网站的公司简介及部分宣传图片与被侵权公司网站雷同，造成被侵权公司客户误认为当事人公司网站及其宣传的商品为被侵权公司所有或者与被侵权公司存在特定联系，误认为被侵权公司已进行名称变更，为此纷纷致函被侵权公司要求确认，造成了混淆，违反了《反不正当竞争法》第六条第（三）项规定。2020年11月，福州市市场监管局依据《反不正当竞争法》第十八条的规定，做出行政处罚，责令其停止违法行为，并处罚款10万元。

【案例】离职员工盗用原东家网页图片开网店，被罚款5万元

孙先生是常熟一家销售货架的天猫商家。2021年年初，他发现自己的店铺被"克隆"：他拍摄的全店货架商品图片被其他电商平台的一家店铺盗用，他和妻子自己当模特、花钱请人拍摄的产品主图、商品详情页（装潢）、产品包装图及质检报告等均被盗用。孙先生多次找到对方平台维权未果，还遭到侵权店铺要孙先生店铺"陪葬"的威胁。无奈之下，2021年4月9日，孙先生将对方举报到江苏省常熟市市场监管局。经常熟市市场监管局立案调查，被举报商家的店主原是孙先生天猫店铺的职工，离职后，在另一家电商平台开设网店，并销售与孙先生网店相同类型的货架。被举报商家不仅盗用了产品模特图，甚至连产品质检报告、商品详情页（装潢）、包装图均被"一键搬店"等工具进行搬运。"盗图"网店在销售产品页面中，多次使用原图网店的原创产品图片，部分产品网页相似度高达90%以上。部分产品图片直接抄袭，连商标也被使用在"盗图"网店网页中，且不加任何遮掩，出现位置及字体都完全一致。"盗图"

网店销售量显示，其月销量达 9000 多单，价值 200 多万元。面对调查人员的询问，被举报商家承认盗图，并坦白自己的销量 95% 都是刷单刷出来的。被举报商家上述行为构成了《反不正当竞争法》第六条第（三）、（四）项规定、第八条规定的仿冒混淆、虚假宣传行为，并存在无证经营。2021 年 4 月，江苏省常熟市市场监管局依据《反不正当竞争法》第十八条、第二十条规定，责令停止违法行为，罚款 5 万元。

【评析】本案是市场监管部门对网店跨平台"盗图"行为适用《反不正当竞争法》处理的全国首例案件，为治理网店"盗图"侵犯知识产权乱象提供了一个新的治理路径，具有重要意义。

本案"盗图"行为涉及法条竞合问题。网店跨平台"盗图"行为违反《反不正当竞争法》，构成了仿冒混淆；违反《著作权法》，侵犯他人著作权；"盗图"中含有他人商标，违反《商标法》，侵犯他人商标权。因此，"盗图"行为同时违反了《反不正当竞争法》《著作权法》《商标法》的有关条文。按照特别法优于一般法的法条竞合适用法律原则、法的价值冲突三个适用原则，本案从法律关系、违法动机和违法行为的客观效果看，"盗图"的目的并不在于使用他人著作权、商标权获取不法利益，而是利用"盗图"，恶意抢占他人店铺"流量"，误导顾客。其实质是获取不正当竞争机会，提高商品交易机会，损害他人的合法权益，严重破坏营商环境及公平竞争的市场秩序。

因此，若遇到原创图片、短视频、创意设计等他人盗用于不正当竞争时，既可以以侵犯知识产权或不正当竞争为由，向人民法院起诉，也可以以不正当竞争为由，向市场监管部门投诉举报，维护自身合法权益。

4. 广告或者商业宣传中使用其他足以引人误认为是他人商品或者与他人存在特定联系的混淆行为

【案例】发布足以引人误认与他人存在特定联系的标识混淆广告，被罚款 3 万元

上海满罗广告有限公司为争取与开发商上海海升环盛房地产开发有限公司的广告合作机会，考虑到该公司所开发的某商业楼盘项目正处于面向市场对外认筹中，即在该公司不知情的情况下，擅自为该公司设计制作了三块含有楼盘名称、售楼热线等购房信息及"不忘初心、牢记使命"红色字体的广告指示牌，并于 2019 年 8 月 16 日在售楼处周边道路的路灯上予以悬挂，用于向消费者宣传、指引楼盘项目。擅自将"不忘初心、牢记使命"的文字作为广告标识使用，易使消费者产生被宣传项目与中国共产党有特定联系的混淆情形，损害了市场竞争秩序，其行为违反了《反不正当竞争法》的第六条第四项规定，其他足以引人误认为是他人商品或者与他人存在特定联系的混淆行为。根据《反不正当竞争法》第十八条规定，经营者违反本法第六条规定实施混淆行为的，由监督检查部门责令停止违法行为，没收违法商品。违法经营额五万元以上的，可以并处违法经营额五倍以下的罚款；没有违法经营额或者违法经营额不足五万元的，可以并处二十五万元以下的罚款。情节严重的，吊销营业执照。上海市普陀区市场监管局对该公司处以罚款 3 万元。

5. 广告或者商业宣传中发布金额超过五万元的有奖销售，排斥其他竞争对手。或者有奖销售信息不明确，或者谎称有奖，或者故意让内定人员中奖的欺骗方式进行有奖销售，欺骗、误导消费者

【案例】发布超过五万元有奖销售广告，被罚款 5 万元

当事人河南中新南置业有限公司在洛阳市高新技术开发区河洛路与丰润路交会处"中南广场"开发建设项目售楼部外设置广告牌一块，在广告牌醒目位置标"看房抽宝马"文字并附有汽车图案，广告标注的宝马车价值 20 余万元；印制有奖券 1000 份，在奖券上印有"看房抽宝马"文字、轿车图案和"凭此券可参加 2016 年 1 月 31 日举行的盛大抽奖活动，还可在周末参加有奖大转盘活动"等内容。中新南公司已发放奖券 240 余张，因抽奖日前后天气寒冷以及客户数量未达到预定的 300 组，抽奖活动推迟。其

本质上排挤了其他竞争对手，影响了消费者的决策。其行为违反了《反不正当竞争法》第十条"经营者进行有奖销售不得存在下列情形：（三）抽奖式的有奖销售，最高奖的金额超过五万元"的规定。河南省洛阳市工商局（现洛阳市市场监管局）根据《反不正当竞争法》第二十二条规定，对当事人做出洛工商处字〔2017〕43号《行政处罚决定书》，处以5万元罚款。当事人不服，先后诉至洛阳铁路运输法院、郑州铁路运输中级人民法院。一、二审法院均支持洛阳市市场监管局处罚决定。（出自郑州铁路运输中级人民法院〔2017〕豫71行终239号行政判决书）

【案例】利用技术手段在微信公众号发布欺骗式有奖销售，被罚款35万元

当事人上海学而思教育培训有限公司为促进老学员续报下一季课程，于2021年4月6日8:00至4月8日24:00期间，在"上海学而思"微信公众号上发布"全面成长新学年，领2021暑秋续报成长奖学金"活动，以参加在线大转盘抽奖的有奖销售方式，促进老学员续报下一季课程，共计投放了价值人民币12万元的优惠券。当事人在活动抽奖程序的源代码中设置条件，导致活动的中奖奖项不随机、中奖概率不随机，与对外公布的抽奖活动规则及信息不一致，使消费者对中奖奖项、中奖概率产生了错误的认知，欺骗了消费者；同时，以所谓的有奖销售，获取市场竞争优势，排挤了其他竞争对手。当事人上述行为违反了《反不正当竞争法》第十条"经营者进行有奖销售不得存在下列情形：（二）采用谎称有奖或者故意让内定人员中奖的欺骗方式进行有奖销售"的规定。2021年8月31日，上海市杨浦区市场监管局根据《反不正当竞争法》第二十二条规定，对当事人做出沪市监杨处〔2021〕102021000324号《行政处罚决定书》，责令其停止违法行为，处以35万元的罚款。

【评析】上海学而思教育培训有限公司此活动名为"随机抽奖"，实为用源代码设置条件，让内定人员中奖，使普通消费者不能中奖。这种利用技术手段开展的欺骗式有奖销售，其欺骗性更为隐蔽，危害性更大，应当从严查处。

6.广告或者商业宣传中对其商品的性能、功能、质量、销售状况、用户评价、曾获荣誉等做虚假或者引人误解的商业宣传，欺骗、误导消费者

【案例】用好评返现诱导用户评价的虚假商业宣传，被罚款1万元

2020年6月，江苏省宿迁市宿城区市场监管局接到移交线索，反映宿迁市某公司经营的天猫网店商品宣传页面存在"晒图×5+视频+好评，领红包"的内容，涉嫌不正当竞争。经查，当事人在天猫网店的商品宣传页面上发布有"晒美家 领红包啦！""晒图片×5+视频+好评""20元联系客服领红包"的内容，当事人在确认买家收货并给予好评后，客服通过支付宝返现给买家20元红包，存在诱导消费者做虚假的用户评价，欺骗、误导其他消费者的违法行为，违反了《反不正当竞争法》第八条的规定。2020年10月，宿迁市宿城区市场监管局依据《反不正当竞争法》第二十条的规定，对当事人做出罚款1万元的行政处罚。

【评析】本案商家采取好评返现的方式诱导消费者给予好评，消费者在做出评价时难以保证评价的客观和真实性，甚至做出夸大或虚假的用户评价，后续消费者也难以通过用户评价来获得真实、准确的商品信息。本案中，当事人"好评返现"的行为欺骗和误导了消费者，侵犯了消费者的知情权，也构成了对合规经营商家的不正当竞争。市场监管部门通过对本案的查处，提醒网络交易的经营者要自觉维护网络信

用评价体系；警醒消费者不要贪图小便宜，要坚守诚信原则，坚决抵制不正当竞争行为，共同营造良好网络购物环境。

7. 广告或者商业宣传中利用虚假的或者使人误解的价格手段，诱骗消费者或者其他经营者与其进行交易的商业宣传

《价格法》第十四条规定，不得有下列不正当价格行为：（一）相互串通，操纵市场价格，损害其他经营者或者消费者的合法权益；（二）在依法降价处理鲜活商品、季节性商品、积压商品等商品外，为了排挤竞争对手或者独占市场，以低于成本的价格倾销，扰乱正常的生产经营秩序，损害国家利益或者其他经营者的合法权益；（三）捏造、散布涨价信息，哄抬价格，推动商品价格过高上涨的；（四）利用虚假的或者使人误解的价格手段，诱骗消费者或者其他经营者与其进行交易；（五）提供相同商品或者服务，对同等交易条件的其他经营者实行价格歧视；（六）采取抬高等级或者压低等级等手段收购、销售商品或者提供服务，变相提高或者压低价格。其中（四）（五）的不正当价格行为在互联网广告或者商业宣传中经常发生。

【案例】虚标价格，诱骗消费者交易的虚假商业宣传，被顶格罚款250万元

北京市市场监管局对小船出海教育科技（北京）有限公司（以下称"作业帮"）和北京猿力教育科技有限公司（以下称"猿辅导"）两家校外教育培训机构相关行为进行检查。经查，作业帮在其官方网站谎称"与联合国合作"、虚构教师任教经历、引用不真实用户评价。猿辅导在其网站谎称"班主任1对1同步辅导""微信1对1辅导""您的4名好友已抢购成功……点我抢报"，虚构教师任教经历等。上述行为属于实施虚假或引人误解的商业宣传行为，违反了《反不正当竞争法》第八条第一款规定。作业帮在其运营的APP、天猫作业帮直播课旗舰店、京东作业帮直播课旗舰店销售课程时，分别标示"￥1899 ￥2399限时折扣""价格3280元，参考到手价2580元"等内容。猿辅导在其运营官网、天猫旗舰店销售课程时，分别标示"￥399 ￥9""价格￥4000.00 亲子节价￥2099.00"等内容。经核实，相关课程均未以标示的划线价进行过交易，构成利用虚假的或者使人误解的价格手段诱骗消费者交易的行为，违反了《价格法》第十四条第（四）项规定。2021年5月10日，北京市市场监管局依法对作业帮和猿辅导两家校外教育培训机构均处以250万元顶格罚款的行政处罚。

8. 在互联网电子商务广告中采用虚构交易、编造用户评价、误导性展示用户评价、以恶意好评触发电商平台惩罚机制、组织专业团队、利用专门软件工具刷单炒信；利用网络软文、网络红人、知名博主、直播带货等方式，帮助其他经营者进行虚假或者引人误解的商业宣传

【案例】网络刷单虚假商业宣传，被罚款20万元

福建泉州市众居电子商务有限公司于2020年7月14日在电商商城开设"众居孕婴用品专营店"，销售防辐射服、收腹带、文胸等产品。该店通过第三方微信用户组织虚假交易，虚构商品销售状况（销量与销额），提升销售商品在该电商数据榜的排名，并通过买家虚构商品的用户评价内容和好评度等"刷单"，对其商品做虚假、引人误解的商业宣传，欺骗、误导消费者，违反了《反不正当竞争法》第八条第一款规定。2020年11月，福建泉州晋江市市场监管局依据《反不正当竞争法》第二十条第一款规定，对当事人做出行政处罚，责令其停止违法行为，并处罚款20万元。

网络点评和排名，应当真实反映互联网的消费统计数据，展示商家人气、实力和市场口碑等信息，以帮助消费者做出判断和选择。但是，一些不法商家不仅采用人工"刷单炒信"，还用机器"刷单炒信"。所谓"刷单炒信"，本质就是造假，即在点击、阅读、观看、消费等方面，利用造假手段，使"粉丝"可以有，"互动"可以买，"好评度"可以提升，"播放量"可以增长，误导市场、诱导消费，实现自身利

益最大化。"刷单炒信"日益呈现出组织化、职业化、规模化等特点，甚至形成黑灰产业。"刷单炒信"的网络虚假宣传，严重损害了消费者的知情权、选择权等合法权益，破坏了公平竞争的市场秩序，不利于互联网生态健康发展。"刷单炒信"已经成为市场中的一颗"毒瘤"，必须重拳出击，依法从严从重查处。特别是在严厉查处卖家刷单行为的同时，应当严肃追究帮助刷单主体的法律责任。

【案例】利用技术软件帮助他人"刷单炒信"，被罚款 200 万元

浙江省台州市陈某辉在 2018 年、2020 年前后分别注册了浙江小辣信息科技有限公司、浙江番茄信息技术有限公司、浙江辣椒信息技术有限公司三家公司，申请"企业QQ号"，并招募雇佣员工 21 名，分设成"排单组""审核组""导购组""售后组"，运营"刷单炒信"工作。同时当事人借助"小水滴""大水滴""猫头鹰"专用刷单软件，搜索有刷单需求的商户，分配"刷手"刷单任务，完成虚假交易，帮助网店经营者在平台的评价体系内获取更高的商业排名、信用度和用户访问量，误导消费者。自 2018 年 9 月至 2021 年 4 月 29 日，当事人共刷单 2 951 750 单，刷单商品总金额 3.59 亿余元，获利 372.93 万元。当事人的行为违反了《反不正当竞争法》第八条第二款的规定，浙江省台州市市场监管部门依据《反不正当竞争法》第二十条第一款规定，对当事人做出行政处罚，责令其停止违法行为，处罚款 200 万元。

【案例】大众点评起诉炒作用户信用商家，获赔 30 万元

2021 年 9 月 17 日，上海汉涛信息咨询有限公司（大众点评关联公司）、青岛简易付网络技术有限公司等不正当竞争纠纷一审民事判决书公开。判决书显示，原告上海汉涛信息咨询有限公司诉称，被告青岛简易付网络技术有限公司未经授权，通过其微信公众号"铁鱼霸王餐"组织炒作用户信用活动盈利，破坏了大众点评公司构建的评价体系，误导消费者，构成不正当竞争等。

山东省青岛市中级人民法院认为，被告青岛简易付网络技术有限公司以营利为目的组织刷手刷单炒信，进行虚假交易、好评、炒作信用，造成了"大众点评"平台上的相关数据不真实，影响了原告的信用评价体系，误导消费者，严重损害了大众点评公司的声誉和市场竞争力，违背了公平、诚实信用原则，损害了商业道德，严重危及公平、诚信的市场竞争秩序，违反了《反不正当竞争法》第八条第二款"经营者不得通过组织虚假交易等方式，帮助其他经营者进行虚假或者引人误解的商业宣传"的规定，构成不正当竞争，应承担相应的民事责任。

山东省青岛市中级人民法院做出〔2020〕鲁02民初2265号一审民事判决书，判令被告青岛简易付网络技术有限公司在判决生效之日起立即停止涉案不正当竞争行为；并赔偿原告上海汉涛信息咨询有限公司经济损失及合理支出 30 万元。被告刘某是青岛简易付网络技术有限公司的唯一股东，承担连带赔偿责任。

9. 广告或者商业宣传中捏造、散布虚假事实，损害竞争对手的商业信誉、商品声誉

《广告法》第十三条"广告不得贬低其他生产经营者的商品或者服务"规制的贬低广告包含于《反不正当竞争法》的商业诋毁之中，因为商业诋毁行为的"编造、传播虚假信息或者误导性信息"包含了贬低广告行为的表现形式。因此，《广告法》贬低广告与《反不正当竞争法》商业诋毁行为竞合的法律适用应当按照特别法优于普通法的原则，尽量适用《反不正当竞争法》。

【案例】进行诋毁他人的商业宣传，被顶格罚款 200 万元

上海正善食品有限公司法定代表人陈某为了在互联网上引起高关注度，拍摄了一段点评合成牛排的短视频，并发布到网络平台。根据该视频中的特写画面显示，陈某所点评的合成牛排系举报人的商品，该牛排含有多种添加剂，符合国家相关标准。但陈某在该视频中使用了"你敢吃吗""想让我家孩子得老年

痴呆症吗""要把儿童害死的牛排"等用语,损害了举报人的商业信誉和商品声誉。截至案发,该视频点击播放 2635 次,平台号"Zhengshanbeef"有 163.7 万获赞、3620 关注、45.4 万粉丝。上海正善食品有限公司违反了《反不正当竞争法》第十一条的规定,经营者不得编造、传播虚假信息或者误导性信息,损害竞争对手的商业信誉、商品声誉,构成了不正当竞争的行为。上海市黄浦区市场监管局根据《反不正当竞争法》第二十三条的规定,经营者违反本法第十一条规定损害竞争对手商业信誉、商品声誉的,由监督检查部门责令停止违法行为、消除影响,处十万元以上五十万元以下的罚款;情节严重的,处五十万元以上三百万元以下的罚款,对上海正善食品有限公司处罚款 10 万元。

【案例】小米起诉天极网商业诋毁,获赔 200 万

2021 年 9 月 23 日,小米科技有限责任公司与重庆天极魅客科技有限公司不正当竞争纠纷一审民事判决书公开。判决书显示,原告小米科技有限责任公司指控,被告重庆天极魅客科技有限公司在其官方网站、官方微博发布"一场,真正的,专业拆机,荣耀智慧屏对比小米电视"的视频。官方微博发布共计 16 篇文章所附视频片段。视频中以自己主观的标准对原告的产品进行检测和评价,在阻燃测试、开机测试、画质评测、电路板比对等诸多环节,通过设置不公平比对条件、回避原告产品优点、突出竞品优点等误导性手段,让公众产生原告的产品相比于荣耀智慧屏 X1 存在偷工减料或存在严重质量问题等误导性认识,使相关消费者对原告产品的质量和安全性产生怀疑,尤其是在直播进行至 1 小时 47 分 28 秒左右时,被告进行了关于电视后壳(即视频中所称的"电视背板")的"阻燃测试",被告选择错误的对比对象、采取不当的试验方法、未完整展示试验过程,且设置完全不公平的比较环境,严重误导消费者,使消费者误认原告电视极度不安全。被告的误导性视频和言论,让很多不明真相的消费者误认为原告产品质量不好,使得原告产品销售量急剧下降,且导致原告的商业信誉和商品声誉遭受了难以弥补的重大损失。

法院认为,被告关于透光孔评测、电源电路 PCB 板评测、MOS 管散热片评测、PCB 层数评测属于误导性信息,损害了原告的商业信誉和商品声誉。被告作为一家专业性媒体,其制作和传播包括前述误导性信息的涉案视频和文章具有明显的主观过错,违反了《反不正当竞争法》第十一条的规定,构成商业诋毁。重庆市第一中级人民法院做出(2020)渝 01 民初 755 号一审民事判决书,判令重庆天极魅客公司赔偿小米科技公司经济损失 200 万元,并在相关网站上发表声明以消除影响。

(二)广告行为含有不正当竞争的主要情形

1. 贿赂

采用在账外暗中给予交易相对方的工作人员、受交易相对方委托办理相关事务的单位或者个人、利用职权或者影响力影响交易的单位或者个人以财物或者其他手段进行贿赂,以谋取交易机会或者竞争优势。

2. 侵犯商业秘密

为获取客户资源、用户数据,以盗窃、贿赂、欺诈、胁迫、电子侵入手段获取权利人的商业秘密或者披露、使用或者允许他人使用以前项手段获取权利人的商业秘密或者违反保密义务或者违反权利人有关保守商业秘密的要求,披露、使用或者允许他人使用其所掌握的商业秘密或者教唆、引诱、帮助他人违反保密义务或者违反权利人有关保守商业秘密的要求,获取、披露、使用或者允许他人使用权利人的商业秘密。商业秘密,是指不为公众所知悉、具有商业价值并经权利人采取相应保密措施的技术信息、经营信息等商业信息。而具有商业价值,是指能为权利人带来经济利益。例如,使用网络爬虫工具抓取他人享有商业价值、竞争性利益与竞争优势的数据。

【案例】使用网络爬虫工具抓取数据构成不正当竞争，腾讯获赔60万元

2021年9月14日，杭州互联网法院依法公开审理原告深圳市腾讯计算机系统有限公司（以下简称"腾讯公司"）、腾讯科技（深圳）有限公司（以下简称"腾讯科技公司"）与被告某新媒体公司不正当竞争纠纷案，并当庭宣判。

原告诉称：被告利用爬虫技术突破微信公众平台的数据防护措施抓取微信公众平台信息内容及数据，并通过网站对外提供公众号搜索、导航及排行等数据服务，进行商业化利用，妨碍平台正常运行，构成不正当竞争。

被告则辩称：爬取的文章并非腾讯公司的数据，而是登录微信公众号的用户数据，爬取并提供公众号数据服务的行为不构成不正当竞争，且其网站获利较少，现已关闭。

法院审理认为，被告违背诚实信用原则，擅自使用原告征得用户同意、依法汇集且具有商业价值的数据，并足以实质性替代其他经营者提供的部分产品或服务，损害公平竞争的市场秩序，属于《反不正当竞争法》第十二条第二款第四项所规定的妨碍、破坏其他经营者合法提供的网络产品或者服务正常运行的行为，构成不正当竞争。

经审理，杭州互联网法院判决被告立即停止数据爬取行为，消除影响并赔偿损失60万元。

【评析】本案系不正当使用网络爬虫工具抓取微信公众号相关数据的典型案例。在本案中，原告处理数据之行为获得微信用户授权同意，具有合法性。微信公众平台相关文章数据具有可集成、可交互的特点，与阅读数、点赞数、文章评论等其他数据共同构成整体数据资源，故原告就整体数据资源享有商业价值、竞争性利益与竞争优势。被告使用技术手段绕过微信客户端，并利用爬虫工具抓取数据；被告网站将网络请求操作分发不同云服务器，获取"用户登录"权限后抓取数据；使用自动化脚本不间断抓取数据，通过多个代理IP操作，绕过封号、封IP等防护措施。被告突破IP访问限制和封禁措施，破坏微信产品登陆访问服务运行，原告只能投入更多成本与其对抗，或采取更加严格的限制措施。被告实时抓取大量数据的行为，给原告服务器带来额外负担，加大原告运营成本。被告绕开或破坏技术保护措施，改变了原告平台部分数据的呈现方式，妨碍微信产品正常运行。通过被告提供的服务，用户无须登录、订阅即可搜索公众号文章、查看阅读数、点赞数等内容，能够实质性替代原告平台提供的部分数据内容服务，导致部分微信用户分流至被告网站，损害原告商业利益。综上，被告违背诚实信用原则，擅自使用原告征得用户同意、依法汇集且具有商业价值的数据，并足以实质性替代其他经营者提供的部分产品或服务，损害公平竞争的市场秩序，属于《反不正当竞争法》第十二条第二款第四项兜底性条款规定的妨碍、破坏其他经营者合法提供的网络产品或者服务正常运行的行为，构成不正当竞争。

又例如，《互联网广告管理办法》列举了互联网广告中不正当竞争行为：提供或者利用应用程序、硬件等为他人正当经营的广告采取拦截、过滤、覆盖、快进等限制措施；利用网络通路、网络设备、应用程序等破坏正常广告数据传输，篡改或者遮挡他人正当经营的广告，擅自加载广告；利用虚假的统计数据、传播效果或者互联网媒介价值，诱导错误报价，谋取不正当利益或者损害他人利益，如虚构流量数据、虚构交易互动数据或者帮助他人虚构流量数据、虚构交易互动数据。

3. 妨碍、破坏其他经营者正常运行

利用技术手段，通过影响用户选择或者其他方式，实施下列妨碍、破坏其他经营者合法提供的网络产品或者服务正常运行的行为。

（1）未经其他经营者同意，在其合法提供的网络产品或者服务中,插入链接、强制进行目标跳转,实施流量劫持。

(2)误导、欺骗、强迫用户修改、关闭、卸载其他经营者合法提供的网络产品或者服务;恶意对其他经营者合法提供的网络产品或者服务实施不兼容;还有利用独占地位实施垄断行为,利用技术手段实施"二选一",限定他人购买其指定的广告服务。限制、排斥其他竞争对手的不正当竞争行为。

【案例】利用技术等手段限制交易,被罚款10万元

2019年5月5日,安徽省天长市市场监管局依法对当事人天长市饿了么外卖服务站进行检查。经查,自2018年上半年始,当事人通过降低服务费、降低配送费等方式,要求商家只能选择"饿了么"一个平台进行网络销售,已经在"饿了么"平台上线的商家不能同时选择其他平台;对已在其他平台上线的,当事人则要求其必须关闭其他平台方可上线"饿了么"平台;对已在"饿了么"平台上线,又同时在其他平台上线的部分商家,当事人则采取技术手段缩小在线配送范围、提高服务费、提高配送价、提高起送价等方式,要求商家必须选择"饿了么"平台。对个别不配合的商家,当事人在无充分事实认定的情况下以商家不符合食品安全管理规定为由,擅自将商家强制下线。当事人利用技术等手段限制交易的行为,违反了《反不正当竞争法》有关规定,2019年9月10日,安徽省天长市市场监管局依法责令其停止违法行为,并对其罚款10万元。

【评析】 本案中的当事人利用技术等手段,限制商家"二选一"站队。当事人的行为不仅损害其他经营者的合法权益,也损害了消费者的合法权益,违反了《反不正当竞争法》规定的平等、自愿、公平的竞争原则。公平竞争是市场经济的基本原则。

(3)其他妨碍、破坏其他经营者合法提供的网络产品或者服务正常运行的行为。

【案例】篡改世界杯跳转广告构成不正当竞争,优酷维权获赔80万

原告优酷信息技术(北京)有限公司为推广优酷视频软件,在第三方软件中投放了2018世界杯广告,用户一旦点击广告,手机中的优酷视频软件将被唤醒,如果用户并未安装,将会提示用户是否安装优酷视频软件。但被告北京微赛时代体育科技有限公司采用技术手段导致用户在第三方软件中点击涉案广告时,被唤醒的却是被告软件。原告认为此行为构成不正当竞争。法院审理后判决被告向原告优酷信息技术(北京)有限公司赔偿经济损失70万元,并支付维权合理支出10万元。

【案例】刷流量骗取广告分成,腾讯公司维权获赔300万元

深圳市腾讯计算机系统有限公司、腾讯科技(深圳)有限公司(以下简称"两原告")以不正当竞争为由将哈尔滨祈福科技有限公司(以下简称"祈福公司")及其法定代表人邓某某共同起诉至法院。

两原告诉称,两原告系微信平台的经营者,通过在微信公众号文章内容中投放广告,将用户访问流量转化为现实经济利益。同时,会给予发布热门文章的公众号主体一定比例的利益分成,以激励其继续生成优质文章内容。祈福公司通过其运营的"蚂蚁平台",组织、诱导微信公众号的账号主体虚假提升公众号文章的流量以骗取广告分成、干扰微信公众号平台流量数据。同时,其还通过该平台组织、帮助、诱导微信账号的买卖及账号辅助解封交易,并提供"推广工具"功能,帮助用户一键采集、编辑、分享、传播公众号文章内容,窃取公众号广告的正当交易机会。

两原告认为,祈福公司的行为已违反《反不正当竞争法》第八条第一款"经营者不得对其商品的性能、功能、质量、销售状况、用户评价、曾获荣誉等做虚假或者引人误解的商业宣传,欺骗、误导消费者",第八条第二款"经营者不得通过组织虚假交易等方式,帮助其他经营者进行虚假或者引人误解的商业宣传"的规定，构成帮助他人虚假宣传，并违背诚实信用原则和公认的商业道德。故要求其立即停止不正当竞争行为，刊登声明、消除影响，并赔偿原告经济损失及维权合理开支500万元，同时要求邓某某承担连带责任。

祈福公司与邓某某辩称，祈福公司作为网络服务商，仅为任务发布者提供交易平台，不直接参与用户的任何交易，"蚂蚁平台"不是刷量平台，付费浏览广告是常见的商业模式，祈福公司并未实施帮助他人虚假宣传的不正当竞争行为，亦未侵害两原告的竞争利益。

法院审理认为，本案中相关微信公众号运营个体通过雇佣点击、诱导点击的刷量行为虚假提升其公众号文章内容的访问量，以赚取微信平台的广告分成与发布任务成本之间的差价的行为，侵害了微信用户、广告商及两原告等市场主体的合法权益，破坏了公平竞争的网络市场秩序，构成了虚假宣传的不正当竞争行为。祈福公司虽不直接从事刷量活动，但为此类活动提供机会、场所并撮合交易，且通过向用户收取一定比例服务费或提现手续费以实现盈利。同时，祈福公司在"蚂蚁平台"，设置了人工审核环节，明知平台中存在大量浏览、点击微信公众号文章及广告的任务，仍允许用户上架此类任务，并设置奖励鼓励用户大量发单与接单。故应认定其行为属于《反不正当竞争法》第八条第二款规定的"帮助他人虚假宣传"的不正当竞争行为。"蚂蚁平台"提供微信账号买卖及账号辅助解封交易服务的行为严重违反了互联网领域公认的商业道德。由"蚂蚁平台"规则可知，祈福公司对该行为系明知且持积极态度，并造成了一定损害结果，因此构成违反诚实信用原则和公认商业道德的不正当竞争行为。

2021年7月15日，上海市浦东新区人民法院在综合了本案两原告知名度、被告祈福公司运营规模及主观恶意、邓某某系公司唯一股东且未能证明与公司财产独立的情况等因素，以及关于两原告主张祈福公司向用户提供"推广工具"的行为不属于《反不正当竞争法》调整范围，做出一审判决：被告祈福公司立即停止不正当竞争行为，赔偿两原告经济损失及维权合理开支共计300万元，同时刊登声明、消除影响；邓某某在80万元的范围内承担连带责任（在涉案行为持续的部分时间段内，祈福公司曾是一人有限责任公司，邓某某系公司唯一股东，鉴于其未能证明与公司财产独立的情况，故判决其承担连带责任）。

【评析】本案借助虚拟商品交易、帮助微信公众号的运营个体进行广告刷量的行为痕迹隐蔽，导致大量无效流量滋生，并破坏微信平台业已建立的广告投放模式和公众号优质内容激励机制，应当认定为帮助他人虚构流量数据的不正当竞争。

总之，广告活动中不正当竞争，如果是广告内容不正当竞争，依据《反不正当竞争法》或者《广告法》予以行政处罚。如果是不正当竞争广告内容涉及民事侵权的，按照《民法典》《商标法》《著作权法》《专利法》等法律，提请法院裁决。如果是广告行为涉及不正当竞争，依据《反不正当竞争法》予以行政处罚。如果是不正当竞争广告行为涉及民事侵权的，按照《民法典》等法律，提请法院裁决。《反不正当竞争法》是专门针对不正当竞争行为立法的特别法，因此，广告活动中不正当竞争行为都应当适用《反不正当竞争法》。有关网络广告不正当竞争，还可以学习研究国家市场监督管理总局《禁止网络不正当竞争行为规定》和最高人民法院发布的《最高人民法院关于适用〈中华人民共和国反不正当竞争法〉若干问题的解释》。

随着互联网通信技术、数字技术、人工智能技术的不断发展，互联网数字广告中不正当竞争及其垄断行为也日益增多，严重损害了经营者和消费者的利益，扰乱了市场竞争秩序。习近平总书记在2021年8月30日主持召开中央全面深化改革委员会第二十一次会议时强调，强化反垄断、深入推进公平竞争政策实施，是完善社会主义市场经济体制的内在要求。要从构建新发展格局、推动高质量发展、促进共同富

裕的战略高度出发，促进形成公平竞争的市场环境，为各类市场主体，特别是中小企业创造广阔的发展空间，更好地保护消费者权益。因此，有必要对互联网数字广告中的不正当竞争及其垄断行为加以规制。

第六节　广告合同的管理规定

一、法律规定

《广告法》第三十条规定，广告主、广告经营者、广告发布者之间在广告活动中应当依法订立书面合同。

二、广告合同概念

（一）合同概念
根据《民法典》第四百六十四条规定，合同是指民事主体之间设立、变更、终止民事法律关系的协议。民事主体包括自然人、法人、其他组织。

（二）广告合同概念
广告合同是指在广告活动中，广告主、广告经营者、广告发布者之间为设立、变更、终止设计、制作、代理、发布广告业务关系，依法订立的明确权利和义务的协议。

三、广告主、广告经营者、广告发布者应当依法订立书面广告合同

《民法典》第四百六十九条规定，当事人订立合同，可以采用书面形式、口头形式或者其他形式。

《广告法》第三十条规定，广告主、广告经营者、广告发布者之间在广告活动中应当依法订立书面合同。依法订立书面合同有两方面含义：一是依法订立，二是广告合同形式是要式合同。

（一）依法订立广告合同的含义
依法订立合同，是指在广告合同订立中，依照或者遵守《民法典》《广告法》等有关的法律、法规及订立合同的基本原则。订立合同应当遵守以下四个基本原则：

1. 契约自由原则；
2. 诚实信用原则；
3. 双方真实意思表示的协商原则；
4. 权利与义务一致的平等互利公平原则。

（二）要式合同的含义
要式合同，是指法律、行政法规规定应当采用书面形式的合同。《广告法》规定，广告合同应当是书面形式，而不是即时清结的口头形式或者其他形式。

《民法典》第四百六十九条规定："当事人订立合同，可以采用书面形式、口头形式或者其他形式。书面形式是合同书、信件、电报、电传、传真等可以有形地表现所载内容的形式。以电子数据交换、电子邮件等方式能够有形地表现所载内容，并可以随时调取查用的数据电文，视为书面形式。"因此，以电子数据交换、电子邮件等方式能够有形地表现所载内容，并可以随时调取查用的数据电文，视为广告书面合同。

四、广告合同的种类

根据广告的合同主体，可以将广告合同分为广告主与广告经营者之间订立的广告合同，广告主和广告发布者之间订立的广告合同，广告经营者和广告发布者之间订立的广告合同，广告经营者和广告经营者之间订立的广告合同。

根据广告合同的标的，可以将广告合同分为广告设计合同、广告制作合同、广告发布合同、广告代理合同。

五、广告合同主要条款

(一)《民法典》规定的合同主要条款

《民法典》第四百七十条第一款规定，合同的内容由当事人约定，一般包括下列条款：

1. 当事人的姓名或者名称和住所；
2. 标的；
3. 数量；
4. 质量；
5. 价款或者报酬；
6. 履行期限、地点和方式；
7. 违约责任；
8. 解决争议的方法。

(二) 广告合同的主要条款

1. **主体**：合同当事人（签订人）的名称和住所，以甲、乙、丙、丁方表示。签订广告合同的主体资格必须合法，具有权利能力和行为能力。权利能力，是指依法登记的广告主、广告经营者、广告发布者。行为能力是指具有履行广告合同的能力。否则，签订的广告合同会无效。

2. **标的**：标的是指合同当事人的权利义务共同指向的对象。它是合同成立的必要条件，没有标的的合同是毫无意义的合同。广告合同的标的包括广告设计、制作、代理、发布的具体项目及广告内容。标的约定表述应当具体明确。

3. **数量**：数量是合同的必备条款。有形财产数量是对个数、体积、面积、长度、容积、重量等的单位计量；无形财产数量是个数、件数、字数以及使用范围等多种量度方法；劳务数量为劳动量；工作成果数量是工作量及成果数量。数量约定的表述应当准确，尽量同时用小写与大写；应当选择使用合同签订人共同接受的计量单位、计量方法和计量工具。广告合同中的数量，包括广告媒介的代理、发布的时长、频次、流量、版面大小、设计制作广告的规格尺寸等。

4. **质量**：质量是指标的应当达到的标准、要求，包括性能、效用、工艺等。有形财产的质量是物理、化学、机械、生物等性质及外观形态，一般以品种、型号、规格、等级等体现出来。无形财产、服务、工作成果也有标准、技术要求，并有特定的衡量方法。质量条款约定不明确是许多合同纠纷的起因。因此，应当对质量约定表述细致、准确和清楚。质量标准及技术要求应当依次采用国家强制性标准、行业标准、地方标准、团体标准。无国家标准、行业标准、地方标准、团体标准的情况下，可以协商适用企业标准。合同中还应当约定质量验收的方法和期限，以及对质量提出异议的时效等。如广告合同中应当约定交验广告内容及其证明文件、验收广告作品、监测广告流量数据办法等。

5. 价款或者报酬：价款或者报酬是指合同当事人一方支付给提供商品或者服务的一方的货币金额，如广告发布合同中委托人向广告发布者支付广告发布费，广告设计制作合同中委托人向广告设计制作者支付设计制作费，广告代理合同中委托人向广告代理者支付代理费，还有广告策划费、市场调查费等。价款（价格、费用）约定在合同中应当清楚表述，同时用小写与大写。

6. 履行期限、地点和方式：履行期限是指合同中约定当事人履行义务的期限，如交付标的物、提供服务、劳务、完成工作的起止时间，价款或者报酬支付的时间。广告合同履行期限，指广告合同生效与终止的时间。履行期限直接关系到合同义务完成的时间，涉及当事人的期限利益，也是确定合同是否按时履行或者迟延履行的客观依据。履行期限条款应当尽量具体、明确，约定计算期限的方法。履行期限可以是即时履行的，也可以是定时履行、分期履行。履行期限可以以小时计、以天计、以月计、以年计，应当表述为自某年某月某日至某年某月某日止，或表述为合同签订生效日至服务完成日终止。不同的广告合同，履行期限是不同的。广告发布合同履行期限是广告发布的起止日期，委托方的履行期限是付款日期；广告设计、制作合同履行期限是承揽方交付工作成果（广告作品或成品）的日期，委托方履行期限是付款日期；广告代理合同的履行期限是完成代理业务的时间，被代理方的履行期限是付款日期。

履行地点是指当事人履行合同义务的地点。履行地点也是在发生纠纷后确定由哪一地法院管辖的依据，因此，履行地点在合同中应当明确具体约定。

履行方式是指当事人履行合同义务的具体做法。不同的合同，履行方式不同。广告发布合同，履行方式可以是一次性的，也可以是在一定时期内的；广告设计、制作合同，履行方式可以是一次性的；广告代理合同，履行方式可以是一次性的，也可以是在一定时期内的。

7. 违约责任：违约责任是指当事人一方不履行合同或者不完全履行合同，依照法律的规定或者按照当事人的约定应当承担的法律后果。违约责任是促使当事人履行合同义务的法律措施，是合同的主要条款。为了及时解决合同纠纷，应当在合同中约定定金、违约金、赔偿金以及赔偿金的计算方法。如果合同约定定金的，千万不可写成订金。订金与定金的含义及法律后果不同。写成订金，违约方只要返回订金即可；写定金，违约方依法应当双倍返回定金。

8. 解决争议的方法：解决争议的方法指合同发生争议纠纷时的解决途径。主要途径有：一是双方协商和解，二是由第三人进行调解，三是通过仲裁解决，四是通过诉讼解决。依照《仲裁法》的规定，如果合同约定仲裁解决争议，法院就没有管辖权，除非约定无效。如果仲裁有实质性问题，当事人可以提起诉讼，可以依法申请法院撤销仲裁的裁决或者申请法院不予执行。涉外合同的当事人约定采用仲裁方式解决争议的，可以选择中国的仲裁机构进行仲裁或选择在外国进行仲裁。涉外合同的当事人可以选择选用中国的法律或者外国的法律。但是，如果中国的法律对某些涉外合同的法律适用有规定的，应当依照其规定。解决争议途径的选择，有利于及时解决纠纷，有利于保护当事人利益。选择解决争议的表述一定要十分具体明确，比如选择仲裁，要具体、清楚地表述选择哪一个仲裁机构，不能笼统地写"采用仲裁解决"，否则，仲裁协议条款的效力无法确定。

9. 法定举证义务和审查义务：基于广告合同涉及广告内容是否真实合法的特殊性，涉及《广告法》规定广告主对广告内容负责，广告经营者、广告发布者负有查验有关证明文件，核对广告内容的责任，因此，广告合同应当明确广告主提交证明文件义务和广告经营者、广告发布者查验有关证明文件，核对广告内容的审查义务及发生违法广告后的责任承担者。比如约定如果广告主提交虚假证明文件，发生违法广告后，由广告主承担法律责任。

10. 其他约定或特别约定：在上述九项主要条款外，还可以做出其他约定或特别约定。合同中其他约定或特别约定的条款，也可以作为合同的主要条款。

六、应当建立广告合同管理制度

(一) 建立广告业务合同制度

建立广告业务合同制度包括广告合同的起草、签订、修改、审核、打印、盖章、存档、保密管理制度。合同的起草、签订、修改、审核、打印、盖章、存档都应当由专人负责,并且做好保密工作。

(二) 建立合同公证制度

广告合同一旦签订、盖章即生效,受法律保护。但是,如果双方初次合作、合同标的及金额巨大,为了保证合同的切实履行和及时维护权益,可以选择公证处进行合同公证。因为,经公证的合同具有强制执行力,一旦一方违约,向法院起诉后可避免合同可能无效或举证之累,有利于法院尽快审理裁决。

(三) 建立使用广告合同示范文本制度

根据《民法典》第四百七十条第二款规定,当事人可以参照各类合同的示范文本订立合同。广告合同示范文本是由政府或仲裁机构或行业协会按照广告行业合同签订履行情况,根据《民法典》《广告法》规定,制定并推荐使用的规范化、半格式化合同文本。

第七节　广告涉及他人人身权利的管理规定

一、法律规定

《广告法》第三十三条规定,广告主或者广告经营者在广告中使用他人名义或者形象的,应当事先取得其书面同意;使用无民事行为能力人、限制民事行为能力人的名义或者形象的,应当事先取得其监护人的书面同意。

《民法典》第九百九十五条规定,人格权受到侵害的,受害人有权依照本法和其他法律的规定请求行为人承担民事责任。受害人的停止侵害、排除妨碍、消除危险、消除影响、恢复名誉、赔礼道歉请求权,不适用诉讼时效的规定。

《民法典》第一千条规定,侵害人格权要承担消除影响、恢复名誉、赔礼道歉等民事责任。

《民法典》第一千零一十二条规定,自然人享有姓名权,有权依法决定、使用、变更或者许可他人使用自己的姓名,但是不得违背公序良俗。

《民法典》第一千零一十四条规定,任何组织或者个人不得以干涉、盗用、假冒等方式侵害他人的姓名权或者名称权。

《民法典》第一千零一十七条规定,具有一定社会知名度,被他人使用足以造成公众混淆的笔名、艺名、网名、译名、字号、姓名和名称的简称等,参照适用姓名权和名称权保护的有关规定。

《民法典》第一千零一十八条规定,自然人享有肖像权,有权依法制作、使用、公开或者许可他人使用自己的肖像。肖像是通过影像、雕塑、绘画等方式在一定载体上所反映的特定自然人可以被识别的外部形象。

《民法典》第一千零一十九条规定,任何组织或者个人不得以丑化、污损,或者利用信息技术手段伪造等方式侵害他人的肖像权。未经肖像权人同意,不得制作、使用、公开肖像权人的肖像,但是法律另有规定的除外。未经肖像权人同意,肖像作品权利人不得以发表、复制、发行、出租、展览等方式使用或者公开肖像权人的肖像。

《民法典》第一千一百八十二条规定，侵害他人人身权益造成财产损失的，按照被侵权人因此受到的损失或者侵权人因此获得的利益赔偿；被侵权人因此受到的损失以及侵权人因此获得的利益难以确定，被侵权人和侵权人就赔偿数额协商不一致，向人民法院提起诉讼的，由人民法院根据实际情况确定赔偿数额。

二、肖像权与姓名权的概述

《广告法》第三十三条规定的"他人名义或者形象"，一般是指自然人姓名与肖像，当然也包括法人名称与品牌形象。在广告侵权的民事诉讼案件中，大多数是侵犯自然人的人格权（姓名权、肖像权、名誉权等）。广告中使用有影响力、有号召力的明星及公众人物的名义或者形象的现象十分普遍。特别是广告设计师未经他人书面授权同意，下载使用明星及公众知晓人物的照片、图片，以及影视作品的人像图片、影像资料，作为自己广告作品的图形元素，不仅侵犯他人著作权，也侵犯了他人的姓名权与肖像权，甚至侵犯了他人的名誉权。

（一）肖像权

根据《民法典》第一千零一十八条规定，肖像是通过影像、雕塑、绘画等方式在一定载体上所反映的特定自然人可以被识别的外部形象。

肖像一般是指以某一个人相貌特征为主体，通过绘画、摄影、雕刻、录像、电影等艺术手段，在物质载体上再现他的相貌特征，或者至少包含相貌面部特征的视觉形象。肖像权是自然人在自己的肖像上所体现的利益为内容的具体人格权，它包括肖像所体现的精神利益和物质利益。法理上一般认为侵害肖像权有以下三个构成要件：

1. 有使用他人肖像的行为；
2. 未经肖像权人书面授权同意；
3. 符合他人肖像的相貌特征，即一般人凭直观能清晰辨认肖像就是某一人。

肖像的特征，除肖像与原形人在客观上相互独立成为能让人支配的物品外，还具有完整、清晰、直观、可辨的形象再现性，或称形象标识性。这里所说的形象，是指原形人相貌综合特征给他人形成的、能引起一般人产生与原形人有关的思想或感情活动的视觉效果，如画像、照片等载体。

如果形象不能再现原形人的相貌综合特征，不能引起一般人产生与原形人有关的思想或感情活动，一般人不能凭直观清晰辨认就是某一自然人的形象，不能称为该自然人的肖像。

如果形象只有凭借高科技技术手段进行对比，才能确定这是某一自然人特有的一部分形象而非该自然人清晰完整的形象，一般人不能凭直观清晰辨认所表现的就是该自然人，则这一形象也不能称为该自然人的肖像。

简而言之，不能反映特定人相貌的特征，一般人不能凭直观清晰辨认就是肖像的本人，就不构成肖像权。

【案例】使用不完整的他人形象，不侵犯肖像权

叶某（以下简称"原告"）因与某医科大学附属医院（以下简称"被告医院"）、某出版社（以下称"被告出版社"）、某广告艺术有限公司（以下简称"被告广告公司"）发生肖像权纠纷，向人民法院提起诉讼。

原告诉称：我曾在某空军医院激光医疗中心（以下简称"激光中心"）就脸部先天的青黑色斑痕进行治疗，治疗效果良好。之后，我发现被告出版社在其出版发行的《某交通旅游图》上，刊登由被告广告公司经营的被告医院的广告。该广告使用了我治疗脸部斑痕前后的照片作为病案。后查《某交通旅游图》已经十几次刊登这张照片，按地图上的记载，每次印数高达50万份。医院、出版社、广告公司的上述行为，侵害了我的肖像权。请求判令医院、出版社、广告公司立即停止侵害，消除影响，赔礼道歉，并给我赔偿损失10万元。

被告医院辩称：原告所诉的照片，是我院购买仪器设备时由供货方提供的，我院在委托被告广告公司发布的广告中，从病理角度使用了这张照片，这是一张局部照片，照片中人物的眼睛以上部分被遮挡，不能证明是原告。照片只占地图上很小一部分，不会带来严重影响，且我院使用这张照片也未获利，没有侵害原告的肖像权，不同意原告的诉讼请求。

被告出版社辩称：原告所诉我社发布广告中附带的这张照片，根本无法辨认肖像人是谁。我社在刊发广告过程中已经依法尽了审核义务，不构成侵害肖像权，不同意原告的诉讼请求。

被告广告公司辩称：原告所诉照片，反映的只是局部病理情况，看不出肖像人是原告。即使肖像人是原告，也只是原告的局部照片，不构成侵权。另外，地图上的印数，只反映预计的发行范围，不是实际发行量，不同意原告的诉讼请求。

【评析】 法院在审理中，将《某交通旅游图》刊登广告中所附的病案照片，与原告出示的其在激光中心治疗脸部先天青黑色斑痕前后的照片进行对比，证明病案照片中的人就是原告。由此确认，原告所诉的事实属实。

法院认为：公民享有肖像权，未经本人同意，不得以营利为目的使用公民的肖像；公民的姓名权、肖像权、名誉权、荣誉权受到侵害的，有权要求停止侵害，恢复名誉，消除影响，赔礼道歉，并可以要求赔偿损失。法律规定的肖像权，基于公民的肖像而产生。肖像，是指以某一个人为主体的画像或照片等。通过绘画、摄影、雕刻、录像、电影等艺术手段，在物质载体上再现某一个自然人的相貌特征，就形成肖像。肖像的特征，除肖像与原形人在客观上相互独立成为能让人力支配的物品外，再就是具有完整、清晰、直观、可辨的形象再现性或称形象标识性。这里所说的形象，是指原形人相貌综合特征给他人形成的、能引起一般人产生与原形人有关的思想或感情活动的视觉效果。画像、照片等载体，如果其内容不能再现原形人的相貌综合特征，不能引起一般人产生与原形人有关的思想或感情活动，一般人不能凭直观清晰辨认该内容就是某一自然人的形象，这样的载体不能称为肖像。如果载体所表现的内容，只有凭借高科技技术手段进行对比，才能确定这是某一自然人特有的一部分形象而非该自然人清晰完整的形象，一般人不能凭直观清晰辨认载体所表现的内容就是该自然人，则这一载体也不能称为该自然人的肖像。该自然人只是载体所表现内容的原形人，不是肖像人。由于这样的载体所表现的内容不构成肖像，原形人也就对这一内容不享有肖像权。肖像权，是肖像人对自己的肖像依法享有的制作、使用专有权及利益维护权。原告所诉的这张照片，只有脸上的鼻子和嘴部分，不是完整的特定人形象。这张照片不能反映特定人相貌的综合特征，不能引起一般人产生与特定人有关的思想或感情活动，因此不是法律意义上的肖像。据此照片主张保护肖像权，理由不能成立。综上所述，法院判决：驳回原告的诉讼请求。

值得注意的是，如果有违法阻却性事由，即使未经肖像权人同意，使用其肖像，也不构成侵犯他人的肖像权。

违法阻却性事由是大陆法系中的一个重要概念。肖像权的违法阻却性事由是指排除符合侵害肖像权构成要件的行为的违法性的事由，即法定例外事由。比如，《民法典》第一千零二十条规定，合理实施下列行为的，可以不经肖像权人同意：

1. 为个人学习、艺术欣赏、课堂教学或者科学研究，在必要范围内使用肖像权人已经公开的肖像；
2. 为实施新闻报道，不可避免地制作、使用、公开肖像权人的肖像；

3. 为依法履行职责，国家机关在必要范围内制作、使用、公开肖像权人的肖像；

4. 为展示特定公共环境，不可避免地制作、使用、公开肖像权人的肖像；

5. 为维护公共利益或者肖像权人合法权益，合理使用肖像权人肖像的其他行为。

合理使用，是指行为人为了维护公共利益和社会秩序，在不伤害肖像权人的情况下，不经肖像权人的书面同意在一定范围内正确使用肖像权人的肖像，这便是肖像权的合理使用。

但是，在公开场所拍摄上传的有商业目的短视频，极有可能侵犯他人肖像权与隐私权。近年来，随着短视频的兴起，越来越多的个人和单位开始在公开场所拍摄短视频，上传至网络进行传播。此时，若公开场所拍摄的短视频涉及他人肖像权与隐私权，很可能构成侵权，需承担侵权责任。同时，经营网络媒体与视频等业务的互联网平台，应当在用户上传、转载视频时，对于可能涉及他人肖像权与隐私权的视频，审核其来源、内容真实合法性，尽到合理审查义务，以防承担侵权连带责任。

（二）姓名权

姓名，是指自然人的姓氏和名字，是人类区分每个自然人特定的名称符号，是通过语言文字信息区别人群个体差异的标志。姓名权，是指公民依法享有的决定、使用、变更自己的姓名并要求他人尊重自己姓名的一种人格权利。姓名权保护的客体是权利人的姓名，姓名并不限于公民在户籍机关正式登记的本名。还包括有一定社会知名度的别名、笔名、艺名、网名、译名和姓名简称等。

通常情况下，有影响力、有号召力的明星及公众人物的姓名往往蕴含着巨大的商业价值。姓名权的精神利益是其基本、最主要的利益。精神利益延伸出财产利益。例如，以姓名注册的商标：李宁牌运动服、乔丹牌运动鞋，体现了财产利益。又如，利用著名作家的笔名发表作品可以赚取稿费，利用著名演员的艺名以提高票房价值。

与肖像权一样，如果有违法阻却性事由，即使未经姓名权人同意，也不构成侵犯他人姓名权。比如，在现实生活中有重名的现象，重名也叫姓名的平行，即数人合法取得同一姓名。在这样的情形下，各人都有权使用自己的姓名，也都是正当行使权利。但是，为商业目的而故意使用有影响力、有号召力的明星及公众人物重名的姓名除外。

三、使用他人的名义、形象做广告，必须得到他人的书面同意

书面同意，是指书面许可使用合同或权利人出具同意使用的书面凭证。书面同意必须是本人同意，通过第三方书面同意也会构成侵犯他人肖像权和名誉权的行为。

【案例】盗用他人名义做广告，被判赔偿3万

某学院三位资深教授（以下简称"三原告"），多年来一直从事中医药的研究和教学工作，在中医药界享有一定声誉。三原告发现某药厂（以下简称"被告"）未经同意，擅自使用三原告的名义，在其广告宣传资料上谎称"专家教授的评议"，为其生产的"一粒神"做宣传，使三原告遭受精神压力，身心受到极大损害，同时教学和科研工作受到严重影响。为此，三原告向法院提起诉讼，请求法院判令被告停止侵权，公开赔礼道歉并赔偿三原告精神损失费合计人民币15万元整。

法院审理认为：公民依法享有姓名权和名誉权，任何组织和个人不得干涉、盗用、假冒。被告虽在报刊上表示道歉，但并未能采取有效的行动消除原告的宣传资料，仍以营利为目的，在未征得三原告同意的情况下，继续冒用三原告的姓名和名义为其生产的"一粒神"产品进行评议，从而达到宣传其自身产品的意图，其行为已构成对原告姓名权和名誉权的侵害，故原告要求被告停止侵权，赔礼道歉，应当予以支持。但原告主张精神损失费15万元明显过高，不予全额支持。法院依法判决被告赔偿三原告精神损失费3万元。

以上案例说明，广告使用他人肖像、姓名，应当获得权利人授权许可。另外，即使不以营利为目的，以丑化、污损、变造他人肖像的形式使用他人肖像，也会构成侵犯他人肖像权和名誉权的行为。

【案例】使用电影海报剧照，也构成对演员姓名和肖像侵权，被告赔偿吴京34.2万元

"战狼品牌管理有限公司"（以下简称"被告"）未经吴京（以下简称"原告"）书面许可，将其肖像用于槟榔外包装。淘宝店铺出售的"战狼青果咖啡槟榔10元装""战狼20青果咖啡槟榔"两款产品的外包装均含有原告的肖像，产品内的兑奖卡也含有原告的肖像。上述肖像旁都标注了"电影《杀破狼》（主演：吴京）助力'战狼'品牌"字样。而且抖音平台有多个经销商发布有使用原告的肖像照对涉案产品进行宣传的相关广告。原告发现后，在2020年6月以被告侵害肖像权、姓名权为由诉至北京互联网法院，诉讼请求：1.被告立即停止生产、销售、回收并销毁带有原告的姓名和肖像包装的产品；2.被告在全国公开发行的报纸上向原告赔礼道歉；3.被告赔偿原告经济损失100万元，精神抚慰金10万元，维权合理开支2万元。庭审中，原告将维权合理开支变更为1万元，其中律师费8000元、公证费2000元。

被告辩称：1.原告并不享有涉案《杀破狼》剧照的权利；2.广东中凯文化发展有限公司具有涉案作品的合法版权，被告与获得授权的广州白月策划有限公司签订了相关协议，即便构成侵权，相关责任应由这两家公司承担；3.被告仅使用海报、剧照，不能让消费者误认为原告为被告产品的代言人。

北京互联网法院一审认为，被告使用的图片系原告的个人照，照片展示了原告面部正面形象，具有高度识别性，且原告作为知名演员，其肖像、姓名具有一定商业价值。被告未经原告书面许可，以营利为目的使用原告肖像的行为构成对原告肖像权、姓名权的侵害，应承担相应的民事责任。

一审法院依照《民法典》第九百九十五条、第一千条、第一千零一十二条、第一千零一十四条、第一千零一十八条、第一千零一十九条、第一千一百八十二条、《最高人民法院关于适用时间效力的若干规定》第二十四条、《民事诉讼法》第六十四条第一款之规定，判决如下：一、本判决生效之日，被告立即停止生产、销售、使用含有原告肖像和姓名的产品和宣传品等，并回收、撤除、销毁全部含有原告肖像和姓名的产品和宣传品。二、本判决生效之日起十日内，被告在其经营的淘宝店铺中首页显著位置连续七天刊登声明向原告赔礼道歉（致歉内容须经人民法院审核，如逾期不履行，人民法院将依据原告的申请在全国公开发行的报纸上刊登本判决主要内容，刊登费用由被告承担）。三、本判决生效之日起十日内，被告赔偿原告经济损失34万元、公证费2000元，合计34.2万元。四、驳回原告的其他诉讼请求。

被告不服，上诉至北京市第四中级人民法院。北京市第四中级人民法院认为，一审法院适用《民法典》对本案进行审理正确，剧照涉及影视作品中表演者扮演的剧中人物，当一般社会公众将表演形象与表演者本人真实的相貌特征联系在一起时，表演形象亦为肖像的一种呈现方式，肖像的载体包括剧照。影视作品相关的著作权与肖像权并不冲突。上诉人主张其获得了电影《杀破狼》部分著作权利，但提供的相关合同不足以证实原告授权同意。2021年6月30日，二审法院终审判决驳回上诉，维持原判。2021年8月16日由北京互联网法院强制执行。[详见北京市第四中级人民法院(2021)京04民终283号战狼品牌管理有限公司与吴京网络侵权责任纠纷二审民事判决书，(2021)京0491执2123号]

此前，修正药业集团营销有限公司（以下简称"修正药业"）也因将吴京的肖像用于《燃爆｜〈战狼2〉85小时10亿票房奇迹背后：吴京抵押房子拍电影》的微信文章被起诉，修正药业将吴京的肖像用于"唯达宁"喷雾进行广告宣传，极易使浏览者误以为"唯达宁"喷雾与吴京存在广告代言的商业合作关系。2021年1月，北京互联网法院判决被告修正药业向原告吴京赔礼道歉，并赔偿经济损失1万元、公证费1000元，以上共计1.1万元。

以上案例说明，剧照涉及影视作品中表演者扮演的剧中人物，虽然属于《民法典》《著作权法》规定的影视作品著作权的内容，但使用表演者的肖像、姓名，还应当取得表演者的书面授权同意。

另外，在广告中使用无行为能力人或者限制行为能力人的名义、形象时，按照《民法典》的规定，应当征得其监护人的书面同意。（详见本章第八节"保护未成年人的特别规定"）

第八节 保护未成年人的特别规定

一、法律规定

《广告法》第十条规定，广告不得损害未成年人和残疾人的身心健康。第二十条规定，禁止在大众传播媒介或者公共场所发布声称全部或者部分替代母乳的婴儿乳制品、饮料和其他食品广告。第二十二条规定，禁止向未成年人发送任何形式的烟草广告。第三十三条规定，广告主或者广告经营者在广告中使用无民事行为能力人、限制民事行为能力人的名义或者形象的，应当事先取得其监护人的书面同意。第三十八规定，不得利用不满十周岁的未成年人作为广告代言人。第三十九条规定，不得在中小学校、幼儿园内开展广告活动，不得利用中小学生和幼儿的教材、教辅材料、练习册、文具、教具、校服、校车等发布或者变相发布广告，但公益广告除外。第四十条规定，在针对未成年人的大众传播媒介上不得发布医疗、药品、保健食品、医疗器械、化妆品、酒类、美容广告，以及不利于未成年人身心健康的网络游戏广告。针对不满十四周岁的未成年人的商品或者服务的广告不得含有下列内容：（一）劝诱其要求家长购买广告商品或者服务；（二）可能引发其模仿不安全行为。

《未成年人保护法》第三十八条第一款规定，学校、幼儿园不得安排未成年人参加商业性活动，不得向未成年人及其父母或者其他监护人推销或者要求其购买指定的商品和服务。第五十条规定，禁止制作、复制、出版、发布、传播含有宣扬淫秽、色情、暴力、邪教、迷信、赌博、引诱自杀、恐怖主义、分裂主义、极端主义等危害未成年人身心健康内容的图书、报刊、电影、广播电视节目、舞台艺术作品、音像制品、电子出版物和网络信息等。第五十一条规定，任何组织或者个人出版、发布、传播的图书、报刊、电影、广播电视节目、舞台艺术作品、音像制品、电子出版物或者网络信息，包含可能影响未成年人身心健康内容的，应当以显著方式做出提示。第五十二条规定，禁止制作、复制、发布、传播或者持有有关未成年人的淫秽色情物品和网络信息。第五十三条规定，任何组织或者个人不得刊登、播放、张贴或者散发含有危害未成年人身心健康内容的广告；不得在学校、幼儿园播放、张贴或者散发商业广告；不得利用校服、教材等发布或者变相发布商业广告。第七十四条第三款规定，以未成年人为服务对象的在线教育网络产品和服务,不得插入网络游戏链接,不得推送广告等与教学无关的信息。第七十六条规定,网络直播服务提供者不得为未满十六周岁的未成年人提供网络直播发布者账号注册服务;为年满十六周岁的未成年人提供网络直播发布者账号注册服务时,应当对其身份信息进行认证,并征得其父母或者其他监护人同意。

二、未成年人的概念

详见第3章第四节"未成年人和残疾人的特殊保护管理规定"。

三、保护未成年人的特别规定

广告对未成年人和成年人有着不同的影响。未成年人由于心理和生理都尚未成熟,对外界事物分辨能力弱,往往对广告缺乏必要的认知和理性判断力,同时又具有很强的模仿能力。因此,他们很容易受广告的影响,一些虚假商业广告会对未成年人造成伤害;不良文化的商业广告会对未成年人的身心健康产生负面影响。如广告中出现与勤俭节约等传统观念相违背的奢侈消费、透支消费等不良消费观时,未成年人的世界观和消费观就会受到误导,容易形成诸如金钱至上、物质崇拜等趋利性的价值观、人生观、世界观。

未成年人是中国特色社会主义事业的接班人,他们的成长直接关系到国家前途和民族命运。为净化未成年人生活学习环境,使其免受商业广告干扰,《未成年人保护法》、《广告法》中都作出了明确的规定。

(一)禁止不满十周岁的未成年人代言商业广告

世界上有不少国家禁止童星做广告,主要原因是未成年人心智发展不健全,无法判断代言产品的好坏,而且未成年人代言广告可能引发同龄人模仿不安全行为,易误导同龄人攀比,要求家长购买广告中的商品或者服务。

从法律责任角度看,广告代言行为本身是一种民事法律行为,而且代言虚假广告必须承担相应的民事责任和行政责任。

《民法典》第二十条规定,不满八周岁(不含八周岁,满七周岁)的未成年人为无民事行为能力人,由其法定代理人代理实施民事法律行为。第二十一条规定,不能辨认自己行为的成年人为无民事行为能力人,由其法定代理人代理实施民事法律行为。八周岁以上(含八周岁)的未成年人不能辨认自己行为的,适用前款规定。

可见,十周岁以下的未成年人既对自己的广告代言行为不具备有效的分辨能力,也不具备独立承担责任的能力,他们并不能正确表达自己的真实意思。其代言广告的决定权在于其监护人,监护者隐身其后可能为了自己获取利益,而违背诚实信用原则。一旦代言的广告出现问题被处罚,很有可能危害未成年人身心健康。另外,因为十周岁以下的未成年人代言广告,会过早接触利益,过早出名,会在很大程度上伤害未成年人身心健康。如果未成年人代言不良广告,容易影响同龄人,容易产生误导、虚假欺骗的可能性,损害未成年人的身心健康。因此,《广告法》规定不得利用未成年人作为广告代言人具有积极正面的作用,是保护未成年人合法权益的重要举措。但是,法律并不禁止在广告中出现未成年人作为演员表演角色。

(二)禁止中小学校、幼儿园内开展商业广告活动

中小学校和幼儿园是未成年人学习和生活的主要场所,中小学校、幼儿园的环境直接影响着他们的成长。校园应该是一片心灵的净土,是能够让人真正静下心来修身养性、充实自己知识的乐园。中小学属于义务教育阶段,义务教育的本质在于公益性,广告的商业性与义务教育的公益性质相冲突。因此,《未

成年人保护法》《广告法》都规定，禁止在中小学校、幼儿园内开展商业广告活动。《广告法》还规定，不得利用中小学生和幼儿的教材、教辅材料、练习册、文具、教具、校服、校车等发布或者变相发布广告。

不过，禁止在中小学校、幼儿园内开展商业广告活动，是"绝对禁止"还是"相对禁止"，目前没有统一的立法解释、司法解释和行政解释。从《广告法》第二条关于对商业广告的定义"介绍自己所推销的商品或者服务"为构成要件来看，不应该对商业广告法定概念做扩大化解释。企业出钱赞助中小学校、幼儿园搞捐资助学、体育、文化等公益活动是善事。如果仅仅在捐资助学、体育、文化公益活动中冠名，打上企业名称和 logo（品牌标志），没有"推销的商品或者服务"，虽然事实上传播了企业名称和品牌，有一定的商业宣传效果，但也不宜"一刀切"地认定其是商业广告活动。何况，《广告法》并没有禁止公益广告进入中小学校、幼儿园。根据《公益广告促进和管理暂行办法》第七条规定："企业出资设计、制作、发布或者冠名的公益广告，可以标注企业名称和商标标识，但应当符合以下要求：（一）不得标注商品或者服务的名称以及其他与宣传、推销商品或者服务有关的内容，包括单位地址、网址、电话号码、其他联系方式等；（二）平面作品标注企业名称和商标标识的面积不得超过广告面积的 1/5；（三）音频、视频作品显示企业名称和商标标识的时间不得超过 5 秒或者总时长的 1/5，使用标版形式标注企业名称和商标标识的时间不得超过 3 秒或者总时长的 1/5；（四）公益广告画面中出现的企业名称或者商标标识不得使社会公众在视觉程度上降低对公益广告内容的感受和认知；（五）不得以公益广告名义变相设计、制作、发布商业广告。违反前款规定的，视为商业广告。"可见，进入中小学校、幼儿园的公益广告可以标注企业名称和商标标识，只要不违反限制规定就是合法的。这说明国家鼓励、支持开展公益广告活动，鼓励、支持、引导单位和个人以提供资金、技术、劳动力、智力成果、媒介资源等方式参与公益广告宣传，同样也鼓励、支持企业在中小学校、幼儿园开展公益广告活动，以保护企业做公益的积极性。但是，企业不得借公益活动、公益广告之机在中小学校、幼儿园开展变相的商业广告活动，否则，违反《广告法》规定。

【案例】红领巾印商业广告入小学，被罚款 34 万多元

为庆祝山东省菏泽市菏泽万达广场开业，山东省菏泽市菏泽万达广场商业管理有限公司以每条 2 元的价格定制了 2000 条红领巾，以每顶 5.45 元的价格定制了 2000 顶小黄帽，广告费用共计 1.49 万元，并分别在红领巾、小黄帽上标注"菏泽万达广场 11 月 16 日盛大开业"等字样及商标图案，以举办的交通安全进校园活动为名，在山东省菏泽市菏泽开发区丹阳路小学向小学生发放上述红领巾、小黄帽。

《中国少年先锋队队旗、队徽和红领巾、队干部标志制作和使用的若干规定》第十三条规定："中国少年先锋队队旗、队徽和红领巾、队干部标志及其图案不得用于商标、商业广告以及商业活动。"

菏泽万达广场商业管理有限公司在红领巾和小黄帽上印制商业广告并在校园内发放，严重影响了未成年人的价值取向和心理成长，损害了未成年人身心健康，其行为违反了《广告法》第三条、第九条、第十条、第三十九条的规定。菏泽市经济开发区市场监督管理局根据《广告法》第五十七条规定、第五十八条规定，责

令菏泽万达广场商业管理有限公司停止发布违法广告，在相应范围内消除影响，并处以 344 700 元罚款。

此案发生后，教育部办公厅立即下发了教基厅函〔2018〕77 号《关于严禁商业广告、商业活动进入中小学校和幼儿园的紧急通知》，要求各地坚决禁止任何形式的商业广告、商业活动进入中小学和幼儿园。

（三）禁止利用与中小学生、幼儿有关的物品发布商业广告

有关物品，是指中小学生和幼儿的教材、教辅材料、练习册、文具、教具、校服、校车等。教材、教辅材料、练习册、文具、教具、校服、校车等是中小学生和幼儿园儿童最常接触的物品，这些物品上的内容对中小学生、幼儿的日常行为影响最大。

近年来，一些不良商家利用教材、教辅材料、练习册、文具、教具、校服、校车等载体，发布或变相发布商业广告，给中小学生和幼儿造成了不良影响。在中小学教材中夹带广告的现象屡屡发生，让原本严肃、权威的教材蒙上了一层阴影，不少家长反映强烈。针对这种现象，早在 2011 年，教育部办公厅就发布了《义务教育教科书编印规范》，明确规定教科书内不得有广告内容。

【案例】送学校带商业广告的奖状，被罚款 12 万元

在河北省市场监督管理局发布的 2019 年虚假违法广告十大典型案例中，河北省邯郸市邱县济南百亮眼镜店免费为邱县书林学校提供奖状，并在奖状上印刷广告，对眼镜店进行商业宣传（见下图）。其行为违反了《广告法》第三十九条之规定，河北省邯郸市邱县市场监管局依据《广告法》第五十八条之规定，责令当事人停止发布广告，并在相应范围内消除影响，处以 12 万元罚款。

另外，中小学义务教育最突出的问题之一是中小学生负担太重，短视化、功利性问题十分严重。一些校外培训机构借机虚假宣传、超前超标、乱收费、与中小学招生入校挂钩、退费难、卷钱跑路等违法违规行为时常发生，这些问题导致学生的校外培训负担过重，家长经济和精神负担过重，严重对冲了教育改革的发展成果，社会反响强烈。而且，近年来大量资本涌入培训行业，展开"烧钱"大战，对全社会进行"狂轰滥炸"式营销，夸大培训效果，误导公众教育观念，制造家长焦虑的"洗脑"广告铺天盖地，违背了教育公益属性，破坏了正常的教育生态。

为此，2021 年 5 月 21 日，中共中央总书记、国家主席、中央军委主席习近平主持召开中央全面深化改革委员会第十九次会议，审议通过了《关于进一步减轻义务教育阶段学生作业负担和校外培训负担的意见》。中共中央办公厅、国务院办公厅印发了《关于进一步减轻义务教育阶段学生作业负担和校外培训负担的意见》，要求各地区各部门做好培训广告管控，明确指出确保主流媒体、新媒体、公共场所、居民区各类广告牌和网络平台等不刊登、不播发校外培训广告。不得在中小学校、幼儿园内开展商业广告活动，不得利用中小学和幼儿园的教材、教辅材料、练习册、文具、教具、校服、校车等发布或变相发布广告。依法依规严肃查处各种夸大培训效果、误导公众教育观念、制造家长焦虑的违法违规校外培训广告行为。

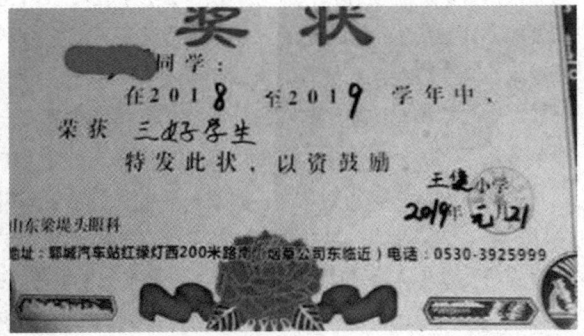

（四）禁止在针对未成年人的大众传播媒介上发布医疗、药品、保健食品、医疗器械、化妆品、酒类、美容广告，以及不利于未成年人身心健康的网络游戏广告

1. 未成年人的大众传播媒介，是指以未成年人为主要受众对象的大众传播媒介，如《少年报》《中学生报》等报纸、杂志印刷类大众传播媒介，又如少儿广播、少儿电视频道或其节目等，以及以未成年人为主要对象的互联网栏目等。

2. 医疗、药品、保健食品、医疗器械、化妆品、酒类、美容是针对成年人的广告，未成年人受年龄、智力和社会阅历等限制，对这些广告内容不易理解或者容易误解。医疗、药品、保健食品、医疗器械广告不适宜未成年人阅读和观赏。未成年人很容易受到化妆品、酒类、美容广告的影响，容易被感染，不利于未成年人的健康成长。

3. 低俗网络游戏广告伤害未成年人身心健康。近年来，一些内容低俗的游戏广告充斥网络，严重影响了未成年人的身心发展。益智类游戏可以开发儿童的智力，提高他们的观察力、想象力以及推理能力，锻炼其思维和反应能力，但是过早让儿童接触网络不利于其身心健康。沉迷网络游戏不仅会影响未成年人的学业，还会导致未成年人将网络虚拟世界误认为是现实世界，影响其正常社会交往能力的培养。带有色情、暴力等不健康内容的网络游戏对未成年人的负面影响更大。

因此，针对未成年人的大众传播媒介不能发布医疗、药品、保健食品、医疗器械、化妆品、酒类、美容广告，以及不利于未成年人身心健康的低俗网络游戏广告。

（五）禁止向未成年人发送任何形式的烟草广告

任何形式是指包括大众传播媒介、小众传播媒介、公共场所等一切媒介，以及有奖烟草促销、赠送烟草礼品等一切方式。其目的是隔绝一切烟草信息对未成年人的传播和影响。（详见第四章第五节"烟草广告管理的特别规定"）

（六）使用未成年人名义或者形象，应当事先征得其监护人的书面同意

根据《未成年人保护法》第七条的规定，未成年人的父母或者其他监护人依法对未成年人承担监护职责。第六十一条第四款规定，任何组织或者个人不得组织未成年人进行危害其身心健康的表演等活动。经未成年人的父母或者其他监护人同意，未成年人参与演出、节目制作等活动，活动组织方应当根据国家有关规定，保障未成年人合法权益。因此，使用未成年人名义或者形象，应当事先征得其监护人的书面同意。

（七）针对不满十四周岁的未成年人的商品或者服务的广告，不得含有劝诱其要求家长购买广告商品或者服务，以及可能引发其模仿不安全行为的内容

有些广告为了宣传效果，精心设计各种情节来突出描绘商品拥有者的优越感，极易误导购买了该商品的未成年人产生不正确的骄傲感，同时会对没有拥有该商品，特别是家庭没有购买能力的未成年人的自信心产生伤害，容易使他们产生自卑感。另外，未成年人由于控制力较弱，其较强的购买欲望如果无法被满足，很容易产生愤怒、失望等不良情绪，若不能及时排解，有可能影响未成年人的心理健康。如某少年儿童保健食品广告声称"吃了×××，考试不再难"，诱导不满十四周岁的未成年人产生非吃不可的欲望，要求家长必须购买。有些针对未成年人的广告中出现的危险动作和不文明行为，会对未成年人的行为产生误导。未成年人对这些动作和行为的模仿，可能为其安全、健康带来隐患，不利于他们身心健康成长。在很多未成年人用品广告中，未成年人广告代言人对商品的演示往往超出其一般行为能力。如食品广告中出现儿童往嘴里抛送食物的动作，如童鞋广告中经常出现滑滑板、倒立等危险动作，如某儿童游乐场的广告画面出现高空"飞人"，并且不打"危险，切勿模仿，必须在父母陪同下"的警示语，这都可能造成少年儿童模仿，发生人身伤亡风险。

这些不安全行为的动作具有不良的引导作用，极易被未成年人模仿，从而造成安全隐患。

（八）严禁十六周岁以下未成年人出镜直播

未成年人相关短视频与直播内容良莠不齐，"14岁未成年孕妈""3岁女孩因做吃播被喂到70斤""10岁女孩直播换衣服"这样的视频在一些平台广泛传播。抖音等短视频平台中，存在大量以未成年人名字命名或者以未成年人为内容创作对象的短视频，并且诸如钟美美等多账号都存在过未成年人直播的情况。

为了解决直播、短视频平台涉及未成年人，未成年人在线教育平台，儿童不良动漫动画作品，论坛社区、群圈等环节危害未成年人，网络"饭圈"乱象，不良社交行为和不良文化，防沉迷系统和"青少年模式"效能发挥不足等七类网上危害未成年人身心健康的突出问题，2021年4月23日，国家互联网信息办公室、公安部、商务部、文化和旅游部、国家税务总局、国家市场监督管理总局、国家广播电视总局等七部门联合发布了《网络直播营销管理办法（试行）》，自2021年5月25日起施行。第十七条规定，直播营销人员和直播间运营人员为自然人的，应当年满十六周岁；十六周岁以上的未成年人申请成为直播营销人员和直播间运营人员的，应当经其监护人同意。

2021年7月21日，中共中央网络安全和信息化委员会办公室启动了"清朗·暑期未成年人网络环境整治"专项行动，内容包括：

一是严禁十六周岁以下未成年人出镜直播，严肃查处炒作"网红儿童"行为，禁止诱导未成年人打赏行为，防止炫富拜金、奢靡享乐、卖惨"审丑"等现象对未成年人形成不良导向。

二是严禁推送网络游戏、低俗小说、娱乐直播等与学习无关的广告信息，及时处置互动评论区攻击谩骂、教唆不良交友等内容。

三是坚决清理散布暴力血腥、暗黑恐怖、教唆犯罪等内容的"邪典"视频，认真核处存在角色着装暴露、情节色情低俗、场面血腥恐怖以及其他易引发未成年人模仿的危险行为等问题的儿童动漫动画作品。

四是深入清理利用儿童形象制作的软色情表情包，严查教唆诱导未成年人自杀约死、拍摄交易色情低俗视频的群组账号。

五是持续推进"清朗·'饭圈'乱象整治"专项行动，深入整治诱导未成年人应援集资、高额消费、投票打榜、互撕谩骂、拉踩引战、刷量控评等行为。

六是严防网上不良社交行为和不良文化现象形成不良导向、扭曲青少年价值观，坚决查处人肉搜索、人身攻击、恶意举报等网络欺凌和暴力行为。

七是重点排查解决网站平台防沉迷系统问题漏洞，解决"青少年模式"入口不显著、识别不精准、专属内容不够丰富、应用效果不佳等问题，进一步优化模式效能，着力防止未成年人沉迷网络。此刻，国家正进行着对于未成年人的多重保护，短视频与直播平台们也应该跟上进度。

（备注：本节内容与第4章第七节"教育培训广告管理的特别规定"有关，可以串联学习）

第九节 户外广告的管理规定

一、法定依据

《广告法》第四十一条规定，县级以上地方人民政府应当组织有关部门加强对利用户外场所、空间、设施等发布户外广告的监督管理，制定户外广告设置规划和安全要求。

户外广告的管理办法，由地方性法规、地方政府规章规定。

《广告法》第四十二条规定，有下列情形之一的，不得设置户外广告：

（一）利用交通安全设施、交通标志的；

（二）影响市政公共设施、交通安全设施、交通标志、消防设施、消防安全标志使用的；

（三）妨碍生产或者人民生活，损害市容市貌的；

（四）在国家机关、文物保护单位、风景名胜区等的建筑控制地带，或者县级以上地方人民政府禁止设置户外广告的区域设置的。

二、户外广告的概念

户外广告是指由广告主付费，在广告公司购买、开发的媒体上，经创意、设计、制作，发布在确定的公共户外空间，向任何不确定的公众持续展示的、有具体形象的商业信息。凡是利用户外场所、空间、设施等发布的广告都可以称为户外广告。

三、户外广告的管理规定

（一）禁止利用交通安全设施、交通标志设置户外广告

1. 交通安全设施是保证交通正常运行的建筑物或者固定物，它是交通行业不可缺少的参照物。

道路交通安全设施包括：交通标志、路面标线、护栏、隔离栅、照明设备、视线诱导标、防眩设施等。交通安全设施对于保障行车安全、减轻潜在事故发生频率，起着重要作用。

2. 交通标志是交通行业特定的行人和运输工具均必须执行的指示性符号。

道路交通标志包括：警告标志、禁令标志、指示标志、指路标志、旅游区标志、道路施工安全标志、辅助标志。设置交通标志的目的是给道路通行人员提供确切的信息，保证交通安全畅通。交通标志是行人和运输工具均必须执行的指示性符号，它同交通安全设施一样是确保行人和交通运输工具的安全而设置的，是一种特定的语言。有了它，人和交通工具就能各行其道，交通秩序才能井然有序。

所谓利用，就是在交通安全设施或者交通标志上面进行广告活动。如在交通护栏悬挂广告看板，在交通标志杆上悬挂广告彩旗、横幅等，这些广告直接影响了交通安全设施、交通标志的功能正常发挥，甚至导致事故的发生。所以，为了保证交通的安全，《广告法》禁止利用交通安全设施、交通标志进行广告

活动。

(二)禁止影响市政公共设施、交通安全设施、交通标志、消防设施、消防安全标志的正常使用

1. 市政公共设施是为城市公共生产和生活而修建的建筑物或者设备,包括:(1)城市道路(桥涵)及其设施:机动车道、非机动车道、人行道、公共停车场、广场、桥梁、隧道(含地下过街隧道)、涵洞、立交桥、过街人行天桥、管线走廊和安全通道、护栏、分隔带、街路标牌、道路两侧边沟及其他附属设施。(2)城市排水设施:接纳、输送城市雨水、污水、废水的管网、排水涌渠、排水泵站及其附属设施,起调蓄功能的湖塘,污泥和污水处置等及其相关设施。(3)城市照明设施:城市道路(含街、巷、人行天桥)、桥梁、广场、地下公共通道、公共绿地、景点、公园等的路灯及路灯配电室、配电箱、灯杆、地上地下管线、灯具、工作井以及照明附属设施。(4)城市环境卫生设施:果皮箱、垃圾桶(斗)、垃圾分类收集箱、公厕(公共卫生屋)、垃圾中转站(垃圾收集屋)等。(5)城市的其他市政公共设施。

2. 交通安全设施和交通标志是为保证交通秩序设置的,因此,只有保障市政公共设施和交通安全设施、交通标志正常使用,才能发挥市政公共设施、交通安全设施和交通标志的作用,即使可以利用市政公共设施设置户外广告,也不能影响其与交通安全设施、交通标志的正常使用。

注意,交通安全设施和交通标志不可利用的。

3. 消防设施、消防安全标志,包括:

(1)消防设施是指建筑物内的火灾自动报警系统、室内消火栓、室外消火栓等固定设施,用于预防火灾及灭火消灾;

(2)消防安全标志是指由安全色、边框、以图像为主要特征的图形符号或文字构成的标志,用以表达与消防有关的安全信息。

(三)禁止妨碍生产或者人民生活,损害市容市貌

生产和生活是人们的基本需要,也是人的基本权利。人的心情、工作、生活与城市的市容市貌有一定的关系,比如环境优美,人们就能心情舒畅地工作和生活。又如户外广告在住宅楼屋顶、墙体上设置不当,会影响市民的采光、通风、睡眠。所以,户外广告的设置,不能妨碍生产或者人民生活,损害市容市貌。

(四)禁止在国家机关、文物保护单位和名胜风景点的建筑控制地带内设置户外广告

国家机关是指国家的权力机关、行政机关、军事机关和审判、检察机关,这些机关的建筑物控制地带是保证国家机关的工作人员从事公务活动的场所,也是体现国家尊严的场所。

文物保护单位是指国家具有历史、艺术、科学价值的文化遗产。《文物保护法》明确规定了在文物保护单位的范围内所有的建设活动都要受到法定的限制。

名胜风景点是指具有观赏、文化或者科学价值,自然或者人文景物比较集中,环境比较优美,并具有一定的规模和范围,可以供人们游览、休息或者进行科学文化活动,因而加以特殊保护的地方。

(五)禁止在当地县级以上地方人民政府禁止设置户外广告的区域内设置户外广告

此规定是法律赋予县级以上地方人民政府(县级人民政府、地市级人民政府、省级人民政府)根据自己的实际情况决定禁止设置户外广告区域的权利。

四、户外广告授权性管理规定

县级以上地方人民政府应当组织有关部门加强对利用户外场所、空间、设施等发布户外广告的监督管理,制定户外广告设置规划和安全要求。户外广告的管理办法,由地方性法规、地方政府规章规定。

《广告法》作为一部法律,难以对户外广告做出详细规定,而且各地情况不一,因此,对户外广告的管理有必要授权当地县级以上人民政府负责制定适应当地的户外广告设置规划、安全要求和管理办法。

（一）设置规划、安全要求和管理办法的制定机关是县级以上人民政府

设置规划和管理办法由当地县级以上人民政府制定。县级以上地方人民政府制定设置规划和管理办法时，应当组织广告监督管理机关、城市建设规划管理部门、市容环境管理部门、公安部门、交通管理部门等规划和管理户外广告。

（二）设置规划、安全要求和管理办法的含义

设置规划是指对户外广告设置在一定区域内的统一安排。安全要求是关于户外广告设置、使用和维护应当符合的安全技术规范。管理办法是指对户外广告管理的规程，具体包括：明确管理部门及其职责；户外广告禁止、限制设置的区域范围；户外广告设置规划程序、设置登记手续；户外广告设置的具体标准；违反管理办法的处罚规定等。

（三）设置规划、安全要求和管理办法应当依法制定

地方人民政府制定设置规划、安全要求和管理办法时，不能违反《广告法》以及相关法律、法规的规定，即不能违反上位法。

【案例】违法设置 LV 巨幅广告被拆除

路易威登（Louis Vuitton）在上海市中心的巨型手提包广告高 20 米，厚 4 米，位于上海一家奢侈品商城外围。这幅巨型广告未遵守上海户外广告限高 9 米的规定，违反了《广告法》和《上海市户外广告设施管理办法》等有关规定，被责令拆除。

第十节　电子信息方式发送广告的管理规定

一、法定依据

《广告法》第四十三条规定，任何单位或者个人未经当事人同意或者请求，不得向其住宅、交通工具等发送广告，也不得以电子信息方式向其发送广告。

以电子信息方式发送广告的，应当明示发送者的真实身份和联系方式，并向接收者提供拒绝继续接收的方式。

二、未经对方同意，不得向其住宅、交通工具、手机、邮箱等发送广告

针对广告满天飞等令人不堪其扰的现象，《广告法》以专条加以规范，明确任何单位或者个人未经

当事人同意或者请求，不得向其住宅、交通工具等发送广告，也不得以电子信息方式向其发送广告。以电子信息方式发送广告的，应当明示发送者的真实身份和联系方式，并向接收者提供拒绝继续接收的方式。此规定包括向手机、邮箱等发送电子广告。经当事人同意或者请求，向手机、邮箱等发送电子广告的，还应当明示发送者的真实身份和联系方式，并向接收者提供拒绝继续接收的方式。

【案例】未经他人同意发送广告，被罚款1.5万元

浙江省台州市黄岩民间融资服务中心有限公司为了招揽业务，通过各种途径收集手机号码，在未经用户同意或者请求的情况下，发送含有"推出房屋一次、二次抵押及个人保证借款业务，月息7厘（或6厘），联系方式……"等内容的电子信息广告，且未向接收者提供拒绝继续接收的方式。当事人的行为违反了《广告法》第四十三条的规定。依据《广告法》第六十三条的规定，2020年5月，浙江省台州市黄岩区市场监管局做出行政处罚，责令其停止违法行为，并处罚款1.5万元。（浙江省市场监督管理局公布的2020年上半年虚假违法广告典型案件）

【案例】小米因广告链接被点击后即下载APP，被判赔1元

2021年5月6日北京互联网法院〔2019〕京0491民初11970号民事判决书显示，华东政法大学学生范某（原告）要求小米公司停止发送广告、赔偿因触碰广告自动下载APP而损失的数据流量费用1元。

法院认为，小米公司向范某推送广告的行为未损害安宁权、知情权等有关权利，且原告可更改设置避免广告干扰，但小米公司广告链接提供点击即下载服务，未事先取得原告下载许可，侵害了原告的知情权。法院判决小米公司赔偿范某1元。

【评析】本案中，APP推送下载服务的广告信息通知是互联网服务"广告+免费"基本商业模式。根据《消费者权益保护法》规定，消费者享有知悉其购买、使用的商品或者接受的服务的真实情况的权利。消费者享有自主选择商品或者服务的权利。《互联网广告管理办法》第九条、第十条规定，互联网广告应当显著标明"广告"，弹窗广告应确保一键关闭。不得以欺骗方式诱使用户点击广告内容。涉案浏览器APP"推荐"栏目的信息链接列表中链接框的左下角有方形边框、黑底白字的"广告"标识，同时右侧标有关闭"×"和下载的"立即下载"标识，这些标识均使用了边框和不同的颜色或字体；因此，可以认定具有可识别性，被告没有向原告隐瞒该类链接的真实情况，对此没有侵犯原告的知情权。但是，被告在涉案浏览器APP的广告链接中提供点击即下载应用的服务，未事先取得原告应用下载的许可，侵害了原告的知情权。

因为，原告在涉案手机浏览器APP的"推荐"列表中点击这类广告链接，立即会发生有关APP的下载，从过程来看，该下载行为发生前并未征得用户的同意。从位置来看，与其他网页浏览类的链接随机穿插地出现在"推荐"列表中，客观上存在被用户"混淆"或"误触"的可能性，仅以右下角"立即下载"的标识不能视为下载前征得了用户的同意。

本案小米公司赔偿范某1元，其司法意义远远高于经济赔偿意义。这是一种权益意识的觉醒。这一案例警示人们：一方面，作为消费者要有一种权利意识，不能任由他人侵犯自己的合法权益，莫名受到权益侵害。"我的手机我做主，我的信息我做主。"另一方面，也警醒互联网服务企业，不要强人所难，未征得本人同意不能随便强加于人，搞"硬上弓""拉郎配"，应当遵循法规，尊重公民个人隐私，尊重消费

者的知情权、选择权等权益，否则，就要承担法律责任。

第十一节　互联网广告活动的管理规定

一、法定依据

《广告法》第四十四条规定，利用互联网从事广告活动，适用本法的各项规定。

利用互联网发布、发送广告，不得影响用户正常使用网络。在互联网页面以弹出等形式发布的广告，应当显著标明关闭标志，确保一键关闭。

二、互联网广告的概念及与法定披露信息、互联网企业信息的区别

（一）互联网广告的概念

《广告法》没有立法界定互联网广告的概念，但是《互联网广告管理办法》做了补充规定。第二条第一款规定，在中华人民共和国境内，利用网站、网页、互联网应用程序等互联网媒介，以文字、图片、音频、视频或者其他形式，直接或者间接地推销商品或者服务的商业广告活动，适用广告法和本办法。因此，互联网广告是指通过网络传递到互联网用户的一种数字智能广告，即通过网站、网页、互联网应用程序等互联网媒介，以文字、图片、音频、视频或者其他形式，直接或者间接地推销商品或者服务的商业广告活动。互联网广告形式呈多样性，不仅媒介具有多样性，而且广告表现方式也具有多样性。随着广告的互联网化、数字化、智能化的技术赋能深入发展，互联网广告将出现更多的新形式。

（二）互联网广告与互联网企业法定披露信息的主要区别

根据商业广告主要特征，互联网上并不是所有的信息都是广告宣传。依据《消费者权益保护法》《电子商务法》《产品质量法》《食品安全法》《药品管理法》等法律、法规的规定，经营者必须向消费者披露的信息不属于广告信息。

《互联网广告管理办法》第二条第二款明确规定，在商业性展示中，依照法律、行政法规、规章以及国家有关规定，应当向消费者提供的商品或服务的名称、规格、型号、等级、价格、使用方法、制作方法、注意事项等信息，依照其规定。《消费者权益保护法》第八条规定，"消费者享有知悉其购买、使用的商品或者接受的服务的真实情况的权利。消费者有权根据商品或者服务的不同情况，要求经营者提供商品的价格、产地、生产者、用途、性能、规格、等级、主要成分、生产日期、有效期限、检验合格证明、使用方法说明书、售后服务，或者服务的内容、规格、费用等有关情况"。《电子商务法》规定，"电子商务经营者应当全面、真实、准确、及时地披露商品或者服务信息，保障消费者的知情权和选择权"。因而满足消费者知情权成为经营者的一项法定义务，履行法定义务的信息披露和展示不属于商业广告。

互联网广告与互联网企业法定披露信息的主要区别在于：1.是否有直接或者间接地推销商品或者服务；2.是否属于法定披露义务的信息；3.是否属于无关商品或服务推销的企业信息。

法定披露信息之外的信息，也不一定是广告。例如，企业自设网站上关于企业的动态新闻、人事信息、党务行政信息等无关商品或服务推销的信息，还有电商平台上常见的诸如商品使用方法、展示的销售量与消费评价等内容，都不是广告。但是，如果经营者进行虚假交易"刷单"、虚假用户评价的"刷信誉"、价格误导、违法有奖销售宣传等，虽然不是广告，但属于不正当竞争的虚假商业宣传，也适用《反不正当竞争法》处罚。

三、互联网广告的管理规定

在互联网高度发达的今天，互联网广告占到了广告业的半壁江山。随着互联网广告市场强劲发展，广告乱象也十分明显，主要问题是虚假广告、虚假商业宣传、违禁广告、垃圾邮件、无法一键关闭的弹窗广告和开机开屏广告、过度收集消费者个人信息、强制推送广告等，严重影响了人们的正常生活，损害消费者合法权益。因此，互联网广告必须加强管理。

根据《广告法》第四十四条规定，以及《反不正当竞争法》《消费者权益保护法》《互联网广告管理办法》等有关法律、法规和规章的规定，互联网广告与互联网商业宣传活动，应当遵守以下规定。

（一）互联网广告应当遵守《广告法》的各项规定

《广告法》规定，广告经营者、广告发布者应当依据法律、行政法规查验有关证明文件，核对广告内容。对内容不符或者证明文件不全的广告，广告经营者不得提供设计、制作、代理服务，广告发布者不得发布。互联网广告经营者、广告发布者也应当遵守此规定。

互联网信息服务提供者对于使用其互联网媒介资源的广告主、广告经营者、广告发布者，应当查验其营业执照以及与其商品或者服务相关的法律、行政法规规定的行政许可等证明文件，签订书面合同（含电子合同），并存档备查。对于在该互联网媒介资源直接显示的广告内容以及其他存储于本网站的广告信息，应当履行互联网广告发布者的义务。

互联网广告应当具有可识别性，显著标明"广告"，使消费者能够辨明其为广告。

在广告行为规范中，应当遵守未经当事人同意或者请求，不得以电子信息方式向其发送广告。经当事人同意或者请求，向邮箱发送电子邮件广告，还应当明示发送者的真实身份和联系方式，并向接收者提供拒绝继续接收的方式。在电子邮箱、即时通信工具等互联网私人空间发布广告的，应当在广告页面或者载体上为用户设置显著的同意、拒绝或者退订的功能选择。不得在被用户拒绝或者退订后再次发送广告。不得过度收集消费者个人信息，强制推送广告等。

（二）发送网络弹窗广告，应当显著标明关闭标志，确保一键关闭

经常上互联网的人都有这样的体验：从电脑网页到手机 APP，花式弹窗繁多，而且关闭键小，甚至出现套娃弹、真假关闭键、挽留弹窗等令人哭笑不得的弹窗。打开一个网页或点击一个手机 APP，首先"蹦"出来的是广告窗口，如同"狗皮膏药"般地盖住自己想浏览的内容，有的甚至遮盖了整个屏幕；当你点击关闭键时，不是无法关闭，就是点击关闭键后反而打开一个新的广告页面，让人非常恼火。

网络弹窗是一种广告展示与"引流"手段。有时候弹窗广告对人们网上购物、浏览信息有一定帮助，但如果弹窗泛滥了就是扰民。当想看的网页被遮挡、想买的商品被隐藏，这种"霸屏"的弹窗，给人的感觉往往是厌烦。无论是打开新闻类、购物类 APP，还是视频类 APP，一大堆广告常常跳出来，甚至开通了某些视频的会员也会有会员专享广告。据上海市消费者权益保护委员会 2020 年 12 月发布的《APP 广告

消费者权益保护评价报告（2020）》显示，测试的 600 款 APP 中 58% 含有广告，其中 69.7% 的广告没有"关闭键"。

多数弹窗广告都是广告公司与浏览器平台合作，按照受众点击量收费并分成，通常按每次点击 0.1 元至 0.3 元的标准收取费用。一些推广公司利用大数据与人工智能，还能实现对目标人群精准推送的弹窗：你前一天浏览过某个商品或某条信息，并下单购买了，第二天打开电脑、手机就会收到与之相关的广告。这种所谓精准推送的弹窗广告，不仅影响上网者的心情和工作效率，还会带来木马植入、信息诈骗、强制消费、盗用用户信息、侵犯个人隐私等问题。

2021 年，中国政法大学传播法研究中心对弹窗做了一个调研，48 小时采样 58 个平台，推送弹窗最多的是新浪 64 次，其次网易 62 次、趣头条 53 次，弹窗实在太多。网络弹窗广告泛滥的原因，是没有规制个人信息收集，没有规制算法，以及追求即时转化变现的效果广告处于互联网广告的主导地位。在效果广告成为企业投放互联网广告的目的下，营销人员往往会背负广告效果的压力，为了实现营销业绩，不择手段地采取"弹窗信息标识近于无形、关闭按钮小如蝼蚁、页面伪装瞒天过海、诱导点击暗度陈仓"等违规行为，进行广告引流，严重损害了网络用户的合法权益。

国家互联网信息办公室、工业和信息化部、国家市场监督管理总局联合发布的《互联网弹窗信息推送服务管理规定》（以下简称《规定》），自 2022 年 9 月 30 日起施行。《规定》划出了更清晰的监管红线：不得以任何形式干扰或者影响用户关闭弹窗；弹窗推送广告信息的，应当具有可识别性，显著标明"广告"和关闭标志，确保弹窗广告一键关闭。明确了提供互联网信息服务的平台经营者应当采取措施防范、制止虚假违法广告，完善发现、处置为违法犯罪活动提供广告推广以及在广告服务中植入恶意代码或者插入违法信息的技术措施。对于互联网平台经营者明知或者应知互联网广告活动违法不予制止的，将依照相关法律法规给予处罚。对于霸屏广告无法一键关闭的违规弹窗广告，广告主要承担法律责任；对欺骗、误导等诱使用户点击广告的，广告主、广告经营者、广告发布者将承担相应的法律责任。

因此，互联网弹窗广告，首先应当尊重消费者的自主选择权，不得侵扰消费者的私人时间与空间，不得影响消费者正常使用网络。在互联网页面以弹出等形式发布的广告，应当显著标明关闭标志，确保一键关闭。

【案例】发布弹出广告无法一键彻底关闭，被罚款 5000 元

2020 年，锦州医疗美容医院微信公众号锦美官网，网页打开后立即弹出"初春蝶变季 即刻预约立减 200 元"的广告，关闭广告约 20 秒后再次弹出，并且在未更换登录页面的情况下反复弹出，不能彻底关闭，影响了用户正常使用网络，违反了《广告法》第四十四条第二款的规定，构成了弹窗广告无法一键关闭的行为。锦州市市场监管局根据《广告法》第六十二条第二款的规定（2021 年 4 月 29 日第十三届全国人民代表大会常务委员会第二十八次会议，对《广告法》做出修改，删去第六十条。故条款为第六十二条第二款)，依法责令当事人改正，并处罚款人民币 5000 元。

【案例】手机霸屏广告构成非法控制计算机信息系统罪

上海用户吴先生的手机突然开始自动播放广告且无法关闭，杀毒重启后，广告播放频率不降反升。吴先生送修手机时被告知，自己的手机信息系统已被劫持，他遂前往上海市公安局闵行分局莘庄派出所报案。警方技术人员发现安装在吴先生手机内的 3 款工具类应用软件中被不法分子植入了恶意代码，可用于监听和强制弹窗。警方经过侦查，抓获了不法分子刘某、高某，以涉嫌非法控制计算机信息系统罪予以逮捕。刘某、高某非法获利 2 万多元，非法控制手机 20 多部。2023 年 3 月闵行区人民法院对刘某、高

某以非法控制计算机信息系统罪分别判处一年3个月、10个月不等的刑期,并处罚金。

值得注意的是智能电视开机广告、冰箱大屏推送广告,虽然《广告法》没有明确规定,但也应当显著标明关闭标志,确保用户能一键关闭。

在传播易广告投放平台上,智能电视开机广告报价5万起(见上图)。

消费者一次性买断的智能电视机,变成了广告媒体,商家既赚了智能电视机的利润,又赚了广告费,还让消费者"买单",侵犯了消费者选择权和公平交易权。对此乱象,江苏省南京市中级人民法院、江苏省高级人民法院已有判例,支持消费者的知情权、选择权和公平交易权。

2019年7月起,江苏省消保委开展了针对智能电视开机广告的系列调查、整改、诉讼维权专项行动,对存在问题的海信、小米、创维、夏普、海尔、长虹、乐视7家智能电视品牌企业进行了长达一年的约谈、跟踪和监督,要求企业提供开机广告"一键关闭"功能,切实保障消费者的选择权。2019年12月12日,江苏省消保委对拒不整改的乐视电视所属企业乐融致新电子科技(天津)有限公司依法提起消费民事公益诉讼。经过法庭公开审理,2020年11月10日,南京市中级人民法院一审宣判乐融公司智能电视开机广告侵犯了消费者选择权和公平交易权,应予整改。详见以下案例。

【案例】乐融公司智能电视开机广告,侵犯消费者选择权和公平交易权,二审均败诉

2019年12月12日,江苏省消保委对拒不整改的乐视电视所属企业乐融致新电子科技(天津)有限公司(以下简称"乐融公司")依法提起消费民事公益诉讼。

2020年11月10日,江苏省南京市中级人民法院一审宣判乐融公司智能电视开机广告侵犯了消费者选择权和公平交易权,应予整改。乐融公司一审败诉,不服,上诉至江苏省高级人民法院。

二审争议焦点为,上诉人乐融公司销售的智能电视在播放开机广告时为消费者提供的可供选择的服务是否限制了消费者的选择权;上诉人乐融公司提供的一键关闭的功能是否符合《广告法》等法律规定。江苏高院认为,乐融公司销售的智能电视为消费者提供了设置开机照片、视频的功能,但该功能只赋予了消费者选择看开机照片、视频或是开机广告的权利,并未赋予消费者拒绝观看开机广告或其他开机照片、视频的权利,不当地限制了消费者选择权的范围。因此该功能不能免除或替代经营者的法定义务。而江苏省消保委提交的测试报告和专家意见已经证明,播放开机广告延长了开机时间,增加了消费者的等待时间,且在播放开机广告的同时设置一键关闭功能在技术上并无障碍。因此,即使乐融公司所称基于技术原因,电视开机时需要热机等待,如不播放广告会出现黑屏的事实成立,也不能作为其拒绝设置一键关闭窗口的理由。乐融公司生产和销售的"乐视TV""Letv""Letv超级电视"等品牌智能电视加载的开机广告,在直到播放最后5秒时才弹出一键关闭窗口,消费者才能选择关闭开机广告,明显降低了消费者观看电视的体验,侵害了消费者的选择权。法院遂判决维持原判,驳回上诉。[江苏省高级人民法院民事判决书

〔2021〕苏民终 21 号〕

【评析】对于开机广告这一商业行为中存在的乱象，各行业协会也采取了跟进措施。自 2019 年启动开机广告系列维权专项行动后，中国电子商会与江苏省消保委联合推动开机广告团体标准出台。2020 年 9 月 23 日，《智能电视开机广告技术规范》正式生效施行。同年 9 月 13 日，中国电子视像行业协会发布的《智能电视开机广告服务规范》也正式实施。两个《规范》均对智能电视开机广告的播放时长、关闭能力，以及对广告内容的合法性等方面提出了明确要求，比如，要求开机广告播放总时长不应超过 30 秒，并应在播放过程中具备关闭能力等。

（三）《互联网广告管理办法》有关规定

2023 年 2 月 25 日，国家市场监督管理总局令第 72 号公布《互联网广告管理办法》作为《广告法》的配套规章，对互联网广告的内容与行为作了如下具体规定。

1. 法律、行政法规规定禁止生产、销售的产品或者提供的服务，以及禁止发布广告的商品或者服务，任何单位或者个人不得利用互联网设计、制作、代理、发布广告。禁止利用互联网发布烟草（含电子烟）广告。禁止利用互联网发布处方药广告，法律、行政法规另有规定的，依照其规定。

2. 发布医疗、药品、医疗器械、农药、兽药、保健食品、特殊医学用途配方食品广告等法律、行政法规规定应当进行审查的广告，应当在发布前由广告审查机关对广告内容进行审查；未经审查，不得发布。对须经审查的互联网广告，应当严格按照审查通过的内容发布，不得剪辑、拼接、修改。已经审查通过的广告内容需要改动的，应当重新申请广告审查。

3. 禁止以介绍健康、养生知识等形式，变相发布医疗、药品、医疗器械、保健食品、特殊医学用途配方食品广告。介绍健康、养生知识的，不得在同一页面或者同时出现相关医疗、药品、医疗器械、保健食品、特殊医学用途配方食品的商品经营者或者服务提供者地址、联系方式、购物链接等内容。

4. 互联网广告应当具有可识别性，能够使消费者辨明其为广告。对于竞价排名的商品或者服务，广告发布者应当显著标明"广告"，与自然搜索结果明显区分。除法律、行政法规禁止发布或者变相发布广告的情形外，通过知识介绍、体验分享、消费测评等形式推销商品或者服务，并附加购物链接等购买方式的，广告发布者应当显著标明"广告"。

5. 以弹出等形式发布互联网广告，广告主、广告发布者应当显著标明关闭标志，确保一键关闭，不得有（一）没有关闭标志或者计时结束才能关闭广告；（二）关闭标志虚假、不可清晰辨识或者难以定位等，为关闭广告设置障碍；（三）关闭广告须经两次以上点击；（四）在浏览同一页面、同一文档过程中，关闭后继续弹出广告，影响用户正常使用网络；（五）其他影响一键关闭的行为等情形。启动互联网应用程序时展示、发布的开屏广告适用以上规定。

6. 不得以（一）虚假的系统或者软件更新、报错、清理、通知等提示；（二）虚假的播放、开始、暂停、停止、返回等标志；（三）虚假的奖励承诺；（四）其他欺骗、误导用户点击、浏览广告的方式欺骗、误导用户点击、浏览广告。

7. 在针对未成年人的网站、网页、互联网应用程序、公众号等互联网媒介上不得发布医疗、药品、保健食品、特殊医学用途配方食品、医疗器械、化妆品、酒类、美容广告，以及不利于未成年人身心健康的网络游戏广告。

8. 广告主应当对互联网广告内容的真实性负责。广告主发布互联网广告的，主体资格、行政许可、引证内容等应当符合法律法规的要求，相关证明文件应当真实、合法、有效。广告主可以通过自建网站，以及自有的客户端、互联网应用程序、公众号、网络店铺页面等互联网媒介自行发布广告，也可以委托广告经营者、广告发布者发布广告。广告主自行发布互联网广告的，广告发布行为应当符合法律法规的要求，建立广告档案并及时更新。相关档案保存时间自广告发布行为终了之日起不少于三年。广告主委托发布互联网广告，修改广告内容时应以书面形式或者其他可以被确认的方式，及时通知为其提供服务的广告经营者、广告发布者。

9. 广告经营者、广告发布者应当（一）查验并登记广告主的真实身份、地址和有效联系方式等信息，建立广告档案并定期查验更新，记录、保存广告活动的有关电子数据；相关档案保存时间自广告发布行为终了之日起不少于三年；（二）查验有关证明文件，核对广告内容，对内容不符或者证明文件不全的广告，广告经营者不得提供设计、制作、代理服务，广告发布者不得发布；（三）配备熟悉广告法律法规的广告审核人员或者设立广告审核机构。建立、健全和实施互联网广告业务的承接登记、审核、档案管理制度。广告经营者、广告发布者应当依法配合市场监督管理部门开展的互联网广告行业调查，及时提供真实、准确、完整的资料。身份信息包括名称（姓名）、统一社会信用代码（身份证件号码）等。利用算法推荐等方式发布互联网广告的，应当将其算法推荐服务相关规则、广告投放记录等记入广告档案。

10. 互联网平台经营者在提供互联网信息服务过程中应当采取措施防范、制止违法广告，并遵守（一）记录、保存利用其信息服务发布广告的用户真实身份信息，信息记录保存时间自信息服务提供行为终了之日起不少于三年；（二）对利用其信息服务发布的广告内容进行监测、排查，发现违法广告的，应当采取通知改正、删除、屏蔽、断开发布链接等必要措施予以制止，并保留相关记录；（三）建立有效的投诉、举报受理和处置机制，设置便捷的投诉举报入口或者公布投诉举报方式，及时受理和处理投诉举报；（四）不得以技术手段或者其他手段阻挠、妨碍市场监督管理部门开展广告监测；（五）配合市场监督管理部门调查互联网广告违法行为,并根据市场监督管理部门的要求,及时采取技术手段保存涉嫌违法广告的证据材料,如实提供相关广告发布者的真实身份信息、广告修改记录以及相关商品或者服务的交易信息等;(六)依据服务协议和平台规则对利用其信息服务发布违法广告的用户采取警示、暂停或者终止服务等措施等规定。

11. 利用互联网发布、发送广告,不得影响用户正常使用网络,不得在搜索政务服务网站、网页、互联网应用程序、公众号等的结果中插入竞价排名广告。未经用户同意、请求或者用户明确表示拒绝的,不得向其交通工具、导航设备、智能家电等发送互联网广告,不得在用户发送的电子邮件或者互联网即时通信信息中附加广告或者广告链接。

12. 发布含有链接的互联网广告,广告主、广告经营者和广告发布者应当核对下一级链接中与前端广告相关的广告内容。

13. 商品销售者或者服务提供者通过互联网直播方式推销商品或者服务,构成商业广告的,应当依法承担广告主的责任和义务。直播间运营者接受委托提供广告设计、制作、代理、发布服务的,应当依法承担广告经营者、广告发布者的责任和义务。直播营销人员接受委托提供广告设计、制作、代理、发布服务的,应当依法承担广告经营者、广告发布者的责任和义务。

四、网络直播带货的管理规定

直播经济是"注意力经济""流量经济""饭圈经济",更是"诚信经济"。然而,2020年全国12315平台受理"直播"投诉举报2.55万件,其中"直播带货"投诉举报占比近八成,同比增长357.74%,突出反映了网络直播带货中虚假宣传、售假、产品产量货不对板、售后服务少保障、评价炒信、流量造假与销量刷单虚假交易、数据造虚等问题,必须加强监管与自律。

(一)网络直播带货的含义

网络直播带货是指通过互联网站、应用程序、小程序等,以视频直播、音频直播、图文直播或多种直播相结合等形式开展营销的商业活动。网络直播带货中的责任主体包括直播营销平台、直播间运营者、直播营销人员、直播营销人员服务机构。

1. 直播营销平台,是指在网络直播营销中提供直播服务的各类平台,包括互联网直播服务平台、互联网音视频服务平台、电子商务平台等。

2. 直播间运营者,是指在直播营销平台上注册账号或者通过自建网站等其他网络服务,开设直播间从事网络直播营销活动的个人、法人和其他组织。

3. 直播营销人员,是指在网络直播营销中直接向社会公众开展营销的个人。

4. 直播营销人员服务机构,是指为直播营销人员从事网络直播营销活动提供策划、运营、经纪、培训等的专门机构。

从事网络直播营销活动,属于《电子商务法》规定的"电子商务平台经营者"或"平台内经营者"定义的市场主体,应当依法履行《电子商务法》规定的相应责任和义务。

(二)网络直播带货具有多重属性

网络直播带货具有商业交易属性、媒体属性、社交属性、商业宣传属性、商业广告属性等多重属性。电商直播带货营销是一种跨界融合的集宣传、展示、交易、变现于一体的新型电子商务交易和商业宣传及新型广告形态,是一种电子商务交易和商业宣传与广告的竞合行为。但是在网络直播营销活动中很多行为属于商业宣传行为,只有符合商业广告特征的,才属于广告发布行为及广告代言人行为。

(三) 网络直播带货的法律适用

网络直播带货涉及多部法律，如《电子商务法》《广告法》《反不正当竞争法》《消费者权益保护法》《产品质量法》《食品安全法》《未成年人保护法》《民法典》《网络安全法》《个人信息保护法》《数据安全法》等；涉及规章有《网络直播营销管理办法（试行）》《互联网广告管理办法》《互联网信息服务管理办法》《网络信息内容生态治理规定》等；以及行业自律规范《网络直播营销行为规范》。在网络直播营销中属于发布、代言商业广告的，适用《广告法》的各项规定；属于商业宣传行为的，适用《反不正当竞争法》；属于民事违约、侵权行为的，适用《民法典》《消费者权益保护法》《网络安全法》《个人信息保护法》等。无论是广告，还是商业宣传，只要涉及欺诈、虚假宣传误导消费者的行为，当消费者主张赔偿时，都适用《消费者权益保护法》。

(四) 网络直播带货的监管部门

网络直播带货的监管部门有国家网信部门和公安、商务、文化和旅游、税务、市场监督管理、广播电视等有关主管部门。

(五) 网络直播带货主播与广告代言人的关系

网络直播带货主播有时也是广告代言人。《网络直播营销管理办法（试行）》第十九条规定，"直播营销人员，是指在网络直播营销中直接向社会公众开展营销的个人"。他们集口播、肢体语言、图文宣传、实物展示、交易等营销宣传功能于一体。

按照《广告法》第二条第四款规定，凡是明星、专家、网红等拥有不特定粉丝的公众人物，以自己的名义或者形象对商品、服务做推荐、证明的，属于广告代言人的范畴。现实中，大多数公众人物的粉丝，即消费者基本都是冲着明星、专家及网红公众人物主播的魅力而购买商品，而不一定是为了需要而购买商品。如刘涛、汪涵、王一博、肖战、张雨绮等明星，网红主播李佳琦等公众人物。这一点与普通电商主播及电视购物中商品讲解推销员不同，明星及公众人物在网络直播中是以自己的魅力、影响力、号召力对商品、服务做推荐、证明的。

非明星、专家及网红公众人物的电商主播，即使对商品、服务做推荐、证明，由于不具备以自己的名义或者形象的魅力、影响力、号召力的条件，影响消费者购买行为，就是普通电商主播，类似于电视购物中商品讲解、推销员，实体店的营业员。所以，一般不认为普通电商主播是广告代言人。由于普通电商主播本身是经营者或者经营者的员工，其行为是公司行为，因此，普通电商主播行为如果违法，由其所在公司承担法律责任，依法对其所在公司做出行政处罚，而不对普通电商主播个人做出行政处罚。

总之，直播带货中明星及公众人物发布、代言虚假、失德等违法广告，适用《广告法》关于广告代言人的规定处罚。普通电商主播发布虚假、失德内容，属于广告行为的，适用《广告法》规定；属于商业宣传行为的，适用《反不正当竞争法》规定；侵犯消费者权益的，适用《消费者权益保护法》规定。

【案例】以直播形式发布保健食品违禁广告，被罚款 15 万元

2020 年，上海草润生物科技有限公司通过"看点直播"平台，以直播广告形式宣传其销售的"矿宝牌矿物元素口服液"含有"原料要天然……天然意味着安全""它不仅可以内服，还可以外用，伤口一抹上它就很快愈合，它有消炎的作用""喝了三个月，奇迹出现了，怀孕了"等内容。经查，该产品为进口保健食品，保健功能为"补充锌、硒"。直播广告对其经营的产品做安全性的保证，并宣传有治疗疾病的作用，违反了《广告法》第十八条第一款第（一）项、第（二）项、第（三）项的规定及《药品、医疗器械、保健食品、特殊医学用途配方食品广告审查管理暂行办法》第十一条的规定，构成了发布违禁广告。上海市市场监管部门依据《广告法》第五十八条第一款第（三）项的规定，责令上海草润生物科技有限公司停止发布广告，处罚款人民币 15 万元。

【评析】本案中主播行为属于其所在公司广告发布行为，发布违禁广告的法律责任由其所在公司承担。市场监管部门依法对公司做出行政处罚。

（六）《网络直播营销管理办法（试行）》的规定

1. 总要求

应当遵守法律法规，遵循公序良俗，遵守商业道德，坚持正确导向，弘扬社会主义核心价值观，真实、准确、全面地发布商品或服务信息。

2. 对各主体责任的规定

（1）对直播营销平台责任的规定

应当制定直播营销商品和服务负面目录，认证并核验直播间运营者和直播营销人员的真实身份信息，加强网络直播营销信息内容管理、审核和实时巡查，对涉嫌违法违规的高风险营销行为采取管理措施，提供付费导流等服务需承担相应平台责任，建立健全未成年人保护机制，加强新技术新应用新功能上线和使用管理，建立直播间运营者账号的分级管理制度和黑名单制度，建立健全投诉、举报机制。

（2）对直播间运营者和直播营销人员责任的规定

直播间运营者应当对商品和服务供应商的身份、地址、联系方式、行政许可、信用情况等信息进行核验，并留存相关记录备查。直播营销人员或者直播间运营者的自然人，应当年满十六周岁；十六周岁以上的未成年人申请成为直播营销人员或者直播间运营者的，应当经其监护人同意。

不得制作、复制、发布含有下列内容的违法信息：① 反对宪法所确定的基本原则的；② 危害国家安全，泄露国家秘密，颠覆国家政权，破坏国家统一的；③ 损害国家荣誉和利益的；④ 歪曲、丑化、亵渎、否定英雄烈士事迹和精神，以侮辱、诽谤或者其他方式侵害英雄烈士的姓名、肖像、名誉、荣誉的；⑤ 宣扬恐怖主义、极端主义或者煽动实施恐怖活动、极端主义活动的；⑥ 煽动民族仇恨、民族歧视，破坏民族团结的；⑦ 破坏国家宗教政策，宣扬邪教和封建迷信的；⑧ 散布谣言，扰乱经济秩序和社会秩序的；⑨ 散布淫秽、色情、赌博、暴力、凶杀、恐怖或者教唆犯罪的；⑩ 侮辱或者诽谤他人，侵害他人名誉、隐私和其他合法权益的；⑪ 法律、行政法规禁止的其他内容。

应当采取措施，防范和抵制制作、复制、发布含有下列内容的不良信息：① 使用夸张标题，内容与标题严重不符的；② 炒作绯闻、丑闻、劣迹等的；③ 不当评述自然灾害、重大事故等灾难的；④ 带有性暗示、性挑逗等易使人产生性联想的；⑤ 展现血腥、惊悚、残忍等致人身心不适的；⑥ 煽动人群歧视、地域歧视等的；⑦ 宣扬低俗、庸俗、媚俗内容的；⑧ 可能引发未成年人模仿不安全行为和违反社会公德行为、诱导未成年人不良嗜好等的；⑨ 其他对网络生态造成不良影响的内容。

不得发布虚假或者引人误解的信息，欺骗、误导用户；不得营销假冒伪劣、侵犯知识产权或不符合保障人身、财产安全要求的商品；不得虚构或者篡改交易、关注度、浏览量、点赞量等数据流量造假；不得在知道或应当知道他人存在违法违规或高风险行为的情况下，仍为其推广、引流；不得骚扰、诋毁、谩骂及恐吓他人，侵害他人合法权益；不得传销、诈骗、赌博、贩卖违禁品及管制物品等。

应当依据平台服务协议做好语音和视频连线、评论、弹幕等互动内容的实时管理，不得以删除、屏蔽相关不利评价等方式欺骗、误导用户。

发布的直播内容构成商业广告的，应当履行广告发布者、广告经营者或者广告代言人的责任和义务。不得故意拖延或无正当理由拒绝消费者提出的合法合理要求。

使用其他人肖像、声音作为虚拟形象从事网络直播营销活动的，应当征得他人同意，不得利用信息技术手段伪造等方式侵害他人的权利。

不得故意拖延或者无正当理由拒绝消费者提出的合法合理要求。

总之，直播带货的主播应关注以下重点问题以避免虚假宣传或侵权：1.需在合同中要求供应商对产品质量服务做出保证，以避免虚假宣传；2.对商品、服务的供应商信息，比如身份、地址、联系方式、行政许可、信用情况等信息进行核验，并留存相关记录备查。如果不是和品牌方直接合作，还须要求供应商提供商品授权书、商标授权书；3.需要注意不得使用未经授权的明星或网络红人肖像等来营销宣传，以避免肖像权侵权。

五、互联网个人信息保护

在互联网大数据时代，用来标识个人基本情况、生活、工作经历和社交情况等与消费有关的个人信息的数据，已经成为广告商的虚拟数字财产。广告商有了消费者个人信息数据，就能通过人工智能技术的算法对每一类用户的接受信息习惯和消费习惯数据加以分析，从而实现精确投放广告。

但是，广告商悄无声息地非必要过度地采集个人私密信息，侵犯了公民个人隐私权。虽然网站、APP在《网络服务使用协议》中都会制定"保证不对外公开或向第三方提供单个用户的注册资料及用户在使用网络服务时存储在本云数据库的非公开内容"的隐私保护条款，但是随着网络技术的发展，一些不法黑客利用网络爬虫技术窃取或者以其他非法方式获取个人数据，并向他人提供或出售的现象屡有发生。随着智能手机的普及，利用智能手机的第三方应用程序APP下载和安装软件时，手机号码、通信录、短信记录、通话记录等被盗的现象也时有发生。因此，利用网络进行个人数据采集已成为广告侵害公民个人隐私权的一个最重要表现，也是广告经营中侵害个人隐私权最严重的现象。让人不堪其扰的垃圾邮件与短信或骚扰电话、强制弹窗广告都与网络数据和采集个人信息及人工智能算法有关。

（一）网络数据和个人信息的定义

1. 网络数据的定义

依据《网络安全法》《数据安全法》对网络数据的定义，网络数据是指通过电子或者其他方式，收集、记录的各种信息。

2. 个人信息的定义

依据《网络安全法》《个人信息保护法》对个人信息的定义，个人信息是指以电子或者其他方式记录的能够单独或者与其他信息结合识别自然人个人身份的各种信息，包括但不限于自然人的姓名、出生日期、身份证件号码、个人生物识别信息、住址、电话号码等。根据《最高人民法院、最高人民检察院关于办理侵犯公民个人信息刑事案件适用法律若干问题的解释》的司法解释，个人信息还包括通信、通信联系方式、账号密码、财产状况、行踪轨迹等。

（二）网络数据安全和个人信息保护

习近平总书记多次强调，要坚持网络安全为人民、网络安全靠人民，保障个人信息安全，维护公民在网络空间的合法权益。要坚持安全可控和开放创新并重，提升广大人民群众在网络空间的获得感、幸福感、安全感。数据安全和个人信息保护成为广大人民群众最关心、最直接、最现实的网络安全与权益问题之一。

1. 网络数据安全的规定

2021年6月10日第十三届全国人民代表大会常务委员会第二十九次会议通过，自2021年9月1日起施行的《数据安全法》规定，数据安全是指通过采取必要措施，确保数据处于有效保护和合法利用的状态，以及具备保障持续安全状态的能力。即在数据处理活动中应采取相应的技术措施和其他必要措施，保障数据安全。要求相关企业在使用数据服务于自身业务，或者对外提供数据服务的过程中，既要不断提升自身的整体安全能力，同时也要求合作伙伴提升数据安全的能力。作为以提升数据价值而生的隐私计算技术，是在保护数据安全的前提下解决数据流通和应用等问题。数据安全是数字经济、数字广告发展的重要基石。

（1）对数据脱敏是将某些敏感信息按照脱敏规则进行数据的变形，实现敏感隐私数据的可靠保护。在涉及客户安全数据或者一些商业性敏感数据的情况下，在不违反系统规则的条件下，对真实数据进行改造并提供测试使用，如身份证号、手机号、卡号、客户号等个人信息都需要进行数据脱敏。

（2）对数据加密是通过加密算法和加密密钥将明文转变为密文，而解密则是通过解密算法和解密密钥将密文恢复为明文，利用密码技术对信息进行加密，实现信息隐蔽，从而起到保护信息安全的作用。其中隐私计算可以在原始数据不泄露的前提下，对数据进行加密计算并得到精度损失较小的计算结果。具体来讲，隐私计算是一项融合了多方安全计算、联邦学习、分布式计算、密码学、数据科学等多种前沿技术的综合工程，能保障数据的所有权不转移，使用权细分可控，让数据能够安全地使用，而不用担心数据被截留并用于超出约定范围的场景，为人工智能、数据分析等应用打开更大的增量市场。

2. 个人信息保护的规定

《广告法》仅规定了禁止泄露个人隐私，并没有规定广告商应当合法、正当、必要地收集、使用消费者个人信息；国家市场监督管理总局《互联网广告管理办法》也没有规定。《网络安全法》《消费者权益保护法》《数据安全法》《征信业管理条例》《网络交易监督管理办法》《常见移动互联网应用程序必要个人信息范围规定》均规定了采集个人信息应当经信息主体本人同意，以及禁止泄露个人信息。

（1）《网络安全法》第四十一条规定，网络运营者收集、使用个人信息，应当遵循合法、正当、必要的原则，公开收集、使用规则，明示收集、使用信息的目的、方式和范围，并经被收集者同意。网络运营者不得收集与其提供的服务无关的个人信息，不得违反法律、行政法规的规定和双方的约定收集、使用个人信息，并应当依照法律、行政法规的规定和与用户的约定，处理其保存的个人信息。第四十二条规定，网络运营者不得泄露、篡改、毁损其收集的个人信息；未经被收集者同意，不得向他人提供其个人信息。但是，经过处理无法识别特定个人且不能复原的除外。第四十四条规定，任何个人和组织不得窃取或者以其他非法方式获取个人信息，不得非法出售或者非法向他人提供个人信息。

（2）《消费者权益保护法》第二十九条规定，经营者收集、使用消费者个人信息，应当遵循合法、正当、必要的原则，明示收集、使用信息的目的、方式和范围，并经消费者同意。经营者收集、使用消费者个人信息，应当公开其收集、使用规则，不得违反法律、法规的规定和双方的约定收集、使用信息。经营者及其工作人员对收集的消费者个人信息必须严格保密，不得泄露、出售或者非法向他人提供。经营者应当采取技术措施和其他必要措施，确保信息安全，防止消费者个人信息泄露、丢失。在发生或者可能发生信息泄露、丢失的情况时，应当立即采取补救措施。

消费者的个人信息是指姓名、性别、职业、出生日期、身份证件号码、住址、联系方式、收入和财产状况、健康状况、消费情况等能够单独或者与其他信息结合识别消费者的信息。经营者收集使用消费者个人信息应当合法，并具有明确、合理的目的，采取必要措施保障消费者个人信息安全，不得泄露消费者个人信息、非法推送商业信息、"大数据杀熟"以及非法处理个人信息。

【案例】未经消费者同意收集消费者个人信息，被罚款 10 万元

上海梦讯网络技术有限公司自 2018 年 1 月起，在其自行开发、运营的电脑软件"梵讯房屋管理系统"及手机软件"手机梵讯"中加入了抓取、采集功能的程序。未取得原始房源信息发布者及消费者同意，抓取、收集二手房源信息及业主姓名、联系方式等信息，并有偿提供给房屋中介等客户使用。截至案发，当事人共抓取、收集真实房源信息及消费者个人信息3806条。因该软件二手房源信息及消费者个人信息抓取、收集的单项功能无法单独开通，故无法计算当事人侵害消费者个人信息的违法所得。依照《消费者权益保护法》第二十九条规定，当事人的行为构成未经消费者同意收集消费者个人信息的违法行为。上海市静安区市场监督管理局依据《消费者权益保护法》第五十六条第一款第(九)项的规定，对当事人做出沪市监静处〔2021〕062021001545号《行政处罚决定书》，处以罚款10万元。

(3)《征信业管理条例》第十三条规定，采集个人信息应当经信息主体本人同意，未经本人同意不得采集。但是，依照法律、行政法规规定公开的信息除外。企业的董事、监事、高级管理人员与其履行职务相关的信息，不作为个人信息。

(4)《网络交易监督管理办法》（国家市场监督管理总局令第37号，2021年5月1日起施行）第十三条规定，网络交易经营者收集、使用消费者个人信息，应当遵循合法、正当、必要的原则，明示收集、使用信息的目的、方式和范围，并经消费者同意。网络交易经营者收集、使用消费者个人信息，应当公开其收集、使用规则，不得违反法律、法规的规定和双方的约定收集、使用信息。网络交易经营者不得采用一次概括授权、默认授权、与其他授权捆绑、停止安装使用等方式，强迫或者变相强迫消费者同意收集、使用与经营活动无直接关系的信息。收集、使用个人生物特征、医疗健康、金融账户、个人行踪等敏感信息的，应当逐项取得消费者同意。网络交易经营者及其工作人员应当对收集的个人信息严格保密，除依法配合监管执法活动外，未经被收集者授权同意，不得向包括关联方在内的任何第三方提供。

(5)《常见移动互联网应用程序必要个人信息范围规定》（国家互联网信息办公室秘书局、工业和信息化部办公厅、公安部办公厅、国家市场监督管理总局办公厅以国信办秘字〔2021〕14号，2021年5月1日起施行)，明确移动互联网应用程序（APP）运营者不得因用户不同意收集非必要个人信息，而拒绝用户使用APP基本功能服务，并列举了常见的39类型APP的必要个人信息范围。

但是，散落在这些法律条款中的信息保护规定已无法适应人格尊严与权利的要求。比如，个人信息数据采集后的数据存储、处理、分享、使用、转让、销毁，以及利用数据的智能化自动化决策的价格歧视等一系列行为没有具体明确的规定。随着2021年8月20日第十三届全国人大常委第三十次会议通过的自2021年11月1日起施行的《个人信息保护法》出台，我国对个人信息保护有了统一的法典，成为个人信息保护领域的"基本法"。它对个人信息数据采集后的数据存储、处理、分享、使用、转让、销毁，以及利用数据的智能化自动化决策等一系列规则有了明确规定。

(6)《个人信息保护法》主要规定如下：
①明确必要的域外适用效力，以充分保护我国境内个人的权益。
②明确个人信息的处理包括个人信息的收集、存储、使用、加工、传输、提供、公开等活动。
③明确个人信息处理规则：

A. 确立个人信息处理应遵循的原则，强调处理个人信息应当采用合法、正当的方式，具有明确、合理的目的，限于实现处理目的的最小范围，公开处理规则，保证信息准确，采取安全保护措施等，并将上述原则贯穿于个人信息处理的全过程、各环节。

B. 确立以"告知—同意"为核心的个人信息处理规则，要求处理个人信息应当在事先充分告知的前提下取得个人同意，并且个人有权撤回同意；重要事项发生变更的应当重新取得个人同意；不得以个人不同意为由拒绝提供产品或者服务。考虑到经济社会生活的复杂性和个人信息处理的不同情况，还对基于个人同意以外合法处理个人信息的情形做了规定。

C. 根据个人信息处理的不同环节、不同个人信息种类，对个人信息的共同处理、委托处理、向第三方提供、公开、用于自动化决策、处理已公开的个人信息等提出有针对性的要求。

D. 对处理敏感个人信息做出更严格的限制，只有在具有特定的目的和充分的必要性的情形下，方可处理敏感个人信息，并且应当取得个人的单独同意或者书面同意。

E. 规定了国家机关处理个人信息的规则，在保障国家机关依法履行职责的同时，要求国家机关处理个人信息应当依照法律、行政法规规定的权限和程序进行。比如，在应对新冠肺炎疫情中，大数据应用为联防联控和复工复产提供了有力支持。为此，将应对突发公共卫生事件，或者紧急情况下保护自然人的生命健康，作为处理个人信息的合法情形之一。需要注意的是，在上述情形下处理个人信息，也必须严格遵守本法规定的处理规则，履行个人信息保护义务。

④ 明确个人信息处理活动中个人的权利和处理者义务：

A. 与《民法典》的有关规定相衔接，在个人信息处理活动中个人拥有知情权、决定权、查询权、更正权、删除权等各项权利，并要求个人信息处理者建立个人行使权利的申请受理和处理机制。

B. 规定个人信息处理者的合规管理和保障个人信息安全等义务，要求其按照规定制定内部管理制度和操作规程，采取相应的安全技术措施，并指定负责人对其个人信息处理活动进行监督；定期对其个人信息活动进行合规审计；对处理敏感个人信息、向境外提供个人信息等高风险处理活动，事前进行风险评估；履行个人信息泄露通知和补救义务等。

⑤ 明确不得过度收集个人信息。任何组织、个人不得非法收集、使用、加工、传输他人个人信息，不得非法买卖、提供或者公开他人个人信息。

⑥ 明确处理个人信息应当具有明确、合理的目的，并应当与处理目的直接相关，采取对个人权益影响最小的方式。明确处理生物识别、医疗健康、金融账户、行踪轨迹等敏感个人信息，应取得个人的单独同意。明确将不满十四周岁未成年人的个人信息作为敏感个人信息，并要求个人信息处理者对此制定专门的个人信息处理规则，加大对未成年人个人信息的保护力度。

⑦ 明确自动化决策的概念：是指通过程序自动分析、评估个人的行为习惯、兴趣爱好或者经济、健康、信用状况等，并进行决策的活动。

⑧ 明确通过自动化决策方式向个人进行信息推送、商业营销，应提供不针对其个人特征的选项或提供便捷的拒绝方式。明确要求个人信息处理者必须保证自动化决策的透明度和结果的公平、公正，不得通过自动化决策对个人在交易价格等交易条件上实行不合理的差别待遇，即禁止商家通过自动化决策"大数据杀熟"。也就是说，今后互联网公司及互联网广告公司不能再利用算法对用户"大数据杀熟"，并且用户可以拒绝被算法过多了解自己。

另外，"千人千面"信息流广告是十多年来让互联网公司及互联网广告公司蓬勃发展的主流产品和技术。然而，《个人信息保护法》将会使算法优势削弱，给互联网公司及互联网广告公司带来经营效率的下降。因为，用户有权在电商APP里关闭"千人千面"和"猜你喜欢"，在信息流广告中不要个性化推荐。过去那种无所顾忌采集用户个人信息，用来当作饲料喂养算法的行为，将会受到法律的惩罚。

⑨ 明确要求大型互联网平台应建立健全个人信息保护合规制度体系，如建立健全个人信息保护合规制度体系，定期发布个人信息保护社会责任报告，接受社会监督等。

⑩ 明确要求完善个人信息保护投诉、举报工作机制及违法处理个人信息涉嫌犯罪案件的移送。新增个人信息可携带权的规定，强化了用户自主权，能够有效破除个人信息流通障碍，起到防止个人信息锁定、降低市场准入门槛以及增强平台之间竞争的效果。

⑪ 明确个人信息可携带权的概念：个人信息可携带权在欧盟《通用数据保护条例》（GDPR）出台后被广泛熟知（详见第9章第二节"欧盟的广告立法及广告管理"），在GDPR中，用户拥有把自己的所有个人数据从一个平台转移到另一个任意平台的权利，或许有望做到"一键转移"。此规定可能给整个互

联网广告行业的数据营销带来巨大变化，有利于打破数据领域的垄断以及数据孤岛局面，也对互联网广告公司的技术能力提出了很高要求。

⑫ 明确履行个人信息保护职责的部门多元化：个人信息保护涉及各个领域和多个部门的职责。根据个人信息保护工作实际，国家网信部门负责个人信息保护工作的统筹协调，发挥其统筹协调作用。同时规定，国家网信部门和国务院有关部门在各自职责范围内负责个人信息保护和监督管理工作。

⑬ 对违反本法规定行为的行政处罚及侵害个人信息权益的民事赔偿等做了规定。比如，对违法处理个人信息的应用程序，责令暂停或者终止提供服务；拒不改正的，并处一百万元以下罚款；对直接负责的主管人员和其他直接责任人员处一万元以上十万元以下罚款。

《个人信息保护法》使互联网公司及互联网广告公司的个人信息数据收集、存储、使用、加工、传输、提供、公开等活动及算法被关入笼子。可以预见，互联网广告天然就是数字化程度最高、掌握最多用户数据，并且最依赖大数据和各种算法的行业。如果不在合规性上下一番功夫，继续实施过度收集个人信息数据、算法降权营销、大数据杀熟等违法行为，必将面临重大罚单。

比如，2019年11月11日"双十一"阿里云未经用户同意擅自将用户留存的注册信息泄露给第三方合作公司。浙江省通信管理局根据《网络安全法》第四十二条、第六十四条规定，责令阿里云计算有限公司改正。阿里云解释是阿里云电销员工将私下获取的客户联系方式透露给分销商员工，引发一名客户投诉，已根据公司制度进行严肃处理，并积极整改。如果这类事件发生在《个人信息保护法》2021年11月1日生效后，阿里云计算有限公司将面临重大罚单，而不是整改那么轻易过关了。

综上所述，互联网公司及互联网广告公司在互联网数据营销中，必须严格执行《广告法》《个人信息保护法》《网络安全法》《消费者权益保护法》《网络交易监督管理办法》《常见移动互联网应用程序必要个人信息范围规定》《互联网信息服务算法推荐管理规定》，加强对个人信息隐私权的保护与自动化决策算法推荐管理及广告涉及个人信息的审查；其次，广告主、广告公司和媒体之间，一定要在广告合同中明确个人信息隐私权保护与审查的权责。

第5章习题

一、填空题

1. 互联网广告，收集、使用个人信息应当严格执行《个人信息保护法》《数据安全法》《消费者权益保护法》《网络安全法》《常见移动互联网应用程序必要个人信息范围规定》《网络交易监督管理办法》等法律、法规、规章，加强对个人信息保护与_____推荐管理及广告涉及个人信息的审查；在广告合同中一定要明确个人信息保护与审查的权责。

2. 广告主、广告经营者、广告发布者之间在广告活动中应当依法订立_____合同。

3. 广告主、广告经营者、广告发布者不得在广告活动中进行任何形式的_____竞争。

4. 广告主委托设计、制作、发布广告，应当委托具有_____资格的广告经营者、广告发布者。

5. 广告经营者、广告发布者应当公布其_____和收费办法。

6. 禁止利用互联网发布_____和烟草的广告。

7. 互联网广告应当具有可识别性，显著标明"_____"，使消费者能够辨明其为广告。付费搜索广告应当与自然搜索结果明显区分。

8. 不得以_____方式诱使用户点击广告内容。

9. 程序化购买广告的方式中，媒介方平台经营者、广告信息交换平台经营者以及媒介方平台成员，对其明知或者应知的违法广告，应当采取删除、屏蔽、_____等技术措施和管理措施，予以制止。

10. 互联网广告活动中不得利用浏览器等各类软件、插件，对他人正当经营的各类广告采取拦截、过滤、_____等限制措施等不正当竞争行为。

二、判断题（正确的打"√"，错误的打"×"）

1. 县级以上地方人民政府应当组织有关部门加强对利用户外场所、空间、设施等发布户外广告的监督管理，制定户外广告设置规划和安全要求。（　　）

2. 任何单位或者个人未经当事人同意或者请求，不得向其住宅、交通工具等发送广告，也不得以电子信息方式向其发送广告。（　　）

3. 对在虚假广告中做推荐、证明受到行政处罚未满三年的自然人、法人或者其他组织，不得利用其作为广告代言人。（　　）

4. 广告代言人不得为其未使用过的商品或者未接受过的服务做推荐、证明。（　　）

5. 法律、行政法规规定禁止生产、销售的产品或者提供的服务以及禁止发布的广告的商品或者服务，任何单位或者个人不得设计、制作、代理、发布广告。（　　）

6. 互联网广告活动，适用广告法的各项规定。（　　）

7. 利用互联网发布、发送广告，不得影响用户正常使用网络。在互联网页面以弹出等形式发布的广告，应当显著标明关闭标志，确保一键关闭。（　　）

8. 公共场所的管理者或者电信业务经营者、互联网信息服务提供者对其明知或者应知的利用其场所或者信息传输、发布平台发布违法广告的，可以予以制止。（　　）

9. 在中小学校、幼儿园内可以开展公益广告活动。（　　）

10. 经旅游部门批准，可以在风景名胜区的建筑控制地带设置户外广告。（　　）

三、不定项选择题（将正确的答案的字母写在括号内）

1. 广告主或者广告经营者在广告中使用他人名义或者形象的，应当事先取得其书面同意；使用（　　）的名义或者形象的，应当事先取得其监护人的书面同意。
   A. 无民事行为能力人　　B. 限制民事行为能力人　　C. 完全民事行为能力人

2. 广告经营者、广告发布者应当按照《广告法》有关规定，建立、健全广告业务的（　　）管理制度。
   A. 承接登记　　B. 审核　　C. 档案　　D. 财务

3. 广告发布者向广告主、广告经营者提供的（　　）等资料应当真实。
   A. 覆盖率　　B. 收视率　　C. 点击率　　D. 发行量

4. 不得利用不满（　　）周岁的未成年人作为广告代言人。
   A. 十　　B. 十八　　C. 十四　　D. 十六

5. 不得设置户外广告情形包括（　　）。
   A. 利用交通安全设施、交通标志的

B．影响市政公共设施、交通安全设施、交通标志、消防设施、消防安全标志使用的

C．妨碍生产或者人民生活，损害市容市貌的

D．在国家机关、文物保护单位、风景名胜区等的建筑控制地带，或者县级以上地方人民政府禁止设置户外广告的区域设置的

6．不得在中小学校、幼儿园内开展广告活动，不得利用中小学生和幼儿的（　　）等发布或者变相发布广告。

　　A．教材、教辅材料　　　　　　B．练习册、文具

　　C．教具　　　　　　　　　　　D．校服、校车

7．可以开展商业广告活动的校园场所是（　　）。

　　A．中学操场　　B．小学教室　　C．大学食堂　　D．幼儿园

8．在针对未成年人的大众传播媒介上不得发布（　　）广告，以及不利于未成年人身心健康的网络游戏广告。

　　A．医疗、药品、医疗器械　　　　B．保健食品

　　C．化妆品、美容　　　　　　　　D．酒类

9．针对不满十四周岁的未成年人的商品或者服务的广告不得含有（　　）。

　　A．劝诱其要求家长购买广告商品或者服务　　B．可能引发其模仿不安全行为

　　C．有成年人形象　　　　　　　　D．有儿童形象

10．以下（　　）可以规定户外广告禁止设置区域。

　　A．省政府　　B．地级市政府　　C．县政府　　D．乡政府

11．户外广告的管理办法，应当由（　　）制定。

　　A．地方性法规　　B．地方政府规章　　C．国务院行政法规　　D．国家市场监督管理总局规章

12．负有制止违法广告义务的广告活动特殊主体包括（　　）。

　　A．公共场所的管理者　　　　　　B．电信业务经营者

　　C．互联网信息服务提供者　　　　D．广告发布者

四、简答题

1．广告合同主要条款有哪些？
2．广告经营者、广告发布者审查的性质、范围及审查程序及方法？
3．广告代言人有哪三个构成要件？

五、论述题

论述广告活动中不正当竞争的主要情形。

六、案例分析

【案例一】罗宾逊、克丝特、麦克威三名外国人接受某国际实验学校英语教师的邀请参观了学校，当时，有人对三原告的参观过程进行了摄影。之后，在三名外国人不知情的情况下，某国际实验学校在当地电视

台文体频道某栏目插播了招生广告片。片中有"学校有一流的师资力量"的台词，紧接着是罗宾逊、克丝特、麦克威三名外国人的肖像。

【问题】你认为此广告行为是否构成侵犯肖像权？为什么？应当如何依法处理？请列举法律依据。

【案例二】某邮政广告公司、某邮政局、某电脑公司以营利为目的，在向社会公开免费赠阅的《广东专送广告》中出现了带有余某、甄某形象的图片，导致亲戚朋友打电话问余某、甄某，"何时拍广告，报酬多少""何时结婚""何时请客"，致使余某、甄某精神、身体、经济上受到不同程度的损害。但是，某邮政广告公司、某邮政局、某电脑公司非故意偷拍，事实是邮政广告公司在拍摄某邮政局门口广告时，恰好余某、甄某离开某邮政局行至门口时，被摄入其中。

【问题】你认为此广告行为是否构成侵犯肖像权？为什么？应当如何依法处理？请列举法律依据。

【案例三】金红叶纸业集团有限公司上海分公司在世纪联华超市门店内发布的"清风"卷纸广告板及卷纸外包装广告上含有不满十周岁的未成年人"Kimi Lin"（明星林志颖的儿子，中文名林嘉荣，生于2009年9月15日，至2016年3月，Kimi Lin 的年龄约六周岁半，未满十周岁）的广告代言人形象。

【问题】你认为此广告行为是否违法？为什么？应当如何依法处理？请列举法律依据。

【案例四】某电子监控有限公司在网络上宣传提供手机跟踪窃听器，声称：美国原装进口手机窃听器，胜过"福尔摩斯"，在1公里内输入对方号码，可以跟踪、窃听并录音，还可截取对方手机短信。

【问题】你认为此广告行为是否违法？为什么？应当如何依法处理？请列举法律依据。

【案例五】2021年，上海某公司为增加与潜在客户的交流，推销产品和服务，在其企业网站网页上投放使用了弹窗广告。该广告每关闭一次弹窗，30秒后会再次弹出广告，系当事人使用某技术软件设置弹窗的定时重启功能，无法做到一键彻底关闭，影响了用户正常使用网络。

【问题】你认为此广告行为是否违法？为什么？应当如何依法处理？请列举法律依据。

【案例六】北京搜狗信息服务有限公司承接了某自然人冒用上海海博搬场公司名义发布的"海博搬场"广告，后又将搜索关键词和相关广告内容修改为"大众搬场"。

【问题】你认为此广告行为是否违法？为什么？应当如何依法处理？请列举法律依据。

【案例七】北京仁爱教育研究所出版的初一英语课本，144页教材中6页夹带介绍"点读笔""录音带""词典"等内容，北京仁爱教育研究所声称是售后服务。（见下图）

【问题】你认为初一英语课本里"点读笔""录音带""词典"等信息内容是"售后服务"还是"商业广告"？此行为是否违法？为什么？应当如何依法处理？请列举法律依据。

【案例八】某企业在故宫内经营高档会所，并在故宫围墙上设置了高档会所的广告牌。

【问题】你认为此广告行为是否违法？为什么？请列举法律依据。

【案例九】浙江艺德广告传播有限公司在经营广告业务中，仅仅与客户签订广告承揽合同，没有建立、健全广告业务承接登记、审核、档案管理制度，没有查验有关证明文件，也未核对广告内容。在向客户发送文图PPT等文件资料介绍自有广告媒体优势时，相关数据没有出处，也没有相关的资料可以证实。

【问题】你认为此广告行为是否违法？为什么？应当如何依法处理？请列举法律依据。

【案例十】某药品企业委托广告公司发布户外广告，广告公司按照法律规定索取并查验了药品企业营业执照、药品生产许可证、药品广告审查文件，尽了审查义务。但是，某药品企业提交的药品广告审查文件是伪造的，广告公司并不知情。

【问题】你认为广告公司行为是否违法，是否应受到处罚？

七、实操题

根据以下条件，设计一份霓虹灯广告设计、制作、发布合同。

甲方：××商贸有限公司

乙方：××广告公司

内容：××保健营养品

霓虹灯广告牌面积：长20米，高10米。单价：每平方米1万元。

设置地点：××学院教学主楼屋顶

期限：3年。××××年××月××日至××××年××月××日。

付款：××××年××月××日首付总价的10%定金。第一年支付总价的30%，第二年支付总价的30%，第三年支付总价的30%。

第 6 章

广告监督管理

[本章知识要点] 了解广告监督管理概念、广告监督管理特点、广告监督管理的内容、市场监督管理部门职权、特殊商品广告发布前事先行政审查、消费者协会和其他消费者组织对虚假广告进行社会监督的职责。掌握特殊商品广告发布前事先行政审查的规定、行政审查程序、广告审查批准文件权威性的规定、市场监督管理部门职权。重点掌握特殊商品广告发布前事先行政审查的规定、市场监督管理部门职权。

第一节 广告监督管理

一、广告监督管理的概念

广告监督管理是指法定的政府广告监督管理部门依据《广告法》和其他有关法律、法规、规章对广告活动进行监督和管理的活动。

二、广告监督管理的特点

(一) 合法性

广告监督管理必须依法行政,在法律授权的职权范围内依法对广告活动进行监督和管理。

(二) 强制性

广告监督管理体现的是国家管理社会事务的意志,并由法律、行政法规的强制力保证实施,广告活动的主体应当接受监督管理机关的执法检查及依法做出的行政强制措施与行政处罚。

(三) 综合性

广告监督管理贯彻于广告活动的全过程,不但监督管理广告的内容,还监督管理广告设计、制作、代理、发布、广告代言等行为,以及广告活动中特殊主体的行为。

三、广告监督管理的内容

规范广告活动,保护消费者的合法权益,包括制定广告管理规章,广告监测,受理违法广告的投诉举报,特殊商品或服务的广告发布前的行政审查,事后监督检查,执法协调,行政指导,对违法广告行为依法做出行政处罚等。

广告监测工作是广告监督管理日常工作的重要内容。国家市场监督管理总局在广告监督管理工作中强调以广告监测促进广告监督管理。通过广告监测发现违法广告,分析广告发布违法趋势,及时提出违法广告的社会预警和警示,制定监管对策措施。广告监测是广告监管机关对在本辖区发布的广告,依据广告法律、法规及国家市场监督管理总局《广告监测工作规定》《广告监测标准》,对个案广告、类别广告、全部广告法律执行状况进行监测及跟踪检查。广告监测工作包括监测数据的采集汇总、分析整理、监测信息发布等。国家市场监督管理总局2016年第4版《广告监测标准》,按照药品、医疗、医疗器械、农药、兽药、食品、酒类、烟草、化妆品、房地产、综合等11类别设置违法代码、违法行为表现、认定依据、违法性质。各地广告监测中心相对独立地开展广告监测。例如,深圳市先后建成了"智能化媒体广告监测系统"和"广告监测预警系统"两大平台,以科技化手段实现了监管关口的前移和后延。各地广告监测以月报、季报或年报形式公布广告监测报告,包括对内公布《广告监测通报》,对外公布《广告违法警示公告》《广告审查提示》。

1.面向广告监管机关系统内部发布《广告监测通报》,包括监测对象的违法率、违法量、主要违法表现、发布违法广告较多的广告主或广告发布者等。广告监管机关根据监测结果确定广告监管系统一定时期监管重点,查处违法广告案件及对广告主、广告经营者、广告发布者的违法行为责令整改。

2.面向社会发布《广告违法警示公告》《广告审查提示》。由于互联网违法广告隐蔽性强、变化迅速,传统手段难以应对,如何进行有效监管,成为政府部门亟待破解的新课题。由国家工商总局(现国家市场监督管理总局)与浙江省政府签署战略合作协议,浙江省工商局(现浙江省市场监督管理局)承建并受国家工商总局(现国家市场监督管理总局)委托开展全国互联网广告监测中心(平台)建设。平台于2016年9月试运行,2017年9月1日正式启用。平台充分利用云计算、智能语义分析、分布式爬虫等信息化技术,对网络交易平台、大型门户网站、广告联盟、搜索网站等重点实行24小时监测,并通过对其链接内容的监测辐射全网。监测范围覆盖全国31个省、自治区、直辖市,囊括各类网站、互联网媒介。利用互联网技术反制互联网违法广告,打造一个具备监测、预警、研判、调度等功能的全国性互联网广告监测平台,有效提高了互联网广告监管效能,为各地市场监督管理部门快速、精确打击违法广告提供强有力的保障。

第二节 特殊商品或服务的广告未经行政审查不得发布的管理规定

一、法律规定

《广告法》第四十六条规定,发布医疗、药品、医疗器械、农药、兽药和保健食品广告,以及法律、行政法规规定应当进行审查的其他广告,应当在发布前由有关部门(以下称"广告审查机关")对广告内容进行审查，未经审查，不得发布。

《广告管理条例》第十一条第七项规定，文化、教育、卫生广告，应当提交上级行政主管部门的证明。

二、广告发布前行政审查的意义

对特殊商品或服务的广告在发布前由行政主管部门进行行政审查是防止虚假、违禁广告的一项重要制度。如果广告发布前的审查工作都是由广告经营单位自行负责，由于广告经营单位受利益驱动及专业知识缺乏的制约，难以严格把关，会致使虚假、违禁广告泛滥。

三、广告发布前行政审查的范围

纳入广告发布前行政审查的特殊商品或服务的广告，主要是一些与人民生命财产安全密切相关的商品或服务的广告，由于这些商品或服务的特殊性，法律、行政法规对其广告的内容做了一些必要的限制，以防止误导消费者，造成人身或者财产的损害。

为此，《广告法》做了两个方面的规定：一是医疗、药品、医疗器械、农药、兽药和保健食品（含特殊医学用途配方食品广告）等特殊商品或服务的广告；二是其他法律、行政法规中规定的应当进行特殊管理的一些商品或服务的广告，例如，《计划生育技术服务管理条例》第十六条规定，涉及计划生育技术的广告，其内容应当经省、自治区、直辖市人民政府计划生育行政部门审查同意。

四、广告行政审查机关

广告行政审查机关是指法定的广告审查机关，包括省级以上的食品药品监督管理机关、卫生监督管理机关、农（牧）业监督管理机关等。

五、特殊商品或服务的广告发布前行政审查的管理规定

（一）特殊商品或服务的广告，应当在发布前提请有关行政主管部门对广告内容进行审查，审查合格后方可发布。未经审查的广告不得发布，否则依法承担法律责任。

【案例】医疗广告未经广告审查机关审查批准，被罚款180多万元

成都龙擎网络科技有限公司在为360搜索平台代理广告业务期间，其代理的成都棕南医院竞价搜索广告未经广告审查机关审查批准，违反《广告法》第四十六条"发布医疗、药品、医疗器械、农药、兽药和保健食品广告，以及法律、行政法规规定应当进行审查的其他广告，应当在发布前由有关部门（以下称"广告审查机关"）对广告内容进行审查；未经审查，不得发布"以及《互联网广告管理办法》第六条"医疗、药品、特殊医学用途配方食品、医疗器械、农药、兽药、保健食品

广告等法律、行政法规规定须经广告审查机关进行审查的特殊商品或者服务的广告，未经审查，不得发布"的规定。2021年3月，成都市青羊区市场监管局做出行政处罚，对其罚款180.6万元。

（二）特殊商品或服务的广告必须严格按照广告审查机关审查批准的内容设计、制作、代理、发布，不得超越审查批准的内容。

广告主、广告经营者、广告发布者应当严格按照审查通过的内容发布广告，不得进行剪辑、拼接、修改。

【案例】发布超越审查核准内容的药品广告，被罚款1.36万元

南京市某公司在南京地区发布医疗器械广告，为增加广告效果，未严格按照医疗器械广告审查表审查通过的内容，擅自对已经审查通过的医疗器械广告画面进行修改，且在广告画面添加含有诱导性内容的"抢购"字样，违反了《药品、医疗器械、保健食品、特殊医学用途配方食品广告审查管理暂行办法》第二十条规定，"广告主、广告经营者、广告发布者应当严格按照审查通过的内容发布药品、医疗器械、保健食品和特殊医学用途配方食品广告，不得进行剪辑、拼接、修改"，并违反了第十一条第六项规定，不得含有"热销、抢购、试用"等诱导性内容。依据《药品、医疗器械、保健食品、特殊医学用途配方食品广告审查管理暂行办法》第二十六条、第二十八条规定和《广告法》第五十八条等规定，2020年7月，南京市市场监管局做出行政处罚，责令其停止发布违法广告，并处罚没款1.36万元。

第三节　广告行政审查的程序

一、法律规定

《广告法》第四十七条规定，广告主申请广告审查，应当依照法律、行政法规向广告审查机关提交有关证明文件。

广告审查机关应当依照法律、行政法规规定做出审查决定，并应当将审查批准文件抄送同级市场监督管理部门。广告审查机关应当及时向社会公布批准的广告。

二、特殊商品或服务广告的行政审查程序

（一）由广告主提出申请

凡是法定行政审查的广告，应当由广告主在发布前向广告审查机关提出审查申请，由广告审查机关对广告内容进行审查。按照我国《民法典》关于代理的有关规定，以及有关广告审查规章的规定，广告主也可以委托广告经营者代理审查申请。

广告主提出申请时，应当依法提交广告审查表、与发布内容一致的广告样件，以及下列合法有效的材料：

1. 申请人的主体资格相关材料，或者合法有效的登记文件。例如，企业法人应当提交企业法人营业执照，企业分支机构和个体工商户等应当提交营业执照，以及其他批准广告主从事生产经营活动或者服务活动的批准文件,如药品生产企业的药品生产企业许可证、药品经营企业许可证,兽药生产企业的兽药生产许可证、兽药经营许可证,医院、医疗美容院提供医疗机构执业许可证。

2. 产品注册证明文件或者备案凭证、注册或者备案的产品标签和说明书,以及生产许可文件。例如,某种药品生产的批准文件、经过批准的药品的说明书、进口药品的进口注册证、医疗器械的产品鉴定证书、化妆品的检验合格证明书或者批准文号、农药的登记证明等。

3. 广告中涉及的知识产权相关有效证明材料。例如,商标注册证、专利证书、科技成果鉴定证书、有关商品质量内容的证明文件等。

4. 其他法律、行政法规规定应当提交的证明文件。

经授权同意作为申请人的生产、经营企业,还应当提交合法的授权文件;委托代理人进行申请的,还应当提交委托书和代理人的主体资格相关材料。

(二) 广告审查机关审查广告内容

广告审查机关收到申请人提交的申请后,应当在五个工作日内做出受理或者不予受理决定。申请材料齐全、符合法定形式的,应当予以受理,出具广告审查受理通知书。申请材料不齐全、不符合法定形式的,应当一次性告知申请人需要补正的全部内容。

(三) 广告审查机关做出审查决定

广告审查机关应当对申请人提交的材料进行审查,自受理之日起十个工作日内完成审查工作。经审查,对符合法律、行政法规和本办法规定的广告,应当做出审查批准的决定,编发广告批准文号。

对不符合法律、行政法规和本办法规定的广告,应当做出不予批准的决定,送达申请人并说明理由,同时告知其享有依法申请行政复议或者提起行政诉讼的权利。

三、广告审查批准文号的时效

药品、医疗器械、保健食品和特殊医学用途配方食品广告批准文号的有效期与产品注册证明文件、备案凭证或者生产许可文件最短的有效期一致。

产品注册证明文件、备案凭证或者生产许可文件未规定有效期的,广告批准文号有效期为2年。

农药广告审查批准文号的有效期为1年。

兽药广告审查批准文号的有效期为1年。兽药生产许可证、兽药经营许可证的有效期限不足1年的,兽药广告审查批准号的有效期以上述许可证有效期限为准。

医疗广告审查证明批准文号的有效期为1年,到期后仍需继续发布医疗广告的,应重新提出审查申请。

第四节　广告行政审查批准文件权威性

一、法律规定

《广告法》第四十八条规定,任何单位或者个人不得伪造、变造或者转让广告审查批准文件。

二、广告行政审查批准文件法律效力

广告行政审查批准文件是广告审查机关依其法定职权签发的国家行政机关的公文,是证明某一特殊商品或服务的广告内容合法、合规,准许发布的非规范性法律文件。

国家行政机关发出的所有非规范性法律文件都具有严肃性及权威性,任何损害国家行政机关公文的行为,都是对国家的行政管理秩序和社会秩序的破坏。任何单位和个人伪造公文、变造公文、转让公文都应当承担法律后果。应当依法追究其行政法律责任或者刑事法律责任。

三、伪造、变造或者转让广告行政审查批准文件的概念

(一)所谓伪造广告审查批准文件,是指仿照广告审查批准文件的式样、文字、图案特征制作假的广告审查批准文件的行为。

(二)所谓变造广告审查批准文件,是指利用涂改、修改、变动或者其他方法,改变广告审查批准文件内容的行为。

(三)所谓转让广告审查批准文件,是指取得广告审查批准文件的申请人,将广告审查批准文件以有偿或者无偿的方式出租、出借给其他人使用的行为。

四、伪造、变造、转让的广告行政审查决定文件无效

伪造、变造的广告审查批准文件,因虚假失实失去效力,不能作为发布广告的依据。转让的广告审查批准文件,因被批准的主体不同而失去效力,不能作为发布广告的依据。

第五节 市场监督管理部门的职权

一、法律规定

《广告法》第四十九条规定,市场监督管理部门履行广告监督管理职责,可以行使下列职权:
(一)对涉嫌从事违法广告活动的场所实施现场检查;
(二)询问涉嫌违法当事人或者其法定代表人、主要负责人和其他有关人员,对有关单位或者个人进行调查;
(三)要求涉嫌违法当事人限期提供有关证明文件;
(四)查阅、复制与涉嫌违法广告有关的合同、票据、账簿、广告作品和其他有关资料;
(五)查封、扣押与涉嫌违法广告直接相关的广告物品、经营工具、设备等财物;
(六)责令其暂停发布可能造成严重后果的涉嫌违法广告;
(七)法律、行政法规规定的其他职权。
市场监督管理部门应当建立健全广告监测制度,完善监测措施,及时发现和依法查处违法广告行为。
《广告法》第五十条规定,国务院市场监督管理部门会同国务院有关部门,制定大众传播媒介广告

发布行为规范。

《广告法》第五十一条规定，市场监督管理部门依照本法规定行使职权，当事人应当协助、配合，不得拒绝、阻挠。

《广告法》第五十二条规定，市场监督管理部门和有关部门及其工作人员对其在广告监督管理活动中知悉的商业秘密负有保密义务。

《广告法》第五十三条规定，任何单位或者个人有权向市场监督管理部门和有关部门投诉、举报违反本法的行为。市场监督管理部门和有关部门应当向社会公开受理投诉、举报的电话、信箱或者电子邮件地址，接到投诉、举报的部门应当自收到投诉之日起七个工作日内予以处理并告知投诉、举报人。

市场监督管理部门和有关部门不依法履行职责的，任何单位或者个人有权向其上级机关或者监察机关举报。接到举报的机关应当依法做出处理，并将处理结果及时告知举报人。

市场监督管理部门和有关部门应当为投诉、举报人保密。

二、市场监督管理部门职权

（一）对涉嫌从事违法广告活动的场所实施现场检查

在查处违法案件时，市场监督管理部门可以依据法律、法规，对当事人涉嫌违法的财物和场所实施现场检查。现场检查是市场监督管理部门制止违法、收集证据的重要手段。

1. 现场检查的特点

市场监督管理部门在办案中进行的现场检查，是与违法当事人短兵相接的较量，是定案的关键，其基本特点主要有：

（1）时间性强。现场检查是针对一定时间、空间条件下存在的财物、现场的检查，而随时空条件的变化，现场可能灭失，财物可能转移，因此，执法人员能否适时进入现场，抓住现场，非常关键。

（2）客观性强。现场检查的对象，均具有客观存在的特征，而执法人员所进行的检查，则正是要以固定、提取证据的方式，反映其与案件事实相关并客观存在的事实。可见，现场检查中，执法人员所追求的就是现场、证据的客观性、真实性。

（3）干预性强。现场检查的矛头直指当事人涉嫌违法的经营活动，直接干预其经营。这种检查必然会对当事人产生极大的压力，因此，其制止违法的效果肯定是显著的，但是，这种强有力的干预，难免涉及当事人的其他权益，尤其在当事人并非完全从事违法经营之时，检查活动对其合法经营部分的影响是客观存在的。由此，执法人员应当尽量降低干预造成的负面影响，严格约束自己的言行。

2. 实施现场检查的基本要求

执法实践证明，遵循现场检查的基本要求，有效地组织实施现场检查，可以达到预期的效果。

（1）依法实施现场检查工作

现场检查必须依照法律法规授权和法定程序进行，必须有一定的事实依据和相关授权的法律依据。市场监督管理部门可以依据法律、行政法规赋予的相关职权，遵循相关程序规定，实施现场检查。检查时，执法人员应有两人以上出示证件，表明身份，向当事人交待其权利义务，制作的笔录、依法提取的证据须经当事人确认签名，扣留财物应出具通知书及清单，注意文明执法等。只有依法检查，才能确保检查工作及提取的证据合法、有效。

（2）做好现场检查的组织实施工作

①事前抓策划。实施检查之前，办案单位应尽量收集情况，做好案情分析。根据具体案件的难易程度，

预测、设定工作方案，明确现场指挥员。出发前，要让参加检查的人员熟悉案情，明确本次检查的预期目标，以及每一位参检人员进入现场后的具体位置、任务。

② 临场抓配合。执法人员按预定方案进入现场后，要做到既分工又协作，同心协力地在现场指挥员的组织下，围绕总目标，集中精力，抓紧时间，首先控制现场的人、财、物不走失，然后分头定位检查取证。现场情况千变万化，指挥人员要使自己处于核心机动位置，充分掌握现场情况，灵活调动人员，控制工作进度，尽力以速战速结的方式达到预期目标。

③ 重点抓证据。由于现场检查中所取得的证据可信程度高，因此执法人员在检查中要重点抓好证据收集。检查时，要通过询问、查看、清理，细心收集和控制住现场证据，并须不断地运用已发现的证据，再发掘新证据及涉案财物。与此同时，必须制作好现场检查笔录，以固定现场违法事实。此外，还应当做好对涉案财物的登记保存或封存扣留，以避免危害后果的延续。

(3) 做好对当事人的思想教育工作

市场监督管理部门执法人员一旦进入检查现场接触当事人，就应当由专人负责，耐心地做好工作，尽量消除当事人的抵触情绪，尤其要避免别有用心的人煽动不明真相的人围攻检查人员。要针对现场事实，依据国家法律法规，指出其违法行为的危害性及所要承担的法律责任，进而指明前途，促其知错改过，配合检查，提供情况和证据。对执法人员制作的现场检查笔录以及收集的证据，要求当事人必须确认签名。

3. 现场检查笔录的制作

按国家市场监督管理部门制定的统一格式文书，现场检查笔录分为首部、正文、尾部三部分。制作笔录时，应当注意：一要客观求实，不加评论；二要贴近案情，详略得当；三要抓住重点，讲究技巧。

现场检查笔录在办案工作中起着重要的作用。首先，它是证明违法现场客观存在的事实。同时，它又是获取新证据打开案件突破口的先导。此外，现场检查笔录对于审查判断其他证据，起着重要的鉴别印证作用。司法机关普遍认为，现场检查笔录的效力远远高于当事人的陈述。但是，现场检查笔录又是执法人员的主观在反映客观。为了保证笔录的证明效力，执法人员必须有良好的基本功，善于思考，勤于练习，努力掌握制作笔录的技能技巧，以便正确反映现场检查工作的成果。

(二) 询问涉嫌违法当事人或者其法定代表人、主要负责人和其他有关人员，对有关单位或者个人进行调查

(三) 要求涉嫌违法当事人限期提供有关证明文件

查处违法广告时应取证。《广告法》要求"任何单位或者个人未经当事人同意或者请求，不得向其住宅、交通工具等发送广告，也不得以电子信息方式向其发送广告。以电子信息方式发送广告的，应当明示发送者的真实身份和联系方式，并向接收者提供拒绝继续接收的方式"。如何认定未经当事人同意这一要件，可以要求涉嫌违法当事人限期提供接收方同意的相关材料（纸质或电子版）有关证明文件。如何认定"发送方"，存在一定技术难度。现在通过一些改号软件、改IP软件，发送方很容易就可以隐瞒自己的真实身份，要发现其真实号码或IP，进一步确定违法行为人，需要专业技术予以支持。

例如，在互联网页面以弹出等形式发布的广告，应当显著标明关闭标志，确保可一键关闭。那么，如何将弹窗广告不能一键关闭作为关键证据固化下来，以有利于案件违法行为的定性呢？根据市场监督管理部门办案经验，可以借助公证部门，由公证部门出具公证书，公证涉及弹窗广告的具体样式、内容、形状及完全关闭的详细程序，从而固化证据。配合执法人员到当事人的办公地址现场进行相关操作，以现场笔录的形式详细记录关闭弹窗广告的具体程序。最后通过询问笔录定性，形成完整的证据链。

(四) 查阅、复制与涉嫌违法广告有关的合同、票据、账簿、广告作品和其他有关资料

市场监督管理部门依法对广告违法行为进行查处，必须先通过调查取证，查明案件事实。市场监督管理部门作为行政执法机关，如果不具有调查取证职权，显然无法履行其行政执法职能。

查阅、复制与涉嫌违法广告有关的合同、票据、账簿、广告作品和其他有关资料是调查取证。同时，市场监督管理部门调查取证，也应当依照法律、法规规定的执法程序进行。

（五）查封、扣押与涉嫌违法广告直接相关的广告物品、经营工具、设备等财物

查封、扣押与涉嫌违法广告直接相关的广告物品、经营工具、设备等财物也是调查取证，是一种证据保存手段。

（六）责令暂停发布可能造成严重后果的涉嫌违法广告

违法广告的社会危害性有轻有重，虚假广告发布后，可能造成严重后果，因此，市场监督管理部门应当有依法责令暂停发布的执法职权。

（七）法律、行政法规规定的其他职权。

当市场监督管理部门依照《广告法》规定行使以上职权时，当事人应当协助、配合，不得拒绝、阻挠。否则视为情节严重，可以在法定处罚幅度内从重处罚。违反《治安管理处罚法》及《刑法》的，按妨碍公务处以治安拘留或判处刑罚。

三、市场监督管理部门拥有制定广告管理规章的立法权

（一）根据《立法法》第八十条的规定，以及国务院的授权，国家市场监督管理总局有权会同国务院有关部门制定广告管理规章。如国家市场监督管理总局会同有关部门修订《食品广告发布暂行规定》《药品广告审查发布标准》《药品广告审查办法》《医疗器械广告审查办法》《医疗器械广告审查发布标准》后，整合制定了《药品、医疗器械、保健食品、特殊医学用途配方食品广告审查管理暂行办法》；会同有关部门制定《医疗广告管理办法》《兽药广告审查发布规定》《农药广告审查发布规定》《房地产广告发布规定》《公益广告促进和管理暂行办法》《互联网广告监督管理暂行办法》《网络直播营销管理办法（试行）》《网络交易监督管理办法》等部门规章，与《广告法》配套实施。

（二）根据《广告法》第七十三条第二款规定，"大众传播媒介有义务发布公益广告。广播电台、电视台、报刊出版单位应当按照规定的版面、时段、时长发布公益广告。公益广告的管理办法，由国务院市场监督管理部门会同有关部门制定"，赋予国家市场监督管理总局会同有关部门制定《公益广告促进和管理暂行办法》的立法权。

四、市场监督管理部门监管广告的职责

（一）市场监督管理部门应当建立健全广告监测制度，完善监测措施，及时发现和依法查处违法广告行为

国家市场监督管理总局及各省、自治区、直辖市市场监督管理局都建立了广告监测中心及广告监测制度，根据监管工作需要确定每季度的监测对象和范围，定期统一发布违法广告监测信息及广告审查提示。

市场监督管理部门在发布广告监测信息时，对普遍并呈上升趋势的违法商品或者服务广告，同时发布提醒社会注意识别提示，并加强重点监测和监督执法，扼制违法广告蔓延的势头，切实加强广告监管工作的力度，进一步整顿和规范广告经营行为，打击虚假广告等违法活动。

（二）强化广告监管部门的责任，对不作为的实行问责

任何单位或者个人有权向市场监督管理部门和有关部门投诉、举报虚假违法广告行为。

市场监督管理部门和有关部门应当向社会公开受理投诉、举报的电话、信箱或者电子邮件地址，接到投诉、举报的部门应当自收到投诉之日起七个工作日内，予以处理并告知投诉、举报人。

市场监督管理部门和有关部门不依法履行职责的，任何单位或者个人有权向其上级机关或者监察机关举报。接到举报的机关应当依法做出处理，并将处理结果及时告知举报人。

治理违法广告需要部门联动形成合力，除了市场监督管理部门加强监管外，新闻出版广电等媒体主管部门也需切实履行对媒体活动的监管职责。新闻出版广电部门以及其他有关部门对有广告违法行为的广播电台、电视台、报刊音像出版单位不依法予以处理的，对负有责任的主管人员和直接责任人员，应依法给予处分。

市场监督管理部门对在履行广告监测职责中发现的违法广告行为或者对经投诉、举报的违法广告行为，不依法予以查处的，对负有责任的主管人员和直接责任人员，依法给予处分。市场监督管理部门和负责广告管理相关工作的有关部门的工作人员玩忽职守、滥用职权、徇私舞弊的，依法给予处分。有前两款行为，构成犯罪的，依法追究刑事责任。

（三）负有保密义务

市场监督管理部门和有关部门及其工作人员对其在广告监督管理活动中知悉的商业秘密负有保密义务。市场监督管理部门和上级机关或者监察机关及有关部门，应当为投诉、举报人保密。

总之，《广告法》根据广告市场监管的实际需要，明确了市场监督管理部门和有关部门的执法权限，丰富完善了执法手段和行政处罚方式，同时也相应增加了对执法人员的执法监督和责任追究的规定。

市场监督管理部门和有关部门必须牢固树立权责一致的责任意识，坚持法定职责必须为，法无授权不可为，勇于负责、敢于担当，严格依法监管、公正严明执法，坚决纠正不作为、乱作为，坚决克服懒政、怠政，履职尽责，切实做到不缺位、不越位、不错位。

第六节　消费者协会依法对广告实行社会监督

一、法律规定

《广告法》第五十四条规定，消费者协会和其他消费者组织对违反本法规定，发布虚假广告侵害消费者合法权益，以及其他损害社会公共利益的行为，依法进行社会监督。

二、消费者协会的性质

《消费者权益保护法》第三十六条规定，消费者协会和其他消费者组织是依法成立的对商品和服务进行社会监督的保护消费者合法权益的社会组织。

三、消费者协会依法对广告实行社会监督的职责

《消费者权益保护法》第三十七条规定，消费者协会履行下列公益性职责：

（一）向消费者提供消费信息和咨询服务，提高消费者维护自身合法权益的能力，引导文明、健康、节约资源和保护环境的消费方式；

（二）参与制定有关消费者权益的法律、法规、规章和强制性标准；

（三）参与有关行政部门对商品和服务的监督、检查；

（四）就有关消费者合法权益的问题，向有关部门反映、查询，提出建议；

（五）受理消费者的投诉，并对投诉事项进行调查、调解；

（六）投诉事项涉及商品和服务质量问题的，可以委托具备资格的鉴定人鉴定，鉴定人应当告知鉴定意见；

（七）就损害消费者合法权益的行为，支持受损害的消费者提起诉讼或者依照本法提起诉讼；

（八）对损害消费者合法权益的行为，通过大众传播媒介予以揭露、批评。

根据以上消费者协会职责，在广告领域中，消费者协会依法对广告实行社会监督的职责主要体现在受理消费者对虚假违法广告的投诉，就损害消费者合法权益的虚假违法广告行为，向市场监督管理部门反映、移送，支持受损害的消费者提起诉讼，通过大众传播媒介予以揭露、批评，例如通过12315消费者投诉热线、"3·15"活动曝光虚假违法广告。

第6章习题

一、填空题

1. 市场监督管理部门依法行使职权，当事人应当协助、配合，不得_____。

2. 市场监督管理部门和有关部门及其工作人员对其在广告监督管理活动中知悉的商业秘密负有_____义务。

3. 广告主申请广告审查，应当依法向广告审查机关提交有关_____。

4. 广告审查机关应当依法做出审查决定，并应当将审查批准文件_____同级市场监督管理部门，并应当及时向社会公布广告审查批准文号或者批准的广告内容。

5. 市场监督管理部门应当建立健全广告_____制度，完善监测措施，及时发现和依法查处违法广告行为。

6. 广告审查机关接受广告审查申请之后，申请材料齐全、符合法定形式的，广告审查机关应当出具_____。

7. 广告审查机关对申请审查的广告的内容进行审查之后，对符合法律、行政法规和规章规定的广告，应当做出审查批准的决定，编发_____。

8. 药品、医疗器械、保健食品和特殊医学用途配方食品广告批准文号的有效期与产品注册证明文件、

备案凭证或者生产许可文件 ＿＿＿＿＿＿ 的有效期一致。

9. 药品、医疗器械、保健食品和特殊医学用途配方食品广告应当显著标明 ＿＿＿＿＿＿。

10. 拒绝、阻挠市场监督管理部门执法，视为 ＿＿＿＿＿＿，可以在法定处罚幅度内从重处罚，违反《治安管理处罚法》及《刑法》的，按妨碍公务处以治安拘留或判处刑罚。

二、判断题（正确的打"√"，错误的打"×"）

1. 市场监督管理部门有权要求涉嫌违法当事人限期提供有关证明文件。（ ）
2. 市场监督管理部门有查阅、复制与涉嫌违法广告有关的合同、票据、账簿、广告作品和其他有关资料的职权。（ ）
3. 市场监督管理部门有查封、扣押与涉嫌违法广告直接相关的广告物品、经营工具、设备等财物的职权。（ ）
4. 市场监督管理部门有权责令暂停发布可能造成严重后果的涉嫌违法广告。（ ）
5. 国务院市场监督管理部门有权会同国务院有关部门制定广告管理规章。（ ）
6. 消费者协会和其他消费者组织对违反《消费者权益保护法》《广告法》规定，发布虚假广告侵害消费者合法权益，以及其他损害社会公共利益的行为，依法进行社会监督。（ ）
7. 任何单位或者个人有权向市场监督管理部门投诉举报违反《广告法》的行为。（ ）
8. 市场监督管理部门应当向社会公开受理投诉、举报的电话、信箱或者电子邮件地址，接到投诉、举报的部门应当自收到投诉之日起 10 个工作日内予以处理并告知投诉、举报人。（ ）
9. 市场监督管理部门不依法履行职责的，任何单位或者个人有权向其上级机关或者监察机关举报。接到举报的机关应当依法做出处理，并将处理结果及时告知举报人。（ ）
10. 工商行政管理部门应当为投诉、举报人保密。（ ）

三、不定项选择题

1. 广告监督管理是指法定的（ ）依据《广告法》和其他有关法律、法规、规章对广告活动进行监督和管理的活动。
   A. 广告监督管理机关　　B. 广告审查机关　　C. 广告协会　　D. 广告立法机关
2. 广告监督管理具有（ ）。
   A. 合法性　　B. 强制性　　C. 综合性　　D. 任意性
3. 广告监督管理的内容包括制定广告管理规章、指导服务、广告监测、受理违法广告的投诉举报、特殊商品或服务的广告发布前的行政审查、事后监督检查、执法协调、对违法广告行为依法做出（ ）等。
   A. 行政处罚　　B. 仲裁　　C. 调解　　D. 指导
4. 下列（ ）广告，应当在发布前由广告审查机关对广告内容进行审查。未经审查，不得发布。
   A. 医疗药品　　B. 医疗器械　　C. 农药兽药　　D. 保健食品
5. 任何单位或者个人不得（ ）广告审查批准文件。
   A. 伪造　　B. 变造　　C. 转让　　D. 复印
6. 广告主、广告经营者、广告发布者应当严格按照广告审查机关审查通过的内容发布广告，不得进行（ ）。

A. 剪辑　　B. 拼接　　C. 修改　　D. 伪造

7. 农药广告审查批准文号的有效期为（　　）年。

A. 1　　B. 2　　C. 3　　D. 4

8. 兽药广告审查批准文号的有效期为（　　）年。

A. 1　　B. 2　　C. 3　　D. 4

9. 医疗广告审查证明批准文号的有效期为（　　）年，到期后仍需继续发布医疗广告的，应重新提出审查申请。

A. 1　　B. 2　　C. 3　　D. 4

10. 消费者协会和其他消费者组织对违反《广告法》规定，发布虚假广告侵害消费者合法权益，以及其他损害社会公共利益的行为，依法进行（　　）。

A. 社会监督　　B. 舆论监督　　C. 执法监督　　D. 司法监督

四、简答题

1. 什么是伪造广告审查批准文件？
2. 什么是变造广告审查批准文件？
3. 什么是转让广告审查决定文件？

五、论述题

阐述市场监督管理部门监管广告的职责。

六、案例分析

【案例一】 上海某中药制药有限公司在其微信公众号宣传非处方药品"信仁"牌保儿宁糖浆，但未按照经审查批准的广告内容发布，而且使用了"纯中药　安全　无毒　可靠"的表述。

【问题】 你认为此广告是否违法？为什么？应当如何依法处理？请列举法律依据。

【案例二】 某制药有限公司在《瓷都晚报》上发布"晕眩丸"药品广告，未取得该药品广告的审批文号。

【问题】 你认为此广告是否违法？为什么？应当如何依法处理？请列举法律依据。

【案例三】 某保健食品有限公司在某视频网站上发布某保健食品广告，虽然取得了该保健食品广告的审批文号，但是，没有在视频广告中持续显示广告批准文号。

【问题】 你认为此广告是否违法？为什么？应当如何依法处理？请列举法律依据。

第 7 章

法律责任

[**本章知识要点**] 了解广告违法行为的概念及分类,违法广告法律责任的概念与构成要件,虚假广告的行政责任和刑事责任及民事责任,违禁广告的法律责任,其他违法行为的法律责任,广告审查机关违法审查广告的法律责任,广告监督管理机关和广告审查机关及其工作人员违法作为与不作为的法律责任,广告活动中民事侵权行为的法律责任。掌握虚假广告的行政责任、刑事责任及民事责任,违禁广告的法律责任,其他违法行为的法律责任。重点掌握违法广告行为的种类及构成要件,虚假广告、违禁广告,违法广告行为的法律责任及承担方式。

第一节 违法广告的概念及种类

一、违法广告的概念

违法广告是指广告活动主体有过错地实施违反《广告法》及有关广告管理法律、行政法规的行为。实施违反有关广告管理规章的行为,严格意义上是违章行为。

二、违法广告的种类

违法广告按其内容或性质可划分为广告内容违法、广告行为违法两大类。

（一）*广告内容违法*

广告内容违法是指广告内容违反《广告法》第八条至第二十八条规定以及其他法律、法规、规章规定,包括违禁广告、虚假广告。

1. 违禁广告是指设计、制作、代理、发布违反《广告法》第八条至第二十七条规定(不包括第四条规定)以及其他法律、法规、规章规定禁止的内容。

2. 虚假广告是指设计、制作、代理、发布违反《广告法》第四条、第二十八条规定以及其他法律、法规、规章规定的内容。

虚假广告包括欺骗性虚假广告、误导性虚假广告。

（二）*广告行为违法*

广告行为违法是指实施违反《广告法》第二十九条至第四十五条规定以及其他法律、法规规定的行为,

包括:

1. 非法经营广告是指广告经营者或广告发布者超越核定经营范围从事广告设计、制作、代理、发布活动。

2. 其他违法行为如广告经营者、广告发布者未经广告审查机关审查，擅自发布特殊商品广告；广告经营者、广告发布者未按照国家有关规定建立、健全广告业务管理制度的，或者未对广告内容进行核对的；广告经营者、广告发布者不公布其收费标准和收费办法；广告经营者、广告发布者设计、制作、代理、发布法律、行政法规规定禁止生产、销售的产品或者提供的服务广告；广告代言人为其未使用过的商品或者未接受过的服务做推荐、证明；利用不满十周岁的未成年人作为广告代言人；使用在虚假广告中做推荐、证明，受到行政处罚未满三年的自然人、法人或者其他组织作为广告代言人；在中小学校、幼儿园内开展广告活动；利用中小学生和幼儿的教材、教辅材料、练习册、文具、教具、校服、校车等发布或者变相发布广告；违法设置户外广告；未经当事人同意或者请求，向其住宅、交通工具、电子通信工具等发送广告；以电子信息方式发送广告的，没有明示发送者的真实身份和联系方式，并没有向接收者提供拒绝继续接收的方式；利用互联网发布、发送广告，影响用户正常使用网络，在互联网页面以弹出等形式发布的广告，没有显著标明关闭标志，没有确保一键关闭；公共场所的管理者或者电信业务经营者、互联网信息服务提供者对其明知或者应知的利用其场所或者信息传输、发布平台发送、发布违法广告，没有予以制止等。

第二节 违法广告法律责任的构成要件及种类

一、违法广告法律责任的概念

违法广告法律责任，是指广告活动主体（或称行为人，或称当事人）因违法的作为或者不作为而应当承担的法律后果。

例如，广告主、广告经营者、广告发布者、广告代言人违反《广告法》禁止虚假广告的规定，设计、制作、发布、代理、代言虚假广告，应当承担违法作为的法律后果。又如广告经营者、广告发布者不查验有关证明文件，不核对广告内容，导致虚假广告发生，应当承担违法不作为的法律后果。又如广告监督管理机关、广告审查机关违反《广告法》规定，不履行广告监督管理职责、不依法审查广告，致使虚假广告发生，应当承担违法不作为的法律后果等。

二、违法广告法律责任的特点

（一）法定性

违法广告法律责任必须是广告法律、法规、规章所规定的法律后果。法律、法规、规章没有规定法律责任的，即使违反了《广告法》的有关条款规定，也不承担法律责任。因为，某些法条仅仅是义务性规定，而不是禁止性、强制性规定。如《广告法》第三十条规定，广告主、广告经营者、广告发布者之间在广告活动中应当依法订立书面合同；《广告法》第三十二条规定，广告主委托设计、制作、发布广告，应当委托具有合法经营资格的广告经营者、广告发布者。这是义务性规定，不是强制性规定。而且，《广告法》并没有规定违反此规定的法律责任，所以，即使广告主、广告经营者、广告发布者之间不签订书面广告合同，也不承担违反此规定的行政法律责任。（详见本章第八节"有关法律责任的特别说明"）

（二）强制性

如果行为人依法应当承担法律责任而不自觉承担，就由人民法院强制执行。如某广告主发布了虚假广告，广告监督管理机关依法做出罚款 50 万元的行政处罚决定。广告主既不按照《行政处罚法》第七十三条规定，向上一级行政机关提出行政复议或者向人民法院提起行政诉讼，也不在处罚决定书生效后提交罚款的，广告监督管理机关可以依据《行政处罚法》第七十二条和《行政强制法》的有关规定，向人民法院申请强制执行，人民法院通过强行划款、拍卖广告主财产，将 50 万元的罚款执行给广告监督管理机关，上缴国库。

三、违法广告法律责任的构成要件

通常情况下，有违法行为就要承担法律责任，受到法律制裁，但是并不是每一个违法行为都能引起法律责任，只有符合一定条件的违法行为才能引起法律责任，这种能够引起法律责任的各种条件的总和称为法律责任的构成要件。

违法广告法律责任的构成要件是指必须具备或符合《广告法》及有关法律规定的条件或标准。它是国家机关分析、判断、认定当事人的行为需要承担法律责任的必备条件或标准。根据违法行为的一般特点，违法广告法律责任的构成要件可概括为责任主体、主观过错、违法行为、损害结果、因果关系五个方面。但是违法广告的行政责任构成要件是不以损害结果为必备构成要件。这一点与民事责任、刑事责任以损害后果为必备构成要件是有区别的。所以，违法广告的行政责任构成要件是责任主体、主观过错、违法行为、因果关系四个方面。而且违法行为是核心要件，只要有违法行为和违法结果及因果联系，就应当承担法律后果，这在法理上称为以行为定论。民事责任以损害后果、刑事责任以社会危害后果为核心要件，这在法理上称为以后果定论。无论是行为定论，还是后果定论，构成要件缺一不可。

（一）责任主体

责任主体是指具有法律规定资格的行为人，包括自然人、法人与其他组织。违法广告的主体包括广告主、广告经营者、广告发布者、广告代言人，与广告活动有关的特殊主体，也包括违法行政的广告监督管理机关、广告审查机关。

（二）主观过错

主观过错是指行为人有主观上的故意或者过失。主观过错又称主观归责。从归责原则说，一般法律责任的构成要件中都有主观要件，也就是说行为人应有主观上的过错，才追究行为人的法律责任。主观归责适用于民事责任、刑事责任，一般不适用于行政责任。

民事责任、刑事责任要求主观上有故意（直接故意或间接故意）或者过失（疏忽大意过失或过于自信过失）的过错。

行政责任一般不以是否有主观上的过错为构成要件，2021 年 7 月 15 日起施行的新《行政处罚法》并未将"主观过错"纳入法定行政处罚的构成要件之中。其第二条规定，"行政处罚是指行政机关依法对违反行政管理秩序的公民、法人或者其他组织，以减损权益或者增加义务的方式予以惩戒的行为"。依该条规定，只要行政相对人实施了违反行政管理秩序的行为，就应当给予行政处罚；而不要求行政执法机关做出行政处罚时应当证明当事人具有主观过错。即主观上是否有过错，并非行政处罚的构成要件之一，也就是不以主观归责，而以客观归责。但是，新《行政处罚法》又第一次将主观过错作为一个法定不予处罚的事由，即无主观过错不处罚。《行政处罚法》第三十三条第二款规定，"当事人有证据足以证明没有主观过错的，不予行政处罚。法律、行政法规另有规定的，从其规定"。这表明立法机关在免责构成要件上接纳了行政处罚需要具备"主观过错"这一理念。

在违法广告法律责任的主观构成要件上，广告主无论是否有主观过错，只要实施了违反《广告法》及有关广告管理法律、行政法规的行为，就应当给予行政处罚，即客观归责。然而，也有例外：广告经营者、广告发布者设计、制作、代理、发布违法广告，广告代言人代言虚假广告，公共场所的管理者和电信业务经营者、互联网信息服务提供者不制止违法广告的，就要求其有主观上的明知或者应知的过错，才负有责任，才会受到行政处罚，即主观归责。

比如，《广告法》第五十五条、第五十八条、第五十九条的法律责任规定了广告经营者、广告发布者明知或者应知广告违法，仍设计、制作、代理、发布的，应当受到行政处罚。《广告法》第六十一条的法律责任规定了广告代言人明知或者应知广告虚假仍在广告中对商品、服务做推荐、证明的，应当受到行政处罚。《广告法》第六十三条的法律责任规定了公共场所的管理者和电信业务经营者、互联网信息服务提供者，明知或者应知广告活动违法不予制止的，应当受到行政处罚。

1. 所谓明知是指行为人在实施广告行为时，主观上对自己行为引发违法广告的后果是明明白白知道的，但却希望或者放任违法广告的后果发生。明知属于主观上故意。"希望"是指直接故意，"放任"是指间接故意。比如，广告经营者、广告发布者、广告代言人已经知道广告内容虚假但仍进行设计、制作、代理、发布、代言，他们与广告主之间存在共同的主观故意。如相互串通、明确分工，希望虚假广告发生，是直接故意；虽无串通、分工，但放任虚假广告发生，是间接故意。

2. 所谓应知是指行为人应当知道自己行为可能引发违法广告的后果发生。"应知"是一种法律推定，是指按照一般人的理解或者社会普遍认知能力可以推断出行为人应当知道某种后果。另外，任何一部法律都是公开的，人人都有学习遵守法律之义务，不能以因疏忽大意不学法、不知法或者过于自信误读、误解法律为由，而拒绝承担法律责任。应知情况多发生在疏忽大意或过于自信的过失状态。比如，广告经营者、广告发布者、广告代言人没有履行法定义务或未完全履行法定义务，因疏忽大意、懈怠而没有发现广告内容虚假或者因过于自信，自认为广告内容不虚假，导致虚假广告发生。

《广告法》第三十四条明确规定了广告经营者、广告发布者的"查验有关证明文件，核对广告内容""建立、健全广告业务的承接登记、审核、档案管理制度"的法定义务。

《广告法》第三十八条明确规定了广告代言人"应当依据事实""不得为其未使用过的商品或者未接受过的服务做推荐、证明"的法定义务。

如果广告经营者、广告发布者、广告代言人违反以上规定，导致虚假广告发生，可以认定其主观上为"应知"，应当承担《广告法》第五十五条规定的虚假广告行政责任、第五十六条规定的虚假广告连带民事责任，除非广告经营者、广告发布者、广告代言人有能够证明自己履行了广告审查义务、无能力发现广告内容虚假的必要与充分的证据。必要证据，是指必不可少的证据，无此证据，某一事实即无法得到证明。充分证据，是指证据已经查证属实，并在量上达到足以得出确定结论的程度。例如，以下佳洁士双效炫白牙膏虚假广告案例，因为广告发布者具有无能力发现广告内容虚假的必要与充分的证据，而没有受到行政处罚。

明知的法律责任重于应知的法律责任。因为明知是主观上故意，应知是主观上的过失。前者主观恶意，违法情节严重，应当予以从重处罚。后者情节一般，可以一般处罚或者从轻处罚。既不明知，也不应知的，就应当按照《行政处罚法》第三十三条第二款规定，不予行政处罚。

【案例】佳洁士双效炫白牙膏虚假广告，广告发布者没有受到行政处罚

佳洁士双效炫白牙膏电视广告，以中国台湾艺人小S（徐熙娣）为代言人，宣称"只需一天，牙齿真的白了",画面中突出显示代言人使用牙膏后的美白效果。事实上画面中突出显示的美白效果是后期通过电脑修图软件过度处理生成的,并非牙膏的实际使用效果,构成了虚假广告。市场监督管理部门对广告主处以603万元罚款。广告发布者却没有受到行政处罚。

【评析】根据《广告法》第五十五条第三款规定,广告发布者只有在明知或者应知广告内容虚假仍发布的前提下,才负有责任,才会受行政处罚。事实上,佳洁士虚假广告是利用视频软件美化功能PS炫白牙齿效果的,广告发布者不知道,也无法知道。因为,广告发布者既没有专业知识,也没有专业的视频鉴定设备,是很难审查出牙膏的美白效果是通过电脑修图软件过度处理生成的。所以,广告发布者既不"明知",也不"应知",主观上没有过错,不应当承担法律责任。

佳洁士双效炫白牙膏虚假广告,广告发布者没有受到行政处罚

(三)违法行为

违法行为是指违反法律规定的行为事实。如果法律、法规没有规定,即使行为人实施或不实施某种行为,也不能认定其行为违法,就不构成法律责任。因为,法无明文规定不为过。

(四)因果关系

因果关系是指行为与违法结果之间有一因一果的关系,即行为与违法结果之间存在前因后果关系。

法理中的因果关系与哲学范畴中的因果关系有着一定的联系。马克思主义哲学关于因果关系的基本原理告诉我们:因果关系是客观存在的,它具有客观性。同时,因果关系又有先后顺序性。我们在研究行为与违法结果之间的因果关系时,同样不能违背唯物辩证法的因果关系的客观性和先后顺序性。因果关系中的行为与违法结果应当是法律规定的事实,是客观的、非主观的,而且行为与违法结果之间有前因后果的顺序关系。

如果当事人实施了某种违法行为,但没有发生违法结果,或者当事人的某种行为与某种违法结果之间没有前因后果关系,就不构成法律责任。

比如,广告设计师在自己电脑上设计了一件违法广告,并未交付客户,也未对外发布,即使行为人有设计违法广告的行为,但没有交付客户,也未对外发布,没有发生违法结果,就不引起法律责任。

又比如,某广告主向报社提供了真实、合法的广告文稿,但报社在排版印刷时疏忽大意,遗漏了广告文稿的一个关键字或关键句子,在发布前也没有提交广告主审核认可签字,发生了违法广告。广告主与违法广告结果之间没有前因后果关系,就不构成法律责任。同时,报社作为广告发布者虽无主观故意,但因其疏忽大意的过失行为与违法广告结果之间有前因后果关系,因此,报社应当承担法律后果。

四、违法广告法律责任的种类及承担方式

(一)行政责任

行政责任是指应当承担违反《广告法》《不正当竞争法》《消费者权益法》等法律、法规、规章规定的法律后果,就是接受行政处罚。违法广告行政责任的承担方式主要包括以下几点。

1. 责令停止发布广告、暂停广告发布、责令改正、责令停止违法行为的含义

《广告法》中分别出现了"责令停止发布广告""暂停广告发布""责令改正""责令停止违法行为",

其含义不尽相同。

(1)"责令停止发布广告"分别出现在《广告法》第五十五条、五十七条、五十八条规定的法律责任中，主要针对已经发布或者正在发布的违法广告予以禁止之义。它是一种行为罚，相等于《行政处罚法》规定的"限制开展生产经营活动、责令停产停业、责令关闭、限制从业"等行为罚。理由如下：

"责令停止发布广告"，当事人需要通过撤除违法广告、撤回发布等行为来完成停止发布的义务，增加了当事人的义务负担，具有强烈的惩罚性。

依照《行政处罚法》第八条第七项"法律、行政法规规定的其他行政处罚"之规定，全国人大常委会制定的《广告法》有权创设新的行政处罚种类。所以"责令停止发布广告"是《广告法》新创设的一种行政处罚种类。

"责令停止发布广告"作为行政处罚新种类执行，有利于实现《行政处罚法》规定的过罚相当原则。例如，使用"最高级""国家级""最佳"等绝对化用语违法广告的社会危害性明显低于虚假广告，使用了一个"最"字，就要处罚20万元以上，有悖于《行政处罚法》第四条第二款"设定和实施行政处罚必须以事实为依据，与违法行为的事实、性质、情节以及社会危害程度相当"的规定。

"责令停止发布广告"可以单独适用。全国人大常委会法制工作委员会《立法技术规范（试行）（一）》（法工委发[2009]62号）"12·3一个句子存在两个层次以上的并列关系时，在有内在联系的两个并列层次之间用顿号，没有内在联系的两个并列层次之间用逗号。"《广告法》第五十五条第一款规定中的"违反本法规定，发布虚假广告的，由市场监督管理部门责令停止发布广告，责令广告主在相应范围内消除影响，处广告费用三倍以上五倍以下的罚款，广告费用无法计算或者明显偏低的，处二十万元以上一百万元以下的罚款；"属于一个句子存在两个层次以上的并列关系时，没有内在联系的两个并列层次之间用逗号的情形。并列关系只是有前后之分，而无主次之分。根据违法情节依法独立可以适用"责令停止发布广告"，也可以"责令停止发布广告"和"责令广告主在相应范围内消除影响""处广告费用三倍以上五倍以下的罚款"合并适用。

(2) 责令暂停发布

"责令暂停发布可能造成严重后果的涉嫌违法广告"出现在《广告法》第四十九条第六项规定的监督管理中，不是法律责任，属于行政强制措施，而不是行政处罚。它是指广告监督管理机关履行广告监督管理职责，可以行使职权。

(3) "责令改正""责令停止违法行为"分别出现在《广告法》第六十条、第六十二条规定中，是要求当事人改正已经实施的违法行为或者停止正在实施的违法行为，《行政处罚法》第二十八条规定"行政机关实施行政处罚时，应当责令当事人改正或者限期改正违法行为。"可见，"责令改正""责令停止违法行为"是附带于行政处罚之中的法定义务，是行政命令，不是行政处罚的种类。

2. 责令广告主在相应范围内消除影响的含义

"责令广告主在相应范围内消除影响"与"责令停止发布广告"可以结合使用，两者相辅相成。凡是适用《广告法》第五十五条、第五十八条"责令停止发布广告"规定的，都可以同时适用"责令广告主在相应范围内消除影响"。适用"责令广告主在相应范围内消除影响"是指在相同媒体上支付一定的广告费发布更正广告，消除影响，加重当事人的财产负担，同时更正广告对当事人声誉造成的一定负面影响。它具有强烈的惩罚性，属于《广告法》创设的行政处罚类型。"责令广告主在相应范围内消除影响"适用范围包括：

(1) 虚假广告；

(2) 违法医疗、药品、医疗器械广告；

(3) 非医疗、药品、医疗器械的商品或者服务宣传疾病治疗功能、使用医疗用语或者与药品、医疗器械相混淆的用语的广告；

(4) 违法保健食品、酒类广告、招商投资、房地产广告；

(5) 违法农作物种子、林木种子、草种子、种畜禽、水产苗种和种养殖广告；

(6) 利用受到行政处罚未满三年的自然人、法人或者其他组织作为广告代言人；

(7) 在中小学校、幼儿园内或者利用与中小学生、幼儿有关的物品发布广告；

(8) 违法针对不满十四周岁的未成年人的商品或者服务的广告；

(9) 医疗、药品、医疗器械、农药、兽药和保健食品广告未经广告审查机关审查发布等。

3. 没收广告费用、没收违法所得的含义

(1) 没收广告费用是一种财产罚，属于《广告法》创设的行政处罚类型，是指广告监督管理机关对设计、制作、发布、代理违法广告的广告经营者、广告发布者依法做出没收其合同约定的全额广告设计、制作、发布、代理费的行政处罚。合同约定广告费用是指双方签订合同中约定的广告费用。无论广告经营者、广告发布者是否收取全额广告费用，都应当按照合同中约定的广告费用全额予以没收。因为未收到广告费用系合同债权债务民事关系，行政处罚系行政法律关系，两者不属于同一法律关系。民事关系不能对抗行政法律关系。而且，违法广告及合同中约定的广告费用都是法律事实。若未收到广告费用不能没收，那么当事人就可能钻这个空子，谎称广告费用尚未支付或收取，事后再支付或收取，逃避应当承担的法律责任。

(2) 没收违法所得也是一种财产罚，违法所得是指以当事人提供违法广告服务所获得的全部收入扣除当事人直接用于广告服务的适当的合理支出的所得。它是指广告监督管理机关对以下三种违法广告行为做出没收其全额所得的行政处罚：(1) 在医疗、药品、医疗器械、保健食品广告中做推荐、证明的，为其未使用过的商品或者未接受过的服务做推荐、证明的，明知或者应知广告虚假仍在广告中对商品、服务做推荐、证明的广告代言人；(2) 对明知或者应知广告活动违法却不予制止的公共场所的管理者和电信业务经营者、互联网信息服务提供者；(3) 伪造、变造或者转让广告审查批准文件的任何单位或者个人。

4. 罚款的含义

罚款也是一种财产罚，具有额外的惩戒性。它是指广告监督管理机关依法对实施违法广告行为的主体做出一定数额、一定比例金额的行政处罚。

5. 吊销营业执照、吊销诊疗科目或者吊销医疗机构执业许可证的含义

这是一种剥夺权利的行为罚，相等于《行政处罚法》规定的"限制开展生产经营活动、责令停产停业、责令关闭、限制从业"等行为罚。它是指广告监督管理机关、卫生行政部门对发布虚假广告或社会危害性严重的违禁广告，并造成严重后果的广告主、广告经营者、广告发布者依法做出取消经营资格的行政处罚。

6. 撤销广告审查批准文件，一年内不受理其广告审查申请的含义

撤销广告审查批准文件并非行政处罚，而是一种行政管理措施。其本身并不属于现行《行政处罚法》中列明的行政处罚种类，也并无依据归入兜底的"其他法律、行政法规规定的其他行政处罚"。

一年内不受理其广告审查申请是一种剥夺权利的行为罚，相等于《行政处罚法》规定的"限制开展生产经营活动、责令停产停业、责令关闭、限制从业"等行为罚。它是指广告审查机关对发布虚假广告或社会危害性严重的违禁广告，依法做出的行政处罚。

7. 通报批评的含义

《广告法》没有此规定，通报批评是《行政处罚法》第九条规定的行政处罚的种类，也是《广告管理条例》规定的行政处罚。它是指广告监督管理机关对发布违法广告，情节较轻的广告主、广告经营者、广告发布者依法做出在行业内或一定社会范围予以书面批评的行政处罚。

通报批评属于声誉罚（亦称荣誉罚、名誉罚、申诫罚）的一种。通报，是指行政机关将行为人的违法事实等予以公开，具有保证社会公众或一定范围内不特定多数人知晓的公开性。这是声誉罚的基本要求。批评，是指行政机关对行为人违反行政管理秩序的行为做出谴责、告诫等负面评价，由此具备行政处罚的惩戒性。其惩戒性主要体现在给行为人带来的负面社会评价上，致使行为人的社会评价受到负面影响，从而影响其正常的生产、生活等。

（二）民事责任

是指广告违法行为侵害了消费者或者其他法人、组织的民事权利，应承担民事赔偿责任。根据《广告法》第五十六条规定，违反本法规定，发布虚假广告，欺骗、误导消费者，使购买商品或者接受服务的消费者的合法权益受到损害的，由广告主依法承担民事责任。广告经营者、广告发布者不能提供广告主的真实名称、地址和有效联系方式的，消费者可以要求广告经营者、广告发布者先行赔偿。关系消费者生命健康的商品或者服务的虚假广告，造成消费者损害的，其广告经营者、广告发布者、广告代言应当与广告主承担连带责任。前款规定以外的商品或者服务的虚假广告，造成消费者损害的，其广告经营者、广告发布者、广告代言人，明知或者应知广告虚假仍设计、制作、代理、发布或者作推荐、证明的，应当与广告主承担连带责任。《广告法》第六十九条规定，广告主、广告经营者、广告发布者违反本法规定，有下列侵权行为之一的，依法承担民事责任：（一）在广告中损害未成年人或者残疾人的身心健康的；（二）假冒他人专利的；（三）贬低其他生产经营者的商品、服务的；（四）在广告中未经同意使用他人名义或者形象的；（五）其他侵犯他人合法民事权益的。

因此，广告违法行为民事责任包括：发布虚假广告造成消费者损失的民事赔偿责任；侵犯他人的姓名权、肖像权、名誉权、商标权、专利权、著作权、商业秘密权等行为，应承担《民法典》、《商标法》、《专利法》、《著作权法》、《不正当竞争法》等规定的民事赔偿责任。

（三）刑事责任

刑事责任，是指违法广告情节严重，构成了《刑法》规定的犯罪行为，应当受刑事处罚的法律责任，如虚假广告罪、伪造国家机关公文公章罪、侵犯公民个人信息罪、非法控制计算机信息系统罪，等等。

第三节　虚假广告的法律责任

虚假广告的法律责任，是指广告内容违反《广告法》第四条规定，构成《广告法》第二十八条规定情形的虚假广告，依法应当承担的法律后果。

《广告法》第四条规定，"广告不得含有虚假或者引人误解的内容，不得欺骗、误导消费者。广告主应当对广告内容的真实性负责"。《广告法》第二十八条规定，"广告以虚假或者引人误解的内容欺骗、误导消费者的，构成虚假广告。广告有下列情形之一的，为虚假广告：（一）商品或者服务不存在的；（二）商品的性能、功能、产地、用途、质量、规格、成分、价格、生产者、有效期限、销售状况、曾获荣誉等信息，或者服务的内容、提供者、形式、质量、价格、销售状况、曾获荣誉等信息，以及与商品或者服务有关的允诺等信息与实际情况不符，对购买行为有实质性影响的；（三）使用虚构、伪造或者无法验证的科研成果、统计资料、调查结果、文摘、引用语等信息做证明材料的；（四）虚构使用商品或者接受服务的效果的；（五）以虚假或者引人误解的内容欺骗、误导消费者的其他情形"。

一、广告主的法律责任

（一）行政责任

由市场监督管理部门责令停止发布广告，责令广告主在相应范围内消除影响，处广告费用三至五倍罚款，广告费用无法计算或者明显偏低的，处二十万元至一百万元罚款；两年内有三次以上违法行为或有其他严重情节的，处广告费用五至十倍罚款；广告费用无法计算或者明显偏低的，处一百万元至二百万元罚款，可以吊销营业执照，并由广告审查机关撤销广告审查批准文件、一年内不受理其广告审查申请。（《广告法》第五十五条第一款）

医疗机构广告主的行政责任：除以上行政责任外，卫生行政部门还可以吊销医疗机构诊疗科目或者吊销医疗机构执业许可证。（《广告法》第五十五条第二款）

【案例】发布互联网借贷信息中介虚假广告，被罚款 60 万元

上海市普陀区市场监管局根据线索对上海钱智金融信息服务有限公司进行检查，发现当事人主要从事互联网借贷信息中介业务，通过官方网站东方融资网（rongzi.com）发布广告和贷款产品等内容，进行宣传和客户引流。2018 年 10 月 26 日起，当事人在东方融资网的首页位置自行设计制作并发布了"不查征信，秒批贷款，有身份证就能贷"的广告（见右图），点击该广告内容显示具体的贷款产品，该广告链接下的贷款产品均为正规金融机构提供，对借款人征信均有要求，并且对借款人年龄都有限制，并非"不查征信，有身份证就能贷"。征信不佳的借款人在东方融资网上提交信息资料后，当事人通过线下联系借款人，仍会为借款人介绍办理无须征信的贷款产品，但出借公司并非经批准的金融机构。

当事人的上述广告误导借款人以为正规金融机构能够为征信不佳的借款人提供贷款，吸引征信不佳的借款人进行借贷活动，为未经批准的金融机构提供借贷业务机会。当事人的上述行为违反了《广告法》第四条的规定，构成了第二十八条第二款第（二）项所指的虚假广告。2021 年 2 月 18 日，普陀区市场监管局对上海钱智金融信息服务有限公司发布虚假广告的行为，依法责令当事人停止发布虚假广告，在相应范围内消除影响，罚款人民币 60 万元整。

（二）民事责任

发布虚假广告，欺骗、误导消费者，使购买商品或者接受服务的消费者的合法权益受到损害的，由广告主依法承担民事责任。（《广告法》第五十六条，《消费权益者保护法》第四十五条，《民法典》）

（三）刑事责任

《刑法》第二百二十二条规定，广告主、广告经营者、广告发布者违反国家规定，利用广告对商品或者服务做虚假宣传，情节严重的，处两年以下有期徒刑或者拘役，并处或者单处罚金。

1. 虚假广告罪追诉标准

(1) 违法所得数额在十万元以上的；

(2) 给单个消费者造成直接经济损失数额在五万元以上的，或者给多个消费者造成直接经济损失数额累计在二十万元以上的；

(3) 假借预防、控制突发事件的名义，利用广告做虚假宣传，致使多人上当受骗，违法所得数额在三万元以上的；

(4) 虽未达到上述数额标准，但两年内因利用广告做虚假宣传，受过行政处罚两次以上，又利用广告做虚假宣传的；

(5) 造成人身伤残的；

(6) 其他情节严重的情形。

2. 情节严重含义

情节严重是指虚假广告后果严重或者累犯虚假广告。

(1) 所谓虚假广告后果严重，一般指因虚假广告造成人身伤残或者受害人重大财产损失（给单个消费者造成直接经济损失数额在五万元以上的，或者给多个消费者造成直接经济损失数额累计在二十万元以上的），下面"全国首例医疗虚假广告罪"案例详解。

(2) 所谓虚假广告累犯，是指虚假广告虽未达到上述严重后果，但因两年内虚假广告受到行政处罚两次以后，又实施虚假广告行为的，下面"唐某某、王某某累犯虚假广告，构成虚假广告罪"案例详解。

(3) 所谓其他情节严重的情形，是指虚假广告罪追诉标准列举没有穷尽的情形，例如为电商提供刷单服务，组织虚假交易的虚假宣传，构成虚假广告罪，下面"组织虚假交易的虚假宣传，构成虚假广告罪"案例详解。

【案例】全国首例医疗虚假广告罪案

被告人黄元敏，杭州华夏医院负责人；被告人杨文秀，杭州华夏医院风湿科投资人；被告人杨国坤，杭州华夏医院风湿科投资人；被告人杨元其，杭州华夏医院风湿科承包管理负责人。四被告人均为福建省莆田市人。

被告人杨文秀、杨国坤等人得知河南省漯河市第一人民医院（漯河市中心医院）开展有治疗类风湿性关节炎、强直性脊柱炎效果较好的免疫平衡调节术，有意引进该项技术在北京成立专科医院。为能扩大广告宣传效果，杨文秀、杨国坤等人经事先预谋，出资10000港币在香港注册成立了康恒医院投资集团（香港）有限公司及香港国际类风湿病研究院（业务范围为类风湿病、强直性脊柱炎研究，医药研究开发，科研临床合作），并以香港国际类风湿病研究院的名义承包了私营合伙企业杭州华夏医院风湿科，由杨元其等人负责具体事务的管理，由在漯河中心医院学习了两天技术的医生王之义到该院负责实施"免疫平衡调节术"治疗类风湿性关节炎、强直性脊柱炎。为进一步招揽患者，杨元其征得杨文秀同意后决定对外发布广告，杭州华夏医院负责人黄元敏在明知"免疫平衡调节术"非来源于香港、广告内容虚假的情况下，同意杨元其等人以杭州华夏医院的名义通过电视台、报纸对外发布医疗广告。内容为"杭州华夏医院引进香港国际类风湿病研究院最新科研成果，以刘汉光、许保民等著名研究员为首的科研攻关组，经过多年的研究、探索，发明的免疫平衡调节微创手术治疗类风湿性关节炎、强直性脊柱炎新技术，只需一个部位、一次手术，安全可靠，无痛苦，经临床验证，一般术后24小时疼痛减轻，肿胀逐渐消失，经过多年来术后病人的跟踪、随访，效果十分稳定，术后无须长期服药"等，并附有刘汉光、许保民、王之义、李村、王海蛟等医生的简介，均称为香港国际类风湿病研究院研究员。其中将实系杭州华夏医院聘用医师的刘汉光虚称为"免疫平衡调节微创手术发明人，香港国际类风湿病研究院研究员，国内临床协作基地首席专家，擅长风湿、类风湿性关节炎、强直性脊柱炎的诊断治疗，享受政府特殊津贴等"，将王之义虚称为"香港国际类风湿病研究院研究员、国内临床协作基地首席专家。多年来致力于类风湿病免疫平衡微创手术的探索研究，享受政府特殊津贴等"。

广告发布以后，杜玉生等38名类风湿性关节炎、强直性脊柱炎患者至杭州华夏医院接受了免疫平衡调节微创（或介入微创定位）手术的治疗，所涉33名患者不仅未达广告中所称的医疗效果，并不同程度地得到了声音嘶哑的后果。经鉴定，朱芸珍等14名患者伤残等级为九级。

法院认为，被告人黄元敏、杨文秀、杨国坤、杨元其发布虚假医疗广告，致使14名患者构成九级伤残，情节严重，其行为均已构成虚假广告罪。法院以虚假广告罪判处被告人黄元敏有期徒刑一年六个月，缓刑两年，并处罚金人民币三万元；判处被告人杨文秀有期徒刑一年二个月，缓刑一年六个月，并处罚金人民币三万元；判处被告人杨国坤有期徒刑一年二个月，并处罚金人民币二万元；判处被告人杨元其有期徒刑一年，并处罚金人民币二万元。

【案例】唐某某、王某某累犯虚假广告，构成虚假广告罪案

天津市静海区人民法院刑事判决书（2021）津0118刑初146号

公诉机关：天津市静海区人民检察院。

被告人：唐某某，男，1978年7月28日出生于黑龙江省拜泉县，汉族，初中文化。2020年7月6日因涉嫌犯虚假广告罪被天津市公安局静海分局取保候审，2020年9月13日被刑事拘留，2020年9月18日被逮捕。现羁押于天津市静海区看守所。

辩护人赵某某，天津某律师事务所律师。

被告人：王某某，女，1987年10月20日出生于黑龙江省龙江县，汉族，大学文化，住天津市武清区。2020年7月1日因涉嫌犯虚假广告罪被天津市公安局静海分局刑事拘留，2020年8月6日被取保候审。2020年11月20日被天津市静海区人民检察院取保候审。

天津市静海区人民检察院以津静检二部刑诉（2021）14号起诉书指控被告人唐某某、王某某犯虚假广告罪，于2021年2月15日向本院提起公诉。本院审查后于2021年2月19日受理，依法组成合议庭，公开开庭审理了本案。天津市静海区人民检察院指派检察员周某出庭支持公诉，被告人唐某某及其辩护人赵某某、被告人王某某到庭参加诉讼。现已审理终结。

天津市静海区人民检察院指控，2017年9月至2019年6月间，被告人唐某某借用邢台某房地产开发有限公司资质在本市静海区陈官屯镇开发某小区项目，并委托被告人王某某所经营的天津某置业有限公司销售该项目房屋。唐某某、王某某在明知某小区项目未取得相关行政许可手续的情况下，采用虚假广告的方式进行对外宣传销售，称某小区是70年大产权房，可落户。2018年4月24日、2019年7月9日、2019年9月2日，市场监管部门三次对某小区项目虚假宣传行为进行处罚。唐某某、王某某在明知被处罚的情况下仍继续进行虚假宣传，致使董某某、曹某等多名购房者因唐某某无力退款造成损失。

2020年5月7日，天津市静海区陈官屯镇政府工作人员赵某某到天津市公安局静海分局陈官屯派出所报警。2020年6月6日，被告人唐某某经民警电话传唤到案。2020年7月1日，被告人王某某经民警电话传唤到案。

在法庭主持下，公诉人当庭讯问了被告人，宣读了证人证言，出示了案件来源、到案经过、辨认笔录等相关证据，以证明指控被告人唐某某、王某某犯罪的事实。公诉机关认为，被告人唐某某、王某某作为广告主、广告发布者违反国家规定，利用广告对商品做虚假宣传，情节严重，扰乱经济社会秩序，其行为触犯了《中华人民共和国刑法》第二百二十二条之规定，应当以虚假广告罪追究其刑事责任。二被告人是自首，适用《中华人民共和国刑法》第六十七条第一款之规定。同时建议对被告人唐某某判处有期徒刑八个月，并处罚金，建议对被告人王某某判处有期徒刑八个月，适用缓刑，并处罚金，提请本院依法判处。

被告人唐某某对公诉机关指控事实及罪名均无异议，并自愿认罪认罚。其辩护人对指控事实及罪名亦无异议，同时认为被告人唐某某系初犯，无前科劣迹，其积极筹措资金退还了部分购房者的房款，降低了购房者的损失，有悔罪表现，建议对其从轻处罚。

被告人王某某对公诉机关指控事实及罪名均无异议，并自愿认罪认罚。

经审理查明，2017年9月至2019年6月间，被告人唐某某借用邢台某房地产开发有限公司资质，在未取得建设工程规划许可证、土地使用权、销售许可等审批手续的情况下，在天津市静海区陈官屯镇二街村集体用地上开发并对外销售某小区。被告人王某某在明知某小区项目未取得相关行政许可手续的情况下，受唐某某委托以其所经营的天津某置业有限公司向陈官屯镇二街村民以外的人员销售该小区房屋，对外发布"某小区是70年大产权房，可落户"等虚假内容的广告。2018年4月24日、2019年7月9日、2019年9月2日，天津市静海区市场监督管理局三次对某小区项目虚假宣传行为进行处罚。唐某某、王某某在明知被处罚的情况下仍继续进行虚假宣传，致使多名购房者因唐某某无力退款造成损失。

2020年5月7日，天津市静海区陈官屯镇政府工作人员赵某某到天津市公安局静海分局陈官屯派出所报警。2020年6月6日，被告人唐某某经民警电话传唤到案。2020年7月1日，被告人王某某经民警电话传唤到案。

另查明，案发后，被告人王某某主动向公安机关退缴电商款37万元。被告人唐某某、王某某退还了部分购房者的房款及电商费。

上述事实，有证人唐某、韩某、谢某等103位证人的证言，被告人唐某某、王某某的供述及案件来源、到案经过，天津市静海区市场监督管理局对某小区行政处罚情况、相关职能部门出具的证明，人才引进的相关材料，房地产开发手续，天津某置业经纪有限公司信息，小产权房六要件，龙煌公司工资表、团购协议，帝标公司与盛世百合公司的协议，帝标公司工资表、销售统计等，帝标公司服务协议、退款承诺及退款情况，申请退款表、回迁名单等购房明细，不动产登记资料查询结果，邢台鸿运房地产开发有限公司企业基本信息、税务登记表、交易明细、银行交易流水、辨认笔录、户籍证明，公安机关情况说明等证据予以证实。

经当庭质证，上述证据具有合法性、关联性、客观性，已形成证据体系，应作为认定本案事实的依据予以确认。

本院认为，被告人唐某某、王某某违反法律规定，利用广告对商品做虚假宣传，两年内受过行政处罚两次以上，仍利用广告做虚假宣传，属情节严重，其行为均构成虚假广告罪。公诉机关指控罪名成立。被告人唐某某、王某某经民警电话传唤到案并如实供述自己的罪行，均认定自首，且二被告人自愿认罪认罚，可依法对二被告人予以从轻处罚。被告人王某某主动向公安机关退缴电商款37万元由公安机关依法处理，结合被告人唐某某及王某某退还部分购房者房款及电商费的情节，本院在量刑时对二被告人酌情予以从轻处罚。辩护人关于被告人唐某某具有相关从轻处罚情节的辩护意见，本院予以采纳。综上，公诉机关量刑建议适当，本院根据本案的犯罪事实、性质、情节、以及对社会的危害程度，依照《中华人民共和国刑法》第二百二十二条，第二十五条第一款，第六十七条第一款，第七十二条第一款、第三款，第七十三条之规定，判决如下：

被告人唐某某犯虚假广告罪，判处有期徒刑八个月，并处罚金人民币5万元。（刑期从判决执行之日起计算。判决执行以前先行羁押的，羁押一日折抵刑期一日。即自2020年9月13日起至2021年5

月12日止。罚金于判决生效后十日内缴纳。)

被告人王某某犯虚假广告罪,判处有期徒刑八个月,缓刑一年六个月,并处罚金人民币3万元。(缓刑考验期限从判决确定之日起计算。罚金于判决生效后十日内缴纳。)

如不服本判决,可在接到判决书的第二日起十日内,通过本院或者直接向天津市第二中级人民法院提出上诉。书面上诉的,应当提交上诉状正本一份,副本二份。

审判长:赵某某

人民陪审员:于某某

人民陪审员:刘某某

二〇二一年四月二十八日

书记员:刘 某

【案例】组织虚假交易的虚假宣传,构成虚假广告罪案

浙江省丽水市莲都区人民法院刑事判决书 (2021) 浙1102刑初69号

公诉机关:丽水市莲都区人民检察院。

被告人:王振杰,男,1988年4月22日出生于福建省南平市,汉族,初中文化,户籍地福建省南平市延平区。曾因犯盗窃罪,于2009年5月被福建省南平市延平区人民法院判处有期徒刑六个月,缓刑一年,并处罚金。因本案于2020年6月5日被刑事拘留,同年7月10日被逮捕。现羁押于丽水市看守所。

被告人:罗伟,男,1985年8月28日出生于江西省分宜县,汉族,初中文化,户籍地江西省分宜县。曾因犯贩卖毒品罪,于2010年4月被江西省分宜县人民法院判处有期徒刑两年六个月;又因犯容留他人吸毒罪,于2017年12月被江西省分宜县人民法院判处有期徒刑一年。因本案于2020年6月5日被刑事拘留,同年7月10日被逮捕。现羁押于丽水市看守所。

被告人:张远柳,男,1986年11月24日出生于福建省南平市,汉族,高中文化,中共党员,户籍地广东省深圳市龙岗区。因本案于2020年6月5日被刑事拘留,同年7月2日被取保候审,2020年9月18日被莲都区人民检察院取保候审,2021年2月22日被逮捕。现羁押于丽水市看守所。

被告人:陈媛,女,1984年10月7日出生于福建省松溪县,汉族,大专文化,户籍地福建省松溪县,住上海市青浦区。因本案于2020年6月6日被取保候审,同年9月18日被莲都区人民检察院取保候审。

被告人:黄益甫,男,1993年1月10日出生于浙江省平阳县,汉族,初中文化,户籍地浙江省温州市平阳县,住浙江省温州市平阳县。因本案于2020年6月5日被刑事拘留,同年7月10日被逮捕。现羁押于丽水市看守所。

被告人:代光胜,男,1988年6月3日出生于安徽省霍邱县,汉族,初中文化,户籍地安徽省霍邱县。因本案于2020年8月15日被刑事拘留,同年9月21日被逮捕,2021年2月23日被取保候审。

被告人:刘志强,男,1993年12月24日出生于湖北省武汉市,汉族,初中文化,户籍地湖北省武汉市硚口区。因本案于2020年8月27日被刑事拘留,同年9月28日被逮捕,2021年2月23日被取保候审。

被告人:胡岩伟,男,1978年12月24日出生于广东省深圳市,汉族,高中文化,户籍地江西省南昌市东湖区。曾因犯假冒注册商标罪,于2014年12月被深圳市福田区人民法院判处有期徒刑一年,缓刑两年。因本案于2020年6月5日被刑事拘留,同年7月10日被逮捕。现羁押于丽水市看守所。

被告人:李良俊,男,1993年9月18日出生于福建省南平市,汉族,初中文化,户籍地福建省南平市延平区。因本案于2020年6月5日被刑事拘留，同年7月10日被逮捕。现羁押于丽水市看守所。

被告人：王振旋，男，1987年9月9日出生于福建省南平市，汉族，初中文化，户籍地福建省南平市延平区。曾因犯盗窃罪，于2009年5月被福建省南平市延平区人民法院判处拘役六个月，缓刑一年，并处罚金。因本案于2020年6月5日被刑事拘留，同年7月10日被逮捕。现羁押于丽水市看守所。

被告人：王家伟，男，1989年8月6日出生于福建省南平市，汉族，初中文化，户籍地福建省南平市延平区。曾因犯盗窃罪，于2009年5月被福建省南平市延平区人民法院判处拘役六个月，缓刑一年，并处罚金。因本案于2020年6月6日被刑事拘留，同年7月10日被逮捕。现羁押于丽水市看守所。

被告人：康朝龙，男，1988年3月25日出生于福建省南平市，汉族，中专文化，户籍地福建省南平市延平区。因本案于2020年6月6日被刑事拘留，同年7月10日被逮捕。现羁押于丽水市看守所。

被告人：王国仲，曾用名王国重，男，1993年5月23日出生于湖北省仙桃市，汉族，初中文化，户籍地湖北省仙桃市。因本案于2020年12月18日被取保候审。

被告人：徐武，男，1988年11月5日出生于湖北省仙桃市，汉族，初中文化，户籍地湖北省仙桃市。因本案于2020年12月21日被取保候审。

被告人：王哲，男，1995年6月15日出生于湖北省汉川市，汉族，初中文化，户籍地湖北省武汉市硚口区。因本案于2020年12月23日被取保候审。

被告人：康永强，男，1991年11月13日出生于福建省南平市，汉族，初中文化，户籍地福建省南平市延平区。因本案于2020年6月27日被取保候审，同年9月18日被莲都区人民检察院取保候审。

被告人：刘汉明，男，1990年10月20日出生于湖北省仙桃市，汉族，大专文化，户籍地湖北省仙桃市。因本案于2020年12月21日被取保候审。

被告人：陈文，男，1993年8月6日出生于湖北省仙桃市，汉族，初中文化，户籍地湖北省仙桃市。因本案于2020年12月18日被取保候审。

（说明：以上被告人的辩护人省略）

丽水市莲都区人民检察院以丽莲检二部刑诉（2021）45号起诉书指控被告人王振杰、张远柳、李良俊、康朝龙、王振旋、王家伟、陈媛、刘志强、陈文、王国仲、徐武、王哲、刘汉明、代光胜、黄益甫、罗伟、胡岩伟、康永强犯虚假广告罪，于2021年2月7日向本院提起公诉。本院依法组成合议庭，适用简易程序，公开开庭审理了本案。丽水市莲都区人民检察院指派检察员朱乐出庭支持公诉，被告人王振杰及其辩护人刘富海，被告人张远柳及其辩护人孙建明、罗英湘，被告人李良俊及其辩护人刘建安，被告人康朝龙及其辩护人陈桂珍，被告人王振旋、王家伟及其辩护人姚立成，被告人陈媛及其辩护人蓝薇璐，被告人刘志强、陈文、王国仲、徐武、王哲、刘汉明，被告人代光胜及其辩护人靳彭柳，被告人黄益甫及其辩护人陈洁，被告人罗伟及其辩护人黄建宏，被告人胡岩伟及其辩护人王玲，被告人康永强到庭参加诉讼。现已审理终结。经审理查明：

1. 2019年4月至2020年6月4日，被告人王振杰伙同被告人张远柳、李良俊、康朝龙、王振旋、王家伟，按照王振杰、张远柳各占股30%，李良俊、王振旋、王家伟、康朝龙各占股10%的股份比例，成立刷单团队，雇佣陈某1、詹某、黄某1、康某1（均另案处理）等为工作人员，以南平市猫淘电子商务有限公司的名义向南京掌控网络有限公司租用"365外勤软件"进行接单、派单，通过被告人陈媛、黄益甫、代光胜、刘志强等的刷单团队为网络电商提供刷单服务，以虚假交易的方式，提高店铺的交易量及好评度，以虚假宣传提升店铺信誉，促进店铺成交量。该团队通过刷单非法获利人民币9 865 700余元，另收取被告人代光胜、刘志强团队的软件使用费（端口费）共计人民币1 248 000余元。

2. 2019年4月至2020年6月，被告人陈媛在上海成立刷单团队，雇佣朱某1、薛某、刘某1（均另案处理)等为工作人员,通过自行组织人员接单、派单以及与被告人王振杰团队合作的方式为网络电商提供刷单服务,组织虚假交易、进行虚假宣传,从中非法获利人民币4519599元。

3. 2019年12月至2020年6月,被告人刘志强伙同被告人徐武、陈文、王国仲、王哲、刘汉明,在武汉××队,按被告人刘志强占股55%、被告人徐武、陈文、王国仲、王哲各占股10%、被告人刘汉明占股5%的持股比例,以向王振杰团队支付软件使用费的方式,租用"365外勤软件系统"账户进行接单、派单,为网络电商提供刷单服务,组织虚假交易,进行虚假宣传,从中非法获利250万元。该团队共分红5次,每次分红人民币50万元,被告人刘志强分得人民币137.5万元,被告人徐武、陈文、王国仲、王哲各分得人民币25万元,被告人刘汉明分得12.5万元。

4. 2019年12月至2020年6月,被告人代光胜以向王振杰团队支付软件使用费(端口费)的方式,租用"365外勤软件系统"账户进行接单、派单,为网络电商提供刷单服务,组织虚假交易,进行虚假宣传,从中非法获利人民币1224000余元。

5. 2019年10月至2020年6月,被告人黄益甫在温州××队,通过和被告人王振杰团队合作的方式,雇佣陈某2(另案处理)等为工作人员,为网络电商提供刷单服务,组织虚假交易,进行虚假宣传,非法获利人民币1697600余元。

6. 2020年3月至2020年6月,被告人罗伟伙同被告人胡岩伟、王振杰、张远柳、康永强,按照罗伟占股25%、胡岩伟占股25%、王振杰和张远柳共占股33%、康永强占股17%的持股比例为股东,成立刷单团队,雇佣黄某1、林某(均另案处理)等为工作人员,为网络电商提供刷单服务,组织虚假交易,进行虚假宣传。该团队通过刷单非法获利共计人民币1005100余元。其中,被告人罗伟单独通过刷单非法获利人民币61313元。

被告人王振杰、王振旋、李良俊、罗伟、张远柳、胡岩伟、黄益甫、陈媛于2020年6月5日被抓获归案,被告人康朝龙、王家伟于2020年6月5日到公安机关投案,被告人康永强于2020年6月26日到公安机关投案,被告人代光胜于2020年8月15日被抓获归案,被告人刘志强于2020年8月27日被抓获归案,被告人陈文、王国仲于2020年12月17日到公安机关投案,被告人徐武、刘汉明于2020年12月20日到公安机关投案,被告人王哲于2020年12月23日到公安机关投案。

案发后,被告人张远柳退缴违法所得人民币50万元,被告人陈媛退缴违法所得人民币101万元,被告人王哲、徐武、王国仲、陈文各退缴违法所得人民币25万元,被告人刘汉明退缴违法所得人民币12.5万元。

另查明:案发后,被告人刘志强、陈文规劝同案犯王国仲主动投案,被告人张远柳有检举揭发他人开设赌场的犯罪行为,并经查证属实。

被告人陈媛于2021年2月22日向本院继续退缴违法所得人民币3509599元,被告人刘志强于2021年2月22日向本院退缴违法所得人民币1375000元,被告人代胜光于2021年2月23日向本院退缴违法所得人民币1224000元。

上述事实,有经庭审质证的下列证据:户籍信息,归案经过,前科查询记录,刑事判决书,人员详细信息,情况说明,搜查证、搜查笔录及照片,扣押决定书、扣押清单、扣押笔录,视听资料制作说明,暂扣款票据,调取证据通知书、调取证据清单,接受证据材料清单、照片材料,发还清单,支付宝转账截图、支付宝转账记录,银行明细,工资表,王振杰手机勘查截图、王振杰支付宝调取材料截图,协助查询财产通知书,不动产信息证明,协助查询通知书,查封清单,查封笔录,外勤365服务标准合同,受案登记表,立案决定书,拘留证,取保候审决定书,行政处罚决定书,讯问笔录,询问笔录,证人朱某1、薛某、刘某1、陈某1、詹某、黄某1、康某1、林某、陈某2、康某2、康某3、肖某、丁某、钱某、章某、米某、王某1、陈某3、刘某2、王某2、程某、刘某3、梁某、陈某4、李某1、刘某4、夏某、于某、陈某5、朱某2、兰某、张某、李某2、蔡某、邹某、宋某、潘某、黄某2、刘某5等的证言，被告人王振杰、张远柳、李良俊、王振旋、王家伟、康朝龙、罗伟、胡岩伟、康永强、黄益甫、陈媛、代光胜、刘志强、王国仲、陈文、刘汉明、徐武、王哲的供述与辩解，电子数据检查笔录，远程勘验检查工作记录证明，光盘16张，移动硬盘2个，证明等予以证实，证据确实、充分，足以认定。故对被告人张远柳的辩护人提出被告人王振杰的供述不真实的质证意见，本院不予采信。

本院认为，被告人王振杰、张远柳、李良俊、康朝龙、王振旋、王家伟、罗伟、胡岩伟、康永强、陈媛、刘志强、王国仲、陈文、刘汉明、徐武、王哲、代光胜、黄益甫违反国家规定，为网络电商提供刷单服务，组织虚假交易、进行虚假宣传，其行为均已构成虚假广告罪。公诉机关指控罪名成立，本院予以支持。被告人张远柳的辩护人提出被告人张远柳的犯罪数额未实际获取，该辩护意见与本院查明的王振杰团队进行过分红的事实不符；被告人代光胜的辩护人提出代光胜的涉案非法获利数额中有20万元部分是为其本人店铺刷单，不属于非法获利数额，经核查在案证据，该辩护意见没有证据予以佐证，故对上述辩护意见本院不予采纳。被告人罗伟曾因故意犯罪被判处有期徒刑，在刑罚执行完毕后五年内又故意再犯，应当判处有期徒刑以上刑罚之罪，系累犯，依法从重处罚。被告人王振杰、王振旋、王家伟、胡岩伟有犯罪前科，酌情从重处罚。在王振杰团队中，被告人王振杰、张远柳在共同犯罪中起主要作用，系主犯，对辩护人提出张远柳不是主犯的辩护意见，本院不予采纳；被告人王振旋、王家伟、李良俊、康朝龙起次要作用，系从犯，依法对被告人王振旋、王家伟、李良俊、康朝龙从轻处罚。在刘志强团队中，被告人刘志强在共同犯罪中起主要作用，系主犯，被告人王国仲、陈文、刘汉明、徐武、王哲起次要作用，系从犯，依法对被告人王国仲、陈文、刘汉明、徐武、王哲从轻处罚。在罗伟团队中，被告人罗伟、王振杰在共同犯罪中起主要作用，系主犯，被告人张远柳、胡岩伟、康永强起次要作用，系从犯，依法对被告人张远柳、胡岩伟、康永强从轻处罚。被告人张远柳、刘志强、陈文具有立功表现，依法从轻处罚。被告人王家伟、康朝龙、康永强、王国仲、陈文、刘汉明、徐武、王哲犯罪以后自动投案，如实供述自己的罪行，系自首；被告人王振杰、张远柳、李良俊、王振旋、罗伟、胡岩伟、陈媛、刘志强、代光胜、黄益甫归案后如实供述自己的罪行，系坦白，依法对各被告人从轻处罚。被告人王振杰、张远柳、李良俊、康朝龙、王振旋、王家伟、罗伟、胡岩伟、康永强、陈媛、刘志强、王国仲、陈文、刘汉明、徐武、王哲、代光胜、黄益甫承认指控的犯罪事实，愿意接受处罚，依法从宽处理。被告人陈媛、刘志强、王哲、徐武、王国仲、陈文、刘汉明、代光胜及被告人张远柳已退缴全部或部分违法所得，酌情从轻处罚。各被告人及其辩护人提出从轻处罚的辩解、辩护意见，本院予以采纳，但对被告人张远柳、黄益甫的辩护人提出适用缓刑的辩护意见，本院不予采纳。依照《中华人民共和国刑法》第二百二十二条、第二十五条、第二十六条、第二十七条、第六十五条、第六十七条、第六十八条、第四十五条、第四十七条、第七十二条、第七十三条、第五十二条、第六十四条，《中华人民共和国刑事诉讼法》第十五条的规定，判决如下：

一、被告人王振杰犯虚假广告罪，判处有期徒刑一年六个月，并处罚金人民币100万元（刑期从判决执行之日起计算。判决执行以前先行羁押的，羁押一日折抵刑期一日，即自2020年6月5日起至2021年12月4日止）。

二、被告人罗伟犯虚假广告罪，判处有期徒刑一年三个月，并处罚金人民币20万元（刑期从判决执行之日起计算。判决执行以前先行羁押的，羁押一日折抵刑期一日，即自2020年6月5日起至2021年9月4日止）。

三、被告人张远柳犯虚假广告罪，判处有期徒刑一年两个月，并处罚金人民币100万元（刑期从判决执行之日起计算。判决执行以前先行羁押的，羁押一日折抵刑期一日，即自2021年2月22日起至

2022年3月24日止)。

四、被告人陈媛犯虚假广告罪,判处有期徒刑一年两个月,缓刑两年,并处罚金人民币90万元(缓刑考验期限,从判决确定之日起计算)。

五、被告人黄益甫犯虚假广告罪,判处有期徒刑一年,并处罚金人民币35万元(刑期从判决执行之日起计算。判决执行以前先行羁押的,羁押一日折抵刑期一日,即自2020年6月5日起至2021年6月4日止)。

六、被告人代光胜犯虚假广告罪,判处有期徒刑一年,缓刑两年,并处罚金人民币25万元(缓刑考验期限,从判决确定之日起计算)。

七、被告人刘志强犯虚假广告罪,判处有期徒刑一年,缓刑两年,并处罚金人民币50万元(缓刑考验期限,从判决确定之日起计算)。

八、被告人胡岩伟犯虚假广告罪,判处有期徒刑十一个月,并处罚金人民币5万元(刑期从判决执行之日起计算。判决执行以前先行羁押的,羁押一日折抵刑期一日,即自2020年6月5日起至2021年5月4日止)。

九、被告人李良俊犯虚假广告罪,判处有期徒刑十一个月,并处罚金人民币2万元(刑期从判决执行之日起计算。判决执行以前先行羁押的,羁押一日折抵刑期一日,即自2020年6月5日起至2021年5月4日止)。

十、被告人王振旋犯虚假广告罪,判处有期徒刑十一个月,并处罚金人民币2万元(刑期从判决执行之日起计算。判决执行以前先行羁押的,羁押一日折抵刑期一日,即自2020年6月5日起至2021年5月4日止)。

十一、被告人王家伟犯虚假广告罪,判处有期徒刑十一个月,并处罚金人民币2万元(刑期从判决执行之日起计算。判决执行以前先行羁押的,羁押一日折抵刑期一日,即自2020年6月6日起至2021年5月5日止)。

十二、被告人康朝龙犯虚假广告罪,判处有期徒刑十个月,并处罚金人民币2万元(刑期从判决执行之日起计算。判决执行以前先行羁押的,羁押一日折抵刑期一日,即自2020年6月6日起至2021年4月5日止)。

十三、被告人王国仲犯虚假广告罪,判处有期徒刑十个月,缓刑一年六个月,并处罚金人民币5万元(缓刑考验期限,从判决确定之日起计算)。

十四、被告人徐武犯虚假广告罪,判处有期徒刑十个月,缓刑一年六个月,并处罚金人民币5万元(缓刑考验期限,从判决确定之日起计算)。

十五、被告人王哲犯虚假广告罪,判处有期徒刑十个月,缓刑一年六个月,并处罚金人民币5万元(缓刑考验期限,从判决确定之日起计算)。

十六、被告人康永强犯虚假广告罪,判处有期徒刑十个月,缓刑一年六个月,并处罚金人民币4万元(缓刑考验期限,从判决确定之日起计算)。

十七、被告人刘汉明犯虚假广告罪,判处有期徒刑十个月,缓刑一年六个月,并处罚金人民币2万元(缓刑考验期限,从判决确定之日起计算)。

十八、被告人陈文犯虚假广告罪,判处有期徒刑十个月,缓刑一年两个月,并处罚金人民币5万元(缓刑考验期限,从判决确定之日起计算)。

十九、被告人王振杰、张远柳、李良俊、康朝龙、王振旋、王家伟的违法所得人民币11 113 700元(被告人张远柳已退缴50万元),被告人陈媛的违法所得人民币4 519 599元(已缴纳),被告人刘志强、徐武、陈文、王国仲、王哲、刘汉明的违法所得人民币250万元（已缴纳），被告人代光胜的违法所得人民币122.4万元（已缴纳），被告人王振杰、张远柳、罗伟、胡岩伟、康永强的违法所得人民币943 787元，被告人罗伟的违法所得人民币61 313元，被告人黄益甫的违法所得人民币169.76万元，予以追缴，上缴国库。

二十、各被告人被公安机关扣押的作案工具（包括刷单资金），予以没收。

上述款项限本判决生效后三日内缴纳。

如不服本判决，可在接到判决书的第二日起十日内，通过本院或者直接向浙江省丽水市中级人民法院提出上诉。书面上诉的，应当提交上诉状正本一份，副本二份。

审判长 黄某某
人民陪审员 金某某
人民陪审员 徐某某
二〇二一年二月二十三日
书记员 魏某某

二、广告经营者的法律责任

（一）行政责任

明知或者应知广告虚假仍设计、制作、代理、发布的，由市场监督管理部门没收广告费用，并处广告费用三至五倍罚款，广告费用无法计算或者明显偏低的，处二十万元至一百万元罚款；两年内有三次以上违法行为或其他严重情节的，处广告费用五至十倍罚款，广告费用无法计算或者明显偏低的，处一百万元至二百万元罚款，并可以由有关部门暂停广告发布业务、吊销营业执照、吊销广告发布登记证件。（《广告法》第五十五条）

（二）民事责任

广告经营者、广告发布者不能提供广告主的真实名称、地址和有效联系方式的，先行赔偿。明知或者应知广告虚假仍设计、制作、代理、发布的，应当与广告主承担连带责任。虽不明知或者不应知，但关系消费者生命健康的商品或者服务的虚假广告，造成消费者损害的，应当与广告主承担连带责任。（《广告法》第五十六条）

[注意]关系消费者生命健康的商品或服务的广告，不局限于医疗、药品、医疗器械、保健食品的广告，还应包括化妆品、食用农产品、消毒产品、家用电器、儿童玩具、劳动防护用品（含摩托车乘员头盔）、汽车配件、低压电器、建筑钢材、人造板、扣件、电线电缆、燃气器具、危险化学品、电热毯、防爆电气、农资（重点为饲料粉碎机、农药、脱粒机、水泵、化肥等）、危险化学品及其包装物、容器、食品添加剂及食品相关产品等涉及人体健康和生命安全的一切产品和进出口产品等。依据如下：(1) 最高人民法院《关于审理食品药品纠纷案件适用法律若干问题的规定》的司法解释第十七条规定，消费者与化妆品、保健品等产品的生产者、销售者、广告经营者、广告发布者、推荐者、检验机构等主体之间的纠纷，参照适用本规定。明确了化妆品也属于关系消费者生命健康的商品。(2)《国务院关于加强食品等产品安全监督管理的特别规定》第二条规定，本规定所称产品除食品外，还包括食用农产品、药品等与人体健康和生命安全有关的产品。(3) 国务院办公厅《全国产品质量和食品安全专项整治行动方案》第七条规定，涉及人身健康和安全的产品质量安全整治。重点整治家用电器、儿童玩具、劳动防护用品、汽车配件、低压电器、建筑钢材、人造板、扣件、电线电缆、燃气器具等10类涉及人身健康和安全的产品。

【案例】发布虚假广告，不能提供广告主真实名称和地址，赔偿受害者损失

某报（以下称"被告一"）上发布某实业有限公司（以下称"被告二"）征寻合资办厂广告。广告称："本公司是集工贸为一体的股份企业，经济技术力量雄厚，下属十多家企业，卫生巾产品行销海内外。为平衡供求关系，选择有条件的单位联合办厂。现将办厂条件、办法简介如下：办厂条件（略）；投资：流水线50万元，流动资金50万元；联营办法：双方共同投资、共同经营，利润按五五分成，贵方负责厂房、电力设备、招聘工人，我方负责流动资金、技术、包销产品。为落实计划，望具备条件的单位和个人及时来电、来函联系，委派全权代表人来公司考察、洽谈。地址：闽东赛岐经济开发区；电话：××××-6968448；电挂：6878。"

原告看到广告后，派人前往福建，与被告二签订了联营合同。约定：原告提供厂房、仓库、办公用房，购买设备所用的50%资金保证按时到位；被告二负责设备安装、调试、生产工艺的技术传授，提供"安尔舒"商标，包销产品，设备选型，提供流动资金50万元及设备投资50%的资金。利润五五分成。此后，原告将人民币256 310元交与被告二，购置了一台卫生巾生产机械，并从福建运回长春，支付运费10 500元，铝材费10 395元。原告还购置了价值37 511.1元的生产材料及支出运费1 612.72元，支出差旅费1 150元。原告将设备运回后，被告二下落不明。另查，被告一发布此则广告所依据的被告二提供的法人营业执照传真件是伪造的，公章是私刻的，被告二根本不存在。原告所购设备经长春市价格事务所鉴定，确认为"三无产品"。有关部门鉴定该产品设计不合理，工艺不当，制造精度差，不能生产出合格产品，其价值为43 750元。

原告向法院起诉称：被告一作为广告发布者，未认真审查广告主的有关证件，且又不能提供广告主的真实地址，按照我国广告法的规定，应承担虚假广告给原告造成的损失。请求判令被告一赔偿原告购买设备款256 310元、设备运费10 500元、差旅费12 954元、材料费37 511.1元、材料运费1 612.72元、利息损失20 278元，共计326 540元。

被告一答辩称：与原告没有任何合同关系，原告进行实地考察后，与对方签订合同，购买设备。该案属刑事案件，不属民事案件，原告起诉要求赔偿无理。

法院经审理认为：被告一未查验广告主提交的企业法人营业执照传真件与营业执照原件是否一致，发布了虚假广告，损害了原告的合法权益。被告一又不能提供被告二的真实名称和真实地址，依法应承担发布虚假广告的责任。法院判决：1.被告一于本判决生效后十日内赔偿原告236 217.72元。2.原告的其他诉讼请求予以驳回（原告购置的原料尚存，并未有损失，该项赔偿请求，不予支持。原告提出的利息损失赔偿的请求，于法无据，不予支持）。

被告一不服一审判决，提起上诉。二审法院认为：被告一不能提供广告主的真实名称和真实地址，根据广告法第三十八条第二款的规定，被告一应承担赔偿责任。但原告前去福建宁德与被告二洽谈，考察后签订了联营协议，又按联营协议购买了该机械设备，现因该机械设备系"三无"产品，造成原告损失，此损失的主要原因是原告考察设备不当所致。因而，对原告的损失，被告一应承担次要责任，原告应承担主要责任。二审法院判决：维持一审法院一审民事判决的第二项。撤销一审人民法院一审民事判决的第一项。被告一赔偿原告损失70 865.30元人民币（236 317.72元的30%），其余损失由原告自负。

（相关法律规定：《消费者权益保护法》第四十五条规定，广告经营者、发布者发布虚假广告的，消费者可以请求行政主管部门予以惩处。广告经营者、发布者不能提供经营者的真实名称、地址和有效联系方式的，应当承担赔偿责任。广告经营者、发布者设计、制作、发布关系消费者生命健康商品或者服务的虚假广告，造成消费者损害的，应当与提供该商品或者服务的经营者一起承担连带责任。）

(三) 刑事责任

明知广告虚假仍然帮助广告主设计、制作、代理、发布，情节严重的，构成虚假广告罪的共同犯罪，依法追究刑事责任。(《刑法》第二百二十二条，《刑法》第二十五条关于共同犯罪定义)

三、广告代言人的法律责任

(一) 行政责任

明知或者应知广告虚假，仍在广告中对商品、服务做推荐、证明的，没收违法所得，并处违法所得一至二倍罚款。(《广告法》第六十一条)

(二) 民事责任

明知或者应知广告虚假，仍在广告中对商品、服务做推荐、证明的，应当与广告主承担连带责任。虽不明知或者不应知，但关系消费者生命健康的商品或者服务的虚假广告，造成消费者损害的，仍应当与广告主承担连带责任。(《广告法》第五十六条第三款)

(三) 刑事责任

明知广告虚假仍然帮助广告主代言，情节严重的，构成虚假广告罪的共同犯罪，依法追究刑事责任。(《刑法》第二百二十二条，《刑法》第二十五条关于共同犯罪定义)

从《广告法》第五十五条、第五十六条规定可以看出，虚假广告的法律责任主要承担主体是广告主和负有审查责任的广告经营者、广告发布者，以及明知或者应知广告虚假的广告代言人。其中广告主应当承担主要法律责任。

1. 广告主承担虚假广告的首要行政、民事、刑事责任。

2. 广告经营者、广告发布者、广告代言人，承担虚假广告的刑事责任的主观构成要件是"明知"，客观要件是情节严重。情节严重是指社会危害后果严重、累犯等。

3. 广告经营者、广告发布者、广告代言人，承担虚假广告的行政、民事责任的主观构成要件是"明知或者应知"，即主观故意或者过失。

明知或者应知的含义，见本章第二节。

第四节　违禁广告的法律责任

违禁广告的法律责任是指广告内容违反《广告法》第八条至第二十七条、第四十条第二款规定以及其他法律、法规、规章的禁止规定，依法应当承担的法律后果。

第7章 法律责任

一、广告主、广告经营者、广告发布者违反《广告法》第八条、第十一条、第十二条、第十三条的法律责任

(一)《广告法》第八条、第十一条、第十二条、第十三条的内容

1. 广告中对商品的性能、功能、产地、用途、质量、成分、价格、生产者、有效期限、允诺等或者对服务的内容、提供者、形式、质量、价格、允诺等有表示的，应当准确、清楚、明白。广告中表明推销的商品或者服务附带赠送的，应当明示所附带赠送商品或者服务的品种、规格、数量、期限和方式。法律、行政法规规定广告中应当明示的内容，应当显著、清晰表示。（第八条）

2. 广告内容涉及的事项需要取得行政许可的，应当与许可的内容相符合。广告使用数据、统计资料、调查结果、文摘、引用语等引证内容的，应当真实、准确，并表明出处。引证内容有适用范围和有效期限的，应当明确表示。（第十一条）

3. 广告中涉及专利产品或者专利方法的，应当标明专利号和专利种类。未取得专利权的，不得在广告中谎称取得专利权。（第十二条）

4. 广告不得贬低其他生产经营者的商品或者服务。（第十三条）

(二) 广告主的行政责任

责令停止发布广告，处十万元以下的罚款。（《广告法》第五十九条第一款）

(三) 广告经营者、广告发布者的行政责任

明知或者应知广告内容违反第八条、第十一条、第十二条、第十三条规定，仍设计、制作、代理、发布违禁广告的，处十万元以下罚款。（《广告法》第五十九条第二款）

特别说明： 根据2021年10月9日国家知识产权局《关于专利法中假冒专利和广告法中涉嫌专利违法法条适用批复》，1.无效后或者终止后继续在产品或者其包装上标注专利标识的行为，既可以适用《广告法》进行处罚，也可以适用《专利法》进行处罚，罚款数额依据《行政处罚法》第二十九条规定执行。2.未经他人许可在产品或者产品包装、产品说明书等材料中上标注他人的专利号，以及专利权被宣告无效后或者终止后继续在产品或者其包装上标注专利标识，按照《专利法实施细则》第八十四条的规定进行认定。3.在产品说明书等材料中将专利申请称为专利的行为，适用《专利法实施细则》第八十四条进行认定。对于将上述产品说明书作为广告或使用未授予专利权的专利申请作为广告的行为，适用广告法第十二条进行认定。4.销售行为中的专利标志标识不规范行为适用《专利标识标注办法》进行认定。

二、广告主、广告经营者、广告发布者违反《广告法》第九条、第十条、第十五条、第二十条、第二十二条的法律责任

(一)《广告法》第九条、第十条、第十五条、第二十条、第二十二条的内容

1. 广告法第九条11项禁止性规定：（1）广告不得使用或者变相使用中华人民共和国的国旗、国歌、国徽、军旗、军歌、军徽；（2）广告不得使用或者变相使用国家机关、国家机关工作人员的名义或者形象；（3）广告不得使用"国家级""最高级""最佳"等用语；（4）广告不得损害国家的尊严或者利益，泄露国家秘密；（5）广告不得妨碍社会安定，损害社会公共利益；（6）广告不得危害人身、财产安全，泄露个人隐私；（7）广告不得妨碍社会公共秩序或者违背社会良好风尚；（8）广告不得含有淫秽、色情、赌博、迷信、恐怖、暴力的内容；（9）广告不得含有民族、种族、宗教、性别歧视的内容；（10）广告不得妨碍环境、自然资源或者文化遗产保护；（11）法律、行政法规规定禁止的其他情形。（第九条）

2. 广告不得损害未成年人和残疾人的身心健康。（第十条）

3. 麻醉药品、精神药品、医疗用毒性药品、放射性药品等特殊药品，药品类易制毒化学品，以及戒毒治疗的药品、医疗器械和治疗方法，不得做广告。前款规定以外的处方药，只能在国务院卫生行政部门和国务院药品监督管理部门共同指定的医学、药学专业刊物上做广告。（第十五条）

4. 禁止在大众传播媒介或者公共场所发布声称全部或者部分替代母乳的婴儿乳制品、饮料和其他食品广告。（第二十条）

5. 禁止在大众传播媒介或者公共场所、公共交通工具、户外发布烟草广告。禁止向未成年人发送任何形式的烟草广告。禁止利用其他商品或者服务的广告、公益广告，宣传烟草制品名称、商标、包装、装潢以及类似内容。烟草制品生产者或者销售者发布的迁址、更名、招聘等启事中，不得含有烟草制品名称、商标、包装、装潢以及类似内容。（第二十二条）

（二）广告主的行政责任

责令其停止发布广告，处二十万元至一百万元的罚款，情节严重的，吊销营业执照，由广告审查机关撤销广告审查批准文件，一年内不受理其广告审查申请。（《广告法》第五十七条）

（三）广告经营者、广告发布者的行政责任

不论是否明知或者应知，只要设计、制作、代理、发布违反《广告法》第九条、第十条、第十五条、第二十条、第二十二条、第三十七条规定的违禁广告，就应当责令停止发布广告，没收广告费用，处二十万元至一百万元的罚款，情节严重的，并可以吊销营业执照、吊销广告发布登记证件。（《广告法》第五十七条）

2023年2月25日，国家市场监督管理总局发布了《广告绝对化用语执法指南》（以下简称《指南》）。《指南》规定了市场监管部门对含有绝对化用语的商业广告开展监管执法，应当坚持过罚相当、公平公正、处罚和教育相结合、综合裁量的原则，实现政治效果、社会效果、法律效果相统一。市场监管部门对广告绝对化用语实施行政处罚，应当依据《广告法》等法律、法规，结合广告内容、具体语境以及违法行为的事实、性质、情节、社会危害程度及当事人主观过错等实际情况，准确把握执法尺度，合理行使行政处罚裁量权。《指南》规定了初次在广告中使用绝对化用语，危害后果轻微并及时改正的，可以不予行政处罚。商品经营者在其经营场所、自设网站或者拥有合法使用权的其他媒介发布的广告中使用绝对化用语，持续时间短或者浏览人数少，没有造成危害后果并及时改正的，应当依法不予行政处罚；危害后果轻微的，可以依法从轻、减轻行政处罚。《指南》还规定：（一）医疗、医疗美容、药品、医疗器械、保健食品、特殊医学用途配方食品广告中出现与疗效、治愈率、有效率等相关的绝对化用语的；（二）招商等有投资回报预期的商品广告中出现与投资收益率、投资安全性等相关的绝对化用语的；（三）教育、培训广告中出现与教育、培训机构或者教育、培训效果相关的绝对化用语的，一般不认为属于违法行为轻微或者社会危害性较小。

三、广告主、广告经营者、广告发布者违反《广告法》第十六条、第十七条、第十八条、第二十一条、第二十三条、第二十四条、第二十五条、第二十六条、第二十七条、第四十条第二款的法律责任

(一)《广告法》第十六条、第十七条、第十八条、第二十一条、第二十三条、第二十四条、第二十五条、第二十六条、第二十七条、第四十条第二款的内容

1. 医疗、药品、医疗器械广告不得含有下列内容：(1) 表示功效、安全性的断言或者保证；(2) 说明治愈率或者有效率；(3) 与其他药品、医疗器械的功效和安全性或者其他医疗机构比较；(4) 利用广告代言人做推荐、证明；(5) 法律、行政法规规定禁止的其他内容。药品广告的内容应当与国务院药品监督管理部门批准的说明书一致，并应当显著标明禁忌、不良反应。处方药广告应当显著标明"本广告仅供医学药学专业人士阅读"，非处方药广告应当显著标明"请按药品说明书或者在药师指导下购买和使用"。推荐给个人自用的医疗器械的广告，应当显著标明"请仔细阅读产品说明书或者在医务人员的指导下购买和使用"。医疗器械产品注册证明文件中有禁忌内容、注意事项的，广告中应当显著标明"禁忌内容或者注意事项详见说明书"。（第十六条）

[注意] 广告代言人的行为违反《广告法》第十六条第一款第四项规定，在医疗、药品、医疗器械广告中做推荐、证明的法律责任在《广告法》第六十一条规定中。（详见本章第五节二）

2. 非医疗、非药品、非医疗器械广告涉及疾病治疗功能，使用与医药相混淆用语的禁止性规定：除医疗、药品、医疗器械广告外，禁止其他任何广告涉及疾病治疗功能，并不得使用医疗用语或者易使推销的商品与药品、医疗器械相混淆的用语。（第十七条）

3. 保健食品广告不得含有下列内容：(1) 表示功效、安全性的断言或者保证；(2) 涉及疾病预防、治疗功能；(3) 声称或者暗示广告商品为保障健康所必需；(4) 与药品、其他保健食品进行比较；(5) 利用广告代言人做推荐、证明；(6) 法律、行政法规规定禁止的其他内容。保健食品广告应当显著标明"本品不能代替药物"。（第十八条）

[注意] 广告代言人的行为违反《广告法》第十八条第一款第(五)项规定，在保健食品广告中做推荐、证明的法律责任在《广告法》第六十一条规定中。（详见本章第五节二）

4. 农药、兽药、饲料和饲料添加剂广告不得含有下列内容：(1) 表示功效、安全性的断言或者保证；(2) 利用科研单位、学术机构、技术推广机构、行业协会或者专业人士、用户的名义或者形象做推荐、证明；(3) 说明有效率；(4) 违反安全使用规程的文字、语言或者画面；(5) 法律、行政法规规定禁止的其他内容。（第二十一条）

5. 酒类广告不得含有下列内容：(1) 诱导、怂恿饮酒或者宣传无节制饮酒；(2) 出现饮酒的动作；(3) 表现驾驶车、船、飞机等活动；(4) 明示或者暗示饮酒有消除紧张和焦虑、增加体力等功效。（第二十三条）

6. 教育、培训广告不得含有下列内容：(1) 对升学、通过考试、获得学位学历或者合格证书，或者对教育、培训的效果做出明示或者暗示的保证性承诺；(2) 明示或者暗示有相关考试机构或者其工作人员、考试命题人员参与教育、培训；(3) 利用科研单位、学术机构、教育机构、行业协会、专业人士、受益者的名义或者形象做推荐、证明。（第二十四条）

7. 招商等有投资回报预期的商品或者服务广告不得含有下列内容：(1) 对未来效果、收益或者与其相关的情况做出保证性承诺，明示或者暗示保本、无风险或者保收益等，国家另有规定的除外；(2) 利用学术机构、行业协会、专业人士、受益者的名义或者形象做推荐、证明。应当对可能存在的风险以及风

险责任承担有合理提示或者警示。（第二十五条）

8. 房地产广告不得含有下列内容：（1）升值或者投资回报的承诺；（2）以项目到达某一具体参照物的所需时间表示项目位置；（3）违反国家有关价格管理的规定；（4）对规划或者建设中的交通、商业、文化教育设施以及其他市政条件做误导宣传。面积应当表明为建筑面积或者套内建筑面积。（第二十六条）

9. 农作物种子、林木种子、草种子、种畜禽、水产苗种和种养殖广告不得含有下列内容：（1）做科学上无法验证的断言；（2）表示功效的断言或者保证；（3）对经济效益进行分析、预测或者做保证性承诺；（4）利用科研单位、学术机构、技术推广机构、行业协会或者专业人士、用户的名义或者形象做推荐、证明。（第二十七条）

10. 针对不满十四周岁未成年人的广告不得含有下列内容：（1）劝诱其要求家长购买广告商品或者服务；（2）可能引发其模仿不安全行为。（第四十条第二款）

（二）广告主的行政责任

责令其停止发布广告，责令其在相应范围内消除影响，处广告费用一至三倍罚款，广告费用无法计算或者明显偏低的，处十万元至二十万元罚款；情节严重的，处广告费用三至五倍罚款，广告费用无法计算或者明显偏低的，处二十万元至一百万元的罚款，可以吊销营业执照，撤销广告审查批准文件，一年内不受理其广告审查申请。（《广告法》第五十八条）

（三）广告经营者、广告发布者的行政责任

明知或者应知广告内容违反《广告法》第十六条、第十七条、第十八条、第二十一条、第二十三条、第二十四条、第二十五条、第二十六条、第二十七条、第四十条第二款规定，仍设计、制作、代理、发布违禁广告的，责令其停止发布广告，没收广告费用，并处广告费用一至三倍罚款，广告费用无法计算或者明显偏低的，处十万元至二十万元罚款；情节严重的，处广告费用三至五倍罚款，广告费用无法计算或者明显偏低的，处二十万元至一百万元罚款，并可暂停其广告发布业务，吊销营业执照，吊销广告发布登记证件。（《广告法》第五十八条）

第五节　广告行为违法的法律责任

广告行为违法的法律责任是指行为违反《广告法》第十四条、第十九条、第二十九条至第四十五条以及其他法律、法规、规章的禁止规定，应当承担的法律后果。

一、广告发布者违反《广告法》第十四条、第十九条的法律责任

（一）《广告法》第十四条、第十九条的内容

1. 广告应当具有可识别性，能够使消费者辨明其为广告。大众传播媒介不得以新闻报道形式变相发布广告。通过大众传播媒介发布的广告应当显著标明"广告"，与其他非广告信息相区别，不得使消费者产生误解。（第十四条）

2. 广告发布者电台、电视台、报刊音像出版单位、互联网信息服务提供者不得以介绍健康、养生知识等形式变相发布医疗、药品、医疗器械、保健食品广告。（第十九条）

（二）广告发布者的行政责任

1. 责令停止发布广告，处十万元以下罚款。（《广告法》第五十九条）
2. 因大众传播媒介以新闻报道形式变相发布广告，大众媒介及报刊音像出版单位和互联网信息服务提供者以介绍健康、养生知识等形式变相发布医疗、药品、医疗器械、保健食品广告，市场监督管理部门依法给予广告发布者以上处罚的，还应当通报新闻出版广电部门以及其他有关部门。新闻出版广电部门以及其他有关部门应当依法对负有责任的主管人员和直接责任人员给予处分；情节严重的，并可以暂停媒体的广告发布业务。（《广告法》第六十七条）

二、广告代言人违反《广告法》第十六条第一款第四项、第十八条第一款第五项、第三十八条第一款的法律责任

（一）《广告法》第十六条第一款第四项、第十八条第一款第五项、第三十八条第一款的内容

1. 在医疗、药品、医疗器械广告中做推荐、证明。（第十六条第一款第四项）
2. 在保健食品广告中做推荐、证明。（第十八条第一款第五项）
3. 为其未使用过的商品或者未接受过的服务做推荐、证明。（第三十八条第一款）

（二）广告代言人的行政责任

没收违法所得，并处违法所得一至二倍的罚款。（《广告法》第六十一条）

三、广告经营者、广告发布者违反《广告法》第三十四条的法律责任

（一）第三十四条的内容

广告经营者、广告发布者不按照国家有关规定，建立、健全广告业务的承接登记、审核、档案管理制度。广告经营者、广告发布者不依据法律、行政法规查验有关证明文件，核对广告内容。对内容不符或者证明文件不全的广告，仍然提供设计、制作、代理、发布。

（二）广告经营者、广告发布者的行政责任

责令改正，处五万元以下的罚款。（《广告法》第六十条）

四、广告经营者、广告发布者违反《广告法》第三十五条的法律责任

（一）第三十五条的内容

广告经营者、广告发布者应当公布其收费标准和收费办法。

（二）广告经营者、广告发布者的行政责任

由价格主管部门责令改正，可处五万元以下罚款。（《广告法》第六十条）

[备注] 价格主管部门已归属于市场监督管理部门。

五、广告主、广告经营者、广告发布者违反《广告法》第三十七条的法律责任

（一）《广告法》第三十七条的内容

法律、行政法规规定禁止生产、销售的产品或者提供的服务，以及禁止发布广告的商品或者服务，

任何单位或者个人不得设计、制作、代理、发布广告。

（二）广告主的行政责任

责令其停止发布广告，处二十万元以上一百万元以下的罚款，情节严重的，可以吊销营业执照，并由广告审查机关撤销广告审查批准文件、一年内不受理其广告审查申请。（《广告法》第五十七条）

（三）广告经营者、广告发布者的行政责任

责令其停止发布广告，没收广告费用，处二十万元以上一百万元以下的罚款，情节严重的，并可以吊销营业执照。（《广告法》第五十七条）

六、广告主、广告经营者、广告发布者违反《广告法》第三十八条第二款、第三十九条、第四十条的法律责任

（一）《广告法》第三十八条第二款、第三十九条、第四十条的内容

1. 利用不满十周岁的未成年人作为广告代言人。（第三十八条第二款）
2. 在中小学校、幼儿园内开展广告活动，利用中小学生和幼儿的教材、教辅材料、练习册、文具、教具、校服、校车等发布或者变相发布广告。（第三十九条）
3. 在针对未成年人的大众传播媒介上发布医疗、药品、保健食品、医疗器械、化妆品、酒类、美容广告，以及不利于未成年人身心健康的网络游戏广告。（第四十条第一款）

（二）广告主的行政责任

责令其停止发布广告，责令其在相应范围内消除影响，处广告费用一至三倍罚款，广告费用无法计算或者明显偏低的，处十万元至二十万元罚款；情节严重的，处广告费用三至五倍罚款，广告费用无法计算或者明显偏低的，处二十万元至一百万元罚款，可以吊销其营业执照，撤销广告审查批准文件、一年内不受理其广告审查申请。（《广告法》第五十八条）

医疗机构广告主的法律责任：情节严重的，除由市场监督管理部门依法处罚外，卫生行政部门可以吊销其诊疗科目或吊销医疗机构执业许可证。（《广告法》第五十八条）

（三）广告经营者、广告发布者的行政责任

明知或者应知仍设计、制作、代理、发布的，责令其停止发布广告，没收广告费用，处广告费用一至三倍罚款，广告费用无法计算或者明显偏低的，处十万元至二十万元罚款；情节严重的，处广告费用三至五倍罚款，广告费用无法计算或者明显偏低的，处二十万元至一百万元罚款，并可暂停广告发布业务、吊销营业执照、吊销广告发布登记证件。（《广告法》第五十八条）

七、广告主违反《广告法》三十八条第三款的法律责任

（一）《广告法》第三十八条第三款的内容

利用在虚假广告中做推荐、证明受到行政处罚未满三年的自然人、法人或者其他组织作为广告代言人。

（二）广告主的行政责任

责令其停止发布广告，责令其在相应范围内消除影响，处广告费用一至三倍罚款，广告费用无法计算或者明显偏低，处十万元至二十万元罚款；情节严重的，处广告费用三至五倍罚款，广告费用无法计算或者明显偏低的，处二十万元至一百万元罚款，可以吊销其营业执照，撤销广告审查批准文件、一年内不受理其广告审查申请。（《广告法》第五十八条）

医疗机构广告主的法律责任：情节严重的，除由市场监督管理部门依法处罚外，卫生行政部门可以吊销其诊疗科目或者吊销医疗机构执业许可证。（《广告法》第五十八条）

八、广告主、广告经营者、广告发布者违反《广告法》第三十九条的法律责任

(一) 《广告法》第三十九条的内容

不得在中小学校、幼儿园内开展广告活动，不得利用中小学生和幼儿的教材、教辅材料、练习册、文具、教具、校车等发布或者变相发布广告。

(二) 广告主的行政责任

责令其停止发布广告，责令广告主在相应范围内消除影响，处广告费用一倍以上三倍以下的罚款，广告费用无法计算或者明显偏低的，处十万元以上二十万元以下的罚款；情节严重的，处广告费用三倍以上五倍以下的罚款，广告费用无法计算或者明显偏低的，处二十万元以上一百万元以下的罚款，可以吊销营业执照，并由广告审查机关撤销广告审查批准文件、一年内不受理其广告审查申请。（《广告法》第五十八条）

医疗机构广告主的法律责任：情节严重的，除由市场监督管理部门依法处罚外，卫生行政部门可以吊销其诊疗科目或者吊销医疗机构执业许可证。（《广告法》第五十八条）

(三) 广告经营者、广告发布者的行政责任

明知或者应知违反《广告法》第三十九条规定的违法行为仍设计、制作、代理、发布的，责令其停止发布广告，没收广告费用，并处广告费用一倍以上三倍以下的罚款，广告费用无法计算或者明显偏低的，处十万元以上二十万元以下的罚款；情节严重的，处广告费用三倍以上五倍以下的罚款，广告费用无法计算或者明显偏低的，处二十万元以上一百万元以下的罚款，并可以由有关部门暂停广告发布业务、吊销营业执照。（《广告法》第五十八条）

九、广告主、广告经营者、广告发布者违反《广告法》第四十条第一款规定的法律责任

(一) 《广告法》第四十条第一款的内容

在针对未成年人的大众传播媒介上不得发布医疗、药品、保健食品、医疗器械、化妆品、酒类、美容广告，以及不利于未成年人身心健康的网络游戏广告。

(二) 广告主的行政责任

责令其停止发布广告，处二十万元以上一百万元以下的罚款，情节严重的，并可以吊销营业执照，由广告审查机关撤销广告审查批准文件，一年内不受理其广告审查申请。（《广告法》第五十七条）

(三) 广告经营者、广告发布者的行政责任

责令其停止发布广告，没收广告费用，处二十万元以上一百万元以下的罚款，情节严重的，并可以吊销营业执照。（《广告法》第五十七条）

十、广告主违反《广告法》第四十三条的法律责任

（一）《广告法》第四十三条的内容

任何单位或者个人未经当事人同意或者请求，不得向其住宅、交通工具等发送广告，也不得以电子信息方式向其发送广告。以电子信息方式发送广告的，应当明示发送者的真实身份和联系方式，并向接收者提供拒绝继续接收的方式。

（二）广告主的行政责任

由有关部门责令停止违法行为，处五千元至三万元的罚款。（《广告法》第六十二条）

十一、广告主违反《广告法》第四十四条第二款的法律责任

（一）《广告法》第四十四条第二款的内容

利用互联网发布、发送广告，不得影响用户正常使用网络。在互联网页面以弹出等形式发布的广告，应当显著标明关闭标志，确保一键关闭。

[注意] 互联网广告，无论是内容，还是行为，都适用《广告法》的规定及法律责任的规定。因为，《广告法》第四十四条第一款规定：利用互联网从事广告活动，适用本法的各项规定。

（二）广告主的行政责任

责令改正，处五千元至三万元的罚款。（《广告法》第六十二条第二款）

十二、特殊主体违反《广告法》第四十五条的法律责任

（一）《广告法》第四十五条的内容

公共场所的管理者或者电信业务经营者、互联网信息服务提供者对明知或者应知的利用其场所或者信息传输、发布平台发送、发布违法广告的，应当予以制止。

（二）特殊主体的行政责任

没收违法所得，违法所得五万元以上的，并处违法所得一至三倍的罚款，违法所得不足五万元的，并处一万元至五万元的罚款；情节严重的，由有关部门依法停止相关业务。（《广告法》第六十三条）

十三、广告主、广告经营者、广告发布者违反《广告法》第四十六条的法律责任

（一）《广告法》第四十六条的内容

发布医疗、药品、医疗器械、农药、兽药和保健食品广告，以及法律、行政法规规定应当进行审查的其他广告，在广告发布前未经广告审查机关审查。

（二）广告主的行政责任

责令其停止发布广告，责令其在相应范围内消除影响，处广告费用一至三倍罚款，广告费用无法计算或者明显偏低的，处十万元至二十万元罚款；情节严重的，处广告费用三至五倍罚款，广告费用无法计算或者明显偏低的，处二十万元至一百万元罚款，可以吊销营业执照，撤销广告审查批准文件、一年内不受理其广告审查申请。（《广告法》第五十八条）

医疗机构广告主的法律责任：情节严重的，除由市场监督管理部门依法处罚外，卫生行政部门可以吊销诊疗科目或者吊销医疗机构执业许可证。（《广告法》第五十八条）

（三）广告经营者、广告发布者的行政责任

明知或者应知仍设计、制作、代理、发布的，责令其停止发布广告，没收广告费用，处广告费用一至三倍罚款，广告费用无法计算或者明显偏低的，处十万元至二十万元罚款；情节严重的，处广告费用三至五倍罚款，广告费用无法计算或者明显偏低的，处二十万元至一百万元罚款，并可暂停广告发布业务、吊销营业执照、吊销广告发布登记证件。（《广告法》第五十八条）

十四、广告审查申请人违反《广告法》第六十五条的法律责任

（一）第六十五条的内容

隐瞒真实情况或者提供虚假材料申请广告审查的；以欺骗、贿赂等不正当手段取得广告审查批准的。

（二）广告审查申请人的行政责任

隐瞒真实情况或者提供虚假材料申请广告审查的，广告审查机关不予受理或者不予批准，予以警告，一年内不受理该申请人的广告审查申请；以欺骗、贿赂等不正当手段取得广告审查批准的，广告审查机关予以撤销，处十万元以上二十万元以下的罚款，三年内不受理该申请人的广告审查申请。

十五、任何单位或者个人违反《广告法》第四十八条的法律责任

（一）《广告法》第四十八条的内容

任何单位或者个人不得伪造、变造或者转让广告审查批准文件。

（二）任何单位或者个人的行政责任

没收违法所得，并处一万元至十万元罚款。（《广告法》第六十五条）

（三）任何单位或者个人的刑事责任

1. 伪造、变造广告审查批准文件，构成伪造、变造国家机关公文罪。应处三年以下有期徒刑、拘役、管制或者剥夺政治权利；情节严重的，处三年以上十年以下有期徒刑。（《刑法》第二百八十条）

2. 转让广告审查批准文件，构成非法经营罪。处五年以下有期徒刑或者拘役，并处或者单处违法所得一倍以上五倍以下罚金；情节特别严重的，处五年以上有期徒刑，并处违法所得一倍以上五倍以下罚金或者没收财产。（《刑法》第二百二十五条）

十六、任何单位或者个人违反《广告法》第五十一条的法律责任

（一）《广告法》第五十一条的内容

市场监督管理部门依照本法规定行使职权，当事人应当协助、配合，不得拒绝、阻挠。

（二）任何单位或者个人的行政责任

拒绝、阻挠市场监督管理部门监督检查，或者有其他构成违反治安管理行为的，依法给予治安管理处罚；构成犯罪的，依法追究刑事责任。（《广告法》第七十条）

第六节　广告民事侵权行为的法律责任

一、广告民事侵权行为的主要表现

（一）《广告法》第六十八条列举的五种广告侵权行为

1. 在广告中损害未成年人或者残疾人的身心健康的，主要指损害未成年人或者残疾人的名誉权和健康权。
2. 假冒他人专利的，主要指侵犯他人专利权。
3. 贬低其他生产经营者的商品、服务的，主要指侵犯其他生产经营者的商誉权。
4. 在广告中未经同意使用他人名义或者形象的，主要指侵犯他人姓名权和肖像权。
5. 其他侵犯他人合法民事权益的。

第5种是法理上讲的兜底条款，即《广告法》没有列举的民事侵权行为，如《民法典》《消费者权益保护法》《个人信息保护法》《反不正当竞争法》《商标法》《著作权法》《互联网广告管理办法》等其他法律、法规规定的民事侵权行为。主要有以下法律、法规：

（1）《民法典》第三条规定的侵犯人身权利、财产权利。公民人身权包括生命健康权、姓名权、肖像权、荣誉权等。财产权包括对财产占有、使用、处分、收益的权利。

（2）《消费者权益保护法》规定的侵犯消费者知情权、人身财产安全权、公平交易权、求偿权、个人信息保护权等。例如，互联网广告中过度收集个人隐私信息，买卖、泄露个人隐私。利用网络技术在APP广告转化交易中进行价格欺诈的"杀熟"，侵犯消费者的合法权益。

（3）《个人信息保护法》规定的侵犯个人信息权。个人信息不被他人以窃取或者其他手段非法获取、不被非法出售、不被非法使用、不被非法提供给他人等。

（4）《反不正当竞争法》《反垄断法》规定的侵犯公平竞争权、商誉权等。例如，① 提供或者利用应用程序、硬件等对他人正当经营的广告采取拦截、过滤、覆盖、快进等限制措施；② 利用网络通路、网络设备、应用程序等破坏正常广告数据传输，篡改或者遮挡他人正当经营的广告，擅自加载广告；③ 利用虚假的统计数据、传播效果或者互联网媒介价值，诱导错误报价，谋取不正当利益或者损害他人利益（《互联网广告管理办法》第十六条）。还有实施垄断的"二选一"、排斥其他竞争对手，侵犯他人经营权、财产收益的权利等。

（5）《商标法》规定的侵犯商标权。

（6）《著作权法》规定的侵犯著作权等。

二、广告民事侵权行为的法律责任

详见《民法典》第七编的侵权责任，以及《消费者权益保护法》《个人信息保护法》《反不正当竞争法》《商标法》《著作权法》中规定的民事侵权的法律责任。

（一）侵犯姓名权、肖像权和名誉权，影视作品著作权的民事法律责任

近年来，随着互联网的迅猛发展，互联网广告频繁发生侵犯艺人姓名权、肖像权和名誉权的事件，广告主或者广告经营者擅自使用艺人的姓名、照片，使用有艺人肖像的视频为品牌"代言"，使得大众误以为某艺人为其品牌的形象代言人，不仅欺骗了广告受众，而且侵犯了艺人姓名权、肖像权和名誉权，甚

至侵犯了影视作品的著作权。

【案例】使用"葛优躺"文字和图片，艺龙网赔偿葛优 7.5 万元

演员葛优曾在电视剧《我爱我家》中扮演纪春生，该角色在剧中将身体完全瘫在沙发上的放松形象被称为"葛优躺"，成为当年网络热词。同年，未经葛优许可，艺龙网信息技术（北京）有限公司发布微博，直接使用"葛优躺"文字和图片。该微博共使用 18 次、7 幅葛优图片，并在每张图片中均添加台词字幕。整篇微博以图片中配台词的形式，通过介绍"葛优躺"，转而介绍艺龙网业务相关的酒店预订。

葛优认为该微博中提到"葛优"的名字，并非剧中人物名称，宣传内容为商业性使用，侵犯了其姓名权和肖像权，遂将艺龙网信息技术（北京）有限公司诉至北京市海淀区人民法院，请求判令被告立即停止侵犯肖像权的行为，赔礼道歉并赔偿经济损失及合理开支共计 40 余万元。

一审法院审理认为，涉案微博侵犯了葛优的肖像权，判令艺龙网公司在其运营的微博账号公开发布致歉声明，并赔偿葛优经济损失及维权合理支出共 7.5 万元。判决后，艺龙网不服，诉至北京市第一中级人民法院。北京市第一中级人民法院二审后判决，驳回上诉，维持原判。

艺龙网信息技术（北京）有限公司擅自加工、使用葛优的肖像图片，具有明显的商业属性，旨在宣传被告的旅游项目及酒店预订，极易使众多浏览者及消费者误以为原告系被告代言人或与被告存在某种合作关系，使葛优蒙受外界诸多误解。因此，艺龙网信息技术（北京）有限公司的行为侵犯了葛优的肖像权。

还有一个值得注意的是，不仅仅是肖像权，未经艺人、剧照的著作权人的允许，滥用艺人的照片与视频，也涉及著作权问题。例如，"葛优躺"剧照源自电视剧《我爱我家》，"葛优躺"剧照的著作权归属于电视剧的著作权人，即使葛优不维护其姓名权和肖像权，电视剧《我爱我家》"葛优躺"剧照的著作权人也有权禁止他人擅自复制、改编或通过信息网络传播"葛优躺"剧照。

其实葛优不仅告了一家，满橙公司曾制作和发布了《非诚勿扰3》动画、动态表情及漫画图片，并提供了"非3 QQ表情安装包下载"。为此葛优起诉满橙公司侵犯其肖像权。北京市海淀区法院认定满橙公司的行为侵犯了葛优的人身权利，判令满橙公司向葛优公开赔礼道歉，同时赔偿葛优 25 万元。

广告公司一定要注意，未经他人许可，切勿"蹭热点""搭便车"，不要冒险，不要踩红线，擅自使用他人的肖像图片或者剧照图片，用于设计"好玩"的表情包。

【案例】侵犯"哆啦A梦"动漫形象著作权，三家公司承担赔偿责任

为吸引消费者前来购物，某百货公司通过某传媒公司和某广告公司，在商场门口布置了 100 个哆啦A梦模型及宣传海报。经授权取得"哆啦A梦"动漫形象美术作品在中国大陆地区著作权的艾影（上海）商贸有限公司，以三家公司使用与"哆啦A梦"美术作品形象相同的卡通形象玩偶模型和图片的行为，侵犯了"哆啦A梦"美术作品著作权依法享有的复制权、展览权为由，诉至上海市徐汇区人民法院，请求赔偿侵权损失 60 万元。

法院经审理查明，百货公司、传媒公司和广告公司未经享有"哆啦A梦"著作权等相关权利的艾影（上海）商贸有限公司许可，传媒公司负责策划、布置使用"哆啦A梦"模型的促销活动，广告公司提供"哆啦A梦"模型,百货公司在促销活动中使用"哆啦A梦"模型,发布使用"哆啦A梦"海报广告。百货公司表示本次宣传活动完全是传媒公司策划、布置,且双方在合同中约定展览期间道具出现任何版权问题,百货公司不承担任何责任,构成侵权应由传媒公司承担责任。

法院认为,三家公司行为均构成侵权,根据《著作权法》规定,三家公司应当承担赔偿责任。百货公司与传媒公司之间的协议仅就合同双方之间的责任承担产生约束力,并不能免除百货公司

侵犯"哆啦A梦"动漫形象著作权,三家公司承担赔偿责任

的侵权责任,因此,百货公司、传媒公司应当连带承担责任。广告公司在明知该批模型将被用于侵权展览的情况下,仍将其出租给传媒公司,构成帮助侵权,也应与百货公司、传媒公司承担连带责任。百货公司单独实施了制作并发布宣传海报的行为,应由百货公司自行承担。

法院依据"哆啦A梦"卡通形象造型的知名度、商业价值、侵权行为性质、过错情节等,酌情判决三家公司连带赔偿艾影(上海)商贸有限公司13.5万元,百货公司再单独赔偿1.5万元。

广告公司在创意设计中一定要注意,未经他人许可,切勿擅自使用他人的文字版权、字体版权、图片版权、音乐版权、美术作品版权等。

(二)侵犯公民个人信息权的法律责任

1. 行政责任

《个人信息保护法》第六十六条规定,"违反本法规定处理个人信息,或者处理个人信息未履行本法规定的个人信息保护义务的,由履行个人信息保护职责的部门责令改正,给予警告,没收违法所得,对违法处理个人信息的应用程序,责令暂停或者终止提供服务;拒不改正的,并处一百万元以下罚款;对直接负责的主管人员和其他直接责任人员处一万元以上十万元以下罚款。有前款规定的违法行为,情节严重的,由省级以上履行个人信息保护职责的部门责令改正,没收违法所得,并处五千万元以下或者上一年度营业额百分之五以下罚款,并可以责令暂停相关业务或者停业整顿、通报有关主管部门吊销相关业务许可或者吊销营业执照;对直接负责的主管人员和其他直接责任人员处十万元以上一百万元以下罚款,并可以决定禁止其在一定期限内担任相关企业的董事、监事、高级管理人员和个人信息保护负责人"。

【案例】虚假宣传、价格欺诈,大数据杀熟,携程被判退一赔三

胡女士一直都通过携程APP预订机票、酒店,成为平台上享受8.5折优惠价的钻石贵宾客户。2020年7月,胡女士像往常一样,通过携程APP订购了舟山希尔顿酒店的一间豪华湖景大床房,支付价款2889元。然而,离开酒店时,胡女士偶然发现,酒店的实际挂牌价仅为1377.63元。胡女士不仅没有享受到星级客户应当享受的优惠,反而多支付了一倍的房价。胡女士与携程沟通,携程以其系平台方,并非涉案订单的合同相对方等为由,仅退还了部分差价。胡女士以上海携程商务有限公司采集其个人非必要信息,进行"大数据杀熟"等为由诉至浙江省绍兴市柯桥区法院,要求退一赔三,并要求携程APP为其增加不同意"服务协议"和"隐私政策"时仍可继续使用的选项,以避免被告采集其个人信息,掌握原告数据。

浙江省绍兴市柯桥区人民法院审理后认为:携程APP平台未如实报告标的实际价值;未向原告兑现钻石贵宾享有优惠价承诺,却向原告展现了一个溢价100%的失实价格;在处理原告投诉时告知原告无法退全部差价的理由与事实不符。故认定被告存在虚假宣传、价格欺诈和欺骗行为,支持原告退一赔三。

用户下载携程APP后，必须点击同意携程"服务协议""隐私政策"方能使用，如不同意，将直接退出携程APP，是以拒绝提供服务形成对用户的强制。而且，"服务协议""隐私政策"均要求用户特别授权携程及其关联公司、业务合作伙伴共享用户的注册信息、交易数据、支付数据，并允许携程及其关联公司、业务合作伙伴对用户信息进行数据分析，且对分析结果进一步商业利用。"隐私政策"还要求用户授权携程自动收集用户的个人信息，包括日志信息、设备信息、软件信息、位置信息，要求用户许可其使用用户信息进行营销活动、形成个性化推荐，同时要求用户同意携程将用户的订单数据进行分析，从而形成用户画像，以便携程能够了解用户偏好。上述信息超越了形成订单必需的要素信息，属于非必要信息的采集和使用，其中用户信息分享给被告可随意界定的关联公司、业务合作伙伴进行进一步商业利用更是既无必要性，又无限加重用户个人信息使用风险。原告因之不同意被告现有"服务协议"和"隐私政策"合乎情理，应予支持。

据此，法院判决被告上海携程商务有限公司赔偿原告胡女士投诉后携程未完全赔付的差价243.37元及订房差价1511.37元的三倍支付赔偿金共计4777.48元，且被告应在其运营的携程旅行APP中为原告增加不同意其现有"服务协议"和"隐私政策"仍可继续使用的选项，或者为原告修订携程旅行APP的"服务协议""隐私政策"，去除对用户非必要信息采集和使用的相关内容，修订版本需经法院审定同意。

2. 民事责任

《个人信息保护法》第六十九条规定，"处理个人信息侵害个人信息权益造成损害，个人信息处理者不能证明自己没有过错的，应当承担损害赔偿等侵权责任。前款规定的损害赔偿责任按照个人因此受到的损失或者个人信息处理者因此获得的利益确定。个人因此受到的损失和个人信息处理者因此获得的利益难以确定的，根据实际情况确定赔偿数额"。

3. 刑事责任

《个人信息保护法》第七十一条规定，"违反本法规定，构成违反治安管理行为的，依法给予治安管理处罚；构成犯罪的，依法追究刑事责任"。

《刑法修正案（九）》第二百五十三条规定了侵犯公民个人信息罪及其法律责任，是指违反国家有关规定，向他人出售或者提供公民个人信息，情节严重的，处三年以下有期徒刑或者拘役，并处或者单处罚金；情节特别严重的，处三年以上七年以下有期徒刑，并处罚金。

【案例】人民检察院对涉嫌侵犯公民个人信息提起刑事附带民事公益诉讼

上海市奉贤区人民检察院对李某以涉嫌侵犯公民个人信息罪提起公诉，并对其侵害社会公共利益的行为提起刑事附带民事公益诉讼。

李某是上海一家网络科技公司的员工。2020年6月，他在某网络论坛下载了一段获取安卓手机相册权限的源代码，将其改写制作成为一款名为"颜值检测"的手机应用软件。该软件会自动在后台获取用户手机相册里的照片，并上传到李某自己搭建的服务器后台内。他把该软件的APK安装包发布到几个QQ群中，还挂到某网络论坛供人下载。

此外，李某还从网上购买QQ注册信息、京东用户信息、借贷信息、车主信息等各类公民个人信息，存到自己的网盘中，这些信息资料的电子文档容量超过30GB。为了炫耀自己有能力拿到别人的信息，他将这些信息资料免费分享到QQ群中。经鉴定，这些信息资料包含公民个人信息1.5亿余条，经去除无效数据并进行合并去重后共计8100万余条。

除了对李某以涉嫌侵犯公民个人信息罪提起公诉外，奉贤区人民检察院还对他提起刑事附带民事公益诉讼。该院认为，李某利用非法软件窃取使用者手机照片，以及非法购买公民个人信息8100万余条并提供在QQ群中的行为已违反我国《民法典》及《网络安全法》相关规定，侵犯了不特定多数人个人隐私及个人信息安全，进而损害了公共信息安全这一社会公共利益，请求法院判令李某在国家级新闻媒体上对其侵犯公民个人信息的行为公开赔礼道歉，永久下架并删除"颜值检测"软件及相关代码，并删除网盘上存储的照片，永久删除存储的相关公民个人信息并注销侵权所用QQ号。

【评析】公民个人信息安全与社会公共利益密切相关。检察机关作为社会公共利益的代表，在依法打击侵犯公民个人信息犯罪的同时，也注重发挥民事公益诉讼的作用，通过追究被告人民事责任弥补受损的公共利益，消除其进一步侵害的可能，切实增强对公民个人信息的保护。

第七节 广告管理机关工作人员违法行政的法律责任

一、法律规定

《广告法》第七十一条规定，广告审查机关对违法的广告内容做出审查批准决定的，对负有责任的主管人员和直接责任人员，由任免机关或者监察机关依法给予处分；构成犯罪的，依法追究其刑事责任。

《广告法》第七十二条规定，市场监督管理部门对在履行广告监测职责中发现的违法广告行为或者对经投诉、举报的违法广告行为，不依法予以查处的，对负有责任的主管人员和直接责任人员，依法给予处分。

市场监督管理部门和负责广告管理相关工作的有关部门的工作人员玩忽职守、滥用职权、徇私舞弊的，依法给予处分。

有前两款行为，构成犯罪的，依法追究其刑事责任。

二、广告管理机关工作人员的概念

广告管理机关工作人员包括广告监督管理机关、广告审查机关和负责广告管理相关工作的有关部门的工作人员。

三、广告管理机关工作人员的职责

广告管理机关工作人员在执行职务时，应当本着对法律的尊重，对国家负责，对人民生命财产的爱护，依法行政，恪尽职守，严格防止违法广告的出现。这也是国家机关工作人员应当具备的法律素养与职业道德。如广告审查机关的工作人员应当依法审查广告内容；市场监督管理机关的工作人员应当对发现的违法广告行为或者对投诉、举报的违法广告行为，依法予以及时查处。

四、广告管理机关工作人员违法行政的表现形式

（一）乱作为

1. 滥用职权是指国家机关工作人员违反法律规定的权限和程序，不认真履行职务范围内的权力或过

度运用职务范围内的权力，属于权力的不正当行使。如广告审查机关的工作人员对合法的广告审查申请，故意刁难，不予批准；上级领导利用权力迫使下属通过违法广告审查；广告监督管理机关工作人员对严重违法广告从轻处罚，对轻微违法广告从重处罚。

2．徇私舞弊是指国家机关工作人员为了私人目的，利用职务上的便利和权力，对明知是合法的广告审查申请不予通过，或者故意颠倒黑白，使违法广告通过审查。如广告审查机关的一般工作人员为了让违法广告通过审查，欺骗签发审查文件的领导，使违法广告通过审查；或者广告审查机关的主管领导指示工作人员通过违法广告审查。

（二）不作为

不作为一般是指玩忽职守。它是指国家机关工作人员严重不负责任，不履行或不正确地履行自己的工作职责的行为。如广告监督管理机关工作人员发现虚假广告不查处。

五、广告管理机关工作人员违法行政的法律责任

（一）行政处分

行政处分，是指国家行政机关或监察机关对公务员违反职责的行为所实施的惩戒。对于情节不严重的玩忽职守、滥用职权、徇私舞弊的行为可以给予行政处分予以惩戒。行政处分属于内部行政行为。行政处分的种类有六种：警告、记过、记大过、降级、撤职、开除。

广告管理机关的一般工作人员的行政处分由本机关决定；上级机关任命的工作人员的行政处分由上级任免机关决定。监察机关依职权可以处分任何一级的广告管理机关工作人员。

（二）刑事处罚

广告管理机关工作人员违法行为情节严重，造成严重后果，构成犯罪的，应当依法追究其刑事责任。依照《刑法》第三百九十七条的规定，追究渎职罪中的滥用职权罪、玩忽职守罪、徇私舞弊罪的刑事责任。《刑法》第三百九十七条规定，国家机关工作人员滥用职权或者玩忽职守，致使公共财产、国家和人民利益遭受重大损失的，处三年以下有期徒刑或者拘役；情节特别严重的，处三年以上七年以下有期徒刑。国家机关工作人员徇私舞弊，处五年以下有期徒刑或者拘役；情节特别严重的，处五年以上十年以下有期徒刑。

六、广告审查机关违反《广告法》第四十七条第二款的法律责任

（一）《广告法》第四十七条第二款的内容

广告审查机关应当依照法律、行政法规规定做出审查决定，并应当将审查批准文件抄送同级市场监督管理部门。广告审查机关应当及时向社会公布批准的广告。

（二）广告审查机关的行政责任

广告审查机关对违法的广告内容做出审查批准决定的，对负有责任的主管人员和直接责任人员，由任免机关或者监察机关依法给予处分；构成犯罪的，依法追究其刑事责任。（《广告法》第七十一条）

七、市场监督管理机关违反《广告法》第五十三条第一、二款的法律责任

（一）《广告法》第五十三条第一、二款的内容

任何单位或者个人有权向市场监督管理部门和有关部门投诉、举报违反本法的行为。市场监督管理部门和有关部门应当向社会公开受理投诉、举报的电话、信箱或者电子邮件地址，接到投诉、举报的部门应当自收到投诉之日起七个工作日内，予以处理并告知投诉、举报人。（第五十三条第一款）

市场监督管理部门和有关部门不依法履行职责的，任何单位或者个人有权向其上级机关或者监察机关举报。接到举报的机关应当依法做出处理，并将处理结果及时告知举报人。（第五十三条第二款）

（二）市场监督管理机关的行政责任

市场监督管理部门对在履行广告监测职责中发现的违法广告行为或者对经投诉、举报的违法广告行为，不依法予以查处的，应对负有责任的主管人员和直接责任人员，依法给予处分。市场监督管理部门和负责广告管理相关工作的有关部门的工作人员玩忽职守、滥用职权、徇私舞弊的，应依法给予处分。构成犯罪的，依法追究其刑事责任。（《广告法》第七十二条）

第八节　有关法律责任的特别说明

一、记入信用档案，公示违法行为不是行政处罚

《广告法》第六十七条规定，有本法规定的违法行为的，由市场监督管理部门记入信用档案，并依照有关法律、行政法规规定予以公示。记入信用档案、行政处罚公示既不是一种新的行政处罚，也不是一种新的行政惩戒。记入信用档案是一种行政监管措施。行政处罚公示是执行国务院第654号令公布的《企业信息公示暂行条例》第六条第一款第（四）项规定公示"行政处罚信息"和《行政处罚法》第四十八条"具有一定社会影响的行政处罚决定应当依法公开"的规定，属于政府信息公开的范畴。所以，严格意义上说，记入信用档案、行政处罚公示并不是违法当事人承担的一种法律责任，但是对当事人的社会信誉度有一定影响。

另外，严重违法失信名单公示，是一种新的行政制裁惩戒与信用监管措施。因为，2021年9月1日起施行的国家市场监督管理总局令第44号《市场监督管理严重违法失信名单管理办法》第四条规定，市场监督管理部门应当按照规定将严重违法失信名单信息与其他有关部门共享，依照法律、行政法规和党中央、国务院政策文件实施联合惩戒。

《市场监督管理严重违法失信名单管理办法》第二条规定："当事人违反法律、行政法规，性质恶劣、情节严重、社会危害较大，受到市场监督管理部门较重行政处罚的，由市场监督管理部门依照本办法规定列入严重违法失信名单，通过国家企业信用信息公示系统公示，并实施相应管理措施。前款所称较重行政处罚包括：（一）依照行政处罚裁量基准，按照从重处罚原则处以罚款；（二）降低资质等级，吊销许可证件、营业执照；（三）限制开展生产经营活动，责令其停产停业、责令关闭、限制从业；（四）法律、行政法规和部门规章规定的其他较重行政处罚。"第九条第五项规定："发布关系消费者生命健康的商品或者服务的虚假广告"，属于本办法第二条规定情形的，列入严重违法失信名单。第十条第三项规定："拒绝、

阻碍、干扰市场监督管理部门依法开展监督检查和事故调查"，属于本办法第二条规定情形的，列入严重违法失信名单。

二、《广告法》中非强制性义务规定

非强制性义务是指当事人不承担法律责任的《广告法》有关义务规定。包括：

（一）《广告法》第三十条规定，广告主、广告经营者、广告发布者之间在广告活动中应当依法订立书面合同。订立书面合同属于民事权利，由《民法典》的合同规定予以调整。

（二）《广告法》第三十六条规定，广告发布者向广告主、广告经营者提供的覆盖率、收视率、点击率、发行量等资料应当真实。公开媒体价值数据是否真实，涉及民事权利，由《民法典》的诚实信用规定予以调整。

三、不正当竞争及违反户外广告四项禁止规定的法律责任

虽然，《广告法》没有规定广告主、广告经营者、广告发布者违反《广告法》第三十一条规定，在广告活动中不正当竞争及违反《广告法》第四十一条有关户外广告四项禁止性规定的法律责任。但是，《反不正当竞争法》规定了不正当竞争的法律责任，《广告法》就无必要再规定法律责任。广告活动中的不正当竞争，应当适用不正当竞争的特别法《反不正当竞争法》。

另外，《反不正当竞争法》和《广告法》对于虚假宣传和虚假广告的处罚最低额度都是20万元，但由于虚假广告的传播范围更广、危害更大，因此，《广告法》第五十五条规定的虚假广告的罚款上限比《反不正当竞争法》第二十条规定的虚假宣传的罚款上限更高。虚假广告的处罚按照广告费用的倍数罚款，如果虚假广告的费用是100万元，处五倍罚款，就是500万元。而虚假宣传的罚款上限最高为200万元。

《广告法》第五十五条规定："违反本法规定，发布虚假广告的，由市场监督管理部门责令其停止发布广告，责令广告主在相应范围内消除影响，处广告费用三倍以上五倍以下的罚款，广告费用无法计算或者明显偏低的，处二十万元以上一百万元以下的罚款；两年内有三次以上违法行为或者有其他严重情节的，处广告费用五倍以上十倍以下的罚款，广告费用无法计算或者明显偏低的，处一百万元以上二百万元以下的罚款，可以吊销营业执照，并由广告审查机关撤销广告审查批准文件、一年内不受理其广告审查申请。"

《反不正当竞争法》第二十条规定："经营者违反本法第八条规定对其商品作虚假或者引人误解的商业宣传，或者通过组织虚假交易等方式帮助其他经营者进行虚假或者引人误解的商业宣传，由监督检查部门责令其停止违法行为，处二十万元以上一百万元以下的罚款；情节严重的，处一百万元以上二百万元以下的罚款，可以吊销营业执照。"

关于户外广告四项禁止规定的法律责任，《广告法》第四十一条已授权地方人大、人民政府制定户外广告管理的地方性法规、地方政府规章，因此，户外广告四项禁止性规定，由地方性法规、地方政府规章明确法律责任。

四、被吊销营业执照的企业法定代表人的法律责任

《广告法》第六十九条规定，因发布虚假广告，或者有其他本法规定的违法行为，被吊销营业执照

的企业法定代表人，对违法行为负有个人责任的，自该企业被吊销营业执照之日起三年内不得担任公司、企业的董事、监事、高级管理人员。

《公司法》第一百四十六条规定，有下列情形之一的，不得担任公司的董事、监事、高级管理人员：（四）担任因违法被吊销营业执照、责令关闭的公司、企业的法定代表人，并负有个人责任的，自该公司、企业被吊销营业执照之日起未逾三年。

五、正确把握处罚与教育相结合原则

2021年1月22日，第十三届全国人民代表大会第二十五次常务委员会会议审议通过了新修订的《行政处罚法》。新《行政处罚法》在总结行政执法实践经验的基础上，针对行政执法实践中，一些行政执法机关在把握处罚尺度等方面的偏差，为了处罚而处罚等问题，进一步完善了行政处罚的基本制度和规则。

习近平总书记明确指出："使社会主义法治成为良法善治。"强调以良法促进发展、保障善治，从有法可依走向"良法善治"。

新《行政处罚法》在体现"良法善治"方面规定了"处罚与教育相结合"原则，从行政处罚基本制度层面既保障行政执法力度，解决重大违法行为违法成本低、惩处力度不够的问题，同时也保障"柔性执法"的温度，实行首违不罚、无主观过错不罚、小错轻罚。

行政处罚裁量分为不予处罚、减轻处罚、从轻处罚、一般处罚和从重处罚等五种情形。

（一）不予行政处罚

1. 法定不予行政处罚的情节

《行政处罚法》第三十三条规定了以下不予行政处罚的法定情节。

（1）初次违法且危害后果轻微并及时改正的，是指"首违不罚"，必须满足以下三个条件：A. 初次违法；B. 危害后果轻微；C. 违法行为人及时改正。三个条件缺一不可。

（2）违法行为轻微并及时改正，没有造成危害后果的，是指"小错不罚"，必须满足以下三个条件：A. 违法行为轻微；B. 及时改正；C. 没有造成危害后果。三个条件缺一不可。

（3）当事人有证据足以证明没有主观过错的，是指"无过错不罚"，必须满足以下两个条件：A. 有证据足以证明；B. 没有主观过错。两个条件缺一不可。

"首违不罚""小错不罚"，执法机关应当按照《行政处罚法》第三十三条第三款规定，对当事人进行教育。要加强执法过程中的痕迹管理，查证当事人违法过程，确保有据可查。即使不予行政处罚的，行政执法人员也应当向当事人指出违法行为、批评教育、提出及时改正要求。可采用告知承诺制、制作送达责令改正通知书等方式，要求当事人在承诺期限内及时改正并提交相应证明材料，对于经责令改正之后仍然不纠正的，依法视情采取必要的监管措施或信用惩戒措施及予以处罚。

2. 规章规定不予行政处罚的情节

《国家市场监督管理总局关于规范市场监督管理行政处罚裁量权的指导意见》中的"三、行政处罚裁量权的适用规则（七）"规定了下列应当依法不予行政处罚情形。

有下列情形之一的，应当依法不予行政处罚：

（1）不满十四周岁的未成年人有违法行为的；

（2）精神病人、智力残疾人在不能辨认或者不能控制自己行为时实施违法行为的；

（3）违法行为轻微并及时纠正，没有造成危害后果的；

（4）除法律、行政法规另有规定外，当事人有证据足以证明没有主观过错的；

(5) 除法律另有规定外，涉及公民生命健康安全、金融安全且有危害后果的违法行为在五年内未被发现的，其他违法行为在两年内未被发现的；

(6) 其他依法应当不予行政处罚的。

另外，初次违法且危害后果轻微并及时改正的，也可以不予行政处罚。

3. 规范性文件规定不予行政处罚的情节

近年来，辽宁省、上海市、北京市、浙江省、江苏省、安徽省、山东省、山西省、福建省等地市场监管部门依据《行政处罚法》和《国家市场监督管理总局关于规范市场监督管理行政处罚裁量权的指导意见》，先后出台了《市场监管领域轻微违法行为不予行政处罚和一般违法行为减轻行政处罚事项清单》《市场监管领域包容免罚清单》《广告违法行为轻微或减轻情形认定指引》，俗称《免罚清单》。

各地市场监管部门的《免罚清单》主要包括三种情形：一是同时满足三要件的首违不罚；二是法律规定中有具体罚则，但是由于违法情节轻微并及时纠正，未造成危害后果的，不予处罚；三是法律法规规定先行责令改正，及时改正之后则不予处罚的违法行为。

《免罚清单》清晰列明的免罚事项给予执法机关明确的指引，为各类企业，特别是中小企业、新业态、创新型企业在发展初期提供宽容制度环境，从而激发市场活力。《免罚清单》中包含了广告域轻微违法违规行为《免罚清单》。

为指导基层执法，市场监管部门内部还制定了《广告违法行为轻微或减轻情形认定指引》。认定情节轻微或减轻处罚、免于处罚情形大致可归纳为以下 17 种：

(1) 通过大众传播媒介发布的广告未标注"广告"字样，但能使消费者辨明为广告的；

(2) 广告使用引证内容合法有据，且真实、准确、完整，仅未在广告中标明出处的；

(3) 广告中未标明专利号和专利种类，但具备合法有效专利证明的；

(4) 医疗、药品、医疗器械、农药、兽药、保健食品、房地产预售或者销售等广告的审查批准文号或许可证号已取得但未与广告内容同时发布，经告知及时改正未造成实际危害后果的；

(5) 未标明药品生产企业或药品经营企业名称，单独出现"咨询热线""咨询电话"等内容，经告知及时改正，未造成实际危害后果的；

(6) 使用注册商标代替药品名称进行宣传，经告知及时改正，未造成实际危害后果的；

(7) 药品广告未显著标明忠告语的；如处方药广告未显著标明"本广告仅供医学药学专业人士阅读"，非处方药广告未显著标明"请按药品说明书或者在药师指导下购买和使用"的；

(8) 发布已经审查批准的医疗、药品、医疗器械、农药、兽药、保健食品广告，批准有效期限已过，但内容合法且未逾期一个月的；

(9) 广告经营者、广告发布者违反《广告法》第三十四条"广告业务的承接登记、审核、档案管理制度""查验有关证明文件，核对广告内容"的规定，但无同类违法行为受到行政处罚的记录，且尚未发现其设计、制作、代理、发布的广告内容违法的；

(10) 当事人设计制作的违法广告尚未公开发布的；

(11) 房地产广告，违反《房地产广告发布规定》第七条第一款第（三）项，房地产预售、销售广告未载明预售或者销售许可证书号，但已具有真实、合法、有效的预售或者销售许可证书，且属于首次被发现的。广告主已经取得预售许可证，未标注预售许可证号的，或者未显著表明为建筑面积或者套内建筑面积的；

(12) 广告用语用字未按规定使用普通话和规范汉字的；

(13) 企业自设网站（页）、微博、微信公众号等自媒体的互联网广告涉及非严重广告违法且广告点击、浏览量低于 500 次的；

（14）在自有经营场所悬挂宣传横幅、标语等简易形式的违法广告，经告知及时改正，未造成实际危害后果的；

（15）广告中使用绝对化用语应遵循审慎从严原则，依据个案情况予以处理，禁止使用的绝对化用语应当是与《广告法》明文规定的"国家级""最高级""最佳"相同含义的用语，且危害后果轻微或者较轻的，互联网自媒体发布的广告中使用绝对化用语，且属于首次被发现的；

（16）下岗职工、残疾人、城镇退役士兵、大学生、享受低保的城镇居民以谋生为目的实施的一般违法行为，经一次告知后迅速改正，社会危害后果轻微的；

（17）其他没有造成危害后果或者危害后果较轻的广告违法情形。

【案例】违法情节轻微并及时纠正，未造成危害后果，不予行政处罚

湖北省恩施市向昶茶叶专业合作社在阿里巴巴网店发布"2020 新茶 珍稀白茶绿茶 250g 早春头采一芽一叶 短小 恩施白茶供应"等误导性广告语，不能提供"珍稀白茶绿茶"品种"珍稀"的依据。当事人的行为虽然违反了《广告法》第四条、第二十八条的规定，构成发布虚假广告，但是，当事人在案件调查中，及时删除了违法广告内容，又初次在网店发布虚假广告，网店浏览量低、成交量低，传播力、影响力小，属于违法情节轻微并及时纠正，未造成危害后果，按照初违、及时纠正不罚的原则，湖北省恩施市市场监督管理局依据《广告法》第五十五条第一款和《行政处罚法》第二十七条第二款之规定，决定责令当事人改正违法行为，不予行政处罚。

【评析】此案是"首违不罚"，符合初违、违法情节轻微的要件。但是以当事人在案件调查中及时删除违法广告内容为及时纠正之理由，有些不妥，因为及时改正具有自动改正与被动改正之别。"首违不罚"中的及时改正，应当是当事人在执法机关立案调查前，自动改正违法行为。自动改正与被动改正是有区别的：自动改正违法行为，是指当事人自查自纠或者未被执法机关立案调查前主动删除违法广告；被动改正违法行为，是指当事人被执法机关立案调查后、未被行政处罚前，及时删除违法广告。

（二）从轻处罚和减轻处罚

1. 从轻处罚

从轻处罚是指行政执法机关对违反法律、法规并具备法定量罚情节的行政相对人所做出的在法定处罚幅度范围内较低的行政处罚。比如对虚假广告的罚款，法定处罚幅度是处广告费用三倍以上五倍以下的罚款。处广告费用三倍的罚款，就是从轻处罚。从轻处罚应当有法定情节。

2. 减轻处罚

减轻处罚是指行政管理机关对违反法律、法规并具备法定量罚情节的行政相对人所做出的在法定处罚幅度以下的行政处罚。比如对虚假广告的罚款，法定处罚幅度是处广告费用三倍以上五倍以下的罚款。处广告费用三倍以下的罚款，就是减轻处罚。减轻处罚应当有法定情节。

3. 法定从轻、减轻处罚的情节

《行政处罚法》第三十二条规定了以下应当从轻、减轻处罚的法定情节：

（1）主动消除或者减轻违法行为危害后果的；

（2）受他人胁迫或者诱骗实施违法行为的；

（3）主动供述行政机关尚未掌握的违法行为的；

（4）配合行政机关查处违法行为有立功表现的；

（5）法律、法规、规章规定其他应当从轻或者减轻行政处罚的。

4. 规章规定从轻、减轻处罚的情节

《国家市场监督管理总局关于规范市场监督管理行政处罚裁量权的指导意见》规定了行政处罚裁量应当依法从轻或者减轻处罚、可以依法从轻或者减轻行政处罚的情形。

(1) 应当依法从轻或者减轻处罚的情形

有下列情形之一的，应当依法从轻或者减轻处罚：

① 已满十四周岁、不满十八周岁的未成年人有违法行为的；

② 主动消除或者减轻违法行为危害后果的；

③ 受他人胁迫或者诱骗实施违法行为的；

④ 主动供述市场监管部门尚未掌握的违法行为的；

⑤ 配合市场监管部门查处违法行为有立功表现的，包括但不限于当事人揭发市场监管领域重大违法行为或者提供查处市场监管领域其他重大违法行为的关键线索或证据，并经查证属实的；

⑥ 其他依法应当从轻或者减轻行政处罚的。

(2) 可以依法从轻或者减轻行政处罚的情形

有下列情形之一的，可以依法从轻或者减轻行政处罚：

① 尚未完全丧失辨认或者控制自己行为能力的精神病人、智力残疾人实施违法行为的；

② 积极配合市场监管部门调查，如实陈述违法事实并主动提供证据材料的；

③ 违法行为轻微，社会危害性较小的；

④ 在共同违法行为中起次要或者辅助作用的；

⑤ 当事人因残疾或者重大疾病等原因生活确有困难的；

⑥ 其他依法可以从轻或者减轻行政处罚的。

"应当"与"可以"的区别：从法理上来说，在法律条文中，所谓"可以"，是授权性规定，"可以"等同于"有权"，市场监管部门依法查处违法行为有权根据情形从轻或者减轻处罚，但不是必须从轻或者减轻处罚。所谓"应当"，是义务性规定，也是强制性规定，市场监管部门依法查处违法行为必须根据情形从轻或者减轻处罚。"应当"和"必须"在法律条文中是一个意思，两者没有本质区别。

以上这些法律、规章、规范性文件，为行政执法机关在执法实践中做出从轻、减轻处罚提供了依据，也为执法人员公正执法提供了保障。

【案例】违法广告在经营场所内受众面小，展示时间较短，从轻处罚

福州市马尾区瑞邦食品经营部在其经营场所内发布的广告含有"100 中国共产党成立 100 周年""向伟大祖国献礼 向广大中老年朋友献爱心送福利科普教育活动"内容，该广告左上角为店铺名称"康来登"，右下角使用中国共产党党徽标志。根据中共中央办公厅 1996 年 9 月印发的《中国共产党党旗党徽制作和使用的若干规定》，其第十条明确规定"党旗党徽及其图案不得用作商标和广告"。中国共产党的党旗党徽是中国共产党的象征和标志。商标、商业广告属于商业活动内容，在商标、商业广告中使用中国共产党党旗党徽，有损中国共产党的威严，在政治上容易产生消极、负面影响，对社会公共利益和公共秩序有不良影响。当事人在商业广告中使用中国共产党的党徽，属于《广告法》第九条第（七）项禁止的"妨碍社会公共秩序或者违背社会良好风尚"的情形。据此，当事人的上述行为违反了《广告法》第九条第（七）项"广告不得有下列情形：（七）妨碍社会公共秩序或者违背社会良好风尚"的规定。

涉案广告位于当事人经营场所内，展示时间较短，受众面小，既有从轻或者减轻行政处罚情节，在本案调查前期，由于当事人拒不配合执法人员调查，又有从重行政处罚情节。鉴于当事人最后接受询问调查，说明案情，考虑到当事人的实际情况，对于当事人发布违法广告的行为给予从轻处罚。2021年7月19日，中国（福建）自由贸易试验区福州片区管理委员会综合监管和执法局依据《广告法》第五十七条第（一）项的规定，对当事人做出榕自贸综执开执罚字〔2021〕1号处罚决定书，责令其停止发布违法广告，处罚款人民币20万元整。

【评析】当事人涉案广告位于其经营场所内，受众面小，展示时间较短，具有从轻或者减轻行政处罚的情节，但在调查初期，拒不配合执法人员调查，有从重行政处罚情节。最后当事人又配合执法人员调查，应当以后期配合调查的行为结果作为一般情节。因此，以广告受众面小，展示时间较短，社会危害性小等情节，予以从轻处罚是"过罚相当"原则的体现。

另外，此案适用《广告法》第九条第（七）项规定，定性为"妨碍社会公共秩序或者违背社会良好风尚"的违禁广告欠妥。社会公共秩序是指为维护社会公共生活所必需的秩序，由法律、行政法规、国家机关、公司事业单位和社会团体的规章规则等所确定，主要包括社会管理秩序、生产秩序、工作秩序、交通秩序和公共场所秩序等。社会良好风尚是指在全社会所推崇倡导的一种健康、向上的道德风气和道德习惯，或者某一特定时期社会所推崇的伦理要求。违背社会良好风尚的广告是"背德"或"失德"违法广告。该广告含有"100中国共产党成立100周年""向伟大祖国献礼 向广大中老年朋友献爱心送福利科普教育活动"，中国共产党的党旗党徽与社会公共秩序、社会良好风尚关联不强。如果一定要适用《广告法》第九条规定，那么，上述行为与《广告法》第九条第（五）项"妨碍社会安定，损害社会公共利益"规定的关联性强。社会公共利益是指不特定多数人所能享受的非独占的利益，包括经济、政治、文化、个人、群体、民族、阶层、阶级、国家利益等利益。它受《宪法》等所有法律的保护。中国共产党是为人民服务的执政党，是为社会公共利益服务的执政党，具有政治属性及为人民服务的政治利益与国家利益。商业广告中使用中国共产党党旗、党徽，在政治上损害中国共产党的形象，造成社会不安定因素，妨碍社会安定，损害社会公共利益。所以，适用《广告法》第九条第（五）项"妨碍社会安定，损害社会公共利益"规定予以定性更恰当。

另外，《广告法》第九条第（十一）项"法律、行政法规规定禁止的其他情形"的规定是引致条款，既可以适用《广告法》予以处罚，也可以适用《特殊标志管理条例》予以处罚。因为，《特殊标志管理条例》是国务院颁布的行政法规，违反《特殊标志管理条例》属于违反《广告法》第九条第（十一）项"法律、行政法规规定禁止的其他情形"的规定。又因为，当事人涉案广告使用中国共产党的党旗、党徽、"100中国共产党成立100周年"与特殊标志中的中国共产党的党旗、党徽、"100中国共产党成立100周年"的图文图标相近似，构成了《特殊标志管理条例》第十六条第（一）项"擅自使用与所有人的特殊标志相同或者近似的文字、图形或者其组合"规定的违法行为，适用《特殊标志管理条例》第十六条规定予以处罚。（详见第三章第三节"十一项禁止规定"中"在微信公众号上发布与特殊标志近似的图文，被罚款1万"的案例）

虽然无论是按照《广告法》第九条第（七）项、第（五）项、第（十一）项中的任一项规定定性，处罚依据都是《广告法》第五十七条第（一）项规定。但是，本案适用《广告法》第九条第（五）项或者第九条第（十一）项的规定，定性处罚更恰当，或者直接适用《特殊标志管理条例》第十六条规定予以处罚更恰当，以免发生行政诉讼时，执法机关在适用法条上不准确，而处于被动局面。

对当事人适用减轻处罚的，应当结合其违法持续的时间、传播面、广告受众、广告费用、相关产品的交易数量、交易金额以及整改情况等违法行为的事实、性质、情节以及社会危害程度等予以综合考虑。例如，杭州市西湖区方林富炒货店在广告中使用了一个"最"字，被杭州市西湖区市场监管局处罚款20万元。经行政诉讼，法院将20万元罚款调整为10万元罚款。

【案例】一个"最"字，法定最低处罚 20 万元，法院裁定减轻处罚为 10 万元

杭州西溪路上的杭州市西湖区方林富炒货店（以下简称"方林富炒货店"），在其经营场所西侧墙上有两块印有"方林富炒货店 杭州最优秀的炒货特色店铺""方林富，杭州最优秀的炒货店"内容的广告；在其经营场所的西侧柱子有一块上印有"杭州最优炒货店"字样的广告牌；在其经营场所展示柜内有两块手写的商品介绍板上面，分别写有"中国最好最优品质荔枝干"和"2015 年新鲜出炉的中国最好最香最优品质燕山果子"内容；在展示柜外侧的下部贴有一块广告，上面写有"本店的果子，不仅是中国最好吃的，也是世界上最高端的果子"。对外销售果子所使用的包装袋上印有"杭州最好吃的栗子"和"杭州最特色炒货店铺"字样。

杭州市西湖区市场监管局认为，方林富炒货店在其经营场所内外及包装上发布广告，使用"最好""最优""最香""最特色""最高端"等绝对化宣传用语，违反了《广告法》第九条第（三）项规定，根据《广告法》第五十七条第（一）项规定，依法从轻处罚，责令其停止发布广告，并处罚款 20 万元。

方林富炒货店不服，向杭州市市场监管局申请行政复议。杭州市市场监管局做出《行政复议决定书》，维持杭州市西湖区市场监管局的行政处罚决定。方林富炒货店不服，向杭州市西湖区人民法院提起行政诉讼。

杭州市西湖区人民法院认为方林富炒货店"杭州最优秀的炒货特色店铺"等宣传用语，违反《广告法》第九条第（三）项规定，但是其广告影响力和范围较小，对市场秩序的扰乱程度较轻，社会危害性较小，20 万元罚款存在明显不当，判决调整到 10 万元。方林富炒货店仍然认为处罚过重，向杭州市中级人民法院提起上诉。二审法院杭州市中级人民法院依法裁定：驳回方林富炒货店的上诉，维持一审判决。

【评析】 本案属于由法院适用减轻行政处罚，改变市场监管局处罚数额的典型案例。按照《广告法》第五十七条规定，广告中使用绝对化宣传用语的法定罚款幅度的下限为 20 万元，市场监管局做出 20 万元罚款已经是从轻处罚。法院在法定罚款幅度以下做出 10 万处罚的判决，属于减轻行政处罚。因为，方林富炒货店的违法广告在传播面、广告受众及整改情况以及社会危害程度等方面予以综合考虑，其广告影响力和范围较小，对市场秩序的扰乱程度较轻，社会危害性较小。

（三）一般处罚

一般处罚是指行政执法机关对违反法律、法规并具备法定量罚情节的行政相对人所做出的在法定处罚幅度范围内不轻不重的行政处罚。比如对虚假广告的罚款，法定处罚幅度

是处广告费用三倍以上五倍以下的罚款。处广告费用四倍的罚款，就是一般处罚。

（四）从重处罚

从重处罚是指行政执法机关对违反法律、法规并具备法定量罚情节的行政相对人所做出的在法定处罚幅度范围内较重的行政处罚。比如对虚假广告的罚款，法定处罚幅度是处广告费用三倍以上五倍以下的罚款。处广告费用五倍的罚款，就是从重处罚。

六、广告费用无法计算或者明显偏低的判断和认定

虚假广告、违禁广告、违法行为的法律责任中都有广告费用无法计算或者明显偏低，直接定额处罚的规定。这是因为违法广告主体采取"打包"合同的方式，使广告费用在含有诸多业务的合同及票据凭证中无法分离计算，甚至用"阴阳"合同及票据凭证降低广告费用，以达到逃避应有处罚的非法目的。另外，互联网广告中存在广告费用无法计算的情况十分普遍，因此，《广告法》有必要规定广告费用无法计算或者明显偏低的情况下，直接定额处罚违法广告主体。

但是，《广告法》没有对"广告费用无法计算或者明显偏低的"情形予以界定，相关立法解释也尚未出台。从行政执法实践的经验出发，可以从以下几个方面判断和认定广告费用无法计算或明显偏低。

（一）广告费用无法计算的判断和认定

广告费用是指设计、制作、代理、发布广告所耗费的费用总额，也就是广告主委托设计、制作、代理、发布广告所支付的全部广告费。

1. 广告费用认定依据

《广告法》规定，广告经营者、广告发布者应当公布其收费标准和收费办法；建立健全广告业务的承接登记、审核、档案管理制度；广告主、广告经营者、广告发布者之间在广告活动中应当依法订立书面合同等。

在通常情况下，收费标准和收费办法、承接登记、档案、书面合同，都是广告费用认定的依据。

2. 违法广告主体避重就轻的三种主要手法

（1）广告主、广告经营者、广告发布者故意隐瞒，相互串通，弄虚作假，造成原始证据隐匿或灭失，不提供广告业务登记台账、合同、发票以及广告收费办法和标准，造成执法机关难以取证的；

（2）广告主、广告经营者、广告发布者将违法广告费用和其他与违法广告无关的费用"打包"集中在同一业务合同及票据凭证中，造成执法机关无法分拆、明晰的；

（3）广告主、广告经营者、广告发布者提供有关广告费用的计算依据、合同、发票等材料不全，又不做出合理说明，使执法机关有一旦发生行政诉讼，存在难以举证、认定事实不清的风险。

除了以上三种主要手段外，广告主自行发布互联网广告的广告费计算问题，是近年来广告监管中的难点。企业或个体工商户的淘宝、微信公众号、企业官网等涉嫌违反《广告法》的案件中大部分广告费用难以计算。

在原国家工商行政管理总局广告司编著的《广告法释义》中有解释，企业利用自己自设的网站从事广告宣传，属于广告费用难以计算、无法计算的情形。实际上，企业利用自己自设的网站从事广告宣传也是有费用的。不过是费用支出非常有限，广告费用普遍偏低。

互联网广告不同于传统广告，互联网广告费用的计算比较复杂。互联网广告费用一般包括，但不限于：1. 网页广告的设计制作费；2. 广告代理费；3. 广告发布费；4. 网站推广费用（含搜索引擎推广费）等。

从执法实践来看，一般利用自媒体发布互联网广告的涉案广告主提供的费用有：微信公众号年费、

APP开发使用费用、网站建站费用、域名使用费、网络服务器建设及维护费用、内部员工设计制作网页广告的费用等。其中，微信公众号年费、APP开发使用费用、网站建站费用、网站域名使用费、网络服务器建设及维护费用等无法对应具体的某一条违法广告，难以认定为广告费用。即使认定为广告费用，适用费用平摊和适当分割原则后，某一条违法广告费用也偏低。内部员工设计制作费等费用是否可以认定为广告费不仅存在争议，而且，也存在平摊和分割造成某一条违法广告费用偏低的情况。如果按照此广告费用实施行政处罚，明显不足以惩罚其违法广告行为。但是，如果一律按照广告费无法计算处理，又会造成处罚过重，导致出现执法诉讼的风险。已有法院支持不采信内部员工设计制作费作为广告费计算，详见以下"市场监管局认定广告费用无法计算胜诉的三审法院的判决书"的摘要案例。

只有当取得广告费无法计算的相关事实证据后，才能认定广告费用无法计算。例如有事实证据证明自媒体广告主通过其下属各部门设计、制作、发布广告的设计、制作、维护等费用均无法独立进行核算，就可以认定广告费用无法计算。但是，如果在调查未核实广告费用数额的情形下，直接认定广告费用无法计算，必会导致"认定事实不清，适用法律错误"的执法诉讼的风险。

因此，互联网广告费用的计算，不能因为计算复杂，难以计算，而不调查、不核实广告费用，不能一概认定广告费用无法计算。

【案例】市场监管局认定广告费用无法计算胜诉的三审法院的判决书摘要
上海市徐汇区人民法院一审行政判决书
(2017) 沪 0104 行初 2*6 号

原告上海诺诺镑客金融信息服务有限公司要求撤销被告上海市徐汇区市场监督管理局做出的徐市监案处字〔2017〕第××××××××××号行政处罚决定一案，于2017年11月22日向本院提起行政诉讼。本院受理后，依法组成合议庭，于2018年1月11日公开开庭进行了审理。原告上海诺诺镑客金融信息服务有限公司的委托代理人周志军、邵颖芳，被告上海市徐汇区市场监督管理局副局长陈季强及委托代理人陈洁、何健到庭参加诉讼。本案现已审理终结。

原告诉称，2017年5月24日，被告上海市徐汇区市场监督管理局做出行政处罚决定，认定原告自2016年6月起，使用了"预期年化利率"的广告用语。自2017年1月起，原告在其官方网站首页使用了"预期年化利率最高12%"的广告用语，广告费用无法计算。该行为违反《中华人民共和国广告法》第二十五条第一款第(一)项规定。根据《中华人民共和国广告法》第五十八条规定，被告做出责令其停止发布违法广告并在相应范围内消除影响、罚款人民币18万元的处罚。原告认为，被告认定事实不清，适用法律错误，处罚明显不当，应依法予以撤销。具体理由是：一、原告使用的预期年化利率的表述不属于《中华人民共和国广告法》第二十五条第一款中规定的范围，也未含有该款第(一)项不得含有的内容，被告对此认定事实不清，法律适用错误。第一，原告是一家向借贷双方提供网络借贷信息撮合服务的平台公司，系根据借款人委托，在其官网上推出借贷需求信息，并撮合借贷双方签署借款协议，并不提供该法条所指的"招商等有投资回报的商品或服务"。第二，预期是对未来情况的估计，年利率是一种理论利率。预期年化利率的表述，并没有"对未来效果、收益或者与其相关的情况做出保证性承诺，明示或暗示保本、无风险或者保收益等"，不会引发出借人通过此表述导致对该产品保本、保收益、无风险的误解。二、被诉处罚决定认定广告费用无法计算依据不足，导致罚款数额认定错误且明显不当。原告提供广告费的计算依据，即以设计人员的平均工资乘以设计人员所耗时长算出广告费用是70.48元和52.76元，是客观的、可量化的，被告认定无法计算广告费用没有任何依据。三、被诉处罚决定本身创设处罚种类，违反《中华人民共和国行政处罚法》的有关规定。

被告辩称，2016年6月13日，被告陆续收到上海市工商行政管理局（现上海市市场监督管理局）编号为"沪工商（广）线索交办(2016)0215、0216、0217、0219、0220、0222、0224"号案件线索交办通知书，指定被告对上海诺诺镑客金融信息服务有限公司涉嫌违反广告法的系列线索依法予以核查处理。2016年7月4日，被告对原告涉嫌违反《广告法》的行为立案调查，符合《工商行政管理机关行政处罚程序规定》第十七条之规定。由于案件复杂，经批准延长期限，符合《工商行政管理机关行政处罚程序规定》第五十七条之规定。经查明，原告主要从事向借贷双方提供资金撮合金融信息服务的经营活动，通过其官方网站对外发布产品信息及广告。自2016年6月起，原告在"0元计划"等产品中使用了"预期年化利率"的广告用语；自2017年1月起，原告在官方网站使用"预期年化利率最高12%"的广告用语，至2017年3月22日，原告仍在该网站首页使用该广告用语。

又查明，原告对上述相关广告费用以设计人员的平均工资乘以设计人员所耗时长计算出"诺诺镑客预期年化利率最高12%"广告用语的广告费用为70.48元，"预期年化利率"广告用语的广告费用为52.76元，被告对该广告费用的计算方式不予采信，原告发布上述广告费用无法计算。

被告认为，原告作为网络借贷中介平台，通过互联网平台www.nonobank.com发布了由其设计的"诺诺0元投资计划"等产品，并通过广告的形式进行宣传，宣传中含有"预期年化利率"表示收益预期的内容。原告在互联网平台www.nonobank.com的首页亦使用了"预期年化利率最高12%"的广告用语，对综合性收益预期进行表示，其行为违反了《中华人民共和国广告法》第二十五条第一款第(一)项的规定。2017年5月27日，被告向原告送达了行政处罚决定书，原告已履行了行政处罚决定。综上，被告做出的行政处罚决定，认定事实清楚，证据确凿，适用法律、法规正确，程序合法，请求驳回原告的诉讼请求。

庭审中，被告上海市徐汇区市场监督管理局出示了下列证据及职权、法律依据：1.案件线索交办通知书；2.立案审批表；3.询问笔录；4.首页广告宣传；5."0元投资计划"说明书及协议书；6."0元投资计划"各期产品信息；7."0元投资计划"产品服务相关事项说明；8.ICP备案信息；9.听证相关书证；10.公证书；11.案件调查终结报告；12.案件两次延期审批表；13.行政处罚决定书及送达回证；14.代收罚没款收据复印件；15.当事人营业执照、授权委托书及委托代理人身份证复印件；16.《中华人民共和国广告法》第六条第二款、第二十五条第一款第(一)项、第五十八条；17.《工商行政管理机关行政处罚程序规定》第八条。

经质证，原告认为证据1只是线索，不能作为查明事实的依据，没有公证文书，不予认可；证据4至7，真实性认可，但原告产品不属于《中华人民共和国广告法》第二十五条所指"招商等有投资回报的商品或服务"范畴，且有警示语提示。原告是互联网公司，没有广告费问题，只有制作信息的成本，故按照人员工资的算法是准确的。证据12表明两次退回是因为案件事实难以认定，在这种情况下被告做出的18万元的行政处罚是滥用行政权力，也违反比例原则。

庭审中，原告出示了下列证据：关于公开征求对《上海市网络借贷信息中介机构业务管理实施办法(征求意见稿)》意见的通知。

经质证，被告上海市徐汇区市场监督管理局认为预期就是有暗示的意味。被告口头指导过原告更改，但原告没有这么做。

综合庭审质证意见，本院确认如下事实：2016年6月13日，被告上海市徐汇区市场监督管理局陆续收到上海市工商行政管理局编号为"沪工商（广）线索交办(2016)0215、0216、0217、0219、0220、0222、0224"号案件线索交办通知书，指定被告对原告上海诺诺镑客金融信息服务有限公司涉嫌违反《中华人民共和国广告法》的系列线索依法予以核查处理。2016年7月4日，被告对原告涉嫌违反《中华人民共和国广告法》的行为立案调查。因案情复杂，2016年9月30日，经机关负责人批准同意延期一个月。2016年10月24日，经局长办公室会议讨论决定再次延期。2017年1月9日及1月13日，被告两次询问原告的首席事务官汤某，并分别制作询问笔录。2017年2月21日，被告对原告做出行政处罚听证告知书。2017年2月23日，原告向被告申请听证。2017年3月10日，被告举行听证并制作了听证笔录。2017年3月27日，被告制作了听证报告，建议退回办案部门补充调查。2017年5月24日，被告制作了案件调查终结报告及行政处罚决定。2017年5月27日，被告向原告送达了徐市监案处字〔2017〕第××××××××××号行政处罚决定，责令其停止发布违法广告，并在相应范围内消除影响；罚款人民币18万元。原告不服，遂向上海市工商行政管理局提起行政复议申请，在复议审理期间原告撤回复议申请。后起诉至本院，请求撤销被告做出的徐市监案处字〔2017〕第××××××××××号行政处罚决定。

本院认为，被告上海市徐汇区市场监督管理局具有本行政区域的广告监督管理职责。被告在接到上海市工商行政管理局案件线索交办通知书后，依法展开调查。经查，原告在"0元计划"等产品中使用"预期年化利率"广告用语，在官方网站首页使用"预期年化利率最高12%"的广告用语，违反《中华人民共和国广告法》第二十五条第一款之规定。另，原告的广告是通过其自设网站进行发布，通过下属各部门进行设计、发布和维护，其广告设计、制作、维护费用均无法独立进行核算，故被告根据相关规定，认定广告费用无法计算并无不当。综上，被告做出的行政处罚决定，认定事实清楚，适用法律、法规正确，程序合法，裁量适当。综上所述，原告的诉讼请求缺乏事实和法律依据，本院不予支持。依照《中华人民共和国行政诉讼法》第六十九条之规定，判决如下：驳回原告上海诺诺镑客金融信息服务有限公司的诉讼请求。案件受理费50元，由原告上海诺诺镑客金融信息服务有限公司负担。如不服本判决，可在判决书送达之日起十五日内，向本院递交上诉状，并按对方当事人的人数提出副本，上诉于上海市第一中级人民法院。

随后，上海诺诺镑客金融信息服务有限公司不服上海市徐汇区人民法院（2017）沪0104行初2*6号行政判决，向上海市第一中级人民法院提起上诉。上海市第一中级人民法院判决如下：

上海市第一中级人民法院二审行政判决书

（2018）沪01行终4*7号

上诉人上海诺诺镑客金融信息服务有限公司（以下简称：诺诺金融服务公司）因工商行政处罚决定一案，不服上海市徐汇区人民法院（2017）沪0104行初2*6号行政判决，向本院提起上诉。……略。原审查明……略。原审认为……略。

上诉人诺诺金融服务公司上诉称，被上诉人将"责令停止发布违法广告并在相应范围内消除影响"作为一项行政处罚与罚款并列，系违法创设行政处罚的法定种类，属超越甚至滥用职权的行为；上诉人一旦撮合借贷双方签订借款协议，必然产生借款利率，不同类型的借款协议约定的利率不尽相同，故上诉人使用"预期年化利率"的表述，属于借贷产品的信息说明或产品介绍，并非广告用语，被上诉人认定上诉人发布广告属事实不清。"预期年化利率"不是保证性承诺，更没有暗示保本、无风险或者保收益，该表述不会引人误解，故上诉人提供的并非《广告法》第二十五条所指的"招商等有投资回报预期的商品或者服务"，其信息展示的行为亦不构成该条第（一）项所指的违法行为，被上诉人适用法律错误。上诉人并非广告发布平台，其在自己公司官方网站上发布借贷信息，主要成本就是设计人员的工资，收取的费用也是服务费用，不存在广告费用的计算问题，被上诉人武断地认定上诉人属于"广告费用无法计算"的情形，同时从重处罚，与上诉人行为的性质、情节、程度极不符合，属于滥用职权和明显不当的行政行为。因此，被诉行政处罚决定违法，请求二审法院撤销原判，改判支持上诉人的诉讼请求。

被上诉人徐汇市监局辩称，被上诉人在做出行政处罚的同时责令上诉人停止发布广告并不违法；上诉人使用"预期年化利率"和"预期年化利率最高12%"的表述，已构成《广告法》第二十五条第（一）项规定的违法行为；上诉人以设计人员的平均工资乘以所耗时长计算出广告费用，与法不符，故被上诉人未予采信。被诉行政处罚决定合法，请求二审法院驳回上诉，维持原判。

本院认为……本案中，被上诉人徐汇市监局认定上诉人诺诺金融服务公司的违法行为后，根据上述规定责令上诉人停止发布违法广告并在相应范围内消除影响，并处罚款18万元整，符合上述法律规定。被上诉人责令上诉人停止发布违法广告并在相应范围内消除影响的处理内容，并非增设行政处罚的法定种类，而是实施行政处罚的应有之义。另，上诉人利用自设网站发布广告，宣传产品和服务，被上诉人认定上诉人属于广告费用无法计算的情形，符合实际情况和《广告法》的立法本意。被上诉人适用一般情节的罚则对上诉人做出行政处罚，处罚幅度在法定范围内，与上诉人违法行为的性质、过错程度、危害后果等相符，不存在上诉人所称滥用职权的行为。……

综上所述，被上诉人徐汇市监局做出的被诉行政处罚决定职权依据充分、认定事实清楚、适用法律正确、处罚程序合法、处罚幅度合理，原审判决驳回上诉人诺诺金融服务公司要求撤销处罚决定的诉讼请求并无不当，本院应予维持。据此，依照《中华人民共和国行政诉讼法》第八十九条第一款第（一）项之规定，判决如下：驳回上诉，维持原判。上诉案件受理费人民币50元，由上诉人上海诺诺镑客金融信息服务有限公司负担（已付）。本判决为终审判决。

上海诺诺镑客金融信息服务有限公司不服上海市第一中级人民法院二审行政判决，向上海市第二中级人民法院申诉，上海市第二中级人民法院裁定如下：

上海市第二中级人民法院申诉行政裁定书

（2019）沪02行申1*6号

再审申请人上海诺诺镑客金融信息服务有限公司（以下简称"诺诺镑客公司"）因工商行政处罚决定一案，不服上海市徐汇区人民法院(2017)沪0104行初2*6号行政判决和上海市第一中级人民法院(2018)沪01行终4*7号行政判决，申请再审。本院依法组成合议庭对本案进行了审查，现已审查终结。

再审申请人诺诺镑客公司申请再审称……再审申请人不是广告发布平台，不存在广告费用问题，即使有，也应当以再审申请人提供的广告费计算依据为准，即以设计人员的平均工资乘以设计人员所耗时长算出广告费用是70.48元和52.76元，徐汇市监局认定无法计算广告费用没有依据，且处罚过重，违反比例原则。被申请人徐汇市监局做出的徐市监案处字〔2017〕第××××××××××号行政处罚决定违法，一、二审判决错误，请求撤销一、二审判决和被诉行政处罚决定。

被申请人徐汇市监局辩称，被申请人做出行政处罚的同时责令再审申请人停止发布广告并不违法；再审申请人自2016年6月起就在其产品中使用"预期年化利率"的广告用语，自2017年1月起在其官方网站"www.nonobank.com"的首页使用"预期年化利率最高12%"的表述，至2017年3月22日仍在使用该表述，已构成《广告法》第二十五条第（一）项规定的违法行为；再审申请人主张以设计人员的平均工资乘以所耗时长计算广告费用，与法不符，故被申请人未予采纳。被申请人做出被诉行政处罚决定并无不当，一、二审判决正确，请求驳回再审申请。

本院认为……依据《广告法》第五十八条第一项规定，违反本法第二十五条规定发布招商等有投资回报预期的商品或者服务广告的，由工商行政管理部门责令停止发布广告，责令广告主在相应范围内消除影响，广告费用无法计算或者明显偏低的，处十万元以上二十万元以下的罚款。被申请人徐汇市监局对诺诺镑客公司做出行政处罚的法律依据正确,处罚幅度在法定范围内,无明显不当。一、二审判决正确,再审申请人申请再审的理由不能成立。

综上,诺诺镑客公司的再审申请不符合《中华人民共和国行政诉讼法》第九十一条规定的情形。依照《最高人民法院关于适用的解释》第一百一十六条第二款之规定,裁定如下:驳回上海诺诺镑客金融信息服务有限公司的再审申请。[来源:中国裁判文书]

【案例】市场监管局认定广告费用无法计算的医疗广告案

当事人上海雍禾爱慕门诊部有限公司主营毛发移植,于2018年7月27日与汉海信息技术(上海)有限公司(以下简称"汉海信息上海公司")签订了《商户入驻服务合同》,委托汉海信息上海公司进入美团APP设立网店,商户名称是"雍禾植发全国连锁(上海分院)",并开展经营活动,包括市场营销、广告推广等。当事人自2018年7月起向汉海信息上海公司提供、上传大量的图片以及案例,由汉海信息上海公司进行排版后发布在美团APP网店上。上述图片中包含有"一、毛囊成活率保证书 保证毛囊成活率达到95%以上……"的内容,宣称其所实施的植发手术具有"保证毛囊成活率达到95%以上"的保证率。同时,上述图片、案例中还包含了使用网名小叶子、阿柒、沁、海草、下一站幸福等51例患者的植发术前术后的对比图片形象和文字内容,采用网友术前术后对比图片和文字内容作为宣传。该宣称仅是当事人对以往个别病例通过检测仪器拍照对比所得,并不保证所有植发患者的植发效果。当事人的行为违反了《广告法》第十六条第一款第(二)项"医疗、药品、医疗器械广告不得含有下列内容:……(二)说明治愈率或者有效率;……",以及《医疗广告管理办法》第七条第(六)项"医疗广告的表现形式不得含有以下情形:……(六)利用患者、卫生技术人员、医学教育科研机构及人员以及其他社会社团、组织的名义、形象做证明的;……"的规定,构成了发布的医疗广告含有说明治愈率或者有效率以及利用患者名义、形象做证明的行为。

经调查,截至2020年12月9日,上述医疗广告中的文字、图片和案例内容,均由当事人提供,并要求汉海信息上海公司进行排版、上传、发布。汉海信息上海公司在提供上述运营服务后,以"信息技术服务费"的名义开具107692元的发票给当事人进行结算,但未对信息技术服务费的明细进行单列,发票金额中还包含了网站运营和推广服务等费用,未开具广告费发票。当事人与市场监管局、汉海信息上海公司都无法分割计算,无法核实广告费用,故确认当事人广告费用无法计算。

鉴于当事人在本案调查过程中,发布违法医疗广告行为持续时间在1年以上,广告内容违反两项规定,涉案的医疗广告在美团自营网店的自媒体上发布,并能够积极配合调查,故给予当事人一般行政处罚。2021年4月14日,上海市黄浦区市场监管局依据《广告法》第五十八条第一款第(一)项,"有下列行为之一的,由工商行政管理部门责令停止发布广告,责令广告主在相应范围内消除影响,处广告费用一倍以上三倍以下的罚款,广告费用无法计算或者明显偏低的,处十万元以上二十万元以下的罚款;情节严重的,处广告费用三倍以上五倍以下的罚款,广告费用无法计算或者明显偏低的,处二十万元以上一百万元以下的罚款,可以吊销营业执照,并由广告审查机关撤销广告审查批准文件、一年内不受理其广告审查申请:(一)违反本法第十六条规定发布医疗、药品、医疗器械广告的……"的规定,做出沪市监黄处〔2021〕012020001801《行政处罚决定书》:责令当事人立即停止发布违法广告;责令当事人(广告主)在相应范围内消除影响;并处罚款15万元整。另外,上海市黄浦区市场监管局就涉案广告发布者的违法行为向所在地市场监管局进行了线索移送。

【评析】以"信息技术服务费"的名义开具的107692元发票,上海市黄浦区市场监管局调查了当事人与开票人汉海信息上海公司,都无法分割计算,无法核实广告费用,故确认当事人广告费用无法计算是正确的。

(二) 广告费用明显偏低的判断和认定

广告费用明显偏低，是指广告的设计、制作、代理、发布费用明显低于同地域、同媒体、同时段、同形式、同项目的市场一般广告费用。"明显"是判断和认定的要件。因为，不同地域、不同媒体、不同时段、不同形式的同一广告的设计、制作、发布费用确实存在差异，因此，广告费用明显偏低应当是根据涉案当事人提供的财务数据材料，核实广告费用数额，参照案发地相关广告的市场一般交易价进行比较。如果低于案发地相关广告的市场一般交易价百分之七十的，可以视为广告费用明显偏低。

1. 广告费用明显偏低的认定依据

最高人民法院《关于适用〈中华人民共和国合同法〉若干问题的解释（二）》（法释〔2009〕5号）第十九条规定，"转让价格达不到交易时交易地的指导价或者市场交易价百分之七十的"视为明显不合理的低价。

2. 违法广告主体避重就轻，造成广告费用明显偏低的手法

（1）故意隐瞒，相互串通，弄虚作假，用"阴阳"合同及票据凭证降低广告费用。

（2）提供弄虚作假的广告业务登记台账、合同、发票以及广告收费办法和标准。

3. 判断和认定广告费用明显偏低的方法

通过调查案发地的同媒体、同时段、同形式或与前述基本相同的同一广告的设计、制作、代理、发布费用的市场交易价为依据，参考相关司法解释与实践，结合相关因素综合判断和认定。尽可能使广告费用明显偏低的判断和认定接近事实真相，有理有据。

第7章习题

一、填空题

1. 广告代言人明知或者应知广告虚假仍在广告中对商品、服务做推荐、证明的，没收违法所得，并处违法所得 ＿＿＿＿＿＿＿＿ 罚款。

2. 广告代言人不明知、不应知，但关系消费者生命健康的商品或者服务的虚假广告，造成消费者损害的，应当与广告主承担 ＿＿＿＿＿＿ 责任。

3. 在大众传播媒介或者公共场所发布声称全部或者部分替代母乳的婴儿乳制品、饮料和其他食品广告，责令广告主停止发布广告，处 ＿＿＿＿＿ 万元的罚款，情节严重的，吊销营业执照，由广告审查机关撤销广告审查批准文件、一年内不受理其广告审查申请。

4. 使用"国家级""最高级""最佳"等用语，没收广告经营者、广告发布者广告费用，处 ＿＿＿＿＿ 的罚款，情节严重的，吊销营业执照、吊销广告发布登记证件。

5. 使用或者变相使用国家机关、国家机关工作人员的名义或者形象，责令广告主停止发布广告，处 ＿＿＿＿＿ 万元的罚款，情节严重的，吊销营业执照，由广告审查机关撤销广告审查批准文件、一年内不受理其广告审查申请。

6. 非医疗、非药品、非医疗器械广告，使用涉及疾病治疗功能，与医疗、药品、医疗器械相混淆的用语的，责令广告主停止发布广告，责令广告主在相应范围内消除影响，处广告费用一至三倍罚款，广

告费用无法计算或者明显偏低的，处_____万元罚款；情节严重的，处广告费用三至五倍罚款，广告费用无法计算或者明显偏低的，处二十至一百万元以下的罚款，可以吊销营业执照，撤销广告审查批准文件、一年内不受理其广告审查申请。

7. 房地产广告含有下列升值或者投资回报的承诺，广告经营者、广告发布者明知或者应知的法律责任：没收广告费用，处广告费用一倍以上三倍以下罚款，广告费用无法计算或者明显偏低的，处_____万元罚款；情节严重的，处广告费用三至五倍罚款，广告费用无法计算或者明显偏低的，处二十万元至一百万元罚款，并可暂停其广告发布业务、吊销营业执照、吊销广告发布登记证件。

8. 保健食品广告含有表示功效、安全性的断言或者保证；涉及疾病预防、治疗功能。广告主的法律责任：责令其停止发布广告，责令广告主在相应范围内消除影响，处广告费用一至三倍罚款，广告费用无法计算或者明显偏低的，处_____万元罚款；情节严重的，处广告费用三至五倍罚款，广告费用无法计算或者明显偏低的，处二十万元至一百万元的罚款，可以吊销营业执照，撤销广告审查批准文件、一年内不受理其广告审查申请。

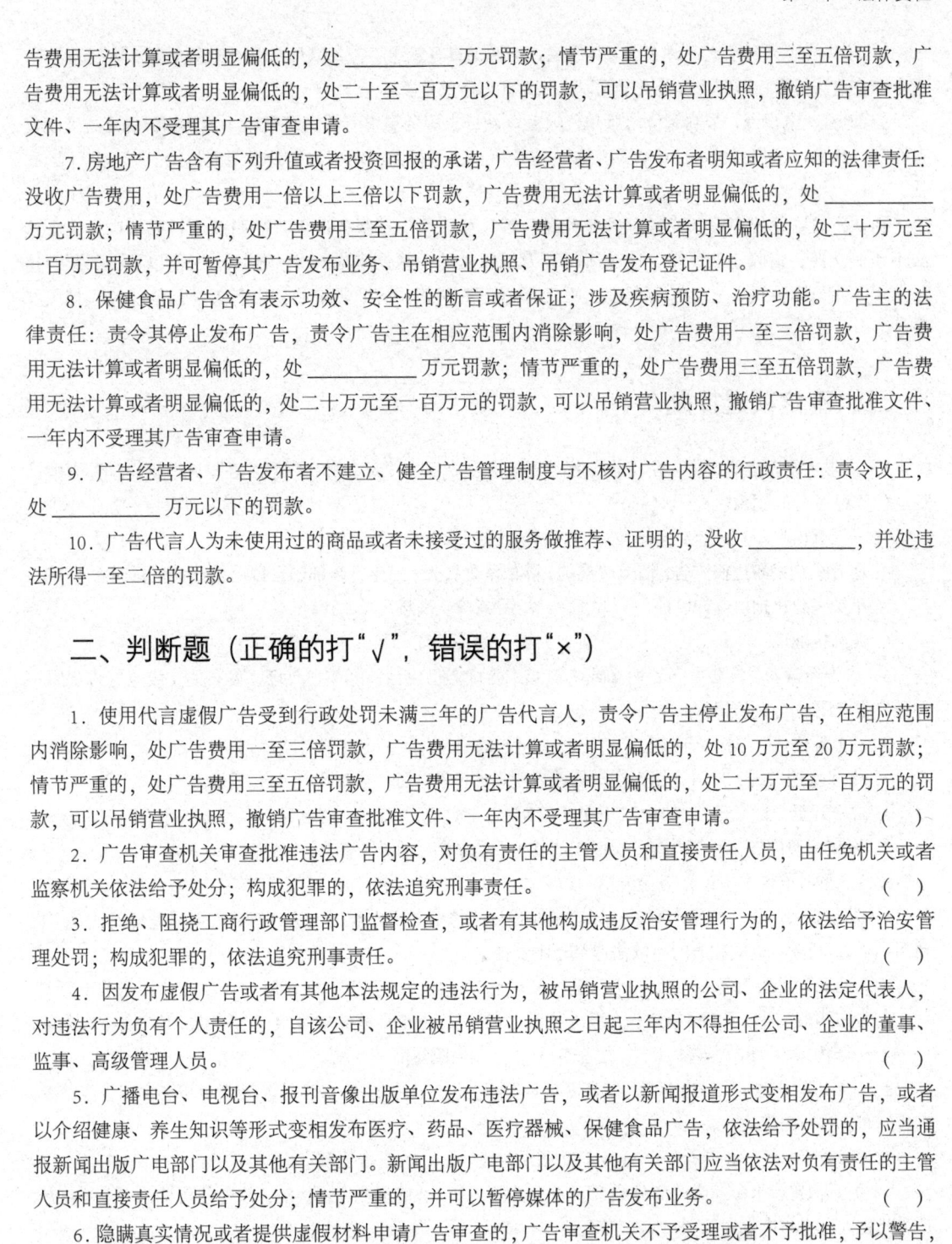

9. 广告经营者、广告发布者不建立、健全广告管理制度与不核对广告内容的行政责任：责令改正，处_____万元以下的罚款。

10. 广告代言人为未使用过的商品或者未接受过的服务做推荐、证明的，没收_____，并处违法所得一至二倍的罚款。

二、判断题（正确的打"√"，错误的打"×"）

1. 使用代言虚假广告受到行政处罚未满三年的广告代言人，责令广告主停止发布广告，在相应范围内消除影响，处广告费用一至三倍罚款，广告费用无法计算或者明显偏低的，处 10 万元至 20 万元罚款；情节严重的，处广告费用三至五倍罚款，广告费用无法计算或者明显偏低的，处二十万元至一百万元的罚款，可以吊销营业执照，撤销广告审查批准文件、一年内不受理其广告审查申请。（　　）

2. 广告审查机关审查批准违法广告内容，对负有责任的主管人员和直接责任人员，由任免机关或者监察机关依法给予处分；构成犯罪的，依法追究刑事责任。（　　）

3. 拒绝、阻挠工商行政管理部门监督检查，或者有其他构成违反治安管理行为的，依法给予治安管理处罚；构成犯罪的，依法追究刑事责任。（　　）

4. 因发布虚假广告或者有其他本法规定的违法行为，被吊销营业执照的公司、企业的法定代表人，对违法行为负有个人责任的，自该公司、企业被吊销营业执照之日起三年内不得担任公司、企业的董事、监事、高级管理人员。（　　）

5. 广播电台、电视台、报刊音像出版单位发布违法广告，或者以新闻报道形式变相发布广告，或者以介绍健康、养生知识等形式变相发布医疗、药品、医疗器械、保健食品广告，依法给予处罚的，应当通报新闻出版广电部门以及其他有关部门。新闻出版广电部门以及其他有关部门应当依法对负有责任的主管人员和直接责任人员给予处分；情节严重的，并可以暂停媒体的广告发布业务。（　　）

6. 隐瞒真实情况或者提供虚假材料申请广告审查的，广告审查机关不予受理或者不予批准，予以警告，一年内不受理该申请人的广告审查申请；以欺骗、贿赂等不正当手段取得广告审查批准的，广告审查机关予以撤销，处十万元以上二十万元以下的罚款，三年内不受理该申请人的广告审查申请。（　　）

7. 广告代言人代言医疗、药品、医疗器械、保健食品的广告，代言明知或者应知虚假广告的，依法没收违法所得，并处违法所得一至二倍的罚款。（　　）

329

8．未经当事人同意或者请求，向其住宅、交通工具等发送广告，以及以电子信息方式向其发送广告，责令停止违法行为，对广告主处五千元以上三万元以下的罚款。（　　）

9．电台、电视台、报刊音像出版单位、互联网信息服务提供者以介绍健康、养生知识等形式变相发布医疗、药品、医疗器械、保健食品广告，责令停止违法行为，对广告主处五千元以上三万元以下的罚款。（　　）

10．公共场所的管理者或者电信业务经营者、互联网信息服务提供者，明知或者应知广告活动违法不予制止的，没收违法所得。违法所得五万元以上的，并处违法所得一倍以上三倍以下的罚款，违法所得不足五万元的，并处一万元以上五万元以下的罚款；情节严重的，由有关部门依法停止相关业务。（　　）

三、不定项选择题

1．广告主发布虚假广告，由广告监督管理机关责令停止发布、责令广告主在相应范围内消除影响，处广告费用（　　）罚款。
　　A．三至五倍　　　B．一至五倍　　　C．一至三倍　　　D．三至十倍

2．医疗机构发布虚假广告，情节严重的，除依法处罚外，卫生行政部门可以吊销诊疗科目或者（　　）。
　　A．吊销医疗机构执业许可证　　　B．吊销营业执照
　　C．医师执业证　　　D．卫生许可证

3．广告经营者、广告发布者明知或者应知广告虚假仍设计、制作、代理、发布的，没收广告费用，并处广告费用（　　）的罚款。
　　A．三至五倍　　　B．一至五倍　　　C．一至三倍　　　D．三至十倍

4．发布虚假广告，广告费用无法计算或者明显偏低的，处广告费用（　　）罚款。
　　A．二十万至一百万元　　B．二万至十万元　　C．三十万至一百万元　　D．二十万至五十万元

5．发布虚假广告，两年内有三次以上或其他严重情节，处广告费用（　　）罚款。
　　A．五万至十倍　　　B．一万至五倍　　　C．一万至三倍　　　D．三万至五倍

6．发布虚假广告，两年内有三次以上或其他严重情节，广告费用无法计算或者明显偏低的，处广告费用（　　）罚款。构成犯罪的，依法追究刑事责任。
　　A．一百万至二百万元　　B．二十万至一百万元　　C．三十万至一百万元　　D．二十万至五十万元

7．发布虚假广告，可以吊销广告主营业执照，并撤销广告审查批准文件，（　　）不受理其广告审查申请。
　　A．一年内　　　B．二年内　　　C．三年内　　　D．四年内

8．发布虚假广告，广告经营者、广告发布者不能提供广告主的（　　）的，消费者可以要求广告经营者、广告发布者先行赔偿。
　　A．真实名称　　　B．地址　　　C．有效联系方式　　　D．广告证明

9．关系消费者生命健康的商品或者服务的虚假广告，造成消费者损害的，广告经营者、广告发布者、广告代言人应当与广告主承担（　　）责任。
　　A．连带　　　B．主要　　　C．次要　　　D．共同

10．伪造、变造或者转让广告审查决定文件的，没收违法所得，并处（　　）的罚款。构成犯罪的，依法追究刑事责任。
　　A．一万至十万元　　　B．十万至二十万元　　　C．一万至三十万元　　　D．一万至一百万元

11. 广告内容表述不准确、不清楚、不明白，广告引证内容违反规定，使用申请号、终止、撤销、无效的专利做广告，贬低其他生产经营者的商品或者服务的，责令停止发布广告，对广告主处（　　）的罚款。

　　A. 十万元以下　　　B. 十万至五十万元　　　C. 三十万至一百万元　　　D. 二十万至五十万元

12. 发布虚假广告，构成犯罪的，应当依照《刑法》第（　　）条关于虚假广告罪之规定，追究刑事责任。

　　A. 二百二十二　　　B. 二百二十一　　　C. 二百二十三　　　D. 二百二十四

13. 《反不正当竞争法》第八条规定，经营者不得对其商品的（　　）等做虚假或者引人误解的商业宣传，欺骗、误导消费者。

　　A. 性能、功能、质量　　　B. 销售状况　　　C. 用户评价　　　D. 曾获荣誉

14. 当事人设计制作完毕的违法广告尚未公开发布的，应当（　　）。

　　A. 不予处罚　　　B. 从轻处罚　　　C. 减轻处罚　　　D. 处罚

15. 内容违法的广告可以分为（　　）二类。

　　A. 虚假广告　　　B. 违禁广告　　　C. 其他违法行为　　　D. 违法广告

16. 违法广告法律责任可以分为（　　）。

　　A. 行政责任　　　B. 民事责任　　　C. 刑事责任　　　D. 无过错责任

17. 在中小学校、幼儿园内或者利用与中小学生、幼儿有关的物品发布广告，发布针对未成年人的医疗、药品、保健食品、医疗器械、化妆品、酒类、美容广告以及不良网络游戏广告的，利用不满十周岁的未成年人作为广告代言人的，由广告监督管理机关责令停止发布广告，责令广告主在相应范围内消除影响，处广告费用（　　）罚款，广告费用无法计算或者明显偏低的，处十万元至二十万元罚款；情节严重的，处广告费用三至五倍罚款，广告费用无法计算或者明显偏低的，处二十万元至一百万元罚款，可以吊销营业执照，撤销广告审查批准文件、一年内不受理其广告审查申请。

　　A. 一至三倍　　　B. 五至十倍　　　C. 一至五倍　　　D. 一至十倍

18. 广告主、广告经营者、广告发布者违反本法规定，有下列（　　）侵权行为之一的，依法承担民事责任。

　　A. 侵犯残疾人和未成年人的名誉权和健康权；
　　B. 侵犯他人专利权；
　　C. 贬低其他生产经营者的商品、服务的，侵犯其他生产经营者的名誉权；
　　D. 侵犯他人的姓名权和肖像权。

19. 电台、电视台、报刊出版单位违反办理广告发布登记规定，由广告监督管理机关责令改正，没收违法所得，违法所得一万元以上，并处违法所得一至三倍罚款；违法所得不足一万元，并处五千元至（　　）罚款。

　　A. 三万元　　　B. 八万元　　　C. 十五万元　　　D. 二十万元

20. 市场监督管理部门对在履行广告监测职责中发现的违法广告行为或者对经投诉、举报的违法广告行为，不依法予以查处的，对负有责任的主管人员和直接责任人员，依法给予（　　）。

　　A. 处分　　　B. 警告、记过、记大过　　　C. 降级、撤职　　　D. 开除

四、简答题

1. 违法广告行为构成要件。
2. 虚假广告的法律责任。
3. 为什么记入信用档案，公示违法行为不是行政处罚？
4. 为什么《广告法》没有规定不正当竞争的法律责任？

5. 首违不罚，应当具备什么条件？

五、论述题

论述广告费用无法计算或者明显偏低的判断和认定。

六、案例分析

【案例一】湖北省恩施州美年华整形外科医院有限责任公司发布违法医疗广告案

湖北省恩施州美年华整形外科医院有限责任公司在其微信公众号的［官方商城］（美丽日记）发布违法医疗广告。经查实，2020年6月，当事人为宣传、推广其外科整形手术的有效成果，初次在微信小程序［有赞商城］（美丽日记）上利用患者整形前后对比的真实形象图文。当事人的行为违反了《医疗广告管理办法》第七条第一款第六项的规定，发布违法医疗广告。在恩施市市场监督管理局调查中，当事人已意识到行为不当，及时删除了上述医疗广告内容。

［问题］此案应当如何处理？为什么？并列举法条。

【案例二】2021年2月，白云山制药厂在广州市黄埔区时代天韵小区的部分电梯轿厢内、科学城总部经济区的电梯轿厢里，投放了标题为《关于"伟哥"商标独占许可给金戈枸橼酸西地那非片使用的严正声明》的镜框广告，广告内容中涉及白云山制药厂生产的"金戈枸橼酸西地那非片"处方药品。2021年2月26日，广州市黄埔区市场监管局对白云山制药厂涉嫌存在违反《广告法》的行为进行了立案调查。经查，2021年1月至2021年2月3日，白云山制药厂委托深圳市华语传媒股份有限公司广州分公司在全国34个大中城市的部分小区电梯媒介空位发布404块处方药广告，广告费用22 394元；同时委托上海定向广告传播有限公司广州分公司在全国37个大中小城市的部分小区电梯媒介空位发布499块处方药广告，广告费用29 870元。

［问题］此案应当如何处理？为什么？请列举法条。

【案例三】当事人宣城市康福滋源商贸有限公司通过赠送鸡蛋、麻油等小件生活用品吸引中老年群体组织健康讲座，宣传推介其经营的"胶原蛋白压片糖果""氨基葡萄糖片"等普通食品，采取刻意隐瞒、混淆等手段，拼接、伪造、编辑所售产品具有治疗疾病及提高生理机能等功效，借机高价兜售。安徽省宣城市市场监管局根据举报，组织执法人员对当事人经营场所进行检查时，现场发现70余名中老年消费者正在参加健康讲座和产品宣传。组织健康讲座欺骗性强，严重耽误中老年消费者治疗，情节恶劣，后果严重。

［问题］此案应当如何处理？为什么？请列举法条。

【案例四】张先生在报纸夹页中看到一则广告，称某诊所从国外引进导药治疗前列腺的先进技术，能对"前列腺疾病彻底排除和根治"，如果无法治好则将"全额退款"。张先生受该病困扰多年，来到该诊所。数月过后，医院告诉张先生"已经治好了"。张先生到仁济等大医院做检查后发现，事实证明该诊所并没有做到如夹页广告中所说的那样"彻底排除和根治"。张先生多次到诊所讨要说法，诊所方面答应免费为其继续治疗，但治疗用的是最为低廉的消炎药，根本达不到治疗效果，而诊所方面又不肯为其做进一步治疗。张先生将该诊所告上了法院，要求赔偿他所花费的近2万元医疗费。诊所宣称根本没有向张先生做出过能对"前列腺疾病彻底排除和根治"的承诺,也没有答应如果无法治好则将"全额退款",甚至宣称并没有做过类似广告,但是,提供不出广告发布另有其人的证明。

[问题] 此案应当如何处理?为什么?请列举法条。

七、实战训练

离开教室,参加社会实践。要求每个学生在规定实践内从平面、影视、户外等广告中找出违法广告3件(分别为虚假广告、违禁广告、其他违法广告各1件),并加以分析,依法提出书面处理意见。

第 8 章

广告人职业道德

【本章知识要点】 了解广告人应当具备哪些法律素养与道德素养。掌握广告人自律要求与行为准则及团队合作精神。重点掌握职业道德准则。

第一节 广告人法律素养

马克思说过,"在民主的国家里,法律就是国王",意思是法律至高无上,任何人都不能超越法律。广告人除了应当具备智商、情商外,还应当具备法商。法商的内涵包括法律素养。

法律素养是现代法治社会公民的必备素质,即一个人认知和运用法律的能力。一个人的法律素养是通过其掌握、运用法律知识的技能及其法律意识表现出来。法律素养包含三层含义。

一、法律知识

法律知识是指既知道法律条文,又掌握法理知识。知其所以然,才能深以为然。学法、懂法,不仅要熟知法律条文,同时要掌握法律原理,如法的基本特征、法的渊源、法的效力等级、法律关系、法律事实、法律责任,还有实体法和程序法、根本法和普通法及特别法等。

1. 法的基本特征(以权利和义务为基本内容的社会规范,由专门国家机关按权限和程序制定或认可,具有普遍约束力的强制力保证实施的法律文件)

2. 法的渊源(法律规范的创制方式和外部表现形式)

3. 法的效力等级(上位法优于下位法、特别法优于普通法、新法优于旧法)

4. 法律关系(权利和义务关系,由主体、客体和内容三个要素构成)

5. 法律事实(法律所规定的事实、有证据证明的事实,能够引起法律关系产生、变更和消灭的客观情况或现象。法律事实与事实有重要区别)

6. 法律责任(法律规定的违法行为后果)

7. 实体法(规定权利与义务的条文,如《广告法》就是一部实体法),与实体法相对的是程序法(规定行使权利与承担义务的程序,如《行政复议法》)

8. 根本法、普通法、特别法(如根本法《宪法》,如普通法《刑法》,如特别法《广告法》)

二、法律意识与观念

法律意识,是社会意识的一种形式。法律意识不是自发形成的,它是人们在潜移默化中,在学习法律的过程中和社会生活中受法律事件的影响而自觉培养守法的结果。

法律意识是对法律尊崇、敬畏。遇事先想到法律,有守法意识。有了良好的法律意识,才能严格依照法律行使自己享有的权利和履行自己应尽的义务,就会充分尊重他人合法、合理的权利,就会积极寻求法律途径解决纠纷和争议,就会主动抵制破坏法律和秩序的行为。

三、法律信仰

法律信仰,就是对法律的信奉和敬仰,将法律奉为自己行为活动的准则。法律信仰是指个人内心对于法律应当被全社会尊为至上行为规则的确信,是对法律认识的最高级阶段。

"法律必须被信仰,否则它将形同虚设。"美国比较法学家伯尔曼的这句话在今天的中国已成为引用率相当高的箴言。法律是社会生活的百科全书,它是人们的处事之法、待人接物之法、安身立命之道。现实生活中,每一个人都离不开法律。因此,我们必须树立法律至高无上的权威,使法律成为一种信仰,并融入生活与职场之中。唯有如此,广告人才能时刻崇敬、忠诚、遵守法律。

第二节 广告人道德素养

道德素养即人的修养,包括道德水平和道德境界。道德不是靠法律约束,而是靠自律,即自我素养约束。

广告人的道德是一种职业道德,是社会对广告人提出的一种特殊的道德要求,包含热爱广告工作、热爱消费者和热爱客户、严以律己三层含义。

一、热爱广告工作

热爱自己所从事的本职工作是广告人道德素养的基本要求,也是搞好广告工作的基本前提。首先对广告工作要有一个正确认识。认识广告工作的崇高价值,首先要正确认识到广告工作"为他人做嫁衣"的崇高性,具有奉献精神,才能自觉地把工作当作事业来对待;其次要认识到广告工作的社会价值,不仅具有商业价值,更具有文化价值,才能全身心地投入广告工作。

二、热爱消费者和热爱客户

热爱客户是广告人应有的爱心、应尽的职责，它既是广告人职业道德的核心，也是广告人道德素质的集中体现。首先要了解消费者、客户的需求，以消费者、客户的需求为中心策划设计广告；其次，要处理好消费者需求与客户需求之间的关系，把握好法律及道德与客户需求之间的关系，不可顾此失彼。

马克思说过："人的生活离不开友谊，但要得到真正的友谊才是不容易。友谊总需要忠诚去播种，用热情去灌溉，用原则去培养，用谅解去护理。"处理与客户的关系需要忠诚、热情、原则、谅解，并讲求沟通艺术，应当有度、有方、有理、有情。

有度是指守住法律与道德的底线，把握好真实性与艺术夸张的度，把握好非主流与主流文化的度。

有方是指把握好与客户沟通的方法与策略，或疏通诱导，或直言理论，或感性启迪，或理性证辩，或委婉谲谏，或坦率相陈，不拘一格，灵活多变，使之不温不火，不急不躁，如春风化雨，冰融冻解。

有理、有情是指把握好与客户沟通时的"晓之以理，动之以情"，以理服人，用心沟通。

同样，处理好与消费者的关系，必须以消费者为中心，客户的需求是寻求解决产品销售或者树立品牌形象的广告方案，是以引导、劝说消费者为目的。因此，广告策划的关键是把握好消费者的需求，察实情，究痛点，辨虚实，明策略。应当始终换位思考，将心比心，爱心为本，做"走心"的广告，以赢得消费者的喜爱。否则，消费者抛弃广告、抛弃客户的产品，客户也会抛弃广告人。

三、严以律己

广告具有文化、社会价值观的导向功能，广告的引导性，要求广告人在思想、品德、作风等方面严格要求自己，广告人必须明白自己的社会责任，认清自己的社会作用，成为客户的道德表率。只有以德立业，守住道德底线，广告人才能在客户的心目中赢得威信，才能在消费者的心目中得到认可。广告人只有具备了良好的道德修养，才能以自己的优秀广告去说服消费者、说服客户，感染消费者、感染客户。

第三节　广告人自律

一、遵纪守法

马克思说过："一个人应该活泼而守纪律，天真而不幼稚，勇敢而不鲁莽，倔强而有原则，热情而不冲动，乐观而不盲目。"

广告人应当把遵纪守法放在第一位，"言非法度不出于口"（出自唐朝杨炯《杜袁州墓志铭》），大意是不符合法律和准则的话语不说。这是广告人的一种精神及应有的法商与情商。广告应当合法，在法治的轨道上创意策划设计。

二、广告行为诚实守信

马克思曾经说过，一个无愧于他的人，这就是你的灵魂、性格、心理以至于道德的最好的考验。诚实守信是广告人应有的正直品质，应当是广告人立身处世的座右铭。诚实，即忠诚老实，就是不说谎，不作假，不欺瞒别人。守信，就是讲信用，讲信誉，信守承诺，全面履行自己的义务，答应了别人的事一定要去完成。广告人应当恪守合同约定，信守承诺，平等互利，实现共赢。对人以诚信，人不欺我；对事以诚信，事无不成。不诚实、不守信的损人永远不会利己。

三、广告内容真实可信和讲导向

广告人应当有社会责任感。真实可信是广告的生命，广告如实反映商品性能与质量，不以任何形式欺骗、误导消费者。否则，消费者不看广告，不相信广告，广告与广告人活着还有什么意义。

2016年2月，习近平总书记在新闻舆论工作座谈会上指出："广告宣传也要讲导向……"广告导向可分为四个方面：政治导向、思想导向、道德导向、文化导向。有公道人心的广告，能够弘扬正气，引领正确的价值观和健康的消费观。因此，广告的表现形式和广告的内容要积极、健康，要遵守社会公认的道德准则及"富强、民主、文明、和谐、自由、平等、公正、法治、爱国、敬业、诚信、友善"的社会主义核心价值观，提高广告的思想性、科学性和艺术性。

四、遵守社会公认道德准则

《广告法》第九条第（七）项规定，广告不得有妨碍社会公共秩序或者违背社会良好风尚。社会公德又称公序良俗，是长期以来自然形成的，受社会普遍认可的一种基本行为规范，是善良习俗、民族文化传统和社会主义核心价值观的体现，通常体现为观念、习惯、信念等。社会公德与法律的根本区别在于没有强制约束力，是依靠人们的观念、习惯、信念自我实现的非法律义务。

爱祖国、爱人民、爱劳动、爱科学、爱社会主义是社会主义国家最基本的社会观念。文明礼貌、成人之美、助人为乐、爱护公物、保护环境、讲究卫生、尊老爱幼、遵守公共秩序等等，是社会公德的习惯内容。

"行非公道不萌于心"（唐朝杨炯在《杜袁州墓志铭》中"言非法度不出于口"的后半句），大意是不符合公正道理的行为不想。这也是广告人应有人格。广告创意应当符合公道人心，凡是违反社会公德的创意想都别去想，更不要去做。

【案例】媚俗、低俗的绝味鸭脖广告，被罚款60万元

2017年11月1日，湖南长沙绝味食品营销有限公司（以下简称"绝味公司"）在天猫旗舰店上登出了公司双十一促销预热广告，卡通图片上的一名女子着短裤，躺在床上戴镣铐分开双腿，配发文字"鲜嫩多汁，想要吗？"。广告发布后，因该文案涉嫌媚俗，引发网络舆论的负面评论"庸俗""消费女性，不尊重女性，侮辱女性"。11月2日，绝味公司撤下此广告。

2017年11月3日，绝味公司在微信公众号上又推送了《我不搞预售，我就是玉兽》微文，以大卫雕像隐私处打上马赛克为背景的图片，并配发了以夫妻、情侣口气暗示性行为的文字。媒体披露后，11

月6日，绝味公司撤下该图片和文字。

2017年11月6日，长沙市工商局（现长沙市市场监管局，以下称为长沙市市场监管局）对当事人进行了立案调查。

2017年11月14日，《中国妇女报》发文痛批"毫无道德底线，完全罔顾公序良俗，公然挑战社会主流价值观""把无耻当有趣、把低俗当通俗"。

经查，双十一促销预热广告由绝味公司委托长沙汇邦广告公司全权设计、制作、发布。长沙市市场监管局认为，当事人两次在不同网络平台上所发布的网络广告图片媚俗，文字低俗，违反了《广告法》第九条第（七）项的禁止性规定。2017年12月22日，长沙市市场监管局依据《广告法》第五十七条第（一）项的规定，做出长工商案字（2017）91号处罚决定书，责令其停止发布广告。长沙绝味食品作为广告主，被罚款60万元，长沙汇邦广告公司作为广告设计、制作、发布者，被罚款60万元。

绝味鸭脖广告被罚后，同年12月26日，长沙市市场监管局根据《互联网广告管理办法》第十八条之规定，将案件分别移送深圳市市场监督管理局和杭州市余杭区市场监督管理局。有关部门依据《广告法》第四十五条的规定，对广告活动的特殊主体互联网信息服务提供者腾讯和天猫也追究了明知或者应知违法广告不及时制止的相关法律责任。

【评析】绝味鸭脖通过互联网传播媒介，采用女性露骨性暗示言语的内容搞营销，错把恶心肉麻当有趣，公然以媚俗、低俗、擦边情色吸引公众关注度，其行为不仅妨碍社会公共秩序或者违背社会良好风尚，而且构成对妇女人格尊严的侮辱及侵害。产品营销固然重要，但是必须遵法守德，遵守社会公认道德准则，守住良知与"红线"。广告人不能为了博眼球，设计、制作、发布故弄玄虚、哗众取宠、突破底线的媚俗、低俗广告。类似广告与广告人的创意原理几乎没有关系。绝味鸭脖产品和性元素策略毫无关系，模仿杜蕾斯，成了东施效颦。杜蕾斯产出热点创意，并不是"蹭热点+开黄腔"那么简单，事实上杜蕾斯与广告创意性元素策略密切关联，而且在遇到任何热点事件的时候，杜蕾斯的创意经过复杂的思考和缜密的策划，始终保持一种统一的调性，呈现出来的效果就是暗示，而并非直白的"开黄腔"。性元素策略营销和低俗营销，往往只有一层纸之隔，而这个底线就是社会公认道德准则。

【案例】"玩美女人"的地铁灯箱广告，被罚款20万元至40万元不等

2001年4月，在沪台资企业思微尔（南海）服装有限公司（以下简称"思微尔公司"）委托上海华智地铁广告公司在上海地铁的4个站点发布品牌内衣广告，打出了"玩美女人"的广告语。4月19日《解放日报》提出异议。见报后广告被撤销。从广告发布到撤销一共是5天时间。

上海市工商局黄浦分局（现上海市黄浦区市场监管局，以下称为"黄浦区市场监管局"）以广告内容违反《广告法》关于"妨碍社会公共秩序和违背社会良好风尚"规定为由，责令思微尔公司停止发布广告，公开更正，并罚款20多万元。同时对上海华智地铁广告公司处以40万元的罚款。

思微尔公司不服，诉至上海市黄浦区人民法院。法庭上，思微尔公司认为："玩"有"做、追求、崇尚"的意思，"玩美女人"可理解为"追求崇尚美好的女人"，绝非有人想象的那么庸俗，广告只现世5天，应处罚轻些。黄浦区市场监管局指出"玩"有"戏弄、玩弄"的意思，广告主对广告的理解不能强加于受众。法院认为，"玩美女人"违背社会良好风尚，发布时间长短并非处罚所应该考虑的因素。法院依法做出维持黄浦区市场监管局对思微尔有限公司行政处罚的判决。

【案例】发布"柔情护士二选一，免费让您做一次哦"失德广告，被罚款20万元

百脑汇（长春）实业有限公司于2016年1月1日至2016年1月5日，在百脑汇科技大厦门前发

布标题为"柔情护士二选一，免费让您做一次哦"的广告。广告画面着重凸显身着低胸护士服的图片及颜色鲜艳、字体较大的"柔情护士二选一，免费让您做一次哦"字样，仅用很小的文字说明"0元电脑清灰、电脑做系统二选一"。广告画面上，标题每个字所占面积相当于说明文字的42倍，标题文字的整体面积是说明文字面积的4.5倍，标题在人行道及行车道上就能看清楚，而说明文字只有在较近距离才能看清楚。受众如不靠近，很难发现此广告中还有"0元电脑清灰、电脑做系统二选一"等内容。同时，广告还含有"装也是人生的一种色彩，嘴上说不要，身体却很诚实，装可爱十二星座'百小春'卖萌求包养"等语句，这些内容和促销活动并没有逻辑上的内在联系，还配有穿着暴露的女性图片。

上述广告利用双关语达到吸引眼球的目的，内容及隐含的意思与基本的伦理道德相悖，属于违背了《广告法》第三条"广告应当真实、合法，以健康的表现形式表达广告内容，符合社会主义精神文明建设和弘扬中华民族优秀传统文化的要求"的规定，属于《广告法》第九条第（七）项所指的"妨碍社会公共秩序或者违背社会良好风尚"的违法广告，应依据《广告法》第五十七条第（一）项的规定进行处罚，处罚款20万元。

【评析】关于"广告应当以健康的表现形式表达广告内容，符合社会主义精神文明建设和弘扬中华民族优秀传统文化的要求""违背社会良好风尚"的认定，是抽象性法律概念，目前没有明确的法定标准。特别是"社会良好风尚"是历史沿袭、积久而成的善良习俗、民族文化传统和社会主义核心价值观的体现，很难有一个明确的法律标准予以界定。应当从语义双关、歧义明显、标题文字与说明文字的大小、面积等方面对比，借助中央政治导向的政策文件对相关名词的规定、宣传部门及精神文明办相关权威解释，从政治观念、民族文化传统、道德伦理、公序良俗、社会舆论，以及艺术的真善美等方面考量；从是否亵渎人性尊严、败坏社会公德、扰乱社会秩序、社会影响恶劣、与艺术的社会价值相背离等方面考量。

五、遵守职业道德准则与具有良好团队合作精神

（一）遵守职业道德准则

职业道德与人们的职业活动紧密相连。职业道德是指符合职业特点、职业道德习惯和公共生活中必须共同要求的道德准则的总和。

广告人应当遵守职业道德准则，正直、自律，自觉遵守广告行业及从业人员应当遵守的职业道德规范。广告人应在遵纪守法与遵守社会公德的前提下，为客户和公司尽心尽力；努力提高职业道德水平，既维护社会公众利益，又维护客户和本公司的信誉；运用自己的知识和技能造福于客户和本公司及社会。

中国广告协会为了促进广告行业的自我约束、自我完善，维护广告市场秩序，树立良好的行业风气，依据广告管理法律、法规，并借鉴国外广告业的自律办法，制定了一系列职业道德规范。

这些自律规则都是广告行业企业及从业人员应当遵守的职业道德规范。如《中国广告行业自律规则》禁止对商品或服务的属性做片面的宣传，禁止将科学上尚未定论的观点、现象当作产品或服务的特点用于广告，禁止以明显的艺术夸张手法作为表现形式（不足以造成公众误解的除外）。还要求，广告活动主体之间应通过公平的方式开展竞争，认真履行各项合同，不得以商业贿赂、诋毁他人

声誉和其他不正当手段达成交易,不得利用广告进行不正当的市场营销,或干扰、损害他人合法的广告活动,等等。

【案例】企业利用软件拦截他人视频广告,被判赔偿 62 万元

2017 年,优酷、搜狐、腾讯视频网站经营者(以下称"原告")把杭州硕文有限公司(以下称"被告")告上法庭,诉请判令被告赔偿损失 100 万元、合理支出 6 万元。

被告开发"乐网—广告屏蔽(拦截)、视频广告过滤、应用、网页广告神器"的 APP,并以"唯一有效屏蔽(拦截)全网热门视频 APP 广告,从此不用傻等 1 至 2 分钟!"等作为宣传口号。用户安装后,可以完全跳过原告 APP 中节目播放前向用户播放的广告,使得视频网站的广告播放量缩水。

原告认为,被告软件的唯一功能是拦截视频广告,其拦截行为不具有正当性。虽然其技术是中立的,但行为违反《反不正当竞争法》。

被告则认为其针对互联网上各种恶意广告的骚扰,基于消费者利益,技术上进行拦截。即使按照"非公益必要不干扰原则",针对不能一键关闭的广告进行屏蔽,节约了用户的带宽、流量和时间,屏蔽行为具有公益性。

杭州铁路运输法院经审理认为,《反不正当竞争法》旨在维护合法有序的社会竞争秩序,经营者在经营活动中基于合法的经营行为获得的合法权益应当受到保护。原告向用户提供免费视频的同时在片头播放一定时间的广告,据此收取广告费既是经营收入的重要来源,也是弥补经营成本的重要组成部分。这种"免费视频+广告"的商业模式既未违反法律规定,又属于互联网行业惯常的经营方式,由此形成的商业利益是合法权益。反之,如果视频行业长期免费经营,那么经营者注定缺乏资金购买或创作优质视频。在长期缺乏合理回报的情况下,视频质量将会越来越差,最终受损的将是互联网视频文化产业和普通消费者利益。作为互联网经营的竞争者,被告理应尊重他人合法权益,在商业活动中避免利用技术手段妨碍他人正常经营活动。而被告明确宣传乐网软件"能拦截主流视频 APP 的视频广告,优酷、腾讯、乐视、搜狐等",表明其对于屏蔽视频广告可能会对原告经营利益造成损害的后果明显知晓,违反诚实信用原则和公认的商业道德,破坏了原告正常的商业活动,属于不正当竞争行为。

法院判决被告立即停止通过"乐网"软件屏蔽(拦截)优酷、搜狐、腾讯视频网站播放页面中出现广告的行为,并赔偿原告经济损失及合理费用 62 万元。

(二)具有良好团队合作精神

团队精神是大局意识、协作精神和服务精神的集中体现,核心是协同合作,反映的是个体利益和整体利益的统一,并进而保证组织的高效率运转。

马克思说过:"咱们知道个人是微弱的,但是咱们也知道整体就是力量。"习近平总书记在庆祝中华人民共和国成立 70 周年招待会上发表的重要讲话中强调"团结是铁,团结是钢,团结就是力量"。团结一心、同舟共济是中华民族一以贯之的文化基因。大团结就有大力量。

广告人应当在公司团队成员中有共同的使命感、归属感和认同感,形成团队凝聚力。要有敬业精神、担当精神和实干精神。团结一心,心往一处想,劲往一处使,同舟共济、齐心协力,互助合作,拧成一股绳,朝着一个目标努力,既挥洒个性,又优势互补,既按劳分配,又有奉献精神。在具体工作中,找准位、定准位、做到站好位、不缺位、不错位、不越位、及时补位。关键是要扬长避短,发挥自己长处,克服短处。

第 8 章习题

一、简答题

1. 广告人法律素养应包含哪三个方面内容？
2. 法律知识包括哪几个方面？
3. 什么是法律意识？用一句通俗话表达。
4. 广告人道德素养应包含哪三个方面内容？
5. 搞好广告工作的基本前提是什么？
6. 广告人职业道德的核心是什么？
7. 如何做到热爱消费者、热爱客户？
8. 广告人自律应包含哪五个方面内容？
9. 遵守社会公认道德准则体现在《广告法》第几条规定？
10. 中国广告协会已制定了哪些职业道德准则？

二、案例分析

【案例一】 某房产开发商为销售商品房进行广告宣传，委托某广告公司设计、制作、发布商品房海报广告，要求在广告中声称"可零首付"，但不同时标明"零首付"的条件。某广告公司明知实际上"零首付"是有条件的，需要购房者以原有的房屋申请抵押贷款，而且可申请抵押的房屋有时间上的限制。某广告公司为了赚取广告费，仍然按照某房产开发商要求在广告中声称"可零首付"，但不同时标明"零首付"的条件。由于未在广告中明示这些主要信息，使不少消费者产生误解。

【问题】 某广告公司行为是否违反了广告人职业道德？为什么？

【案例二】 某化妆品公司委托某广告公司策划设计化妆品海报广告，要求在广告中用明星歌手、演员孙某的肖像。某广告公司明知某化妆品公司提供的与孙某合约是伪造的，仍然按照某化妆品公司要求在广告中用了明星歌手、演员孙某的肖像。

【问题】 某广告公司行为是否违反了广告人职业道德？为什么？

【案例三】 日本斯巴鲁汽车电视广告："一位老伯驾驶这一辆满载着橘子的马车在前面缓缓行进，由于载货太多，橘子一个一个往下掉，掉的满公路都是。此时，一位帅哥开着一辆斯巴鲁汽车尾随在后，以优雅的曲线行驶，小心避开这些掉落到地上的橘子。最后这位帅哥超过马车，并对着老伯抛出一个令人匪夷所思的微笑，而老伯则是一脸的莫名。"

【问题】 这则广告违反社会公德吗？为什么？

【案例四】 《南方都市报》韩后化妆品的广告："前任张太：你放手吧！输赢已定。好男人，只属于懂得搞好自己的女人！祝你早日醒悟。搞好自己，愿，天下无三！——张太。"文案以一个小三扶正的现任张太的口吻对前任喊话。

【问题】 这则广告违反社会公德吗？为什么？

第 9 章

国外的广告立法及广告管理

【本章知识要点】了解国际性广告组织及国际广告规则和欧盟、美国、英国、法国、日本、德国、巴西、加拿大、韩国、新加坡、泰国、俄罗斯等国广告立法及广告管理。重点掌握外国互联网广告立法及管理经验。

第一节 国际广告立法及广告管理

学习、借鉴广告发达国家（地区）广告立法及广告管理的成功经验，有益于不断完善我国广告立法，提高我国的广告管理水平。

当今世界是互联网连接一切的世界，信息化技术使广告国际化成为现实。

20 世纪 60 年代初期，欧美发达国家企业开始了跨国经营，品牌和广告也随之全球化。可口可乐、耐克、宝洁公司都是成功的典范。为了适应品牌的全球化战略，欧美一些广告公司于 20 世纪 70 年代初，组成跨国性的大型综合广告集团，如李奥贝纳、奥美、电通等广告公司。全球性广告集团的出现，加速了广告国际化进程。

广告是一把双刃剑，既有积极作用，也有消极作用。世界各国广告业在迅速发展中都曾出现了一系列消极问题，虚假广告及不正当竞争行为严重地影响了广告业的声誉与秩序，因此，国际广告立法及广告管理也随之产生。

一、国际广告立法及广告管理概况

广告发展历史也是广告立法及广告管理的历史。公元前 79 年古罗马街头出现了许多杂乱的广告牌，于是古罗马政府制定了严禁街头乱树广告牌，只准在墙面上做广告，也就是"墙面广告"的规定。这是国际上最早的户外广告管理立法。1142 年，法国国王路易七世针对酒商吆喝的广告制定了《叫卖法则》，这是国际上最早的叫卖广告管理立法。

20 世纪初，在欧美地区，1907 年英国制定了《广告法》，这是广告立法史上最早的比较完整的广告法。1911 年，美国纽约州制定了《普令泰因克广告法案》（又称《印刷物广告法案》），它是美国历史上第一个广告管理法律。此法案于 1945 年修订为全国性广告法案，被视为国际广告立法史上的里程碑。法国在 20 世纪中期制定了《限制诱惑销售以及欺骗性广告法》。

在亚洲地区，1940 年日本广告联盟制定了《日本广告律令》《广告伦理纲领》；1962 年制定了《广告取缔法》；1975年制定了《不正当竞争防止法》，还制定了《户外广告法》。日本将广告管理立法纳入不正当竞争立法，所以，没有制定统一的专门《广告法》。

二、国际性广告管理组织

随着国际经济、贸易的发展，各国的广告管理规则与法律不尽统一，因此，在处理广告纠纷、制止虚假广告及不正当竞争中，产生了规则、法律冲突。为了解决这个问题，一些发达国家的民间经贸组织与广告行业组织组建了国际性广告管理组织，共同制定国际性的广告规则。

欧美等广告业发达的国家和地区有一个最大特点是，广告立法与广告管理大多数是由民间经贸组织与广告行业组织通过制定行业自律规范和规则，协调和裁定广告纠纷，处理广告活动中的虚假及不正当竞争行为。

因此，在市场经济发达的国家，民间经贸组织与广告行业组织具有举足轻重的地位。美国是世界广告业最为发达的国家，广告业管理也相对规范，他们拥有全美广告公司协会、美国广告联盟和商业改良局等民间组织，严格审查广告发布，调查广告真实性和准确性，相对公正而有效地解决有关争议和纠纷。英国有广告标准局、日本有广告联盟、加拿大有广告标准委员会等行业组织。这些国家都有明确的法规认定行业组织的法律地位，支持行业组织解决行业问题，因而这些组织在规范市场秩序中不仅发挥着政府管理机构不可替代的作用，而且能够高效、快捷地处理、解决行业问题，受到了社会各界的普遍重视与信任。

（一）国际商会

1. 由来：国际商会（ICC）成立于1919年，是世界上重要的民间经贸组织。第一次世界大战结束后，为了在和平时期保持国家间的经济贸易合作关系，加强各国的经济交流，1919年10月，由法国贸易部长率领的法国、英国、比利时和意大利四国商界领导人组成的代表团，前往美国新泽西州大西洋城，与美国商界领导人磋商成立国际商会事宜。磋商进行了4天，决定成立国际商会，总部在巴黎。

2. 组织机构：组织机构包括理事会、执行局、官员委员会、财政委员会、主席、副主席及秘书长、所属各委员会和会员、会员大会，此外还设有国家特派员。下设十几个专业委员会：国际贸易政策委员会、多国企业和国际投资委员会、国际商业惯例委员会、银行技术和惯例委员会、电子商务委员会、知识和工业产权委员会、环境委员会、能源委员会、海运委员会、税务委员会、有关竞争法律和事务委员会、保险委员会、国际仲裁委员会、国际商会仲裁院、国际商会海事合作中心、国际商会反假冒情报局、国际商会反商业犯罪局等。

3. 国际商会的职能：

（1）在国际范围内代表商界，充当与联合国和政府机构沟通的商业发言人；

（2）促进建立在自由和公正竞争基础上的世界贸易和投资；

（3）协调统一贸易惯例，并为进出口商制定贸易术语和各种指南；

（4）为商业提供实际服务。

国际商会制定了许多国际商业领域的规则和惯例，如国际贸易术语、国际贸易结算规则等，为全世界广泛采用。ICC是联合国的重要对话伙伴，并与联合国、欧盟、经合组织、西方七国集团等其他许多重要的国际组织保持着密切关系，充当国际商界对联合国和政府机构沟通的商业发言人，影响这些组织制定有关国际商业的政策。

4. 国际商会中国国家委员会：1994年11月8日，国际商会在巴黎举行的第168次理事会会议上通过决议，接纳中国加入国际商会，并成立国际商会中国国家委员会（ICC CHINA）。1995年1月1日，由中国贸促会牵头组建的 ICC CHINA 正式宣告成立，是国际商会在中国的机构，它代表了中国最具活力的国际性企业。

5. 国际商会的竞争法律和事务委员会、市场营销与广告委员会作为国际性广告管理组织，主动而积极有效地制定了一系列具有重大影响的国际性的广告规则及规范。

（二）国际广告协会

1. 国际广告协会创建于 1938 年，当时称出口广告协会，1954 年改名为国际广告协会（IAA），总部设在美国纽约。国际广告协会是广告主、广告公司、媒体、学术机构以及营销传播界唯一的全球性广告组织，也是全世界唯一一个在 96 个国家和地区拥有会员、涉及品牌创建和营销传播领域的全球性行业协会。会员有个人会员、团体会员、组织会员、准会员、院校会员、资深会员和名誉会员七种，其中团体会员是由专业公司等企业构成。

2. 宗旨：国际广告协会的宗旨是把广告、公共关系、销售促进、广播、市场调查等有关的从业者及有兴趣的人们联合起来，交流经验和情报，探讨学术理论，提高世界广告和行销技术水平，组织国际会议和专题展览。促进会员之间在学术、经验和思想等方面的交流，并通过与其他组织的合作，研究和探讨广告发展的趋势。鼓励会员遵守国家和国际组织制定的道德规范和实践标准。与消费者组织合作，维护消费者的利益。保持中立的立场，调解广告客户、广告经营单位和广告媒体之间的利益纠纷。与各国政府和官员联系和合作，协商研究税收、广告法、政治运动以及对药物广告和烟酒广告的管理问题。

3. 职能：一方面是制定各种法律法规和行业公约；另一方面是通过各种机构和组织，形成监督管理机制。

4. 国际广告协会中国分会：国际广告协会中国分会于 1987 年 5 月 12 日在北京人民大会堂成立，标志着中国的广告业开始与国际广告业接轨。第一批国际广告协会中国分会的 31 名会员主要是两种类型：一是主管广告的政府官员或行业组织的负责人，二是全国的一些大型广告公司和大媒介的负责人。

三、国际性广告立法

国际商会自 1937 年发布第一份《国际商会广告行为准则》以来，已经成为国际上市场营销与广告行业重要的准则制定机构。多年来，国际商会准则一直是全球广告自律准则的来源，也是全球广告行业自律体系的组成部分。瑞典等国家直接将国际商会市场营销与广告准则设立为其国家规则；土耳其、法国等国

家则在国际商会相关准则的基础上增加适用于其国家情况的条款，然后设立为国家准则。这些自律体系向消费者保证广告的诚实、合法、正当和真实以及在发生违规行为时快速、简单地进行纠正，从而与消费者建立起信任关系。

《国际商会广告行为准则》（以下简称《准则》）是根据国际商会的通过自律准则，提高商业宣传行为道德标准的政策而制定，目的是对现行有效的国际法、国内法体系予以补充。《准则》首次颁布于1937年，并分别于1949年、1955年、1966年、1973年和1987年予以修改。就商业宣传而言，《准则》是商界自觉承担社会责任的一种表达方式。世界经济的全球化导致竞争日益加剧，同时也要求国际商业界采用更高标准的规则。《准则》的前身是《国际商会儿童广告指南》。广告是在销售商与消费者之间建立沟通的一种手段，《准则》正是基于将这种认识与过去的经验有机结合起来而修订的。

附：《国际商业广告从业准则》

第一部分 国际广告从业准则内容

（一）国际广告从业准则的适用范围
(1) 刊登广告的客户。
(2) 负责撰拟广告稿的广告客户、广告商或广告代理人。
(3) 发行广告的出版商，或承揽广告的媒体商。

（二）国际广告从业准则

1. 保护消费者利益的广告道德准则
(1) 应遵守所在国家的法律规定，并应不违背当地固有道德及审美观念。
(2) 凡是易引起轻视及非议的广告，均不应刊登广告。广告制作，也不应利用迷信或一般人的盲从心理。
(3) 广告只应陈述真理，不应虚伪或利用双关语及略语的手法，以歪曲事实。
(4) 广告不应含有夸大宣传，致使顾客在购买后有受骗及失望之感。
(5) 凡广告中所刊有关商号、机构或个人的介绍，或刊载产品品质或服务周刊等，不应有虚假或不实记载。凡捏造、过时、不实或无法印证的词句均不应刊登。引用证词者与证者本人，对证词应负同等责任。
(6) 未经征得当事人同意或许可，不得使用个人、商号或机构所做证词，也不得采用其相片。对已逝人物的证件或言词及其照片等，倘非依法征得其关系人同意，不得使用。

2. 广告活动的公平原则
广告业应普遍遵守商业公论与公平竞争的原则。
(1) 不应采用混淆不清的广告足以使顾客对于产品或提供的服务产生误信。
(2) 在本国以外国家营业的广告商，应严格遵守当地有关广告业经营的法令或同业约定。
(3) 歪曲或夸大的广告宣传，应予以禁止。
(4) 广告客户对于刊登广告的出版物或其他媒体，有权了解其发行量及要求提供确实发行数字证明，广告客户需进一步了解广告对象的听众或观众的身份及人数，以及接触广告的方法的，广告业者应提供真实的报告。
(5) 各类广告的广告费率折扣，应有明了翔实及公开的刊载，并应确实遵守。

第二部分　国际电视广告准则

国际电视广告准则是一种国际电视广告业的约定，最初系由"国际广告客户联合会"在1963年的年会中提出并通过。比利时、丹麦、法国、美国、意大利、荷兰、挪威、瑞典、瑞士及西德诸国曾派代表出席该会。内容如下。

（一）基本原则

依据《国际商业广告从业准则》的规定，所有电视广告制作的内容除真实外，应具有高尚风格。此外，且须符合在广告发行当地国家的法令及同业的不成文法。因电视往往为电视观众一家人共同观赏，所以电视广告应特别注意其是否具有高尚道德水准，不触犯观众的尊严。

（二）特殊广告方式准则

1. 儿童节目广告准则：原则规定——在儿童节目中或在儿童所喜爱的节目中不应做足以伤害儿童身心及道德的广告，亦不许利用儿童轻信的天性或忠诚心，而做不正当的广告。

（1）利用儿童节目发表广告，不应鼓励儿童进入陌生地方，或鼓励与陌生人交谈。

（2）广告不应以任何方式暗示，使儿童必须出钱购买某种产品或服务。

（3）广告不应使儿童相信，如果他们不购买广告中的产品，则将不利于其健康和身心发展，或前途将受到危害，所谓如不购买广告中的产品将遭受轻视或嘲笑。

（4）儿童应用的产品，在习惯上，并非由儿童自行购买，但儿童仍有表示好恶的自主权，电视广告不应促使他们向别人或家长要求购买。

2. 虚伪或误人的广告，不论听觉或视觉广告，不应对某产品的价格，或其顾客的服务，做直接或间接的虚伪不实的报道。

（1）科学或技术名词，和利用统计数字、科学上的说明或技术性文献等资料时，必须对观众负责。

（2）影射及模仿不应采用足以使顾客对所推销的产品或服务发生错觉，借机行鱼目混珠的广告方式。

（3）不公平的比较及引证。

（4）避免滥用保证。

（5）揣实作证的原则。

主要内容包括：

（1）广告文不得具有作证性质的说明及含义；

（2）捏造、过时、不实的证词，均不得使用，引用证词者与作证者本人，应负同等责任；

（3）未获得正式许可时，不得使用或引用个人、商号或机构所做的证词；

（4）未经当事人许可，不能以其相片为作证，亦不得引述其证词，刊登已逝人物的证件或言论，或其相片，更应特别谨慎。

（三）特别产品与医药广告准则

1. 关于酒精饮料广告的规定：各国对含有酒精的饮料所做广告活动的态度颇为不一致。一般而论，电视广告与其他广告相同，在发行广告国家当地法律范围内，不应鼓励滥用酒精饮料，亦不应以少年人为广告对象。

2. 关于香烟的规定：各国对香烟广告的态度颇不一致。

一般而言，电视广告与其他广告相同，在国家法律范围内，不应鼓励或提倡滥吸香烟，也不应以少年人为广告对象。

3. 关于设备性产品之租用或分期付款购买广告的规定：

广告产品的总值与其销售的条件及详细办法,应明确说明,以不致引起误信为原则。

4. 有关职业训练广告的规定:凡为职业考试举办的某行业或某种科目的训练班,其广告不得含有代为安排工作的承诺,或夸言参加此种课程者,即可获就业保障,亦不可授予未经当地主管当局所认可的学位或资格。

5. 关于邮购广告的规定:推行邮购业务的广告户,须向广告业者提供证明,以证实广告中或推销的产品,确有足量存货后,才可刊登邮购销售广告,仅有临时地址或信箱号码的商号,不得刊登邮购广告。

6. 与私生活有关的产品广告:凡与个人私生活有密切关系的产品,其广告制作应特别审慎,宜省略不宜在社会大众之前公开讨论的文辞,广告应特别强调其高尚风格。

7. 药物及治疗的广告

(1) 应避免误人或夸张的宣传:除非具有足资证明的事实,广告中不可引用某大学、某诊疗所、某研究所、某实验室或其类似名称。无论是采取直接或含义的方式,广告不应对于药品的成分、性质或治疗有不实说明,亦不得对药物及治疗的适应症做不当宣传。

(2) 不宜采用恐吓手段:广告不可使患者感到恐惧,或暗示若不加以治疗则将陷于不治之境,广告不可提示以通信方式诊治疾病。

(3) 应避免夸大治疗效果的宣传:广告不可向大众宣示包医某种疾病。

(4) 不宜滥为引用执业医生及医院的临床试验效果:非有具体事实根据不得以广告证明医生或医院曾采用某种治疗方式或试验。广告不可涉及医生或医院的试验。

(5) 不得登载文辞夸张的函件样本,广告中不可采用内容过分渲染与文辞夸张的函件复印本,以作为治疗效果的佐证。

(6) 禁登催眠治病的广告:广告不可提示采用催眠治疗疾病的方式。

(7) 疾病需要正常医疗:广告不可对通常应由合格医师治疗的严重疾病、痛楚或症状,不经医师处方即提供药品、治疗及诊断意见。

(8) 对身体衰弱、未老先衰及性衰弱等医药广告的规定:医药广告不可明示某种药物或治疗方法可以增强性机能、治疗性衰弱或纵欲所引起的恶疾,或与其有关的病痛。

(9) 妇科医药广告:在治疗妇女经期不调或反常的医药广告中,不可暗示该项药物可治疗或可用作流产。

1956年5月,国际商会第15次总会会议通过的《广告活动标准纲领》,重点是防止滥用广告,并强调广告主对消费者的社会责任,作为成员的共同规则。

1963年,《国际商业广告从业准则》得到通过。其分为两大部分:第一部分是国际广告从业准则,包括保护消费者利益的广告道德准则、广告活动公平原则、广告商及广告媒体商准则;第二部分是国际电视广告准则,包括基本原则(内容真实并且有高尚风格)、特殊广告方式准则、特殊产品与医药广告准则。国际广告管理的重点被归纳为:对虚假广告的界定,禁止有害健康的产品广告,制定儿童广告管理规则,证人广告必须实事求是,规定商品广告的标贴要标明其主要内容成分,限制使用竞争性广告语言等规则。

2018年9月26日,纽约发布第十版《国际商会广告与营销传播实务准则》。最新修订的国际商会营销准则提高了世界各地的消费者保护标准,确保了该法规在快速变化的数字环境中的适用性,以及其在新兴的数字营销和广告实践中的适用性。

2019年10月26日,《国际商会广告与营销传播实务准则》中文版正式发布,并有《国际商会负责任的移动端营销传播行为指南》《国际商会儿童营销行为指南》《国际商会在线行为广告自律指南的移动营销》

《国际商会负责任的酒精产品营销传播框架》《国际商会负责任的食品与饮料营销传播框架》《国际商会广告工具自律包》配套。（可以在中国国际商会官网 http://www.ccoic.cn/ 下载以上文件）

第二节 欧盟的广告立法及广告管理

欧洲联盟（简称欧盟，European Union——EU）是由欧洲共同体发展而来的，是一个集政治实体和经济实体于一身、经济实力最强、区域一体化程度最高的国家联合体。

1991年12月，欧洲共同体马斯特里赫特首脑会议通过了《欧洲联盟条约》（又称《马斯特里赫特条约》，简称《马约》）。1993年11月1日，《马约》正式生效，欧盟正式诞生，总部设在比利时首都布鲁塞尔。

先后加入的成员国有法国、德国、意大利、荷兰、比利时、卢森堡、丹麦、爱尔兰、希腊、西班牙、葡萄牙、奥地利、瑞典、芬兰、塞浦路斯、匈牙利、捷克、爱沙尼亚、拉脱维亚、立陶宛、马耳他、波兰、斯洛伐克、斯洛文尼亚、罗马尼亚、保加利亚和克罗地亚等27个国家。英国已退出欧盟。

一、欧盟广告管理组织

20世纪末期，欧盟的形成使得欧洲的广告管理逐渐统一。1992年，欧洲广告标准联盟（EASA）在布鲁塞尔成立，它是一个非营利性组织，对欧洲的广告具有监督、推动功能。EASA的宗旨：促使成员国的商品和服务平等、自由的宣传，确保一个统一的、开放的市场，确保消费者免受虚假和误导广告的伤害。EASA盟属下有12个行业协会，分别代表了广告主、广告公司和媒体的利益。

二、欧盟广告立法与管理

欧盟的广告管理规定和指导文件对所有成员国均有约束力，甚至有的成员国的广告管理完全依据欧盟的广告管理规定和指导文件，没有本国独立的立法规定。

1999年，欧洲广告标准联盟颁布了《广告自律指导》，作为成员国广告管理的指导。此外，1989年，欧盟前身的欧共体曾经发布了具有联盟法性质的《无国界电视指导方针》，作为电视广告的管理规范。

（一）欧盟通过了《不公平商业行为指令》

2005年5月，欧盟通过了《不公平商业行为指令》，并涵盖取代了早先的《误导广告和比较广告指令》，明令商业广告不得误导消费者。2007年12月12日生效后在成员国陆续实施。

《不公平商业行为指令》明确界定误导行为含义，其中包括虚假免费产品、虚设奖项和误导儿童等。不仅规定详细，而且涉及范围广泛，将误导广告分为误导行为和误导性缺失。即便广告所含信息在事实上是真实的，但以某种方式欺骗或可能欺骗普通消费者，并导致或可能导致消费者做出本来不会做出的交易决定，就构成误导行为。商家没有提供消费者做决定所需的"重要信息"或故意隐瞒以及模糊化处理，就构成误导性缺失。例如，标明"本店商品打5折"，而实际仅在周日才打5折。此外，广告中禁止包含羞辱、强迫内容。在广告中禁止没有一定规模库存而以低价商品引诱消费者；禁止由销售商付款的社论式广告；禁止传销的广告；禁止虚假奖项或需要获奖者付款才能取得的奖项广告；禁止某商品只在特定时段才出售的虚假宣传；禁止故意利用某类消费者群体的不幸大做文章，以怂恿消费者购买的广告，如减肥、丰胸产品或服务的广告；在网络等媒体上禁止向儿童宣传"现在就买这个"或"让妈妈给你买这个"的广告等。指令生效前一天，欧洲 11 家大型食品和饮料生产商决定修改各自有关发布儿童食品广告的政策并发表联合声明：除非是满足特定营养标准的商品，否则这些公司将不在电视、网络和平面媒体针对 12 岁以下儿童做任何广告。除非在有特别要求或为教育目的与校方达成一致情况下，这些公司将不会在小学举办任何与食品和饮料相关的商业活动。《不公平商业行为指令》还要求各成员国采取有效措施，让受害消费者能够通过行政或法律途径索取补偿。这是世界上限制广告误导行为最严格的广告管理规范之一。

（二）欧盟议会对《音像媒介服务指导》作了六项修改

1．鼓励成员国自律，这需要主要成员国的大力支持并采取适当的强制措施。这意味着欧盟国家间自我和联合自律的协议将被更能够反映各国广告业的自律体系代替。

2．鼓励媒体所有者遵守关于涉及高热量、高油炸食品（HFSS）和含酒精的饮料营销的儿童节目的规范守则，建议禁止以上儿童食品广告。

3．禁止酒精类广告在晚上 21:00 以前播放。

4．欧盟议会中文化和教育委员会（The Committee on Culture and Education，简称 CULT）建议音像商业通信类电视或广播广告需按照具体光学或音响、有线或无线等情况进行区分。

5．电影、新闻和儿童节目 30 分钟以内不能插播广告，其他节目广告的插播要尊重节目所有者的合理权益。

6．除该国明确禁止外，电影、电视和体育广播中的内置广告是被允许的，但需接受发布前、发布后审查。同时，绝不允许在新闻或儿童节目中内置广告。奖品和带有商标品牌的道具不能作为商品内置广告，这里所指的内置广告指因内容需要涉及该产品而且是无偿的。

（三）欧盟公布了《关于食品营养及健康声明的第 1924/2006 号规则》

欧盟于 2006 年 12 月 30 日公布了《关于食品营养及健康声明的第 1924/2006 号规则》。该规则适用于在欧盟市场出售、供人食用的任何食品或饮品，目的在确保食品包装上向消费者提供的营养资料准确可靠。为达到这个目的，规则列明对标签和广告宣传的要求。例如，"高纤"等营养声明及"钙令牙齿更坚固"等健康声明，须有获广泛接受的科学数据支持才可使用。含糊不清或不准确的食品营养健康标签及广告，一律禁止。关于减轻体重的预期成效和个别医生推介的声明，也会被禁。酒精含量超过 1.2% 的饮品，不得标示健康及营养声明，表示酒精含量或卡路里有所减低者除外。其他一般规定如下：声明不得鼓励或纵容过量食用某种食品，声明不得令人以为均衡及多样化的饮食不能提供适当分量的营养（若干情况除外），声明不得提及可能引起消费者恐慌的身体功能变化。还制定了具体的营养资料规定及豁免情况，作为使用食品营养及健康声明的指导。营养资料规定严格界定关于盐、糖及脂肪含量的声明，部分生产商声称此举将大大增加其守规负担，最终将减少可向消费者提供的资料。一些团体则认为这些营养资料能为消费者提供更佳资讯，为提供真实营养声明的生产商营造公平的市场环境。这些营养资料将以欧洲食品安全局的科学意见为依据。规则附件列出若干可使用营养声明的情况，例如固体产品每 100 克的含糖量不超过 5 克，液体产品每 100 毫升的含糖量不超过 2.5 克，才能标示为"低糖"。至于许多由来已久的健康声明，欧委会将根据成员国提交的声明制定一份清单。只要生产商能证实声明与产品确有关联，食品本身也与营养资料相符，则食品标签仍可载有这些健康声明。某些健康声明的应用将视个别情况而定，例如声称食品可降低患上某种疾病风险的生产商，须向欧洲食品安全局呈交科学文件。

（四）欧盟强制汽车厂商减少新车尾气排放量的议案

该议案规定，所有新车广告应当仿照烟草广告规定，附上"健康警告"标签，以提醒公众汽车尾气排放对环境的危害。报纸杂志上的汽车广告必须留出至少 20% 的空间用于介绍新车的燃油效率和二氧化碳排放量；此外，像冰箱和洗衣机一样，汽车广告中还必须出现用颜色代表环保程度的标签，从暗绿色到红色不等。

三、欧盟加强数字广告和数字市场管理

（一）制定《通用数据保护条例》

数字广告中最突出的问题是数据竞争中的数据隐私与数据垄断。针对互联网广告活动中数据收集使用及保护问题，2016 年 4 月 14 日，欧洲议会投票通过了商讨四年的《通用数据保护条例》（General Data Protection Regulation，简称 GDPR），于 2018 年 5 月 25 日正式生效。它由 11 章，共 99 条组成，取代《数据保护指令》（Data Protection Directive 95/46/EC），作为统一欧盟成员国关于数据保护的法律法规，成为全球个人信息保护最严格的"欧盟模式"。

欧盟最早提出 GDPR 的时候，曾经有人担忧，过于严苛的监管环境将会导致欧洲的互联网产业大幅落后中国和美国。从实际情况看，并非如此。而且全球所有互联网经济发达国家都不再放纵互联网公司的监管套利，立法都在向欧盟看齐，把大数据和算法关进笼子里。比如，2021 年中国的《个人信息保护法》在包括核心条款、适用范围等方面都参考了欧盟《通用数据保护条例》。比如，要求不得过度收集个人信息、收集和处理个人信息应取得充分同意、严重违法罚款顶格可达营业额 5% 等条款，都能在欧盟 GDPR 中找到对应的影子。

欧盟 GDPR 核心旨在保护欧盟公民个人隐私和数据，并通过法案约束来建立企业和公民之间的信任关系。这意味着欧盟对个人信息的保护及监管达到了前所未有的高度，堪称史上最严格的数据保护法案。

1. 个人数据的概念

个人数据是指任何指向一个已识别或可识别的自然人（数据主体）的信息。该可识别的自然人能够被直接或间接地识别，尤其是通过参照诸如姓名、身份证号、定位数据、在线身份识别这类标识，或者是通过参照针对该自然人一个或多个，如物理、生理、遗传、心理、经济、文化或社会身份的要素。

2. 个人数据处理的概念

个人数据处理是指针对个人数据或个人数据集合的任何一个或一系列操作，诸如收集、记录、组织、建构、存储、自适应或修改、检索、咨询、使用、披露、传播或其他利用、排列、组合、限制、删除或销毁，无论此操作是否采用自动化手段。

3. 个人数据匿名化的概念

个人数据匿名化是指将个人数据移除可识别个人信息的部分，并且通过这一方法，数据主体不会再被识别。匿名化数据不属于个人数据，因此无须适用条例的相关要求，机构可以自由地处理匿名化数据。

4. 数据控制者的概念

数据控制者是指能单独或联合决定个人数据的处理目的和方式的自然人、法人、公共机构、行政机关或其他非法人组织。

5. 数据处理者的概念

数据处理者是指为数据控制者处理个人数据的自然人、法人、公共机构、行政机关或其他非法人组织。

6. 数据接受者的概念

数据接受者是指只是接收到被传递的个人数据的主体，无论其是不是第三方的自然人、法人、公共机构、行政机关或其他非法人组织。政府因在欧盟或其成员国法律框架内特定调查接收到个人数据的，不得视为"数据接受者"。

7. 个人数据外泄的概念

个人数据外泄是指在传输、存储或进行其他处理时由安全问题引发的个人数据被意外或非法破坏、损失、变更、未经授权披露或访问。

8. 敏感个人数据的概念

敏感个人数据，也被称为"特殊种类的个人数据"，包括揭示种族或民族出身、政治观点、宗教或哲学信仰、工会成员的个人数据，包括遗传数据和经过处理可以唯一识别个体的生物特征数据，不包括涉及刑事定罪和罪行的个人数据，但该类数据的处理和保存有特殊要求。

9. 适用范围的规定

GDPR 具有域外效应，赋予了欧盟在个人信息安全方面的域外管辖权，不仅适用于位于欧盟境内的企业组织机构，也适用于位于欧盟以外的企业组织机构。无论机构所在地位于哪里，只要其向欧盟数据主体提供产品、服务或者监控相关行为，或处理和持有居住在欧盟境内的数据主体的个人数据，都将受到 GDPR 的监管。同样适用于"数据控制者"和"数据处理者"。如果是数据处理者涉案，数据控制者也无法免除责任，而且需要承担更多的责任，以确保和数据处理者之间的合同能够严格遵守 GDPR 的规定。

但是，GDPR 不适用于以下四个方面的数据使用情况：① 为了预防、调查、侦查或起诉刑事犯罪，主管当局为执行刑事处罚目的而产生的数据处理行为；② 基于国家安全目的而产生的数据处理行为；③ 自然人在纯粹的个人或家庭活动中产生的数据处理行为；④ 欧盟法律规定范围之外的活动过程中产生的数据处理行为。

10. 约束个人数据的规定

数据主体可以通过某个标识直接或间接识别某一自然人的信息。不管是采用自动化手段还是人工进行归类的数据，包括按时间顺序排列的包含个人数据的记录集合。已经被匿名化的个人数据，取决于用已有标识来识别特定个体的困难程度。这意味着被匿名化的个人数据不被视为个人数据。

11. 数据主体的权利的规定

数据主体具有知情权、访问权、反对权、可携带权、纠正权、删除权/被遗忘权、限制处理权、免受数据画像影响。

12. 个人数据处理的基本原则的规定

合法、正当、透明，处理数据的目的是有限的，仅处理为达到目的的最少数据，确保数据准确、及时更新，存储数据的期限不得长于为达到目的所需要的时间，采取技术和管理措施以保护数据的安全。数据控制者有责任并应能够证明做到了以上几点，至少满足以下的某一项，处理数据才是合法的：数据主体同意为了特定目的处理其数据；处理数据是为了签订或履行合同的需要；处理数据是为了遵守法定义务的需要；处理数据是为了保护数据主体或其他自然人的至关重要的利益；处理数据是为了公共利益或政府公共管理；处理数据是为了追求数据控制者的合理利益，但不得损害数据主体的利益。

13. 针对儿童数据的处理规定

处理 16 岁以下儿童的个人数据，必须获得该儿童父母或监护人的同意或授权。各成员国可以对上述年龄进行调整，但是不得低于 13 岁。

14. 数据控制者与数据处理者的义务及设立数据保护官的规定

设置数据保护官（DPO），文档化管理，数据保护影响评估，事先咨询机制，数据泄露报告机制，安全保障措施，遵守数据跨境转移规则。为确保数据保护合规并处理数据保护相关事务，数据控制者和数据处理者需设置数据保护官。控制者和处理者应当对数据保护官不下达任何指令，数据保护官不能因为执行任务的原因被解雇或者受到刑事处罚。数据保护官直接向最高管理者报告工作。根据联盟法律或者成员国法律规定，数据保护官应当对其执行任务的内容进行保密。数据保护官也可以执行其他任务，履行其他职责。

15. 针对特别类型个人数据的处理规定

禁止收集处理反映个人种族或民族起源、政治观点、宗教和哲学信仰、是不是工会组织成员的数据、个人基因识别数据、生物数据，或涉及健康、性生活或性取向的数据。但在例外的情况下也可以收集加工以上数据，如已获得个人的明示同意，或数据控制者因处理劳动关系、社会保险之需要并在法律允许的范围内且已采取了适当的保护手段等。

16. 数据主体被遗忘权的规定（重要）

当个人数据已和收集处理的目的无关、数据主体不希望其数据被处理或数据控制者已没有正当理由保存该数据时，数据主体可以随时要求收集其数据的企业或个人删除其个人数据。如果该数据被传递给了任何第三方（或第三方网站），数据控制者应通知该第三方删除该数据。

17. 数据主体可携带权的规定（重要）

数据主体可向数据控制者索要其数据，也可将其个人数据转移至另一个数据控制者。

18. 个人数据泄露通知的规定（重要）

数据控制者应在 72 小时之内向监管机构报告个人数据的泄露情况。当数据泄露可能会给数据主体的权利或自由带来巨大风险时，数据控制者必须毫不延误地通知数据主体，以便数据主体及时采取措施。

19. 关于执法和处罚的规定（非常重要）

不遵守数据隐私法规的后果是会受到严厉的制裁和巨额的罚款。GDPR 的处罚并不是直接就罚全球营收的 4%，而是有两个等级的征收行政性罚款的规定：对于一般性的违法，罚款上限是 1000 万欧元，或者在承诺的情况下，最高为上一个财政年度全球全年营业收入的 2%（两者中取数额大者）。对于严重的违法，罚款上限是 2000 万欧元，或者在承诺的情况下，最高为上一个财政年度全球全年营业收入的 4%（两者中取数额大者）。判罚的严重程度是基于以下因素：违规的性质、严重程度和违规的持续时间；违规是故意的还是因疏忽造成的；对个人身份信息的责任心和控制程度；违规是单个事件还是重复事件；受到影响的个人资料的种类范围；数据主体遭遇的损害程度；为了减轻损害而采取的行动；由违规产生的财务预期或收益。违反 GDPR 的代价远不止财务层面，还将给企业声誉造成极大破坏，并且导致企业和消费者之间产生信任危机。

GDPR 生效后，对互联网公司以外公司泄露个人信息同样适用。比如 2019 年，英国航空公司由于泄露 50 万名乘客个人信息被重罚近 2.04 亿欧元，万豪也曾由于发生客户数据泄露事件被处 1.1 亿欧元的罚单。Facebook 和谷歌都曾在欧洲多国市场因没有充分履行数据处理原则等违规行为而遭到 GDPR 罚款。就在 2021 年 7 月，亚马逊也因 "对个人数据的处理不符合 GDPR" 面临 7.46 亿欧元罚款，如果这项处罚最终执行，将打破 GDPR 生效以来的最高罚单记录。

20. 数据反垄断的规定

欧盟在数据反垄断方面，非常重视消费者隐私问题，将消费者隐私作为反垄断重要因素予以考虑。例如，在评估 Microsoft（美国微软公司）与 LinkedIn（美国全球最大职业社交网站公司）的合并案时，欧盟反垄断执法机构指出 "如果这些封锁效应导致现有竞争者被边缘化，而竞争者向用户提供的隐私保护程度高于 LinkedIn（或者使任何此类竞争对手的进入更加困难）的话，那么在选择专业社交网络时，本交易也会限制消费者在这一重要竞争参数上的选择。据欧盟委员会的调查结果显示，在德国和奥地利，XING（美国出品视频播放软件的公司）似乎比 LinkedIn 提供了更大程度的隐私保护。在注册过程中，XING 要求用户通过勾选框主动接受 XING 的隐私政策，而 LinkedIn 用户在按下 "加入" 按钮时，自动接受 LinkedIn

的隐私政策。此外，当 XING 引入新的服务，而这些服务涉及如何收集和使用其用户的数据时，它会明确地寻求用户的主动同意。此外，无论用户在此类具体情况下是否表示同意，他们都将能够继续使用 XING，而不会失去他们以前可以使用的任何功能。相比之下，当 LinkedIn 对个人数据的收集、存储、处理或使用做出改变时，LinkedIn 只是通知这些用户，并认为如果他们在收到改变通知后继续使用 LinkedIn 的服务，那么就视为用户同意这些改变。因此，基于隐私保护等方面综合分析后，反垄断执法机构仍然让交易获得通过。

虽然欧盟将消费者隐私作为反垄断重要因素予以考虑。但是在具体案件分析中，执法机构也有不少不同的认识。例如，在 Facebook 并购 WhatsAPP 案中，欧盟委员会虽然分析了潜在的数据集中问题，分析了数据集中有可能加强 Facebook 在在线广告市场或其任何分部门中的市场地位的程度，但是同时也特别强调，"任何与隐私有关的问题都不属于欧盟竞争法规则的范围，而是属于欧盟数据保护规则的范围"。这种将数据隐私保护剥离于反垄断分析之外的认识表明，反垄断执法机构对于反垄断法和隐私保护之间的关联性同样存在很大程度的争议。

欧盟 GDPR 实施以来，相关执法活动渐成常态。以下是 2018 年比较典型的 GDPR 与网络安全执法活动案例。（2018 年，英国还没有脱欧。）

【案例】葡萄牙 Barreiro 医院被处罚 40 万欧元

2018 年 7 月 17 日，葡萄牙数据监管机构（CNPD）认定 Barreiro 医院违反 GDPR，并处以 40 万欧元的罚款。处罚理由：一是未将临床数据的访问权限分开，医院的医生都可以不受限制地访问所有患者档案；二是医院的个人资料管理系统存在缺陷，该医院只有 296 名医生，但在系统中具备访问功能的账户（医生）则多达 985 个。

葡萄牙数据监管机构认为 Barreiro 医院违反了 GDPR 的完整性和保密性原则与数据最小化原则，对其处罚 40 万欧元。

【案例】英国 ICO 向 Aggregate IQ 发出整改通知

2018 年 7 月，英国数据监管机构 ICO 向加拿大公司 Aggregate IQ 发出了整改通知，理由：一是 Aggregate IQ 公司的数据处理行为未征得数据主体的"知情同意"，也不存在其他合法性事由；二是将英国公民的个人数据进行处理，用于对其政治倾向进行分析、判断，不符合这些数据被收集时的目的；三是未向数据主体告知从第三方获得其个人数据的情况。英国 ICO 在整改通知中要求 Aggregate IQ 公司停止处理从英国政治机构手中获得的英国或是欧盟公民的个人数据，也不能将其用于数据分析、政治竞选、广告营销等用途。如果整改后仍不符合 ICO 的要求，则可能按 GDPR 处以罚款，金额可高达 200 万欧元。

【案例】奥地利 DSB 向某企业家开出 4800 欧元罚单

2018 年 9 月，奥地利数据监管机构（DSB）向某企业家开出了 GDPR 罚单。理由是该企业家在他的建筑物前面安装了闭路电视摄像机，该摄像机监控、记录了人行道的大部分人像。DSB 认为此行为违反了 GDPR，因为摄像机没有充分标记为视频监控，未履行 GDPR 的透明度义务。至于罚款数额的依据，DSB 代理负责人称该决定遵循了比例原则，4800 欧元的罚单与企业家一年 4 万欧元的收入是相匹配的。

【案例】英国 ICO 向 Facebook 开出 50 万英镑罚单

2018 年 11 月 2 日，英国数据监管机构 ICO 认为 Facebook 在剑桥分析事件中存在两项违法行为：

一是未能提供英国《1998年数据保护法》所要求的数据保护措施，在发现其API被误用的情况和信息泄露的严重程度之后，依然未做太多动作以确保采取了补救措施；二是未告知用户是如何收集这些数据的，缺乏透明度。不过ICO不是依据GDPR做出的处罚，而是依据《数据保护法》对Facebook做出了该法案规定的最高罚款额——50万英镑。

【案例】法国CNIL警告Vectaury公司应根据GDPR征得同意

2018年11月9日，法国数据保护监管局（CNIL）发布正式警告，命令Vectaury公司更改其对客户征得同意的方式，并清除收集的所有数据。Vectaury提供了一个软件工具，广告商可以将该工具集成到他们的应用程序中，以收集用户的地理位置数据和浏览历史记录。Vectaury进一步分析上述数据，创建用户的行为习惯，然后代表广告商组织有针对性的广告活动。该公司还会在广告客户的实体店中利用位置信息跟踪用户，以评估广告活动的有效性。CNIL认为Vectaury通过该工具收集用户数据的同意设计不符合GDPR的三项同意要求，一是不易获取，提供的信息不清晰、使用的术语复杂；二是不具体，未明确告知用户处理其地理位置数据是用于营销目的；三是获得的同意不是基于用户的肯定行为，用户点击"自定义我的偏好"时，会被定向好已经预先设置好检查选项的弹出窗口。

从上述案例可以看出，欧盟各数据监督机构的执法重点如下：

一是有关数据处理的六项基本原则（GDPR第5条第1款），尤其是透明度、目的限制、数据最小化、完整性和保密性原则。

二是处理的合法性事由，个人数据控制者在处理数据之前应先明确选择一项合法性事由，选定之后不能随意更改。

三是征得数据主体的同意。征得同意虽是六项合法性事由之一，却是实践中最常用的依据。因此征得同意的方式如果不符合GDPR第4条第（十一）项规定的"自由、具体、知情和毫不含糊"的要求，也会受到相应的处罚。另外，透明度原则与征得同意息息相关，二者可以互为前提和佐证。

四是安全保护义务。GDPR第32条规定了"处理过程的安全性"要求，个人数据控制者、处理者应采取适当的技术和组织措施保证数据处理过程的安全。如果数据控制者、处理者采取了适当的安全措施，日常管理中发现数据存在泄露、未经授权访问等风险的可能性时及时采取了补救措施，发生了安全事件后依法实施了应急预案等弥补措施的，很有可能免于或减轻处罚。

（二）制定《数字市场法》和《数字服务法》

欧盟努力扩大其作为全球科技监管者的角色，并为美国和其他地方的数字立法提供路线图。争取成为全球第一个为监管数字市场领域制定全面标准的司法辖区。

2022年7月5日欧洲议会投票批准了欧盟委员会（以下简称欧委会）提出的两项全面的数字监管新规，分别是《数字市场法》（DSA, Digital Markets Act）和《数字服务法》（DMA, Digital Services Act）。

欧盟最新的数字监管法案将更严格地限制和监管大型企业干扰市场秩序的行为，限制他们因占据庞大市场份额而带来的影响力。由于这些大型科技企业对市场有较大影响，且可触及多数用户，并有能力充当私人规则制定者，将在未来享有牢固而持久的地位，因此，欧委会将这些监管对象称之为"看门人"企业。

欧委会认定"看门人"企业的标准，是指一家企业在欧洲的年收入不低于65亿欧元，或者上一财年的平均市值不低于650亿欧元，且核心服务遍布至少三个欧洲国家。

素有"GAFAM"（即谷歌、苹果、脸书、亚马逊和微软）之称的科技巨头最先成为被《数字市场法》监管的"看门人"企业。

《数字服务法》规定，大型社交媒体平台有义务对于在线非法内容迅速做出反应；处理非法内容和监管机构认为有害的其他内容，并为用户提供一个登记他们对内容审核的投诉渠道；加强对在线市场交易者的可追溯性和检查；提高平台的透明度和问责制；禁止误导性和某些类型的定向广告。

《数字市场法》规定，被指定为"看门人"的企业应当允许第三方企业与他们自己的服务相互操作；允许业务用户访问他们在平台中生成的数据。同时，"看门人"企业不得在其平台上，对自己的服务或产品开展比第三方更有利的排名；防止用户轻易卸载任何预装软件或应用程序；不得用个人数据提供定向广告。

如果"看门人"企业违反《数字服务法》规定，可能会被处以公司全球年收入10%的罚款，屡次违规的可能被处以公司全球年收入20%的罚款。若违反《数字服务法》规定，对大型在线平台或搜索引擎企业的罚款最高可达其全球年收入的6%。在极端情况下，监管机构还可以强制分拆涉事企业。

第三节 美国的广告立法及广告管理

美国广告业的产值位居世界第一位。不仅互联网广告起步早，而且数字智能广告发展较快。1994年10月14日，美国著名杂志《热线》（Hotwired）推出了网络版，10月27日，一条468×60的横幅广告出现在《热线》网页上，标志着全球第一个网络广告正式诞生。随后，立即吸引了美国电话电报公司等14个客户在其主页上发布广告。

2000年，谷歌公司推出了全球第一个互联网搜索引擎广告。2006年，脸书（Facebook）推出了全球第一个互联网信息流广告。广告业的发达，使其广告立法及广告管理相对于其他国家而言更加完善。

一、美国广告立法

美国的广告法律主要是围绕广告内容真实性制定的实体性规定和程序性规定，只负责制定法律规则和行政处罚，不涉及具体的经营资质和经营活动管理，不设置任何广告行政许可项目。

美国广告立法历史早，早在1911年就颁布了《普令泰因克广告法案》（又称《印刷物广告法案》）。美国广告立法围绕"维护市场公平竞争""反垄断""保护消费者权益"三大宗旨。美国没有统一的专门《广告法》。规范广告的法律规定散见于有关的民商法以及各州制定的法规中。

1914年，美国国会通过《联邦贸易委员会法》。1983年，又通过《惠勒—利修正案》，进一步扩大

了联邦贸易委员会的权限,明确了其管理广告的权威地位。《联邦贸易委员会法》第 5 条被修改为"商业中采用不公正的竞争方法和不公平或欺骗的手段或做法为违法",并明确将药物、医疗器械、化妆品广告列入联邦贸易委员会的监管范围。美国于 1890 年颁布《谢尔曼法》,1938 年颁布《联邦食品、药品和化妆品法案》,1946 年颁布商标法《兰哈姆法》,1966 年颁布《儿童玩具安全法》,1972 年颁布《消费品安全法》等。

《联邦贸易委员会法》及《惠勒一利修正案》将不法商业广告划分为九类:(1)不实及欺诈广告,(2)不正当广告,(3)吹嘘广告,(4)诱饵广告,(5)虚假不实的推荐或证言广告,(6)保证广告,(7)电视模型试验广告,(8)香烟广告,(9)信用消费广告等。

另外,美国属于普通法系(英美法系),判例法是美国法律法规体系的重要组成部分。其广告法律法规更多地来自大量判例法。

二、美国互联网广告的立法

针对依靠互联网、通信技术、数字技术、智能技术的新型互联网广告而来的花样繁多、层出不穷的不正当虚假不实广告,美国在广告立法上采取了三种方法:1.扩大原有的法律适用范围(目前我国广告立法上也采取这种方法,比如,我国《广告法》第四十四条"利用互联网从事广告活动,适用本法的各项规定");2.根据互联网广告虚假不实、不正当广告的新形态,对广告法律做适当修订;3.制定新的广告法律。

(一)将原有的法律扩大适用范围

美国的互联网广告首先必须遵守《联邦贸易委员会法》中"禁止在任何媒体上发布的任何广告具有欺骗和不公平性,广告必须真实,不误导消费者"的规定,把《联邦贸易委员会法》适用范围扩大到互联网广告。《网络公司线上信息披露特别指南》规定,网上所发布的免责声明必须明确而突出。同时美国联邦贸易委员会规定《邮件和电话订购商品规则》同样适用于在线广告。

(二)根据互联网广告虚假不实、不正当广告的新形态,对广告法律做适当修订

2009 年,美国联邦贸易委员会对《广告推荐与见证使用指南》进行了首次修订。规定凡是含有推荐性或建议性内容的媒介信息都应主动接受监管,媒体机构必须对媒介信息中会出现推荐性或建议性内容的原因,以及该信息与相关产品或服务供应商之间可能存在的"物质联系"进行披露。如果媒体机构不做披露,联邦贸易委员会有权依法对其提起诉讼。同时,该指南扩展了媒介信息载体范围,除了电视、报纸等传统媒介载体,还包括推特、网络游戏等网络环境下产生的新媒介载体。

(三)创建互联网广告法律及数字广告技术标准

美国是垃圾邮件的重灾区。1997、1998 年,美国联邦政府先后颁布了《电子邮箱保护法》《电子邮件使用者保护法》。2003 年 12 月 16 日,美国国会通过《反垃圾邮件法》(CAN-SPAM Act),要求必须保证用户有随时退订电子邮件广告的自由,邮件中要包含稳定的邮件回复地址、拒收邮件的链接等。企业或广告商必须在 10 个工作日内对用户的退订进行处理。规定禁止使用虚假或欺骗性标题,对于包含色情等内容的邮件要做出警告标记。垃圾电子邮件发送者如故意违反这些规定,可处最高 600 万美元的罚款和被判处 5 年监禁。

美国因特网体系结构委员会(IAB,又称美国互动广告局),是由探讨与因特网结构有关问题的互联网研究员组成的委员会,成立于 1996 年,总部位于纽约,并在华盛顿特区设有公共政策办公室、IAB 技术实验室(IAB Tech Lab)。它由美国 500 多家处于领军地位的媒体和科技公司组成,在线广告业务占美国网络广告总销量的 86%。主要工作是与其会员公司一起对互动广告做出评估,建议相关标准和较佳案例,以及做一些在领域内的重要研究。IAB 技术实验室和互动广告局是分开的。IAB 技术实验室在行业安全上起到很重要的作用，汇集众多不同国家的技术创新者。一直以商业生态为出发点。

2008 年，IAB 技术实验室发布了视频技术标准，2011 年又推出了移动技术标准。2014 年 11 月，美国互动广告局正式公布了程序化交易技术标准 API，文件总长 100 多页，突出两个重点。一是一个以广告主为中心的方案，广告主、代理公司需要在系统内与媒体签订协议，之后才能获得媒体详细资料和进行购买。在系统中，代理商进行购买动作需要获得广告主的同意。二是要进行一个广告位的预定和交易，广告主必须提供一个真实的创意素材，或者至少提供一个缺省素材（后续可以更改）。一旦交易成交并执行，这个创意就会被投放。对媒体而言，这个 API 标准有利于提升媒体对其收益能力管理的效率和库存控制权。对买方而言，这个标准有利于买方使用统一的标准对接多个优质媒体池、获得有保证的优质流量，从而避免多种不同接口带来集成代价和效率上的浪费。

还有数字音频技术标准、移动视频技术标准、拟制定区块链广告行业标准。加快在广告行业中落实区块链技术和新标准。区块链互动广告技术标准制定，让更多结构化、半结构化的数据生产上链，使区块链广告有更多的数据分享和协作。挖掘、发现更多数据价值，以此为广告主提供更具有竞争力的广告增值服务。区块链互动广告技术标准的落实，将有利于为广告主提供更全面的解决方案，实现全球化的业务增长。

美国互动广告局与日本、欧洲，还有其他地方的公司进行了合作，开发技术的互通性。中国广告协会互动网络分会（IIACC）于 2014 年正式获得互动广告局的独家授权，中国成为全球第 42 个授权国家。

关于消费者隐私权保护问题。美国对个人信息的保护是基于独处权理论的隐私权，主张的是排除他人对本人生活的干扰，其中既包括禁止他人进入私人空间，又包括保持和隐匿个人生活秘密。1974 年，美国《隐私法》关于信息主体权利的规定进一步体现了隐私权所呈现的权利从被动性、消极性向主动性、积极性的转向。该法规定，信息主体具有决定是否公开自己资料，掌握、更正自己个人信息的权利。1986 年颁布的《联邦电子通信隐私权法案》（*Electronic Communication Privacy Act*，简称 ECPA），对消费者隐私保护范围，从传统通信方式扩大到移动电话、电子邮件、计算机资料传输及网络服务提供等，禁止任何人未经授权进入电子数据存储系统。电子系统服务商不可泄漏其数据内容。

2000 年，联邦贸易委员会编制《互联网广告和营销规制手册》（*Advertising and Marketing on the Internet: Rules of the Road*），明确指出，广告主在进行网络营销时要注意保护消费者的隐私。联邦贸易委员会极力鼓励企业信守网络信息发布的四原则：明示企业消费者信息管理的规则，提供消费者个人信息被使用的选择权，告诉消费者如何收集他们的个人信息，确保消费者信息的安全。

2011 年，美国国会颁布的《不要在网上跟踪我法案》（*Do Not Track Me Online Act*），针对企业利用新技术跟踪用户，获取用户个人信息用于商业用途的现实，规定要保护网络用户个人隐私，企业要建立"不要跟踪"机制等保护措施，比如在网页浏览器上添加"不要跟踪"的按钮。

为了保护儿童网络个人隐私，美国制定了《儿童网络个人隐私保护法》（*Children's Online Privacy Protection Act*），规定从网上获得儿童的姓名、住址、电子邮件地址及其兴趣爱好等个人信息，事先必须征得其父母同意，否则就是违法。

继欧盟《通用数据保护条例》正式实施一个月后，美国加州政府于 2018 年 6 月 28 日快速通过了《加利福尼亚州消费者隐私保护法案》（*California Consumer Protection Act*，以下简称 CCPA）。CCPA 旨在加强消费者隐私权和数据安全保护，于 2020 年 1 月 1 日正式生效，成为相对于欧盟个人信息保护而言较为宽松的"美国模式"。其关键内容及要点如下。

1. CCPA 的适用范围：依据 CCPA 第 1798.140（c）条的规定，该法案适用于在加州组织或经营的、业务内容涉及收集或处理消费者（系"加州永久居民"）个人信息的企业，且满足如下一个或多个条件：① 年收入超过2500万美元；② 为商业目的，每年单独或组合购买、收取、出售或共享50000人或更多消费者、家庭或设备的个人信息；③ 其年收入中不少于50%的部分是通过销售消费者的个人信息所获得。该法案也适用于控制或受符合上述标准的企业控制，及同类企业共享品牌的任何组织，故而这一规定将对特许经营企业和子公司产生广泛的影响。另外，如果与上述企业有业务往来或是为其提供服务的企业也可能会受到该法案的约束。

2. CCPA对个人信息的定义："直接或间接地识别、关系到、描述、能够相关联或可合理地连结到特定消费者或家庭的信息。""个人信息"所涉范围十分广泛，包括但不限于诸如真实姓名、别名、邮政地址、唯一的个人标识符、在线标识符、互联网协议地址、电子邮件地址、商业信息、生物信息、地理位置数据、因特网或其他电子网络活动信息以及从个人信息中获取推论以创建能够反映消费者偏好和态度画像的信息等。但是，从联邦、州或地方政府记录中可合法获取到的信息，排除在"个人信息"范围外，前提是这些数据的用途须与政府记录中公布的或其公开维护的数据的目的相符合。

3. CCPA规定消费者权利与企业义务，主要包括如下几点。

(1) 披露权：消费者有权要求收集其个人信息的企业向其披露所收集信息的类别和具体要素。即消费者有权要求出售消费者个人信息或因商业目的而披露消费者个人信息的企业向其披露如下信息：① 该企业收集的有关该消费者的个人信息类别；② 通过对某一类或是某几类个人信息任意第三方，企业出售的消费者个人信息类别以及买卖消费者个人信息的第三方类别；③ 企业为商业目的而披露的个人信息类别。企业在收到消费者的可核实请求后，应按规定予以披露。同时，收集消费者信息的企业也应当在收集时或者收集前告知消费者所收集个人信息的类别及个人信息的使用目的，且在未向消费者提供符合要求的告知的情况下，企业不得收集其他类别的个人信息，或者将所收集个人信息用于其他目的。企业在收到访问或披露个人信息的请求时，应按相关要求向消费者披露和提供其要求的个人信息。

(2) 删除权：赋予消费者"被遗忘权"，即删除权。除CCPA规定的某些例外情况外，消费者在一般情况下均有权要求相关企业删除从该消费者处收集的个人信息。相应地，收到消费者关于删除要求的可验证请求的企业，应当从其记录中删除消费者的个人信息，并指示所有服务提供者从其记录中删除该消费者的个人信息。

(3) 选择退出权和不得因此被歧视：CCPA还赋予消费者"选择退出权"（Opt-Out Right），即消费者有权在任何时候指示欲向第三方出售其个人信息的企业不得采取出售行为。相关企业也负有对应的通知义务，并应告知消费者他们有权选择其个人信息不被出售。而对于16岁以下的未成年人，企业必须取得其确定性的同意授权，才可以出售其个人信息。另外，为保障消费者的"选择退出权"，CCPA规定，即使消费者行使了该权利，相关企业也不得因此歧视消费者，包括但不限于不能拒绝为其提供产品或服务，或在价格和服务质量上区别对待该消费者等。但是，受管辖企业仍然可以通过为消费者提供经济激励的方式，获得消费者对企业收集、售卖其个人信息的许可。

(4) 透明度和披露要求：为保障消费者权利的有效落实，CCPA要求企业应确保其网站上载有符合CCPA要求的关于隐私操作的相关表述，包括但不限于应在其网站主页上提供一个清晰且明显的、名为"不得出售本人个人信息"的链接，使消费者或经消费者授权的人士可以选择不出售消费者的个人信息。根据州总检察长的规定，消费者可授权其他人士代表消费者本人行使"选择退出权"，并且企业应遵守该消费者的授权代表以消费者名义发出的退出请求。

对于消费者的披露权、删除权等权利，企业应该向消费者提供两种或更多的形式及方法，便于消费者提交关于披露信息及或删除信息的相关请求。

4. 个人诉讼权利和法律责任：CCPA 赋予了个人追究损害赔偿的权利，规定了某些数据泄漏的私人诉讼权。如果由于受管辖企业违反 CCPA 项下的相关义务，或未实施和维护合理安全程序以及采取与信息性质相符的做法来保护个人信息，从而致使消费者的个人信息及数据遭受未经授权的访问、泄漏、盗窃或披露，那么消费者有权就以下任一诉求向企业提起民事诉讼：① 主张被诉企业就每次违规事件对每个消费者赔偿 100—750 美元的损害赔偿金或实际损害赔偿金（以数额较大为准）；② 主张发布禁止令或宣告性法律救济；③ 法院认为适当的任何其他救济。在行使私人诉讼权之前，消费者应当在 30 个工作日内通知拟诉企业，企业可以在此期间内就其违规行为进行补救，并向消费者提供书面声明，以说明数据泄露已经得到纠正且不会再发生，以避免诉讼。

2019 年 7 月 24 日，美国联邦贸易委员会官网发布一则通告，Facebook 因侵犯用户数据隐私而被处以高达 50 亿美元的罚款，堪称数据隐私保护领域的最高罚单。该案促进了美国内华达州、纽约州、缅因州等各州相继出台有关个人隐私保护的法案，同时，也在全球范围内推动了更多国家与地区的数据隐私保护的立法。

三、美国广告行业规则

美国广告行业规则主要来自行业协会制定的行业标准和规范。行业协会等组织制定的自律规范和标准是对广告法律的有益补充。

（一）美国电视广告行业规范

美国广播事业协会在 1975 年订立了《美国电视广告规范》，除了对一些电视广告播映的基本标准做出规定外，另外还订立了六项准则，包括一般性准则、广告播映准则、医药用品广告准则、赠奖准则、广告时间准则、独立电视台的广告时间准则。

1. 一般性准则

(1) 如对于广告客户的信誉，广告商品或服务内容的真实性有充分理由加以怀疑时，应拒绝接受播映。

(2) 对于广告的目的与精神，如有违背法律的嫌疑，应拒绝接受播映。

(3) 由广告客户赞助的节目，应标明其提供者。

(4) 对正常安全有影响的广告，应禁止播映。具有某种危险性可能的商品，禁止儿童参加其广告活动。

(5) 基于社会习俗，认为某项广告将为社会上大部分人士所反对者，应拒绝接受播映，必须将此项广告做适当的改进，始能接受。

(6) 用蒸馏法酿造而成的烈酒，其广告不得接受。

(7) 啤酒及温和性酒类之广告，内容应力求高尚，制作应求审慎，不得表现饮酒的动态。广告影片中，应避免"饮"的镜头。

(8) 香烟广告，禁止播映。

(9) 训练、补习机构（学校或专班）广告，如暗示或夸大在参加课程讲习后可获得就业机会者，应拒绝接受。

(10) 邮购火器弹药的广告，禁止接受。其他有关户外运动等的火器弹药广告，必须先符合所适用的法规。

(11) 算命、测字、占星、摸骨、手相、测心、测性等广告，禁止接受。

(12) 痔疮药品及妇女卫生用品等，属于私人秘用的商品广告，必须从严要求，重视伦理道德及高雅格调，更须谨慎播映，以免引起观众反感。不合规定者，拒绝播映。

（13）对竞赛（赛马、赛狗等）或赌彩（彩券、抽奖等）做预测的刊物，其广告一律不予接受。

（14）私人或机关团体，就运动比赛所举办的合法猜谜，其广告应以公告方式播出。

（15）销售多种商品的广告客户，不得在销售合格商品的广告中，同时连带销售另一种不合格的商品。

（16）暗含有不良引诱用意的商品广告，应避免接受。

（17）证言性质的广告，内容必须有真人真事为证。凡无法证实者，不予接受播映。

2. 广告播映准则

（18）广告措辞，应高雅有礼，避免使人厌恶拒听，广告的内容并须力求与节目格调保持调和。

（19）不得用欺骗、隐瞒的方式播映商品的内容，电视业最好能收集充分资料，证明商品所做的示范或介绍全属真实。

（20）对于教会与宗教团体的节目，不宜收取电视时间费用。

（21）广告中提及有关研究、调查或试验之结果，其内容必须真实，不应在播映时，以言过其实等虚伪的方式误导观众。

3. 医药用品广告准则

（22）药品广告与观众健康有关，对观众可能造成的影响应慎重。

（23）医药广告中，不得使用"安全可靠""毫无危险""无副作用"等夸大医疗效用的词句。

（24）医药广告如有令人厌恶的痛苦呻吟的表情、动作及声音者，应拒绝播映。

4. 赠奖准则

（25）对于广告客户的赠奖计划，电视协会在全部了解，并审查同意后，始可公开宣布举办此项赠奖活动。

（26）赠奖的截止日期，应尽可能提早宣布。

（27）赠奖的广告节目，参加者如需缴付现金，电视业应先调查举办的广告客户是否诚实可靠。遇有观众提出不满的申诉，应促使广告客户退还其所缴付的参加费用。

（28）对资金与奖品的描述介绍，应完全真实，不得夸大其价值。

（29）广告客户应负责保证所提出的奖品均属无害。

（30）偏重迷信的赠奖活动，电视业不应接受举办。

5. 广告时间准则

（31）主要时间内，参加电视网的各台，每60分钟节目，其广告时间不得超过9分30秒。所谓主要时间是指自每天下午6时起，至午夜止，由各电视台任选3个半小时连续播出。主要时间内，如包含新闻节目30分钟，则这30分钟，可不列为主要时间，另以30分钟作为补充。新闻节目的30分钟，可按非主要时间标准计算广告量。

（32）其他时间（非主要时间），每60分钟的节目，其广告不得超过16分钟。

（33）儿童节目时间不包括在主要时间之内，它是以12岁以下儿童为对象的节目时间。在星期六及星期日，每60分钟的节目，其广告时间不得超过9分30秒。在星期一至星期五，每60分钟的节目，其广告时间不得超过12分钟。

（34）广告插播，是指在节目主体播映中所播出的广告：

①在主要时间，每30分钟节目内，广告插播不得超过两次。每60分钟节目，广告插播不得超过四次。

②节目长度超出60分钟者，按比例每增加30分钟，可增加广告插播两次。

③综艺节目每60分钟可插播广告五次。

④ 在其他时间内，每 30 分钟的节目，其广告插播不得超出两次；每 60 分钟的节目，其广告插播不得超过四次。

⑤ 在儿童节目时间，每 30 分钟的节目，其广告插播不得超过两次；每 60 分钟的节目，其广告插播不得超过四次。

⑥ 不论是主要时间或其他时间，凡节目长度在 15 分钟以内者，其广告插播的限度如下：5 分钟的节目，限插播广告一次。10 分钟的节目，限插播广告两次。15 分钟的节目，也限插播广告两次。

⑦ 新闻、气象、运动及特别重大事件的节目，由于性质可免除其遵守插播标准的义务。

(35) 在一次插播中，不得安排四则以上的广告连续播映。在两个节目之间，不得一次安排三则以上的广告连续播映。但节目如系独家提供，为减少插播次数，可不受上述广告则数的限制。

(36) 在两个节目之间的插播广告，播映时间不得超过 1 分钟又 10 秒（即 70 秒）。且此项广告，不得与前一节目及后一节目的内容不协调。

(37) 在节目中，如必须对奖品及致赠者姓名做合理而有限的介绍，此项介绍可不计算在广告时间之内。

(38) 对妇女服务的节目及购物指南、时装表演、工作示范等节目，其内容难免含有若干广告性质。然而此为节目中必需的资料，此类情形可不计算在广告时间之内。

(39) 节目中的主持人或演员，除正常介绍节目的人物外，不应顺口提及别种商品，或使观众在其言谈中知道别种商品。

(40) 节目中的布景道具等，如有显示广告客户（即节目的提供者）的名称或商标或商品，只应偶然为之，以镜头掠过为原则。不得作为主体出现，以免影响节目趣味与娱乐性。

(41) 节目前后的两张提供卡，每张播报的时间，以不超过 10 秒钟为原则。若只有一个客户作为独家提供者，亦可播映 10 秒钟。

(42) 前述的提供卡上，除广告客户名称外，不得加入任何广告字句。

6. 独立电视台的广告时间准则

(43) 独立电视台的广告业务范围，应包括对公众服务公告，及为播映某一节目事先所做的介绍等在内。

(44) 在主要时间内（指照当地时间，自下午 6 时起至午夜止，任何连续不断的 3 个半小时），每 30 分钟的节目，其广告时间不得超过 7 分钟。每 60 分钟的节目，其广告时间，不得超过 14 分钟。在其他时间内，每 30 分钟的节目，其广告时间不得超过 8 分钟。每 60 分钟的节目，其广告时间不得超过 16 分钟。

(45) 在两个节目之间，如不插播广告，每 30 分钟节目中，可插播广告十次。每 60 分钟节目中，限播播广告七次。每 120 分钟节目，则以插播十三次为限。如在两个节目之间插播广告，则上述各节目中的插播，应各减少一次，新闻、气象、运动及特别重大事件等节目，因形式不同，应属例外。

(46) 插播广告，一次不得安排四则以上，做连续播出。

但长度在 60 分钟以上的节目，为减少广告插播次数，得一次安排七则以内的广告，做连续播出。

(47) 现场实况转播的运动节目，不受上述插播次数限制。因此类节目形式已具有限制广告插播的次数或则数的条件。

（二）美国互联网广告行业规则

互联网广告行业规则主要涉及行业技术标准及行业规范的道德标准。比如互动广告局制定的《广告尺寸和广告标准》《富媒体创意指南》《数据的使用与控制》《数字视频指南》《数字平台概述》《游戏指南》《互动电视指南》《效果评估指南》《移动广告效果评估指南》等一系列的规制，是指导互联网互动广告业务的各种技术标准。

美国广告代理商协会、全国广告主协会、美国商业促进局、直销协会和互动广告局联合发布了《线上行为广告的自律原则》。

线上行为广告是指通过计算机或终端设备收集网页浏览行为的数据，把这些数据给非网络联盟成员使用，通过对这些数据的分析，得出网页浏览者的兴趣、爱好，然后再把相应的广告发给这些网络用户。发给这些用户的广告称为"线上行为广告"。

《线上行为广告的自律原则》涉及以下七个方面。

1. 公示原则。要求相关公司建立一个网站，提供各种资讯，使消费者了解行为广告，并能自主做出选择。

2. 透明原则。要求相关公司必须让消费者了解与线上行为广告相关的数据收集和使用。

3. 控制原则。要求相关公司提供一个机制，用户可以选择自己的信息是否被网站获取、使用并传给非网站联盟成员。

4. 安全原则。要求相关公司，要确保收集到用于线上行为广告的数据安全，数据保留要有期限。

5. 变化原则。要求相关公司在改变用于线上行为广告的数据收集和使用政策时要征得用户同意。

6. 敏感数据原则。敏感数据包括个人金融账户号码、社会保障号、医疗记录、儿童数据等。这些数据的收集和使用标准，应当与普通数据收集和使用标准不同。对儿童数据的收集参照《儿童网络隐私保护法》，要求更高的保护标准。采集敏感数据必须征得本人同意。

7. 问责原则。要求所有线上行为广告产业链各方，都要结合自身的情况，制定实施并落实细则，分清各自在产业链中的责任。

四、美国广告管理机构

在美国，广告管理机构有两个体系，一是政府广告管理机构，二是行业管理机构。

（一）政府广告管理机构

美国政府一般不对企业进行过多干预，只有在广告被举报或广告造成社会危害时才介入，其管理是事后的。政府的职能主要是监督广告的真实性和维护广告的公平性。事后管理，主要体现为"赔偿"和"正面披露"两大特色，即责令广告主对消费者"赔偿"，使消费者可以因受到损失而有所补偿；同时还可以要求广告主对遗漏信息进行"正面披露"，将健康和安全的信息告知消费者。

美国是联邦制国家，美国政府广告管理机构分为联邦政府和地方政府。联邦政府除了立法机构及司法机构外，主要是联邦贸易委员会（Federal Trade Commission，简称FTC）、联邦通信委员会（Federal Communications Commission，简称FCC）和美国食品药品监督管理局（U.S. Food and Drug Administration，简称FDA）。这些行政机构由国会授权依据特定的法律对广告施行管理。这些政府机构所制定实施的规则同样具有法律效力。此外，美国国会还授权其他部门协助共同对广告进行管理，比如烟酒枪械管理局、美国专利商标署、联邦邮政总局等。各州的地方政府也有类似联邦贸易委员会等的广告管理机构。

政府管理广告的主要机构是联邦贸易委员会、联邦通信委员会、美国食品药品监督管理局和美国财政部烟酒枪械管理局（BATF）等。

1. 美国联邦贸易委员会

美国的广告管理机构是美国联邦贸易委员会，其管理地位源于美国最高法院的授权和《联邦贸易委员会法》的规定。

美国联邦贸易委员会不对任何行政机关或上级机构负责，它的工作直接受国会监督，是独立于行政、立法、司法之外的"第四权力机构"，通常也称为独立管制机构，是独立于政府的拥有准立法权、准司法权和行政权的权威最高、势力最大的行政执法机关。委员会由总统任命 5 名委员，下设 6 个局，其中欺诈行为局是广告管理机构，内设食品药物广告处、一般广告处等四个处，对全国广告进行管理。在地方也有分支。在广告领域，它是美国最权威的综合管理广告的机构，有权制定广告管理法规，还有权直接对广告进行监督管理，直接对广告的合法性进行审查并进行处罚。它在处理虚假和不道德的广告方面有以下权力：有权发布禁止或修改法令、公布处理决定、罚款、冻结银行存款、封存商品、责令发布更正或认错广告。

1970 年，时任联邦贸易委员会主席的卡斯帕·魏博阁设立了"消费者保护局"和"竞争局"，沿用至今。1972 年，联邦贸易委员会又根据《消费品安全法》成立美国联邦消费产品委员会，处理消费者对虚假不实广告的投诉。

联邦贸易委员会宣称"对虚假、误导消费者的广告具有司法管辖权"。一旦接到消费者、竞争对手或委员会中负责监督各媒介广告的人员的举报，联邦贸易委员会便可以立案对广告主进行调查。联邦贸易委员会拥有很大的权限，可以实施对犯规嫌疑人的调查，并责令他们提交有关情况。

2. 联邦通信委员会

这是美国另一个管理广告的政府机构，管理广播电视和电信两大部分。其主要职责是管理广播电视广告、邮寄广告，有权管理广播电视广告的数量及播出时间。它有一支庞大的审查队伍，对广播电视广告进行全面审查。

3. 美国食品药品监督管理局

美国食品药品监督管理局主要执行《联邦食品、药品和化妆品法案》，管理食品、药品、化妆品标示及包装方面的广告。在美国，产品标示及包装亦属广告的一种。涉及食品、药品和化妆品标示及包装方面的广告，虽然联邦贸易委员会也有管理权限，但仍以食品药品监督管理局为主。

4. *美国财政部烟酒枪械管理局（BATF），负责监督酒精饮品广告。公布有关葡萄酒、啤酒、蒸馏酒等行业的规章制度并严格执行*

（二）行业自律管理组织

广告业自律是美国广告管制体系极其重要的组成部分。美国行业协会在 1911 年发表了广告十诫，接着又设立了广告诚信委员会，专门取缔不良的广告。1965 年，美国广告联盟拟定了《美国工商界广告信条》，要求"讲究事实、守信负责、公平竞争、不作引诱、明白保证、价格确实、不得夸张、诚实推荐"。1975 年，美国广播人协会订立了《美国电视广告规范》，对一些电视广告播映的基本准则做出了相当明确具体的规定。

美国广告行业自律管理的组织体系由广告行业协会与跨行业的非政府组织机构两部分组成。

1. *行业协会*

美国最早的广告行业自律管理组织是美国世界广告联合俱乐部，成立于 1904 年，由广告主、广告公司和媒介组成。19 世纪 90 年代，美国一些广告业发达的地区先后出现了广告业同仁联谊会性质的广告俱乐部。1904 年，各地广告俱乐部联合建立了美国世界广告联合俱乐部，加强行业的合作及自律，既可自律规范行业行为，又可避免政府方面的不必要的强制干预。

1911 年，《印刷者油墨》杂志、世界广告俱乐部联合会及商业促进局等在广告业发起"真实广告"道德运动。美国世界广告联合俱乐部在波士顿年会上进行了广告业的道德整顿，100 多名各地俱乐部的代表通过了"广告要真实"的自律口号；并制定了广告道德规范与建立了"警觉委员会"，负责审理广告弄虚作假事宜。同年，《印刷者油墨》杂志发行人聘请律师制定《印刷物广告章程》（*The Printer's Ink Statute*），44 州通过了禁止虚假广告的法令，其中 11 个州完全采用了该章程的内容，其余则有所改动。各州通过的法案尽管对虚假广告的解释有所不同，但都将其判定为不正当的竞争，都确定对虚假和欺骗性的广告施加惩罚，并以立法形式加以巩固。此即著名的《普令泰因克广告法案》。

美国广告公司协会（4A）、美国广告联合会（AAF）、全国广告主协会（ANA），这些行业协会通过制定行业规范，举办培训、会议等推动行业发展。随着互联网广告的发展，1996年，互动广告局（IAB）诞生。互动广告局会员由500多家媒体和科技公司组成，占美国在线广告销售额的86%。随着无线媒体的发展，2000年，无线广告协会（Wireless Advertising Association，简称WAA）成立了。

其次是跨行业的非政府组织机构，其主要职能是广告审查、纠纷裁处。比如全国广告审查理事会（NARB），负责对全美范围发布的产品与服务广告的审查，受理个人、团体和组织对广告的投诉。

2. 全国广告审查理事会（NARB）

美国广告业自律管理最重要的组织是"全国广告审查理事会"。1971年，美国全国广告审查理事会由商业促进局理事会（CBBB）、美国广告代理公司协会（4A）、美国广告联合会（AAF）和美国全国广告主协会（ANA）共同成立，其宗旨：促进真实、准确、健康的广告发展，促进广告界的社会责任和道德感。理事会下设两个广告管制部门：一个是全国广告审查局（NAD），另一个是全国广告审查委员会（NARC）。它们均在1971年成立。

全国广告审查局负责处理广告的投诉、调查，建议广告改稿和修正的任务。审查手续15日内得出结论，受理投诉50—60日得出结论，效率高于法院审理。当遇到复杂疑难的虚假广告案时，可以提交由企业、广告公司、有经验者和学识者代表组成的全国广告审查委员会审理解决。广告审查委员会的审理决定为自我管理范围的最高权威，也是终审决。如果该广告客户拒绝接受审理决定，委员会有权通知政府有关部门出面干涉，案子将上呈到联邦贸易委员会处理，并公布结果。总的来说，美国的广告业自律规范较健全，具有较强的自我约束性和较强的可操作性，因此在行业内具有较高的权威性。美国的行业自律组织和政府机构是广告管理的两大主导力量。

3. 其他行业组织

美国有较多的广告行业组织及涉及广告行业的跨行业组织，而不是一家垄断。如隶属于美国广告联合会的全美广告评议委员会、美国全国广告主协会（ANA）等。行业组织系由经营者自愿参加的民间组织，其规则章程由全体参加者制定修改，比政府机构管理更富效率。比如电子零售业协会（The Electronic Retailing Association，简称ERA）委托全国广告审查理事会（NARB）在其内部设立了一个电子零售业自律组（ERSP），资金由电子零售业协会提供。这个小组接受全国广告审查理事会的指导，但其日常运行是独立的。ERSP的职能是快速、有效地调查、评估电子载体中直接反应式广告的真实性和准确性。除了审查"商品信息电视广告节目"，ERSP还审查广播广告、网络广告、垃圾邮件广告以及电视台购物频道的广告等电子媒介的广告。如果经过一系列审查程序后，发现广告有问题，ERSP会要求广告主停播广告。如不服从，则会交给联邦贸易委员会处理，电子零售业协会也以除名的方式来支持ERSP的处理决定。

美国非政府的广告行业自律组织架构了一个纵横交错、多维度的广告自律体系。它是美国广告管理组织系统中重要的组成部分。在政府部门制度保证及司法支持下，行业自律组织通过快速、有效地接受、处理消费者和业界竞争者的投诉，而赢得了行业与社会的认同。

五、美国广告管理主要内容

美国广告管理的重点是严格规制虚假广告、数据隐私保护与数据反垄断。

(一) 管制虚假广告、不实广告及不公平广告

1. 管制虚假广告

虚假广告(Deceptive Advertising)是美国广告管制的重点。美国联邦贸易委员会规定，凡是"广告的表述或由于未能透露有关信息而给理智的消费者造成错误印象的，这种错误印象又关系到所宣传的产品、服务实质性特点的，均属欺骗性广告"。无论是直接表述，还是暗示信息，广告发布者都要负法律责任。

美国把判定广告是否虚假的权利交给消费者，并由专业部门裁定。凡符合以下条件的广告视为虚假广告。

(1) 不管广告本身是否真正虚假，只要广告的内容产生误导消费者，造成消费者认知错误的结果，就判定广告虚假。

(2) 判定广告虚假，不同的对象在合理的判断标准上会有所不同。如果是针对老人、儿童等特定对象的，那么，判定广告虚假标准比针对其他成年人为对象的广告标准更为简单。

(3) 广告向消费者诉求表述的重点内容为考量广告中虚伪成分的重点。这些重点包括涉及产品质量、效果、耐用度、保证以及有关健康、安全等方面的表述，还包括经营商品明示或有意暗示的表述。

以上三点是评判虚假广告的条件及标准。如果一则广告内容虚假夸张，但不会使消费者产生误信，就不属于虚假广告，这有利于广告创意及艺术夸张表现手法的运用。

【案例】"正宗意大利果冻"虚假广告案

美国北部威斯康星州有一个生产奶制品的公司甲，采用正宗意大利配方，生产意大利风味果冻。他们请某广告公司为其新的奶制品果冻设计了一个包装，该广告公司在策划广告文案时意图强调该产品的意大利风味，于是建议公司为这个产品起一个意大利味道的名字"Buono"，并在果冻包装的显要位置使用了意大利国旗，产品标签中印上英文和意大利语，标上广告词——"正宗意大利果冻"，此后，迅速在中西部三个州打破了该公司的销售纪录。但是，该公司随即遭到竞争厂家投诉，指称其产品包装严重误导消费者，使人误以为果冻确实产于意大利。法院认定构成虚假广告，认为一般消费者并不知道任何进口产品都有原产地的标签，而所有消费者也不会仔细阅读产品的标签。该公司最终败诉，随后修改了包装中的文字，去掉了意大利国旗以及标签中的意大利语字样。

2. 管制不实广告

不实广告(False Advertising)是涉及食品、药品、医疗器械及化妆品的虚假广告。由于涉及食品、药品、医疗器械及化妆品的虚假广告直接危害消费者的安全利益，所以把不实广告单列出来进行管制。

【案例】橙汁强烈暗示新鲜的不实广告案

美国一家橙汁生产商甲发布了橙汁产品的电视广告，广告中一位在奥运会游泳比赛中获奖的运动员将一个橙子挤出的新鲜橙汁倒入纸盒中，并同时赞美"橙汁味道鲜美"。该广告播出两周后，竞争对手公司乙向法院提起诉讼，认为该广告的内容虚假使本公司受到损失，因为甲公司的橙汁是在橙汁浓缩液中加水制成，有时在包装前甚至是经过冰冻处理的。甲公司的律师在庭审中辩解说，消费者不可能认为橙汁真的是新鲜榨出并随即包装而成的，根据成文商标法《兰哈姆法》(Lanham Act)第43节第(二)项的规定，这并不具有可诉性。法院最后判定广告中人物挤压橙子并倒入包装盒同时伴有画外音赞美的部分，含有强烈暗示的确是新鲜制品的意味，构成严重的内容失实，故责令停止该广告的播出。

又比如，功能性饮料红牛因为一句"红牛给你翅膀"(Red Bull Gives You Wings)的广告语，在美国惹来了官司。美国消费者的维权意识强，纽约一名消费者的律师称：红牛公司通过广告向消费者允诺，

消费者喝下红牛，会得到包括"红牛给你翅膀"在内的让消费者将体能、反应能力提高到极大限度等效果，但并非如此。为此，红牛了结了两桩集体诉讼官司，同意向消费者支付1300万美元（折合人民币近8000万元）赔偿金，用以补偿不实广告语对消费者带来的伤害，过去10年在美国买过红牛的消费者都可以获得相应数额的赔偿。

3. 管制不公平广告

不公平广告(Unfair Advertising)是指违反社会公序良俗，具有压制性和反道德性的广告。不公平广告的特点就是具有不公平性，侵害其他同业者。判断不公平广告的条件有三个：（1）广告内容是否违反社会公序良俗，（2）广告中所使用的方式是否含有压制性和不道德行为，（3）同业者、消费者是否受到了实质的损害。只要第三项成立，即使第一、二项不存在，也不影响不公平广告的成立。也就是不以表现为依据，而以损害结果为评判依据。

另外，美国人的诉讼意识很强，如果有受众发现电视、广播等发布欺诈广告，就会到联邦通信委员会控告。通信委员会经查属实，会予以处罚，对严重违规的电视台，该委员会有权吊销其执照。对于制作、发布虚假广告的经营者，美国联邦贸易委员会、通信委员会都有权要求经营者停止播放违法广告，并对其处以罚款，要求经营者做更正广告，将事实告诉消费者。

例如，联想在电脑中预装了一款名为"Visual Discovery"的软件，它会向用户推送广告；另外，当用户访问这些广告链接时，这款软件还会阻止浏览器的警告。美国用户深恶痛绝，到联邦通信委员会控告。联想为此支付了350万美元的罚款。

联邦贸易委员会还设立了专门的电话热线和网站，接受消费者有关虚假药品和违禁医疗广告等损害消费者权益的违法广告的投诉。该委员会还特别重视因特网等新媒体监管，不定期地组织大规模的网络广告查处活动，发动消费者上互联网寻找并揭穿各种虚假药品和医疗广告，达到查处网络虚假广告的目的。一旦联邦贸易委员会判定某一广告为欺骗性广告，可以要求广告发布者马上停播，并责其发布更正广告。如果广告发布者继续播出广告，将被处以高额罚款。同时，联邦贸易委员会可以向联邦地方法院提起诉讼，法院有权冻结广告发布者的全部资产，以备将来对消费者进行赔偿。如果罪名成立，广告发布者不仅面临经济赔偿，还会被追究刑事责任。

（二）美国对违法广告的行政处理方式

1. 责令停止发布该广告，必要时发布更正广告；要求广告主、广告公司做更正广告(Correcting Advertising)，将事实告诉消费者。为真正达到更正广告的目的，让受骗的消费者知道广告真实的一面，对更正广告的规定十分具体，要求更正广告必须符合以下规定：

从时间上，更正广告发布时间至少一年或与原虚假广告发布时间同等；

从成本上，更正广告的成本不得少于原广告的四分之一；

从内容上，更正广告必须针对原广告中虚假不实部分进行揭露。

2. 责令做出检讨和保证；处以罚款；向法庭起诉。其中，比较常用的方法是责令做出检讨和保证，它主要用于故意性不够明显，未造成明显危害的有失实内容的广告。违法广告的企业负责人要签署广告停止函或检讨宣誓书，并保证以后不再发生类似的违法行为。如果其态度获得了联邦贸易委员会的肯定，小的违法案件就可以了结。这就为大多数诚实经营、合法经营的企业提供了较为宽松、人性的环境。若无意识地触犯了某条广告法规，只要真诚地承认错误、改正错误，就没有必要深究重罚。

（三）对电视广告从严管理

1. 美国对电视广告的约束严格，详见美国电视广告行业规范。

2. 内容规定：美国联邦通信委员会对电视广告内容的播放也有具体规定，尤其强调广告必须真实。

当电视台对广告客户的信誉、商品或服务内容的真实性有充分理由表示怀疑时，应拒绝播放其广告；禁止播放具有危险性的商品广告，禁止儿童参加其广告活动；对啤酒及温和性酒类的广告，广告片中禁止出现"饮酒"的形象镜头；禁止播放用蒸馏法酿造而成的烈酒广告；禁止播放香烟广告；禁止播放算命、测字、摸骨、占星、看手相等不科学的广告。

美国对电视台播放医药用品的广告规定严格，首先强调药品广告关系到观众的健康，播放时必须慎之又慎。播放的医药广告中，不得使用"安全可靠""毫无危险""无副作用"等含功效性的断言、保证和夸大医疗效用的词句。播放的药物广告中，尤其必须详细说明该药物的副作用。医药广告中禁止出现令人厌恶的痛苦呻吟的表情、动作及声音。美国立法限制新上市的药品和医疗器械产品广告。

美国是全球第一大医药市场，也是最大的医疗器械产品市场。据美国食品药品监督管理局（FDA）网站公布的一些案例，在 2003 至 2006 年期间，美国食品药品监督管理局每年都对做广告的药品、保健食品和医疗器械产品突击检查上万次。检查结果是，在媒体上做广告最多的一些保健食品和医疗器械产品多数有违法行为，如夸大产品效果、无中生有地宣传产品的优点和消费者在使用后的反馈意见等。

继 2007 年 6 月初美国国会通过一项关于所有在美国生产和销售保健食品的企业应符合现行药品生产管理规范（CGMP：Current Good Manufac Practices，动态药品生产管理规范）规定的新法案之后，美国国会于 2007 年 10 月 1 日前再通过一项有关"新药（处方药）在上市前两年内不得在大众媒体上做直接面向广大消费者的广告"的法案。这项通过的新法案名为《处方药物使用者费用法案》（*Prescription Drugs User Fee Act*），不但针对制药企业，而且首次将医疗器械产品也包括在内。

（四）对名人代言广告从严管理

美国规定代言广告中的明星、名人、专家必须是产品和服务的实际使用者，否则构成虚假广告。美国明星代言广告必须承担"证言广告"和"明示担保"双重义务，就是指明星们必须是所代言产品的直接受益者和使用者。因为，明星一旦和厂商、广告公司签订了协议，就必须得保证他所代言产品是真的，他所说出的每一句话在法律意义上就具有相当于证言的法律效力，是对产品的担保，所以一旦出了问题，对公众的生命财产造成了严重的威胁的话，不仅会被重罚，还要承担刑事或者民事责任。

通常来说，美容产品、保健品及药物类广告常常因为其宣传的效果与实际使用效果存在较大的差异而较易引起消费者不满，因此美国的演艺明星大多对此类广告敬而远之，避免惹上不必要的法律纠纷。明星一旦卷入广告纠纷，其公众形象会大受损害，甚至会影响本人的事业，可能"永久出局"。因此，他们对代言广告十分谨慎。

即便常有女明星为一些知名的化妆品公司担任代言人，但她们也大多是作为公司品牌的形象代表出现，而很少会在广告中为产品的效果现身说法，更不会就产品效果向消费者做出保证；即使明星推出以自己姓名为品牌的系列产品，利用自己的知名度赚钱，这些产品也往往是服装、香水等比较"安全"的时尚消费品，几乎不存在被消费者告上法庭的风险。

（五）对烟草广告从严管理

美国对违法烟草广告惩处十分严厉。美国大烟草公司都曾被法院判决刊登陈述吸烟危害的广告。美国某知名烟草公司曾在香烟上标注"温和型"。女法官格拉迪斯·凯斯勒对此做出裁决，判定该烟草公司一直在欺骗公众，故意隐瞒吸烟危害，违反了反诈骗法。她在判决书中判定，"在 50 多年的时间里，被告的烟草公司一直在撒谎，欺骗美国公众。他们对吸烟者和年轻人说，吸烟并不会产生严重的健康危害，二手烟也没有什么危害"，责令该烟草公司在报纸和企业网站上刊登声明，陈述吸烟以及尼古丁成瘾对于健康的不良影响，责令其停止在香烟上标明"温和型"，判决被告烟草公司支付这场官司的费用 1.4 亿美元。上述判决作为判例法对烟草广告施加了限制，包括禁止他们在广告牌以及公交车辆上刊登香烟广告等。

(六) 对网络与电子邮件广告从严管理

美国密歇根州和犹他州等实施限制网络与电子邮件广告法律。如果网络广告中含有酒精制品、香烟、赌博、六合彩或在儿童电子邮件中出现色情图片，将面临严厉惩罚。犹他州法律禁止任何可能"伤害儿童"的电邮广告。该限制网络与电子邮件广告法律列举了"裸体、性内容、施虐受虐内容、性兴奋"或迎合对儿童色情渴望的施虐受虐行为。即使电邮只推销R级电影（儿童可在父母陪伴下观看），也同样违法。在密歇根，违反网络广告法者最高可判处每日交付25万美元罚金和为期一年的监禁。在犹他州，违法者将为一条非法电邮广告信息支付1000美元罚金，并且将受到刑事起诉和儿童父母的民事诉讼。

例如，据美国财经网站MarketWatch报道，2019年10月推特曾经披露，它无意中使用了用户出于安全目的而提供的用户电子邮件和电话号码，并用于投放定向广告。推特当时称，这种做法已经于2018年9月结束，并在2019年初与FTC达成了50亿美元的和解协议，对公司如何向第三方共享数据做出了限制。

(七) 允许比较广告，但从严管理

美国允许比较广告。因为，比较广告既能鼓励竞争，又能给消费者提供更多的信息，所以予以支持。但在法律上限制性规定任何不利于竞争者的广告必须与事实相符，备有凭证，违者属虚假广告。美国联邦贸易委员会在《比较广告政策声明》中将其界定为"可对替代商品进行客观可测量的品质或价格上的比较，并通过明示因素或其他显著信息提示此竞争商品"。

美国广告代理协会在《对制作对比广告的政策方针》中规定，"应当指出所对比的产品的名字时，它应是市场上存在的作为有效竞争的一种产品""广告应就产品有关或类似的性能或成分进行比较，面对面，点对点"。

引人误解地对自己和竞争商品、服务的内容、形式、质量、价格、制作工艺、生产原料、效果等进行与事实不符的比较，导致消费者购买的因素不仅仅是广告主对自身产品的宣传，而且对竞争商品的提示也会引起消费者的误解。因此只要在比较广告中对自身或竞争商品中任意一方有引人误解的宣传，都构成虚假广告。

(八) 对数字广告从严管理数据隐私与数据垄断

数字广告中最突出的问题是数据隐私与数据垄断。美国联邦贸易委员会及其下属的消费者保护局和经济局的工作人员调查和考虑数据竞争中数据隐私与数据垄断行为广告问题已经超过十年，会定期调查各种可能非法侵犯消费者隐私的做法。该委员会调查了并购对非价格竞争产生不利影响的可能性，例如消费者隐私保护，其结论是证据并不支持这样的结论。因此，基于隐私方面的考虑并不构成挑战这项交易的基础。虽然交易最终获得通过，但反垄断执法机构将数据隐私保护问题作为重要因素予以考虑。事实上，正是因为市场机制在隐私保护中所存在的种种不足，才使得美国等各个国家和地区在越来越多地寻求通过专门立法的方式，来直接明确互联网企业在数据搜集、使用、存储等方面的权利和义务。

六、不断完善医疗广告监管机制

互联网医疗与药品广告是美国政府重点监督对象。谷歌曾与美国司法部就非法网络药店广告一事达成和解，谷歌为此支付了高额的罚金5亿美元。在美国政府对虚假药品广告的行动中被打击的还包括了天花乱坠的各种营养保健品广告。美国食品药品监督管理局（FDA）曾下令谷歌封杀美国地区所有提供排毒保健产品的广告账号，而且没有给这些公司申诉和解释的机会。这意味着诸多以排毒养颜及清除体内重金属为卖点的保健品将无法在谷歌投放广告。排毒保健品公司Global Healing Center是谷歌搜索广告的长期合作方，每年在谷歌投放数十万美元的收入。由于广告账号突然被封杀，随后一周销量锐减了25%—

30%，一个月营收损失了 7 万美元。而谷歌一个月后才向他们解释，这是因为 FDA 将所有非处方的螯合解毒产品都认定为非批准药物，具有危险的误导性，可能给消费者身体带来严重伤害，因此要求谷歌封锁所有涉及重金属排毒的药品广告。

七、法律责任严厉

美国法律罚则、政府的罚款一向以"心狠手辣"著称。美国法律将夸大广告也定为商业欺诈行为，广告商会面临巨额赔偿和罚款，而且涉案个人会不得继续从事相关行业的工作，并被判处刑罚。

例如，美国联邦贸易委员会以广告宣传失实为由，对四家减肥药生产商处以总计超过 2500 万美元的罚款。生产这四种药品的厂家被美国联邦贸易委员会处以 150 万美元至 800 万美元不等的罚金，罚款总额超过 2500 万美元。联邦贸易委员会主席德博拉·普拉特·马约拉斯说，受罚商家在广告中夸大减肥药的效果，称产品可以快速减少年体重，甚至有预防癌症的功效。

在美国，对虚假广告的惩罚方式不仅多而且十分严厉。被罚的厂商既要接受联邦贸易委员会（FTC）的调查，又要被责令向竞争者道歉，还要受到严厉处罚，并且会被州总检察长起诉。如果被代理消费者集体诉讼的律师盯上，这家公司命运就更惨。

法国知名化妆品牌欧舒丹因虚假减肥广告，被 FTC 处以 45 万美元的重罚。欧舒丹品牌在推广其旗下杏仁紧致身体润肤乳和杏仁纤体美肌啫喱等两款产品广告时，虚假宣称具有纤体等功效。然而，根据 FTC 审查结果，临床验证得出，该品牌的上述两款产品都不具有其广告中宣传的纤体功效；且根据其产品成分等，也无法验证其产品具有纤体功效。FTC 据此对欧舒丹处以 45 万美元的罚款。

美国还规定了集体诉讼制度，即因同一法律上或事实上的损害原因使利害关系无法全部进行共同诉讼时，由众多利害关系群体中的一人或数人代表当事人进行诉讼，而该诉的判决结果对全体成员都有效力。这一制度使得一般消费者无须直接参加诉讼也可获得损害赔偿。

Move Free 作为骨关节营养补充剂领域的品牌，其品牌公司 Schiff 的母公司利洁时 Reckitt Benkiser（简称 RP）遭遇地区消费者集体诉讼，指出其宣称的功效涉嫌虚假宣传，其产品 Move Free 维骨力并不能起到修复关节健康的作用，被美国法院判决确认，双方达成和解协议。利洁时支付 5000 万美元，折合超过 3.2 亿人民币。

历史上，美国还发生过一件轰动的官司，起诉方是 1973 年 10 月—2001 年 2 月在伊利诺伊州所有买过"万宝路"两种"轻型"香烟的人。烟草大王菲利普·莫里斯公司在广告中强调了"轻（Lights）"这个词，并有"降低了焦油和尼古丁含量"的用语，向所有的消费者传递了一个错误信息，即这种香烟能够减轻对健康的损害。法庭判决构成了欺骗，菲利普·莫里斯公司向伊利诺伊州居民赔偿了 101 亿美元，其中包括"忽视消费者权利"的 30 亿美元惩罚性赔偿金。

制作虚假不实广告的广告主、广告公司，除了承担民事责任外，还要承担行政责任和刑事责任。美国联邦贸易委员会、通信委员会有权要求广告主、广告公司停止播放违法广告并处以政府的罚款。有意发布虚假广告的，将面临多重惩罚：接受联邦贸易委员会调查，被责令其向消费者道歉，被商业改善局（BBB）(The Better Business Bureaus) 处分，被州总检察长起诉，被消费者告上法庭。

《联邦贸易委员会法》规定，制作、发布不实广告，处六个月以下有期徒刑，单处或并处 5000 美元以下罚金；再犯者可处一年以下有期徒刑，单处或并处 10000 美元以下罚金。

第四节 英国的广告立法及广告管理

一、英国广告立法

1907年，英国颁布了专门的《广告法》，是世界上第一个通过制定较完整的广告法的国家。英国还在《消费者保护法》《公平贸易法》《食品和药物法》《商品供应法》《商标法》《医药治疗广告标准法典》《销售促进法典》《建筑法》《公共卫生法》《医药法》中对广告做出了专门规定。英国广告法律主要禁止以下行为：

(1) 不正当的或欺骗的广告；
(2) 使用虚假或恶毒的、攻击性的广告语言；
(3) 使用未经证实或无法证实的广告叙述；
(4) 广告妨碍公园、娱乐场所，或损及风景地带、乡村风景、公路、铁路、水道、公共场所及任何有历史价值的建筑物及场所的行为；
(5) 任何妨碍交通或对交通产生危害的广告；
(6) 移动广告，如步行、骑马、驾车在闹市做广告；
(7) 性病、百日咳、鱼鳞癣、痔疮及减肥药广告和催眠术广告。

2018年，英国广告标准局收到了有关真人秀《爱情岛》中插播整形机构广告的投诉，该档节目的主要观众年龄段在16至34岁之间。投诉者包括英国心理健康基金会，该基金会称，相关广告在整形、身体自信和幸福之间建立了一种理想的联系，具有误导性。该广告特意强调整形机构为丰胸、隆鼻等项目提供的贷款服务，针对没有足够经济能力的年轻女性定向营销。为此，2021年11月，英国广告标准局（ASA）发布新规，全面禁止整形机构向18岁以下青少年投放有关隆胸、隆鼻和吸脂等整形类广告，确保整形类广告不能针对18岁以下的青少年投放，而且不能出现在所有青少年视线可及之处。这意味着广告不能误导或以其他方式利用受众的弱点进行营销。涉及范围包括但不限于脸书（Facebook）、抖音（TikTok）、"照片墙"（Instagram）等社交媒体网站，广告牌、海报、报纸、杂志和广播等传统媒体，以及有影响力的网红、博主推广。禁令从2022年5月起生效。

二、英国广告管理组织及广告管理

在欧洲各国中，英国在广告管理方面是较为成功的。其广告管理由政府管理和行业自律两部分组成，政府主要是通过立法对广告的范围和内容进行严格限制。

（一）政府广告管理

英国是一个允许比较广告的国家。医疗广告发布前须向指定的医疗专家和一般医疗人员组成的医疗顾问小组征求意见。

1. 电视广播广告管理

1923年，英国广播公司正式开始广播播音，1930年英国试播有声电视图像，1936年英国广播公司在亚历山大宫建成电视台，正式开播。1955年英国成立了电视广告研究联合委员会。目前英国的电视、广播事业主要由两家广播公司经营，即英国广播公司（BBC）和独立广播局（IBA）。英国广播公司是政府机构，不准许商业性广告在它的无线电台和电视台播放，只准许在它出版的杂志上登广告。独立广播局是半官方性质的独立企业。它的所属台都承办电视和广播广告。由于只有独立广播局承办广播广告，所以英国的广播广告费在媒介中所占比例极小。

英国对商业电视广告管理有着严格的规定和审查制度，禁止在 BBC 广播网和英国电视广播协会的电视广播网内做广告。私人广播电台、电视系统可以做广告，但是私人广播电台、电视系统必须经过严格审查方可做广告。电视广告不得出现社会名人对产品的褒奖，不允许名人直接做广告；不准在受众为 16 岁以下的少儿节目中或节目前后播放广告；不允许医生参与广告；烈性酒、色情诱惑、容易对青少年造成身体伤害的运动广告不得做电视广告。英国政府近年还推出一项新政策，禁止在晚上 9 点之前播放任何"垃圾食品"电视广告。"性暗示"类广告被全面禁止，甚至一些暗示性的语言和动作也要消除。为避免造成青少年的意外伤害，极限体育的广告也不允许在电视上播出。独立广播局负责广播电视广告管理和审查。审查共两次，第一次是剧本审查，主要审查广告的内容及所用语言；第二次是制作完成以后审查，看与第一次的内容有无出入。

2. *报刊广告管理*

管理报刊广告的官方机构为英国广告标准局，广告商和报刊都必须共同遵守英国《广告业准则》。

3. *户外广告管理*

英国是一个禁止户外广告（包括车身）的国家，英国的户外广告由地方政府控制，并受《企业建筑广告准则》的制约。

4. *数字广告管理*

数字广告中最突出的问题是数据竞争中数据隐私与数据垄断。2021 年 7 月，英国竞争市场管理局 (Competition and Markets Authority, 简称 CMA) 颁布的《在线平台与数字广告市场研究》(*Online Platforms and Digital Advertising Market Study*) 报告中总结道，"在一个竞争更加激烈的市场中，我们期望消费者能够清楚地了解他们被收集到的数据，以及这些数据是如何使用的，特别关键的是消费者在这一过程中要拥有更多的控制权。我们希望这些平台能够相互竞争，说服消费者分享他们的数据或者采用不同的商业模式来保护更多的隐私。平台可以通过他们的产品和服务奖励消费者分享自身的数据，方式可以是提供更少的广告或者提供奖励、额外的服务"。同时，它还指出面临竞争限制的互联网平台，尤其是社交网络平台，无法通过"要么接受，要么放弃"的条款来保护用户，因为在市场缺少竞争时，用户的黏性会使得用户将只能接受相关的数据使用要求。

（二）广告行业自律管理

英国在广告管理中作用最大的是广告行业自律组织。20 世纪 60 年代初，英国广告业参照国际商会的国际广告实践法规制定了《英国广告标准与实践》。随后广告业的协会成立了广告实践法规委员会 (Code of Advertising Practice Committee, 简称 CAPC)。1962 年，广告界又出资成立了广告标准局 (Advertising Standard Authority, 简称 ASA)。

广告标准局是英国广告行业自律的最高机构，该部门成立于 1962 年，局长是业外人士，局长指定 12 人（半数以外是业外人士）负责审查广告和受理申诉，经费是广告版面附加费的 0.1%。广告标准局负责对广告电视以外的其他媒介广告进行管理。其职责是代表公众的利益，仲裁和处理所有的广告申诉，还负责与政府机构和其他组织保持联系，并负责广告界自律活动等。英国广告标准局拥有认定、处罚违法广告的权力，具有很高的权威性。

英国广告标准局曾发布了一条禁令，剑指法国化妆品巨头欧莱雅旗下的美宝莲和兰蔻两个平面广告在后期制作时有意美化模特，误导消费者，称其不能证明在杂志上刊登的这两个广告准确表现了产品的效果。欧莱雅集团随后向媒体承认广告经过了后期处理，比如给照片里的名模克里斯蒂·特林顿"提亮皮肤、美化妆容、减少阴影、柔滑嘴唇、加深眉毛"。广告标准局下令禁用美宝莲和兰蔻两个平面广告。

英国广告标准局对高露洁"八成牙医推荐高露洁牙膏"的广告语提出了两大问题：一是误导消费者理解为牙医推荐高露洁牙膏超过推荐其他品牌牙膏，二是误导消费者认为高露洁所有产品都获得了专业牙医的医学认可。

英国广告标准局通过对牙医们进行电话调查后证明，高露洁宣传属"误导"。英国广告标准局在电话调查中采取的询问方式是向牙医们提问，推荐什么品牌牙膏给消费者，而不是向牙医询问"您推荐高露洁的牙膏吗"。在这样开放式的询问方式下，牙医的回答实际有多个品牌，除了高露洁被推荐的比较多之外，还有一个别的牌子的牙膏也备受推崇。而且"八成牙医推荐高露洁"的广告内容意味着牙医对该产品的专业认同，但高露洁并没有得到牙医的书面推荐。英国广告标准局责令制造商高露洁棕榄公司停播该广告，同时，高露洁旗下的四个品牌产品，在英国医药产品牌照法例下，也不得接受健康专家的推荐。

又如雅芳在其产品广告中宣传，Thermafirm 面霜是"紧肤的新浪潮"，糅合"三重音速技术"和"超音速加强酵母"，是"独创科技皮肤护理"的突破，"加入的天然成分用以收紧皮肤各层，可以在家中方便使用，只需三天便可拥有更紧致的皮肤"。英国广告标准局认为，这样的广告语极大地夸张了该产品的功效，也有不少消费者质疑产品的成效；而且该广告还误导消费者以为，该产品的成效跟手术一样持久。英国广告标准局在咨询专家的意见后，认为 Thermafirm 面霜的功效与保湿霜无分别，无证据显示它可以紧致皮肤，故裁定广告内容误导，下令雅芳停播广告。

【案例】丰田雷克萨斯报纸广告用语，被判违规

英国广告标准局裁定，日本丰田汽车公司旗下的一款雷克萨斯车型使用的报纸广告用语违反了英国相关广告规定。雷克萨斯混合动力车 RX 400H 在广告中宣称，它"对于今日（以及明日）的气候条件来说是完美的，而且驾驶世界首款豪华混合动力 SUV 在环保和经济方面很有意义"。这一广告刊登后，遭到读者抱怨。英国广告标准局认为，它违反了英国在广告真实性及环境方面的相关规定，并表示读者很可能觉得其实这款车对环境鲜有影响。丰田公司随后对广告做出修改，删去了后面"在环保和经济方面很有意义"的部分。

英国广告行业自律组织，以及英国广告人联合会、广告商协会、室外广告协会、邮购协会等20多个广告团体还负责对非广播电视媒介的各种类型的商品广告进行事前审查。

英国广告行业自律组织制定的《英国广告职业行为准则》，是英国广告行业自律的主要法则，主要用于印刷广告、电影广告的管理。

商业欺诈广告多发在英国成为日益严重的社会问题，尤其是互联网上的广告欺诈情况更为严重，从抗禽流感特效药到为"卡特里娜"飓风援助基金会捐助，虚假广告五花八门，令消费者防不胜防。英国公平交易局指责广告欺诈一年给英国造成的经济损失超过10亿英镑，故要求报业和杂志出版集团与该局共同合作打击不法广告商。英国公平交易局严格要求报纸和杂志方对所登载广告认真审查，谨防不法广告商利用广告进行商业欺诈。

1. 禁止不良广告

电商平台 Wish 因发布的广告包含"冒犯性和不负责任的"图片，而被英国广告标准局（ASA）禁止。广告包括一个 APP 内的广告和两个 Facebook 付费广告，广告将婴儿产品广告与性用品广告放在了一起。这三个被禁广告推广了三款产品，一款是黑色紧身衣，另一款是便携式婴儿座椅，还有一款是弹力支撑架，ASA 表示最后一款产品是为了让男性的生殖器看起来更大。APP 内的广告将前两个产品放在一起，紧身衣的模特露出了屁股沟，座椅上的婴儿也露出了屁股。Facebook 的两个广告并列呈现，分别展示了婴儿

安全座椅,以及弹力支撑架。弹力支撑架的广告还展示了图解,暗示它将如何让男性生殖器变大。ASA 认为这是"极不负责任和无礼的行为"。Facebook 把广告从网站上删除。将这些广告放置在 APP 内的二手电商平台 Shpock 也阻止 Wish 继续在 APP 投放这些广告。

2. 禁止儿童节目播放垃圾食品广告

在过去 10 年间,英国 6 岁儿童的肥胖率翻了一番,15 岁儿童肥胖率更是翻了两番。一些由肥胖引起的疾病,比如 II 型糖尿病,也首次在儿童中发现。为保护儿童健康,英国通信管理局颁布了儿童节目中禁止播放不健康食品和饮料广告的规则,新规则是在儿童肥胖问题日益严重的情况下制定的。新规则规定,在目标观众群为 4 到 9 岁儿童的儿童节目中,禁止播放高脂肪、糖和盐的产品的广告。禁令从 2008 年 1 月 1 日起扩展到 4 到 15 岁儿童的儿童节目,专业儿童频道推迟一年实施。英国电信管理机构发言人说:"新规则是解决儿童肥胖问题系列措施中的一项,它能够降低儿童接触高脂肪、糖和盐的产品广告的概率,帮助儿童健康饮食。"被列入黑名单的食品具体包括外卖的肉饼以及鸡块、炸薯条、裹糖麦片、炸薯片、可乐和其他含糖饮料。受到这项计划影响的将包括吉百利食品公司在热门肥皂剧《加冕街》中的赞助广告,以及麦当劳、百事可乐、可口可乐等公司的宣传计划。

3. 禁止歧视女性的广告

2018 年,英国广告标准局推出新规:禁止广告中出现性别歧视和性别刻板印象的内容!违规者一律

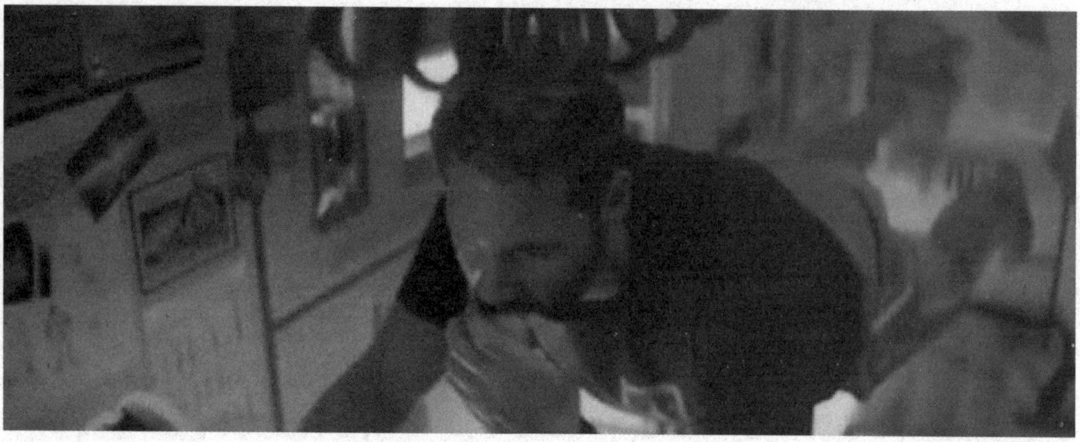

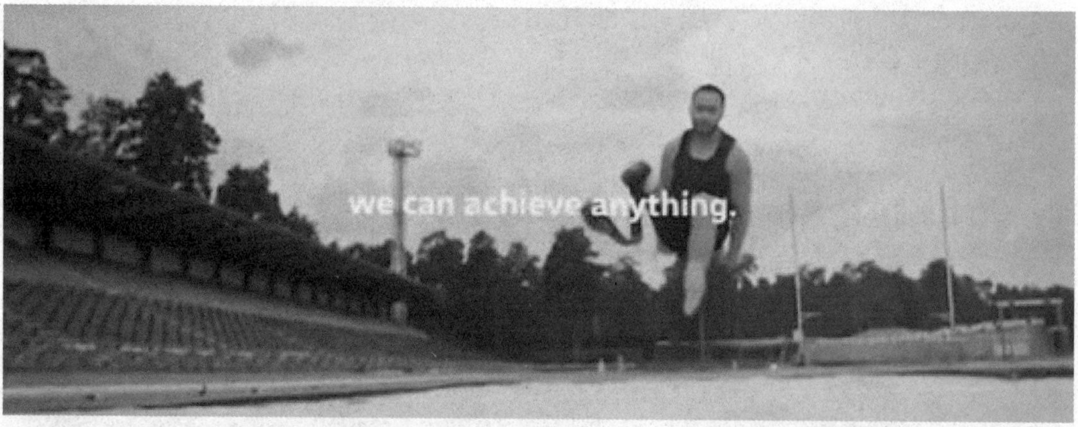
we can achieve anything.

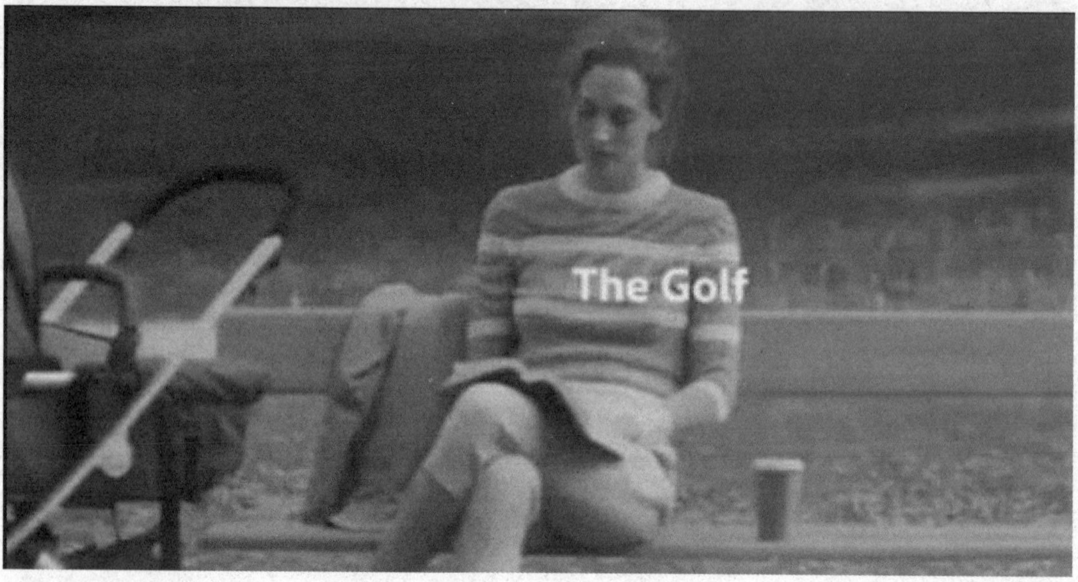
The Golf

禁播下架处理！以下三种广告被禁止：

1. 将某些身体特征与事业领域的成功直接关联。例如，男性的成功是当科学家、商业精英，女性的成功则固定在当老师、当舞蹈演员。
2. 给男性和女性刻画典型的性格特征。例如，引导观众认为男性就一定很勇敢，女性就一定很温柔。
3. 对家庭分工的刻板印象。例如，你已经是个妈妈了，要把家里打扫得干干净净。

以下两则广告被英国广告标准局勒令下架。

（1）大众 eGolf 电动汽车广告

广告开始的画面：高山上的一个帐篷内，女孩已熟睡，男孩为她缓缓拉下帐篷拉链。接下来，两名宇航员在太空舱中拿过空中飘浮的苹果，认真地工作。装有义肢的残疾小哥运动员在跳远比赛中发挥出色。再往后，画面突然转到一个安静的公园，一名新手妈妈坐在长凳上，守着婴儿车里的宝宝，一辆大众 eGolf 电动汽车从她面前飞驰而去，妈妈抬起头，凝视着远去的汽车，若有所思……英国广告标准局认为，家庭主妇当然是一份不比宇航员、运动员轻松的工作，能把家庭主妇这个活干好的人也是佼佼者。但问题是：为什么只有家庭主妇，而没有家庭主夫呢？为什么在广告前两个专业技能更为复杂的场景里，没有女性工作者出现？从这个广告的整体节奏来看，观众很可能会注意到其中呈现的职业，并观察男性和女性在职业中能扮演的角色。男性形象被放置在非常环境中，他们去冒险，但女性依然被困在照顾人这个刻板印象里。（见上页图）

（2）Philadelphia 软奶酪广告

该广告中两名男性开始时在餐厅里温柔地照顾小孩，但最后还是因为忙着自己大快朵颐而误将孩子留在了餐厅的传送带上。在末尾，其中一位男性在救下孩子后幽默地说了一句：我们不要告诉妈妈哦。英国消费者：不要告诉妈妈是什么意思？那就是说男人还是不适合干带娃的活？男人看个娃看成这样，意思是看娃还得女人来，男人又要撇清自己在家务中的关系了？英国消费者向英国广告标准局举报了 Philadelphia 软奶酪这则略矫揉造作的广告，该局觉得说得在理，广告里确实给两名男性立了个又倒霉又不专心的尴尬人设，导致他们的看娃技能为零。

英国广告标准局说：这则广告的叙事和幽默，都来自性别刻板印象。那这些幽默有减轻有害刻板印象的影响吗？事实上，这幽默是来源于观众对性别刻板印象的熟悉度，所以这幽默不仅没有加分，还减分了。

第五节　法国的广告立法及广告管理

一、法国广告立法

法国没有专门的《广告法》，但有《限制诱惑销售以及欺骗性广告法》《商业、手工业引导法》《消费者价格表示法》《防止不正当行为表示法》等众多法律、法规，对各种广告都有非常具体的规定。

1905 年 8 月 1 日，法国政府制定《关于欺诈及假冒产品或服务》，规定对犯虚假广告罪处 3 个月至 2

年的监禁及罚金 1000 法郎至 25 万法郎。1968 年，法国制定《消费者价格表示法》《防止不正当行为表示法》《禁止附带赠品销售法》等有关法律，对广告活动中的有关内容做出了严格限制，使广告活动能在法律规定范围内进行。1973 年 12 月 27 日，《商业、手工业引导法》确定了虚假广告罪的定义。法国政府规定电视不得做烟草、酒类等广告，从 1993 年 1 月 1 日起，已全面禁止烟草广告。烟草公司不得以任何方式赞助体育比赛，其他公共场所也禁止烟草广告宣传。法国政府还规定不得出现低级趣味、性与暴力的广告，禁止比较型广告，禁止医院做广告。

法国对药品广告规定得十分详细，法国国家卫生制品安全局规定对组成某种药品名称的所有单词必须采取统一标准处理，无论是字体、字迹、还是颜色，都应该完全一样，以避免为突出广告效益而损害该药品名称整体性的情况出现。为防止公众利益受到侵害，该局还规定尚未获得销售批准的药品不得先期进行广告宣传；为避免夸大药效，不允许在药品广告中使用"特别安全""绝对可靠""效果最令人满意""绝对广泛使用"等吹嘘药品安全和疗效的文字；为避免出现不公平竞争，不能在广告中出现"第一""最好"等绝对用语。此外，任何药品在投放市场一年后，不能再继续标榜为"新药"；绝对不能说某种药品安全有效是因为它是纯天然的；不能将药品与食品类比；也不能说某种药有效是由于这种药品已经经过长期使用，因为药品有效与否只有通过科学实验才能得到验证；更不能说某种药品的功效与另外某种药品或治疗方法的效果一样（或更好）。此外，除疫苗、戒烟药及一些预防性药品广告外，其他任何治疗性药物的广告中都不能使用"健康人服用后，身体状况能有所改善"，或"健康人不服用，身体就会受到影响"之类的用语，以避免鼓动公众滥服药物。

法国禁止直接和间接烟草广告，包括促销和赞助；限制销售点烟草广告。

法国还严格执行国际商会制定的《国际商业广告从业准则》。

二、法国广告管理组织及广告管理

法国广告管理最大的特点是实行事前审查制度，在广告发布前对广告的内容等进行审查，防止广告违反社会公共利益、公共道德。未经审查批准的广告，任何媒体不得发布。

广播电视广告审查机构（RFP）是一个由政府、两家国营电视台、法国消费者协会、广告公司等集资组成的半官方组织，其中政府投资占 51%。广播电视广告审查机构的主席由政府指定的法律专家担任，负责审查全国所有广播、电视广告内容，广告审查不收费，避免增加广告主的成本。另一个是国家广告联盟所属的法国广告办事处（BVP），是由法国消费者协会和主要广告经营者组织起来的民间广告审查组织，它的任务是站在消费者的立场上监督广告活动，监视各种违反法律、法规的行为。

另外，一些广告公司、广告客户和宣传媒介还组成各类专门的组织和各行业的联合机构，对广告进行自我监督和检查，有效地保证广告的整体质量。

三、严厉的法律责任

法国政府对违法广告的惩罚非常严厉。首先是重罚。法国的《商业、手工业引导法》第 44 条规定，犯有虚假广告罪的当事人将被处 3 个月至 3 年的徒刑以及 3000 法郎至 25 万法郎的罚金。第二是建立受害人保护制度。广告审查机构受到消费者的投诉，广告主的违法行为一旦确认，将追究广告主的责任，如果广告主承认错误，允许其改正；如果拒绝改正，广告审查机构通过法律程序解决。违法广告受害者有权向检察官控告，或在刑事诉讼中以当事人身份参加诉讼。

在法国，企业选择代言人往往会通过公关公司挑选明星或偶像人物，并充分考虑产品的特质。明星们也不敢什么广告都接，因为如果代言了虚假广告，可能遭受牢狱之灾。法国一位电视主持人吉尔贝就曾经因为做虚假广告而锒铛入狱，罪名是夸大产品的功效。

另外，法国在反垄断方面惩罚也非常严厉。

【案例】谷歌滥用复杂算法垄断在线展示广告市场，被罚 2.67 亿美元

谷歌滥用其在网络广告市场的主导地位。谷歌在为大型新闻（媒体）出版商提供的广告管理平台 Ad Manager 上，通过自己在线广告市场 Ad Manager 的复杂算法实现垄断，并一直不公平地向其广告服务器和在线广告拍卖行输送业务，从而损害了出版商向广告商实时出售广告空间的竞争对手利益。

为此，法国反垄断机构竞争管理局（FCA）对谷歌处以 2.2 亿欧元（约合 2.67 亿美元）的罚款，这是全球针对谷歌使用的复杂算法拍卖流程垄断行为的首个高额罚款决定，旨在解决在线展示广告市场所普遍存在的垄断问题。这并不是谷歌首次遭遇法国反垄断部门的罚款。2019 年 12 月，法国反垄断部门宣布对谷歌处以 1.5 亿欧元（约合 1.67 亿美元）的罚款，原因是谷歌存在不公平竞争行为，另外其广告服务 Google Ads 页面上的广告含糊不清。

第六节　日本的广告立法及广告管理

一、日本广告立法

日本没有一部专门的《广告法》，但是各种相关法律、条例、规约、标准等对广告活动做了明确的规定，对广告业的约束都体现在与广告密切相关的法律法规中。这些相关法规又可分为一般法规和个别法规。一般法规主要有：《消费者保护基本法》《防止不正当竞争法》《独占禁止法》《民法》《著作权法》《工业所有权法》（专利、商标、设计、实用新案）《个人情报保护法》《制作物责任法》《户外广告物法》《不正当赠品及不当表示防止法》等。个别法规则主要包括《药事法》《医疗法》《食品卫生法》《农药取缔法》《证券交易法》《特定商取引法》《特定电子邮件法》《旅行业法》《商品取引所法》等。日本形成了一个庞大的广告法制网络。

日本法律对广告的主要规定有：

1. 各类广告活动不得有不正当的表示，禁止提供过度的广告奖品；
2. 禁止把不正当的引诱顾客行为作为竞争的手段；
3. 禁止那些广泛地告示他人使商品营业混淆的表示，以及使人对商品的产地、品质、内容、数量等有误解的广告宣传；
4. 禁止在销售商品时进行欺骗性的、使人误解的广告宣传；
5. 禁止接受有关专刊和注册登记的虚假广告表现；
6. 广告中，负有使用法定计量单位的义务；
7. 禁止药品、医药外用品、化妆品、医药用具的虚假、夸大的广告宣传；禁止利用医师等人进行保证疗效的推荐性广告；限制特殊疾病药品广告；禁止未获批准的药品进行广告宣传；
8. 医生、医院、诊疗所及助产院，只能做纯告知性的广告；

9. 广告量应占报纸版面 50% 以下。

二、日本广告管理组织及广告管理

日本政府管理广告主要通过法律来规范广告行为，政府管理广告的主要机构是日本公平贸易委员会。

日本全国性的广告组织主要有三个：全日本广告联盟、日本广告业协会、日本广告客户协会（广告主协会）。

全国性广告自律组织是日本广告会（东京广告会），它是最有影响力的全日本广告联盟组织。它制定的《全日本广告业协会广告伦理纲领》，是广告界必须遵守的最高准则，要求广告重视品格，必须为建设光明、健康的生活做出贡献，不能使用暧昧语言。

日本新闻协会制定了《日本报纸广告伦理纲领》。有关广告组织还制定有《公平竞争规约》《业界自治规则》《广告团体规则》《媒介体标准》等，成为日本广告经营单位和媒介单位共同遵守的公约。此外，日本广告业协会、日本广告客户协会分别制定了《业界自治规则》《广告团体规则》《公平竞争制约》《媒介登载标准》等限制性规则，保证行业自律的有效实施。

日本严厉打击房地产虚假广告，并通过各种方式指导消费者识别和预防虚假广告。首先，日本制定了严格的法律法规，限制虚假房地产广告的出现。如果开发商或者销售公司发布虚假广告，将受到严厉的惩罚。日本主要通过《房地产交易业法》《不正当赠品及不正当表示防止法》《有关房地产表述的公正竞争规约》以及《建筑基准法》等法律和行规，防止房地产虚假广告的出现。这些法律法规和行规严格地规定了房地产广告不得使用的词语以及必须表明的各种事项。例如，不得使用"完全""完美"以及"绝对"等表示没有缺陷的词汇。不得使用"日本第一""最好""最高级""最便宜""最低价"等显示比别人更好、更便宜的词汇。价格必须标实价，不得采用降价 20%、30% 之类的表述形式。另外，该表述的没有表述也不行。例如，房产广告必须标明房屋的所在地、楼层、朝向、交通状况、徒步到最近车站的距离、房间的采光和通风情况等。如果购房者发现开发商或销售公司做虚假广告，可以要求赔偿。双方如果不能协商解决，可以由各地具有半官方性质的"房地产公平交易协议会"仲裁解决，根据广告的虚假程度及其造成的损失和影响，可分别处罚 50 万至 500 万日元不等的违约金。

例如，横滨有一家房产公司在广告中说车库可以并列停放两台车，但实际上停放不了两台标准轿车，结果被判罚 100 万日元。

日本在户外广告管理上趋向限制。早在 2007 年 1 月，日本京都市就通过了在市内全面禁止建筑物屋顶上的户外广告和闪烁式灯饰广告的规定方案。屋顶广告的设置实行许可制，许可以三年为限，只允许更新一次。京都市认为，到处林立的户外广告牌"破坏了古都街道的风情"，特别是与周边群山不相称的屋顶广告牌和豪华的闪烁式灯饰广告牌，是"导致景观恶化的重要原因"，将逐步清除市内（约 827 平方公里）广告牌。

日本查处广告不正当竞争行为也十分严厉。例如，由于涉嫌违反广告法，日本公平贸易委员会对日本第三大手机运营商——软银移动进行查处。日本软银集团收购了英国沃达丰集团在日本的分公司后，将其更名为软银移动。为在实施的"手机保号制度"中抢占先机，争取更多用户，软银移动推出了新的手机资费标准，其中包括本网内用户之间在日本国内通话、互发短信原则上实行免费等。由于大量用户申请入网，致使软银移动的电脑系统不堪重负，该公司先后两次宣布暂停接纳新用户。软银移动的竞争对手日本电信电话——多科莫公司和 KDDI 公司向公平贸易委员会指控软银移动在广告中使用具有误导性的表达方法招揽客户，违反了广告法和不正当竞争防止法。为此，日本公平贸易委员会迅速组织力量进行了查处。

名人代言广告方面，明星代言广告，虽然酬金十分高，但也十分谨慎。医药品广告都有严格而详细的规定，名人基本上都不愿意代言医药品、保健品这种风险较大的广告。如果明星代言的产品属于伪劣产品，明星本人不但要向社会公开道歉，还会在很长时间得不到任何工作。另外，如果明星本人出了问题，那么广告主也会因为担心自己产品形象受到损害，而立即停止有关广告的张贴与播放。

第七节　其他国家的广告管理的主要特点

一、德国广告管理主要特点

德国广告业的营业额居世界第五位。德国的广告法律规定主要体现在《反不正当竞争法》中。德国对广告实行比较严格的管理，在产品质量、来源、产量和价格等方面因为广告造成误导都是非法的；禁止任何造成购买者混淆的附加说明，禁止使用"高级"措辞。德国的医疗及制药水平居于世界领先地位，但德国的电视和报纸等大众媒体上，药品广告寥寥无几。究其原因，主要是德国法律对药品广告加以非常严格的限制。据了解，德国1994年修订颁布了《医药广告法》，对包括药品及医疗设备等所有医疗范畴内的商品广告都给予了严格规定。《医药广告法》规定，处方药只允许在专业药店中出售，也只允许在专业杂志上做广告。法律对非处方药广告的描述方式也做了严格的限制。此外，法律还规定所有医药广告都必须清楚注明药品副作用及服用方法等，否则制药商和广告商将受到严厉处罚。

德国的电视广告中经常出现专家解释产品特点，但德国的医疗、日化产品广告却没有虚假信息，因为都是真实的医学专家，他们的姓名、学位头衔都会出现在广告中，广告受众可以在网上查证其身份；也有广告中展示产品的权威检测分数，是德国权威检测机构——德国商品检测基金会为产品测试后的打分；一些广告中展示的产品测试数据，都是由与企业不存在利益关系的第三方检测机构独立检测的；而有的广告中消费者使用产品后出来现身说法，也都是确实使用过该产品的人。

实行医疗、日化产品广告审查制度。在医疗、日化产品广告设计制作完成后，企业要把广告拿到负责管理广告的德国联邦药监局和反不正当竞争保护中心。他们会对广告中的专家身份、产品分数、检测数据、消费者使用效果等内容进行审核，审核通过后出具证明书。企业将广告、证明书及其他材料拿到电视台等媒体，媒体内部的审查委员会复查该广告，确认无误后才能在该媒体上播出。

德国《医药广告法》还规定，医疗、日化产品广告结尾须加上一句话："关于用药风险及副作用，请您仔细阅读药品说明书，并向专业医生咨询。"

德国还有完善的消费者投诉机制，广告播出后，民众可随时到反不正当竞争保护中心投诉违规广告，若问题严重，企业将受到起诉并被处以高额罚款。

德国对个人信息的保护，在宪法上以"信息自决"为基础，在民法上则以一般人格权为基础。在20世纪六七十年代，德国依据"信息自决"、人格权法理对大量个案做出判决。

二、巴西广告管理主要特点

巴西广告业的营业额居世界第六位，巴西是南美广告业的发达国家。由于巴西经济增长带动广告业快速增长，巴西互联网、有线电视和电影广告收入增幅最大，只有户外广告和目录指南两种媒体的收入出现下降。户外广告收入下降的主要原因是巴西最大城市圣保罗市政府2007年为整顿市容出台了《清洁城市法》。

巴西广告业自律机制比较完善，自律组织主要是巴西广告业自律委员会。广告管理的规定是《广告自律准则》。该准则规定广告必须诚信，如实介绍产品，不得使用省略、不清晰用语，不得利用消费者轻信、知识缺乏进行欺骗宣传；禁止不尊重人身权的广告；可以做比较广告，但必须有可比性，并说明比较点，禁止贬低他人等不正当竞争；任何广告必须有广告识别性标志；特别保护青少年身心健康，不得使用青少年形象或误导青少年不购买产品就低人一等；广告文字用语要求十分严格，一律使用葡萄牙语；广告中涉及音乐、影视产品版权应当尊重版权。

广告监督管理十分严厉。如消费者投诉意大利菲亚特公司两部广告片"激情四射"，广告突出夜间在城市道路和隧道中赛车的场景，还与极限运动相比，鼓励年轻人在城市道路上冒险，与巴西政府倡导的安全行车理念背道而驰。巴西广告业自律委员会要求意大利菲亚特公司立即停止在巴西播出这两部"激情四射"的新车广告片，以免误导年轻消费者。巴西广告业自律委员会指出，菲亚特新款派力奥的两部广告片有煽动年轻人高速驾驶的嫌疑，"向消费者灌输了错误的驾驶理念，对道路交通安全构成了威胁"，因此，该委员会要求立刻停播。菲亚特公司巴西分公司尊重巴西广告业自律委员会的要求，停播了上述广告。

三、加拿大广告管理主要特点

加拿大是世界广告业发达国家之一，其广告业的营业额居世界第十位，除了电视、广播、报纸、期刊、网络等媒体广告，还有户外广告、直接邮寄广告、交通广告、戏院广告等。

（一）加拿大广告法规

加拿大广告立法立规由联邦政府授权加拿大广告同业公会——广告标准委员会（以下简称"加拿大广告标准委员会"）制定颁布。加拿大广告标准委员会是一个全国性的非营利行业组织，其使命是通过促进行业自律，确保广告的真实性和生命力。

加拿大广告标准委员会制定颁布了全国性的广告标准法规《广告标准准则》。根据规定，如果广告主违反《广告标准准则》规定且拒绝改正，该委员会有权与媒体单位共同采取措施，终止该广告的传播。《广告标准准则》的内容主要包括如下几点。

(1) 不准在产品服务性能或价格可靠性上说谎或欺骗。该委员会极为重视广告给人留下的总体印象，而不是广告制作者个人的意向表达。

(2) 禁止隐匿广告本身的商业意向，不准潜意识的广告出现。

(3) 不准在产品或服务价值上吹嘘行骗，广告中的"价格单""零售建议价格""制造者价格表"和"公平市场价值"等术语，必须在广告出现的市场、地区有半年以上的先期合理销售。否则这些术语会被视为骗人的鬼话。

(4) 广告中不能出现无颁发者目前实际意见的证明书和奖状，但展示某些用户的产品使用经历除外。

(5) 严禁做诱售广告。必须让消费者有机会按广告所列条件购买产品和服务，不向用户出示产品和回避产品的某种特殊性能的行为是与该法规相抵触的。

(6) 要公平竞争。不允许攻击或怀疑竞争者的产品和服务，也不能做贬低他人、抬高自己的任何手脚。比较广告中"应能拿出实在的研究数据来支持所做的宣传""在比较中指名的商品必须确实是相互竞争的""必须是在相关的或相似的特点、性能、质量、成分之间的比较"。

(7) 不准曲解引用专家、权威言论，杜绝引用根本不存在的"科学依据"。

(8) 在提供担保或保证时，必须详细列出担保或保证的条件限度，必须告知担保人的姓名和地址。

(9) 不准模仿其他广告的图片、标语或说明，以免消费者产生误解和混淆。

(10) 不允许违反交通安全或可能引起危险事件的广告出现。

【案例】涉嫌鼓励偷车，福特撤下广告

加拿大《温尼伯自由报》使用一个整版刊登了福特公司的广告：一辆福特汽车的车后保险杠上贴着这样的标语——"开吧，就像这车是你偷来的"。

这则广告当即引起加拿大各界强烈质疑和批评。不少加拿大百姓指责广告趣味低下，一些有过汽车被偷或自己被撞经历的人更是强烈不满。曾被一辆偷来的车撞成重伤的凯里·坎普说，这则广告"太离谱，简直让人作呕"。加拿大广告同业公会接到投诉后，认定广告可能并无鼓励人们偷车和危险驾驶的意图，但这些字眼很容易误导消费者，鼓励人们偷车，违反了《广告标准准则》不允许违反交通安全或可能引起危险事件的广告出现的规定。福特公司表示绝无冒犯消费者之意，主动撤销了这则广告。

福特公司还曾因公司聘用曾多次醉酒驾车的加拿大男演员基弗·萨瑟兰担任其广告代言人，受到加拿大广告同业公会批评。

(11) 反对在救济和援助残疾人方面空洞许愿。

(12) 禁止以迷信和恐吓等手段达到扩大销售量的目的。

(13) 禁止将儿童作为广告对象。

(14) 不能刊载贬低他人身份、损害他人名誉的肖像和可能引起强烈公愤的任何内容。

(15) 减肥广告在说明某食品、食物代用品、抑制饮食方法或特别设施时，还必须载明保持平衡的食物热量。

除了该准则外，还有一些单项广告规则，如《儿童广播广告准则》《无说明药物消费广告准则》《园艺产品直接销售广告准则》《妇女卫生保护品准则》《美容化妆品和香料消费品广告准则》《食品业使用比较法广告准则》等。

2020年7月8日加拿大联邦政府公布新法规，禁止在18岁及以下青少年可出入的公共场所或可接触到的网络空间投放任何电子烟产品广告。按照加拿大联邦卫生部公布的《电子烟产品促销条例》，无论是实体店，还是网络或其他媒介渠道，都不得以青少年可以看见或听见的任何形式发布电子烟产品广告。青少年可出入的销售点也不允许展示电子烟产品。

（二）加拿大广告管理组织及广告管理

加拿大的广告管理主要是依靠行业自律，其广告业自身形成了专门系统的自律体系和组织网络。加拿大广告业自律组织主要是加拿大广告基金会，该基金会经费由广告主、传播媒介和广告公司提供。该基金会下设四个工作机构。基金会在全国各地还设有六个地方广告标准理事会，由工业界和公众自愿组成，有时借助官方的帮助。地方广告标准理事会的主要职责是处理地方性的广告纠纷，特别还负有对两种特殊广告——以12岁以下儿童为对象的广告和妇女卫生用品的电视广告——进行监督的责任。地方广告标准理事会接到对广告的书面控告以后，对合理的控告予以调查，由标准理事会职员做出裁决。如果不服，可以向标准理事会全体理事上诉。全体理事经复审后做出支持或撤销原裁决的决定。对于拒绝服从裁决的，标准理事会会通知传播媒介停止接受其广告。在实践中，90%的广告主服从标准理事会裁决。对于儿童和妇女用品的特殊广告，由地方广告标准理事会审查委员会负责裁决，审查委员会由广告主、传播媒介、广告公司和公众组成，通过审查的广告被编成号码，准予登(播)出，号码有效期一年。

加拿大政府广告管理主要目的是制止不正当竞争、保护消费者利益。如加拿大政府规定，食品、药品和化妆品广告必须经过政府审查通过，才可以在电视台、电台播放，电视、电台不准做烟酒广告，电视台、电台播放广告的时间量不得越过政府规定的限度等。

加拿大广告标准委员会受联邦政府的授权对广告进行审查，经审查同意的每一个广告或广告创意稿，都会得到一个审查许可编号。已播发的广告经消费者投诉并经广告标准委员会审理认为确实违反了《广告标准准则》的，广告标准委员会会要求广告主对该广告进行必要修改或予以撤除。如广告主不愿意采取更正措施，广告标准委员会将通知有关媒体，媒体不会继续原样刊播该广告。

四、韩国广告管理主要特点

韩国广告自律审议机构制订了一系列规定，从广告用语、受众、表现形式等各方面对不同领域的产品做出了严格限制。

韩国报纸杂志广告采用举报审查制度，报刊杂志广告若被人举报有问题，广告自律审议机构就进行审查。所有的电视和广播电台的广告在正式播放前必须经过审议机构的预审，未经审查自行播放的广告被视为非法，会受到严厉处罚。

在韩国，衡量演艺明星人气最直接的方法就是看他们在电视广告中露面的频率。韩国明星频频代言各种产品或服务，有关虚假广告的纠纷却很少，这要归功于负责对韩国电视广告进行预审的韩国广告自律审议机构。

在韩国，政府通过预审制来规范电视广告内容的真实性和客观性。韩国的电视广告由韩国广告自律审议机构进行预审，韩国广告自律审议机构制定了一系列规定，从广告用语、受众、表现形式等各方面对不同领域的产品做出了严格限制。广告自律审议机构由一个制定审议标准的委员会和三个审议委员会构成，每个审议委员会由来自各领域的七名专家组成，分别负责对电视、广播的广告内容、有线卫视的广告和大型广告牌内容的审议。报纸杂志广告采用举报审查制度，报纸杂志广告若被人举报有问题，广告自律审议机构就进行审查。所有的电视和广播广告在正式播放前必须经过该委员会的审查。审议委员会在审查广告片的过程中一旦发现问题，就会责令广告公司进行修改、处理。未经审查自行播放的广告将被视为非法广告，有关广告公司和电视台会受到严厉的法律制裁。

韩国明星的自律也是保证明星不涉足虚假广告的另一个重要原因。由于韩国国内演艺市场有限，娱乐产业发达，明星之间竞争激烈，明星们对待做广告慎之又慎，在广告中通常只是露个脸而已，不会轻易对产品质量和效果做出任何保证。

韩国对保健功能食品管理也十分严格。韩国食品药品管理局不断修正保健功能食品标签和广告的法规。韩国禁止减肥药电视广告。以药品为例，韩国将药品分为普通药、专用药和药材三类。减肥药物作为专用药，和药材一样被禁止做电视广告宣传。对于可以做广告的普通药，按照规定，广告中不得出现可能诱导消费者误用或滥用的内容。

针对互联网大数据时代，收集、利用的个人信息，投放广告的问题，2020年1月9日，韩国国会通过了《个人信息保护法》，旨在扩大个人和企业可以收集、利用的个人信息范围，搞活大数据产业。韩国有数据三法，包括《个人信息保护法》《信用信息法》《信息通信网法》修订案。主要内容是，在没有本人同意的情况下，可以将经过处理，无法识别特定个人的假名信息用于统计和研究等目的；还包括将监督误用、滥用、泄露个人信息的机构划归个人信息保护委员会管理。

【案例】2022年，谷歌和Meta违法收集个人信息。在韩国被罚

韩国个人信息保护委员会对Alphabet旗下的Google和MetaPlatforms处以违反隐私法的指控。该委员会在一份声明中表示，因未经用户同意收集个人信息，并用于在线定制广告等违反个人信息保护法的行为，该委员会对谷歌处以692亿韩元（约3.47亿元人民币）和对Meta处以308亿韩元（约1.55亿元人民币）的罚款。两家公司都对此次决定表示坚决反对，称"一直以来都在尽最大的努力保护个人信息"。

五、新加坡广告管理主要特点

为保障消费者利益，加强对不良广告的管制，新加坡广告标准管理局修改了广告准则，进一步加强对不良广告的管制。修订主要针对四个方面，包括对广告中免责声明最小字体的规定，以及有关婚姻介绍所、贷款服务和安全套广告的规定。在免责声明方面，修订后的广告原则规定，广告里的免责声明所使用的字体，不可比广告宣传文字所使用的字体小。最小的字体也限定在一般电脑书写软件中的8号，而且必须整齐易读。在婚姻介绍所方面，所有广告的设计及内容，都不得冒犯广告中人物的尊严，更不可把他们当货品对待。在贷款服务方面，提供贷款服务的公司在登广告时，须出示放贷人执照，广告中也必须出现公司的名字。在安全套方面，广告应强调预防性的作用，而不是强调增进性爱情趣的功能，并不得使用不雅内容或鼓励滥交行为。如新加坡媒体开发厅（MDA）判处制作两个女性接吻电视商业广告的日本通信公司明星中心1万新加坡元罚款。媒体开发厅认为，"该公司违反了不承认同性恋广告的电视广告方针"。新加坡禁止男性间的性行为，一旦被发觉就有可能被判处2年以内的禁闭刑罚；对女性之间的性行为还没有具体法律规定。

新加坡完全禁止所有的直接、间接烟草广告和促销广告；限制烟草赞助（部分可附条件地允许赞助）；限制跨境烟草广告；对违法者处以罚款，并可单处或并处监禁，再犯则加倍处罚，处罚包括没收。

新加坡允许比较广告，但是新加坡《广告法》规定，"比较的论点必须是建立在可以证实以及不得被不公正选择的事实的基础上"。

六、泰国广告管理主要特点

泰国广告管理的主要特点是，凡是涉及公民健康的食品广告一律从严管制。泰国政府通过法令，在广播电视系统全面禁播酒类广告，以保护国民的身体健康。这项法令规定，任何广播节目和电视节目均不得播放任何形式的酒类广告，禁播令全天24小时有效。除国际性重大赛事中承办方打包进节目的酒类广

告外，泰国人不会收听、收看到任何酒类广告，这大幅度减少了泰国青年人酗酒的可能性，泰国在所有媒体上全面禁止刊登酒类广告，杜绝对青少年的诱惑。另外，泰国限制在儿童电视节目中播出零食广告，泰国政府公关局对儿童电视节目中播出的零食广告实施以下监管措施：禁止播出带有抽奖或赠送玩具的零食广告；禁用儿童熟悉的动画角色、影视明星、歌星来推介零食；在每1小时的儿童节目中，播出的同类零食广告不得超过四次（每半小时不得超过两次）；并规定广告不能含有诱导儿童过度食用零食的内容。上述零食广告管制措施反映了泰国政府部门意欲解决因广告导致儿童食用过多零食所带来的儿童健康问题，以及防范赠送玩具所产生的危险。

七、俄罗斯广告管理主要特点

俄罗斯广告监管职责分散在不同的政府机构，主要有俄罗斯联邦反垄断局、俄罗斯联邦通讯和大众传播部等机构。政府监管占主导，行业协会等自律组织参与监管。广告协会监管方式主要在于制定行业标准，协助广告监督部门进行管理。其监管方式主要在于制定行业标准，协助广告监督部门进行管理。广告监管的法律制度以《俄罗斯广告法》为核心，还有《禁止烟草和烟具广告法》《关于酒精及酒类产品的生产与流通国家调控联邦法》《大众传播法》《保护竞争法》等。

作为苏联主体的俄罗斯，在1991年12月25日苏联解体后，在国内进行了重大的政治和经济改革。俄罗斯彻底改变了苏联的经济体制，其广告市场出现全盘西化的局面。俄罗斯在其广告的制作过程中大都使用欧美的广告制作设备、广告材料、广告制作技术。在广告发布中，俄罗斯同样直接使用欧美的造型结构、广告发布材料和设备。例如，在莫斯科胜利广场的巨大电子广告屏幕和库图佐夫大街两侧的超薄型三反板牌均使用了欧美广告材料，表现的是可口可乐、芬达和雪碧的立体翻转广告。莫斯科的大广告商主要是美国、欧洲和日本、韩国的广告商。

俄罗斯广告业在保持原有传统的基础上具有新的特点，电视、广播、报纸和杂志是俄罗斯最重要的广告媒介。俄罗斯的广告业还处于发展阶段，与发达国家相比，相对比较滞后。但随着俄罗斯经济体制改革的深入，其广告发展的前景将十分广阔。

俄罗斯国家杜马以338票赞成、43票反对和3票弃权的投票结果，通过了《俄罗斯广告法》。这个法案规定了广告的一般要求、广告的放置方法，并对一些产品的广告进行了限制。根据此法案，俄罗斯对电视广告实施严格限制。在俄罗斯，电视广告令人眼花缭乱，一些广告宣传虚假信息，让许多观众上当受骗。另外，电视节目中间插播广告时间太长，令人厌烦，许多观众对电视节目失去了兴趣，有的甚至不看电视。据有关部门统计，近几年俄罗斯电视广告量以年均30%的数量递增，电视中充满了商业广告，这严重损害了观众的利益。而一些虚假广告信息，更是严重损害了电视媒体的声誉。为此，俄罗斯电视媒体加强了对广告的审查力度，并大幅提高广告价格。从俄罗斯实施限制电视广告措施以来，电视广告量已减少了20%。该法还禁止为未经授权提供服务和产品的公司做广告。

【案例】谷歌发布非法外汇广告，被俄罗斯反垄断局罚款10万卢布

为ALI TRADE品牌发布金融服务广告，经俄罗斯联邦反垄断局（FAS）调查，当在谷歌搜索引擎中输入关键词"营利性投资"时，该服务会显示出ALI TRADE投资产品的宣传广告，而该品牌并不受任何监管机构的监管。因此，FAS认为该广告涉嫌误导公众，违反了《俄罗斯广告法》第7条第7款规定，禁止为未经授权提供服务和产品的公司做广告，俄罗斯联邦反垄断局（FAS）对谷歌罚款10万卢布。

《俄罗斯广告法》禁止电视和广告牌发布烟草和酒精广告，禁止酒精制造商将他们的品牌商品伪装成非酒精产品进行广告。俄罗斯国会专门通过了《禁止烟草和烟具广告法》，全面禁止烟草广告法案，要求包括网络媒体在内的所有媒体、零售网点都不得刊登和发布烟草广告；禁止烟草公司赞助比赛和活动，且烟草公司与政府机构的来往信件将被公布。即使在商店里，香烟也被禁止公开展示，只能出示香烟价目表。俄罗斯国家杜马还通过了禁止户外播放有声广告的法案，禁止在建筑物、构筑物和住宅楼设置播放声音的广告。

另外，莫斯科市政府颁布了自1992年11月1日起实施的《关于计算和支付广告税方法的条例》。莫斯科市政府还规定，所有招牌、指南和布告必须使用俄语，外语广告将被视为破坏《俄罗斯捍卫消费者权利法》和《俄罗斯联邦民族语言法》。

第9章习题

一、填空题

1. 1142年，法国国王路易七世对酒商吆喝的广告制定了_____，是国际上最早的叫卖广告管理立法。

2. 1911年美国纽约州制定了_____（又称《印刷物广告法案》），1945年修订为全国性《广告法》，被视为国际广告立法史上的里程碑。

3. 1907年，英国制定了《广告法》，是广告立法史上最早的_____广告法。

4. 1940年，日本广告联盟制定了_____、《广告伦理纲领》。

5. 1994年11月8日，国际商会在巴黎举行的第168次理事会上通过决议，接纳_____加入国际商会。

6. 1992年，欧盟设立了_____（EASA），总部设在布鲁塞尔，是一个非营利性组织，对欧洲的广告具有监督、推动功能。

7. 1987年5月12日，中国以_____的名义参加国际广告协会。

8. 1914年，美国国会通过了《联邦贸易委员会法》，并建立了_____（简称FTC），是最权威、最综合的政府广告管理机构。

9. 日本政府管理广告主要机构是日本_____。

10. 加拿大政府对广告的管理主要是_____、保护消费者利益的角度，制定和实施约束广告活动的法律。

二、判断题（正确的打"√"，错误的打"×"）

1. 欧盟《不公平商业行为指令》规定，"误导性缺失"是指商家没有提供消费者做决定所需的"重要信息"或故意隐瞒以及模糊化处理，例如标明"本店商品打5折"，而实际仅在周日才打5折。（　　）

2. 《美国电视广告规范》规定，痔疮药品及妇女卫生用品等属于私人秘用的商品广告，必须从严要求，重视伦理道德及高雅格调，更须谨慎播映，以免引起观众反感。不合规定者，拒绝播映。（　　）

3. 英国管理广告的政府机构是独立广播局。英国禁止在BBC广播网和英国电视广播协会的电视广播

网内做广告，私人广播电台、电视系统可以做广告，但是必须经过严格审查方可做广告。（ ）

4. 英国广告管理中作用最大的是广告行业组织，即全国性广告自律组织广告标准局（ASA），拥有认定、处罚违法广告的权利，具有很高的权威性。（ ）

5. 加拿大广告标准委员会制定颁布了全国性的广告标准法规《广告标准准则》。如果广告主违反《广告标准准则》规定且拒绝改正，该委员会有权与媒体单位共同采取措施，终止该广告的传播。（ ）

6. 加拿大政府规定，食品、药品和化妆品广告必须经过政府审查通过才可以在电视台、电台播放，电视台、电台不准做烟酒广告，电视台、电台播放广告的时间量不得越过政府规定的限度等。（ ）

7. 德国的广告法律规定主要体现在《反不正当竞争法》中。（ ）

8. 泰国全面禁播广播电视酒类广告。（ ）

9. 新加坡允许比较广告，但是《新加坡广告法》规定，"比较的论点必须是建立在可以证实以及不得被不公正选择的事实的基础上"。（ ）

10. 2016 年 4 月 14 日，欧洲议会投票通过了《通用数据保护条例》（GDPR），于 2018 年 5 月 25 日正式生效，作为统一欧盟成员国关于数据保护的法律法规，成为全球个人信息保护最严格的"欧盟模式"。
（ ）

三、单项选择题

1. 英国通信管理局颁布了儿童节目期间禁止播放不健康食品和饮料广告的规则，目标观众群为（ ）岁儿童的儿童节目。

　　A.4 到 15　　　B.4 到 9 岁　　　C.4 到 10 岁　　　D.4 到 14 岁

2. 英国是一个（ ）户外广告（包括车身）的国家。

　　A. 禁止　　　B. 限制　　　C. 不禁止　　　D. 不禁止

3. 英国是一个（ ）比较广告的国家。

　　A. 禁止　　　B. 限制　　　C. 不禁止　　　D. 不禁止

4. 法国政府对广告进行全面的、有效的管理，没有专门的广告法，但在众多法律中对各种广告都有非常具体的规定。（ ）确定了虚假广告罪的定义。

　　A.《关于欺诈及假冒产品或服务》　　　B.《消费者价格表示法》
　　C.《防止不正当行为表示法》　　　D.《商业、手工业引导法》

5. 法国政府禁止做（ ）。

　　A. 比较型广告和医疗广告　　　B. 药品广告
　　C. 食品广告　　　D. 儿童广告

6. 根据俄罗斯颁布的《广告法》，对（ ）实施严格限制。

　　A. 电视广告　　　B. 印刷品广告　　　C. 户外广告　　　D. 广播广告

7. 俄罗斯《广告法》禁止烟草和酒精在（ ）上做广告，禁止酒精制造商将他们的品牌商品伪装成非酒精产品进行广告。

　　A. 电视和广告牌　　　B. 户外广告　　　C. 印刷品广告　　　D. 广播广告

8. 我国《个人信息保护法》在包括核心条款、适用范围等方面都参考了（ ）。比如，要求不得过度收集个人信息，收集和处理个人信息应取得充分同意，严重违法罚款顶格可达营业额 5% 等条款，都能在此规定中找到对应的影子。

　　A. 欧盟《通用数据保护条例》　　　B. 美国《联邦贸易委员会法》

C. 美国《不要在网上跟踪我法案》 D.《加利福尼亚州消费者隐私保护法案》

9. 韩国的电视和广播广告在（ ）必须经过审议机构的预审，否则会受到严厉处罚。
A. 发布前 B. 发布中 C. 发布后 D. 发布前后

10. 新加坡广告管理主要特点是加强对（ ）的管制。
A. 不良广告 B. 文化广告 C. 社会广告 D. 商业广告

四、多项选择题

1. 下列法规中（ ）是日本制定的涉及广告管理的法规。
A.《日本广告律令》 B.《广告取缔法》
C.《不正当竞争防止法》 D.《户外广告法》

2. 国际性广告管理组织有（ ）。
A. 国际商会 B. 国际广告协会
C. 欧洲广告标准联盟 D. 亚洲广告联合会

3. 区域性、国际性广告管理组织有（ ）。
A. 国际商会 B. 国际广告协会
C. 欧洲广告标准联盟 D. 亚洲广告联合会

4. 在规范广告活动及推行广告自律的运动方面，国际商会主动而积极有效地制定了一系列具有重大影响的国际性的广告规则及规范，如（ ）。
A.《广告活动标准纲领》 B.《国际商业广告从业准则》
C.《国际广告从业准则》 D.《国际电视广告准则》

5.《国际商业广告从业准则·国际电视广告准则》中规定了下列儿童节目广告准则（ ）。
A. 儿童广告不应鼓励儿童进入陌生地方，或鼓励与陌生人交谈
B. 广告不得暗示，使儿童必须出钱购买某种产品或服务
C. 广告不应使儿童相信，不购买广告中产品将不利于其健康和身心发展，或前途将受到危害，将遭受轻视或嘲笑
D. 电视广告不应促使儿童向别人或家长要求购买

6. 下列欧盟的（ ）广告管理规定和指导文件对其成员国有约束力。
A.《广告自律指导》 B.《无国界电视指导方针》
C.《不公平商业行为指令》 D.《误导广告和比较广告指令》

7. 美国联邦贸易委员会给不实广告下的定义是：任何具有（ ）大批理性消费者使其受到伤害的行为的广告，无须任何证据证明消费者受到欺骗，广告表现也可以是明确的或暗示的，关键在于广告是否传达了虚假印象，即使文字上无可挑剔。
A. 误解 B. 省略 C. 或其他可能误导 D. 不实

8. 美国政府广告管理机构有（ ）。
A. 联邦贸易委员会 B. 联邦通信委员会
C. 美国食品药品管理局 D. 美国财政部烟酒枪械管理局

9. 美国《联邦贸易委员会法》规定，对于违法制作发布不实广告的行为，要求广告主、广告公司发布更正广告，更正广告必须符合以下要求（ ）。

A. 从时间上，更正广告发布时间至少一年或与原虚假广告发布时间同等

B. 从成本上，更正广告的成本不得少于原广告的四分之一

C. 从内容上，更正广告必须针对原广告中虚假不实部分进行揭露

D. 广告主，广告公司分别发布更正广告

10. 英国的广告法规主要有（ ）等。

A. 《广告法》 B. 《医药治疗广告标准法典》

C. 《消费者保护法》 D. 《公平贸易法》

五、论述题

国际广告管理立法对中国广告立法上有什么启示及借鉴，谈谈你的立法建议。